应用型本科教育研究与实践

商洛学院 2021 年教育教学研究成果

范新会◎主编

中国纺织出版社有限公司

图书在版编目（CIP）数据

应用型本科教育研究与实践．商洛学院2021年教育教学研究成果/范新会主编．--北京：中国纺织出版社有限公司，2022.10
ISBN 978-7-5229-0182-4

Ⅰ.①应… Ⅱ.①范… Ⅲ.①本科－教学研究－中国－文集 Ⅳ.①G649.2-53

中国版本图书馆CIP数据核字（2022）第248539号

责任编辑：房丽娜　　责任校对：高　涵　　责任印制：储志伟

中国纺织出版社有限公司出版发行
地址：北京市朝阳区百子湾东里A407号楼　邮政编码：100124
销售电话：010—67004422　传真：010—87155801
http://www.c-textilep.com
中国纺织出版社天猫旗舰店
官方微博 http://weibo.com/2119887771
三河市宏盛印务有限公司印刷　各地新华书店经销
2022年10月第1版第1次印刷
开本：787×1092　1/16　印张：30.75
字数：500千字　定价：138.00元

凡购本书，如有缺页、倒页、脱页，由本社图书营销中心调换

编委会

主编：范新会
主任：刘宝盈
委员：李 超　周春生　张文诺　袁训峰　郭耀东　王学军
　　　彭晓邦　张 林　李世鹏　黄显忠　蒋正治　王 怡
　　　李会荣　王潇雅　杨娜娟

前 言

21世纪以来，我国教育规模实现了从精英化到大众化到普及化的跨越，高等教育迎来了高质量全面发展的机遇期。中央发布的《关于新时代振兴中西部高等教育的若干意见》强调，振兴中西部高等教育，要坚持和加强党对高校的全面领导，坚持中国特色社会主义教育发展道路，全面贯彻党的教育方针，落实立德树人根本任务，推动实现内涵式发展，主动对接重大区域发展战略，扎根中国大地办大学，突出优势特色、汇聚办学资源、促进要素流动，有效激发中西部高等教育内生动力和发展活力，推动形成同中西部开发开放格局相匹配的高等教育体系。这不仅对中西部高等教育改革发展提出了新要求，也为中西部高等教育加快形成改革发展新格局指明了方向，具有重要的战略意义。

商洛学院作为一所地方应用型本科院校，学校大力实施"质量立校"战略，坚持教学中心地位不动摇，深入推进改革创新，促进教育教学质量提升。学校现有省级"一流专业"11个，省级创新创业教育改革试点学院、省级大学生创新创业实践教育基地、陕西高校实践育人创新创业基地等8个创新创业实践平台，实习实训基地302个。获批省级及以上新工科、新农科研究与实践项目4项、教育部产学合作协同育人项目78项，主持省级以上教改教研课题100余项，荣获陕西省高等教育教学成果奖一等奖6项、二等奖8项，获批省级本科教学工程项目30个。学校认真落实立德树人根本任务，扎实推进三全育人、五育并举，大力营造良好学风。学生主持国家级大学生创新创业训练计划项目189项，在各类竞赛中荣获省级以上奖励1800余项。荣获中国国际"互联网+"大学生创新创业大赛全国总决赛铜奖3项，陕西赛区省级复赛获得6金、33银、29铜的优异成绩。

教师专业发展是学校可持续发展的关键，是学校核心竞争力最集中的体现。近年来，学校的教育教学质量和社会声誉获得了快速的提升，这与我校重视教师队伍建设，特别是重视教师的专业成长密不可分。实践证明，促进教师专业化发展，不但要有学校制度上的支持，更离不开教师自身对教育教学工作不断地进行思考与研究、总结与反思，以及通过撰写论文进行自身的理论提升。本书是在我校 2021 年教育教学研究的 56 篇论文梳理和归类的基础上形成的一部论文集。本论文集中所有文章均出自我校专任教师之手，是广大教师近年来在教育教学过程中的心得体会和专业与课程建设的构想与研究，内容涉及教学方法、教学模式、课程思政、教育教学实践以及基础教育研究等方面。学校组织编写论文集，目的是立足习近平总书记新时代中国特色教育教学的变革，引导教师对应用型人才培养目标进行专业课程建设的改革与探索，架起课程理念和教育理论转化为教学行为的桥梁，促进先进教学经验的提炼和传播，促进教师的专业发展和提升教师的教育教学水平。

使命呼唤担当，使命引领未来。面对新时代高等教育发展的新形势、新要求，"教研兴教、科研兴校"的理念已深入人心，全体教师必须树立高度的危机意识和发展意识，全面落实"立德树人"的根本任务，深化教育教学改革，培养德智体美劳全面发展的社会主义建设者和接班人，谱写商洛学院的美好未来。

编者
2022 年 10 月

目 录

地方高校大学生在线学习体验的影响因素及改进路径 …………………………（张孝存）1

融合深度学习的 STEM 课堂教学模式探索 ……………………………（杜红乐，张燕）8

融入课程思政的 EVENT 教学模式在康复护理学中的应用研究 ………………（贠航）15

英语专业内涵式发展下的语言学课程 PBL 模式探究 ……………………（孙李丽）23

陕西农村留守儿童关爱问题研究 ……………………………………（张志昌，张文平）30

论鲁迅作品中的儿童形象在初中语文教材中的教育思想 ………………（张文诺）38

李吉林情境教学法在小学语文教学中的运用 ………………………………（张文诺）48

陕西省空手道队重点男子运动员腿法运用特征分析 ………………………（桑国鹏）55

数学方法论在初中数学教学中的应用研究 ………………………（张东翰，张丹）63

中学科技创新案例实践研究 ………………………………（袁训锋，雷世雄，刘宝盈）72

逆向思维在高中数学教学中的应用研究 ……………………（张东翰，刘佳丽）81

虚拟仿真实验在牛顿第一定律教学中的应用 …………（袁训锋，樊腾飞，刘宝盈）92

中学物理教师信息化教学能力影响因素探究 …………………（杨小锋，赵靖宇）101

地方本科高校秘书学专业实践教学提升策略 ——以商洛学院秘书学专业
   为例 ………………………………………………………（钟思远，罗富升）117

专业认证背景下师范生语言文字能力提升路径探究 ……………………（苏铁柱）130

中小学教师信息化教学能力提升策略研究 ………………………………（杨小锋）135

初中生网络成瘾与心理弹性、父母教养方式的关系研究 …………（杨宪华，庞蕊媛）140

师范专业认证背景下英语教学法课程建设与创新研究 …………………（李亚红）151

初中生情绪智力、人际关系与心理健康的相关性研究 …………（杨宪华，周紫彤）156

新形势下商洛职业教育实现跨越发展策略研究 …………………………(王怡，郭萌) 167
大学数学课程融入课程思政的实施路径探索与实践 …………………(刘亚亚，程国) 173
小学生亲子亲合、亲子沟通与自尊的关系研究 ……………(王怡，唐怡新，郭萌) 177
义务教育阶段数学小组合作教学方法探讨 ………………(王晓，刘玮，朋宏玮) 186
英语专业师范生教学能力的"人为"影响因素探析 ………………………(邵霞) 192
信息技术与中学数学教学整合浅析 …………………………(王晓，刘玮，张苗) 197
中学《有机化学》课程思政元素的挖掘及探究 ……………(王香婷，李璐瑶，高列) 204
师范专业认证背景下数学师范生情感素养的实践与探索 …………………(叶美丽) 212
通过设计性物理实验培养中学生的创新思维能力 ………………(谭小东，郭嘉妮) 217
地方应用型高校创新创业教育与专业教育的深度融合研究
　　——基于商洛学院文化产业管理专业的思考 ………(刘龙龙，李泓波，贾长安) 225
初中生学习投入的现状及影响因素研究 ……………………(邹媛园，李嫱，李子豪) 230
《论语》中的师生关系对当代师范教育的启示 ……………………(陈红艳，李迎波) 238
鲁迅与中学语文教学 ………………………………………………………(程华) 244
微课在中小学语文教学中的运用 …………………………………(程华，王锦) 250
初中化学教学中真实性情景的创设研究 ………(樊雪梅，王嘉怡，王书民，孙楠，刘萍) 258
乡村中小学英语教师信息技术素养提升策略 ……………………………(冯丽君) 270
基于核心素养的初中数学单元整体教学实施策略研究 ……………(郭萌，胡萌，王怡) 275
"参与式"教学法在中学化学课堂中的应用研究——以商丹高新中学
　　为例 ……………………………………(郝东艳，刘萍，李欣悦，胡玉洁) 283
"双减"背景下初中数学教学创新 ……………………………(李超，陈星霖，程国) 295
论新课标下初中数学教学方法的创新与对策 ……………………(李会荣，周婉婷) 302
中学语文教材劝学类作品的德育教学探究 ………………………(李小奇，齐佳怡) 315
初中生人格特质、推理能力与学业成绩 …………………(梁丰，李盼盼，方新雨) 323
虚拟仿真实验在自由落体运动教学中的应用 ……………(刘宝盈，樊腾飞，袁训锋) 333
中学思政课教师新媒体素养存在的问题及解决策略 ………(王晓霞，王贝贝，刘勇) 341

家庭情绪表露、亲子依恋与小学生情绪调节能力 …………………(彭虎军,李盼盼,杨倩倩) 348

简易水电解器的设计与制作 ………………………………(任有良,刘浩,孙楠,王银伸) 357

三类易变质试剂的再生液浓度探究 ……………………………(任有良,姬博韬,孙楠) 373

初中生父母教育卷入及其与心理韧性、生活满意度的关系 …(邹媛园,黄光圣,陆舒雯) 388

初中生父母教养投入及其与学校适应的关系 …………………(邹媛园,梁彦红,任继杰) 400

中学中国古代史教学发掘爱国主义素材的思考 ………………………………(赵卓煜) 409

小组合作学习法在初中数学教学中的应用 ……………………(赵鹏军,张文佩,吴小鹏) 417

"双减"背景下中小学家校教育焦虑与纾解对策 ………………………(张志昌,郭妮妮) 428

基于"宏观辨识与微观探析"素养培养的教学设计
　——以盐类水解为例 ……………………………(石启英,杨子华,乔成芳,孙强强) 436

高中物理教学中学生自主学习能力培养的探究 …………………………(史军辉,谢庆华) 450

近年来高考物理试题中的课程思政元素分析 …………………(史军辉,谢谦,范江鹏) 458

浅谈初中物理与高中物理的衔接问题 ……………………………………………(宋亚峰) 469

商洛市中学物理教学中的有效课堂互动研究 ……………………………(谭小东,余睿) 476

地方高校大学生在线学习体验的影响因素及改进路径❶

张孝存❷

摘要：基于学生问卷调查和访谈数据，对地方高校大学生在线学习体验状况进行分析。结果发现，地方高校学生在线学习总体体验感知处于中等偏上水平，总体状况较好；相关分析表明线上教学模式、课程内容设计、教师讲解水平和网络支持，是影响学生在线学习体验的主要因素，对学生在线学习体验有显著影响；学生个体差异对学生在线学习满意度也有影响。据此，教师应继续提升教学素养，精心设计教学，加强教学方法的交互性；学校要加强学生自主学习教育，加强网络技术支持。

关键词：在线学习；学生体验；影响因素；改进路径；地方高校

一、引言

2020年初新冠肺炎疫情肆虐全国，我国高校被迫大规模地实施在线教学。随着在线学习模式的广泛使用，大学生在线学习的体验怎样，哪些因素影响在线学习体验等问题引发社会和学者的关注。国外学习体验研究起步较早，我国在线学习体验起步较晚。拉尔夫·泰勒认为学习体验具有生命体验的属性，是学习者对外部学习环境中某些特征的主观感知与反应。学生学习体验应包括学生的认知过程和情绪情感体验两方面。美国教育改革术语表认为学习体验是"学生在学习过程中对课程资源、课程活动、课程环境的体验"。刘斌等研究认为在线学习体验是"学习者对在线课程学习过程及结果的感知与体验，它是学习者对在线课程环境、在线学习活动、学习交互等多方面的感知和反应"。以上论述说明在线学习体验涉及在线学习和学习体验两方面，在线学习表明了学习的信息化，学习体验指出在线学习主体的参与性与情感性，即在线学习学生的经历感受和态度。朱连才等基于大规模调查认为大学生对在线学习的整体满意度良好，影响学生对在线学习满意度的根本原因在于学习目标、师生互动、教师关注学生进度等因素。但哈利勒等人认为，虽然慕课促进了在线学习的发展，但在线学习的实际效果并没有达到人们的预期，如学生的参与度不够、学习效率低下等；刘丽芳等人认为，虽然在线课程引发了教育方式改革，但在线学习的教学内容与学习体验个性化缺失的问题也逐渐暴露出来。贾文军等研究发现学生在线学习体验的影响因素依次是教师教学水平、学生自主学习能力、网络平台和技术硬件设施等。反

---

❶ 基金项目：商洛学院教育教学改革研究项目"地方院校大学生在线学习体验的影响因素及改进路径研究"（21jyjx104）和陕西省教育科学十四五规划课题"基于过程视角的项目教学法在大学教学中的应用研究"（SGH21Y0232）

❷ 作者介绍：张孝存，1968年生，男，陕西省蓝田县人，自然地理学博士，商洛学院城乡规划与建筑工程学院教授，研究方向为地理教育

思国内外已有研究成果，学者虽关注学习体验的影响因素，但鲜有从学生视角质性分析学习体验的影响。因此，笔者在学生问卷调查基础上，通过访谈学生以文本反馈来分析学生在线学习体验。

二、数据来源和研究方法

（一）数据来源

论文数据主要来源于课题组于2022年7月通过问卷星平台对商洛学院、咸阳师范学院、宝鸡文理学院和陕西理工大学4所地方院校226名学生进行的问卷调查，以及商洛学院地理科学专业大三（11名）、大四（6名）学生的访谈资料。

本文设计的调查问卷由两部分组成，共有24个问题。第一部分是个人基本信息主要有4个问题：学生性别、年级和学校及专业；第二部分主要是学生在线学习体验情况，包括学生在线学习的方式、学习体验及影响因素，共有20个问题，其中包含1个开放问题：您认为影响在线学习效率的因素有哪些？其中收到有效问卷222份，问卷有效率为98.2%。在有效问卷的被访对象中，男生占到28.83%，女生占比高达71.17%；大一学生、大二学生、大三学生、大四学生分别占到4.05%、33.78%、34.68%和27.48%，问卷对象以高年级学生为主；问卷调查对象的专业分布情况为：地理科学占40.99%（由于笔者学缘关系，在咸阳师范学院、宝鸡文理学院和陕西理工大学仅调查地理专业学生，分别占到地理学生总数的6.76%，7.21%，8.11%，其余为商洛学院地理专业学生），英语占4.96%，历史学占9.91%，美术学占4.05%，秘书学占3.60%，数学占3.15%，化学占6.76%，城乡规划、工程管理、制药工程与电子商务分别占到9.01%，5.86%，5.41%，6.30%，覆盖了文学、历史学、艺术学、理学、工学、管理学6个学科门类11个专业，调查数据具有一定代表性。

（二）研究方法

指标说明：影响因素指标包括学生个体差异和教师教学方式方法、师生互动及网络环境等，各项分别赋值；调查中学生体验及体验潜在影响因素采用李克特五级量表进行定量化评价，从5到1依次表示"好""比较好""中等""较差"和"差"等程度差异；个别判断类指标，"是"赋值2，"否"赋值1。具体情况见表1。

表1 指标描述与赋值

指标	赋值标准	均值	标准差
X_1	5=好；4=比较好；3=中等；2=较差；1=差	3.51	0.849
X_2	5=高效；4=比较高效；3=中等；2=较差；1=差	3.64	0.910
X_3	5=感兴趣；4=比较感兴趣；3=中等；2=不太有；1=没兴趣	3.55	0.838
X_4	5=总是预习；4=通常；3=有时；2=偶尔；1=几乎不	3.15	0.867
X_5	5=完整；4=比较完整；3=中等；2=不太完整；1=不完整	4.49	0.911
X_6	5=多样；4=比较多样；3=中等；2=比较少；1=单一	4.13	0.728
X_7	5=适当；4=比较适当；3=中等；2=适当性较差；1=不适当	3.97	0.941
X_8	2=师生互动；1=无互动	1.43	0.496
X_9	5=透彻；4=比较透彻；3=中等；2=有点混乱；1=不清晰	4.42	0.652

续表

指标	赋值标准	均值	标准差
X_{10}	5=适当；4=比较适当；3=中等；2=适当性较差；1=不适当	4.30	0.733
X_{11}	5=合理；4=比较合理；3=中等；2=合理性较差；1=不合理	4.25	0.755
X_{12}	5=完整；4=比较完整；3=中等；2=不太完整；1=不完整	4.67	0.707
X_{13}	2=网络畅通；1=网络卡顿	1.50	0.501

注：X_1~X_{13}分别代表学生在线学习体验满意度、在线教学模式高效程度感知、在线学习兴趣、预习习惯、教学过程、教学方式、教学方法、师生互动、讲解水平、教学内容选择、进度安排、资料上传和网络畅通性。

运用数理统计法对数据进行分析。笔者运用SPSS软件对大学生在线学习体验与潜在影响因素进行相关性分析。

三、结果与分析

（一）学生在线学习体验现状

1. 线上教学方式和网络平台使用情况

据调查4所地方院校教师在线教学的主要方式有两种，一是直播教学，教师实时音频或视频直播授课，学生在线实时听课，教师课前通过课程平台、班级微信或QQ群等渠道给学生提供PPT和视频等学习资料；学生课后可看直播回放进行复习，这种方式所占比例高达70.72%。二是录播直播混合教学，课前学生通过教师录制的上课视频或网上优质课程教学视频学习，线上教师讲解难点、师生讨论并解答习题，其比例将近30%。线上教学目标方面，92.44%学生认为自己接受的线上教学课程渗透情感态度和价值观教育，有利于学生全面发展。

学生的在线学习平台及网络环境情况，问卷调查显示学生使用的在线学习平台主要有钉钉课堂、学习通、腾讯课堂、智慧树与云班课5种。其中使用钉钉课堂的学生人数最多，比例高达93.24%；其次为学习通，使用人数比例为49.55%；最后为腾讯课堂，利用人数比率为35.14%；使用智慧树和云班课的学生比例较低，仅分别为17.12%、5.86%。有39.19%的学生使用一种在线学习平台，28.83%的学生利用两种在线学习平台，19.82%学生使用3种学习平台，12.16%的学生使用多达4种及其以上的学习平台。访谈中，学生认为上课使用的在线平台种类越多，学生需要安装的小程序类型就多，上课时来回切换，容易使学生产生烦躁感。关于在线学习平台信号功能情况，84.69%的学生认为钉钉课堂信号功能良好，27.93%的学生感觉腾讯课堂效果良好，16.67%的学生认为学习通功能较好，学生对智慧树和云班课平台信号满意率相对较低。

2. 学生在线学习体验情况

4所地方高校学生在线学习总体体验感知由学生在线学习满意度（权重0.7）、在线教学模式高效程度感知（权重0.3）两部分加权计算合成，总评得分为3.55（±0.804），说明学生在线学习总体体验感知处于中等偏上水平。两分项具体情况，在线学习满意度均值为3.51

(表1)，其中认为自己学习体验"好"为12.61%，"比较好"的有34.69%，"中等"的占到46.40%，三者合计高达93.70%，表明学生对线上教学的满意度处于中等偏上水平；但也必须清楚还有6.30%的学生线上学习满意度为"较差"和"差"。学生对线上教学模式高效程度评价均值为3.64（表1），其中认为"高效"的学生比例为19.37%，认同"比较高效"的占比为35.14%，感觉一般（中等）的比例达到36.94%，认为"较差"和"差"的学生合计比例为8.56%，这说明学生对线上教学模式高效程度的评价也处于中等偏上水平。两分项的学生评价情况与学生线上学习总体体验高度一致。

就学生线上和线下上课方式选择意愿方面，59.46%的学生表示喜欢以线下为主、线上辅助的混合式教学，31.53%的学生钟爱线下教学，只有9.01%的学生喜好线上教学。

(二) 学生在线学习体验影响因素分析

1. 学生在线学习体验影响因素的质性分析

调查结果显示学生所列的影响在线学习效果高频因素（前4项）主要有：涉及学生自身方面词汇出现67次，学习环境方面的词汇出现64次（含网络问题方面词汇27次），教学模式方面的词汇出现61次（含师生互动方面词汇有16次），教学内容方面有13次。

"手机因素和自身控制力因素，不能让自己保持良好的学习状态。在线学习时微信等软件会运行，随时有新消息会影响上课的专心度。"（调查对象：陕西理工大学大四地理专业1男生）

"在家学习环境较嘈杂，影响学习效率。"（调查对象：宝鸡文理学院大三地理专业1女生）

"内容枯燥，老师赶进度讲得太快。"（调查对象：商洛学院大二化学专业1女生）

"有时候网络的卡顿使得学生和老师无法顺畅地进行面对面的交流。"（访谈对象：商洛学院大三地理专业1女生）

"老师无法实时一直监管学生，也不能与学生及时沟通，师生互动较难，导致学生上课不积极。"（访谈对象：商洛学院大三地理专业1女生）

2. 学生在线学习体验与其影响因素的相关性分析

任何教学活动均涉及教师、学生、教学内容、教学方法、教学评价和教学环境等因素，是它们相互作用的结果。线上教学也不例外，必然受到这些因素影响。从问卷和访谈材料来看，学生提供的影响因素素材也与此高度吻合，结合学生调查反馈，借鉴前人研究成果，初步分析以下因素。

(1) 学生个体差异与线上学习体验。

学生个体差异包括学生在线学习兴趣和预习习惯两个因子，学生在线学习兴趣自我评分高于预习习惯。由表1可见，学生在线学习兴趣平均得分3.55，兴趣度达到中等偏上水平，其中"感兴趣"和"比较感兴趣"的共占学生总数的51.70%，"兴趣一般"的有40.99%，"兴趣少"和"没兴趣"的有7.31%。学生预习习惯均值为3.15（表1），属于中等水平，其中"总是预习"和"通常预习"的学生有25.68%，"有时预习"的有56.75%，"偶尔预习"和"几乎不"的达17.57%。相关分析表明，学生在线学习体验虽与学生在线学习兴趣和预习习惯呈正相关关系，但未达到显著性水平；学生在线学习满意度与两者均达极显著相关，相关系数分别为 0.597（$P<0.01$），0.504（$P<0.01$），这说明学生自身的个体差异对其线上学习满意度影响显著，其对线上学习体验也存在一定影响。

（2）教师教学模式与线上学习体验。

教学模式包括教学过程、教学方式方法、互动水平等内容，由表1可见，学生评分排序为教学过程＞教学方式＞教学方法＞互动水平。

学生对线上教学过程的完整性和环节多样性评分为4.49（表1），达到良好等级。其中68.92%的学生承认教师线上教学设计了导课、讲解新课、布置作业、连麦等环节，18.02%认为教学过程比较完整、环节多样，仅有7.20%的学生认为教学过程以讲解为主，缺少其他环节，表明学生认可线上教学过程的实施情况。相关分析表明，线上教学过程与学生在线学习体验存在极显著正相关关系，相关系数为0.347（$P<0.01$），说明其对学生在线学习体验影响显著。

由表1可得，学生对线上教学方式多样性评分为4.13，达到良好等次。其中认为线上课堂教学方式多样和比较多样的学生比例高达87.39%，认为多样性一般的将近10%，认为单一的少于3%。线上教学方法适当程度得分为3.97（表1），处于中等偏上水平，其中认同教学方法适当和比较适当的学生比例高达73.87%，认为教学方法选择一般的占19.82%。师生互动平均得分1.43（表1），处于中等水平。相关分析结果显示，线上教学方法适当程度、互动水平与学生线上学习体验均呈极显著正相关关系，相关系数分别为0.222（$P<0.01$），0.428（$P<0.01$），说明二者对学生线上学习体验有显著影响；线上教学方式多样性与学生线上学习体验存在正相关关系，但未达到显著性，表明它对线上学习体验有一定影响。

线上教学评价：课程考核采用结构成绩，以期末学生笔试成绩为主，其占到课程总成绩60%～80%，平时成绩占20%～40%，平时成绩多由考勤、作业和课堂表现组成，这与线下教学课程考核方式并无差别。问卷数据结果显示，25.23%的学生认为线上教学有丰富的过程性考核，50.90%的认同有较多的过程性考核，18.47%认为有一些过程性考核，仅有5.40%觉得没有过程性考核或过程性考核很少。这一结果表明绝大多数教师在线上教学过程中努力以平时考核督促学习。

（3）教师讲解水平与线上学习体验。

学生对教师重难点讲解的透彻程度评分为4.42，到达良好等级，其中认为重难点明确、讲解清晰透彻的学生高达92.79%，这一切说明学生对教师的讲解水平是充分肯定的。相关性分析显示，教师重难点讲解水平与学生在线学习体验呈极显著正相关关系，相关系数为0.399（$P<0.01$），表明它显著影响学生线上学习体验程度，教师讲解越清晰，线上学习体验效果就越满意。

（4）课程内容设计与线上学习体验。

课程内容设计包括课程内容选择、进度安排和教学资料上传等，由表1可知，学生评分排序为教学资料上传＞课程内容选择＞进度安排。学生对线上课程内容选取合理性评分为4.30（表1），其中认为内容选取适当和比较适当的达到86.49%，表明绝大多数学生认同教师课程内容选取的合理性。学生对线上教学课程进度适当性评分为4.25，其中认为课程进度安排合理和比较合理的合计共有83.78%，说明课程进度和绝大多数学生的消化理解能力保持一致。教师资料上传情况得分为4.67（表1），其中认为上传学习资料系统完整的学生达到 78.38%，认为比较完整的也有 12.61%，其余不到 10%。相关分析表明，课程内容选择、进度安排、教学资料上传均与学生在线学习总体体验存在极显著正相关关系，相关系数分别为 0.480（$P<0.01$），0.505（$P<0.01$），0.235（$P<0.01$），进一步证明课程内容设计的这三个要素对学生学习体验有显著影响。

(5) 网络支持与线上学习体验。

由于学生所处的是学校宿舍、家庭或室外等多种多样的学习环境，学生可选择余地较大，可以找到相对较好的学习环境，所以仅就网络环境进行探讨，其余方面不做具体分析。学生对网络畅通性评分为 1.50（表1），半数以上的学生（50.45%）感觉线上教学网络环境有时不稳定，存在卡顿现象。相关分析发现，课堂网络畅通性与学生在线学习总体体验呈极显著正相关关系，相关系数为 0.352（$P<0.01$），说明其对学生在线学习体验影响显著。

四、结论与建议

(一) 结论

基于上述分析，便可以获得如下结论：

一是地方高校学生在线学习总体体验感知处于中等偏上水平，学生在线学习满意度属于中等偏上水平，总体状况较好。但学生在线学习满意度未达到朱连才认为的良好层次。

二是地方院校学生在线学习体验的影响因素主要集中在教学模式（教学过程、教学方法和互动水平）、课程内容设计（课程内容选择、进度安排和教学资料上传）、教师讲解水平和网络支持四个方面，均对学生在线学习体验有显著影响。线上教学过程和上传的资料越完整，教学方法越适当，内容选取和进度安排越合理，网络越通畅，互动性越强，学生课堂参与感就越强，学习体验感就提升。

三是学生个体差异（在线学习兴趣和预习习惯）对学生在线学习满意度有显著影响，对在线学习总体体验有一定影响。

(二) 建议

1. 继续提升教师教学素养，熟练适应线上教学需要

尽管调查中学生对教师线上课堂讲解水平是认可的，但教师因素是影响学生在线学习体验的最重要因素，它关系到教学模式、课程内容设计和教学效果等多个方面，对线上教学活动的影响是直接的、全方位的。因此，要继续更新教师教学理念，坚持以生为本，从学生实际出发，熟练选取线上教学内容，优化教学方法，拥有良好线上教学技能，尤其是线上教学空间分离下调控学生学习情绪的能力，同线下教学一样保持良好的教学风貌。

2. 精心教学设计，注重教学方法的交互性

研究发现教学模式（教学过程、教学方法和互动水平）、课程内容设计（课程内容选择、进度安排）、教师讲解水平均与学生线上教学体验密切相关。被调查学生认为比较高效的线上课堂结构（以每节课50分钟为标准单位）为复习旧课 3~5 分钟，教师讲授新课环节（含导入）30~35 分钟，师生互动活动环节 5~10 分钟，练习与小结环节 5~8 分钟。

根据研究发现和学生反馈，针对线上教学特点，做好课前准备，及时上传相关教学资料，安排学生预习，合理选取教学内容，精心设计教学方法和教学环节，优化课堂结构，

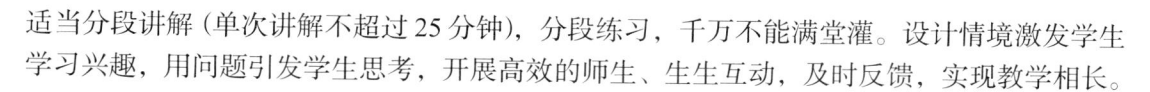

适当分段讲解（单次讲解不超过25分钟），分段练习，千万不能满堂灌。设计情境激发学生学习兴趣，用问题引发学生思考，开展高效的师生、生生互动，及时反馈，实现教学相长。

3. 加强学生自主学习教育，保证线上学习的专注度

线上教学中教与学空间分离，没有线下课堂的学习氛围，缺少教师和同学的监督；加之，其他运行软件随时会推送新消息影响学生上课的专心度；自控力差的学生会转移目标，不能集中精力听课，不能保持良好学习状态。因此，应加强学生意志力培养和自主学习教育，养成良好学习习惯，以适应线上学习的新挑战。

4. 加强网络技术支持，保障网络畅通

改善学校网络条件，加强师生线上教学平台使用和简单网络故障处理方法培训，规范线上教学平台使用，减少平台使用的随意性和盲目性。关注乡村和偏远地区学生网络环境较差带来的学习困难，采取特别帮扶措施，使学生学习渠道畅通，学习顺利，获得应有的发展。

参考文献

[1] 拉尔夫·泰勒，罗康. 课程与教学的基本原理（英汉对照版）[M]. 张阅，译. 北京：中国轻工业出版社，2014.

[2] NELLIE MAE EDUCATION FOUNDATION. Learning Experience[EB/OL]. [2019-02-15]. https://edglossary.org/learning-experience.

[3] 刘斌，张文兰，江毓君. 在线课程学习体验：内涵、发展及影响因素[J]. 中国电化教育，2016(10):90-96.

[4] 朱连才，王宁，杜亚涛. 大学生在线学习满意度及其影响因素与提升策略研究[J]. 国家教育行政学院学报，2020(5):82-88.

[5] KHALIL H, EBNER M. MOOCs Completion Rates and Possible Methods to Improve Retention-Aliter-ature Review[C]//Proceedings of World Conference on Educational Multimedia, Hypermedia and Telecom-munications, 2014:1305-1313.

融合深度学习的 STEM 课堂教学模式探索

杜红乐，张燕

摘要：STEM 教育旨在培养学生以科学、技术、工程和数学知识为基础解决真实情境问题的能力以及培养学生创新精神和综合应用知识解决复杂问题的能力，而深度学习旨在培养学生的高阶思维和多元能力，注重内容整合、重视知识构建、强调批判思维、意在迁移运用。因此，本文探讨融合深度学习和项目式教学 STEM 的课堂教学模式，该模式以"做中学、学中做"的教学理念为中心、以深度学习和多元智能理论为基础、以 STEM 教学为主线、以项目式教学方法为手段开展课堂教学，旨在培养学生的多元能力和高阶思维能力。

关键词：STEM 教育；深度学习；项目式教学；多元能力

STEM 教育跨学科、多学科融合的特点，需要深度融合不同学科的知识，旨在培养解决真实情境下复杂问题的能力，进而培养创新意识、动手实践、解决实际问题等多元能力。由于学科之间不是孤立的，而是相互依赖、相互影响、相互促进的，结合 STEM 教育理念，需要将科学、技术、工程、数学等多门学科深度融合，需要打通学科之间壁垒，需要对各学科知识进行整合。在真实场景下，解决问题通常是需要融合多学科的知识，需要多种能力的相互协作，需要技能的相互搭配，相比传统分科教学，STEM 教育更加重视解决真实情境下的复杂问题，在解决问题的过程中培养学生的多种能力、高级思维及职业素养。相比传统教学，STEM 教育更加符合教育的目标，因此受到发展中国家教育部门的重视，2017 年中国教育科学研究院发布《中国 STEM 教育白皮书》，并启动"中国 STEM 教育 2029 创新行动计划"。一些发达国家也都从国家层面推动 STEM 教育，鼓励教育工作者从理论到实践积极参与到相应的教育教学改革中。

深度学习旨在培养学生发现问题、分析问题、解决问题等多元能力，注重高阶思维的培养。深度学习通过激活已有知识、批判地学习新知识和新概念，并对新旧知识建立联结，以完成对新内容的深层次理解、对新知识的深层次建构，强调批判的、自主的探究学习，注重新旧知识之间的内在联系，强调在真实复杂环境下知识的迁移应用，通过知识获取、知识建构、知识迁移、知识升华等过程，培养学生的多元能力和高阶思维能力。

STEM 教育通过协作探究来解决真实情况下复杂问题，培养学生的多元能力、高级思维能力及 STEM 素养，STEM 教育在真实的问题情境下采用有意义学习、探究学习、项目

---

❶ 基金项目：陕西省高等教育学会科学研究"十三五"规划课题（编号：SGH20Y1349）；商洛学院教学改革项目（21jyjx001）；商洛学院科技创新团队建设项目（18SCX002）

❷ 作者介绍：杜红乐，1979 年生，男，河南宜阳人，硕士，副教授，主要研究计算机教育
张燕，1977 年生，女，陕西商洛人，硕士，副教授，主要研究为计算机教育

式学习等学习方式,强调新旧知识的整合、注重知识的迁移应用、重视多元能力和高阶思维能力的培养等方面与深度学习教育理念一致。因此,本文探讨融合深度学习和项目式教学 STEM 的课堂教学模式,该模式以"做中学、学中做"的教学理念为中心、以深度学习和多元智能理论为基础、以 STEM 教学为主线、以项目式教学方法为手段开展课堂教学,旨在培养学生的多元能力和高阶思维能力。

一、融合深度学习的 STEM 课堂教学的基础

(一) STEM 教育

STEM 是科学、技术、工程、数学四类课程的首字母,通过创设真实场景下的问题,通过教学目标的具体化、教学内容的真实化、学习知识的整合化、教学方法的多样化、评价方法的多元化,使得在场景中解决真实复杂的问题,促使整合已有知识、建构新知识体系、深度加工应用信息解决问题,培养学生实践操作等多元能力和高阶思维能力。科学、技术、工程、数学环环相扣、相互促进,图 1 给出了 STEM 教育关键要素关系图,科学是基础,技术是手段,数学作为工具应用到科学、技术和工程中解决实际问题,科学知识为技术创新提供基础,各种技术为具体的工程问题提供方案,数学是科学的理论基础,又为工程问题的建模解决提供指导。STEM 通过对科学、技术、工程和数学相关知识的整合解决复杂的真实问题。

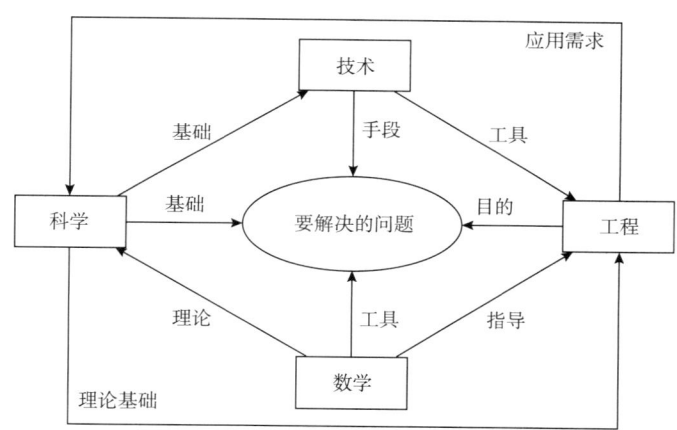

图 1 STEM 教育关键要素关系图

解决真实场景下复杂问题的能力是 STEM 教育最终的目标,在此过程中培养学生的科学素养、技术素养、工程素养和数学素养。在形式上,STEM 教育培养知识、方法、技能、能力、态度等多种素养、发展学生解决问题、沟通交流、团队协作等多元能力,培养学生的创新意识、创新精神和创新能力。在方法上,STEM 教育多采用项目式教学,教师依据学生的知识基础和课程教育目标创设场景,学生通过资料查阅、自主探究、协作交流等过程挖掘场景下的关键问题、寻求问题的解决方法,在此过程中培养学生的沟通交流能力、协作能力、表达能力等多元能力。在评价方法上,STEM 教育强调解决问题的能力,好成绩并不是最终的目的,学习的目的是提高运用知识解决实际问题的能力,而不是获取知识的多少,评价方法重在关注学生能力的提升和素质的养成,因此,常采用重过程、多元化

的评价方法。

(二) 深度学习与 STEM 教育的关系

深度学习主张批判性的、主动的、有意义的学习，深度学习强调在复杂的技术环境中和真实的情景下，批判、主动地学习、反思，通过对知识的深度理解、深度加工，掌握内在含义，主动建构个人的知识体系，并将知识用于解决真实情境中的实际问题，促进高阶思维能力的发展和学习目标的达成。

①教学目标：深度学习在真实的场景下，通过对知识的深度理解、深度加工、迁移应用，培养学生解决问题、创新应用、沟通交流、语言表达等多元能力和高阶思维；STEM 教育旨在培养学生解决复杂问题的能力，提升学生的科学精神、创新能力等多元能力，培养学生的批判思维、逻辑思维等高阶思维，激发学生的深度学习意愿。

②教学组织：STEM 教育跨学科的特点和培养学生解决真实情境下复杂问题的能力目标，任务驱动、项目式教学是常采用的教学组织方式，通过让学生在具体复杂的场景中解决真实的问题，达到教学目标，使得学生获得多元能力和高阶思维。

③学习方式：基于项目式教学，STEM 教育常采用有意义学习、自主探究学习、合作交流学习等学习方式，在此过程中，主动的、批判的获取知识，并对知识进行深度理解、深度加工，进而对知识进行整合、重构、内化、升华，构建新的知识体系，获得解决问题所需的知识、技能、能力等，从而提升学生的多元能力、培养学生的高阶思维。

④评价方法：针对教学目标、教学组织方式、学习方式，传统的考试无法评价学生的学习效果，而深度学习和 STEM 教学常采用重过程、多元化的评价方法来评价教学目标的达成情况。

基于以上分析，深度学习和 STEM 教育在教学目标、教学组织、学习方式、评价方法等方面高度一致，这为开展融合深度学习的 STEM 课堂教学提供了坚实的基础。

二、融合深度学习和项目式教学的 STEM 课堂教学模式

6E 教学模式是美国国际技术与工程教育学会于 2014 年提出的落实 STEM 教育的活动模式，6E 教育活动模式包括导入（Engage）、探究（Explore）、解释（Explain）、工程（Engineer）、拓展（Extend）和评价（Evaluate）六个步骤，深度学习路线包括预评估、营造氛围、激活已有知识、获取新知识、深度加工和学习评价六个步骤，开展项目教学时可大致分为教学准备、知识建构、知识迁移和评价反思四个阶段，基于此，融合深度学习和项目式教学的 STEM 课堂教学模式如图 2 所示。

"导入"环节教师要依据学生的知识基础，创设符合教学目标的场景，把需要解决的问题、需要培养的能力融入场景中，为项目的开展营造氛围。在这个环节，学生在教师的引导下挖掘要解决的问题是什么，分析解决问题所需的相关知识和技能。"探究"环节学生通过查阅资料、沟通交流获取解决问题所需要的知识材料，并对相关知识进行深度理解、深度加工、有机整合。"解释"环节分析解决问题所需知识、解决问题的思路、解决方案的可行性及合理性，通过自主探究、组内讨论等方式培养学生自主学习、团队合作意识，寻求解决问题知识之间的脉络、分析相关原理，寻求最优解决方案。"工程"环节通过工程理念和已有知识设计解决方案、撰写方案书，明确小组成员的具体分工，完成项目的设计、开

发、测试等。"拓展"环节主要是对项目的延伸和扩展，需要对工程环节的设计方案进一步优化，增加项目的广度和难度，引导学生获取新知识，并对知识和技能进行升华和迁移应用。"评价"环节注重过程性评价，对学习效果进行多角度、多元化的评价，并及时反馈评价结果，重点强调发现、分析、解决问题的能力，注重团队协作、创新意识、创新能力等方面的评价。

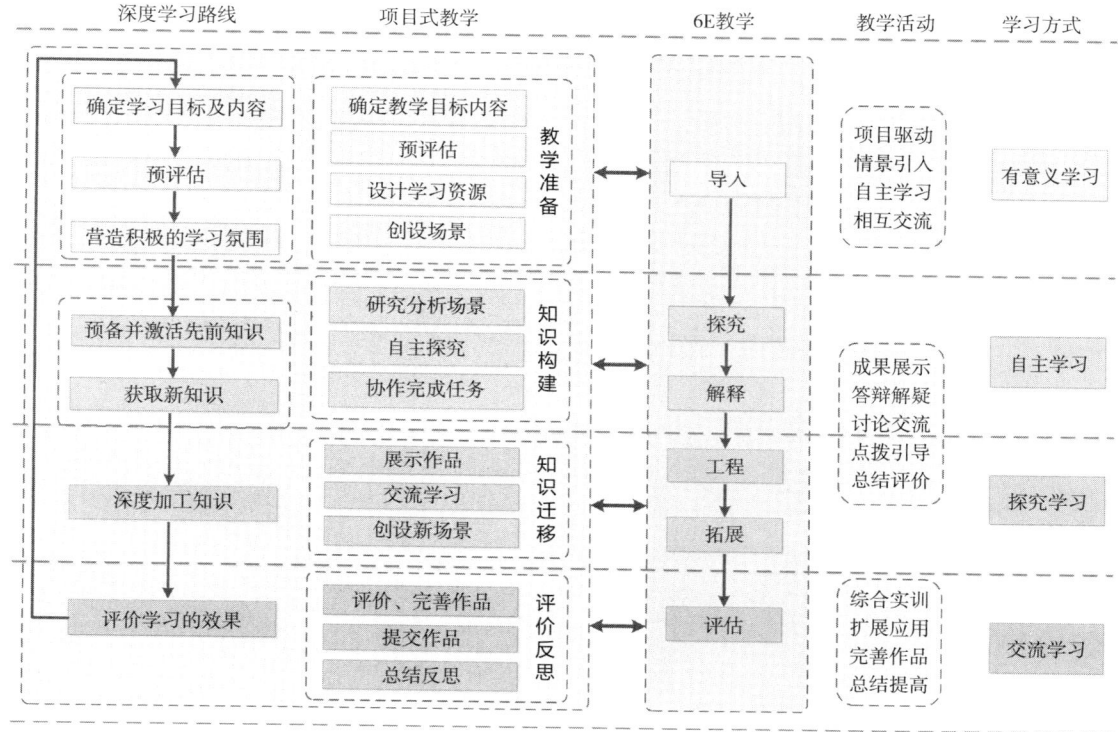

图2　融合深度学习和项目式教学的STEM教学模式

三、融合深度学习的STEM课堂教学设计过程

STEM课程基于工程设计的项目为架构，利用工程设计整合课程内容，产生具体项目，把科学、数学的基础知识和技术能力融合在工程项目之中。所以，STEM课程的学习要求一种基于问题的探究性学习，强调实践探究与工程设计，这也是STEM中工程的主要含义与要求，具体的设计过程如图3所示。根据综合运用科学、数学和技术的知识解决工程中的实际问题，STEM的教学可以分为四个阶段六个步骤：

第一阶段，知识获取：对应于6E模型的情景导入、感知参与，首先需要预评估、并确定课程教学目标、教学内容，然后创设场景，为学生营造积极主动的学习氛围，学习的目标是完成接近真实情景的项目，使得整个学习过程是有意义的。STEM学习是探究性学习，学生需要在教师的引导下分析、发现问题，探究须从真实的问题开始。

第二阶段，知识构建：对应于6E中的问题探究和分析解释，通过任务驱动的方式，在教师的引导下让学生主动去鉴别、获取、理解知识，把知识融入相应的知识体系中，进一步用于解决真实情景下的复杂问题，完成知识建构。学生通过自主探究、小组协作等形式完成相应的任务，进一步巩固已有知识、获取新知识，让学生在做中学、学中做，在做中加深理解，在做中完成知识建构。

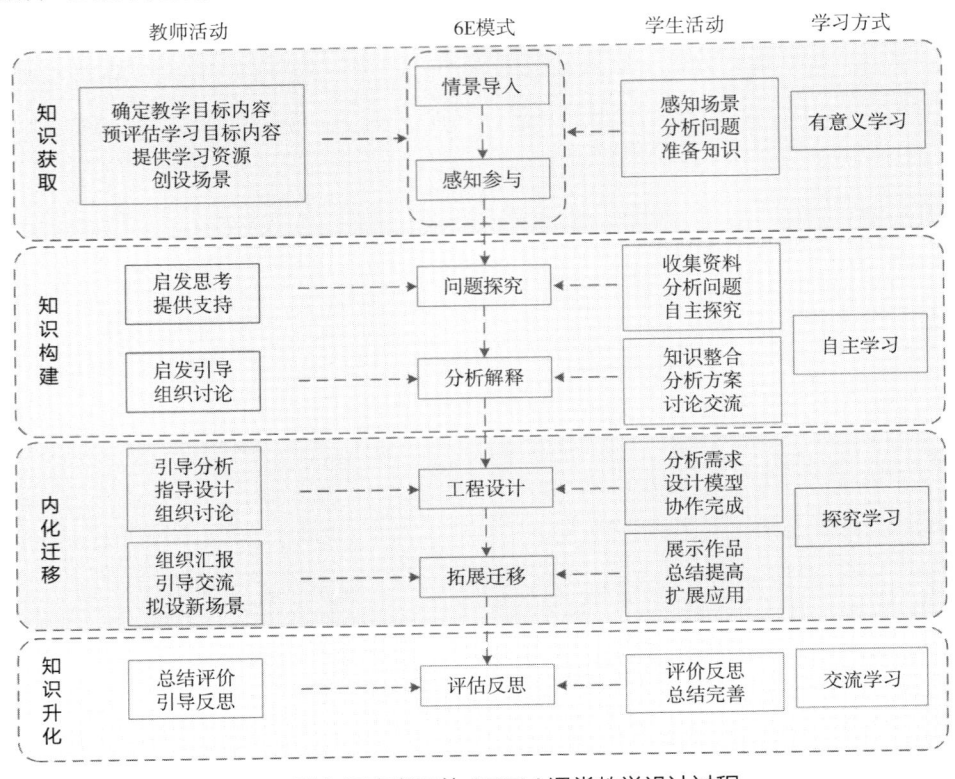

图3 融入深度学习的STEM课堂教学设计过程

第三阶段，内化迁移：对应于6E中工程设计和拓展迁移，在教师的引导下学生将原始信息加工成完整的、有意义的知识，学生不仅能阐述、理解知识，更重要的是能在不同的实际场景中应用所学知识去解决复杂的问题。这个过程中，通过作品展示让学生体验成功，并在展示的过程中自我评价，评价作品的优缺点，并对不足之处提出优化方案。通过对场景的延伸和扩展，在优化解决方案的过程中实现对知识的内化到知识的升华。通过创设新的场景，在分析、设计、完成新场景的解决方案，实现对知识的迁移应用。在该阶段，主要通过探究学习、交流学习、小组协作等形式完成任务，进一步深化所学知识，培养学生创新意识、创新应用、迁移应用等方面的能力和批判思维。

第四阶段，知识升化：STEM教学和深度学习都是强调过程性评价，通过对学生在实施过程中的表现、作品的完成情况进行阶段性的、多角度的评价，并对学习效果进行及时反馈。一方面可以让学生及时发现不足并进行修正，另一方面，可以督促学生的学习。针对STEM的教学目标，在每个阶段注重发现、分析、解决问题能力和团队协作、实践创新等方面能力的评价，在教师评价和学生互评时，注重方案设计、模型构建、作品质量、方案书的撰写、作品展示情况等方面的评价，同时兼顾学习态度、工作质量、个人贡献度等方面的评价。各小组针对自我反思、组内评价、组间互评和教师评价等对自己完成的作品进行总结，形成总结报告并提出优化方案。学会评价、总结、反思，对于教师，有助于提升教学效果，促进教师教学水平的提高；对于学生而言，有助于加深学习效果，从动手实践等各方面接收高阶思维能力。

整个教学过程以"做中学，学中做"的教学理念为指导，以融合多学科知识为基础，以培养学生解决复杂问题的能力为出发点，通过任务驱动使得课前学习是有目的性的，通过创设场景使得学习是有意义的，从而调动学生的主动性、发挥学生的主体作用；通过在线交流、答疑等，学生在教师的引导发现问题、分析问题、解决问题，培养学生发现问题、分析问题、解决问题的能力；课堂上通过组织学生展示作品、交流讨论、相互评价等方式让学生对所学知识能深入地理解、掌握、应用，通过创设新场景，让学生进一步完善作品，有利于学生自主学习能力及创新思维的形成；通过师生的总结反思进一步促进深度学习。

四、融合深度学习的 STEM 课堂教学设计案例

《数据库开发与应用》是计算机及相关专业的主干课，具有综合性、理论性、实践性等特点，针对该课程的学习需要用到科学（系统应用对应的领域知识）、数学（数据库模型）、工程（软件工程，软件开发流程）、技术（程序设计语言）、艺术（系统界面的设计和美化），主要培养学生利用数据库及相关知识解决各领域的实际问题的能力，具体涉及需求分析、数据库设计、系统设计、系统开发、系统测试、管理维护等过程。下面以大家最常见的"系统登录"功能模块为例介绍融合深度学习的 STEM 教学模式的课堂教学设计过程，详细的设计过程如图 4 所示。该案例以项目为载体，对 6E 教学模式中六个阶段的教师活动、学生活动、STEM 教学内容以及教学达成的能力目标进行设计。

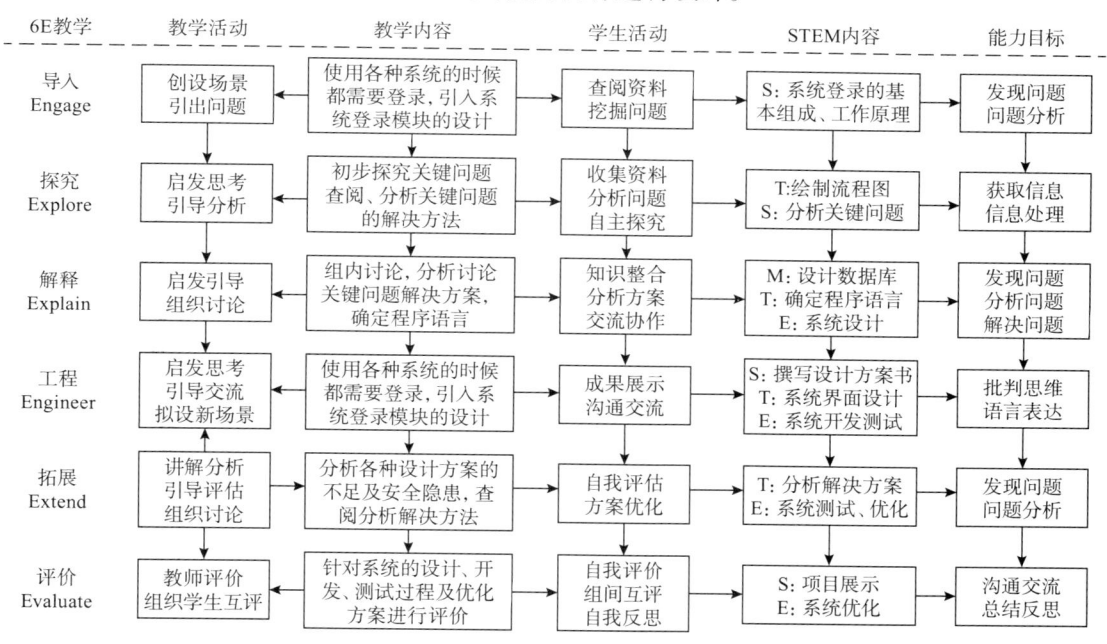

图 4 系统登录专题课堂教学设计

五、结论

深度学习和 STEM 教育在教育目标、教学组织、学习方式、评价方法等方面高度一致，都强调"做中学，学中做"的教育理念，旨在培养学生解决真实场景下复杂问题的能

力,为深度学习和 STEM 教育的融合奠定了基础,本文从融合深度学习的 STEM 课堂教学模式的基础、融合的过程、课堂教学设计出发进行了介绍,并以《数据库系统开发与应用》中的"系统登录"专题为例,给出了设计案例。融合深度学习的 STEM 课堂教学设计旨在培养学生解决实际问题的能力,同时培养学生自主学习、团队协作、语言表达、沟通交流、文档书写等多元能力和高阶思维能力。

参考文献

[1] 梁芮铭,姜强,晋欣泉,等. 知识建构环境下 STEM 学习发生的内在机制及作用效度分析——面向深度学习的课堂教学结构化变革研究之四 [J]. 现代远距离教育,2020 (2):43-50. DOI: 10.13927/j.cnki.yuan.2020.001.7

[2] 余胜泉,胡翔. STEM 教育理念与跨学科整合模式 [J]. 开放教育研究,2015,21(4):13-22. DOI: 10.13966/j.cnki.kfjyyj.2015.04.002.

[3] 霍韵婷. 指向深度学习的 STEM 校本课程开发研究——以"玩转课程"为例 [J]. 中国信息技术教育,2022(9):66-68.

[4] 秦瑾若. 深度学习视域下 STEM 教育的审视与思考 [J]. 教育理论与实践,2022,42(7):58-63.

融入课程思政的 EVENT 教学模式在康复护理学中的应用研究

贠航[1]

摘要：目的：探讨融入课程思政的 EVENT 教学模式在《康复护理学》中的应用。方法：基于 EVENT 教学模式融入课程思政，构建融入课程思政的 EVENT 教学模式。选取 2020 级和 2021 级护理专升本的学生作为研究对象，2020 级 70 名学生作为对照组，2021 级 71 名学生作为思政组。思政组采用融入课程思政的 EVENT 教学模式，对照组采用传统教学模式。授课结束后，比较两组学习成绩、自主学习能力和对授课方式的评价，明确融入课程思政的 EVENT 教学模式的教学效果。结果：授课结束后，思政组期末成绩和总成绩显著高于对照组（$P<0.01$）；思政组在学习动机维度、自我管理能力维度、信息素质维度以及自主学习能力总分方面显著高于对照组（$P<0.01$）；此外，两组在授课方式是否满意和是否提高知识记忆效率方面，差异有统计学意义（$P<0.05$）。结论：融入课程思政的 EVENT 教学模式不仅提高了教学质量，还调动了学生自主学习的主动性和积极性，有助于提高学生的专业能力。总体而言，融入课程思政的 EVENT 教学模式值得在护理学其他课程授课中应用。

关键词：课程思政；EVENT 教学模式；康复护理学

2016 年 12 月，习近平总书记出席全国高校思想政治会议时提出，思想政治理论课要坚持在改进中加强，提升思想政治教育亲和力和针对性，用好课堂教学以满足学生成长发展的需求和期待。2020 年 5 月，教育部印发的《高等学校课程思政建设指导纲要》指出，全面推进课程思政建设既是落实立德树人根本任务的战略举措，又是全面提高人才培养质量的重要任务。在此基础上，该纲要对医学类专业提出要求，即在课程教学中注重加强医德医风教育，着力培养学生"敬佑生命、救死扶伤、甘于奉献、大爱无疆"的医者精神，着力提升学生综合素养和人文修养。护理学作为医学类专业，学科内涵建设日益完善，随着"课程思政"教学任务的提出，传统以课堂讲授为主要形式的教学模式已经无法满足护理学深入的育人效果。EVENT 教学模式是以"E（Example 举例）、V（Video 观看视频）、E（Experience 仿真体验）、N（Noviciate 见习）和 T（Team Discussion 小组讨论）"为基本构架的新型教学模式，该教学模式在传授专业知识的同时，丰富了理论教学的内容形式，有效解决了护理学课程教学形式单一的问题。《康复护理学》是护理专业知识的重要组成部分，通过《康复护理学》学习将提高和升华学生康复护理相关的专业知识和技能，但《康复护理学》强调康复治疗和康复护理技术密切配合，进而理论知识较为抽象，学生理解起来存

---

[1] 作者介绍：贠航，1993 年生，陕西商洛人，护理学硕士，商洛学院健管院助教，研究方向为康复护理学

在困难，影响教学质量。因此，本研究通过思考护理学专业课程思政的内涵，将课程思政融入 EVENT 教学模式，并应用到《康复护理学》课程教学当中，旨在提高学生的学习成绩和自主学习能力，培养具有高尚医德、扎实理论知识和实践技能的康复护理人才，以期为《康复护理学》课程教学提供参考。

一、研究对象与方法

（一）研究对象

选取商洛学院健康管理学院 2020 级和 2021 级护理专升本学生作为研究对象。2020 级共 70 名学生，年龄分布在 19～23 岁，平均年龄 21.36 ± 1.12 岁；女生 69 名，男生 1 名。2021 级共 71 名学生，年龄分布在 19～24 岁，平均年龄 21.20 ± 1.64 岁；女生 71 名。根据分组情况，2020 级学生作为对照组，2021 级学生作为思政组。两组使用同一套人才培养方案，均按计划完成前期课程学习，两组性别、年龄比较差异无统计学意义，因此两组具有可比性。

（二）教学方法

两组均使用人民卫生出版社出版的《康复护理学》第 4 版教材。授课教师相同，按照教学大纲，培养学生思想道德、专业知识、专业技能和知识应用能力。

1. 思政组

（1）制订教学设计。

教学团队由 6 名教师组成，教授和副教授 2 名、讲师 2 名、助教 2 名，其中 3 名教师任教《康复护理学》不少于 2 年。教学团队在教学前集体进行会议讨论，挖掘课程思政元素，共同收集课程思政案例素材和相关视频，将专业理论知识同思政教育有机融合。课程授课于 2022 年 3 月至 6 月完成，开展 12 次理论课（24 学时）、2 次医院见习（共计 10 天），理论课教学设计详见表 1。

（2）EVENT 教学模式实施方法。

① E（举例）：借助案例增强学生对讲授知识的理解，同时增加学生的思考能力。例如，列举"篮球女孩"钱红艳的故事，使学生敬畏生命、勇于拼搏；列举"疫情期间坚守岗位的医护人员"，融入爱岗敬业的职业精神和团队协作意识等。

② V（观看视频）：课前剪辑 6～10 分钟的视频片段，课堂中组织学生观看，激发学生主动学习的热情，加快学生对授课知识的理解。比如在讲解第七章《常见神经疾病病人康复护理》时，让学生赏析微电影《下半身 下半生》，带领学生走进脊髓损伤的主人公的内心世界，从而加深学生对脊髓损伤患者康复护理的认知，推动学生意识到康复护理可以给患者带来继续生活的勇气，激发学生对专业知识学习的热情。

③ E（仿真体验）：利用神经肌肉电刺激治疗仪，模拟帕金森患者增高的肌张力；上肢康复机器人，模拟脑卒中患者下降的肌力；直流电治疗仪，模拟周围神经损失患者的感觉异常；电动直立床，模拟脊髓损伤患者的起坐困难等。通过仿真体验使学生体验患者的突出症状，激发学生的同理心。在仿真体验结束后，询问学生的内心感受，并呼吁学生关爱患者，培养职业认同感与责任感。

④N（见习）：理论课结束后，组织学生前往三甲综合医院进行见习，见习科室包括呼吸与危重症医学科、康复医学科、心内科、内分泌科等10个科室，每个科室每名学生见习8个学时。见习过程中，由带教老师带领学生观摩学习，将康复护理学的理论知识演化成直观内容使理论知识与临床实践相结合。同时，带教老师向学生强调康复护理的重要性，鼓励学生关心爱护患者。见习结束后，组织学生基于见习情况书写见习感悟。

⑤T（小组讨论）：在第十二章《癌症术后疾病病人康复护理》学习期间，课前组织学生观看《人间世》第2季中的《抗癌之路：癌症的黑匣里仍有微光》纪录片，课中以小组形式对纪录片中护患关系和患者康复护理故事的细节进行讨论。通过回顾讨论纪录片中的护患关系，引导学生尊重和关爱癌症患者，为未来建立平等和谐的护患关系打下基础。与此同时，通过剖析患者的康复护理故事，鼓励学生以不歧视的态度关注癌症患者的内心世界，肯定癌症患者的人生价值和个人权利。

表1 融入课程思政的EVENT教学模式的康复护理学教学设计

授课章节	课程内容	教学方法	思政元素融入点	思政目标	教学时长
第一章 概述	康复护理学概述	E	讲授康复护理的工作内容、工作方式以及护士在康复治疗中发挥的角色	培养学生对未来职业的认同和自信；激发学生对专业的兴趣和热爱	2
第二章 康复护理学理论基础	纽曼系统模式	E+T	结合纽曼系统模式，分析医护人员、在校大学生等不同人群在疫情暴发时采取的应对方式以及不同人格特征在应对困难或挫折时的表现	帮助学生认识和理解应激，提高学生心理调适能力，促进其健康成长、全面发展	2
第三章 康复功能评定	平衡功能评定	V+T+E*	介绍太极拳对平衡功能的改善作用，引入《中共中央 国务院关于促进中医药传承创新发展的意见》和太极拳申遗成功	鼓励学生坚定文化自信，继承和弘扬祖国优秀传统文化	2
第四章 康复护理评定	吞咽障碍评定	E+V+T	介绍疫情期间，由我国医护人员发明，并刊登在世界顶尖心脏病杂志《欧洲心脏杂志》（*European Heart Journal*）的"薯片桶听诊器"；同时借助国内学术论文被国外学术期刊撤稿事件，讲授多部门联合公布的7种学术不端行为	培养学生坚持真理、求真务实的科研态度和作风	2
第五章 常用康复治疗技术	物理治疗	V+N	引入举重冠军石智勇在奥运会前反复与腰伤抗衡，每次训练结束后都要采用电疗、针疗、冰敷等方式治疗腰伤的事迹，彰显运动健儿无畏伤病，为国争光的伟大精神	培养学生树立正确的人生观和价值观；鼓励学生树立远大理想，坚定信念、真诚奉献	2

续表

授课章节	课程内容	教学方法	思政元素融入点	思政目标	教学时长
第六章 常用康复护理技术	康复护理环境管理	V+N	通过"火神山十日奇迹",讲述中国战"疫"速度和中国打赢这场没有硝烟的战争的决心和毅力	激发学生爱国主义情怀和民族自豪感,培养学生使命感和社会责任感	2
第七章 常见神经疾病病人康复护理	AD 的康复护理	T+N+E*	介绍中国原创、国际首个靶向脑—肠轴的阿尔茨海默病治疗新药——甘露特钠胶囊的发明;课堂上让学生讨论能否通过创新避免老年人外出走丢,课后让学生分小组完成创新创业计划书	培养学生创新思维,促进学生成才成长	2
第八章 常见肌肉骨骼疾病病人康复护理	截肢的康复护理	E+V+E*	讲述"篮球女孩"钱红艳的故事,介绍她由双下肢截肢到借助假肢行走,再到荣获游泳冠军的故事。彰显残疾人自强不息的事迹,树立康复护理改变人生的典型案例	培养学生敬畏生命、勇于拼搏、自强不息	2
第九章 常见呼吸疾病病人康复护理	COPD 的康复护理	E+V+T	观看实施康复护理治疗视频的过程中,着重向学生展示护理人员求真务实的工作态度和严谨的工作作风	培养学生严谨的工作态度,秉承实事求是的工作作风	2
第十章 常见心血管疾病病人康复护理	心衰的康复护理	E+T	6位同学分为一组,组内分工扮演心力衰竭患者、医生和护理人员,模拟患者看病诊疗和住院,使学生在角色扮演中能够换位思考	鼓励学生尊重患者、增强团队合作意识、提升沟通和表达能力	2
第十一章 常见内分泌与代谢疾病病人康复护理	糖尿病的康复护理	E+T+N	对于糖尿病患者强调"运动即良医" (1)运动即良医"中"良医"出自《黄帝内经素问》,指的是医道高明的医生 (2)美国运动医学会和美国医学会提出:"运动即良医"是一种健康促进项目 健康中国 2030 战略:强调全民科学精准运动	帮助学生提升专业认同感,牢固专业思想,激发对专业的热爱,自觉将专业知识学习与人民健康紧密相连	2
第十二章 癌症术后疾病病人康复护理	乳腺癌的康复护理	V+T	引入特鲁多医生的墓志铭"有时是治愈,常常是帮助,总是去安慰",提出医学起源于人类关怀需要的本质,强化学生"以人为本"的理念	培养学生的人文关怀意识	1

续表

授课章节	课程内容	教学方法	思政元素融入点	思政目标	教学时长
第十三章 老年病病人康复护理	老年病的康复护理	E+V	带领学生学习《老年人权益保障法》《残疾人保障法》，整个教授过程中渗透生命、伦理教育以及正确的残疾观	培养学生自觉遵守医学伦理道德，培养良好的职业道德素养	1

注：E：举例；V：观看视频；E*：仿真体验；N：见习；T：小组讨论。

2. 对照组

对照组采用传统教学方法。根据教学大纲要求，在教学中依旧采用传统授课的教学模式，按计划和教学目标进行教学。课程授课于2021年3月至6月完成，开展12次理论课（24学时）。

(三) 评价方法

1. 学生学习成绩

康复护理学课程的学习成绩由平时成绩、期末成绩和总成绩组成。平时成绩和期末成绩满分均为100分，其中平时成绩占总成绩的20%，期末考试成绩占总成绩的80%。平时成绩包括平时考勤（40%）、课后作业（40%）和课堂表现（20%）三部分；期末考试试题由护理学教研室统一编制，包括单项选择题、多项选择题、填空题、名词解释、简答题和案例分析题。授课和阅卷由同一名教师承担，成绩录入由课程组以外的两名教师完成，保证学生成绩的准确。

2. 自主学习能力

使用张喜琰等人研制的《护理专业学生自主学习能力量表》调查学生的自主学习能力。该量表由4个维度（学习动机、自我管理能力、合作能力和信息素质）、30个条目组成。采用Likert 5级评分制，从"完全符合"到"完全不符合"，正向条目分别计为5~1分，反向条目分别计为1~5分，总分30~150分，得分越高表明自主学习能力越强。该量表Cronbach α系数为0.8223，总分半系数为0.7883，表明其具有较好的内在一致性。

3. 学生对授课方式的评价

自拟问卷，了解学生对授课方式的评价。问卷包括：授课方式是否满意、授课是否提高了学习兴趣、授课是否提高了知识记忆效率、授课是否提高了批判性思维能力、授课是否增强职业认同等，共计6个问题。问卷于课程结束后向学生发放，由学生独立填写后提交。

(四) 统计学方法

本研究采用SPSS 20.0软件进行数据分析。计数资料采用频数（%）描述，组间比较采用卡方检验。计量资料先进行正态性检验，服从正态分布的资料采用（$\bar{x} \pm s$）描述，组间比较采用独立样本t检验。$P < 0.05$认为差异有统计学意义。

二、研究结果

(一)两组学生学习成绩比较

本研究显示，授课结束后思政组期末成绩和总成绩得分为（91.46 ± 5.09）分和（92.28 ± 4.17）分，明显高于对照组，差异有统计学意义（$P < 0.01$）；两组在平时成绩方面，差异无统计学意义（$P > 0.05$）。详见表2。

表2 两组学习成绩比较（$\bar{x} \pm s$，分）

组别	n	平时成绩	期末成绩	总成绩
思政组	71	95.44 ± 1.98	91.46 ± 5.09	92.28 ± 4.17
对照组	70	95.09 ± 1.66	83.39 ± 7.55	85.71 ± 6.05
t		1.133	7.444	7.518
P		0.259	< 0.01	< 0.01

(二)两组学生自主学习能力比较

本研究显示，授课结束后思政组在学习动机维度、自我管理能力维度、信息素质维度以及自主学习能力总分方面显著高于对照组，差异有统计学意义（$P < 0.01$）；两组在合作能力维度，差异无统计学意义（$P > 0.05$）。详见表3。

表3 两组自主学习能力量表得分比较（$\bar{x} \pm s$，分）

维度	思政组	对照组	t	P
学习动机	22.97 ± 2.29	20.21 ± 1.99	7.619	< 0.01
自我管理能力	34.59 ± 2.28	30.04 ± 2.49	11.299	< 0.01
合作能力	17.28 ± 1.49	16.91 ± 1.55	1.433	0.154
信息素质	20.61 ± 1.28	19.21 ± 1.45	6.031	< 0.01
总分	95.45 ± 3.84	86.39 ± 3.88	13.959	< 0.01

(三)两组学生对授课方式的评价

本研究显示，授课结束后两组在授课方式是否满意和是否提高知识记忆效率这两个方面，差异有统计学意义（$P < 0.05$），与此同时思政组对授课方式更满意（95.8%）、认为授课方式提高知识记忆效率达到78.9%。思政组在学习兴趣、批判性思维能力、职业认同感和整体素质方面的认同率高于对照组，但遗憾的是差异无统计学意义（$P > 0.05$）。详见表4。

表4 两组对教学方式的评价 [n（%）]

项目		对照组（$n=70$）	思政组（$n=71$）	c^2	P
授课方式是否满意	是	60(85.7)	68(95.8)	4.262	0.039

续表

项目		对照组($n=70$)	思政组($n=71$)	c^2	P
授课方式是否满意	否	10(14.3)	3(4.2)		
授课是否提高了学习兴趣	是	52(74.3)	61(85.9)	2.996	0.083
	否	18(25.7)	10(14.1)		
授课是否提高了知识记忆效率	是	44(62.9)	56(78.9)	4.384	0.036
	否	26(37.1)	15(21.1)		
授课是否提高了批判性思维能力	是	34(48.6)	42(59.2)	1.589	0.207
	否	36(51.4)	29(40.8)		
授课是否增强职业认同感	是	46(65.7)	56(78.9)	3.050	0.081
	否	24(34.3)	15(21.1)		
授课是否提升了整体素质	是	36(51.4)	41(57.7)	3.352	0.067
	否	34(48.6)	20(28.2)		

三、讨论

(一)融入课程思政的EVENT教学模式有助于提高学生的学习成绩

《康复护理学》以康复护理相关理论为基础,涵盖了体位摆放、体位转移、呼吸训练等康复护理技术,强化了康复护理治疗技术在疾病康复护理实践中的应用。但这些康复护理技术对于缺乏临床经验的护理学专业学生而言较为抽象,理解起来存在困难。传统教学方法在对《康复护理学》理论课讲授时,学生更多的是以被动听课为主,未能激发学生学习的兴趣,进而学生学习的参与度和积极性不高。近年来,课程思政教学模式能使抽象的护理学知识变得形象具体,使学生更容易接受。目前,课程思政教学模式已在《健康评估》《内科护理学》和《护理学基础》等课程中得到应用,提高了学生学习的效果和综合素养。EVENT教学模式由纪驭文等人首次提出,其在EVENT教学模式中融入课程思政元素并应用到《精神科护理学》教学实践中。该研究证实课程思政理念用于EVENT模式下的精神科护理教学,丰富了理论教学的内容形式,显著提升了学生的学习效果。本研究显示,融入课程思政的EVENT教学模式用于《康复护理学》教学,能显著提高学生的期末成绩和总成绩,促进了学生对康复护理学知识的理解和记忆,减轻了学生学习的负担。总体而言,融入课程思政的EVENT教学模式有助于提高学生的学习成绩。

(二)融入课程思政的EVENT教学模式提高了学生自主学习的能力

传统教学方法当中,学生跟随教师的授课被动学习,在这个过程中学生容易忽视对自我学习的监督,从而导致学生逐渐疏于思考和懒于创新。融入课程思政的EVENT教学模式,首先学生可以潜移默化地在课程听讲的过程中接受思政教育,促进护理教育与思政元素相互融合,突破原有传统教学的束缚。其次,通过观看视频、仿真体验和小组讨论等方式，能够引发学生对学习内容的思考与讨论。本研究显示，融入课程思政的 EVENT 教学模式用于《康复护理学》教学，能显著提高学生自主学习的能力。与此同时，学生自主学习能力的增强，不仅反映出学生学习的积极性逐步增强，还正向反馈于学生的学习成绩。

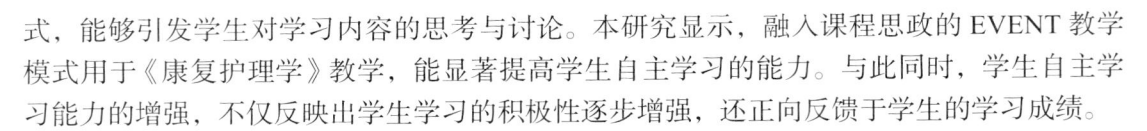

（三）学生对融入课程思政的 EVENT 教学模式认可度较高

融入课程思政的 EVENT 教学模式，有助于学生关注国家和社会的时事要闻，自觉践行公民义务，提高社会责任感和集体荣誉感；同时使学生对护理专业的内涵有了更加深入的理解，专业概念更加形象具体，职业认同感明显增加。本研究显示，融入课程思政的 EVENT 教学模式用于《康复护理学》教学，学生对授课方式更加满意、知识记忆效率得到提高；尽管两组在学习兴趣、批判性思维能力、职业认同感和整体素质方面差异无统计学意义，但思政组在学习兴趣、批判性思维能力、职业认同感和整体素质方面的认同率高于对照组。总之，这些变化间接反映出学生对融入课程思政的 EVENT 教学模式认可度较高。

四、小结

综上所述，融入课程思政的 EVENT 教学模式提高了教学质量，增强了学生自主学习的能力，并且学生对教学模式认可度较高，但本研究对授课方式的评价较为简单且仅限于学生，缺乏教师自我评价和同行评价；其次，本研究仅在《康复护理学》教学中尝试，有待扩大授课范围。在后续研究中，将对现有成果和经验进行总结分析，不断完善此教学模式，并尝试将该教学模式应用到其他课程当中，以便更准确地掌握此教学模式的教学效果。

参考文献

[1] 习近平. 把思想政治工作贯穿教育教学全过程开创我国高等教育事业发展新局面 [N]. 人民日报，2016-12-09.

[2] 中华人民共和国教育部. 教育部关于印发《高等学校课程思政建设指导纲要》的通知 [EB/OL]. (2020-5-28)[2022-8-29].

[3] 纪驭文，侯仁华，颜敏，等. EVENT 教学模式下融入课程思政元素的精神科护理教学实践 [J]. 护理学杂志，2022,37(13):74-76.

[4] 燕铁斌，尹安春. 康复护理学 [M]. 4 版. 北京：人民卫生出版社，2017.

[5] 黄芳，杨艳霞，易国萍，等. 护理学基础课程思政教学模式的实践 [J]. 护理学杂志，2021,36(12):73-75.

英语专业内涵式发展下的语言学课程 PBL 模式探究 ❶

孙李丽 ❷

摘要：英语专业根植于人文科学，和人文教育进行融合是英语专业内涵发展的体现和要求。鉴于人文科学的发展自始至终贯穿批判性和思辨性方法，本文以英语专业内涵发展为出发点，从语言学课程改革切入，分析语言学课程中可以培养的思辨能力层级结构，提出以项目教学法构建语言学课程教学模式（PBL 模式），探讨以培养思辨能力为导向的语言学课程改革路径，并实施线上线下（"双线"）操作方法，旨在培养英语专业学生的思辨能力，并试图为语言学课程改革提供新的视角和方法。

关键词：专业内涵；思辨能力；语言学课程；项目教学法；线上线下

作为语言，英语是记录和传承西方文明的工具。尤其是近几百年，英语作为世界使用最广泛的语言之一，更是西方人文精神、思想潮流、科学知识的主要代言。虽然现代社会新的思想潮流涌现，科学经济飞速发展，但英语专业和人文教育的融合依旧是英语专业的"宿命"，也体现了其他学科不具备的优势。现代英语根植于人文科学，其人文教育不仅要求通过英语进行对人类文明探索所使用的思辨能力的培养，更关注人类创造的思想对于人类文明发展带来的影响。这是一种内化的教育，更是真正意义上的英语专业内涵。

"思辨能力"培养在20世纪80年代渐渐引起了国内外语界的关注，黄源深在1998年曾深刻分析了外语专业学生的"思辨缺席症"。学者对大学生思辨能力的研究可大致分为能力界定、测量和培养路径三个方面。关于思辨能力界定和构成方面，国外"特尔斐"项目组的双维结构思辨能力模型、Paul 和 Elder 的三元结构思维能力模型对国内研究影响较大，国内提及较多的是林崇德的三棱结构思维能力模型和文秋芳设计的层级结构思辨能力模型。这四种模型界定了思辨能力的内涵和外延，将思辨能力分为自我监控能力、认知能力和智力情感元素3个主要部分。思辨能力测量方面国内研究较深入的有文秋芳等结合我国外语专业大学生情况设计的测量工具。

在思辨能力培养方面国内已经形成共识，英语专业人才培养模式需要以思辨能力培养为导向，反思"思辨缺席"问题并提出培养英语专业学生思辨能力的建议，主要针对相关外语课程如英语写作、演讲、翻译、阅读、文化概论等进行教材编写以及教学模式、教学理念等方面进行改革，但演讲、口语、作文等均不能全面反映学生的思维水平，而思辨

---
❶ 基金项目：商洛学院教改项目：新文科视阈下语料库在校本英语教学中的应用研究（项目编号：22jyjx122）
❷ 作者介绍：孙李丽，1985年生，女，山东临沂人，副教授，硕士，研究方向为应用语言学

能力涵盖的高层次技巧与语言学学科中长期使用的定量定性研究法、归纳演绎法、逻辑推理法等研究方法具有高度相似性，正如胡壮麟所总结的"语言学课程科学性极强，最能激发学生进行逻辑思维、求实论证"一样，并且孙有中提出应该重视如语言学概论一类更利于思辨能力培养的课程建设，因此，通过语言学课程培养思辨能力具有高度的可行性和操作性，但是聚焦思辨能力培养的语言学课程研究相对较少，更缺乏具体的理论框架和操作模式。

本文从英语专业内涵发展出发，在总结语言学学科特点的基础上，思考其与思辨能力的契合点，尝试采用项目教学法构建语言学课程教学模式（PBL 模式），探索以培养思辨能力为导向的语言学课程改革路径和线上线下（"双线"）操作策略，旨在培养英语专业学生的思辨能力，并试图为语言学课程改革提供新的视角。

一、语言学课程 PBL 模型构建

（一）语言学课程与思辨能力

思辨能力可以通过设置某个学科的课程训练进行培养。语言学主要研究人类的语言行为，是人文科学中最接近自然科学的学科之一，其学科特点具有高度的思辨能力需求，是英语专业必修课之一。然而传统的语言学课程以教师讲解为主，填鸭式教学模式主要关注专业知识的记忆和理解，简单、低层次的认知能力培养忽略了学生的主观探索能力，很难受到学生的欢迎，更不能达到高等学校英语专业教学大纲对于学生多种思辨能力和创新能力培养的目标。因此，以培养思辨能力为目标的语言学课程改革势在必行。

（二）语言学课程培养的思辨能力界定

思辨不同于直觉性的思维活动，它是更为高级的"有目的的反思性判断"，是一种依据标准，对事物或看法做出的有目的、有理据的判断。特尔斐项目组通过质化法将思辨能力分成认知能力和情感特质两个维度，而 Paul 和 Elder 除了界定能力构成元素和智力特征外还提出了能力评价标准；林崇德（2006）的思辨三棱结构模型提出了思维监控，位于最顶点监控调整思维过程；文秋芳（2008）在总结前人研究成果基础上将思辨能力分成两个层次，第一个层次为元思辨能力，包含了计划、检查、调整、评估的技能，第二个层次为思辨能力，包括认知和情感，并在认知方面设定了技能和标准。基于上述分析并结合 Bloom 提出的教育目标能力与《高等学校外国语言文学类专业教学质量国家标准》，本文将从认知技能和思辨品质两个维度界定语言学课程中培养的思辨能力，并且设定思辨标准对认知能力进行评价（见图1）。其中认知技能为核心部分，分为低层次技能和高层次技能，体现认知技能从简单到高级的动态发展过程。语言学课程不应该仅仅是要求学生记忆、理解观点、理论，同时还应该发展学生的分析、推理、评价、创造能力，进而发展学习者的思辨品质，而好学、理性、慎思、公正等良好的思辨品质又会促进认知能力的提升。本层级中设定的 5 条思辨标准为清晰性、相关性、逻辑性、深刻性和公正性，使思辨能力评价有据可依。

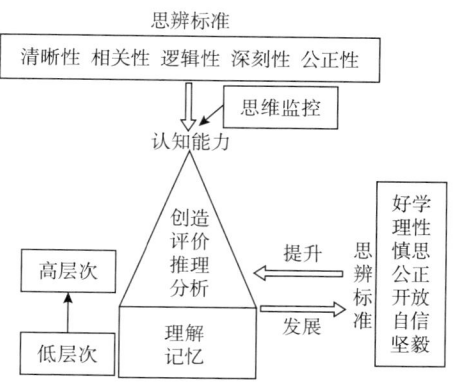

图 1 语言学课程思辨能力层级

(三)语言学课程 PBL 模式框架

围绕语言学课程培养的思辨能力结构，课程教学模式包含线上、线下两种途径(见图2)。通过教师引导，学生以微课为主要信息获取源对知识点进行自主线上学习，旨在记忆并理解语言学观点和理论；线下课堂以微项目的形式进行，以学生研究活动为主，教师提问评价为辅，首先通过苏格拉底问答、列举大量学习、生活实例引导学生确定课题，制订方案，然后指导学生搜集、分析、归纳、比较资料，最后形成书面或口头材料进行汇报、研讨、评价。高层次思辨能力在这三个阶段中得以培养，并逐渐形成思辨品质。思辨标准被运用到低层次思辨能力培养和高层次思辨能力培养阶段，时刻监控并评价能力提升水平。

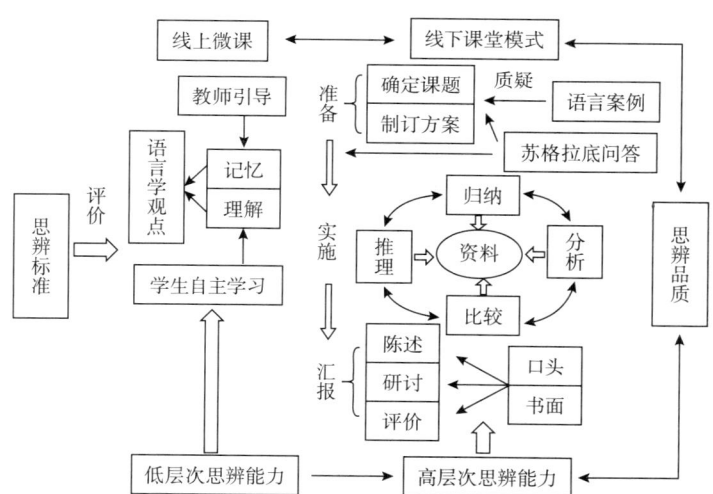

图 2 基于思辨能力层级的语言学课程 PBL 模式

二、PBL 模式构建下的语言学课程改革路径

(一)充分利用线上资源，以自主学习微课形式奠定基础思辨技能

传统语言学课堂以教师的知识传授和学生的被动记忆为主要形式，课堂单纯的知识复制模式给学生的印象即为语言学理论的识记便是他们学习的主要目标，不能将他们从低层

次的认知模式中解放出来,甚至会养成他们思维的定式和思考的惰性,不利于发展他们的理性思维,然而没有理论知识的讲解直接进入语言现象分析、理论的评价便如同高层建筑没有地基,无从建设;有限的课时让教师无从摆脱传统的知识复制模式。

随着信息技术的发展,国家大力支持网络课程建设,教育部2018年更是提出淘汰"水课"、打造"金课"的要求,各大网络课程平台推出了很多优秀精品数字课程,其中语言学课程也在建设之列,比如中国高校外语慕课平台推出的由西南大学文旭教授等主讲的《语言学导论》,中国大学慕课平台推出的北京外国语大学蓝纯教授主讲的《语言学概论》、武汉大学郝琳教授主讲的《语言学概论》等课程。线上网络课程每节课占时短,主要讲解一个知识点或理论,并且有配套的练习题可供学生自测学习效果,成为线下课堂的有效延伸。

语言学课程教师可以向学生推荐相应的线上网络课程,提前布置学生运用课下时间自学某一章节的内容,引导学生关注语言现象的解释及语言理论的阐释,并完成配套练习,以此培养学生的自主学习能力。通过线上学习,学生学习时间自由、方法更为灵活,自我监控能力增强,完成知识点的记忆、理解,并逐步积累巩固理论,为线下课堂做好理论基础。

(二)以思辨能力培养为显性核心目标,设计课堂"微项目"活动

在自主学习线上网课的基础上,以思辨能力培养为核心,教师应以微项目的形式设计丰富、可操作性强的活动调动学生的思维积极性。"项目"在《现代汉语词典》中的解释为"事物分成的门类"。在项目教学法中,项目则是学习者运用资源通过努力完成某项任务、达成特定目标。本研究中的微项目则具有动态性,更加注重课堂问题解决的过程,是在教师的引导下,基于对中心概念、原理的质疑,就生活中的语言现象或有意义的研究话题而开展的一系列调查、归纳、分析、比较、推理、评价、陈述,最终完成自我知识建构,将所学运用到实际中。

在引导过程中,教师可以将归纳和演绎相结合,一方面列举大量生动有趣的语言案例,为学生提供思维整理加工的资料,另一方面引领学生分析、质疑某些现象或观点。采用苏格拉底式问答方法,通过问答、启发、点悟,然后激发学生的学习兴趣和思辨品质,主动加深对线上学习记忆理论的理解,确定微项目研究对象,通过分析、归纳、比较、推理找到解决问题的切入点,最终解决问题,汇报思考结果,并用思辨标准进行评价,培养其高层次思辨能力。

(三)以思辨品质为隐性培养目标,创建人文环境

培养思辨品质即培养思辨的情感,它的作用最初在"特尔斐"项目组提出的双维结构模型中便得到了强调。思辨品质的发展会带动思辨能力的提升,是思辨能力培养重要的一部分。仅仅有思辨的能力,没有思辨的情感欲望,思辨活动不能展开。激活思辨品质,将其作为语言学课堂的隐形培养目标,需要从教学观念、教学材料、教学方式、评价方式各个方面全方位构建思辨支持性的人文教学环境,使学生能够感觉到包容思辨的心理安全。

首先,教师要摒弃传统语言学教学中的绝对权威观念,鼓励师生平等交流,了解学生需求和个性,尊重学生对"标准"观点、理论的质疑,使学生敢于思辨,更全面地摸清其思维状况,重在培养其开放、自信的品质;其次,在线下课程中,教师要确保语言实例的趣味性、时代性、生活性,通过精彩呈现、启发式设疑,激发其好奇心和求知欲;再次,

鼓励学生体验小组合作、师生合作等协商式学习，形成民主的课堂氛围，共同分析、判断并相互比较、鉴赏，互相学习，培养其理性、慎思、坚毅的品质；最后，依据思辨标准进行评价时应重视其思维能力的动态发展，实行教师评价、同伴评价、自我评价相结合，培养其公正、自信的品质。在这样一个和谐、温暖的环境里，无形中思辨品质便得到了培养。

（四）以思辨标准为准绳，分级评价思维技能

思辨标准是检验思辨能力培养的尺度，它不是单纯的被运用在某一个环节，而是始终贯穿在线上微课和线下微项目的全过程；不仅仅是评价高层次思辨能力的标准，也能起到对线上自主学习思辨能力监控的作用；它既可以被教师用来评价学生的思辨结果，也可以被学生用来检查、监控自己思辨过程或评价他人思辨成果。

语言学课程 PBL 模式中设置的思辨标准将从 5 个方面监控，评价学生的思辨能力培养水平，清晰性检测学生能否清楚准确的阐明论点、论据，相关性检测学生能否捕捉到主要观点并提供相关信息，逻辑性考查学生能否厘清观点内在逻辑并条理清晰的呈现，深刻性评判学生的理解、分析是否深入全面，公正性则评判学生的思辨中是否掺杂个人情感或主观臆想。

在评价过程中，可以设计思辨测控单将标准可视化，每一项标准对应 2～3 个问题，比如"我已经清晰地阐明观点。""我已经提供足够的证据论证观点。""我的观点没有掺杂个人情感。"然后给每个问题分级考量，从"完全符合"到"完全不符合"可以分成 3 级，也可以是 5 级，使标准操作性更强。

三、实施过程

以北京大学出版社出版的《语言学教程》(第 5 版) 第 5 章"语义学"为例，根据语言学课程 PBL 教学模式实现路径，具体呈现如何在语言学课程中培养思辨能力。第 5 章"语义学"主要介绍语言本身的意义，其中 Leech 提出的语义分类是本章介绍的一个关键点，选取此点为教学内容设计以下具体的教学实施过程。

（一）线上微课自主学习任务引导

线上微课要求学生通过自学去识记、理解相关概念，为后续的线下课程延伸提供知识、理论基础。本教学设计中的第一个环节便是推荐学生自主学习中国高校外语慕课平台《语言学导论》中 5.1 Overview of the semantics 的内容，微课中对语义学的相关概念进行了讲解，着重讲解了词汇语义分类，因此教师提示学生关注以下问题：

（1）What is the semantics?
（2）What are the differences between the semantics and pragmatics?
（3）What are the meanings of words?

（二）确定微项目话题

借助语言实例分析，进行苏格拉底式问答，使用归纳、演绎、类比等思辨方法，引导学生提出质疑，确定小组微项目话题，进而分析。在学生自学微课弄清楚词汇意义分为 conceptual meaning 和 associative meaning 的基础上，首先，教师使用苏格拉底式问答连续抛出问题引发学生思考：Do all the words have the conceptual meaning? Do the associative meaning would be different to different people? Can you list the examples?

然后，教师给出一个语言案例：有一对白人夫妇收养了一个黑人婴孩，他们很爱这个孩子，经常昵称他"little negro"，后来孩子长大了，虽然知道养父母很爱自己，但仍然反感这个昵称。教师提出 What is the meaning of the word "negro"？

接着，教师让学生思考自己方言和普通话的不同，提出 Do we need to speak Mandarin Chinese in all the perspectives of life?

最后将学生分成若干3~4人的小组，就这两个案例确定微项目话题。

(三) 微项目实施阶段

各小组就选定话题，分工合作，首先探讨语言案例，设想是否还有类似情况。选择第一个案例的小组多数会查找单词"negro"的词源及词义的发展，进而分析它的社会意义、情感意义、内涵意义。接着推理案例中的孩子生活的社会环境，得出结论。选择第二个案例的小组会搜寻方言相关资料，找出方言和普通话的区别点，关注词语意义并分析、比较，然后推理出方言带给人们的情感维系作用。

分析论证过程中时刻对照教师设计的思辨测控单进行自评，时刻调整思路，加深思考，补充材料。

(四) 微项目汇报阶段

各小组在分析语料的基础上将项目解决方案及结果进行总结之后，以口头形式进行汇报陈述。听取陈述的过程中，教师和其他组同学可以对照思辨测控单从清晰性、相关性、逻辑性、深刻性和公正性进行评价，发现不足和亮点。

四、结语

根植于人文科学，英语专业内涵式发展离不开思辨能力的培养，这不仅体现在课程内容、主题的选择上，也要体现在对具体问题的认知和思考方式上。本文以思辨能力培养为导向，从语言学课程教学模式改革入手，分析语言学学科特点，设定语言学课程培养思辨能力的层级结构，构建"双线""双微"语言学课程 PBL 模式，探索如何将思辨能力融入语言学教学过程中。教学实践中以自主学习线上微课形式奠定思辨能力基础，设计课堂"微项目"活动显性培养思辨能力，创建人文环境隐性培养思辨品质，以思辨标准分级评价思维技能，更好地将专业知识习得和思辨能力训练融为一体，为语言学课程改革提供了新思路。

参考文献

[1] 黄源深. 思辨缺席 [J]. 外语与外语教学，1998,19(7):1;19.

[2] AMERICAN PHILOSOPHICAL ASSOCIATION. The Delphi Report Executive Summary: Research Findings and Recommendations Prepared for the Committee on Pre-college Philosophy [D]. ERIC Doc. No. ED315423, 1990.

[3] PAUL R, ELDER L. Critical Thinking. Learn the Tools the Best Thinkers Use[M]. New Jersey: Pearson Prentice Hall, 2006.

[4] 林崇德. 思维心理学研究的几点回顾 [J]. 北京师范大学学报 (社会科学版), 2006,43(5):35-42.
[5] 文秋芳. 论述外语专业研究生高层次思维能力的培养 [J]. 学位与研究生教育, 2008,25(10):29-34.

陕西农村留守儿童关爱问题研究

张志昌，张文平 ❶

摘要：本研究运用问卷法和实地访谈法对陕西省商南县十里坪镇100名农村留守儿童开展研究，了解陕西农村留守儿童的安全、学习、生活和心理等状况，分析留守儿童关爱工作存在的主要问题，在此基础上从政府、学校、社会三个方面提出了应对策略。

关键词：农村留守儿童；关爱问题；研究

2021年10月《中国乡村儿童发展报告2021》（以下简称"报告"）正式颁布，报告首次对农村儿童权益做了明确说明，将农村儿童发展问题的重要性提升到了国家发展战略的角度。

为了深入贯彻习近平总书记系列重要讲话精神，全面建立家庭、政府、学校尽职尽责，社会力量积极参与的农村留守儿童关爱保护工作体系，陕西省人民政府提出了《关于加强农村留守儿童关爱保护工作的实施意见》，切实解决农村留守儿童的困难和问题。出台政策措施、加快制度机制建设、提升教育福利水平更是成为政府工作的重点。以《商洛市儿童发展规划（2011—2020年）》为例，该规划自实施以来，构建起了覆盖全市城乡儿童的政策服务体系，孤儿、事实无人抚养儿童的基本生活、医疗、教育权益得到精准保障，农村留守儿童、困境儿童获得有效关爱；儿童发展的生态环境和社会环境得到进一步优化。

本研究运用问卷法和实地访谈法对陕西省商南县十里坪镇的留守儿童做了实证研究，了解了该镇留守儿童的基本情况、生活条件、教育保障情况和心理状况等，分析了留守儿童关爱工作存在的问题，并针对问题提出了应对策略，进一步提高商南县十里坪镇留守儿童的心理健康水平，促进建立健全更高水准的农村留守儿童关爱制度，推动陕西省社会保障制度作用得到充分发挥，进而促进教育事业的发展。

一、农村留守儿童现状

本研究选取陕西省商洛市商南县十里坪镇的100名农村留守儿童作为样本，通过问卷调查和访谈的形式对他们的生活状况和教育过程中存在的问题进行初步的摸底调查。其中，调查问卷设计涵盖了留守儿童包括性别、年龄和家庭结构等各个方面在内的基本情况，并较为详细地搜集了留守儿童在学校的日常行为作为研究数据，同时调查报告着重反映出父母作为监护人监督责任、关心程度等方面的履行情况。

研究所开展的地点十里坪镇，地处商洛市商南县西南部，南与湖北省十堰市郧西县接

---

❶ 作者介绍：张志昌，1970年生，陕西扶风人，博士，教授，主要从事马克思主义基本原理和教育教学管理研究

张文平，1981年生，陕西省商洛人，公共管理硕士，商洛学院健康管理学院讲师，研究方向为心理健康教育

壤，西北与商南县水沟镇、金丝峡镇、山阳县王阎镇交界。辖区总面积322.4平方千米，下辖1个社区、12个行政村。截至2018年末，有户籍人口19296人，14岁以下3617人，占18%。其农村留守儿童相对占比较多，研究相关基础条件相对充足。

从回收的调查问卷和实地访谈结果来看，所选取的100名留守儿童中约有30%留守儿童家庭的经济收入来源是农业收入，约68%的家庭经济收入属于父母在外打工。这些数据的背后是当今留守儿童家庭的普遍处境，绝大部分的孩子是由(外)祖父母或远房亲戚负责照管，这些临时监护人往往因为诸多原因，只能勉强满足孩子基本的衣食住行。从另一方面来看，这些外出打工的父母缺乏对孩子生活情况和学习情况的关心，孩子的临时监护人中"文盲"和"半文盲"又占据相当大的比重，知识储备明显不足，在对于孩子的教育问题上只能起到微乎其微的作用，这显然不能很好促进孩子这一学习阶段的发展，长期演变下去，非常容易使孩子出现教育上的相关问题。

从心理学角度来说，当父母一方或者双方外出后，绝大部分儿童心里会有一种被父母"抛弃"的感觉，性格逐渐变得孤僻进而产生一系列焦虑、自闭等心理问题，长此以往演变下去，这些孩子将极易发生自残等极端行为。

笔者认为，陕西省留守儿童关爱问题可以从农村留守儿童的安全、心理、学习三方面进行入手。就本研究调查结果来看，这三方面问题的存在对农村留守儿童的生活和学习产生的影响是极为深远的，如果放任不管，将会严重影响到孩子的身心健康。

(一)安全状况

农村留守儿童的安全问题不容忽视，由于父母不在身边，大部分护人年老力衰不能很好地照顾他们，留守儿童缺乏必要的安全忧患意识，不懂得怎么样做好自我人身安全保护工作，这就导致了发生在留守儿童身上的安全事故比例要远高于在父母正常陪伴下的儿童。

调查显示，寒暑假期间是农村安全事故的高发期，包括溺水、车祸、打架斗殴、被拐卖、被性侵、同学欺凌、网络侵害等几大类。农村留守儿童因为安全事故导致受伤乃至身体残疾、死亡所占的比例远高于在正常监护环境下成长的孩子。另外，随着年龄的增长，农村留守儿童成为"问题少年"的可能性也在不断增加，不少孩子误入歧途，走上犯罪道路。这一系列调查得出的现象表明，农村留守儿童安全问题亟须解决。

(二)心理状况

0～14岁是儿童性格、情感、智力发育的重要时期，在这个阶段如果没有监护人对儿童进行及时、正确的指导，将会影响到他们一生价值观的顺利形成，而留守儿童普遍缺少父母的陪伴，这使得他们的家庭教育处于缺失状态，得不到家庭的关爱和亲情的浇灌，心理上比非留守儿童更容易出现问题。

从图1可以看出，十里坪镇的留守儿童存在抑郁、自卑、恐惧和软弱的心理状态，乐观豁达、积极向上的儿童仅占17%。这说明留守儿童的心理问题较为突出，他们的心理健康需求更加迫切，亟须社会关注和干预，留守儿童关爱主体要在后续工作中重视这一现象。

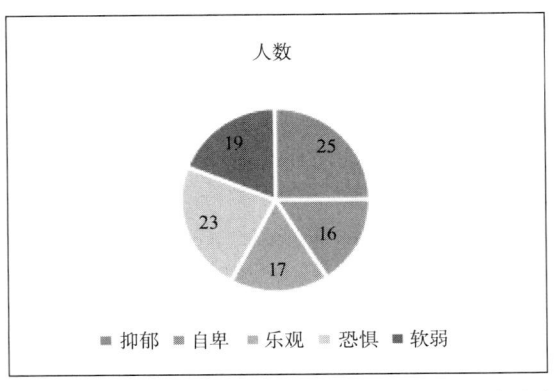

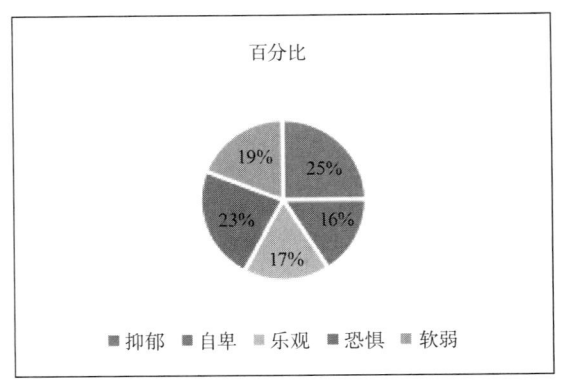

图 1 留守儿童的心理状态分析

(三) 学习状况

图 2 显示，约 18% 的留守儿童对生活和自己充满了自信；56% 的留守儿童对学习的态度消极，人际交往比较被动；26% 的留守儿童对未来的生活和学习缺乏明确的目标。

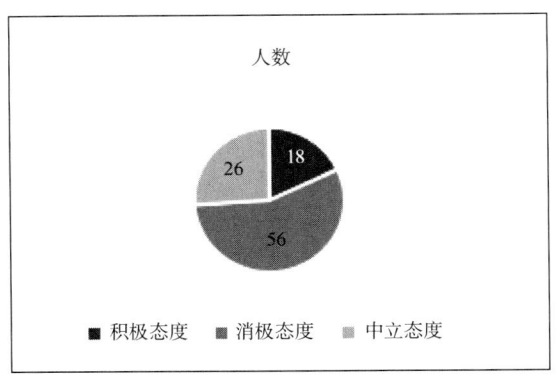

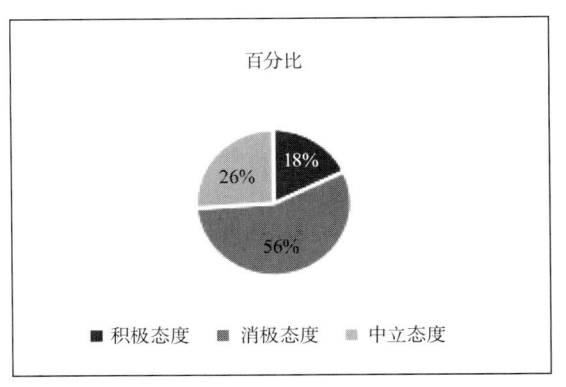

图 2 留守儿童对待学习的态度

从图 2 可以看出，对待学习态度积极的留守儿童人数仅占样本的 18%，绝大多数儿童对生活和学习的态度消极，没有宏伟的理想抱负。从图 3 则可以分析得出影响留守儿童学习成绩的主要因素是缺少父母关爱，物质条件差、缺少有效的指导和监督。

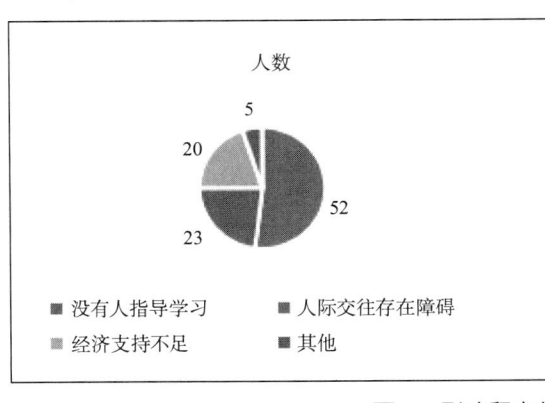

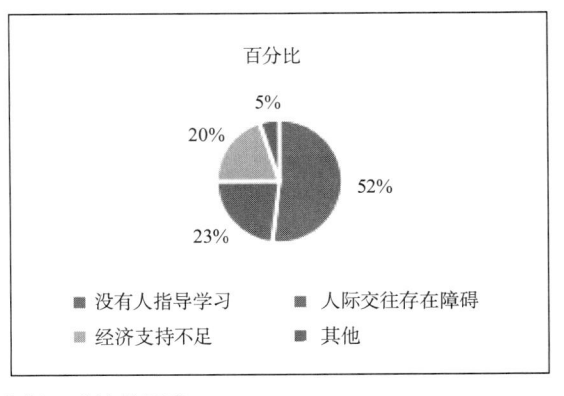

图 3 影响留守儿童学习成绩的因素

这些数据表明，农村留守儿童在安全保护和心理健康这两个方面的发展上是十分欠缺的。如何解决监护侵害、同学欺凌、网络侵害等农村留守儿童一系列心理问题已经是一件刻不容缓的事情了，这不单单需要政府研讨和社会关爱，更需要监护人的陪伴呵护。

二、农村留守儿童关爱工作存在的问题

作为农村的一个特殊群体，留守儿童在生活和教育方面的处境不容乐观，在留守儿童身心帮扶方面的工作开展可谓是牵一发而动全身，解决好这些问题影响到儿童能否享有自身生存和发展的权利，事关乡村新型人才队伍构建、乡村振兴的成功与否，更是关乎整个乡村未来振兴状况下的整体风貌。因此，农村留守儿童心理健康的重要性可见一斑。

（一）留守儿童问题的重视程度不够

笔者通过实地走访调查发现，十里坪镇留守儿童人数较多，留守问题较为普遍，留守儿童的父母到省会城市、经济发达地区打工，将下一代留在家里由孩子的（外）祖父母或亲戚照顾，有的儿童监护人职责缺失，导致儿童缺乏学习、生活等方面的积极心态，早早辍学在家，或者外出打工，成为新一代农民工。还有一部分留守儿童通过网络媒体看到大城市当中同龄人的家庭生活，对此心生羡慕，开始出现爱慕虚荣、嫉妒他人等心理问题。调查中发现，当地民政部门、原生家庭和社会层面并没有认识到给予留守儿童关爱和保护的重要性，长期以来不重视改善留守儿童的生活状况和受教育情况，没有给那些学习积极性不高、有心理问题的儿童及时给予关爱保护，导致留守儿童问题越来越严重。

（二）性格问题和心理问题较为突出

受原生家庭环境、经济状况、教育情况的影响，留守儿童这一群体广泛存在心理问题没有被足够重视。笔者在与留守儿童的老师和邻居的交流中注意到相当一部分留守儿童不善言语，缺乏自身人际关系交往能力、不能很好地与外界建立联系；他们长期封闭在自己的世界里，因为安全感的缺少，这些孩子情绪往往会失控，产生心理疾病的概率也远高于同龄人。同时，在这样成长环境下长大的孩子会容易发生一些极端的行为，例如打架斗殴、违法乱纪，更有甚者会产生自杀等极端的自我伤害倾向。

（三）存在较多沟通障碍

在实地走访调查中，笔者得知十里坪镇的大多数留守儿童与自己的监护人之间存在交流上的巨大代沟，由于留守儿童与监护人之间大多都隔了好几辈，孩子在一些事情上无法解决自己的疑惑，更难在监护人那里得到认同感。从心理学角度来看，留守儿童家庭环境中缺少来自父母的自然权威，临时监护人长此以往的"放养式"家庭教育，都加剧了留守儿童不学无术、早早辍学、成为街头混混的现象出现。

（四）学业失败的风险大

留守儿童面临的最大问题是教育。目前，十里坪镇的大部分留守儿童都在隔代监护人的照顾下，但由于个人精力或文化水平的限制，这些隔代监护人只能做到勉强照顾孩子的基本生活，绝大部分监护人没有能力对留守儿童进行学业辅导，孩子长期缺乏家庭教育，进而影响学习成绩。笔者在走访当中了解到：留守儿童监护人的文化水平极大地影响了留守儿童的教育质量，由于缺乏父母的监督，以及农村地区家庭学习环境的恶劣，留守儿童

缺乏学习动力，学习积极性差，导致一些留守儿童存在不同程度的学习困难现象，并存在诸如学习成绩不理想，积极性不高，对未来没有明确的规划等一系列显著问题。

三、解决农村留守儿童关爱工作存在问题的对策

《关于进一步健全农村留守儿童和困境儿童关爱服务体系的意见》（民发〔2019〕34号）规定，民政部门要充分发挥牵头职能，会同有关部门推进农村留守儿童和困境儿童关爱服务体系建设，同时还要鼓励和发动社会各方参与，共同为农村留守儿童的成长和学习营造一个良好的环境。

（一）政府进一步完善政策措施

在农村留守儿童管理工作中，政府的政策支持和财政资助必不可少。虽然近年来政府对留守儿童问题给予了高度关注，给予了家庭困难留守儿童物质帮助和精神鼓励，但是，着眼于整个社会发展前进的大趋势和留守儿童当前的生存状况，留守儿童管理工作开展中存在的问题仍然不少，不少难题的解决刻不容缓。如何打破这个局面需要政府大力改革和创新农村留守儿童关爱保护举措，在实地考察中充分考虑农村地区经济发展的现实状况、留守儿童亲情缺失的境况，为农村家庭、农村留守儿童学校等留守儿童成长环境的架设提供有力帮助。

1. 完善留守儿童教育政策体系

农村留守儿童教育工作需要多方面的投入，家庭、学校和社会的关爱必不可少。从现有的农村留守儿童教育制度来看，主要内容是关于留守儿童接受教育的制度性规定，例如地方政府应该怎么做，学校应该怎么做，对留守儿童的情感关怀、安全保障、精神慰藉等方面的关注较少，没有出台专门的法规和制度来保障相关工作的执行。完善农村留守儿童教育政策体系，需要做好以下工作：

首先，农村乡镇所在的政府及县级以上的政府应重视留守儿童的实际需求，保障他们的基本生活之外，还要关注他们心理、精神方面的需求，并完善这方面的制度规定，如规定留守儿童的父母必须多久与孩子联系一次，监护人应具备什么样的特质，在监护期间应该履行什么责任等，再具体一点，比如监护人的年龄在什么范围内，不同年龄段的留守儿童应生活在什么样的环境之下，只有这些具体条件得到了细化，每一个指标落到了实处，才会真正减少留守儿童出现突发状况的频率，也才能让他们的生活、学习保持在较高的水平线上。

其次，政府还应出台农村留守儿童的救助保护机制，将危害留守儿童切身权益的内外部因素排除在外，当不法事件出现的时候，要对责任人作出严厉处罚，以避免这类事件再次出现。

2. 积极落实留守儿童关爱政策

健全的农村留守儿童关爱政策体系应由政府主导、民政部门牵头，其他部门如教育局、公安局、妇联和共青团共同参与，各个部门之间相互配合、相互协作制定出统一的农村留守儿童教育与关爱方案，并付诸行动去实施：开展农村留守儿童的教育与关爱活动，满足他们的食宿需求，让他们有衣服穿、有食物吃、出行安全、居住安全，有人监护和照顾，安全问题能够得到有效保障。

在落实农村留守儿童政策的过程中，政府要有问题意识，对工作中发现的问题及时关注；民政部、公安部应牵头建立农村留守儿童关爱保护工作部及联席会议制度，一方面掌握农村留守儿童的基本信息，了解他们的生活现状，另一方面可以加快问题的解决速度，提高政府的公信力。此外，当下还应建立健全农村留守儿童关爱的法律体系，使农村留守儿童的关爱工作法制化，明确规定各方责任，如果有部门在农村留守儿童关爱保护工作中徇私舞弊、假公济私，就可根据法律规定对其进行惩处。在信息化时代，农村留守儿童关爱保护政策的落实，还需通过动态化管理提高行政效率，加强农村留守儿童个人信息管理的电子化水平，如将农村留守儿童的基本信息录入"全国农村留守儿童和困境儿童信息管理系统"，留守儿童的教育入学、流入流出等信息都可以在这个信息系统上查找和更改，同时，还应保证这些信息实时更新，这可以为政府部门和群团组织对留守儿童进行资助、提供帮扶提供很大的便利，对于存在的问题也可以及时发现、及时解决。

3. 通过财政拨款加大对经济薄弱地区的经费投入

留守儿童工作需要大量的资金支持，学校的修建、设施设备的购买和维护、寄宿制学校的建设、教师的工资等都需要有资金来源作保障。鉴于目前我国农村留守儿童教育资金来源渠道单一和资金短缺，中央、财政部、教育部和各级政府等应对农村留守儿童教育难题予以重点关注，增加对这一部分的财政投入，并列入财政预算的范畴。对商南县十里坪镇所在的地方政府来说，应制定每年救助农村留守儿童的专项资金预算，将其并入本年度的财政预算，确保每年都有一定额度的财政资金用于关爱和保护农村留守儿童，用于改善他们的家庭生活状况，让每一个农村留守儿童有更多的资金来接受教育，真正享受到政府的关爱。

财政资金应用在什么地方，需要在事前制订资金花费方案。就目前我国农村留守儿童教育消费情况来看，农村留守儿童学校和留守儿童之家是留守儿童最为集中的地方，因而财政资金应主要使用在这些场所，可以用于建设基础设施、改善生活条件、购买一些学习课程和娱乐体育设施，满足留守儿童生活、学习和娱乐的需要。此外，留守儿童学校和留守儿童之家需要一定数量的工作人员来维持其正常运转，这部分人的工资应当也纳入财政预算之中。另外，还应建立留守儿童关爱工作人员薪酬激励机制，通过薪资待遇的阶梯化设置对他们实施激励，让他们全心全意投入农村留守儿童关爱工作中去。

4. 完善工作考核和责任追究机制，做好经费管理

财政经费用于发展农村留守儿童教育是国家性战略，这部分费用必须落在实处，也就是说，用于救助和帮扶农村留守儿童的财政资金必须用在"刀刃上"，严禁政府部门的工作人员或其他人员使用这部分资金，因而完善考核机制和责任追究机制至关重要，这是做好财政资金管理的重要举措。对于贪污留守儿童专项资金的人给予严厉的处罚，严肃追究他们的责任。

为了保证经费发放到每一个留守儿童家庭，县、乡镇人民政府和村（居）民委员会加强对外出务工人员履行家庭监护情况进行监督指导。村（居）民委员会要定期走访、全面排查，清楚掌握每一个留守儿童及其家庭的实际情况，并记录在册，每一个留守儿童在什么时间接受了多少钱的资助、领取了哪些东西，都需要做详细的记录汇总。留守儿童所在的县级政府、乡政府要做好他们个人信息变动的情况登记，当他们的家庭情况发生变动的时候要

视情况做出回应，例如对失去亲人、没有监护人的留守儿童应给予一定金额的补助，保障他们基本的生活需求，这是保障留守儿童关爱资金和物品发放到位的基础条件。对于贪赃枉法、故意扣押物品和钱款的机构和个人，情节不严重者通报批评，严重者给予严厉处分，为留守儿童关爱资金开通一条顺畅的监管通道，让财政资金真正发挥用处。

5.关爱服务监督考核制度化

不论是商南农村留守儿童，还是国内其他省份的留守儿童，他们所在地方政府的一些关爱措施缺少监督，存在执行力度不够、落实不到位的弊端，损害了留守儿童及其家庭的实际权益。对此，建立完善的监督考核机制是陕西农村留守儿童教育工作有序进行的基础保障。

根据政府部门主要的工作方式，对留守儿童教育工作的监督与考核需要成立专门的部门、配备专门的人员去做，不应由其他部门兼职担任。在考核与监督方式上，除了传统的"上对下"的监督方式外，还可以将当下一些新式的监督方式运用到针对留守儿童关爱保护工作中来，例如开通内部信息反馈渠道，信息既可以"下达"，还可以"上传"，保证信息在不同单位和不同部门之间双向互动，这样更有利于信息流通和意见反馈。此外，对工作人员的考核应做到标准化、制度化、严格化，在对一些硬件设施进行考核外，还要对留守儿童学校教师及留守儿童之家工作人员进行考核，通过考核的方式督促他们更好地做好留守儿童的教育与保护工作。同时，应制定留守儿童的活动场所如亲情活动室的行为规范，用制度化的标准要求这些场所做到人性化管理和常规化管理，及时发现基础设施建设和工作人员行为规范存在的问题，及时指出，全程督查，全力保障留守儿童的关爱保护工作顺利推进。

（二）学校进一步彰显教育的功能

1.建设高素质的教师团队

学校是教育留守儿童的主阵地，要想提高留守儿童的心理健康素养，首先要有一批高质素的教师队伍，并配备专门的心理健康教师。地方政府、教育主管部门应贯彻落实中央《关于减轻中小学教师负担进一步营造教育教学良好环境的若干意见》，多方争取资金，全面落实教师工资待遇，让教师能够潜心教书、静心育人。在教学过程中，教师应对家庭条件差、有性格缺陷的"问题儿童"多关注，给予他们更多的关爱、教育和疏导。此外，农村幼儿园、中小学校可以建立留守儿童档案，定期进行回访，开展多样化的心理健康专题活动，丰富学生生活、提高学生的心理健康水平。

2.学校应重视留守儿童的心理问题

笔者在走访调查中发现，农村学校当中的绝大多数都没有设立完整的心理危机干预机构，更没有专门为留守儿童进行心理咨询配备专业老师。笔者认为，学校建立心理咨询室可以有效帮助农村留守儿童及时解决心理问题，排除自己在生活与学习中遇到的压力，从而能够培养出综合素质健全的学生，不仅能营造良好的学校风气，使学校长远发展，更能在整个大的层面上促进留守儿童健康的身心发展。

(三)社会更好地发挥关爱保护作用

1. 发挥妇联、关工委等群团组织的作用

妇联、关工委等群团组织应该充分利用自身优秀群团组织带来的群众基础,充分引导和鼓励妇女职工投入留守儿童关爱保护工作中来;同时,地方共青团委应该发挥自身思想火炬的作用,组织青少年开展相关留守儿童同辈帮扶活动,为留守儿童心灵传递温度;关工委更应该承担起关心爱护下一代的主责,重视留守儿童这一特殊群体,发挥退休党员干部的余热,让他们更好地为社会做贡献。

2. 发动社会力量关爱保护留守儿童

农村留守儿童由于亲情缺失、内心孤独,其中很大一部分对未来的期待不明确,精神慰藉和心理建设更无从谈起。在政府和家庭之外,还需要社会爱心人士给予他们更多的关怀。镇、县两级政府应加强与基金会及公益组织的联系,从社会层面多关注、关爱、帮助农村留守儿童。同时,借助网络这一便利条件,公益组织可以搭建"云"共享平台,将社会上一些闲置的人力资源和资金集合起来,通过大数据分析让一些项目和农村留守儿童直接对接,将社会优势资源转化为实实在在的帮扶行动,真正发挥公益组织的力量。

四、结语

儿童是国家未来保障社会可持续发展的重要推力,是民族振兴的希望、共产主义事业的接班人。贯彻儿童优先和权益最大化原则,对于全面升高人口素质、促进儿童发展具有深远意义。陕西省各级政府应以最新的指导思想为准,多项并举,深入落实,最大限度地满足当地留守儿童生存、发展、受保护及价值尊重的需求,以关爱农村留守儿童为契机,推动儿童的发展和进步,为社会的永续发展奠定坚实基础。

参考文献

[1] 王振耀,刘文奎,张央,等. 中国乡村儿童发展报告(2021).

[2] 商洛市政府办. 商洛市儿童发展规划(2021—2030年),2022-7-26.

[3] 关于进一步健全农村留守儿童和困境儿童关爱服务体系的意见[J]. 中华人民共和国教育部公报,2019(5):6-11.

[4] 邓博文,王嘉星,张树琛,等. 乡村振兴背景下寄宿制学校留守儿童关爱教育研究——基于陕西省8市24县区的实地调研[J]. 教育教学论坛,2022(5):1-4.

[5] 赵云. 让爱不再孤单,让"家"更加温暖——李港小学"关爱留守儿童"行动报告[J]. 新课程导学,2021(21):16-17.

论鲁迅作品中的儿童形象在初中语文教材中的教育思想

张文诺

摘要：鲁迅是中国文学史上具有里程碑意义的人物，他的作品风格大多语言冷峻犀利，内容发人深思，因此在中学语文教材中有着重要地位。他笔下塑造了许多典型的儿童形象，渗透着鲁迅作为一位教育者的教育理念，值得当今社会借鉴和反思。如今着眼于实践教学，鲁迅文章的教学困境仍然是备受关注的话题，而如何将鲁迅作品在儿童形象的塑造中渗透的教育理念和课堂教学相结合，从而打破教学困境同样也是值得关注的。所以本文将从三个方面对鲁迅儿童形象中表现的教育思想以及教学建议进行研究：首先对鲁迅笔下的儿童形象进行分析，其次探讨儿童形象中的教育思想，最后从学生和教师角度分析鲁迅文章教学困境从而提出可行的建议。

关键词：鲁迅；儿童形象；教育思想；教学困境

鲁迅对于现实生活把握的灵敏度让他的文章富有穿透力和普遍性，在描述时代的同时也诞生了一个个富有典型意义的经典人物形象。他们有血有肉，用独特的灵魂勾勒出具有普遍意义的国民性特征。鲁迅在刻画人物时大多从乡村农民的现实生活入手，给人物铸入普遍性的特点，其中不乏多类的儿童形象。有我们熟知的闰土，也有天真烂漫的双喜，他们的形象是当时社会生活的真实写照，流露着时代的记忆。同时也包含着鲁迅先生对自己童年的追忆与怀恋，更是将中华之希望灌注在一个个鲜活的儿童形象上。

自2016年部编版初中语文教材投入使用，鲁迅作品也在改革的过程中略有删减和改动，但总体仍然占有8篇。其中塑造儿童形象，反映儿童性格和生活环境的文章共有5篇。由此可以看出教材编排选择方面上对从儿童角度切入让学生了解鲁迅作品的倾向性，但随着教材的变动和多元化教育思想的发展也带来了教育的新问题，对于在初中阶段鲁迅作品要不要教、怎么教的新时代作品教学困境也随之产生。本文将对如何将作品中对儿童教育理念与实际教学工作相结合，以及鲁迅课文难教、难学问题进行探讨，以期为初中鲁迅作品教学提供可行的教学思路与教学启示。

一、鲁迅作品中的儿童形象特点和内涵

在部编版初中语文教材中所选取的鲁迅作品多讲述其童年回忆，在作品中也勾勒出许多令人印象深刻的儿童形象。他们作为鲁迅众多艺术形象的一类组成部分，蕴含了独特的艺术内涵。从少年形象中投射出鲁迅对儿童教育的理念以及对中国教育的深刻思考，透露着立人思想以及提倡素质教育的意识，这也成为现代儿童民主教育的基石。我们从孩童的

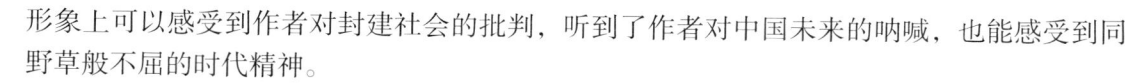

形象上可以感受到作者对封建社会的批判，听到了作者对中国未来的呐喊，也能感受到同野草般不屈的时代精神。

（一）天真、活泼的乡村少年

鲁迅作品中的儿童形象多出现在他的散文中，小说里也略有涉及。初中教材上所选取的鲁迅文章多数属于回忆性散文，记录和回忆鲁迅先生的童年时光。在其中展现最多的还是属于乡村少年纯真质朴的一面，他用漫谈式的笔调描写童年的生活图景。这种带有自传性质的散文一方面在黑暗社会现实中通过追忆童真时代守护自己真善美的精神世界，另一方面描写纯真孩童在封建礼教束缚下一步步被同化才是对社会最有力的批判。

鲁迅笔下塑造的天真活泼的孩童不在少数，但最有代表性、表现最充分的还是少年闰土。鲁迅用最真挚的情感，塑造着这个充满童趣的乡野少年，诉说着对童真的眷恋。在部编版九年级上册《故乡》中，作者很少见的用细腻婉转的笔墨勾勒出少年闰土的形象。鲁迅写到脑海中对于闰土的回忆时，措辞用到"深蓝的天空中挂着一轮金黄的圆月，下边是海边的沙地"以及在刻画少年闰土形象时所用到的紫色圆脸、小毡帽、银项圈等细节描写可以看出，这样柔和的笔触、饱满的情感都体现着对乡村少年身上天真活泼的天性的珍视与喜爱。而后文中少年闰土在田野间奋力向猹刺去这一场景更能勾勒出一个健硕活泼的乡村少年形象。可以说少年闰土的刻画是鲁迅心中纯真童年的象征，也使得夏日田间在瓜田里细语成为无数读者对童年的美好憧憬。但也正是因为少年闰土的天真烂漫、奋发向上才显得当作者再遇成年闰土后形成的前后反差感到讽刺与无奈。

其次，在部编版八年级下册《社戏》中的双喜也是鲁迅笔下天真、烂漫、活泼的儿童形象代表。在塑造纯真的儿童形象时，鲁迅常以儿童视角入手使儿童成为文章内容的主宰，这在《社戏》中体现得尤为明显。"我"作为小客人，同农家孩子在夏季玩耍，一起放牛、捉虾、划船、偷豆。在这些过程中鲁迅着重描绘了双喜的语言神态动作，例如双喜对社戏老生的评价以及发起偷豆的行为，不难看出有勇有谋的双喜在"我"的观念里是有主见的大哥哥形象，能带领一群孩子发现许多新奇的事物。在体现江南少年的童趣之时，也将儿童观念中对事物单纯的情感描写得细致入微。

鲁迅对于纯真少年的展现和怀恋多离不开他的成长经历，《从百草园到三味书屋》中的鲁迅是更贴近鲁迅生活的白描式刻画。他以儿童的视角诉说着自己童年的生活场景，从中可以体会到孩童对世界的好奇，对大自然的热爱，就连墙角的花草都能使年少的我联想万千。他抗拒私塾先生枯燥无味的教诲，总是对封建礼法做出挑战。童年跌宕的生活经历和他想要打破常规的观念使得天真烂漫的纯真少年形象被他视为希望，他塑造的这些儿童形象也留住了他未失的童心，也是对鲁迅生活的一点点慰藉。

成年后的鲁迅文笔冷峻犀利，多做批评性的杂文，很少将自己内心柔软的一面展示给读者。但初中教材中所节选的鲁迅文章多选自《朝花夕拾》，其中的活泼、纯真的少年形象饱含了鲁迅对生活的热爱和对童年的回忆。这部带有自传性色彩的散文集既使得读者可以窥视鲁迅对童年的思绪和想要守护的精神家园，同时也正是因为这些纯真善良的山村少年的塑造，与那些病态的、被社会扭曲的看客儿童形成了更鲜明的对比。

（二）被社会扭曲的看客少年

在鲁迅的作品中更加引人深思的是那些被社会摧残到麻木的看客少年。教材中最典型的是部编版九年级下册《孔乙己》。文章以温酒小伙计为视角，不管是客人也好还是看孔乙己教写字的孩子们也罢，都作为看客，冷漠地旁观着孔乙己的悲惨命运。在这里以一个未成年的小伙计作为观察视角，以一个相对客观的第三视角叙述着孔乙己的生活，而更重要的一点则是，小伙计已然是鲁迅打造的酒馆背景中最低等的一类人，就连最低等的温酒伙计都瞧不起孔乙己这样的穷酸书生，在一定程度上也展现了这个社会的冷漠以及封建礼教对于人性的禁锢。除了小伙计，孔乙己身边还有看他写字的小孩子。这些小看客们在鲁迅的笔下没有被具体展现，而是被当作抽象的"人"。他们除了年龄与身段和茫然大众有所不同，思想观念早已被社会扭曲到与成年看客一般无二。

其实看客少年形象诠释得最极致的应该是鲁迅经典小说《示众》，鲁迅用冷峻的笔墨描绘了一个毒日盛夏的街道上一个犯人被当街示众，街上众人不同的反应神态。鲁迅先生在创作这篇作品时，采用了十分客观的笔触，尽可能地淡化了感情色彩的出现，运用简单的时间和空间之间的因果逻辑进行情节的编排，深沉的笔调犹如利刃直戳国人灵魂的最深处。其中尤为细致地表现了一个十一二岁的小胖男孩的形象动作，从细眯着眼到看到示众者变得困意全无的转变被精准捕捉到。他本在破旧桌前昏昏欲睡，桌前有着二三十个馒头。可当巡警和身穿白色背心的示众者出现在街角的时候，他的睡意全无，犹如皮球弹起来挤到人群的最前端，开始饶有兴致地研究起示众者，以至于将自己看包子铺的工作抛掷脑后，迫不及待地围观这场示众。其中最可悲的一幕是一个被抱在怀中的孩子看到这一幕哭闹着想离开，这其实象征着孩童尚未被封建愚昧泯灭掉的人性，是纯真与扭曲的斗争，但抱着孩子的老妈子却将孩子面对示众者，并指着说到"啊，啊！看呀！多么好看哪！……"他们竟然认为是好看的东西，他们将自己的愚昧观点强加给孩子，摧残着孩子的幼小心灵直至扭曲。

鲁迅所塑造的看客少年几乎是没有权利选择自己对社会的意识和自身的命运。在孩子们开始形成对世界认知的初期，因为封建大家长制的存在，父辈愚昧落后的思想便深深地在幼者的灵魂深处打下烙印。本来尚有一丝生机的看客少年，也被这个时代变得同"吃人"者别无他样。当少年思想被套上枷锁，民族的"根"便开始腐败，就连尚存的民族气节也变得脆弱直到最后消散。所以鲁迅笔下的看客少年不仅仅是代表着一类国民性形象，更是他对封建腐败社会最有力的控诉与呐喊。深沉清醒的笔调剖析着最真实的人间惨剧，人们在文中找到自己的影子并感到恼怒与羞愧的同时，鲁迅也让这个时代进行了一场反思与自我的救赎，这也使得鲁迅发出的"救救孩子"这一口号有了更深远的意义。

（三）遭受苦难致死的无辜儿童

鲁迅的作品多有描写病态社会下的百味人生，因为他有对封建社会的不解与痛恨，无奈与呐喊。在他笔下塑造了许多作为旧社会牺牲品的儿童，多数都是无知、畸形、病态的。他们最终的结局不局限于肉体上的牺牲，更深刻的在于精神上的毒害与摧残。

初中语文教材中主要展现的是积极、正面、阳光的儿童形象，对于这一类儿童形象在部编版初中语文教材中涉及较少，人教版高中语文必修三的课文《祝福》却是一个典型的例子。文中主角祥林嫂的儿子"阿毛"便是遭受苦难无辜致死的孩子。原本生活在深山里的孩子，他是祥林嫂生活的希望，但阴差阳错被狼从门槛上叼走，一口口吃进肚子并掏出五脏六腑。从表面上看，阿毛的死属于天灾的偶然，但实际上剖析深层次来讲，这何尝不是社会锁定下的必然。阿毛看似是被狼一口口吞掉，实际上怎么不是社会的蚕食。祥林嫂是封建社会最底层的劳工，她自己都处于社会的压迫中自身难保，又怎么能保护好阿毛。鲁迅将阿毛的死在祥林嫂的口中反复叙述，也正是强调他的死不是自然原因。即使阿毛长大成人，也将是活在社会底层被人嘲讽与唾弃，最后精神被摧残成为愚弱的国民，他的不幸也只是祥林嫂命运的一个写照。

而在《药》中华老栓的儿子华小栓也是被社会愚昧思想悲惨致死的典型。华小栓的痨病本可以科学地对症下药，但他的父亲听信人血馒头包治百病的愚昧说法，用尽家中钱财为小栓子求来人血馒头治病。屋中蒸腾着奇怪的香味，小栓子在这道不明的香味中囫囵吞枣般地咽下整个白面馒头，全然不记得这奇怪香味的白面馒头是什么味道。可老栓子一家永远不会知道这人血馒头蘸取的正是革命烈士夏瑜的血，而屋里蒸腾的奇怪香味也正是战士不屈生命的味道。然而最后遭受苦难的小栓子还是因为痨病死了，这与《狂人日记》中吃人的国人一样，封建迷信教唆人们食人心、救己命。小栓子遭受苦难后的死也是必然的，他的童年是饱受苦难的，他的一生也是被封建思想所左右的。而这层苦难的根源本就应该归结于这愚昧、无知的旧社会，鲁迅执笔对社会进行深刻地批判，其目的也是想打破这根深蒂固的封建思想，将深处苦难的孩子们从深渊中拉出来。

纵观鲁迅笔下的儿童形象，都是鲁迅的内心体验和生活经历的写照。鲁迅用儿童的天真烂漫又或者麻木与死亡剖析了社会吃人的本质，这一方面体现了鲁迅先生的儿童教育思想，另一方面也是他内心深处人格的外化。从他对儿童形象的塑造可以看出，除了麻木与批判，更存在对孩子生存环境的同情与心酸，这在《故乡》中表现得尤为明显，闰土的改变是直戳鲁迅内心的。鲁迅常说："我善于解剖别人，但更多的是解剖自己。"他将自己对闰土变化的心情映射到时代，也就使这个形象具有了普遍的意义。

童年情节以及感触是鲁迅儿童形象的内核，跌宕的内心体验推动着多种类型的儿童形象在鲁迅的笔下应运而生，这些通过他漫长的沉淀与情感积累所刻画的儿童形象渗透着他的教育观念，挖掘着自己的内心世界，他将自己的审美体验巧妙地融合在笔下儿童的成长过程中，从而引起读者与时代的共鸣。

二、鲁迅儿童形象传达的育人思想

鲁迅在塑造儿童形象时所表现出的教育思想与他的性格和个人经历是息息相关的。少年留学经历使他主张个性解放与独立人格，所以他笔下的双喜、阿发、闰土等少年形象都极力展现出孩子的天性。由于回国后鲁迅在北大任教，对于教育理念也形成了自己独到的见解。他将儿童教育与国家命运相连及，对中国教育发展作出巨大贡献。鲁迅说："童年的情形，便是将来的命运。"从现在"十来岁的孩子，便可以逆料二十年后中国的情形"。因此，鲁迅在刻画儿童形象时有意无意地将自己的教育理念渗透其中，其目的就在于揭露和批判封建社会对少年儿童摧残的同时，引导和鞭策儿童树立正确的思想并向健康积极的方向发展。

（一）立人教育思想

"立人"思想可以说是鲁迅在教育理念中的内核，是他所有思想发散的起点。所谓"立人"从不同的角度会有多种阐述。从解放和自由的角度讲，就是通过意识的觉醒突破封建礼教束缚从而形成自己的独立人格。而就目前的研究现状来说，学界将鲁迅所说的"立人"定义为使人摆脱旧思想的束缚，实现真正人格意义上的解放与独立。

在鲁迅的观念里欲"立国"必先"立人"，长期处于压迫下愚昧思想的国人积攒下的劣根性阻碍了他们成为可以有独立灵魂的人，更阻碍了一个民族的自立自强。鲁迅在《坟》中用"想做奴隶而不得"和"暂时坐稳了奴隶"来概括近代在他眼中所看到的国人精神状态。鲁迅提出的立人思想其实是在对改造国民性做出推进，他从思想启蒙和揭露"病根"两方面入手，将文艺和科学视为改造国民性最有力的工具。所以在进行思想启蒙时，鲁迅可以通过塑造闰土、阿Q、孔乙己这样具有典型性的人物形象，从而抨击国民劣根性，唤醒人民的独立意识，以期待社会的改革与发展。

在部编版初中语文教材中所涉及的鲁迅作品一共有8篇，其中不乏小说、杂文、散文。每一篇中都包含着"立人"思想的精神内核，作品中所塑造的少年形象多有自己的个性特点，这也为培养现代新人提供了很好的材料。在初中语文教育阶段，发展学生个性塑造学生独立人格是极其重要的一项任务。鲁迅认为孩子应"以自己为主"，所以极力抨击封建社会所主导的"奴隶型人格"，传统的私塾式教育只会磨灭孩子的天性，丧失精神自由缺乏个性。这在《故乡》的闰土身上也得到了见证，少年闰土的纯真天性在成年闰土身上消失殆尽，奴隶思想也随着时间的推移逐渐深入到了闰土的灵魂深处。所以当"我"再次见到闰土的时候才会觉得可悲，同时深切地怀念儿时与闰土一起玩耍的场景。这样的儿童形象转变也证实了立人教育思想在孩子成长阶段的重要性，立人的精髓也在于将儿童的思想从三纲五常中解放出来。

在语文课程标准中有说到"现代社会要求人们思想敏锐，富有探索精神和创新能力"，而在鲁迅提到的"立人"思想中创造性与探索性也是其重要的内涵，从《社戏》中对双喜和阿发的塑造中就能清晰就感受到。双喜身上那种打破传统儒家观念的性格特点是鲁迅描写的重点。作为一个孩子他乐于冒险、力求知新，在众人眼中的顽劣放在少年鲁迅眼里却是一个追求平等意识的少年。这是鲁迅所可以凸显出来的，一方面它追求现代孩子能保存好自己的天性拥有天真烂漫的童年时光，另一方面这也是它与传统观念的对立，通过《社戏》中孩子们的天真反衬出一味禁止与打骂的传统教育对孩子天性的磨灭。所以对于"立人"思想，鲁迅认为最重要的不是告诉孩子如何改变，而是在使得国人充分意识到思想上的问题时进而改良社会。

（二）长幼平等思想

父为子纲是中国古代对于长幼关系最好的概括，在儒家文化等级秩序的影响下子女与父母的关系天然存在着不平等，父母在孩子的生活中占据绝对的话语权。嫁娶有父母之命媒妁之言，再到同辈之间也有长兄如父的说法。长幼等级观念在封建社会是绝对性的臣服关系，对此，鲁迅是十分不认同乃至反感的，所以常在文章中打破这层道德礼法，试图解放孩子。

鲁迅在杂文《我们现在怎样做父亲》一文中深刻地指出中国所谓的父子礼法是如何以牺牲孩子天性为代价来满足自己心中虚伪的道德感。文中强调封建旧思想的观念"本位应在幼者，却反在长者"以及"前者做了更前者的牺牲，自己无力生存，却苛责后者又来专做他的牺牲，毁灭了一切发展本身的能力"。所以鲁迅认为改革儿童教育的当务之急就是处理好父母和孩子之间的封建等级关系，打破原有的权威型关系，作为父母学会如何以平等的身份将孩子视作独立的个体去教育。同样在初中课文《社戏》中就打破了传统的长幼关系，从同辈之间和长辈之间两个角度共同推进，表现了在未受封建思想教化的孩童身上，没有尊卑观念的乡村生活是怎样一幅场景。在这里，偷六一公公的豆子不会被众人用伦理观念苛责压迫，仅仅是孩童的天性使然。在同辈来说，对于叙事者的"我"并不会因为双喜和阿发年长而对他们有所忌惮，反而更单纯地将他们视为能带领作者探寻新事物的偶像。这与成年闰土的一声"老爷"使得我与闰土中间所产生的隔阂形成鲜明的对比。

所以鲁迅认为传统的中国式家庭观念存在着诸多问题，它将孩子视为长辈的附属品而不是一个独立的人格，这在潜意识中已经形成了不平等的父子关系。这也给现代父母以反思，科学合理地处理孩子与家长之间的关系，切勿打着关心和爱的名义剥夺了孩子独立自主的人格，尽量以一个平等的身份去教育孩子，而不是一味地将自己看成经验丰富的长者，一再强调自身的权威性，要真正给予孩子发展健全人格的空间。

（三）素质教育思想

孩子的成长和塑造是一个全面发展的过程，当代教育主张德、智、体、美、劳全面发展的教育理念，这与鲁迅所提倡的教育观念不谋而合。鲁迅杂文《上海的儿童》里鲁迅就中国封建传统式教育所秉持的"一味禁止"作出了批驳，旧社会的教育认为规矩和礼法是必不可少的，一味地对孩子"德行"方面做出纠正，用打骂、训斥的方式最终将孩子变成私塾先生的"傀儡"。所以鲁迅认为，一个健全的孩子应该进行合理的教育培养，而不是只一味地注重某一方面。鲁迅在《坟》中说到对于孩子的教育要"耐劳作的体力，纯洁高尚的道德，广博自由能容纳新法的精神"。也就是说在日常教育实践中应该更加注重儿童综合素质的发展，所以在鲁迅作品中也经常会出现所谓在旧社会教条下拥有"逆反心理"的儿童形象。

《从百草园到三味书屋》中的"我"不喜私塾先生刻板的教化，将百草园的生活和私塾的管教形成了对比。百草园更像孩子自由探索的乐园，自然界就是孩子的老师，在探索中释放天性做到全面发展。而私塾鲁迅先生特意强调了是全城最严苛的，其意也在将旧礼教与新理念产生对比，突出孩子自己探索实践的教育过程的重要性，一味地教，一味地只注重某一方面的培养最终会抹杀掉孩子的天性。

而真正的素质教育是潜移默化的，教育理论也强调应注重孩子的精神世界，在潜移默化中建立起文化素养，做到德、智、体、美、劳的全面发展。鲁迅曾在教育界提出"幼者本位"的思想观念，其本质就是在教育的过程中将学生和儿童作为教和学的主体，遵从孩子成长规律以及自身意愿进行全面的个性化地培养。切勿让成绩的高低禁锢住孩子在本该属于他们释放天性年龄阶段的自由和童趣。唯高分论本就是传统科举制度所带来的负面影响，它不仅抹杀了孩子创新的勇气，更重要的是会使孩子变成网络中戏称的"小镇做题家"，除了考试完全没有独立思考的能力和心理承受能力，最终演变为一个家庭乃至一代人的悲剧。

（四）家庭教育思想

家庭教育是一个孩子成长的起点，家庭关系是否和谐，家长是否尽责，父母是否能当好孩子的第一任老师，这些都是家庭教育中面临的问题。鲁迅批驳旧式传统家庭对于家庭教育是极其粗暴甚至不管不顾的，只生不养是常有的事情，管教孩子是私塾先生的事情，在家庭生活中只有一味地禁止与父权的压迫。家庭教育给一个孩子的影响是潜移默化的，封建旧社会的大家长制的家庭教育模式存在着很大问题，在专制型的父母面前，父母无法听到孩子内心的想法，长此以往会使得他们缺乏自信心和安全感。如《五猖会》中父亲对"我"的逼迫，让"我"背《鉴略》是一样的。

在初中语文教材对鲁迅文章的选择中也在积极体现良好的家庭教育氛围的重要性。就像在《阿长与〈山海经〉》中，虽然阿长只是一个女工大字不识几个，但她为了"我"费尽周折买到了《山海经》，鲁迅除了感激之外这件事也激发起鲁迅后来买书的热情，这对他日后的创作也产生了重要影响。这样的积极健康的家庭氛围才正是鲁迅所提倡的，尊重孩子、相信孩子而不是一味地摆出长者的架子。在《社戏》中的六一公公也没有大家长的架子，反而亲切和蔼地问我"豆可好吃"，在这种家庭氛围中成长的双喜、阿发才更加纯真自信，有着"我"身上所没有的勇气和烂漫。这些方方面面都体现着鲁迅科学的儿童观。

所以在家庭教育中，父母应该学会帮助孩子建立自信和主动探索的能力，且对于孩子的爱是无私的不求回报的。鲁迅在《我们怎样做父亲》中早已批驳了封建家庭"报恩"的教育思想，打着爱的名义，认为这是父母给予的"恩"，作为孩子应当报恩。鲁迅认为"觉醒的父母，完全应该是义务的，利他的牺牲的。"这也是当代父母应该认识到的，不应该将孩子的养育视为一种投资，抱有望子成龙、望女成凤的观点。急功近利的家庭氛围并没有将自己的孩子视为独立的个体，反而当成以后收益的工具，这也就相当于剥夺了孩子自由发展的权利。

三、鲁迅作品的教学难点和教学策略

自新课改以来，鲁迅作品在初中语文教材中共有8篇之多，可以看出鲁迅在语文教学中的地位之重。无论是何种版本的语文教材，鲁迅作品都是作为中学教育的必修课。这不单单是因为鲁迅在文学史上不可替代的历史地位，更重要的在于作品中所蕴含地对国民性的思考以及对时代的反思都是值得每一位中国人细细品味的。但由于鲁迅文笔晦涩，且内容主题深刻难以理解，一度被学生所排斥。这其中有教师对于鲁迅作品固有的刻板印象导致教学死板，也有学生因读不进去鲁迅的作品且上来就要背的学习方法对鲁迅文章产生排斥情绪的原因。这一度让鲁迅作品陷入当代教学困境中。

（一）学生"难学"

学生不愿意接受鲁迅首要的一点在于鲁迅在文坛的地位。学生接触到鲁迅的时候就已经是被标签化的鲁迅，他对于学生来说是每个老师口中的伟人，学生认为鲁迅的作品不可随意亵渎。在学生接触鲁迅作品时就已然形成一种畏惧之心，不能做到平常心去体会文中作者所表达的思想情绪，这也就造成了鲁迅与学生之间的第一道壁垒。

其次，五四初期尽管掀起了新文化运动提倡白话文写作，但半文半白的笔调对于中学生来说阅读起来相对晦涩，且又因鲁迅作品立意深刻导致学生在阅读的过程中常因为读不懂而失去深入了解的兴趣。例如《从百草园到三味书屋》中对于百草园的描绘虽然用白话文的形式展现但是经常出现油蛉、斑蝥这样的生僻词。又或者是不规范的表达方式，如"其中似乎确凿只有一些野草"，这样的语句让本就晦涩的文章变得更加难以理解。其中如若没有教师的梳理，靠学生本身很难理解其中的含义。

最后，鲁迅的文章大多都讲述的是旧封建的社会现实，教材中多选取的是在封建礼教压迫下儿童的成长。时代的更迭带来生活的巨变，这是在21世纪的新青年没有办法感同身受的。鲁迅反映了那个思想愚昧的时代，同样也是在这样的时代背景下才成就了鲁迅。他的文章带着浓厚的时代色彩，学生读鲁迅就像翻开了历史的卷轴，所以没有历史知识和文学底蕴做支撑很难真正做到与当时文中的鲁迅共情。所以，当作品对读者的知识素养设立门槛的时候，作为还没有丰富人生经验和学识素养的中学生来说，想要走进鲁迅的文学世界确是有一定的难度，这也是学生"难学"的最主要原因。

（二）教师"难教"

由于鲁迅文章选入教材的时间长，即使在改革中有做删减和调整，有些经典篇目也从改革初期保留至今。这样经典篇目的流传必然使语文教学中存在一种现象，教师总用刻板的教学方法和老式的观念进行教学，这是教师在鲁迅教学困境中面临的首要问题。由于课文经典又有优秀教师的课堂教学作为范本，教师很难跳脱对鲁迅作品分析的固有思维，使得课堂内容单一、机械，久而久之使得鲁迅作品的课堂教学变成机械分析，老师在课堂中没有融会自己的思想，学生学起来也没有动力，课堂死气沉沉，教师自然觉得课文难教。

其次则在于教师教学能力参差不齐。鲁迅作品相较于同类小说比较晦涩且主题深刻，这样就需要教师具备过硬的教学能力和知识储备去引导学生理解文章内涵。而教师能力问题主要集中以下几个方面，最重要的一点在于教师自身对鲁迅文章阅读较少，对鲁迅创作背景没有很好的把握。这也使语文教学活动单一化、片面化，教给学生的知识总浮于表面。第二，没有紧跟教育界对于鲁迅作品教学的最新成果。教学工作的开展是需要理论与实际相结合的，光依靠有经验的教师以老带新是远远不够的。例如钱理群所著的《中学语文教材中的鲁迅作品解读》就对鲁迅文章如何更好地走进中学课堂做出了详细地分析并提出了切实可行的建议。第三，教师在课堂上的教学往往因鲁迅先前被贴上的各种标签而忽略学生的主体地位。常常专注于刻板化的上课模式，且因作品的文学地位只敢按部就班地分析主旨，而忽略了学生的阅读体验，加深了学生的刻板印象。

最后，由于鲁迅文章创作时期特殊内容深刻，使教师在课堂上解读角度的政治化。鲁迅的文章在创作之初就是"无形的利刃"，批判着当时的旧时代，因此他被誉为现代文坛的"民族英雄"，以至于在教学实践中教师习惯于用抽象的政治思想概念来解构文章。比如《故乡》中的闰土形象在教师口中多被贴上封建、愚昧、不反抗这类的标签。过于抽象的政治概念对于中学生来说略显枯燥乏味，同时这些存在于旧时代的形容词也与学生的生活实际有代沟。这样的课堂学生不爱听，教师也觉得学生参与不到课堂互动中。虽然现在学界正在探究在语文课堂教学中如何淡化鲁迅文章的政治色彩，但长期的政治化解读方式使这项改革任重而道远。

（三）实际教学策略

一个良好的教育氛围和正确的教育方法是孩子成长的基础，面对以上所谈论到的鲁迅文章在教学中所存在的实际问题，再结合鲁迅作品中体现的教育思想，我们不难发现现如今进行的教育改革正不断与鲁迅先生所提倡的教育观不谋而合。对此在教学过程中打破固有思维和刻板教学是十分重要的。每个人对文章的理解不同，看待文章的角度也不同。作为教师更不能固步自封，鲁迅塑造的儿童形象多数渗透着他的"立人"思想，适当从儿童视角出发剖析文章，让学生自己探索和感悟文章的思想内涵，对文章思想进行深浅的把握，引导学生塑造内心个性化的对鲁迅先生的印象，最大限度地尊重学生的主体性，切勿"满堂灌"式的抹杀孩子对鲁迅文章探索的热情。

寻找到教师与学生对鲁迅文章理解的平衡点。文章与学生之间沟通的纽带是教师，他是学生学习的引领者。教师在教学过程中感到吃力以及学生在学习时提不起兴趣往往在于教师没有准确地找到鲁迅和学生之间的切入点。初中教材所选入的文章角色以活泼天真的儿童形象居多，教师便可以以此为契机找到笔下的形象与学生之间的共性作为课堂的切入。例如《从百草园到三味书屋》便可以以儿童形象"我"当时的思想导入对鲁迅的了解，将旧时私塾与现代教学作对比，找到学生学习文章的平衡点。

课堂教学设计的多样化。现代教学理念中素质教育是十分重要的，教师要将有限的课堂时间充分利用，鲁迅的文章内容丰富主旨深刻，如何教，怎样教才能兼顾学生的全面发展是教师应该思考的。所以教师应当根据课文内容的不同对鲁迅文章的教学方法做到多元化和个性化。要在尊重孩子自身学习规律的基础上对教学环节做到合理地规划和设置，不要因为他在文学史上的地位，而使得课堂变成教师的"一言堂"。

学生对文章的理解是从感性到理性逐渐变化的过程，在教学过程中我们不能强迫中学生读懂鲁迅，也不可神话鲁迅，而是让学生走进鲁迅的世界，让学生可以感知到个性化的属于他们心中的鲁迅。而部编版中学语文教材在改革中也在向这个目标靠拢，不管是《社戏》还是《阿长与〈山海经〉》等都在勾勒一个孩童玩伴的鲁迅，减少学生与鲁迅间的距离感是化解教学困境的关键一步。

四、结语

鲁迅作为中国文学史上里程碑式的人物，为中国现代文坛留下了浓墨重彩的一笔。所塑造的一个个鲜活的人物形象也带给了国人深刻的反思。语文教材在不断改革的过程中将他笔下最动人心弦的少年形象带进了中学课堂，学生可以从各样少年的身上找寻自己的影子，感受最真实的鲁迅。

本文首先分析了鲁迅笔下儿童形象的特点与内涵，通过鲁迅经典篇目中人物形象的剖析对其塑造的儿童形象进行分类，接着对鲁迅教育思想进行了提炼与总结，最后分析了初中教学阶段面对鲁迅教学的难题，从中探究的新理念新思想与实际教学的结合，使学生在语文学习过程中得以更全面的发展。然而关于鲁迅教育思想如何更进一步融入当代教育教学的问题本文未做更深入的探究，这也需要未来研究者的继续深耕。笔者仅初涉学术之路，并且教育实践经验不足，对于这类问题还有探讨不深入，论证不严谨的地方，这也是在以后的学术研究中应该进一步改进的。

参考文献

[1] 胡德才. 论鲁迅的儿童题材文学创作 [J]. 湖北三峡学院学报，1999(6):61-64.

[2] 李梅. 谈中学语文鲁迅作品中的儿童形象 [J]. 中学语文教学参考，2004(11):49.

[3] 刘旭. 从鲁迅作品对儿童形象的塑造中看其教育观 [C]. 重庆：西南大学，2006:5.
[4] 鲁迅. 热风. 随感录二十五. 鲁迅全集（一）[M]. 北京：人民文学出版社，1981.
[5] 于文倩. 论鲁迅作品中儿童形象的多面性 [J]. 南方论刊，2020(12):80-86.

李吉林情境教学法在小学语文教学中的运用

张文诺

摘要：李吉林老师在长期的教育实践中形成的情境教学法在语文教学中产生了深远的影响，为我国小学语文教学开辟了新的途径。但是由于受到应试教育的影响，教师对语文课程过于注重知识的讲授，导致学生实践能力不足，知识与生活实际出现脱节。而今，情境教学法已经成为新课改下主要的教学方法。本文主要就小学语文课堂当中存在的问题，通过李吉林情境教学法的内涵及特点的探究，总结该教学法的基本类型，并从小学阶段的内容着手，阐述实施运用。基于以上问题，本文将从三个部分对此加以阐述，第一部分，主要对情境教学法的内涵及特点进行归纳；第二部分，将通过实习期间的经验分析小学语文教学中存在的基本问题，并运用情境教学法的基本类型对这些问题进行探究和解决；第三部分，将结合以上问题的解决归纳出情境教学法在小学语文教学中的意义。

关键词：情境教学法；李吉林；小学语文；意义

语文学科是一门与我们的生活休戚相关的学科，它不仅能培养学生的基本能力，而且也注重于学生思想感情的培养以及在语文学习过程中的良好体验感。特别是在小学语文教学中，更是注重人文性和工具性的统一。但是在传统教学模式以及新课改的影响下，语文教学也出现了很多误区，导致语文教学与学生的生活脱轨，逐渐地偏离了学生的生活情境。因此，李吉林在受到凯洛夫教育思想的影响下，开创了"情境教学"法，让学生在特定的场景下，把认知活动和情感活动相结合，激发起学生的学习兴趣，同时融入情境式教学，对学生的探究精神、自主学习的精神也有一定的促进作用。

一、李吉林的教育思想及情境教学法的发展和特点

李吉林是国家级优秀教师，被评为"全国教书育人十大楷模"。编著了《情境教育的诗篇》《情境教学理论与实践》以及《小学语文情境教学》等，成为我国教育行业的典范。

（一）李吉林的教育思想

李吉林的教育理念离不开六个字"一切为了儿童"，她说："正是儿童，使我成为一个执着的探索者，一个不倦的学习者，一个多情的诗人"，也正是这种思想让她在未知的路上不断地探索，形成自己独特的看法，并由此得出只有形真、情切、意远才能帮助学生感知、理解，同时逐渐构建了情境教学的理论式框架。

李吉林对于教育一直坚持着自己的思想，在她看来，知识产生于特定的情境中，是人类在具体情境中发现并且逐步发展起来的，而离开了这个情境，知识就成了文字符号，没

---

❶ 基金项目：本论文是"陕西乡村基础教育研究项目：陕西商洛城乡中小学英语教师专业发展状况比较研究（项目编号：SXJY202205）"的阶段性成果

有了任何的存在意义。所以她主张将学校教育、家庭教育与社会教育相融合，课堂内容与课外内容相融合，甚至提出将不同学科之间相融合，达到让学生在特定的情境中学习，把语文和生活联系起来，把学生的情感活动与认知活动相结合起来，提高学生的能力与兴趣。

（二）情境教学法的发展和特点

李吉林情境教学模式的展开不仅汲取了古代文论中"意境说"的养料，同时也与卢梭自然主义教育的思想有着莫大的关联，她从这些教学理论中开辟出一条属于自己的路。从一开始的情境教学到情境教育再到情境课程，这些无一不向我们展示了开创先河的艰辛。最初，李吉林提出情境教学要以创设情境进行片断式语言训练为主，在课堂中主动地带入学生生活中的场景，而后，她在语言训练的基础上又提出了带学生进入情境，主动地引导学生去观察，去发现教学情境中的点滴，获取相应的作文题材。最后，再运用情境，提高学生的认知能力的同时也提高学生的情感和审美能力。正是她了解到这些发展能力之间是存在相互交融的关系，才确信了在情境教学时，要着眼于全部，看到整体。为此，李吉林于1990年提出了以情境教学为理论依据的"情境教育"，将"情境教学"从单一的语言教学发展为"综合式的教学"，从"课堂教学"到"课外教学"，从而推动了情境教育的进一步发展。在情境教育的提出下，情境课程的产生便具有了必然性，她不再着眼于儿童的教学，而是尝试着走进各个年级，不断地深入探究，并且先后出版了《小学语文情境教学——李吉林与青年教师的谈话》《情境教育的诗篇》《为儿童的学习》等著作，教会更多的老师如何将学生从教学的被动者变为主动者。

情境教学法是在情境课程中提出的最基本的教学方法。它主要是指在教学过程中，教师要创造出具有代表性、典型性的情境，以吸引学生的注意力，并使其产生兴趣，带动学生观察、想象以及运用，提高学生的能力，让学生在认知活动的基础上做到与情感活动相结合，使学生的心理机能得到发展。教师将在教学过程中落实到教学方法的形真、情切、意远、理寓其中等特点，将小学语文教材中的人物形象或者事物形象融入相应的场景当中让学生多角度的观察，使该形象在学生的思维中立体起来，然后代入情感体验去引导学生在创设的情境下获得自己的情感认知，将这二者结合，带动学生的思维发展，开拓学生的想象空间，最终在这三者的结合下，学生可以自主的理解课文所表达的寓意以及中心思想。

二、李吉林情境教学法在小学语文教学中的实施运用

近年来，随着我国教育体制的改革，小学语文课程依然是小学教育中的重头戏，它不仅仅是学生往后学习初中高中语文的基础，更是在为其他的学科奠定基础。虽然在新课改提出后，语文教学的效率和质量得到了极大地提升，但就现状来看，小学语文教学依然存在着部分问题。因此在小学语文教学中，教师不仅要关注学生对学习内容的理解，也应该合理地运用教学方法，而这时候李吉林的情境教学法便起到了作用，它可以把语文和生活联系起来，充分发挥学生学习的热情，促进学生的全面发展。

（一）小学语文教学中存在的问题

目前，随着新课程改革的实施，小学语文的教学在部分方面已经有所转变，同时又在某种程度上提高了教师的教学水平。当今的小学语文教学，教师们所关心的不仅仅是学生的学业成绩，还有他们的全面素质的培养。尽管在新课改的影响下，小学语文教学已有了

一定的成效，但在现实生活中，仍有许多问题需要解决。本段依据笔者自身的实习经历，着重分析了当前小学语文教学中的一些问题。

1. 教学内容脱离了现实生活

至今为止，大部分学校都采用的是人教版语文教材，教学的内容丰富，分别涉猎了爱国的、爱自然、记事写人、神话故事以及文言文类型等，但是很多教师无法寻找到课文内容和生活实际的契合点，这样学生只是被动地理解文章大意，而不是通过自身的感受来独立的思考。在原本的四年级课本当中有《课间十分钟》一文，里面讲述了学生的课间活动，跳皮筋、踢毽子、打乒乓球、丢沙包等，这些都是学生喜欢的活动，然而这样的内容和学生的生活却不贴近的，现在学生的课间除了上厕所就是在教室，甚至老师拖堂就过去了。所以当教材中出现与现实生活中脱轨的内容时，教师只能通过机械的讲解让学生明白，无法锻炼学生的思维能力。

2. 教学中的以"问"代"灌"

虽然说在新课改的明确下"满灌式"课堂教学已经很少出现，但是另一种课堂形式却悄悄产生。以"问"代"灌"，顾名思义，用提问的方式代替教师灌输式的教学思维。教师在课堂上连续的提问，看似是让学生自己主动独立的思考问题，但是一旦把握不了度，就会变成教师的连环追问，而这种"问"就会再次变成以教师为中心，提前预测好答案，引导学生进行猜测，并且用设定好的答案作为最终的结论，同样是束缚了学生的思维。在这种提问的方式下，部分学生的思维是跟得上老师的，可以配合老师回答，但是也有部分学生会因为文章中存在的隐晦含义而苦恼，从而保持沉默，只是一味地接受老师和部分学生对话的结果，这便与我们提问的目的背道而驰。

3. 多媒体使用频繁或不当

准确地来说，运用多媒体教学可以更直观地带给学生不一样的感受，可以让人物或者事件更立体地呈现在学生面前。小学生的好奇心强，这样的教学可以吸引学生的注意，在播放视频或者音频的时候，会带给学生新奇的体验，调动学生的多个感官，但是如果控制不当的话，也会成为课堂教学中的干扰因素。同时在教学中如果过多地运用多媒体的话，会浪费教师大量的备课时间，还会让课堂的重心倾斜，分散学生的注意力，浪费教学时间。而学生往往看过听过一遍就全部抛之脑后，最后依然对课文的内容一知半解。例如在教学《西门豹治邺》一文时，有的教师在课堂上只是匆匆地组织学生分角色朗读课文之后，便用了大量的时间来播放西门豹如何治理邺县的影视片段让一节本应该生动的课堂变成了一节"观摩课"。这更加说明了不论什么教学手段最后都要落实到语文活动中去，不然就是竹篮打水一场空。

4. 重视教学中的合作探究学习，缺乏独立思考

现在的课堂，教师太过注重学生合作探究学习，反而忽视了学生自主思考能力的培养，甚至部分教师将合作探究学习看作必需，不论教学的内容一律合作探究、分组讨论。虽然探究分组讨论固然有好处，它可以帮助学生养成合作意识，同时又能让学生在深入讨论之中对问题有更深层次的理解，但是如果过于重视合作探究学习的话，就会出现弊大于利的状态。首先，如果在分组讨论时分工不明确的话，会导致部分学生在其中浑水摸鱼，达不

到此次讨论的预设，使整个教学的过程匆忙凌乱，教学结果参差不齐；其次，对于学生来说，既没有学到相应的知识，又助长了部分学生的坏风气，培养不到学生独立思考的能力。学生一旦没有独立思考的能力是很容易出现盲从和人云亦云的，只能是别人说什么便是什么，被动学习、被动做事。相反，如果一个学生有了独立思考的能力，有了自己的想法，才能真正地为了自己的目标而努力，主动学习、主动做事、主动探索，才能拥有自己的最基本的价值观判断。

（二）情境教学法在小学语文教学中的运用

从当前的教育现状来看，不仅有教师教学方法的问题，而且也存在着学生学情的问题。小学生的思想还不够成熟，理解能力也欠缺，在没有养成良好的学习习惯下，教师不可以一概而论。同时小学生的思维比较活跃，好奇心比较重，从而教师要合理的开发和利用他们的好奇心，在不同的学段内容下创设不同情境，满足他们的好奇心理，达到推动学生学习和思维能力的发展。

1. 在识字与写字教学中的运用

对小学阶段的学生来说识字与写字教学是极其重要的，是要考查学生认清字形、读准字音、掌握汉字基本意义。首先在识字阶段主要考查的是学生认清字形，读准字音，在第一第二学段主要是要激发学生的识字兴趣，其次在第三学段就要求学生学会写字，掌握汉字的基本意思，同时也要考查学生独立认识汉字的能力。在教学期间，大部分的教师都是从字音开始教授，然后从大致轮廓再到笔画再到意思。在一堂示范课上，教师教学的对象是一年级的学生，一年级学生对于生字没有任何概念，所以教师是从拼音开始教授，并没有直接地对教材中的拼音生字生搬硬套，而是先根据拼音的外形创设相应的图画式情境，将其简单明了化，如"q"这个拼音，教师就是先把它的形状描摹出来，询问学生"这个拼音与我们现实生活中的哪种东西长得很像呢？"让学生自由地发挥想象，最终有人得出气球与"q"长得很像。在识字教学中不仅可以创设图画情境，还可以创设实物情境，例如教《一只窝囊的大老虎》时，先创设实物情境，将一块石头展示给学生，将这块石头砸向地面，并引导学生自己来体验这个动作，利用石头坚硬的特点向学生阐述为什么"砸"这个字是石字旁。在识字与写字教学中创设图画情境和实物情境都能将字词的样貌和意思展示在学生面前。又或者在进行识字训练时，教师可以带领学生走入生活，学校草坪上的标语、校门口店铺的名字、学校的宣传栏以及指示牌，这些都是学生识字的途径。识字写字时创设学生感兴趣的情境，以便于学生将不懂的生字与自己平时的所见所闻联系，更好地理解和区分。

2. 在阅读教学中的运用

在阅读教学方面就要求的是注重学生的个性化阅读，注重学生在阅读过程中独特的感受，在愉悦的学习状态下提升自己的阅读能力。可以创设典型的表演情境，让学生分角色表演课文中的人物，带上背景旁白，融入课文里，体会文章中人物的感受，学习文章中人物的动作语言。比如在《爬天都峰》一文中，教师可以选取文章中爬山的一段，在学生扮演老爷爷、"我"和爸爸时，将文章中所带的情感色彩的字词穿插其中，讲解给学生，让学生在表演的同时体会作者一开始为什么不敢爬，到后来劲头十足的心理变化过程。表演完让没有参演的学生进行点评，这样不仅可以直观地看到生活场景带给自己的启示，同时又可以加深学生对人物的感受和理解。又或者创设与文章相呼应的音乐情境，让学生身临其境。在教四年级上册第一篇课文《观潮》时，播放钱塘江大潮奔涌的声音，让学生在初读课文时开通多感官，通过听觉视觉感受钱塘江大潮汹涌澎湃的壮观景象，如读到"浪潮越来越近"时，随着音乐里嘈杂的潮水声，就会给人一种压迫感，又到后面的舒缓下来，可以随着配上渐入缓境的音乐，从缓慢的音乐到急促的潮水声再慢慢地过渡到平静，这样便充分发挥了音乐情境的作用，给了学生想象的空间，同时又让学生在这种音乐声势的带领下了解文章的语气和感情基调，视听结合，促进学生阅读能力的发展。再者，还可以创设生活情境，带领学生走进生活，走进大自然，从生活中选择一些场景，并让学生在场景中观察，学习《蟋蟀的住宅》时，教师可以带学生寻找自然界中真正的住宅，在学习《爬山虎的脚》时又可以带学生看看校园中的爬山虎是什么样子的，再将这些观察到的内容和文章中的内容做比较，加深理解。这样不仅可以培养学生的观察能力，还可以培养学生独立思考的能力。

3. 在写话与习作教学中的运用

在写话与习作的教学中主要是以创设生活情境为主的。俗话说"处处留心皆学问"，那么在日常的生活中也到处都是写作的素材，教师可以将生活与写作教学相关联，创设相应的生活情境，让学生在日常熟悉的生活环境中锻炼自己的写作能力，提高自己的语文素养。教师在一节习作课上讲到，每天都会发生各种各样的事情，有些是经历过的，有些是听说的，生活便是个万花筒，引导学生在第一节课课间去操场上看一看蓝天上白云的形状，看一看又有哪根小草从坚硬的水泥缝里钻了出来，听一听春风吹过的声音，嗅一嗅校园中的花香，也正是这一幕幕的生活场景，一幅幅简单的画面构造了写作这张白纸上的万紫千红。比如《牛和鹅》这篇文章，它与单元作文相关，学习时要重点分析人物的动作描写、神态描写和语言描写，课后要求学生结合生活中的场景进行练习写作，感悟文章中的描写方法并将其运用到自己的写作中，这时就体现出了生活情境的重要性。陶行知先生说过："用生活来教育，为生活的向前向上的需要而教育"，可见，用生活展示情境不仅为学生提供了丰富的写作素材，而且而增长了学生的阅历，让学生认识到了周围的环境。

4. 在口语交际教学中的运用

李吉林老师曾经说过："言语的发源地是具体的情境，在一定的情境中产生语言的动机，提供语言的材料，从而促进语言的发展。"那么口语交际教学则是注重学生的沟通水平和表达能力，只有有了特定的情境，才能为学生营造良好的口语交际的氛围，在这种氛围里学生受到感染，从而激起学生的表达欲望。在教四年级上册语文园地六的"讲历史人物故事"时，教师先播放一段项羽江东自刎的视频让学生看，学生从视频中便看到了项羽浴血沙场的豪迈以及自刎时的悲愤，这样的情境激起了学生的表达欲望，视频结束，教师再对项羽进行语言上的描述、渲染，这时，学生便对自己心中的历史英雄有了想法，甚至有的学生举一反三，带上了恰当的语气和肢体语言描述自己心目中的英雄。事实证明，在口语交际教学中，只有创设了丰富的教学情境，才能和学生产生情感上的共鸣，这样不仅能提高教学的效率，而且能有效地促进学生语言表达能力的发展，提高口语交际能力。

三、情境教学法运用的意义

情境教学法经过多年的实践和教学运用,证实了其存在的必要性。通过情境教学法在小学各个学段内容的运用可以让教师在教学过程中了解到学生的真实水平,并且通过真实的环境氛围,运用语言、画面以及音乐等手段,使学生能够从快乐中学习,增加其学习的主动性,进一步地激发起学生的学习兴趣,带领学生融入相关的情境当中,与学生的实际生活相关联,让学生更好地融入语文课堂。合理的情境也有利于课堂氛围的调动,锻炼学生的思维能力,培养学生感受美、欣赏美最终达到创造美的能力,激发学生个性的培养,提高学生的语文素养,打造良好的师生互动氛围,提高了教学的质量。同时,情境教学法不仅提高了学生的综合能力,并且也打破了以往的传统教育思想,让学生在思维上更上一层楼,提高了学生的创新思维能力,更有助于培养创新型人才。

(一)有利于提高学生的合作意识

在课堂当中创设一些开放性的教学情境,例如表演情境、游戏情境等,使学生通过表演、学习和创造的形式,将自身置身于游戏情境当中,使其活泼的天性得到释放和发挥,增加了彼此间的配合。在小学生的潜意识里,只要共同努力出色地完成了一件事情,那么就是好朋友的象征,正可以抓住学生的这种心理特点,设计出一些有趣的情境,并营造一定的课堂氛围,这样便能激发学生的合作意识,在活动中保持合作的兴趣。在合作中,学生通过语言上、动作上的互动,经历交流、争论然后再综合论点这个过程,便可以在合作中提高自己对论点更深层次的理解,既发挥了学生的主体性,又培养了学生的合作意识。这里的合作不只是生生之间的合作,更有师生之间的合作,师生之间的配合默契更加能证实情境的重要性。

(二)有利于提升学生的综合能力

具体来说,无论是创设哪种情境,都有利于培养学生的各项能力。首先,学生的观察能力会得到进一步提升,与实际生活相连,让学生留心于生活中的点滴小事,观察教师提到的事物,并且学会多角度的观察,同时集中了学生的注意力。其次,有利于帮助学生提高审美感知能力,通过听一首歌,看一幅图,让学生逐渐地从注意外在的美转变为注意内在的美,先是发现事物或人外在样貌的美好进而了解内涵之美。大自然拥有的美是寻常事物所不能比的,也是小学生容易接受和感知的,如若再加上教学过程中情境创设的话,那么就会让学生更能理解生活中的美,从而帮助学生分美丑辨是非。同时,将学生带入大自然当中,让学生去感悟理解,其一,能够更好地拓宽学生的视野,使学生形成自己独特的审美体验;其二,这种独特的审美也为学生的写作打下了坚实的基础。最后,不仅培养了学生的交流沟通能力,而且提升了学生的自信心,削弱学生的畏难心理。大部分学生在面临教师提问时总是害怕自己说错,但在情境的创设下,会让所有的问题融入生活当中,以具体的生活情境引起学生一定的情感体验,从而帮助学生深入的理解。同时,在情境当中学生获得同频率的体验,能激起学生的表达欲,提高了学生的沟通能力,更能得到同学们的认可提升自信心。

(三)改变单一的教学模式

从严格意义上讲,小学语文教材的内容主要是教材和其他阅读材料。这些阅读材料可以用生动的语言来提高学生的阅读能力，但也不是每一种材料都能用生动的语言来描述，而且学生的知识和社交经验也会有很大的差别。有些同学是因为自己的理解能力不够而产生了反感，有些同学则是因为语言的单调而感到厌烦。究其原因，在于文本内容不够吸引人，不能适应多样化的学生需要。其次，在之前的课堂上学生并未接触过情境教育，对学习的认知也仅仅表现在应试教育上，缺乏对学习最初的兴趣，传统式的课堂教师也是一味地向学生灌输知识，甚至与学生零交流，课堂气氛沉闷。

但情境教学法能使课堂教学的内容生动、趣味、直观、形象化，使学生在课堂上不会感到压抑、枯燥，从而使课堂气氛更加生动。在互动时，教授学生知识，培养学生的独立思考能力，创设的情境也是令学生感到快乐的，当学习过程中没有太大的难度，气氛不再压抑，学生的学习热情明显提高，并能在情感上获得更好的放松，从而主动地投入环境营造的学习环境中，变"被动"学习为"主动"学习，从而提高课堂教学的效率。这种效率不仅体现在记忆和理解的知识上，还体现在学生的感知、思维和能力上。

四、结语

总而言之，李吉林老师情境教学法的形真、情切、意远、理寓其中的意蕴，始终贯彻在语文教学当中，使学生与老师相互配合，发展想象力和培养学生的综合能力，这是语文教学最理想的形态。本文主要通过笔者实习期间的实践经验对小学语文课堂进行了分析，概括出语文课堂上存在的问题，并从创设不同情境类型的角度分析语文课堂上的问题以及改进课堂教学的方法。最后点明，使用情境教学法之后的语文课堂与之前有何不同，有了哪些进步，说明了情境教学法通过对学生学习的主动性和积极性的调动，为小学语文课堂创造了良好的氛围，对小学语文教学质量以及教学效率的提高起到了不可忽视的作用，又会在培养学生综合能力的同时，让教师的教学能力以及教学思维得到进一步的提升。当然，由于笔者并没有长期的教学经验，教学中还有更深层次的没有发掘到，需要进一步完善。

参考文献

[1] 叶水涛. 母语教学与情境创设 [J]. 语文世界（教师之窗），2020(11):1.

[2] 徐佳. 如何提高低年级学生的口语交际能力 [J]. 语文天地，2016(33):79-80.

[3] 中华人民共和国教育部. 义务教育语文课程标准（2011 年版）[M]. 北京：人民教育出版社，2011.

[4] 朱永新. 致教师 [M]. 桂林：漓江出版社，2016.

陕西省空手道队重点男子运动员腿法运用特征分析

桑国鹏 ❶

摘要：目前我国关于空手道腿法技术训练的研究少，但空手道腿法技术分值高，在竞技比赛中起到举足轻重的作用，例如：领先时扩大优势、比分落后时追赶对手、关键时刻决定比赛输赢。本研究以陕西省5名空手道重点男子运动员的腿法运用特征为研究对象，选取2018年全国空手道锦标赛和冠军赛50场比赛录像进行分析和研究，通过文献资料法、录像观察法、专家访谈法、数理统计法与逻辑分析法对运动员腿法技术运用等问题进行深入分析与研究，以期为陕西省空手道教练员、运动员在腿法技术运用和训练中提供一些理论参考。

关键词：陕西省空手道队；重点运动员；腿法运用；特征分析

一、研究目的与意义

（一）研究目的

2016年空手道被列为东京奥运会正式比赛项目后，2017年7月25日国家体育总局发文，空手道项目正式成为第十三届全运会比赛项目，陕西省紧跟国家的步伐于2017年底组建空手道队，从建队至今，在全国锦标赛和冠军赛上取得了优异的成绩。本文通过对陕西省空手道队员训练和比赛的观察以及在陕西省空手道队学习的经历，对陕西省空手道队的运动员腿法技术运用进行研究，分析陕西省重点男子运动员腿法技术的运用情况，从中找出他们的优缺点，为陕西省空手道运动员腿法技术训练提供一些理论参考。

（二）研究意义

通过对陕西省空手道重点运动员备战"十四运"的腿法技术诊断分析，整理出空手道比赛腿法技术的运用特点，总结制胜规律，在教练员、运动员中树立腿法技术对比赛获胜重要性的观念，科学地进行腿法技术训练是目前陕西省空手道管理层以及教练、科研团队所面临的课题，为陕西省空手道在各项国内外赛事中争取佳绩具有重要意义。通过对陕西省空手道男子运动员腿法技术运用的分析与研究，为陕西省空手道教练员、运动员在腿法技术运用和训练提供一些理论参考。

---

❶ 作者介绍：桑国鹏，男，1993年生，甘肃临洮人，研究生，助教，主要研究方向为体育教育训练学

二、研究对象与方法

(一) 研究对象

本研究以陕西省 5 名空手道重点男子运动员为研究对象，以 2018 年全国空手道锦标赛和冠军赛 50 场比赛录像为调查对象。

(二) 研究方法

1. 文献资料法

通过查阅相关书籍和借助中国知网、万方数据库进行查阅相关文献，涉及的研究成果文献有运动训练学、体能训练方法、空手道训练理论等，然后对所查阅的资料和书籍进行整理和归纳，深入学习相关的研究成果，为论文的撰写提供真实可靠的理论依据。

2. 录像观察法

通过对陕西省空手道队 5 名运动员在 2018 年全国空手道锦标赛和冠军赛 50 场比赛录像的观看，采取慢放、回看等方式对腿法技战术运用情况进行数据统计。

3. 专家访谈法

通过对空手道方面的专家进行访谈，主要针对空手道技术运用特征等问题进行咨询，对课题的研究给予意见与建议，然后借助访谈结论为本次研究提供专业的理论指导。

4. 数理统计法

对所收集的资料以及问卷进行整理，然后运用计算机 SPSS17.0 对数据进行处理，并对统计的结果综合分析，提高论文撰写的科学性。

5. 逻辑分析法

将整理的文献资料，在遵循事实的基础上进行归纳，然后结合专家给出的意见对获得的信息和数据统计结果进行归纳、逻辑分析和总结。

三、研究结果与分析

(一) 空手道腿法技术的种类

通过查阅相关文献和专家访谈，总结出空手道腿法技术有效得分技术从击打形式上可以划分横踢和挂踢。其中横踢类技术分有：前腿中段横踢、后腿中段横踢、前腿上段横踢、后腿上段横踢；挂踢类技术分有：前腿上段挂踢、后腿上段挂踢、转身挂踢。下面详细介绍这几种腿法在实战对抗中的运用方法与技巧。

前腿中段横踢：如图 1 所示，在实战对抗中，前腿直线提膝到对方胸腹位置，大小腿折叠，脚面绷直，上体、髋部和折叠腿成一条直线，击打点为脚背面，击打后，迅速收回小腿，还原到正确的预备姿势。

后腿中段横踢：如图 2 所示，在实战对抗中，后腿直线提膝至胸腹位置，左脚向外旋转，大小腿折叠，脚面绷直，上体、髋部和折叠腿成一条直线，大腿带动小腿快速鞭打击打对方中段，击打点为脚背面外侧，击打后，迅速收回小腿，还原到正确的预备姿势。

图1 前腿中段横踢　　　　　　　图2 后腿中段横踢

前腿上段横踢：如图3所示，在实战对抗中，前腿直线提膝到对方头部位置，大小腿折叠，脚面绷直，上体、髋部和折叠腿成一条直线，击打点为脚背面，击打后，迅速收回小腿，还原到正确的预备姿势。

后腿上段横踢：如图4所示，在实战对抗中，后腿直线提膝至对方头部，左脚向外旋转，大小腿折叠，脚面绷直，上体、髋部和折叠腿成一条直线，大腿带动小腿快速鞭打击打对方上段，击打点为脚背面外侧，击打后，迅速收回小腿，还原到正确的预备姿势。

图3 前腿上段横踢　　　　　　　图4 后腿上段横踢

前腿上段挂踢：如图5所示，在实战中，身体重心移到后腿，后腿膝关节微曲，前腿向对方头部快速提膝并转动后腿，用腰髋部位的力量控制大腿，小腿击打时用脚掌击打对方头部位置，脚掌击打后迅速收回小腿，还原到正确的预备姿势。

后腿上段挂踢：如图6所示，在实战中，后腿直线提膝至对方头部位置，左脚向外旋转，后腿膝关节微曲，后腿向对方头部快速提膝并转动，用腰髋部位的力量控制大腿，小腿击打时用脚掌击打对方头部位置，脚掌击打后迅速收回小腿，还原到正确的预备姿势。

图5 前腿上段挂踢　　　　　　　图6 后腿上段挂踢

转身挂踢：如图7所示，在实战中，身体重心移至左脚，以左脚为轴内旋约90度，右前脚蹬地外旋使身体背对对手，右脚向右上方屈膝提起弧线踢击，用腰髋部位的力量控制大腿，小腿击打时用脚掌击打对方头部位置，脚掌击打后迅速收回小腿，还原到正确的预备姿势。

图7 转身挂踢

在空手道比赛中，无论使用哪种腿法都需要先观察对手使用的技术动作，而后快速判断自己适合使用哪种腿法，再结合自己最擅长的腿法进行反击或者进攻，过程中应尽量避免使用自己的弱势腿。

（二）空手道腿法技术的运用

在空手道比赛中，腿法技术运用时要娴熟，抓住准确时机，这就要求运动员在最短的时间内找准机会，调整好距离直接朝目标进攻。因此，运动员在比赛中必须战胜自己，敢出动作。由于腿法技术不像拳法技术那样十分灵活，在运用时相对腿法技术的暴露性小，速度快，而腿法运用时暴露性相对较大，容易被对手防守，俗话说："起腿半边空"，比赛中需要一条腿支撑整个身体，运动员的重心不稳，容易被对手反击或者接腿摔得分，风险相对较大，所以在空手道比赛中腿法技术运用对运动员的要求非常高。

空手道腿法运用主要受得分标准和比赛规则的影响，有效掌握和使用腿法需要以下几点评判：

①空手道比赛得分标准：判断腿法技术是否得分，首先技术动作必须要满足六大得分标准：a.良好的身体姿势；b.比赛时体现的精神；c.技术动作；d.残心（警戒心）；e.良好的时机；f.击打的距离。五个得分部位（头部、胸部、腹部、背部、胸腹侧面），按照使用技术的难易程度分为如下两种：上段腿法（击打头部、面部、颈部）得3分；中段腿法（击打胸部、腹部、胸腹侧面）得2分。

②空手道竞赛规则：空手道比赛只有一局，时间为3分钟，比赛禁止使用一些危险的技术动作，其分为两大类：一类犯规重击对手或击打喉部、用手掌攻击、攻击禁击部位、危险动作、触及或受伤、头膝肘攻击、危险摔法或禁止使用的摔法。二类犯规有诈伤或夸大伤情、出边界、不防守、无效的抓推搂抱、使用危险技术、比赛消极。在比赛中腿法技术重击对手和踢击对方下肢都属于犯规，犯规四次直接失去比赛资格。

（三）陕西省空手道队5名重点男子运动员总体技术的统计分析

通过观看录像统计得出，陕西省空手道队5名重点男子运动员在比赛中拳法使用1118

次，腿法使用624次，成功140次，成功率12.52%；腿法技术使用624次，成功41次，成功率6.57%；摔法技术使用66次，成功5次，成功率7.58%。根据上述分析可得出：拳法的使用成功率最高，其次是摔法，腿法的成功率最低。虽然腿法技术的得分率低，但是腿法为高分值技术动作，对运动员比赛成绩的影响非常大，通过分析得出运动员腿法技术得分率低的原因有以下几点：

1. 运动员对腿法技术的认知不够

认知是实践的基础，对事物的认知不足，盲目的实践，只会是事倍功半的效果。腿法技术的使用率低，在一定程度上反映出运动员没有充分认识到腿法技术的重要性，过分地依赖拳法技术，从而限制了腿法技术的使用。陕西省空手道起步较晚，备战大赛迫在眉睫，教练员和运动员又急于做出好成绩，重心便放在了拳法技术的训练上，在比赛中遇到合理的进攻时机时首先会选择拳法而不是腿法技术。

2. 腿法技术储备不足

量变引起质变，没有量的积累就不会引起质变，空手道腿法技术的难度高于拳法技术，这对运动员的能力要求非常高，必须经过长期性、科学性、系统性的训练才能达到。到目前为止，陕西省大部分空手道运动员在跆拳道队中选拔人才，虽然跆拳道以腿为主，但是空手道和跆拳道腿法的得分标准不同。跆拳道以击打指定的部位和击打效果判定得分，而空手道在击打的同时还要快速收回，并且要满足六大得分标准，这也导致了运动员在比赛中出腿次数较多，得分率却较低。分析造成这种结果的原因是运动员腿法技术储备不足，后期还需进行系统化训练。

3. 腿法技术运用受到规则的限制

随着空手道新规则的出台，得分技术必须要满足六大得分标准，而腿法技术对运动员身体能力的要求非常高，要求运动员以规范的动作快速击打到指定部位并快速收回，并且不能致使对方受伤，否则判犯规一次。腿法技术在比赛中使用率低，主要是因为运动员对腿法技术的掌握不娴熟，导致运动员在比赛中不敢使用腿法技术，错失了很多得分机会，贻误战机。

(四) 我国优秀运动员王志伟总体技术使用分析

第十三届全运会空手道比赛67kg级冠军王志伟的腿法技术运用非常娴熟，在比赛中拳法使用44次，成功13次，运用率64.7%；成功率29.54%；腿法技术使用16次，成功5次，运用率23.52%，成功率为31.25%；摔法技术使用8次，成功2次，运用率11.76%，成功率为25%。由此可以发现，腿法技术的成功率最高，笔者认为对腿法技术进行研究和重视腿法技术训练非常重要。

(五) 陕西省空手道队5名重点男子运动员腿法技术的统计分析

在所有腿法技术使用中，5名运动员腿法技术使用前腿中段横踢141次，成功1次；后腿中段横踢使用231次，成功19次；前腿上段横踢使用68次，成功2次；后腿上段横踢使用30次，成功4次；前腿上段挂踢使用103次，成功11次；后腿上段挂踢使用21次，成功3次；转身挂踢使用30次，成功1次。前腿中段横踢技术的运用率非常高，但是成功率只有0.71%，造成这种现象的原因可能是：此技术的运用看似简单，但是达到得分要求很难，加之得分点在胸腹部位，对手的防守又十分严实，因此在实战中要减少此项技术的使用，主要用此技术做假动作干扰对手和阻击对手进攻。成功率最高的是后腿上段挂踢和后腿上段横踢，其次是后腿上段挂踢和后腿中段横踢，最后是前腿上段横踢和转身挂踢，成功率最低的是前腿中段横踢。

（六）我国优秀运动员王志伟腿法技术的统计分析

2018年全国空手道男子67kg级冠军王志伟在所有腿法技术使用中，腿法技术运用16次，运用率最高的是前腿上段挂踢，运用率为37.5%，其次数转身挂踢和后腿中段横踢，运用率分别为25%和18.75%，运用率最低的是前腿中段横踢、后腿上段横踢和后腿上段挂踢，各为6.25%。成功率最高的是后腿上段挂踢和后腿上段横踢，成功率高达100%，其次是前腿上段挂踢，运用6次成功3次，总共贡献9分，占腿法技术总得分的60%。由此发现，腿法技术为他取得冠军起到了至关重要的作用，这与他多年系统的训练有直接联系。

根据上述分析可得出：横踢技术的运用率最高，因为横踢技术具有动作迅速、幅度不大、隐蔽性高、进攻线路快捷的特征。挂踢技术运用率较低，因为挂踢类技术动作幅度大、隐蔽性低、进攻线路长，技术动作较为复杂。由于运动员对高难度技术动作的掌握不娴熟，不敢在比赛中运用，只使用自己所擅长的技术。因此，运动员在比赛中无法随机应变地运用全部技术，进而错失了很多得分机会。而前腿上段横踢、前腿上段挂踢、后腿上段挂踢、后腿中段横踢的成功率相对较高，其原因可分为以下几点：

1. 技术动作简单实用

在空手道比赛中，难度高的技术运用要考虑到对手、时机、裁判等客观与主观因素，运动员的技术水平很难发挥出来。而后腿上段横踢、前腿上段挂踢、后腿上段挂踢、后腿中段横踢在移动、进攻、反击中都可以有效完成，其技术动作出击速度快，隐蔽性好，因此前腿上段横踢、前腿上段挂踢、后腿上段挂踢、后腿中段横踢的成功率最高；前腿上段横踢和转身挂踢技术的成功率居中主要是由于动作隐蔽性较低，对手很容易防守；前腿中段横踢成功率最低的原因是该技术对运动员的身体要求非常高，时机不好把控，很容易被对方运动员接腿摔得分，需要运动员具备很强的心理素质，由此可以发现得分率低的技术较为复杂。

2. 腿法进攻准确高效

从技术动作结构角度来看：转身挂踢技术动作最为复杂，需要运动员转身完成，涉及身体发力的环节较多，而且动作转体时运用的时机性、准确性与速度都不好把控，因此在训练中必须要精雕细琢，才能在实战中运用并得分。从技术运用高效角度来看：后腿上段挂踢的成功率为14.29%，后腿上段横踢的成功率为13.3%，在全部腿法技术的运用中成功率最高，说明该腿法技术运用效率高，高效率的进攻手段在实战比赛中至关重要。所以我们在训练中应抓住重点技术的训练，解决矛盾的主要方面，如果对腿法技术全面训练，会导致运动员在比赛中不能完全发挥出来。因此，我们要在训练中不断地总结和学习，重点加强高效率的腿法技术。建议在腿法训练中，重点加强前腿上段横踢、前腿上段挂踢、后腿上段挂踢、后腿中段横踢，增加这四种腿法，争取把这四种腿法练成特长技术；然后提高转身挂踢和前腿上段横踢的成功率，减少前腿中段横踢的使用次数。

建议陕西省空手道队在腿法训练中，重点加强前腿上段横踢、前腿上段挂踢、后腿上段挂踢、后腿中段横踢增加这四种腿法，争取把这四种腿法练成特长技术，提高转身挂踢和前腿上段横踢的成功率，减少前腿中段横踢的使用次数。

（七）陕西省空手道队 5 名重点男子运动员组合腿法技术的统计分析

腿法技术的使用主要以单个腿法技术和组合腿法技术组成，陕西省空手道队 5 名重点男子运动员单个腿法技术使用 560 次，成功 34 次，成功率 6.07%，组合腿法技术使用 64 次，成功 7 次，成功率 10.94%。由此可以看出单个腿法技术的使用率明显高于组合腿法技术，但是组合腿法技术的成功率高出单个腿法技术成功率 4.87%。根据分析可得出：单个腿法技术在竞技比赛中得分很难，双方运动员在比赛中注意力非常集中，单次进攻肯定会被对手发现，而组合腿法技术在假动作调动、拳腿、拳腿摔等技术的配合下运用，这也是组合腿法技术成功率高的主要原因。此外，在比赛中运用的单一腿法技术动作幅度大、隐蔽性低，经常会被对手运用格挡、下潜、步伐移动等方式化解，甚至有时候会被对手反击得分，而组合腿法技术是在拳法和摔法使用的前提下，运动员通过拳法技术和腿法技术诱导对手身体失去重心或者打破防守，分散他的注意力后直接进攻得分。腿法技术的运用还需要利用假动作（步法身法的移动）去调动对手，当对手的重心发生变化或者注意力分散时，直接运用合理的腿法技术得分。

陕西省空手道队 5 名重点男子运动员腿法组合技术的成功率虽然高，但是腿法技术运用率低，由此表明陕西省空手道运动员腿法组合技术有很大的发展空间，建议在训练中掌握单个腿法技术后重点加强组合腿法技术的训练，提高腿法技术的成功率。

（八）陕西省空手道队 5 名重点男子运动员腿法技术运用特征

通过对陕西省空手道队 5 名重点男子运动员腿法技术运用进行研究，并将所得数据整理后，运用专家访谈法和逻辑分析法得出以下结论：拳法的使用率和成功率最高，摔法的使用率最低，成功率居中；腿法技术的使用率居中成功率最低，但是腿法技术为高分技术，对比赛的胜利起到至关重要的作用；成功率最高的是后腿上段挂踢和后腿上段横踢，其次是前腿上段挂踢和后腿中段横踢，再次是前腿上段横踢和转身挂踢，成功率最低的是前腿中段横踢；腿法组合技术的成功率高于单个腿法技术，但是组合腿法技术贡献率低，反映出陕西省空手道运动员腿法组合技术有很大的提升空间，建议在训练中掌握单个腿法技术的前提下重点加强组合腿法技术的训练。

四、结论与建议

（一）结论

空手道腿法技术在比赛中属于高分值技术，陕西省空手道队 5 名重点男子运动员在 50 场比赛中腿法技术使用率居中，成功率低于拳法和摔法，但是腿法技术的得分和拳法技术得分相差不大。

成功率最高的是后腿上段挂踢和后腿上段横踢，其次是前腿上段挂踢和后腿中段横踢，再次是前腿上段横踢和转身挂踢，成功率最低的是前腿中段横踢。腿法组合技术的成功率高于单个腿法技术，但是组合腿法技术贡献率低。

陕西省空手道队 5 名重点男子运动员在比赛中单个腿法技术的使用率明显高于组合腿法技术，但是组合腿法技术的成功率高出单个腿法技术成功率。

（二）建议

陕西省空手道队加强运动员空手道理论知识的学习，定期观看国际优秀选手的比赛视频，了解空手道技术特点并深入学习，正确认识空手道腿法技术的重要性。

陕西省空手道队在训练中增加腿法技术的训练时间，将腿法技术训练作为一项独立的训练科目，并对腿法技术针对性训练，提高单一腿法技术的同时重点加强组合腿法。

陕西省空手道队在腿法技术训练中加强腿法技术的实战运用能力，注重腿法实战意识的训练，对常用的单个腿法和组合腿法技术作为重点训练对象。

参考文献

[1] 吴伟. 温州南拳是日本空手道鼻祖 [J]. 文史月刊，2010(9):33-34.

[2] 周建顺. 日本空手道与福建南拳的历史渊源 [J]. 嘉兴学院学报，2003,15(s1):181-182.

[3] 金龙三. 空手道和跆拳道的起源发展及比较研究 [J]. 赤子（上中旬），2016(18):77-80.

[4] 刘宗伟、吕景章. 空手道与中国武术比较之研究 [J]. 社会科学，2008(2):77-79.

[5] 庞俊鹏. 我国空手道运动开展现状的调查研究 [J]. 武汉体育学院学报，2010,44(6):69-73.

数学方法论在初中数学教学中的应用研究

张东翰，张丹 [1]

摘要：在初中数学教学中运用数学方法论可以使学生在数学知识积累的基础上提高能力，有利于培养学生的创新思维和实施素质教育。在新课改的背景下，数学方法论在初中数学教学中的运用得到了越来越多的关注。本文首先讨论了数学方法论在初中数学教学中的作用，接着介绍了数学方法论在教学中的应用，最后分析了如何将数学方法论应用到初中数学教学中。

关键词：数学方法论；初中数学；数学思维

一、引言

数学方法论主要是对数学的思维方法、发展规律、科学发明、发现和创新领域所做的有价值探索和研究。"数学方法论"一词最早是由中国著名学者徐立治提出并应用的。在他的积极推广下，我国数学方法论取得了卓越的发展。数学方法论这一命题在徐立治的研究下，被分为数学宏观方法论和数学微观方法论。数学史的研究对研究宏观方法论会起到很好的铺垫作用，对数学理论体系结构的研究也是研究数学宏观方法论的又一个重要板块。数学微观方法论研究一些具体的数学方法，特别是数学创造和发现方法，包括数学思维方法、数学问题解决理论和数学问题解决心理学。

现代社会要求以培养学生的实践能力以及创新精神为重点，以提倡素质教育为目的，认为应该把数学教学放在重要的位置。在义务教育阶段，学生可以通过数学学习获得适应社会生活和进一步发展所必需的基本知识、基本技能、基本思想和基本活动经验。在当今素质教育中，数学教师不仅要教给学生基本的知识和技能，而且要以人为本，使学生能够获得数学思想，掌握数学方法，开始认真、透彻地思考，紧密地推理，学会理性地学习，巩固和加强意识形态的基本活动和经验。

作为初中数学教师，要立足于新课程改革背景之下，对自己所教学科方法论的内容和时代特征要有深切的了解和把握，以基础教育为抓手，为全面施行中小学课程的改革铺平道路。在数学的教学中离不开数学方法的教学，数学教师一定要对本学科的规律、前景和方法都了如指掌。单纯地学习和传播数学知识仅仅只是冰山一角，学习数学思想方法是不可偏废的，同时也是不可或缺的，教师不应只是满足于学生对数学知识的掌握，最关注的方面是要让学生对数学产生浓厚的求知欲，受到数学文化的熏陶，受到智慧的启迪。所以身为一线的数学教师，只有熟悉并理解方法论，且不能只把它作为一种理论来学习，而要在数学教学中灵活自如地运用方法论，恰如其分地培养学生系统化的思维方式，这对学生

---

[1] 作者介绍：张东翰，1981年生，男，河北南宫人，博士，教授，研究方向：数学教育

一生的发展都是大有裨益的。本文讨论了数学方法论在初中数学教学中的应用。

二、数学方法论在初中数学教学中的作用

很多人认为数学在实际生活中的应用并不多，是一门抽象的学科，但事实并非如此。学习数学并不仅仅是数学知识的学习，还有数学思维的培养，比如逻辑思维、系统性思维等。因此在数学教学中渗透数学方法论的理论有重要意义。

（一）培养学生的数学思维

大多数人可能会认为数学对于不从事理工专业技术工作的人来说没有什么直接用途。正如韩寒曾说的那样，在我们的生活中用到的数学大概到小学三年级能熟练计算加减乘除就已经足够了，之后多年的数学学习，实际上塑造了我们一种理性的、条理的、系统化的思维方式，这种思维方式运用到生活中，在解决生活中的诸多问题时，都有非常重要的作用，例如严谨的思考、分类的思想、排序的思想等。在数学教学中，教师应该了解数学的重要性、发展史、方法和规律，其有利于数学教学质量的提高，有利于教师有效地进行课堂教学，有利于学生数学思维的培养。

（二）推动数学学科新课程改革

在现阶段的数学教学中，普遍存在着为了应试教育而进行教学，学生也为了高分而学习的现象。对于学生数学思维的培养、数学方法论的传授方面，教师所做的有所欠缺。同时也忽视了学生数学兴趣的培养和引导，致使有的学生感觉数学比较乏味、难度又大，学习的链条一旦中断，就很难进行全程的有效学习，不利于数学方法论思想的认知和传授。

在学习数学时，对概念、定理的掌握是不可忽视的过程；同时，概念的形成、定理的推演也要引起足够的重视，因为思维方法不仅能引导人们研究新问题，做出新发现，而且具有启发意义，这将极大地促进教师乃至学生的发展。因此，学习数学方法论，研究以往的数学思维方法对青年教师来说非常重要。

当前，情感、态度和价值观的熏陶，探究和发现的引导、数学学习的"过程和方法"的培养是我国基础教育数学课程改革强调的重点内容。在这些与时俱进的理念下，为了有效地实施数学教学，数学方法论课程的教学在教师教育中的加强和被重视是非常重要的。如果没有数学方法论方面的知识储备，就很难适应今天的数学课程改革。

三、在初中数学教学中巧用数学方法论

在数学研究、解题中时常用三类科学方法：观察和实验、类比和归纳、分类和比较。这三类科学方法应用到初中数学教学中具体表现有：类比联想方法的解题策略、以"形"解"数"的直观教学法、中学数学建模应用举例、构造不等式巧解竞赛题以及观察实验方法的应用等。

（一）类比联想法

类比方法是依据此推及到彼的过程，类比是指两类不同的对象，因为它们的某些属性相似，从而推演出另外的属性也同样相似的推理过程。这两类对象具备的相似属性越多，所推出的结论具有的可信度也随之提升。类比法经常被运用到数学的解题中。讨论分数的

性质，例如，当我们可以评估分数第一的本质，这样学生可以明白分数的分数，一般分数的本质意义，所以他们也应该理解分数的本质，以巩固他们的知识，得出新的结论。

1. 利用类比建立新概念

概念一般是通过抽象概括而成，但有些概念也以通过类比得出。依据两个概念的相似性，把一个概念对象的特殊知识转移到另一个概念对象上去，获得对后一个概念的新知识，帮助学生接受、理解和掌握新知识。例如，分数由分子、分界线和分母组成。当我们谈论分数时，我们将回顾分数的概念，如 $4 \div 11$ 得到 $\frac{4}{11}$ 是小学里学过的分数，分数表示两个数相除，分数中的分子相当于除法中的被除数，分母相当于除法中除数；类似地，由 $3 \div x$，$11 \div y$ 得到 $\frac{3}{x}$ 和 $\frac{11}{y}$ 不是分数，也不是整式。抽象出 $\frac{A}{B}$ 与分数相似（其分母 B 含有字母），从而得到分式的概念。

2. 利用类比讲解定理

初中几何教科书中有许多成分相似的定理。在讲授定理时，可以通过类比和联想获得另一个原理。例如，在判断三角形是否相似时，三角形相似性的判断定理可以通过类比其同余的判断定理获取。也就是通过边角边公理：如果两个三角形的两边及其夹角均相等，则它们为全等的（也能够被简化为"边角边"或"SAS"）。

角边角公理：如果两个三角形的两角及其夹边均相等，则它们为全等的（也能够被简化为"角边角"或"ASA"）。

角角边定理：如果两个三角形的一个夹角及其对边均相等，则它们为全等的（也能够被简化为"角角边"或"AAS"）。

边边边定理：如果两个三角形的三个边均相等，则它们为全等的（也能够被简化为"边边边"或"SSS"）。

直角边、斜边公理：如果两个三角形的一条直角边各一个斜边均相等，则它们为全等的（也能够被简化为"直角，边斜边"或"HL"）。

类比探讨研究能够获取三角形相似的判定定理如下：

判定定理1：如果两个三角形中有两个角对应相等，那么这两个三角形相似（此定理可与角角边定理和角边角公理进行类比）。

判定定理2：在一组三角形中，如果两条边成比例且角度相等，那么可以判定这两个三角形是相似的（这个定理类似于角度公理）。

判定定理3：如果一组三角形的三条边成比例，那么可以判定这两个三角形是相似的（这个定理类似于边和边的公理）。

判定定理4：若是两个三角形的斜边和边相对应成正比，那么可以判定这两个三角形是相似的（这个定理类似于直角三角形的斜边和边的公理）。

这种类比推理方法既能复习所学知识（判断三角形的一致性），又能打磨新知识（判断相似三角形），可谓事半功倍。

3. 利用类比掌握解题方法技巧

在长期的实践中，每位教师都会运用自己理解的足够的经验，来实施和掌握解决问题的方法和技巧。如果这些方法和技巧在正确的地方被熟练地使用，就能获得好的结果。

例1 已知 $|3x+6|+|y-2|=0$，求 x^y 的值。

分析：先由 $|3x+6| \geq 0$，$|y-2| \geq 0$，$|3x+6|+|y-2|=0$ 得到方程 $3x+6=0$ 和 $y-2=0$。解出 x、y 的值，再把 x、y 的值代入代数式 x^y 求值。

解：由 $|3x+6|+|y-2|=0$，得

$3x+6=0$，$y-2=0$

解得 $x=-2$，$y=2$

当 $x=-2$，$y=2$ 时，$x^y=(-2)^2=4$

又如：已知 $\sqrt{x-3}+|2y-6|+\sqrt{3-x}=0$，求 $5x^{-y}$ 的值。可以利用类比的方法，先求出 x、y 的值，再求 $5x^{-y}$ 的值。

通过上述研究可以发现，在教学中巧妙运用类比思维和方法，强调类比的作用和意义，有助于学生发现数学知识中的差异和联系，整合知识，使学生在探索和学习中积极发现新的结论。这种方法不仅对培养学生的逻辑思维能力有帮助，还可以提高学生学习的兴趣。

（二）数形结合方法

中学数学教学过程中关于"数形结合"的知识比较司空见惯。"形"和"数"是数学教学中两个不可分割、密切相关的学科。作为一种常见的教学方法，学会"数"与"形"的相互变换在中学数学学习与研究中显得尤为重要。在教学过程中，若是部分代数问题具备显著的几何意义，那么就把它转换成几何图形的形式。采用合理的几何方式研究带有"形状"的"数字"将使问题更直观和生动。"数形结合"在初中数学中的运用主要有两种方式：以数助形和以形助数。

1. 以数助形

毕达哥拉斯定理是证明垂直关系的一种常用方法，"用数字来帮助塑造"。例如，给定在三角形的三条边上寻找面积的问题，能够运用海伦公式解题，然而应用海伦公式进解题过程中易于导致错误，较为复杂难懂，所以尽量选择不用。在遇到一个较为特殊的情况时，代数计算基本功较为扎实的学生能够通过平方差公式解题：$(m^2+n^2)^2-(m^2-n^2)^2=(2m^2)(2n^2)=(2mn)^2$，即 $\triangle ABC$ 的三边符合勾股定理，也就是 $\triangle ABC$ 为直角三角形。

"海伦公式"原理如下：假设三角形三边长分别由 a、b、c 表示，p 表示二分之一周长，那么三角形面积 S 的表达式为：$S=\sqrt{p(p-a)(p-b)(p-c)}$。

解：根据三边的关系算式：$(m^2-n^2)^2+(2mn)^2=(m^2+n^2)^2$。

因而 $\triangle ABC$ 是直角三角形.

因而 $\triangle ABC$ 面积 $\geq \frac{1}{2} \cdot (m^2-n^2)(2mn)=mn(m^2-n^2)$。

2. 以形助数

数学中以形助数的相关应用包括：①通过几何图形辅助记忆代数公式，比如：完全平方公式的记忆可通过正方形的分割图实现；梯形面积公式的记忆可通过把全等的两个梯形组成为一个平行四边形来实现等；②通过坐标系或数轴赋予某些代数表达式以一定的几何含义，利用构建几何图形，使代数运算得以简化，或直观地对代数问题进行解答，例如：绝对值的几何含义即为数轴上某两点的间距；数轴上点的距离代表数值大小，能够实数的取值区间能够通过数轴上的线段代表；关于数轴上原点对称的点表示互为相反数（通常数轴上实数 a 相对 b 的对称点是在数轴上实数 a 和 b 相对于 $\frac{a+b}{2}$ 对称）；通过函数图像的特性能够了解函数的特点：二次函数的开口、两根的间距、对称轴、判别式，一次函数的截距 $2b-a$、倾斜程度（斜率）等；由 x 轴与二次函数图像的交点代表一元二次方程的根的几何含义；直角三角形中的边长之比代表锐角三角函数的几何含义；y 轴和函数图像之间的交点（函数当 $x=0$ 时具有意义）代表函数解析式中相关常数项的几何含义。

例 2 设 x 为正实数，计算 $y=\sqrt{x^2+4}+\sqrt{(2-x)^2+1}$ 的最小值。

分析：能够通过 $\sqrt{x^2+4}+\sqrt{(2-x)^2+1}$ 推导出，

$$\sqrt{(x-0)^2+(0-2)^2}+\sqrt{(x-2)^2+(0-1)^2}$$

也就是表示坐标系中某个动点 $(x, 0)$ 到两点静点 $(0, 2)$ 和 $(2, 1)$ 的间距之和，因而该问题转化为求解距离最短的问题（见图 1）。

解：$y=\sqrt{(x-0)^2+(0-2)^2}+\sqrt{(x-2)^2+(0-1)^2}$，若 $P(x, 0)$、$A(0, 2)$ 与 $B(2, 1)$，那么 $y=PA+PB$。

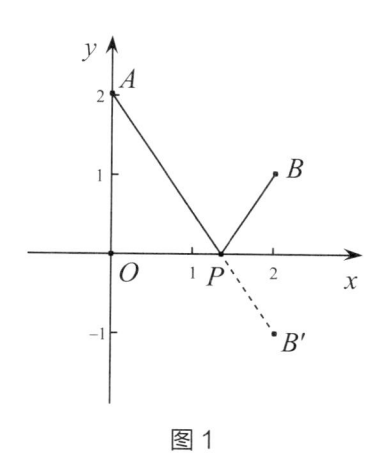

图 1

关于 x 轴作关于 B 点的对称点 $B'(2, -1)$，那么 y 的最小值的计算过程如下：$AB'=\sqrt{3^2+2^2}=\sqrt{13}$。

例 3 求函数 $y=|x+1|+|x-2|+|x-3|$ 的最小值。

解：详见图 2 中所示，设数轴上 A、B、C、P（P 是动点）的点分别是 -1、2、3、x，

那么分别代表表示 P 与 A、B、C 三点彼此间的距离的总和，也就是 $y = PA + PB + PC$。

图2

可直观地看到：只要点 B 和 P 发生重合，$PA + PB + PC$ 的值最小，

所以 $y_{最小} = AB + BC = 4$。

例4 如果 x 的相关方程 $x^2 + 2kx + 3k = 0$ 的两根的取值范围为 $-1 \sim 3$ 区间，则给出 k 的取值区间。

分析：在这个题中，如果下式成立 $f(x) = x^2 + 2kx + 3k$，那么方程 $f(x) = 0$ 的解即为 x 轴上图像的横坐标，通过 $y = f(x)$ 的图像能够看到，若是两根的范围在 $-1 \sim 3$ 区间内的条件是 $f(-1) > 0$，$f(3) > 0$，$f\left(-\dfrac{b}{2a}\right) = f(-k) \leqslant 0$ 均能够成立，通过上式就能算得以下结果：$-1 < k \leqslant 0$ 或 $k \geqslant 3$。

上式中，$f(-1)$ 代表 $x = -1$ 时的函数值。

解：设下式成立 $f(x) = x^2 + 2kx + 3k$，通过二次函数图像（见图3）以及原题给出的已知条件，能够获得下式：

$$\begin{cases} f(-1) > 0 \\ f(3) > 0 \\ f(-k) \leqslant 0 \end{cases}$$

也就是 $\begin{cases} (-1)^2 + 2k(-1) + 3k > 0 \\ 3^2 + 2k \cdot 3 + 3k > 0 \\ (-k)^2 + 2k(-k) + 3k \leqslant 0 \end{cases}$

通过上式就能算得以下结果：$-1 < k \leqslant 0$ 或 $k \geqslant 3$。

(三) 构造不等式巧解数学题

图3

数学有许多奥秘。就相似性而言，有图相似性、数相似性、命题结论相似性等。合理应用这些相似性可以帮助学习者有效地构建辅助模型，从而证明不等式。它可以构造一些数学模型（函数、向量、方程等），将不等式问题巧妙地转化为数学模型问题，可以使不等式的问题得以完美解决。

利用构造函数和函数的性质，利用不等式恰当去构造初等函数，使一些看似无关的问题就可以被变换为函数问题来求解，思路简洁巧妙，让人沉迷其中。

例5 如果 $(x + \sqrt{x^2 + 1})(y + \sqrt{y^2 + 1}) = 1$，那么 $x + y = 0$。

证明：构造函数 $f(x) = \lg(x + \sqrt{x^2 + 1})(x \in \mathbf{R})$。可以证明函数 $f(x)$ 在 R 上是奇函数且单

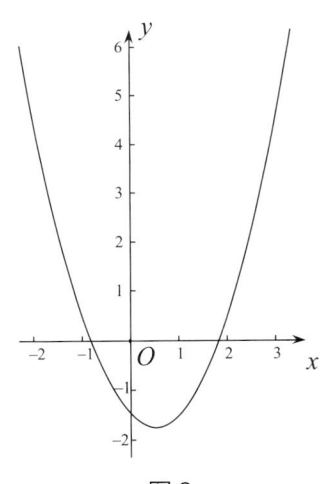

调递增。

$\therefore (x+\sqrt{x^2+1})(y+\sqrt{y^2+1})=1$,

$\therefore f(x)+f(y)=\lg(x+\sqrt{x^2+1})+\lg(y+\sqrt{y^2+1})$

$=\lg[(x+\sqrt{x^2+1})(y+\sqrt{y^2+1})]=\lg 1=0$

$\therefore f(x)=-f(y)$，即 $f(x)=f(-y)$，所以 $x=-y$，即 $x+y=0$。

如果我们分析一些不平等现象，我们会发现它们相关的数字序列，我们可以构造相应的序列的数字显示的数字序列的特点，然后用数字序列的相关特性（单调性）研究。

例6 证明不等式 $\dfrac{n(n+1)}{2}<\sqrt{1\cdot 2}+\sqrt{2\cdot 3}+\cdots+\sqrt{n(n+1)}<\dfrac{(n+1)^2}{2}$ 对所有正整数 n 成立。

此题中，$\sqrt{1\cdot 2}+\sqrt{2\cdot 3}+\cdots+\sqrt{n(n+1)}$ 是一个与 n 无关的量，利用它与左右两端的差异构造相应的序列，然后研究序列的单调性。

解：设 $a_n=\sqrt{1\cdot 2}+\sqrt{2\cdot 3}+\cdots+\sqrt{n\cdot(n+1)}(n\in \mathbf{N})$，构造数列 $\{x_n\}$，

令 $x_n=a_n-\dfrac{n(n+1)}{2}$,

则 $x_{n+1}-x_n=a_{n+1}-a_n-\dfrac{(n+1)(n+2)}{2}+\dfrac{n(n+1)}{2}=\sqrt{(n+1)(n+2)}-(n+1)>0$,

$(n\in \mathbf{N})$，所以 $x_{n+1}>x_n$，$\{x_n\}$ 为单调数列，首相 $x_1=\sqrt{2}-1$ 为最小值。

所以 $x_n>x_1=\sqrt{2}-1>0$，即 $a_n>\dfrac{n(n+1)}{2}$，又令 $y_n=a_n-\dfrac{(n+1)^2}{2}$,

则 $y_{n+1}-y_n=a_{n+1}-a_n+\dfrac{(n+1)^2}{2}-\dfrac{(n+2)^2}{2}=\sqrt{(n+1)(n+2)}-\dfrac{2n+3}{2}$,

所以 $y_{n+1}<y_n$，$\{y_n\}$ 为单调递减数列，首相 $y_1=\sqrt{2}-2$ 为最大项，

所以 $y_n<y_1=\sqrt{2}-2<0$，即 $a_n<\dfrac{(n+1)^2}{2}$。

综上所述，$\dfrac{n(n+1)}{2}<a_n<\dfrac{(n+1)^2}{2}(n\in \mathbf{N})$

四、初中数学教学中应用数学方法论的途径

（一）初中数学教学中应用数学方法论的策略

数学教学最重要的是教给学生数学思维。课堂教学会开阔学生的思维活动。只有把主观思维进行加工，方法才会形成。因此，对数学方法的应用是否可以融会贯通，会对教学

效果以及培养学生的数学思维过程起到很大程度的影响。正确使用数学方法是关键。初中数学教学中应用不同数学方法论应该采用不同的策略：运用类比联想方法解题时，有必要将观察和实验结合起来，将数学思维拓展开来，建立起知识间的构架和联系；分析方法和综合方法也应彼此呼应和互相成就。分析是综合方法的基石，综合方法会要分析结果上加以整合，探索出科学的适用路径；运用比较方法和分类方法，要理解到比较是分类的源泉，它们可以建立更为深层的思维方法。假如在教学中能恰如其分地对所学知识加以分类，就能对复杂的材料加以梳理，提高教学效果。因为数学模型是对事物的相似属性的响应，其抽取于现实中的大千世界。数学模型的运用方法为：把将要面对和解决的实际问题，都演化为相应的数学问题，并建立起可行的数学模型，借助于所研究的数学模型，完成对实际问题的处理和解决。建立数学模型的方法中较为重要的是"模型假设"的方法。依据问题的背景和特点，了解建模的初衷，抽丝剥茧找出重要因素，用精准的语言展开假设。并借助该假设，推演并建立起对应的数学结构。接着用已有的数学工具，将数学模型精确地表现出来。

（二）将数学方法论有效地渗透在初中数学教学中

在课程教学中，应在理论知识教学的基础上，逐步向学生介绍数学思维方法的"美"及其在解决问题中的运用。要着力发挥学生的主观能动性，探索数学思维方法的应用，尝试给学生走上讲台上去传授知识的机会，形成的"老师演讲，学生给补充，一起讨论"的教学模式。

1. 教师主讲

为了保证学生在课堂上能够学习到更系统的数学方法，在教授某一数学方法时，对其内涵、背景、应用的步骤等要有明确的交代，使学生能够更全位地理解和把握理论方法的精髓所在。如讲述重点的化归转化方法时，采用这样的范例：已知 $x \geq 1$，$y \geq 1$，且 $x + y = 3$，求 x，y 的最小值、最大值。

它可以简化为一个熟悉的一元函数，或者通过转换数字和形状简化为一个几何距离问题。通过此例，学生可以掌握转化的具体方法。

2. 学生讲解

学生辅讲目的是激发学生的兴趣，强化学生之间的沟通，每个学生在课间轮流介绍自己对这一部分的理解和掌握情况。学生在课堂中发言，课后进行自学的学习模式，使学生的自学能力得以提升。学生在讲解时，对数学方法会有更深的领悟和体验，同时也在不同程度上辅助了教师的教学。

3. 师生共同讨论

要使学生更好地掌握数学方法，仅有理论教学只是杯水车薪。教师要适时地借助于数学实例，向学生展示数学方法的整体应用步骤，从中让学生深入浅出地接受数学方法的运用模式。学生们在课堂中独立进行思考，踊跃讨论问题。最终学生和教师就共同解决的问题展开总结。这也是新课程改革下进行小组合作模式的缩影。

4. 布置作业

在学生已经学习过相应的内容之后，教师应当给学生布置一定数量的作业让学生独立完成，使学生慢慢地领悟消化知识，并尝试拓展使其能在解决实际问题时被应用。随着网络视频课的逐步推广，学生所接触到的知识面变得开阔起来，眼界也宽广起来，所以教师应该依据现实情况，给学生适当增加难度，使他们的思维更加敏锐。学生可自行确定任务去充实自己，为今后数学学习奠定基础。

参考文献

[1] 威廉·维尔斯马，斯蒂芬·G.于尔斯. 教育研究方法导论 [M]. 袁振国，译. 北京：教育科学出版社，2010.

[2] 杰克·R.弗林克尔，诺曼·E.瓦伦. 美国教育研究的设计与评估 [M]. 蔡永红，等，译. 北京：华夏出版社，2004.

[3] 王潇雅，夏吾才让. 论初中生数学逻辑思维能力的培养 [J]. 通化：通化师范学院学报，2018,39(4):77-80.

[4] 宋帅. 浅谈数学方法论在初中数学教学中的运用 [J]. 数学学习与研究，2016,18:31.

[5] 郭川瑜. 谈初中数学教学中如何培养学生的方程思想 [J]. 西部素质教育，2016,208:173.

中学科技创新案例实践研究

袁训锋，雷世雄，刘宝盈

摘要：中学科技创新活动在中学教育教学活动当中占据非常重要的地位，学校在进行教育工作的过程中，也会通过举办中小学科技创新比赛的形式来落实科技创新的工作。在素质教育的过程中，举办中小学科技创新比赛，可以提高学生的创新精神和实践能力，而且通过比赛的紧张氛围就可以开发学生的潜力与创造力，学生比赛过程中收获的不仅是创新成果，还有创新精神和创新思维，同时也反映出素质教育是培养学生创新精神和实践能力为重点的教育。本文研究了中学科技创新实践案例制作，通过对中学科技创新实施现状、实施途径、实施案例方面进行研究，总结得出全面推进中学科技创新实践案例制作的策略。

关键词：中学科技创新；案例制作；实施现状；实施途径；实施案例；创新策略

一、引言

科技创新实践活动本质上就是学校用来教育培养广大学生广泛热爱创新科技、学习创新科技、探索创新科技，提升学生科技创新能力的一种载体。国外一些发达国家提出发展科技创新教育，持续推进中学科技创新实践活动，并且已经把科技创新教育作为一个国家的日常教育课程，同时在高等学校当中普遍进行开展。现如今，我国也开始对中学课程进行课程改革，而课程改革重点之一就是科技创新活动教学，并积极主动推进各级中学科技创新自主实践教育活动的深入开展，其中创新教学的一个根本宗旨是不断造就一批具有科技创新活动精神和自主实践思维能力的高层次素质技术专业人才，而创新活动的教学本质就是不断提升初中学生对学校科技创新的活动体验、认识、兴趣等，从而有效地提高初中学生自主动手操作能力和科技创新实践思维能力。

近年来，国内高校和中小学各类科学技术创新理论实践竞赛活动在教育部、中国科协等有关部门的大力支持帮助下热火朝天地积极开展起来，学校组织开展的各类科技创新竞赛活动虽然具有活力与实践成品的多样性，但是由于长期以来受到当前我国传统中学应试教育课程教学理论观念以及我国传统中学功利化教育教学思想的双重影响，学校在活动开展中对于科技创新理论科学性与科技创新实践系统性明显缺乏。就科技创新实践系统性而言，国内的一些重点中学教师认为科技创新实践是通过各类课外活动的多种教育方式综合来组织开展的一类科学技术创新主题实践教育活动，具体实施途径大多是以科学兴趣小组、

---

❶ 基金项目：陕西高等教育教学改革重点研究项目（21BZ075）；陕西省教育科学"十四五"规划项目（SGH21Y0238）；商洛学院教育教学改革课程思政专项（21jyjxs106）；商洛学院创新创业教育课程思政教育研究中心（21JXYJ03）

❷ 作者介绍：袁训锋，1984年生，男，湖北神农架人，博士，副教授，主要从事教育教学改革与实践研究
雷世雄，1999年生，男，陕西渭南人，本科，主要从事中学物理创新实践研究
刘宝盈，1967年生，男，陕西洛南人，博士，三级教授，主要从事教育管理研究

社团等多种方式实施的，没有系统的中学课程体系，对于课程教学上的问题研究不够深入，中学生的自主科学技术创新思维和科技实践操作能力等综合素养普遍较低。

科技创新教育活动到如今已有十几年的发展，一些重点中学在每年开展各类科技创新实践活动当中不断取得卓越的教育成果并积累了较为成功的实践经验，从而在开展科技创新实践活动这个领域相当成熟。目前，这类中学已经进行了很多丰富多彩的教学课程，其中尤为重要的一类课程是科技类的课程。有些对于科技创新实践活动比较得心应手的中学已经将其纳入学校正式课表，每周安排此类课程两到三课时，并设置固定时间、专门教室、专任教师开展此类教学。

本文研究了中学科技创新实践案例制作，通过对中学科技创新实施途径、实施案例方面进行研究，总结得出全面推进中学科技创新实践案例制作的策略。

二、中学科技创新实施途径

每件工作的进行都需要有合理的途径，因此在中学科技创新实践案例制作当中需要一些高效、科学、合理的途径，目前主要有三个途径：举办中小学科技创新比赛、科技创新的学科建设、科技创新的队伍建设。这三个途径都能为中学生在进行创新制作当中给予很大的帮助。例如：举办中小学科技创新比赛能够给学生一个进行创新制作的平台，而学科建设则是让学生在创新制作当中的创新思维能力和动手实践能力得到系统性的提高，队伍建设的作用就更显而易见了，因为每个学生在面临比较有挑战性的任务时都渴望能够有一个能力出众的老师来指导自己，而教师队伍或者学校资源配置如果不满足于学生，将会阻碍学生进行科技创新制作，所以科技创新的队伍建设对中学生在进行科技创新制作时尤为重要。

（一）举办中小学科技创新比赛

举办中小学科技创新比赛，可以为未来国家科技创新储备人才，这也体现了我国科教兴国的发展战略。由此可见，一个国家的繁荣发展离不开创新。创新是国家发展列车的重要引擎，创新是国家进步的核心。科学技术创新已发展成为一个国家经济生产力和社会发展的重要技术基础和文明标志，也直接决定着一个国家和中华民族经济发展的伟大进程，因此国家需要具备创新能力，所以就要从最有可能具备创新能力的人入手，那就是在教育学生的过程当中培养学生的创新思维。

举办中学科技创新比赛还有一个不可忽略的因素就是学生的学习能力。中学生处于一种求知欲望十分强烈而且精力旺盛的成长发育阶段，因此非常适合用科技创新的方式来培养他们，同时他们的创新思想有待开发，所受的限制比较少，更容易被激发起创新思维。举办科技创新比赛，是一种提升全体中学生创新能力，培养高端创新人才的有益方式，也可以营造一种良好的创新环境和氛围。

举办中小学科技创新比赛的主要目的是更好地培养广大学生的团队合作、认真务实负责、吃苦耐劳和不怕困难的精神，提高青少年自身科技创新综合素质，鼓励我国科技实践创新领域优秀人才的不断涌现，为国家发展一批批后备人才，这同样也是全面推进中学科技创新的途径之一。

（二）科技创新的学科建设

学科是一个综合性群体，它主要包括教学、科研、拔尖人才培养、团队建设等。中学科技创新的实现都和中学科技创新学科发展与创新密切相关，因此学科建设是实现中学科技创新的关键。倘若没有一流的学科，没有具有适合中国特色社会主义以及创新的学科，要想实现中学科技创新，是不可能的。学科建设的重点是适应科技发展、社会进步趋势，抓好学科的重组、综合、交叉、渗透、融合，调整好学科的结构，形成具有自己特色的学科及学科群，因此在中学科技创新过程当中就应该在学校的课程设置当中加入科技创新课程，使得科技创新真正作为一门学科出现在学生和老师的视野当中，同时应当聘请专业的教师来负责这门学科，让学生对这门学科的印象加深。

（三）科技创新的队伍建设

队伍建设是实现科技创新的核心。实现科技创新的核心是人，是队伍，是群体。没有人，没有队伍，没有学科带头人和骨干组成富有创新精神和能力的优秀群体，要想实现科技创新是很难的。教师队伍是高校队伍建设的核心。要着力解决高素质人才数量不足、结构不够合理、拔尖人才太少问题。队伍建设的另一个重点是科研基地的队伍建设，实验技术人员的知识老化及人员的稳定性是亟待解决的问题，而将这些内容辐射到中学科技创新工作的建设当中就需要将中学教师对于科技创新教学理念进行提高，同时也需要在学生当中进行挖掘和发现，尽力培养具有科技创新的高素质人才，教育财政部门应当给予学校和创新队伍一定的经济支持与鼓励，配合学校做好中学科技创新工作。

三、中学科技创新制作案例

中学科技创新实践制作要以一类学生们能接受能理解的事物去进行，最好能够贴近生活，或者是能够让学生们对自己所学到的知识进行学以致用，培养学生在制作当中学会发现问题、分析和解决问题的能力，同时让学生们具有创新思维和动手操作能力。以下是例举的适合中学生的创新制作案例。

（一）自制悬浮张力小方凳

在我们日常生活中经常会用到桌椅板凳，比如我们在手洗衣物时会将衣服放进盆里并把盆放在地上，这时就需要一个小方凳让我们能够坐着洗衣服，再比如我们平时夏天傍晚坐在户外透气乘凉，或者冬天在屋外晒太阳，都需要一个小方凳来让我们能够坐着休息，但是我们平时生活当中见到的这些小方凳结构都比较单一，而且时间久了凳子腿都容易老化损坏，因此我想有没有一种新型的板凳能够完美解决这些问题，在这个问题的驱使下我设计了一款自制悬浮小方凳，这种小方凳结构比较新颖，而且它没有凳子腿，因此也不用担心凳子腿会老化。

1. 设计过程

选择两块比较结实的木板与一定长度且较粗的铁丝，在两块木板中间各连接一个 S 型木棍，并将这两块木板上的木棍用铁丝连接起来，再将这两块木板上的四个角用铁丝连接起来，便做成了一种利用悬浮张力做成的木板。自制悬浮小方凳见图 1。

选择两块长度为 300mm，宽度为 250mm，厚度约为 25mm 的两块木板。

选择两个垂直长度为 150mm 左右两端突出长度均为 40mm，厚度为 20mm 的 S 型木棍。

选择 12 个长度约为 40mm 的铁钉。

选择一根长度不少于1500mm的铁丝，一把手持钻孔器，钳子等。

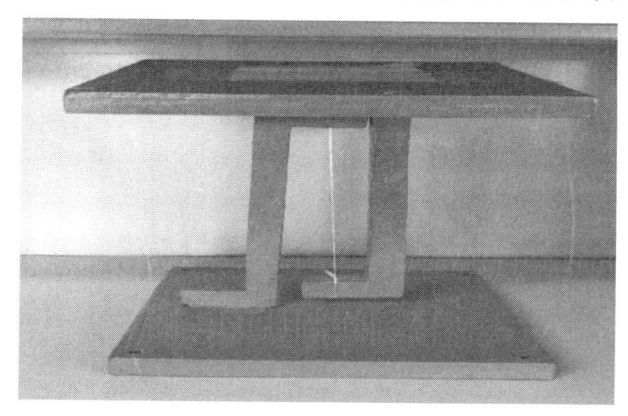

图1 自制悬浮小方凳

2. 制作步骤

将S型木棍用铁钉固定在木板的中心位置偏左25mm处，用铁钉在贴近木板并且向左端突出的部位钉上钉子固定在木板上，在木板正反两面各钉3个钉子，另外一个木板和S型木棍重复以上步骤。

用手持钻孔器在S型木棍上端距离垂直部位35mm处钻一个能够让铁丝穿过的孔，再用手持钻孔器在木板四个角各找一个合适位置钻一个能让铁丝穿过的孔，另外一个木板与木棍重复以上步骤。

将铁丝剪出4个长度为250mm的铁丝，一个150mm的铁丝。

将两个相同的装置水平放置，并将两个木棍有孔的位置用150mm的铁丝连接起来，随后再将两块木板的相近一端的4个孔两两平行相连用250mm的铁丝连接起来，再将其中一个装置反着悬挂起来，随后将木板的另外4个孔两两平行相连，最后将所有铁丝都绷紧就制成了悬浮张力小方凳。

3. 设计特点

设计的自制悬浮小方凳具有以下特点：设计合理、结构简单；可以支撑普通人的体重，并且要比普通方凳结实，并且结构比较新颖，材料较常见；携带方便，并且不易老化。

(二) 自制发动机模具

日常生活中，我们总是会用到电风扇、洗衣机、电钻等，它的主要部件就是电动机，电动机的原理是利用通电导线产生磁场，并且不同磁场之间有同极相斥、异极相吸的原理，因此电动机才能旋转起来为我们所利用，然而这些内容只是在初中课本当中，会让学生们感觉十分抽象，没有直观的现象让学生能够理解。因此我设计了一个简易电动机模型。

1. 设计过程

选用一块电压较大，电能较多的电池作为电源，并在电池上安装一个磁铁，用铜丝做成线圈并放在磁铁上方，通过线圈产生的磁场与磁铁之间的磁场相互作用从而让线圈旋转起来，由此便完成了简易电动机模具，具体样式可见图2。

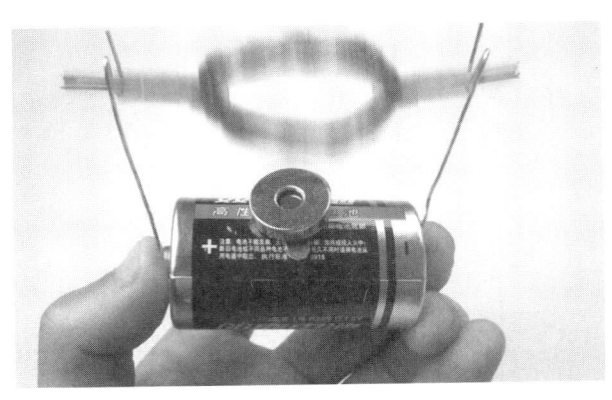

图2　自制电动机模型

制作材料有钳子、电池、铜丝线圈、回形针、圆形磁铁、绝缘材料包装起来的铁钉、工具刀，材料如图3所示。

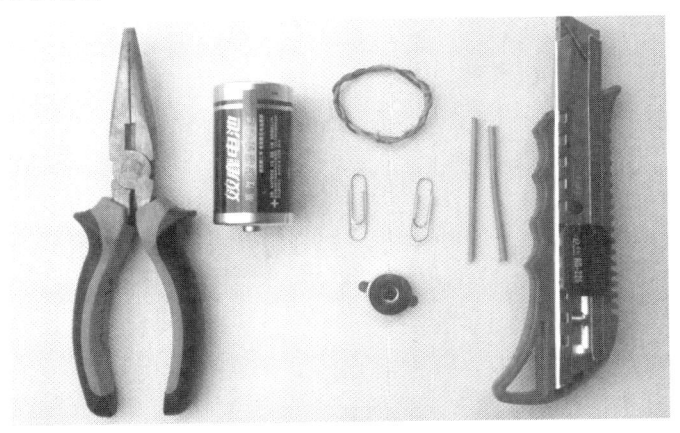

图3　所需实验器材

2. 制作过程

将回形针弯曲，再将钢钉外皮裁切，把二者相连，如图4所示。

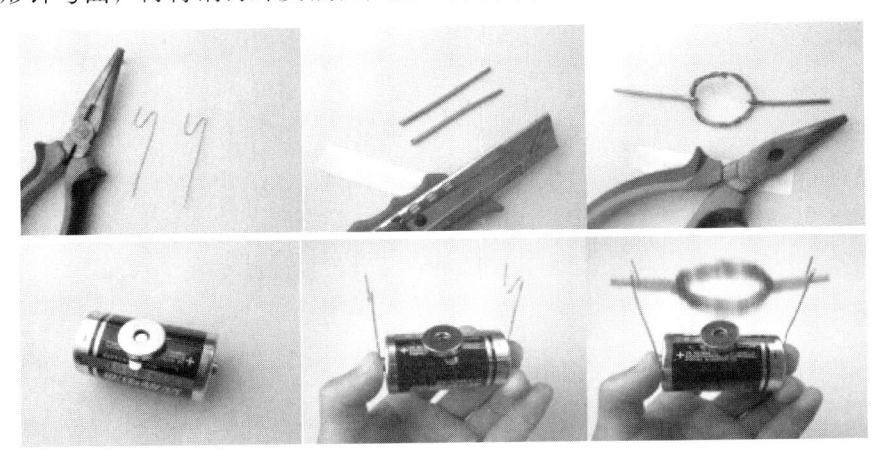

图4　制作过程

3. 设计特点

设计的自制电热切割机器具有以下特点：设计合理、结构简单，应用原理贴合课本所学内容；可以帮助学生加深对电磁感应方面知识的深刻理解；作品能够直观地看到电流通过导线时产生的磁场与磁铁之间磁场的相互作用。

（三）自制七球牛顿摆

碰摆体现了中学物理教材当中能量传递等相关知识，富有趣味，因此我便用学生们能够理解的形式将其复制出来，做到学以致用。

1. 设计过程

用七个玻璃球作为能量传递的媒介，并且将他们依次排列再用线挂在木架上，当我们将左端的玻璃球抬起放下时，玻璃球之间碰撞时便会产生能量传递，从而使右端的玻璃球撞飞，同时右端玻璃球被撞飞再落下时，左端玻璃球也会被撞飞。如此往复便达到我的设计目的，由此便完成了自制七球牛顿摆。具体样式如图5所示。

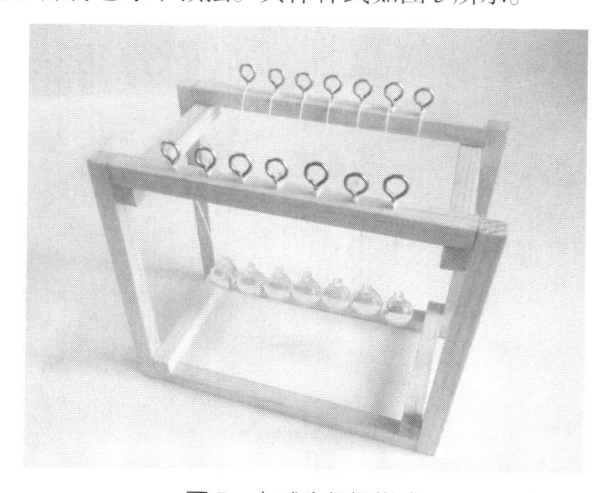

图5 七球牛顿摆样式

制作材料有木方、玻璃球、小吸盘、羊眼螺丝、白色棉线、胶水等原材料如图6所示。

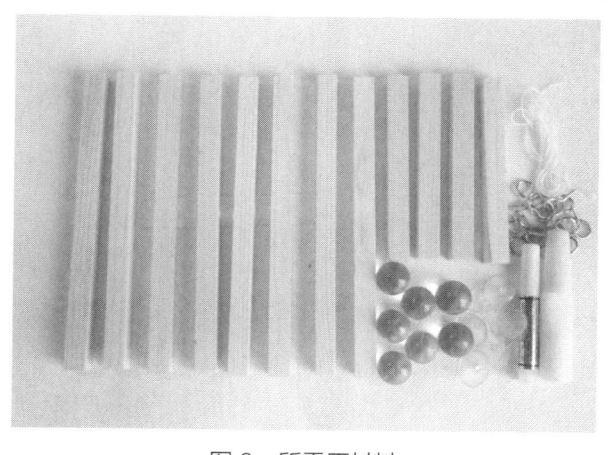

图6 所需原材料

2. 制作步骤

先用长木方粘出两个矩形框，再用短木方把两个矩形框如图固定在一起，最后安装螺丝。把小吸盘边缘剪掉一圈，再把剪好的小吸盘粘到玻璃球上，最后用针把线从小吸盘上穿过去。把玻璃球两端的线分别拴在螺丝上，重复上一步，把剩余的玻璃球都拴好，到此一个七球牛顿摆的设计就完成了，安装制作过程如图 7 所示。

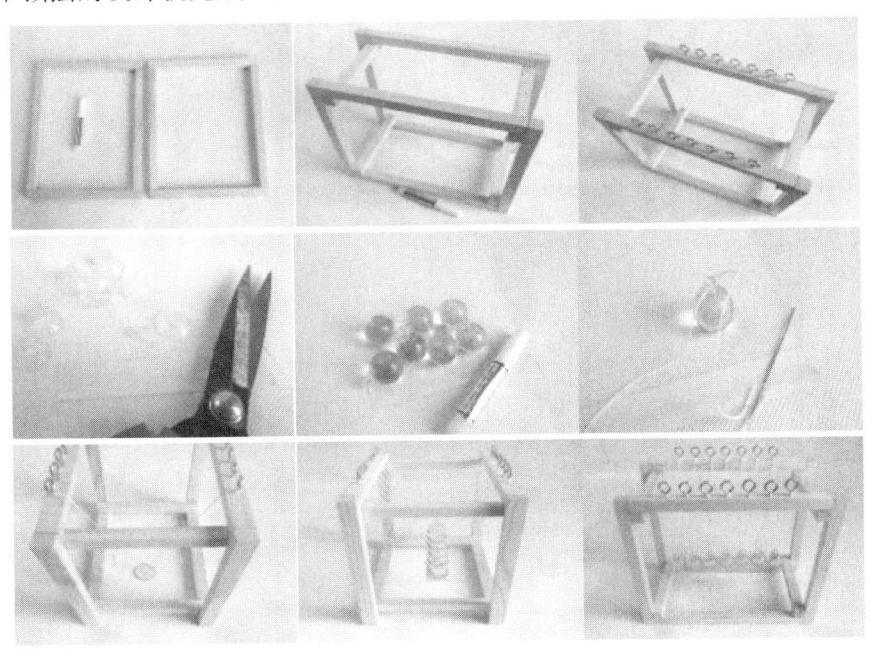

图 7　安装制作过程

3. 设计特点

设计的自制七球牛顿摆具有以下特点：设计合理、结构简单、容易制作；可以帮助学生加深对能量碰撞传递方面知识的深刻理解；作品趣味性较强，可以激起中小学生在科技制作方面的兴趣。

四、全面推进中小学科技创新制作的策略

推进中小学科技创新制作的策略在于打好在学生进行创新制作过程中的基础，而做好这件事的方式方法上也需要创新，因此就需要在学生进行科技创新制作的策略上进行创新，比如：学生们学会自主创新实践制作之前，培养学生的科技创新能力，并且要让学生多参观学习高校的创新制作过程，以及在校园内组织关于科技创新制作的一系列活动等。最终的目的在于能够让学生在知识能力范围，做出符合创新精神，体现实践能力的制作成品。

（一）培养中学生科技创新能力

培养中学生科技创新的兴趣。兴趣是学生最好的老师，在科技创新教育中，辅导老师要从多个方面培养学生的兴趣，具体形式表现在活动的选题、活动的形式，以及活动过程中的表现形式。培养学生的兴趣要做到循序渐进，例如：我们可以在科技创新活动中加入

一些趣味游戏，引用一些新奇的事物，让他们觉得这是一件快乐的事情，从而提起学生的乐趣。接着鼓励学生以贴近生活的新方式发明创造，提高学生的兴趣。再以奖励的方式对学生的发明创造进行积极评价，让学生体会到成功的喜悦，由此可以大大提高学生的"兴趣"。因此只有先让学生的兴趣被激发出来，才能够激发学生的创造潜能及创新思维。总之在科技创新实践活动当中，教育工作者要时刻注意学生兴趣的培养，不能武断的否定学生，更不能打击学生的积极性。

培养学生解决问题的思维。学生在创新实践活动中，在问题中开始，在问题中前进，又从问题走向新起点，螺旋式地进入更高的问题维度。从而形成一种解决问题的思维。教师扮演着"促进者""支架者"的角色，指导、鼓励，让学生在这样的过程当中逐渐有了一种能够发现问题、阐述问题、冷静地分析问题，最后解决问题的能力，最终让学生成为活动的中心，问题的解决者。

充分利用校内外资源，为学生创造必要的研究条件。一个课题的完成，需要利用一切可以利用的资源。现在一些学校建成了学生自助实验室，配备了高科技的实验器材，为学生完成实验提供了校内的硬件资源。但学校不可能配备所有科学领域的实验器材，而学生的创新研究又是多方面的，这就需要依托校外的研究机构。另外，校内的辅导教师也不可能是某个领域的专家，遇到专业问题时还需要找校外的专家咨询。因此就要把不同层次的学校之间、学校与社会里面相关领域之间、学校与专家之间、教师与学生之间以及学科与学科之间等各种有形与无形的现有资源进行整合，使之达到最大限度地利用和充分发挥，做到资源共享。

(二)让中学生接触大学科技创新培训

让中学生进入一个科学探索的世界，让中学生感受着研究过程、感受着创新文化和科学伦理。在浓厚的科学研究氛围中，同学们好奇心得到了满足，产生了科研兴趣，学会了科学研究的一般流程，甚至影响着他们的生涯规划。

中学生可递交某某大学科技创新培训申请表和申请培训所需要的材料，申请表的主要内容包括学生的姓名、籍贯、家庭成员、父母职业、所属院校、研究兴趣和荣誉情况。申请材料内容包括四个方面：第一，自我简介；第二，一篇科技论文的评论文章；第三，学校提供成绩单；第四，有科技创新能力的老师或者相关专业性人才举荐，可以选择本院校或者别的学校同级及以上的老师作为推荐者，若有研究经历，可以让指导教师推荐；第五是面试，根据申请者情况，遴选出部分自身条件优越的学生作为初选合格者，然后根据学生学科兴趣，项目负责人对申请者分类，把材料递交给各实验室的教授，教授再一次遴选出合格的学生通知入选者参加面试通知，面试结果出来后，项目负责人与教授沟通确定最终申请合格者，通知培训。

申请获准接到通知后，报到的第一天上午学生一般接受的是实验室安全培训课程，这是学生在进入实验室操作或者游览之前所要学习的必修课，内容包括各种实验场所的火灾、逃生知识、物理放射性物质、紫外线的接触、化学药品的操作、有机溶液、生物材料和污染的耗材、玻璃等废料处理等安全知识。还详细列出"什么不可以做""什么可以做"等要求，进行安全教育和生命教育。

实验室研究工作是学生的主要培训内容，所有同学分别进入自己理想的实验室开展研究工作，实验室里有各类学科之间的创新研究人员的相互交流，其中包括大学教授、本科学生、研究生、博士生、博士后、博士生导师、相关的访问学者、实验室工作人员等。学生在教授的指导下，在与学者的交流中学习选择课题方向、学习科学研究手段和方法、确定研究材料、制订研究计划、学习处理数据分析结果、撰写论文和研究报告，另外参加定期举行的科研报告和学术活动。每个同学在开题报告、研究中期、论文撰写和展示答辩时都要与教授进行交流，而且每一过程都会有科技论文读写课程进行指导。

在培训即将结束时，需要组织一场成果交流会，而在这场交流会的过程当中每位同学可以邀请自己的导师、父母、朋友、同学参加这次交流会，介绍来自各方面人士的提问和讨论，其中不乏大学著名教授和专家与中学生一起交流切磋。

参考文献

[1] 汤磊，鲁先法. 中学科技创新实践活动校本化实践探究——以合肥市第一中学为例 [J]. 中国教育技术装备，2019(13):126-129.

[2] 李飞龙. 中学科技创新教学案例实践研究 [D]. 桂林：广西师范大学，2016.

[3] 刘卫东. 科技创新教育——中职特色学校建设的有效载体 [J]. 中国职业技术教育，2008(2):60-61.

[4] 彭赟. 中学生科技创新能力培养的个案研究 [J]. 生物学教学，2011，36(2):47-48.

[5] 娄维义. 美国大学对中学科技创新教育的辐射模式 [J]. 全球教育展望，2010,39(4):93-96.

逆向思维在高中数学教学中的应用研究

张东翰，刘佳丽

摘要：数学是高中生必修课程之一，因此数学思维的培养就显得尤为重要。逆向思维是数学思维中的重要思维方式之一，它在数学思维的培养中起着重要作用。本文讨论了逆向思维在高中数学教学中所起的重要作用，给出了逆向思维在高中数学教学中的若干应用，最后分析和总结了培养高中生逆向思维的方法。

关键词：数学思维；逆向思维；高中数学

一、引言

当今世界是一个充满创造力的社会，社会对创新型人才的需求越来越大，而学校是培养创新型人才的重要基地。普通高中数学课程标准指出，通过高中数学课程的学习，学生能够进一步收获学习及未来发展所必需的"四基"，从而能够提高学生的"四能"，最后能够激发学生学习数学的兴趣，增强学好数学的自信心，形成良好的数学学习习惯，发展自主学习的能力，不断提高实践能力，提高创新意识。数学是高中生必修课程之一，因此数学思维的培养就显得尤为重要。逆向思维是数学思维中的重要思维方式之一，它在数学思维的培养中起着重要作用。

今天的数学学习不仅要求所有的学生都要接受优质的数学教育，而且指出不同的人对数学的认识是不同的。为了让学生喜欢数学，必须让学生体会到数学思考的乐趣。数学思维根据思考的方向分为正向思维和逆向思维。在提倡素质教育的新时代，不仅要注重正向思维的培养，也要充分发挥逆向思维在数学教学中的独特作用。高中学习过程中，不论是在课本上学习过的"逆运算""逆定理"等基础知识，还是在解决数学问题过程中惯用的"举特例""举反例"和"反证法"等数学方法，都是逆向思维在数学中的充分体现。事实上，在整个高中数学学习过程中，施行逆向思维数学学习方法，会极大地方便学生对于高中数学知识结构的构建。数学作为一门抽象而严谨的科学，决不仅仅是背诵定理公式这样容易，只有学生具备良好的逻辑思维能力，才能更好地学习数学知识。数学与思维之间存在着千丝万缕的关系，两者之间相辅相成。一方面，数学的学习能够很好地培养学生的思维能力，另一方面，良好的思维能力是学生解决数学问题的关键。总的来说，思维之于数学而言就像是人的灵魂，没有思想的人是没有灵魂的，没有思维的数学也是没有灵魂的。

新课标下的数学教学目标是培养学生形成良好的思维品质，使学生具有一定的创新能力和解决实际问题的能力，而逆向思维作为数学思维中的一个重要组成部分，贯穿整个数学学习的体系之中，对于高中数学的教学和学习都具有重要意义。因此，教师需在日常的数学教学中运用合理的教学手段，有意识地培养学生运用逆向思维解决数学问题的能力，这对于学生数学学习能力的提升和数学思维的培养有极大的促进作用。

二、预备知识

(一)思维的发展过程

人们从出生到成年,思维是不断发展的,它遵循了一定的发展规律。从心理学的角度进行分析,一个人的思维发展过程大致分为三个阶段,见表1。

表1 人类0～18岁思维发展

阶段	主要思维方式	具体发展过程
0～2岁	直观动作思维	这一阶段的思维只限于凭借直接感知,主要通过感知运动与外界发生相互作用的思维活动。因此,这种思维是不能脱离动作而存在的
3～7岁	具体形象思维	具体形象思维是以表象为基础进行的思维活动,就是个体要在大脑中构建关于事物的形象。当需要进行思维活动时,头脑中浮现一些事物的表象,然后通过表象的变化产生思维。比如要计算2+3=5,个人在大脑中构建这样的思考过程:有2个糖果和3个糖果,然后数出来的,得到结果。这个思维过程不经过逻辑计算,而是直接在大脑中想象具体事物得到结果
8～18岁	抽象逻辑思维	抽象逻辑思维是将抽象的概念作为基础的思维,通常有概念、判断和推理等形式,日常生活中的大部分思维都是抽象逻辑思维。它以抽象的概念为支柱,与具体形象思维的生动不一样,抽象逻辑思维更具有概括性和逻辑性。抽象逻辑思维又可以分为经验型逻辑思维和理论型逻辑思维。经验型逻辑思维阶段大致处于初中教学阶段,在这一阶段的中学生,已经具备了基本的生活学习经验,学生个体可以通过这些经验,进行抽象逻辑思考,形成逻辑思维。而理论型逻辑思维基本上处于中学教育的高级阶段,这时的学生个体已经有了较完备的逻辑思维能力,他们已经完全具备脱离生活和学习经验的逻辑思考能力,且也满足了运用理论进行推导结论的条件,这种思维也具有很强的概括性。因此,在高中阶段的教学中,要注重系统化地培养学生的各种思维

(二)逆向思维的概念

逆向思维是指相对于习惯性的正常思维的思维方式。在生活中到问题时,总习惯于正面思考解决方法。而逆向思维则不同,它的基本特点是从已有思路的相反方向去思考问题。它解放了学生的解题思想,开阔了学生解题的思路,为学生解决难题开创新的方向,起到了积极的作用。

(三)逆向思维的特点及类型

1. 逆向思维的特点

逆向思维的主要特征表现在以下三个方面:

普遍性:逆向思维是一种应用极为广泛的思维方式,比如数学、化学、物理等,除此之外,在广告领域中也有逆向思维的身影。

批判性:思维的批判性是指对已存在的各种各样的自然规律或者结论定理,不一味盲从,而能够提出个人自身的看法观点和见解,敢于向惯性思维、传统规律发出挑战,从而批判常规。

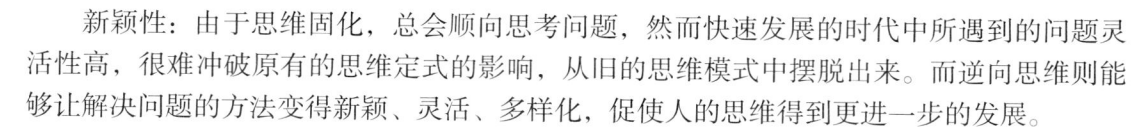

新颖性：由于思维固化，总会顺向思考问题，然而快速发展的时代中所遇到的问题灵活性高，很难冲破原有的思维定式的影响，从旧的思维模式中摆脱出来。而逆向思维则能够让解决问题的方法变得新颖、灵活、多样化，促使人的思维得到更进一步的发展。

2. 逆向思维的类型

逆向思维的类型主要包括：反转型逆向思维、转换型逆向思维、缺点型逆向思维。

（1）反转型逆向思维。

反转型逆向思维指在解决问题的过程中不按照传统的方法进行思考，而是从与问题相反的角度去思考，进行分析论证，促使发现新的方法和见解。比如：为解决早期发明的洗衣机噪声较大的问题，工人们运用逆向思维放弃硬质材料选择软质材料的办法，以软轴代替了硬轴，成功降低了噪声。

（2）转换型逆向思维。

转换型的逆向思维是指在遇到某些问题时，在运用常规方法和手段解决不了的情况下，转换一下思考的角度和方向，使得问题在解决的过程中易如反掌。比如：司马光年纪尚小，身高和力气都不能满足自己采用常规爬进缸内救人的办法，因而司马光转换思路，换了另外一种手段就是砸缸救人的办法。

（3）缺点型逆向思维。

缺点型逆向思维是一种利用事物的缺点或弱点变为有利可图的新事物，转不利为有利。比如：金属腐蚀对金属本身是有害的，但人们利用金属腐蚀的原理所需要的生产金属粉末，或者电镀等，这无疑就是化弊为利，符合缺点型逆向思维的特点。

（四）数学思维在教学中的形成过程

数学思维方式是一个注重客观性的全过程：提出研究问题，理解关键特征，理解抽象概念，建立数学模型。学习数学思维除了提供解决数学问题的工具外，还可以训练人的逻辑思维能力。在教学过程中，数学思维伴随了整个教学过程的始终，教师要不断引导学生学会思考，勤于思考，提高学生的思考能力，进一步培养良好的思维能力。它的形成过程复杂且漫长，这个过程需要教师尽可能地挖掘学生的思维特点，不断地迭代更新教学手段，进而实现提高思维能力这一目标。因此在教学中培养学生的数学思维能力是有必要的，特别是在数学教学的各个方面融入逆向思维的训练。

正向思维与事物发展的过程是相同的，而逆向思维则与正向思维正好相反。逆向思维是指在学习过程中，从猜想的结论出发，验证结论的成立所需要的条件。正向思维与逆向思维主要是人们在思考时方向的不同，不存在根本的区别，对于学习数学都具有良好的促进作用。

三、逆向思维在数学教学中的重要作用

变式教学的重点是处理好变与不变的关系，变的是规律，是现象；不变的是根源，是本质。变式教学的模式也不是简单的一种，而是多元的。大多数人所知道的不过是冰山一角，下面将从三个角度去分析变式教学的模式。

(一)开阔思维方式

正如马克思主义哲学中的唯物辩证法一样,思维也分成了正向思维与逆向思维,其二者的关系是既对立又统一的,两者相辅相成,共同促进学生思维的发展,因此这一关系能够应用于高中数学教学中。高中生已经有了较完备的逻辑思维能力,而且他们已经完全具备脱离生活和学习经验的逻辑思考能力,但是他们的思维能力和思维体系还不完善,很多学生个体在面临问题时,首先想到的依旧是使用常规传统的思维去解决问题。高中生在学习过程中,随着知识量的增多,正向思维方式很难帮助学生快速正确地解决复杂的问题。因此,需要转变思维方式,采用新的思维方式去解决复杂的问题。逆向思维具备普遍性、批判性、新颖性等特点,如果能正确灵活地运用逆向思维可以用来解决高中数学教学中的问题,那么将有利于开拓学生的思维模式,进而能够使得学生解决数学问题的灵活度提高并优化其思维品质。所以在高中数学教学中,教师在课堂上培养学生反向思考问题的能力,对数学学科教育和学生的思维发展具有重大的促进作用。

(二)解决实际问题

现阶段国家的教育目标是让学生能够收获知识,提升自身的创新性思维能力,从而能够运用知识去解决问题。虽然我国大部分地区都在提倡教学改革,但成效微乎其微,仍然有大量学校存在"重结果、轻过程","重分数、轻能力"的现象,导致学生在面对生活中的实际问题时,并不能合理有效的思考,对知识的运用也更是纸上谈兵。如果学生能够学会思考和应用知识,那么学生完全可以仅靠自己去解决实际生活中遇到的问题。

因此,教师群体应该有目的有针对性地培养学生的逆向思维能力,引导学生运用逆向思维能力去解决学习过程中所遇到的问题,从而能够更好地去解决实际生活中的问题。

(三)培养创新型人才

在教育越来越受到重视的今天,随着新课程改革的开展,对于知识循序渐进或死记硬背的学习已经无法满足学生的需求。由于学生思维能力和创新精神的培养越来越受到重视,教学的主体也要随之改变,即由教师转为学生。如果教师能主动了解学生的想法,给予适当的引导,让学生打破先入为主的观念,从另一个方面思考和解决问题,培养逆向思考的能力,有利于学生发挥创造力,成为国家和社会所需要的创新型人才。

事实上,在当下的教育模式影响下,许多学校仍然存在打着以"促进学生创新思维"的旗号,却在教学中实行以应试教育为主导,让学生多做题、多背公式定理等,不积极培养和训练学生的逆向思维的现象。

总而言之,在高中数学教学中,培养高中生逆向思维能力不仅可以提高他们的思维质量,也对于培养创造性思维具有积极的教育意义。

四、逆向思维在高中数学课堂中的应用

(一)逆向思维在数学概念教学中的应用

逆向思维在中学概念和定义中有着非常广泛的应用,遇到问题时,考虑从问题相反的角度或者问题的结论着手,然后进行推理证明,逐步推导出结论成立所要满足的条件或者解题所需要的定理定义。在数学定义概念的学习中,很多方面都需要运用逆向思维来解决问题，下面是运用逆向思维解决数学概念问题的研究。

例1 若函数 $z = \dfrac{2y-3}{y+1}$ 的值域为 $[3,5]$，求函数的定义域。

分析：已知函数 $z = \dfrac{2y-3}{y+1}$，值域 $[3,5]$，根据以上条件逆向求解函数定义域。

解：因为函数 z 的值域为 $[3,5]$，则可得 $3 \leqslant \dfrac{2y-3}{y+1} \leqslant 5$，

从而进一步得到 $\begin{cases} \dfrac{2y-3}{y+1} - 3 \geqslant 0 \\ \dfrac{2y-3}{y+1} - 5 \leqslant 0 \end{cases}$，

通分整理可得 $\begin{cases} \dfrac{y+6}{y+1} \leqslant 0 \\ \dfrac{3y+8}{y+1} \geqslant 0 \end{cases}$，

再整理得 $\begin{cases} (y+1)(y+6) \leqslant 0 \\ (y+1)(3y+8) \geqslant 0 \\ y \neq -1 \end{cases}$，

最后求解得出结果，即 y 的取值范围为 $-6 \leqslant y \leqslant -\dfrac{8}{3}$。

例2 已知 $x \in [-1,1]$，求函数 $y = \dfrac{m+nx}{m-nx}(m \geqslant n \geqslant 0)$ 的值域。

分析：首先对 $y = \dfrac{m+nx}{m-nx}$ 分离常数，

运算得到 $y = -1 + \dfrac{2m}{m-nx}$，明显可以得到 $y \neq -1$。

再分析原函数，用 y 来表示出 x，此时可以得到 $x = \dfrac{m(y-1)}{n(y+1)}$，

由 $x \in [-1,1]$，可得 $-1 \leqslant \dfrac{m(y-1)}{n(y+1)} \leqslant 1$，

再继续化简得 $\dfrac{m-n}{n+m} \leqslant x \leqslant \dfrac{m+n}{m-n}$。

解：用 y 来表示出 x，得 $x = \dfrac{m(y-1)}{n(y+1)}$，

$\because x \in [-1,1]$，

$\therefore -1 \leqslant \dfrac{m(y-1)}{n(y+1)} \leqslant 1$。

即 $\frac{m-n}{n+m} \leq x \leq \frac{m+n}{m-n}$，∴ 值域 $\left[\frac{m-n}{n+m}, \frac{m+n}{m-n}\right]$。

例 3 已知双曲线 $\frac{x^2}{a^2} - \frac{y^2}{b^2} = 1(a>0, b>0)$ 的两个焦点为 F_1 和 F_2，以两个焦点连线所形成的线段作为正三角形 MF_1F_2 的一条边，如果正三角形边 MF_1 上的中点在双曲线上，求双曲线 $\frac{x^2}{a^2} - \frac{y^2}{b^2} = 1(a>0, b>0)$ 的离心率.

分析：已知是等边三角形，显然可得 $MF_1 = MF_2 = F_1F_2$，$\angle PF_1F_2 = 60°$ 又 MF_1 的中点 P 在双曲线上，由等腰三角形（等边三角形是特殊的等边三角形）三线合一得到 $F_1P \perp F_2P$，就是 $\angle F_1PF_2 = 90°$，即 ΔF_1PF_2 是直角三角形。又由双曲线定义有 $F_1F_2 = 2c$，再由勾股定理得到 $|PF_1| = c, |PF_2| = \sqrt{3}c$，最后再根据双曲的定义得到 $|PF_2| - |PF_1| = 2a = (\sqrt{3}-1)c$，对其整理得到离心率 $e = \frac{c}{a} = \frac{2}{\sqrt{3}-1}$.

解：设等边三角形 MF_1F_2，MF_1 中点为 P，

有 $F_1P \perp F_2P$，即 ΔF_1PF_2 是直角三角形.

又 $\angle PF_1F_2 = 60°$，$F_1F_2 = 2c$，

∴ $|PF_1| = c, |PF_2| = \sqrt{3}c$.

∴ $2a = (\sqrt{3}-1)c$.

∴ $e = \frac{c}{a} = \frac{2}{\sqrt{3}-1}$.

例 4 已知函数 $f(x) = \frac{mx+4}{x+3}$ 在 $(-3, \infty)$ 上是单调递减的，求 m 取值范围.

分析：函数单调性作为高考的必考考点之一，考题方式已然不同，简单一些的考题方式是给出一个函数，根据函数单调性的定义判断函数的单调性，在例题中的考题方式与运用定义解题刚好相反. 课本上所学递减函数定义的数学语言为：存在区间 D，$\forall x_1, x_2 \in D$，若 $x_1 > x_2$，都有 $f(x_1) < f(x_2)$. 观察所给函数，发现可以使用分离参数法（分离参数 m），然后根据函数单调性和函数解析式画出大致的函数图像来求解问题.

解：原式 $= \frac{m(x+3) - 3m + 4}{x+3} = m - \frac{(3m-4)}{x+3}$.

又∵ 函数中 x 的取值范围为 $(-3, +\infty)$，$x+3 > 0$ 恒成立，

则只需 $3m - 4 < 0$ 恒成立，解得 $m < \frac{4}{3}$.

通过对数学概念的逆向运用,有效缩短了学生解题时间,提升了解题速度和解题质量。从以上例题可以发现,数学概念的反向使用在学生学习数学中起着非常重要的作用。在教学过程中,不仅要让学生熟练掌握数学概念的内容,也要让学生反过来理解数学概念,引导学生找到数学概念正向应用和逆向应用之间的联系。

(二)逆向思维在数学公式教学中的应用

数学公式是对数学规律的反映,数学中的所有运算都有一定的规则要遵循,这些法则彼此相互联系,共同体现了某种变化中的数量关系,正确进行数学运算的基础就是能够清楚理解这些互逆法则之间的内在联系。因此,在教学过程中,培养逆向思维在公式法则中的应用就变得格外重要了。

例5 已知 $(y-z)^2 - 4(z-x)(x-y) = 0$,求证:$y, x, z$ 成等差数列。

分析:在看到这个题目时,大多数人的想法是直接化简这个式子,然后根据式子看能不能得到相应的关系,这样的方法到后面就会发现这个式子要一直化简,很浪费时间,严重影响做题效率.其实仔细观察 $(y-z)^2 - 4(z-x)(x-y) = 0$ 这个式子,它的形式与 $\Delta = b^2 - 4ac = 0$ 的形式一样,令 $a = z-x$,$b = y-z$,$c = x-y$,这样就将题目转化为根据根的判别式倒着列出关于某个未知数的一元二次方程,假设方程的未知数为 t,则有 $(z-x)t^2 + (y-z)t + (x-y) = 0$.因为根的判别式 $\Delta = 0$,所以就意味着一元二次方程有两个相同的根.一目了然,上式中的每一项的系数和都是0,所以它的二重根是1.根据根与系数的关系得到 $\dfrac{z-y}{z-x} = 2$ 或 $\dfrac{y-z}{z-x} = 1$,都得到 $2x = z+y$ 这个式子,即原题 y, x, z 是等差数列.

解:令 $a = z-x$,$b = y-z$,$c = x-y$,假设方程得未知数为 t,

则有 $(z-x)t^2 + (y-z)t + (x-y) = 0$,

由根与系数的关系得 $\dfrac{z-y}{z-x} = 2$,即 $2x = z+y$,故 y, x, z 成等差数列。

例6 化简 $\cos 20°$、$\cos 40°$、$\cos 60°$、$\cos 80°$.

分析:一般情况下,一般的做法都是从左往右依次相邻的两部分先合并,然而在这个题以这样的方式从左往右计算是行不通的.在高中阶段中学到的二倍角公式是 $\sin 2x = 2\sin x \cos x$,逆向利用二倍角公式 $2\sin x \cos x = \sin 2x$ 化简,首先给等式的上下同时乘 $2\sin 20°$.

解:原式 $= \dfrac{2\sin 20° \cos 20° \cos 40° \cos 60° \cos 80°}{2\sin 20°}$

$= \dfrac{\sin 40° \cos 40° \cos 60° \cos 80°}{2\sin 20°}$ (给分式上下同时乘以2)

$= \dfrac{2\sin 40° \cos 40° \cos 60° \cos 80°}{4\sin 20°}$ (逆向运用二倍角公式 $2\sin x \cos x = \sin 2x$)

$$= \frac{\sin 80° \cos 60° \cos 80°}{8\sin 20°}$$ （给分式上下同时乘以 2，且 $\cos 60° = \frac{1}{2}$）

$$= \frac{\sin 160° \times \frac{1}{2}}{8\sin 20°}$$

$$= \frac{\sin 160°}{16\sin 20°}$$ （$\sin 160°$ 与 $\sin 20°$ 相等）

$$= \frac{1}{16}。$$

例 7 已知函数 $z = m\sin x + n\cos x$，求函数 z 最大值。

分析：通过观察上面的式子，发现它是在计算三角函数问题中被用来将复杂三角函数转化简化为简单三角函数常用的辅助角公式，在证明它的时候，主要使用两角的和差的正余弦公式等来证明．然而这道题是让求其最大值，大多数同学都会将其化简 $\sqrt{m^2 + n^2}\cos(\theta - \varphi)$（其中 $\tan\varphi = \frac{m}{n}$），然后根据这个式子来求解，这种方法来求解可谓是寸步难行，更不用说求解出准确答案。但如果再细心研究就会想到反向运用柯西不等式来求解．

解：有上面分析可知：$(m\sin x + n\cos x)^2 \leqslant (m^2 + n^2)(\sin^2 x + \cos^2 x)$，

又由 $\sin^2 x + \cos^2 x = 1$，

得 $(m\sin x + n\cos x)^2 \leqslant m^2 + n^2$，

所以函数 z 的最大值应该为 $\sqrt{m^2 + n^2}$。

通过对比解题思路，不难发现在正向思维下用常规传统的办法计算时，增加了学生解题的难度，从而导致做题速度减慢，甚至于难以求解出正确答案，降低了做题正确率．但如果能够熟悉公式法则的反向逆用，使得学生减少思考所做的无用功，开拓学生在解题时的思考，同时又简化了做题步骤，节约了解题时间，提升了解题正确率．

(三) 逆向思维在数学定理教学中的应用

在中学阶段，几何图形方面的学习包含了许多的定理，比如：数学中常用的韦达定理、勾股定理、正弦定理、余弦定理、相交弦定理等。做这些与定理相关的题目时，可能会根据题目中出现的少量关键词来确定要使用的定理，但受惯性思维的影响，学生在考虑这些题目时不能灵活逆向使用相关定理，很难突破固有思维的局限，不能逆向使用定理。

例 8 若 $0 < x < \frac{\sqrt{5}}{2}$，求 $y = 2x\sqrt{-4x^2 + 5}$ 的最大值．

分析：通过观察题目，可以将上式改写成 $\sqrt{4x^2(-4x^2 + 5)}$ 的形式，化简之后发现它与所学的逆向运用均值定理的式子完全一样，所以逆向运用均值定理 $\sqrt{A \cdot B} \leqslant \frac{A + B}{2}$，此时

继续化简式子得 $\frac{4x^2+(-4x^2+5)}{2}=\frac{5}{2}$，要注意在利用均值定理求最大最小值问题时，需要验证"相等"是否符合题意。

解： 由均值定理得 $2x\sqrt{-4x^2+5}=\sqrt{4x^2(-4x^2+5)} \leqslant \frac{4x^2+(-4x^2+5)}{2}=\frac{5}{2}$，

当且仅当 $4x^2=-4x^2+5$，就是 $8x^2=5$，$x=\frac{\sqrt{5}}{2\sqrt{2}}=\frac{\sqrt{10}}{4}$，所以当 $x=\frac{\sqrt{10}}{4}$ 时取等号，$y=2x\sqrt{-4x^2+5}$ 的最大值为 $\frac{5}{2}$．

例9 如图1所示，已知 $AB=AC$，$EB=EC$ 且 $\angle BEC=90°$，延长 BE 到 F，作 BE 垂直 AF，求证：$EF=AF$．

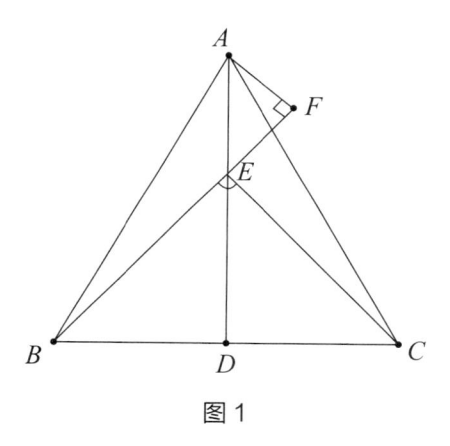

图1

分析： 由已知条件可知 $AF \perp BE$，$\angle AFE=90°$，要证明 $EF=AF$，即证明 $\triangle AEF$ 是等腰三角形，再根据等腰三角形的性质定理反推来证明 $\angle FAE=\angle FEA=45°$．在转化问题后，重新观察图形并分析，$\angle FEA$ 与 $\angle BED$ 是一组对顶角．再根据已知 $AB=AC$，$EB=EC$，由线段垂直平分线的逆定理（在一条线段中，与两个端点距离相等的点，在这条直线的垂直平分线上．）可得 A 和 E 点都在线段 BC 的垂直平分线上，所以 AE 是 BC 的垂直平分线．

证明： $\because AB=AC$，$EB=EC$，

由线段垂直平分线的逆定理得：A 和 E 都在 BC 的中垂线上，

$\therefore AE$ 是 BC 的垂直平分线，

又 $\because \angle BEC=90°$，

$\therefore \triangle BEC$ 是两底角为 $45°$ 的等腰三角形，

$\therefore \angle BED=45°$，

$\therefore \angle AEF=45°$（对顶角）。

$\because AF \perp BE$，

$\therefore \triangle AEF$ 是等腰直角三角形，故 $EF=AF$。

由此可见，定理的逆用在很大程度上帮助学生提高了解题速度，对于逆向思维的培养也有重要作用。

例10 已知实数 $k=5-\sqrt{5}$，求 $5^{10}-5^9C_{10}^1k+5^8C_{10}^2k^2-\cdots+k^{10}$。

分析：如果算这个题时，将 $x=5-\sqrt{5}$ 直接代入上式，然后依次计算每一个式子，虽然这种方法给学生一目了然、胸有成竹的感觉，但是实际计算时却是举步维艰。再仔细观察不难发现，上式可以逆向运用二次项定理。课本上所学的二项式定理公式为：$(x+y)^n=C_n^0x^n+C_n^1x^{n-1}y+C_n^2x^{n-2}y^2+\cdots+C_n^{n-1}xy^{n-1}+C_n^ny^n$，这道题目就是二项式定理的反向运用.

解：$\because 5^8C_{10}^2k^2=C_{10}^25^8k^2$，

又 $-5^9C_{10}^1k$ 的系数为负数，

$\therefore$ 可得 $x=-5$，$y=k=5-\sqrt{5}$，

故原式 $=\left[(-5)+5-\sqrt{5}\right]^{10}=\left(-\sqrt{5}\right)^{10}=5^5$.

其实大多数学生在做题时总喜欢将传统的做题方法套用在数学问题中，因为思维定式的影响，学生们对于数学定理的逆向运用并不熟练甚至完全想不到，因此，在中学数学定理的教学过程中，教师应该鼓励学生运用逆向思维来思考问题。破除学生传统的思维方式，同时对于数学定理证明过程，要求学生掌握它的来龙去脉，加深他们对知识的理解，这样不仅能够更有效的学好知识，还能逐步提高学生数学学习的积极性，从而能够在解题的过程中逐步形成更具创造性的思维方式。

五、总结

普通高中数学课程标准中指出数学学科的核心素养包括数学抽象、逻辑推理、数学建模、运算能力、直观想象和数据分析六个方面。其中数学抽象和逻辑思维都与数学思维有着密切的联系，因此培养数学思维对于学生来说是必不可少的。提高学生的创造性思维水平，不仅是新课程改革的要求，也是新时代学生发展的大势所趋。因此逆向思维能力在教育教学中的培养也显得格外重要。

在中学数学的课堂中，学生很难对课堂上所学数学知识完全消化，也无法完全掌握数学解题技能，更难全面的理解数学思想方法，学生们面临这样的状况需要教师及时地引导才能认真地学习和领悟数学。逆向思维作为数学中最重要的创造性思维之一，能有效地提高学生的思维能力，提升学生的思维灵活性，激发学生学习数学的兴趣。在数学教学的过程中，如果无法依据传统的方法去解决问题，应当转变思路，寻找新的方法，运用逆向思考，寻求最佳求解方法。这对于促使学生爱上数学学习有重要的作用，所以老师在进行教学的时候，要帮助学生突破传统思维的束缚，有意识地培养学生的逆向思维，从而提高他们的创造性思维能力。通过分析以上三方面的例题，总结出以下培养高中生逆向思维的策略。

在高中数学的学习中，数学概念贯穿于高中数学始终，它是学生学习数学的基础，范

围很广,在高考中涉及许多数学概念的相关题目。在学习数学概念的过程中,学生不仅要依靠书中的叙述来理解,更要在逆向思考过程中加深理解。因此教师要引导学生通过逆向思考来加深对数学概念的理解,引导学生进行逆向思考问题,这样有助于问题的解决。

在高中学习阶段,许多数学公式的逆向运用体现了逆向思维,比如二倍角的正余弦公式等,学生对于公式从左到右的运用格外熟练,但对从右往左的运用可能掌握不到位,甚至很难从右边部分的特征联想到左边部分,对于逆向运用公式缺少经验。如果在课堂上教授的过程中,能够引导学生运用逆向思维理解和训练公式的逆运算,那么学生对于逆向运用公式这种类型的题目就不会觉得无从下手。他们在解决问题时,思路会更加清晰,做题会更加顺畅,同时学生解题的思路会更加开阔,解题的方法也会更加新颖多样。

学生从小学到高中学过不少的数学定理。在小学阶段,对于数学定理的认识只是浅尝辄止,并不能完全理解它们的意思。到了中学时就不一样了,学生的思维发生了转变,对于数学定理有了更深的理解。同时在中学的数学学习中,数学定理在中学数学课本中占据了大量的篇幅,因此对于数学定理的学习至关重要。如果学生能够熟练灵活地逆向用数学定理,能够增加学生的解题速度和解题效率,从而能减少做题时间,让学生能够有更多的时间和精力学习其他学科或技能。比如:数学中常用的韦达定理、勾股定理、正弦定理、余弦定理、相交弦定理等,如果在解决数学问题的过程中,能够有效逆用这些定理,会得到不同以往的结论,从而让学生有更加开阔的思路去解决数学问题,在解决问题的同时,对鼓励学生运用逆向思维解决问题也会起到很好的作用。不过逆向思维能力并不是一朝一夕就能养成的,它需要一个漫长的培养过程,也需要每一位教育工作者的积极探索和不断努力。

参考文献

[1] 中华人民共和国教育部.《普通高中数学课程标准》[M].北京:人民教育出版社,2017.
[2] 王耀茹.数学解题中逆向思维的应用[D].西安:西北大学,2018.
[3] 塞永志.浅论培养学生的数学创新能力[J].时代青年(教育),2012:81-81.
[4] 汤维曦.高等数学教学中逆向思维能力的培养[J].福建广播电视大学学报,2012(6):52-56.
[5] 王秋荣.信息技术课程中逆向思维式教学策略设计与应用[D].南京:南京师范大学,2011.

虚拟仿真实验在牛顿第一定律教学中的应用[1]

袁训锋，樊腾飞，刘宝盈[2]

摘要：在人类社会进入智能化时代的背景下，要使教育与时俱进，必须改进教学方法。"虚拟仿真"作为一种新型的教学手段，能够促进教育和智能的结合，是教育部打造的五大金课之一。本文选择 Algodoo 软件，对中学物理部分典型案例"牛顿第一定律"进行模拟仿真。在归纳虚拟模拟技术在课堂中优缺点基础上，为教师进行物理教学方法选择提供参考。

关键词：虚拟仿真；Algodoo；中学物理；金课

一、引言

物理学是研究物质属性和运动规律的学科，它极大地促进其他学科的发展，是科技发展不可缺少的环节。物理学作为一种实验性的学科，学生通过实验了解物理学的基本原理。实验能够有效地帮助学生进行物理模型制作，使学生能够更好地理解物理定律，进而提高学生的创新能力、探究能力和观察能力，让学生在体验中认识物质，从而实现全面发展。然而在常规的实验教学中，由于受到多种因素的制约，教学效果较差。

在人类社会进入智能化的时代背景下，物理实验虚拟仿真技术迅速发展，成为辅助中学物理教学的一道亮丽风景线。常用的有 Flash，Box2D，Phun，Mysicslab，Matlab。虚拟仿真实验进行教学具有成本低、过程人性化、环境理想化的优势。虚拟仿真实验成本低，虚拟仿真软件大部分可以从网络上轻松下载，相比于传统实验而言，无须购买实验器材，仅需安软件即可。虚拟仿真实验过程人性化，传统物理实验在实际操作中，实验现象呈现时间较短，使学习者难以对其进行细致的观测。实验过程比较漫长，而且要考虑到温度、湿度等各种因素，而且实验现象不能长期存在。虚拟仿真实验可以通过不断地重复实验进行深刻认识，并可以根据实验要求和探究的需要调整实验参数，观察实验现象，激发学生的创造性，同时也能保证学生的安全。虚拟仿真实验环境理想化，诸多物理实验具有理想场景，例如没有引力、没有摩擦力、没有空气的阻力、没有空气等。在地球上进行真实实验，很难呈现完美的理想环境。在虚拟模拟系统中，可以设置目标和参数，使其满足试验要求，减少试验的误差。

本文选择 Algodoo 软件，对中学物理部分典型案例"牛顿第一定律和自由落体运动"进行模拟仿真实验并与真实实验进行对比。在归纳虚拟模拟技术在课堂中优缺点基础上，

---

[1] 基金项目：陕西高等教育教学改革重点研究项目 (21BZ075)；陕西省教育科学"十四五"规划项目 (SGH21Y0238)；商洛学院教育教学改革课程思政专项（21jyjxs106）；商洛学院创新创业教育课程思政教育研究中心 (21JXYJ03)

[2] 作者介绍：袁训锋，1984年生，男，湖北神农架人，博士，副教授，主要从事教育教学改革与实践研究
樊腾飞，2001年生，男，陕西咸阳人，本科，主要从事中学物理改革研究
刘宝盈，1967年生，男，陕西洛南人，博士，三级教授，主要从事教育管理研究

为教师进行物理教学方法选择提供参考。

二、构建主义理论与软件介绍

(一) 构建主义理论

构建主义源于皮亚杰，它最初是为改善教育而提出来的。科尔伯格、卡茨等以皮亚杰为基本思想，对其进行了深入的探讨，从而进一步发展了其理论。这些学说得到了广泛的认同，虚拟仿真实验在物理教学中有重要借鉴意义。

构建主义的教学理念并非将教材中的内容一股脑儿地灌入课堂中，让他们在被动的情况下接受新的知识，而在于让他们深入地了解到知识的内在构造，将所学到的新的东西和原来的东西相融合。课堂上对新的知识进行提炼、加工，最终形成语义结构，获取新的信息。它的演变路径有两种：顺从与吸收。建构派知识主义相信知识并非客观的事物，它只是学习的经验和假设，知识并非以实体的形态出现，在学习的进程中，学习者的性格、学习方式、学习环境都不尽相同。因此，学习的人也会根据知识的假设构建新的知识系统。从建构论的角度讲，知识是一种完全由个人决定的、虚拟的主观事物。

(二) Algodoo 软件介绍

所谓的"虚拟现实"，就是所谓的"VR"，它是二十多年前才出现的一种新兴技术，基本思想是通过虚拟系统来模拟出真正系统。在《虚拟现实技术（第二版）》中，有对"虚拟模拟"的界定："它是一个高级的、具有视觉、味觉、听觉等多个感知渠道的高级界面。"随着时间的推移，除了科学实验和数学推理之外，虚拟仿真技术能够给师生提供虚拟而逼真的感受。

Algodoo 是一款非常受欢迎的仿真 App，可以把抽象的实验实体化，以直观的方式展现给学生，让其能够更好地了解物理学的基本原理，快速熟悉教学内容，建立系统化的关系，有助于在学习中充分发挥学生的主体性。相对来说，可以创造一个多元化创新教学方式，它不仅能够体现教师的示范作用，还能够解释各种物理学的现象和法则，有助于培养学生的独立思考的能力。

三、Algodoo 在 "牛顿第一定律" 教学中的应用

(一) 教学目标及课堂演示实验

牛顿第一定律是整个力学中最经典的知识，也是初中物理的重点。教学目标为：
(1) 伽利略理想实验；
(2) 理解惯性的概念；
(3) 掌握牛顿第一定律的内容；
(4) 理解力是改变物体运动状态的原因；
(5) 能用牛顿第一定律解释惯性现象。

在牛顿第一定律学习过程中，探讨构建牛顿定理的思想历程，有助于学生打破思考的壁垒。亚里士多德通过对日常的观察和对人生的体验，得出了这样的结论：用力推动小车，小车会向前行驶，但当他松开手时，就停止推动，汽车会停下。停在原地的单车要踩着它的

脚踏，车子就会启动，而当它不能再给它施加压力时，它就会最终停下。亚里士多德的看法在2000多年以前就主宰了人类的思维，伽利略在300多年以前提出过：动力并不能保持物体的移动，而它的移动不一定要借助外力。连亚里士多德这种大哲学家都会犯这种错误。

在实验过程中，教师可以在课堂上进行模拟试验，使学生尽快掌握所学知识，实验教学内容如图1所示。

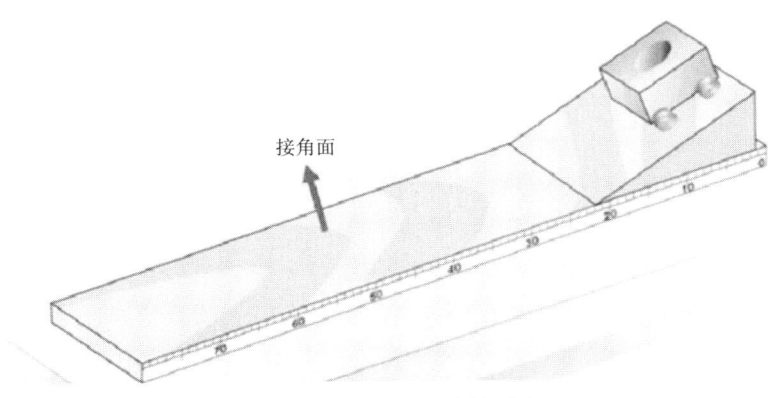

图1 阻力对小车运动的影响

实际应用中使用替代介面物质来探讨阻力对目标的移动的作用，了解牛顿定律所建构的思想历程，如表1所示。从试验数据可知，接触表面为棉布时，汽车所承受的阻力最大，其移动距离最短为32 cm，而在接触表面为玻璃板时，其移动距离最远为53 cm。也就是说，同样的车速下，小车所承受的压力较大，其移动距离较短；减少了的阻力，汽车的移动距离就变得更远。所以，如果汽车承受了阻力，汽车的移动范围会发生怎样的改变？这种方法是不可能通过真实的试验来进行的，毕竟没有一个无限平滑的平面。老师可以把三个试验的结论和结论推广开来，让他们把表面变成一个无限平滑的平面，这样，就能让他们明白，在没有任何阻力的情况下，接触表面是一个无限平滑的曲面。推车会一直在移动，但它需要思维能力、分析能力、推理能力和想象力，如果没有足够的思维能力，根本不可能领悟出答案，所以思维就会停留在一个无限平滑的曲面上。车子会不停地移动，让人不能积极地去构造自己的知识和含义，也不能完全了解牛顿定律。

表1 小车在不同阻力影响下运动路程的不同

实验组	接触面材料	小车受到阻力	小车运动路程（cm）
1	玻璃板	最小	53
2	毛巾	大	39
3	棉布	最大	32

（二）探究步骤

1. 物理模型建构步骤

① "创建"选项框中点击""新建场景""，将"创建"作为"预设值"。

②在"方块"中点击"文字"按钮，画出一个中等大小的矩形，然后单击"圆形"按钮，画出一个圈。

③在矩形上按下鼠标右键，按下"构造实体"按钮，然后按"切割"按钮，把圆形去掉，就可以得到一个平面了。

④选择"文字"按钮，画出一个矩形，把矩形放在曲线的最下面，然后在矩形上按一下。单击"构建固态几何"，然后单击"切割"，删除位于曲线的底部的矩形，并删除剩余的矩形，从而得到一个倾斜，如图2所示。

⑤点击"切割工具"，把图表分成两段，如图3所示。

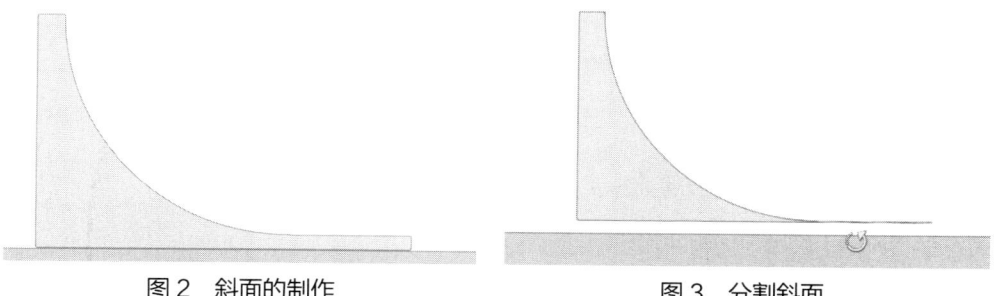

图2　斜面的制作　　　　　图3　分割斜面

⑥将5条完全相同的坡道复制、粘贴，按下切割后的矩形界面，单击"材质"，按下相应的摩擦系数设定为相应的数值，也就是说，汽车所承受的摩擦系数是不相同的，将接触表面的摩擦设定为0，也就是一个无穷平滑的接触表面。

⑦制造一辆汽车，将5个同样的汽车复印、粘贴，放在同一水平的坡道上，这样当汽车通过F点时，具有同样的车速，如图4所示。

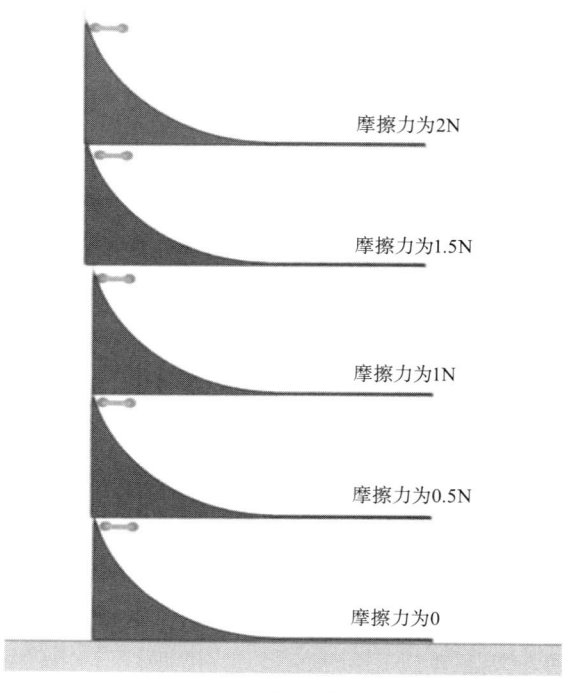

图4　物理模型

2. 接触面摩擦力对小车运动影响的探究

模拟控制列中,点击"启动或暂停拟真动作"按钮,开始对小车在斜面上放置的位置相同时,其阻力对小车运动影响的虚拟仿真实验的探究,实验结果如图 5 所示。

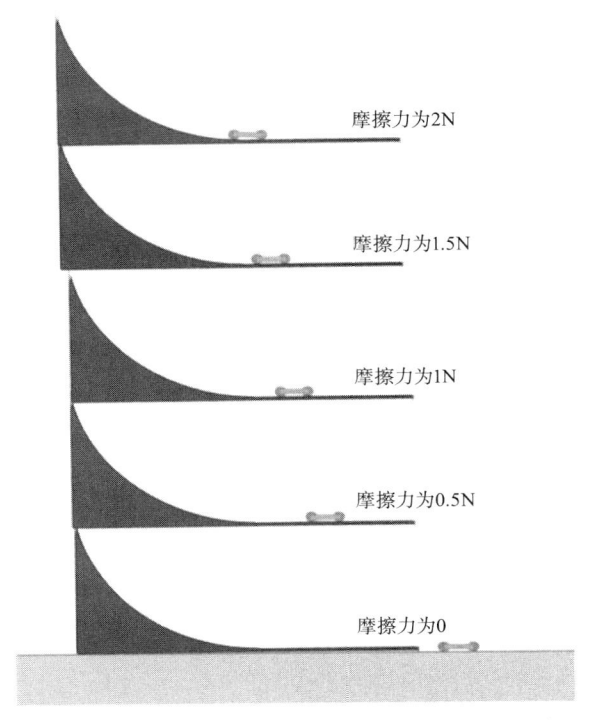

图 5　探究接触面摩擦力大小对小车运动路程影响

从图 5 中可以看出,如果汽车在倾斜面上的位置是一样的,也就是车辆在 F 处的车速是一样的,那么接触表面的摩擦就会减小,汽车的移动距离也会变得更大;接触表面摩擦阻力逐渐降低,由 2 N 下降至 0.5 N,汽车沿接触表面移动距离逐渐增加。接触表面摩擦值为 0 时,汽车继续向前移动,而不会停下,使学生意识到,汽车的车速是一样的;当接触表面摩擦为 0,也就是无穷平滑时,汽车将继续移动,也就是说,不依靠任何外力来保持其移动。

通过使用测量仪器准确地测定接触表面摩擦时的不同距离,得到的结果如下:表 2 中所列的实验结果,绘制散点图,并对实验结果进行量化的解析,最后得到实验结论并理解实验结论。

表 2　接触面摩擦力和小车运动的路程关系

实验数据					
接触面摩擦力(N)	2	1.5	1	0.5	0
小车运动路程(m)	1.5	3.3	3.5	9.4	无穷大

根据表 2 中的数据,可绘制出接触面摩擦力大小与小车在接触面上运动路程关系的散

点图，如图 6 所示。从图 6 中可以看出，随着接触表面摩擦系数由 2 N 下降至 0.5 N，汽车沿接触表面移动距离由 1.5 m 增加至 9.4 m，折线由右侧至左侧显示为上升的方向，并继续向上移动，由此可知，车辆在倾斜方向上的位置是一致的；由于接触表面摩擦较少，汽车沿接触表面的移动距离也较大，因此可以推断出，如果接触表面的摩擦为 0，则汽车在接触表面上的移动距离是无穷大，因此，汽车就会继续在接触表面上移动，而不会停下来。老师可以引导同学们对上述的图形资料进行细致的剖析，最后引导同学加深理解，理解不在于保持物体的移动，而在于改变其移动的状况。

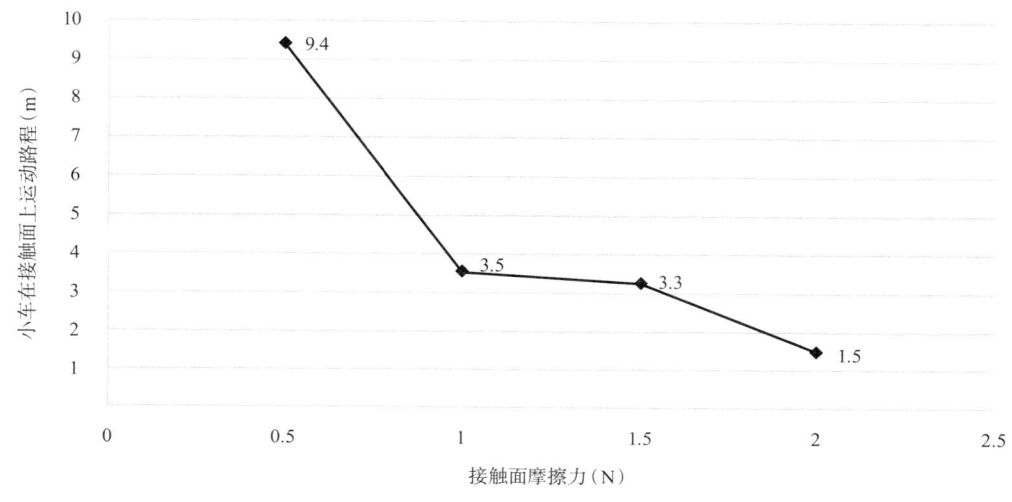

图 6 小车运动路程与接触面摩擦力关系

3. 小车在斜面上放置不同高度对小车运动路程影响的探究

选取三个对照实验组进行下一阶段的模拟试验，将三个对照组的接触表面摩擦值均设定为 0，也就是说，在整个移动中，每个汽车所承受的阻力均为 0。然后把三个小车放在不同的坡度上，这样每个小车通过 F 点时的车速就会有所不同，如图 7 所示。

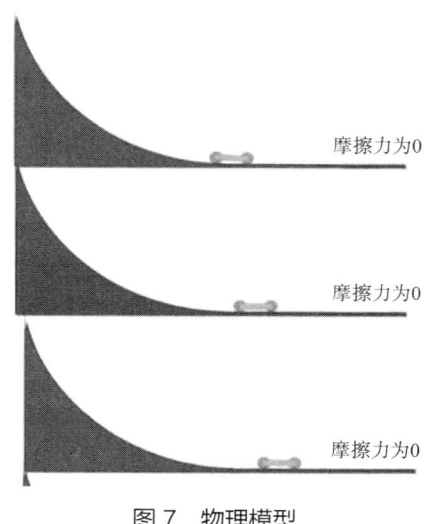

图 7 物理模型

为了方便学生后续的观察与探究，右键点击小车，选择"显示图表"功能，随着接触表面摩擦系数由 2 N 下降至 0.5 N，汽车沿接触表面移动距离由 1.5 m 增加至 9.4 m，折线由右侧至左侧显示为上升的方向，并继续向上移动，由此可知，车辆在倾斜方向上的位置是一致的；由于接触表面摩擦较力少，汽车沿接触表面的移动距离也较大，因此可以推断出，如果接触表面的摩擦力为 0，则汽车在接触表面上的移动距离是无穷大的，因此，汽车就会继续在接触表面上移动，而不会停下来。老师能引导同学们对上述图形资料进行细致的剖析，最后引导同学加深理解，理解不在于保持物体的移动，而在于改变其移动的状况。

A、B、C 三个车速 – 时刻图片，与图中三个汽车的移动相一致。A、B 和 C 的线段都是一条无限长的线，这意味着汽车的所有动作都会成为一条直线。通过对滑鼠在图表中线段上的各个点的特定参数进行观察和分析，并把滑鼠的滑块移至线的起点，来考察汽车所承受的压力是否相等以及小车在斜面上不同位置对小车运动路程的影响，如图 8 所示。

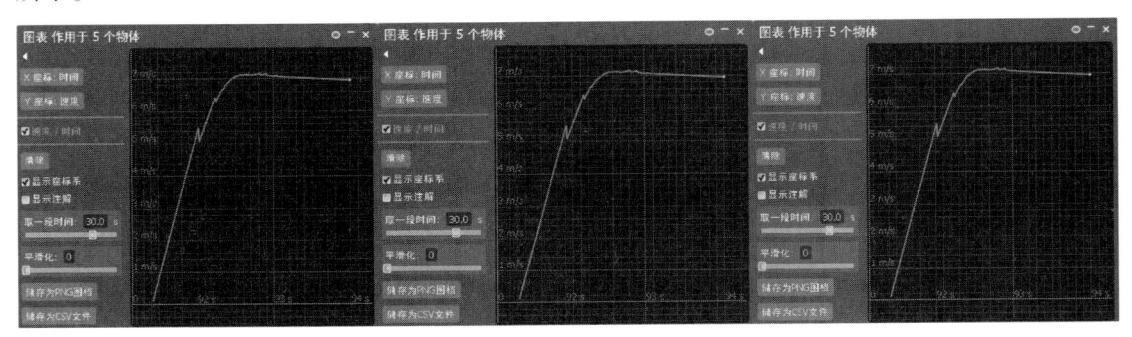

图 8　A、B、C 三小车速度随时间变化

A 图中的线段变成条线的起始点 Ha 的最小车辆速度是 5.307 m/s，最小车辆的移动速率是 5.307 m/s，所述的车辆将继续以恒定的速度以直线移动；B 图中线变成了直线，Hb 汽车的移动速率是 4.509 m/s，而 B 汽车在移动到匀速的状态下速度为 4.509 m/s，而小汽车将继续以恒定的速度做直线移动；C 图的线段成为一条线的起点 Hc 车的移动速率是 3.785 m/s，C 型汽车在移动到速度为 3.785 m/s 时，小汽车将继续以恒定的速度做直线移动。老师可以引导同学们对上述资料进行解析，让同学了解，当车子承受同样的压力时，车子在倾斜面上的位置就会发生变化，也就是车子在 F 处的流速会有差异，从而使车子的移动状况变成均匀的线性移动时的转速。a 小车位于倾斜方向上，通过 F 点时，车速大，相应的车辆移动状况变成匀速、直线移动时，车速最快。C 型车位于倾斜面上，通过 F 点时的转速相对较小，当移动状况变成均匀的线性移动时，车速最慢。老师通过对上述资料的分析和整理，让同学了解如何在不受到外力的情况下，做一条匀速的直线移动，并能维持其移动的姿态，而当不受到外力时，物体作均匀的线性移动，其速度的幅度与其开始时的动作状况相关。

4. 小车质量对运动路程影响的探究

在平时的学习过程中，通过听、看和感受，学生们会产生一种观念，即质量不一样的汽车放在同一水平的坡道上，重量较轻的汽车则要比重量较大的汽车行驶距离更远；这个猜测是不是真的，需要做一些试验来证明。按下推车键，选取"材质"，把 A 推车的材料设定成"钢铁"，B 推车的材料设定成"木头"，让两辆车的重量差距很大，然后设定接触表面的参数，如图 9 所示。

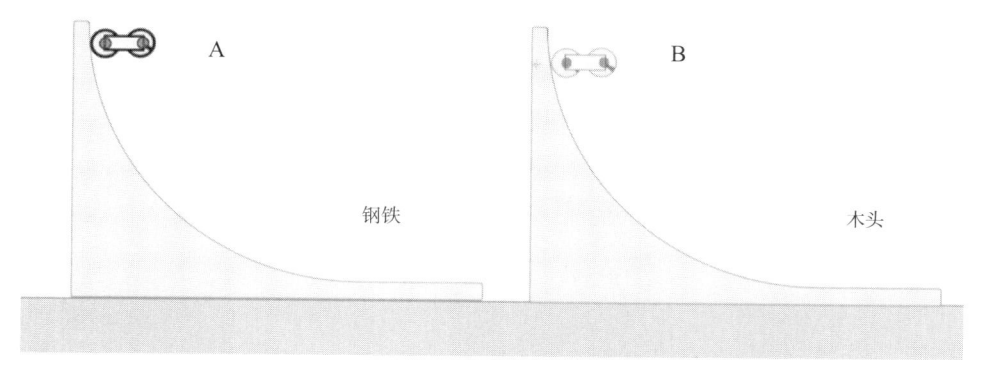

图 9　探究小车质量不同对小车运动路程影响的模型

教师和学生共同探讨当小车与斜坡接触面摩擦力为零时，a、b 两小车运动路程的大小，如图 10 所示。从图中可以看出，a、b 两台小车从斜坡相同的地方开始运动，当接触面上的摩擦力为 0 时，汽车就会继续沿接触面运动而不会停止；对应的交通工具的时间－速度关系曲线 A 与 B 将趋于一条无限长线，即 A、B 小车在接触面上沿一条不变的直线运动，这与牛顿定律是一致的。

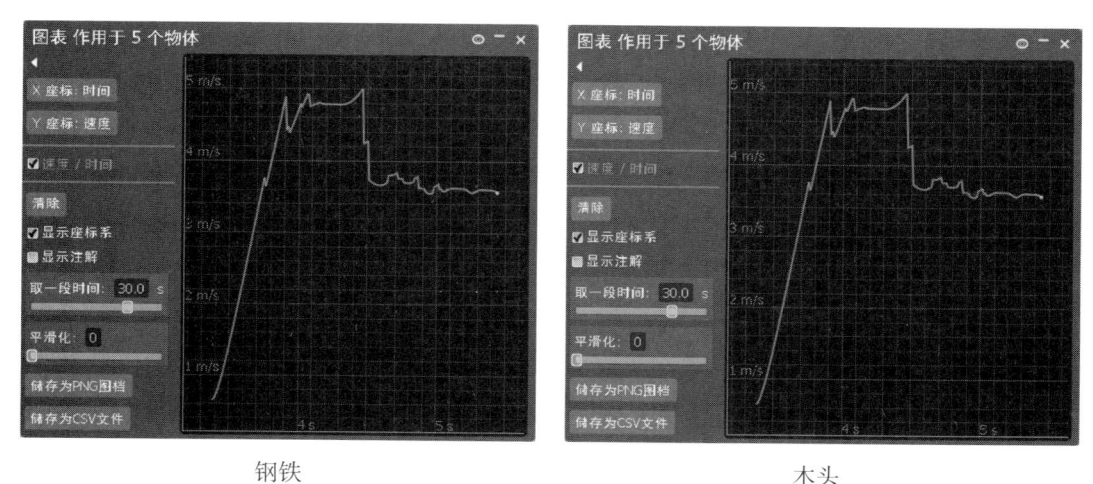

图 10　小车质量对于运动路程影响探究的实验过程

由上述结果可知，在接触表面摩擦力为 0 的情况下，车辆的重量对车辆的行驶距离没有任何的作用，这是由于无论车辆的重量如何，在接触表面的摩擦力是 0 情况下；汽车的移动距离是无穷大的，汽车的移动是按照牛顿第一定律进行。这个实验结果和同学们的思维正好相反，于是就有了这个问题：那么每天看到的现象汽车的移动有什么样的效果，同学们提出了问题。单击界面，选取"材质"，设置接触表面摩擦系数 u，如图 11 所示。

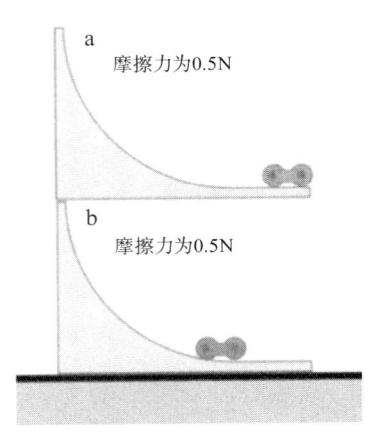

图 11　小车质量对于运动路程影响探究的实验结果

从图中可以看出，a、b 小车从倾斜的同一位置起移动，接触表面摩擦为 0.5 N 时，移动距离小于 b 移动距离，由上述的结果可知，接触表面有摩擦时，车辆的重量则会对车辆的行驶距离产生一定的作用；小型汽车在接触表面上的移动距离较大，其结果与学生的设想是一致的。通过上述两项比较探索性的试验，可以使学生明白，只要接触表面有摩擦，就能使他们的观点正确，并能指导他们形成严密的物理学思考方式；建立一种严格的物理学语言，这是进行物理研究的先决条件。

四、结论

学生们从生活中获得的一些错误观念，在他们的头脑中形成了一种深刻的印象，不容易被老师用语言说服，而要说服他们，就必须亲眼所见进行实验演示。通过 Algodoo 的动画示范，使学生能够更直观、生动地理解物理概念，并积极地构建物理知识的含义。利用 Algodoo 的三个模拟探索试验，使老师们能够更好地改变这种误解，使学生能够更好地了解牛顿第一定律的物理学含义，了解牛顿定律的科学推导；使同学们更加熟悉和理解物理学的思想方法，达到学以致用的目的，并使他们掌握严格的物理学语言，从而能够得到全面发展。

参考文献

[1] 陈蓉. 虚拟仿真软件在中学物理教学中的应用研究 [D]. 昆明：云南师范大学，2020.

[2] 黄秋瑛. Algodoo 软件在教学中的应用 [J]. 中学物理，2011,29(8):5-6.

[3] 徐丹. 基于交互式电子白板的初中物理课堂教学设计与实践 [D]. 呼和浩特：内蒙古师范大学，2016.

[4] 祝玉亮. 基于 Hlash 的高中物理仿真实验的设计与实现 [D]. 青岛：山东师范大学，2011.

[5] 刘科. 仿真物理实验室在高中物理教学中的有效应用策略研究 [D]. 成都：四川师范大学，2012.

中学物理教师信息化教学能力影响因素探究

杨小锋，赵靖宇

摘要：教育信息化2.0时代，信息技术作为教育变革的内生变量，信息技术与课程融合是互联网＋教育改革的主要目标，教师作为技术与课程整合的实践行为主体，其信息化教学能力将关系到这二者之间能否成功地实现整合。探索制约和影响教师信息化教学能力的关键因素，是制定教师信息技术能力与水平提升策略的基础工作，现有研究从不同视角提出了多个影响因素分析，但缺乏对影响因素的实证分析。基于此，研究以S省的206名物理教师为研究对象，重点从信息技术素养、信息化教学计划能力、信息化教学组织能力、信息化教学评价能力和信息化教学发展能力五个方面，采用调查研究的方法，旨在分析影响教师信息化教学能力的关键因素。研究发现，男女教师在信息化教学能力未表现显著差异，教师自身信息化教学态度对于教师信息化教学能力各维度均具有显著影响。学校信息化设备完善度正向预测物理教师信息化计划能力，领导重视度影响物理教师信息化组织能力，数字资源丰富度正向预测物理教师信息化教学态度与信息化计划能力。研究所提出的有效提升中学物理教师信息化教学能力的策略，能够为中等学校开展教师信息化教学能力提升提供实践和理论依据。

关键词：中学物理教师；信息化教学能力；影响因素

随着我国经济的快速发展，信息技术与教育的融合已逐渐成为未来教育发展的必然趋势，信息技术与课程整合已是物理教师不可或缺的专业能力，信息技术对于传统课堂学生学习的弊端具有明显的改善作用，并能够进一步提高课堂教学的整体质量，而教师的信息化教学能力是整合能否成功的首要门槛，将直接影响课堂信息化教学质量与效果。物理教学具有实践性，通过传统教学手段，学生往往存在难以将所学习到的知识加以运用到日常生活中的问题，而通过信息技术的方式，物理教师在讲解知识时可以更加直观地将教学内容展现在学生的面前，深度挖掘学生的实践能力以及创新能力。同时，因为物理实验具有一定的实效性，部分实验现象会转瞬即逝，这时就需要信息技术的介入，有效的信息技术手段使学生加深对实验现象的有效观察和深入理解，这对于物理教师的信息化教学水平要求较高。已有研究主要针对教师信息化教学能力如何为学生创设真实的学习情境和丰富教学资源，但对影响因素持有不同观点，而且所获结果仅能更好地改正研究所在区域。基于此，对物理教师信息化教学能力的影响因素更应进行深度分析，以期望能够得出提高物理教师信息化教学能力的策略。

一、研究设计

（一）问卷调查法

问卷法是研究者把要研究的主题分为详细的纲目，拟成简明易答的一系列问题，编制成标准化的问卷，然后根据收回的答案进行统计处理，得出结论的方法。作者通过前期文献研究初步确定教师信息化教学能力的影响因素，并以 S 省物理教师为对象进行调查，获得相应数据，为分析教师信息化教学能力现状和影响因素提供支持，明确影响中学物理教师信息化教学能力的各维度，按照维度设计问卷。问卷共 30 题，在 S 省通过问卷星发布，采用匿名方式填报。

（二）量表设计

研究的测量问卷共有四部分：第一部分是人口学统计特征调查，包括教师性别、年龄和教龄；第二部分是信息化环境，包括学校所处的位置、学校信息化设备、学校领导重视度和数字资源丰富度；第三部分是教师信息化教学态度，包括使用计算机备课，使用计算机教学，使用信息化教学后的效果，使用信息化教学的自我感觉和信息化教学的有效性；第四部分是教师自身的信息化教学能力五维度的调查，见表1。

期望从这四部分入手，能够对于教师的信息化教学能力影响因素有合理的分析与展望。为使调查结果更加准确，具有更高的信度，问卷采用李克特（Likert）五点量表，1 为不符合，2 为基本不符合，3 为不确定，4 为基本符合，5 为非常符合。

表 1　信息化教学能力五维度介绍

维度	定义	题数	题项列举
信息技术素养能力	理解信息技术，熟练使用信息设备，熟练应用信息技术的能力	3	熟练使用信息化教学设施；熟练使用信息化软件；会制作物理课件
信息化教学计划能力	选择恰当的教学方法，合理选择技术资源、恰当的信息技术教学的能力	4	会运用信息化手段展开教学；根据学生学习目标使用不同的信息化技术；会根据物理内容的差异性使用恰当的信息化技术
信息化教学组织能力	信息化教学中，有效调整课堂进展，灵活处置技术故障引起的意外状况的能力	4	在教学中保持学生注意力；能得到教学反馈；调整教学过程；会加工教学素材，制作课件
信息化教学评价能力	根据学习目标实施信息化教学评价，使用信息技术工具开展测验、练习的能力	3	构建交流群布置作业；运用信息化软件组织线上测试；会引导学习微课视频
信息化教学发展能力	积极参与技术支持的专业发展活动，熟练掌握专业发展的方法的能力	3	经常参加信息化教学培训；参加的动因；最希望得到的信息化培训内容

(三) 数据收集

研究随机抽取 S 省不同经济发展水平的地区的中学物理教师参加调查，覆盖 XA（高经济发展水平），YL、BJ、YA（中等经济发展水平），SL（省内较低发展水平）。受疫情影响，此次调查采用线上问卷的方式进行，使用问卷星软件发布。回收问卷 212 份，对所有调查数据中全部选择一项的问卷进行排除，排除无效问卷 6 份，剩余有效问卷 206 份，问卷有效率 97.17%。对问卷结果进行初步统计，发现中学物理教师年龄主要分布在 30~49 岁这一阶段，占比 60.68%。教师教龄主要集中在 5~15 年这一区间，占比 65.05%。城市教师占比 41.26%；乡镇教师占比 39.32%；农村教师占比 19.42%，见表 2。

表 2 人口学统计信息

	性别		年龄		教龄		学校位置	
频次	男	125	20~29 岁	61	5 年以下	34	城市	85
			30~39 岁	85	5~10 年	62	乡镇	81
	女	81	40~49 岁	40	10~15 年	72	农村	40
			50 岁以上	20	15 年以上	38	—	—

(四) 数据质量

运用 SPSS22.0 对问卷的信效度进行检验。本问卷各分维度的信度系数都大于 0.80，问卷内部一致性系数达到了 0.904，说明本问卷信度较高，具有可接受的内部一致性，结果见表 3。

表 3 信度统计表

维度	Cronbach's Alpha
学校信息化环境	0.935
教师信息化教学态度	0.953
信息技术素养能力	0.942
信息化教学计划能力	0.926
信息化教学组织能力	0.933
信息化教学评价能力	0.803
信息化教学发展能力	0.837
总体	0.904

效度分析最好的方法是采用因子分析的方法，借助了 SPSS22.0 通过因子分析得到表 4，发现其整体的 KMO 值为 0.969（Sig = 0.000），说明问卷具有良好的效度。问卷通过 SPSS 信效度检验，符合 SPSS 进行数据处理的前提。

表 4 效度检验图

KMO 与 Bartlett 检验		
Kaiser-Meyer-Olkin 测量取样适当性		0.969
Bartlett 的球形鉴定	卡方	6742.963
	dF	276
	显著性	0.000

二、因素分析与模型构建

(一) 影响因素

1. 性别、年龄、教龄、学校位置

根据回收问卷,统计数据进行独立样本 t 检验与方差分析,考查教师的性别、年龄、教龄、学校位置对物理教师信息化教学能力的影响,结果见表5。

表 5 人口学独立 t 检验与方差分析

因素		素养能力 M(SD)	计划能力 M(SD)	组织能力 M(SD)	评价能力 M(SD)	发展能力 M(SD)
性别	男	3.82(1.16)	3.89(0.97)	3.84(1.03)	3.56(1.07)	3.68(1.22)
	女	3.73(1.23)	3.84(1.17)	3.79(1.08)	3.49(1.18)	3.60(1.17)
年龄	20~29 岁	3.87(1.01)	3.81(0.96)	3.90(1.05)	3.59(1.03)	3.45(1.39)
	30~39 岁	3.71(1.19)	3.83(1.07)	3.75(1.06)	3.51(1.18)	3.79(1.31)
	40~49 岁	3.52(1.34)	3.62(1.04)	3.60(0.97)	3.48(1.20)	3.28(1.26)
	50 岁以上	3.08(1.34)	3.28(1.18)	3.14(1.24)	3.12(0.91)	3.19(1.07)
教龄	5 年以下	3.95(1.06)	3.90(0.99)	3.98(1.08)	3.62(1.09)	3.41(1.29)
	5~10 年	3.82(1.23)	3.81(1.20)	3.79(1.15)	3.59(1.19)	3.84(1.19)
	10~15 年	3.26(1.13)	3.60(0.95)	3.38(0.97)	3.32(1.08)	3.39(1.18)
	15 年以上	3.15(1.32)	3.42(1.07)	2.24(1.06)	3.12(1.02)	3.41(1.11)
学校	城市	4.25(0.90)	4.38(0.48)	4.26(0.63)	4.28(0.67)	4.27(0.77)
	乡镇	3.98(0.97)	3.98(0.51)	3.96(0.55)	3.98(0.89)	3.98(0.91)
	农村	3.88(0.81)	3.78(0.83)	3.89(0.75)	3.70(0.96)	3.96(1.12)

从表中不难发现,男女教师在信息化教学能力虽未表现显著差异,但男教师的各维度均值略高于女教师,在信息化素养能力这一方面尤为突出,这可能是男性相比于女性对信息技术新的发展更加适应,但在信息化教学能力这一方面影响甚小,男性教师更注重技

术本身，而女性教师则更注重信息技术在教学中的应用，因此，他们在信息化教学信念及教学实际应用能力中没有表现出明显差异，这与李毅（2017）等人的研究结果一致。

从年龄和教龄方面来看，教师在信息化素养能力、信息化教学计划能力、信息化教学组织能力、信息化教学评价能力上存在显著差异。20～29岁教师的各维度均值显著高于50岁以上教师，30～39岁教师和40～49岁教师各维度均值差异微小。杨小锋（2016）研究提出，"中年教师过分地摒弃多媒体教学，青年教师过分地依赖多媒体教学"是当代信息化教学发展的阶段现象。正因如此，青年教师在信息化教学上有更多的操作机会和实践基础，信息技术的学习程度、信息技术水平略高于中年教师。需要特别说明的是，得力于终生学习理念的普及和政府针对教师的信息化教学培训，在信息化发展能力上，青年教师均值与中年教师均值无显著差异。从教龄上看，15年以上的老教师在信息化教学能力各维度的自我评价均值略低于15年以下教师，是因为教龄越长的教师越会受到自身教学经验的局限和自身年龄的困扰。随着教龄的增长，年长教师对于信息化教学的认知与理解更加注重教学任务，加之自身技术掌握水平和能力有限，影响了年长教师的信息化教学能力，而这种影响更加受自身的局限，所以信息化教学能力的水平略低于教龄15年以下的教师。

从学校位置看，城市学校中学物理教师在各维度均值上略高于乡镇中学物理教师和农村中学物理教师，乡镇中学物理教师和农村中学物理教师各维度均值相差不大，尤其是信息化教学计划能力这一维度，城市中学物理教师得分均值明显高于乡镇中学物理、农村中学物理教师，原因是乡镇及农村学校对于中学物理教师进行信息化教学的支持不如城市学校那么直接明显，乡镇及农村教师对于信息化教学积极性不高。来自学校的评估和鼓励制度明显地对中学物理教师的信息化教学能力可以产生影响作用，乡镇及农村学校对于物理教学信息化评估和鼓励机制可能不如城市学校那么完善。对于农村地区，在"农远"工程的指导下，农村中小学信息化教学虽然得到了一定的发展，但是与城市学校相比农村学校在管理意识、制度建设上还存在很多问题。同时，城市学校与乡镇学校的信息化设备也存在一定的差距，信息化设备的完善程度一定程度上制约着物理教师信息化教学能力的发展与提高。在硬件设施方面，中小学校的信息化教学受到了国家的大力支持，学校的硬件设施设备有了一定发展，但城乡之间仍然存在差距。这一差距影响了物理教师的信息化教学能力，阻碍了物理教师信息化计划、组织能力的发展。物理教师在进行教学时，由于信息化设备的不完善，对于物理课堂的想法不能得到全面的发挥，影响了物理教师信息化教学的态度。

2. 教师信息化教学态度

有关教师信息化教学态度对于教师信息化教学水平各维度是否有显著影响，研究采用SPSS中的单因素方差分析（ANOVA）进行，结果见表6。从表中不难发现，物理教师自身信息化态度对于物理教师信息化教学能力的各维度均具有显著影响。ANOVA值见表7。

表6 教师信息化教学态度单因素方差分析

	Levene 统计资料	dF_1	dF_2	P
素养	1.259	14	84	0.324
计划	1.042	14	84	0.268

续表

	Levene 统计资料	dF_1	dF_2	P
组织	1.143	14	84	0.294
评价	1.112	14	84	0.286
发展	1.182	14	84	0.304

表 7　教师信息化教学态度 ANOVA 值

		平方和	dF	平均值平方	F	P
素养	群组之间	156.870	17	8.715	41.220	0.000
计划	群组之间	137.004	17	7.611	49.793	0.000
组织	群组之间	135.613	17	7.534	48.581	0.000
评价	群组之间	139.191	17	7.733	21.177	0.000
发展	群组之间	118.162	17	6.565	10.653	0.000

教师对信息化教学持积极态度下，教师信息化素养能力和信息化发展能力受到显著影响。教师信息化态度均值越高，信息化教学水平越好。教师的信息化教学态度是教师发展信息化教学能力的前提与基础，只有教师认识到使用信息技术在教学中的优势和重要性，才能在教师培训和教学日常中主动获取信息化教学知识与技能，并在实践与应用中不断探索。所以，物理教师对于信息化教学的态度成为影响物理教师发展和使用信息化教学能力的主要影响因素。

3. 信息化设备完善度

针对学校的信息化设备（如教室是否配备电脑；教室多媒体是否可以上网）是否对教师的信息化能力产生显著影响，进行单因素方差分析（ANOVA），结果见表 8。

表 8　信息化设备单因素方差分析

	Levene 统计资料	dF_1	dF_2	P
态度	3.936	4	201	0.005
素养	3.379	4	201	0.012
计划	1.619	4	201	0.176
组织	2.815	4	201	0.029
评价	3.169	4	201	0.017
发展	3.384	4	201	0.004

从表 8 中可以看出，学校信息化设备完善程度对于物理教师信息化态度，物理教师信息化素养、组织、评价、发展能力无显著影响，对于物理教师信息化计划能力有显著影响

（$P = 0.176>0.05$）。针对教师信息化教学计划能力采用 LSD 事后检验，明确学校信息化设备是如何影响物理教师信息化教学计划能力的，结果见表 9。

学校信息化设备完善情况对物理教师信息化计划能力呈现正面影响，信息化设备越完善，物理教师信息化计划能力越高。信息化设备完善程度对于物理教师使用信息技术教学是外在推动力，物理教师信息技术的使用受制于信息化设备的丰富程度，物理教师充分的想象力受到信息化设备完善程度的制约。另外，没有足够的基础设施、信息化设备来支持物理教师进行信息化教学，物理教师进行信息化教学的机会就会相对应减少，物理教师进行信息化教学能力的实践操作同样也会减少，时间长久下去，物理教师的信息化教学积极性就会下降，这在一定程度上会阻碍物理教师信息化教学能力的发展。

表 9　信息化设备 LSD 事后检验

因变量		(I) 信息化设备	(J) 信息化设备	平均值差异 (I−J)	95% 信赖区间	
					下限	上限
计划	LSD	1	2	−0.301	−0.84	0.24
			3	−1.651***	−2.20	−1.10
			4	−1.971***	−2.41	−1.53
			5	−2.717***	−3.15	−2.29
		2	1	0.301	−0.24	0.84
			3	−1.350***	−1.92	−0.78
			4	−1.671***	−2.14	−1.20
			5	−2.417***	−2.87	−1.96
		3	1	1.651	1.10	2.20
			2	1.350	0.78	1.92
			4	−0.320	−0.80	0.16
			5	−1.066***	−1.54	−0.60
		4	1	1.971	1.53	2.41
			2	1.671	1.20	2.14
			3	0.320	−0.16	0.80
			5	−0.746	−1.08	−0.41
		5	1	2.717	2.29	3.15
			2	2.417	1.96	2.87
			3	1.066	0.60	1.54
			4	0.746***	0.41	1.08

注：*** 平均值差异在 0.05 层级显著。

4.学校领导重视度

学校领导重视程度对于物理教师的信息化教学能力的影响大吗？影响显著吗？针对这一问题，问卷也有涉及，对数据进行分析，结果见表10。

表10 领导重视度单因素方差分析

	Levene 统计资料	dF_1	dF_2	P
态度	4.990	4	201	0.001
素养	8.514	4	201	0.000
计划	4.929	4	201	0.001
组织	1.891	4	201	0.118
评价	3.069	4	201	0.020
发展	3.402	4	201	0.012

从表10中可以看出，学校领导重视程度对于物理教师信息化态度、物理教师信息化素养、计划、评价、发展能力未呈现显著影响，对于物理教师信息化组织能力有显著影响（$P = 0.188>0.05$）。针对教师信息化组织能力采用 LSD 事后检验，明确学校领导重视程度是如何影响物理教师信息化计划能力的，结果见表11。

不难发现，学校领导越重视，物理教师信息化组织能力越高。如学校领导对教师的信息化教学能力关注度不高，对教师信息化设备使用程度不够关注，物理教师的信息化组织能力就会下降。领导虽然很重视各级、各类的信息化教学大赛，对参赛选手积极进行信息化教学培训和相关知识学习，但对一线教师的课堂教学中的信息化手段使用却不够重视，因此无法调动广大一线教师进行信息化课堂教学的积极性。

领导重视程度也成了影响物理教师信息化教学能力的因素之一。领导重视程度同时也会对教师的信息化教学态度产生一定影响，来自上级的关注与重视，促进教师信息化教学走进课堂，信息技术手段融入物理教学之中。同时，如若学校领导对于信息化教学很重视，那么整个学校的信息化教学氛围就会比较浓厚，这对于物理教师在实施信息化教学上是一种潜移默化的激励。

表11 领导重视度 LSD 事后检验

因变量		(I) 领导重视	(J) 领导重视	平均值差值 (I−J)	95% 信赖区间	
					下限	上限
组织	LSD	1	2	−1.058***	−1.47	−0.65
			3	−1.788***	−2.35	−1.22
			4	−2.530***	−2.93	−2.13
			5	−2.989***	−3.44	−2.54
		2	1	1.058	0.65	1.47

续表

因变量		(I) 领导重视	(J) 领导重视	平均值差值 (I−J)	95% 信赖区间	
					下限	上限
组织	LSD	2	3	−0.729***	−1.24	−0.22
			4	−1.471***	−1.80	−1.14
			5	−1.931***	−2.31	−1.55
		3	1	1.788	1.22	2.35
			2	0.729	0.22	1.24
			4	−0.742***	−1.25	−0.23
			5	−1.201***	−1.75	−0.65
		4	1	2.530	2.13	2.93
			2	1.471	1.14	1.80
			3	0.742	0.23	1.25
			5	−0.459***	−0.84	−0.08
		5	1	2.989	2.54	3.44
			2	1.931	1.55	2.31
			3	1.201	0.65	1.75
			4	0.459	0.08	0.84

注：*** 平均值差异在 0.05 层级显著。

5. 数字资源丰富度

学校的数字资源是物理教师进行信息化教学的根本基础，数字资源的丰富程度对物理教师的信息化教学能力到底是如何影响的，结果见表 12。

表 12　数字资源单因素方差分析

	Levene 统计资料	dF_1	dF_2	P
态度	1.939	4	201	0.121
素养	6.731	4	201	0.000
计划	1.826	4	201	0.114
组织	4.041	4	201	0.004
评价	5.218	4	201	0.001
发展	5.361	4	201	0.001

结果如表 12 所示，不难发现，学校数字资源对物理教师信息化素养、组织、评价、发展能力未呈现显著影响，对物理教师信息化态度有显著影响（$P = 0.121>0.05$），同时对教师信息化计划能力也产生了影响（$P = 0.114>0.05$）。针对教师信息化态度、信息化计划能力采用 LSD 事后检验，明确学校数字资源是如何影响物理教师信息化态度和计划能力的，结果见表 13。

学校数字资源对于物理教师信息化态度、信息化计划能力具有正面影响，学校数字资源越丰富，教师信息化态度、信息化计划能力得分均值越高。物理教学中，数字资源重要性不言而喻，丰富的数字资源能够帮助物理教师在实验教学中更具直观性。恰当有效的使用多媒体数字资源，还能有效地帮助物理教师创设情景，进行课堂练习，有效提升课堂教学效率。针对这一维度，考虑以下两个方面：一方面是多数物理教师对于数字资源的应用仅仅是课前备课、课堂学习，对于数字资源在信息化教学中的认识不够。在教学中，数字资源在信息化设备的支持下，在教学交互系统的帮助下，能很好地提升课堂教学的交互性。另一方面是多数物理教师数字资源的利用率不高，仅仅是上课的 PPT、对于简单实验的模拟等，未能深入的使用数字资源，如物理反转课堂，即教师根据课程要求，提前备好数字资源，发放给学生，学生根据自我学习效果，通过小组讨论的方式解决问题，学习知识。

表 13　数字资源 LSD 事后检验

因变量		(I) 数字资源	(J) 数字资源	平均值差值 (I−J)	95% 信赖区间	
					下限	上限
态度	LSD	1	2	−1.110***	−1.52	−0.70
			3	−1.904***	−2.37	−1.44
			4	−2.445***	−2.80	−2.09
			5	−3.145***	−3.55	−2.74
		2	1	1.110	0.70	1.52
			3	−0.794***	−1.25	−0.33
			4	−1.335***	−1.68	−0.99
			5	−2.035***	−2.43	−1.64
		3	1	1.904	1.44	2.37
			2	0.794	0.33	1.25
			4	−0.541***	−0.95	−0.13
			5	−1.241***	−1.70	−0.79
		4	1	2.445	2.09	2.80
			2	1.335	0.99	1.68
			3	0.541	0.13	0.95

续表

因变量		(I) 数字资源	(J) 数字资源	平均值差值 (I−J)	95% 信赖区间	
					下限	上限
态度	LSD	4	5	−0.700***	−1.04	−0.36
		5	1	3.145	2.74	3.55
			2	2.035	1.64	2.43
			3	1.241	0.79	1.70
			4	0.700	0.36	1.04
计划	LSD	1	2	−1.426***	−1.83	−1.02
			3	−1.707***	−2.17	−1.25
			4	−2.471***	−2.82	−2.12
			5	−3.293***	−3.69	−2.90
		2	1	1.426	1.02	1.83
			3	−0.282	−0.74	0.17
			4	−1.045***	−1.38	−0.71
			5	−1.868***	−2.26	−1.48
		3	1	1.707	1.25	2.17
			2	0.282	−0.17	0.74
			4	−0.764***	−1.17	−0.36
			5	−1.586***	−2.04	−1.14
		4	1	2.471	2.12	2.82
			2	1.045	0.71	1.38
			3	0.764	0.36	1.17
			5	−0.822***	−1.16	−0.49
		5	1	3.293	2.90	3.69
			2	1.868	1.48	2.26
			3	1.586	1.14	2.04
			4	0.822	0.49	1.16

注：*** 平均值差异在 0.05 层级显著。

(二)模型构建

针对上述影响因素的论证分析,研究拟构建物理教师信息化教学能力影响因素模型。选择皮尔逊相关做变量相关性分析,结果如表14所示。不难发现,各维度变量之间都存在正相关关系,其中学校信息化环境与教师信息化教学态度、信息化教学计划能力具有较强的正相关关系,教师信息化教学态度与教师信息化素养能力、信息化教学组织能力有较强的正相关关系,教师信息化素养能力与教师信息化教学计划能力、信息化教学组织能力有较强的正相关关系。教师信息化教学发展能力与教师信息化素养能力、信息化评价能力相关性较弱。为了构建物理教师信息化教学能力影响因素模型,研究试图以多重线性回归分析的方式进行,在关注各维度相关性的条件下,试图分析各维度对物理教师信息化教学能力的影响程度到底如何,结果见表15、表16。

表14 各维度相关性

		学校	态度	素养	计划	组织	评价	发展
学校	相关系数	1						
态度	相关系数	0.934**	1					
素养	相关系数	0.894**	0.937**	1				
计划	相关系数	0.914**	0.924**	0.922**	1			
组织	相关系数	0.903**	0.926**	0.911**	0.931**	1		
评价	相关系数	0.753**	0.776**	0.777**	0.783**	0.785**	1	
发展	相关系数	0.944**	0.932**	0.842**	0.741**	0.844**	0.866**	1

注:** 相关性在0.01层上显著(双尾),相关性显著($P<0.05$)。

表15 多重线性回归模型摘要表

模型	R	R^2	ΔR^2	SE	德宾-沃森
1	0.993ª	0.989	0.985	0.146	2.026
a.预测变量:常数,评价,学校,素养,组织,计划,态度					
b.因变量:信息化教学能力					

表16 多重线性回归系数表

模型		未标准化系数		标准化系数	t	P
		B	标准误	β		
1	常数	0.058	0.044	—	3.338	0.000
	学校	0.150	0.036	0.155	3.412	0.003

续表

模型		未标准化系数		标准化系数	t	P
		B	标准误	β		
1	态度	0.186	0.050	0.188	4.231	0.000
	素养	0.135	0.034	0.150	3.960	0.000
	计划	0.196	0.044	0.201	4.459	0.000
	组织	0.303	0.040	0.310	7.643	0.000
	评价	0.211	0.025	0.231	8.381	0.000

针对上述结果分析如下：

(1) 模型摘要表。

德宾沃森值为2.026，接近于2，说明样本独立性通过。回归模型的拟合度调整后$R^2=0.985$，拟合度较高，说明自变量能够解释因变量的98%，即物理教师的信息化教学能力受到学校信息化环境、信息化教学态度、信息技术素养能力、信息化教学计划能力、信息化教学组织能力、信息化教学评价能力的影响效果占到98%。

(2) 系数表。

各维度显著性均小于0.05，说明B值具有统计学意义，各维度对于物理教师信息化教学能力均为正相关关系。对以上结果进行分析，最终的多重线性回归方程可写为：物理教师信息化教学能力 = 0.058+0.150*学校+0.186*信息化教学态度+0.135*信息化教学素养能力+0.196*信息化教学计划能力+0.303*信息化教学组织能力+0.211*信息化教学评价能力。

(3) 结果可靠性检验。

以上仅仅是对回归运算结果的分析，这个结果是否可靠，是否具有可信度，还需对该结果进行诊断。

诊断1：线性回归要求自变量之间不存在多重共线性，结果见表17。

表17 共线性诊断

	容差	VIF
学校	0.173	9.635
态度	0.212	4.898
素养	0.200	5.988
计划	0.189	7.257
组织	0.201	5.513
评价	0.353	2.830

从表17中可以看出，各自变量（各维度）VIF值除信息化评价能力以及态度外均大于5，

小于10，各自变量之间有轻微的共线性，不存在显著的多重共线性，通过诊断1。

诊断2：线性回归要求残差服从正态分布，结果见图1。

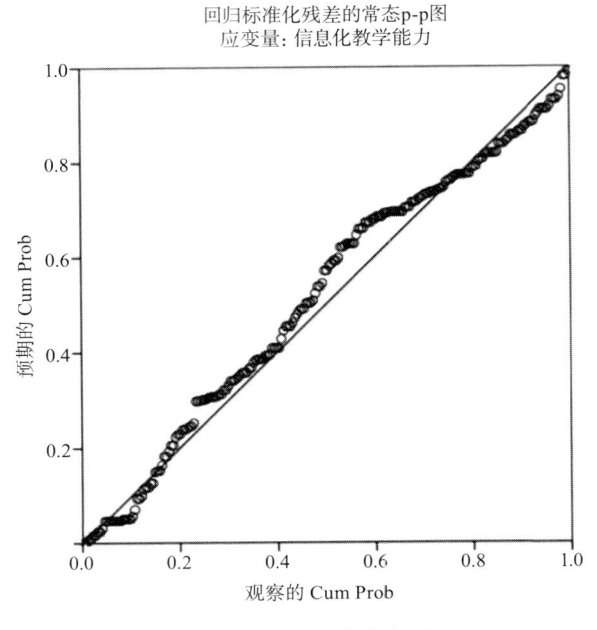

图1　残差正态分布图

不难发现，散点均位于直线两侧，残差服从正态分布，通过诊断2。

总结上述分析结果，研究绘制了如图2所示的物理教师信息化教学能力影响因素模型图。

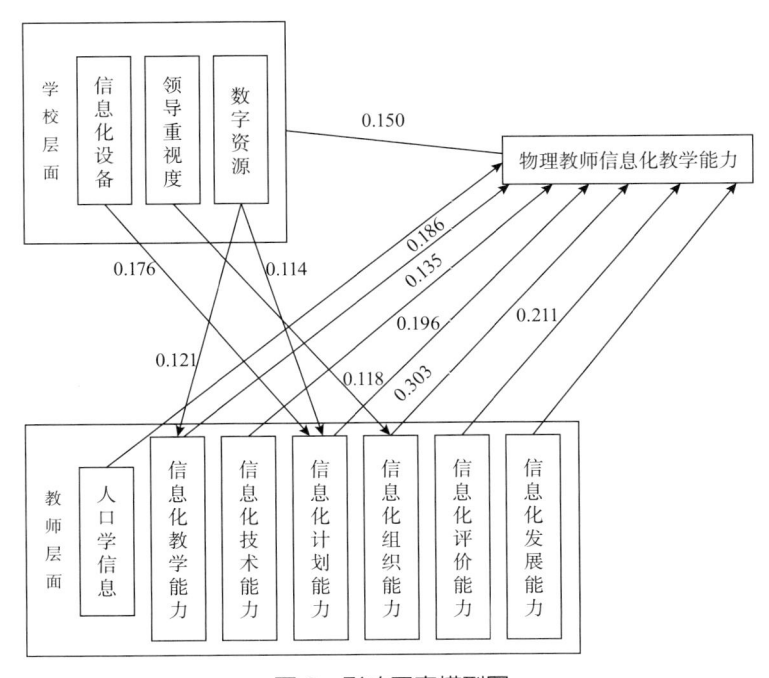

图2　影响因素模型图

三、提升策略

从上述研究分析不难发现，信息化环境、信息化培训、学校信息化领导力、数字资源丰富度是影响物理教师信息化教学能力的主要因素。针对这些因素，文章提出四点策略，期望能够有效地提升物理教师信息化教学能力。

（一）开展优秀教师示范活动，促进当地教师能力发展提高

提升物理教师信息化教学能力，当地需要为物理教师开展优秀的示范活动。让当地教师通过学习优秀物理教师的信息化教学示范活动，通过外部影响的方式促进物理教师自身的认知结构升级，提升当地物理教师对于信息化教学的兴趣和"别人能做好，我也可以"的信心。该策略使用的前提是优秀物理教师的信息化教学活动能够引起当地教师学习兴趣的同时能提供必要的参考价值。因此，该教师的信息化教学应该尽可能地贴近当地物理教学实际，符合当地的信息化教学条件。从教学活动出发，以学生良好回应为评判标准，最大程度地引起当地物理教师的共鸣与思考。优秀教师走进不同学校，进行信息化教学演示活动，同时进行信息化教学培训。

（二）针对物理教师信息化培训需求，创建多样化培训机制

通过研究发现，教师的信息化教学能力受到信息化培训的影响。首先，物理教师对于信息化培训的需求较高，同时对于信息化培训的内容需求具有多样性，表现在不同的物理教师需要不同的信息化培训内容。针对这种情况，需要升级信息化培训方式。物理教师信息化培训是一项需要长期努力和坚持不懈的任务，多样化的信息化培训就成了提升物理教师信息化教学的重要手段。信息化教学培训方式的多样化，既符合物理教师对于信息化培训的需要，同时能够更好地吸引物理教师的兴趣及踊跃地参加，真正的从根本上实现提升物理教师信息化发展能力的目的。针对课业负担较重的物理教师采用线上培训的方式，使用物理案例教学、物理名师讲解演示等方式，同时注意在线上培训课程中加入互动环节，增加互动行为，使物理教师能够深入其中，提高物理教师信息化素养能力，提升物理教师在实践中运用信息化教学的能力，做到真正的学用结合。

（三）提升学校信息化领导力，建立完善信息化教学考核体系

经过研究发现，学校领导信息化能力和重视程度对于物理教师信息化教学能力具有影响效应，学校领导重视程度对于物理教师信息化教学能力可以产生促进作用。首先，关注学校领导信息化领导力，当地教育部门积极组织学校领导参与信息化培训，提升校级领导信息化领导力，发挥学校领导带头效应，潜移默化地促进物理教师信息化教学能力实践行为的发生。提升学校信息化领导力，督促学校一线教师进行信息化教学，同时建立完备的信息化教学考核体系，做到一课一考核、一课一评价、一课一总结，对于物理教师信息化教学进行多级、综合评价，学校领导、信息化教学能手针对每一位物理教师在信息化教学后产生和存在的问题进行独立的、合理的研究，指出问题、提出策略，为物理教师信息化教学能力的发展提供切实的保障与体系的支撑。

（四）优质数字资源共建共享，促进物理教师信息化态度积极化

前文研究发现，数字资源对于物理教师信息化教学态度和信息化教学能力具有影响效

果。完善学校数字资源，扩大数字资源规模，增加数字资源丰富度就成了提升物理教师信息化教学能力的有效方法。在当代，数字资源的应用已成为教师教学的常态，但同时也存在着重设备轻软件、校园共享程度不高等情况。首先，每个学校应该建立并完善属于自己的校本资源库，鼓励本校物理教师大胆使用校本数字资源。同时，针对信息化教学能力高的教师，鼓励他们积极地参与校本资源建设，制作符合当地、本校教学状况的数字资源。其次，构建数字资源共享平台，依靠国家、省市级平台及网络在线服务，为教师提供高品质数字资源共享服务，结合教师个人需求，通过服务平台让每个教师获得感兴趣的个人优质化数字资源。

参考文献

[1] 张仁和. 信息技术在初中物理实验教学中的运用 [J]. 学周刊, 2021(35):101-102.

[2] 郑晶晶. 问卷调查法研究综述 [J]. 理论观察, 2014(10):102-103.

[3] 李毅, 王钦, 吴桐, 等. 中小学信息化教学关键影响因素的多维度比较研究 [J]. 中国电化教育, 2017(10):44-50,95.

[4] 全筱筱. 中小学教师信息技术应用能力影响因素与提升策略分析 [J]. 中小学电教, 2018(Z2):44-46.

[5] 王柳. 青海省高中地理教师信息化教学能力现状及提升策略研究 [D]. 西宁：青海师范大学, 2021.

地方本科高校秘书学专业实践教学提升策略
——以商洛学院秘书学专业为例

钟思远，罗富升 ❶

摘要： 本文立足地方普通本科高校应用型转型的时代背景，聚焦地方本科高校秘书学专业实践教学发展现状和改革要求，结合问卷调查所获信息数据，对商洛学院秘书学专业近年来在实践教学领域做出的探索实践和所存在的问题进行梳理，力求以典型分析的方式探讨地方本科高校秘书学专业实践教学在应用型转型过程中取得的相关成效和面临的共同问题，并从专业课程、实践体系、师资建设等方面提出改进策略，助力地方本科高校秘书学系实践教学的进一步发展。

关键词： 地方本科高校；应用型转型；秘书学专业；实践教学

2015年10月，教育部、国家发展改革委、财政部等三部委发布了《关于引导部分地方普通本科高校向应用型转变的指导意见》（以下简称《意见》）。《意见》指出：推动转型发展高校把办学思路转到培养应用型技术技能型人才上来，全面提高学校服务区域经济社会发展和创新驱动发展的能力。对地方高校秘书学专业而言，这无疑是对培养应用型秘书人才重要性的再次强调。

20世纪80年代初，国内一些高校开始设置文秘专业。此后，该专业的发展经历了从文秘（专科）、文秘教育、汉语言文学（文秘方向）到秘书学（本科）的转变。2012年，秘书学专业被教育部列入《普通高等学校本科专业目录》中。历经40多年的发展，秘书学专业在人才培养、学术研究等方面取得了显著进步，但随着经济社会不断发展，秘书学专业的人才培养也面临了新问题——市场需求大与毕业生就业难的矛盾。导致该问题产生的主要原因在于秘书学专业毕业生的实践能力与市场需求不相匹配。对应用型转型发展进程中的地方本科高校而言，这一问题更加凸显了实践教学改革的迫切性与必要性。

商洛学院是教育部批准、陕西省政府举办的全日制普通本科院校，迄今已有44年的建校历史。该校2014年被列入陕西省首批转型发展试点高校，2017年入选国家发改委、教育部、人社部确定的全国百所产教融合发展工程应用型高校，2018年被确定为陕西省"一流学院"建设单位，是一所近年来发展势头较好且具有相当代表性的应用型地方本科高校。商洛学院秘书学（原文秘教育）专业于2009年9月开始招生，2015年6月，秘书学专业获批为校级应用型人才培养模式创新实验区，同年12月被评为校级专业综合改革试点专业。因此，对该校秘书学专业在应用型转型发展过程中实践教学改革与探索进行分析具有一定

---

❶ 作者介绍：钟思远，商洛学院人文学院讲师

罗富升，商洛学院秘书学专业2020届毕业生，现任北京粉笔天下教育科技有限公司西安分公司培训师

的样本意义，有助于考察国内同类地方本科高校秘书学专业实践教学在应用型转型过程中付出的努力与取得的成效。

一、地方高校秘书学专业实践教学的现状

（一）实践教学的内涵及秘书学专业实践教学研究现状

实践教学是以教师为指导、学生为主体，通过教育实践活动及有目标的现场体验，促使学生理解知识、发展技能、提升能力的教学实践。这是学生将理论知识转化为操作能力的重要途径，有利于增强学生职业观念，培养学生职业素养，锻炼学生职业技能。实践性强是秘书学专业的突出特征，与实践教学相关的研究课题一直是秘书学专业领域的研究热点。既有的学术成果可以基本明晰实践教学在国内秘书学专业建设中的现状。如石恪指出，秘书学专业存在课程设置不够合理、师资力量薄弱、实训设备不足、学生主动实践意识淡漠等问题。张晓敏经调查后提出：制定《秘书学专业学生日常行为规范》、大学中高年级开办秘书事务所、在低中年级见习基础上的高年级顶岗实习等创新举措可以弥补现有实践教学存在的不足。陈祖芬聚焦秘书学专业实践教学形式，比较分析了校外模拟实训、校外合作教育、科研创新实践、创业实践等不同实践教学形式的优劣，根据自身教学效果提出了不同年级选用的建议；丁增武则从分析秘书学专业实践教学指标体系入手，力图构建新的实践教学评价体系。借鉴上述研究成果，结合商洛学院秘书学专业实践教学过程管理、实习实训基地建设等方面的实践教学改革及探索情况进行分析，可以触类旁通、有的放矢，为当前地方高校秘书学专业实践教学体系的发展建设提供有益的建议。

（二）当前秘书学专业实践教学面临的共同问题

1. 实践教学内容系统性不强

当前，多数地方本科院校秘书学专业的实践教学内容由以下几部分组成。一是课堂上的案例分析，如《秘书学概论》课堂上，为讲解秘书工作的某一特点，由老师对某一秘书工作的场景进行分析。二是采取"理论＋实践"的授课模式，往往是在理论课程授课结束后进行实践课程。由于实践课程没有教材，导致实践教学内容较为分散，无法充分与理论课教学内容进行有机融合。甚至有因理论课与实践课的授课教师不同，发生理论与实践教学内容脱节的问题。三是采取角色扮演、情景模拟等方式让学生"身临其境"地理解和学习秘书工作。受教学目的的影响，该方式往往设置的案例情景较为简单，与现实秘书工作较为复杂的实际情境相差较远，秘书实践教学的效果尚有进一步提升的空间。

2. 专业师资力量较为薄弱

秘书学专业2012年才被列入《普通高等学校本科专业目录》，专业师资队伍建设时间短，力量较为薄弱。目前国内能够招收秘书学专业硕士研究生的仅十余所高校，导致高学历的专业教师数量稀少。众多地方本科高校的秘书学专任教师多出自汉语言文学、管理学等专业，缺乏秘书专业教育背景。同时，受目前高校招聘条件的限制，大部分专业教师入职要求为博士研究生学历，不少秘书学专业出身的优秀实践型人才无法进入高校任教。另外，由于秘书学专业教师多自大学毕业后就直接进入高校任教，缺乏秘书从业经历和社会实践经历，在教学过程中难免存在"长于理论、短于实践"的问题。

3. 实习实训设施建设不足

实习实训设施是培养大学生专业实践能力的重要物质基础。秘书学专业属于人文社会科学类专业，相比理工科专业（尤其是工科类专业），往往在实训设备方面的建设状况落后。不少欠发达地区的地方本科高校实习实训设施尤其缺乏，甚至不如某些发达地区的高职院校。这导致欠发达地区的秘书学专业学生的实践能力受到教学资源局限的影响，难以与时俱进。

二、商洛学院秘书学专业实践教学领域的探索与提升

（一）探索"以赛促学"能力培养模式

商洛学院秘书学专业主动适应社会需要，积极开展职业秘书人才的创新培养研究，探索构建出"以赛促学"的在校生专业能力培养模式。以筹备全国性秘书学专业知识技能竞赛为契机，积极鼓励学生举办秘书学科竞赛（包括专业宣传册设计、秘书基础知识竞赛、文案设计、秘书演讲比赛、秘书工作情景剧比赛等），选拔其中的优秀学生并以综合素质竞赛方式评选"秘书之星"。通过"秘书之星"竞赛选拔优胜者代表学校参加省（部）级以上的秘书学专业技能竞赛。在举办学科竞赛的过程中，采取"大二搭台，大三唱戏"的模式，促使低年级学生在实践中了解会议筹办、会务执行、会后总结等方面的知识，并通过全程观摩高年级比赛，加深专业认识。而高年级同学通过在学科竞赛中展示专业能力，对自身秘书基础知识、语言表达能力、沟通协调能力进行检验。

（二）推动课堂教学方法改革

商洛学院秘书学专业教师根据专业特点、课程性质和学生实际，积极地改善教学方法、增进教学效果。如《秘书写作》课程教学中，教师通过让学生撰写通知、请示、报告、讲话稿、自荐信等方式，使学生将"身边事"与公文文种相结合，情景化地锻炼学生的公文写作能力。同时，利用"翻转课堂"的方式，以小组合作、学习汇报弥补教师单向知识灌输的"短板"，培养学生的独立思考和自主学习能力。又如《秘书学概论》课程教学中，采用情景模拟法开展"秘书私人定制"产品汇报会，引导学生自我学习"推介"，在"模拟职场"的环境中灵活运用专业知识。再如《现代礼仪》课程教学中，采用活动式教学法对大班课堂进行改革，采用小班授课，使学生得到更加充分的课堂实践演练。课后，则要求学生自编礼仪操，将所学知识进行应用，并将自编礼仪操成绩作为课程成绩的组成部分，极大地提高了学生学习和实践的主动性。

（三）创新开展专业平台搭建及交流活动

借鉴部分优质本科高校秘书学专业的秘书事务所建设成果，商洛学院秘书学系于2019年9月成立了"慧商秘书事务所"实践教学平台。该平台一方面主要负责承办秘书学系各类内部会议和秘书学科竞赛等专业活动，另一方面积极提供相关专业服务，如正装租赁、会议筹办、礼仪培训等。所有借助该平台开展的工作均以制度化、专业化、流程化为标准，旨在提升学生的专业实践能力。比如，"慧商秘书事务所"规定事务所的内部行文要严格依照《党政机关公文处理条例》《党政机关公文格式》，事务所举行会议需要撰写会议记录、会议纪要等。

又如："慧商秘书事务所"开通了商洛学院秘书学系微信公众号"商院密谈"，设置了"专业新闻""师生风采""精彩赛事""考研探'秘'""秘书知识"等模块，在宣传本专业的同时，也充分锻炼了学生的网络新媒体运营能力和文案策划能力。

在师生共同努力下，商洛学院秘书学系自 2019 年开始，连续三年成功举办了"校园秘书周"系列活动。通过举办优秀毕业生风采展、"秘书之星"竞赛、秘书体验馆、秘书礼仪及实践技能汇演、优秀往届毕业生工作经验分享会等特色专题活动，动员大一至大三的全体同学，分成秘书组、材料组、宣传组、外联组、保障组等各司其职、实践所学，既增强了学生的职业意识、职业素养，也锻炼了本专业内各年级学生之间的沟通协调能力，提高了秘书学专业在校内的影响力。

三、商洛学院秘书学专业实践教学存在的问题及成因

为了解商洛学院秘书学系学生对本专业实践教学现状的意见和建议，笔者用问卷星平台对本专业 2016—2019 级学生和部分毕业生进行了问卷调查，共回收有效调查问卷 126 份，将相关调查情况整理后，形成图 1～图 4，并可将目前实践教学中存在的主要问题及成因概括说明如下。

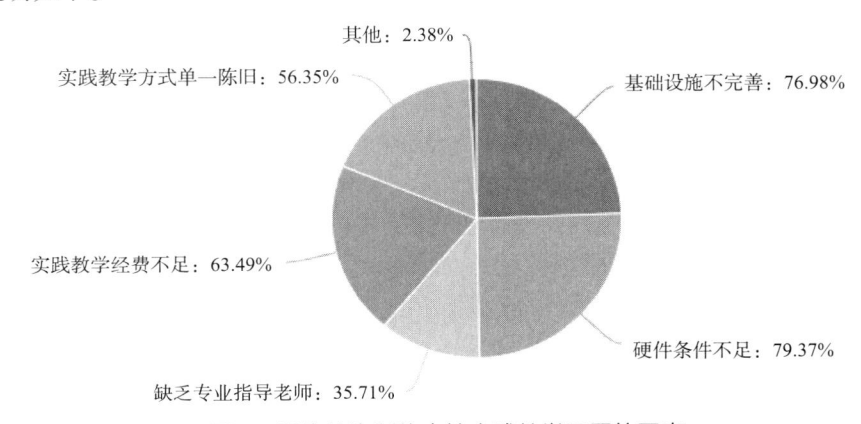

图 1　学生认为制约本校实践教学开展的因素

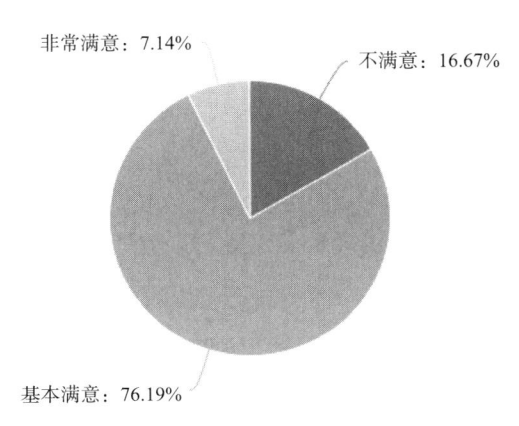

图 2　学生对秘书学专业实践教学的工作满意度

(一)实践教学体系有待进一步完善

商洛学院秘书学系现阶段开展的实践教学内容主要包括三种类型:一是专业见习与实习。如大二年级的专业见习、大三年级的文化考察和校内见习、大四年级的毕业实习等。二是大三年级全员参与的秘书学科竞赛。三是秘书写作训练、文书与档案管理训练、礼仪训练、速记训练等训练课程和理论课程中的实践教学。调查中,59.52%的同学认为现在接受的实践教学基本能满足实习、工作的需要,26.19%的同学认为不能满足实习工作的需要(图3)。58%的同学认为目前实践教学存在实训形式缺乏创新、实训内容略显分散、评价方式较为单一等问题。而造成上述问题的原因主要有以下三个方面:一是在进行校内见习时安排时间较短,且时间集中在学期末,此时一些同学忙于考试复习,还有一些同学由于自身重视不足,导致见习没能达到预期效果。二是训练课程中,一般采取小组式学习方法,这种模式的缺点在于没能给所有同学锻炼的机会,一些表达能力较强的同学获得机会较多,造成了学生之间实践水平不均衡。三是实践课程没有突出过程化考核。如:见习实习过程中往往缺少与指导老师的沟通,学生实践课程成绩中的"见习总结"一项占比过高,导致部分实践教学的作用效果不太理想。

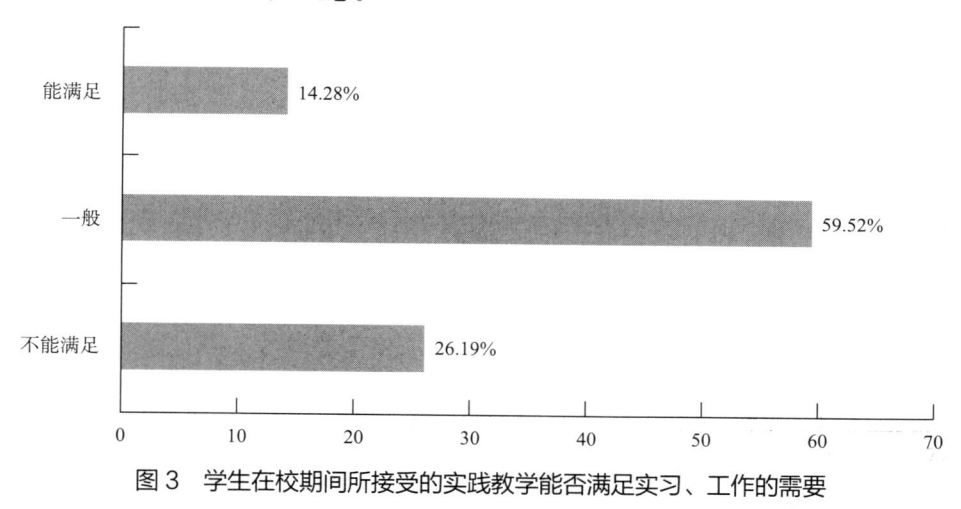

图3 学生在校期间所接受的实践教学能否满足实习、工作的需要

(二)学生的专业实践意识需进一步提升

在调查中,受访学生普遍认为:实践教学的内容应当包括办公自动化、组织策划、人际沟通、档案管理、公文写作、会务策划、见习实习等(图4)。但在开展实践教学的过程中,部分学生主动实践的意识比较欠缺。如在举办学科竞赛、秘书周等专业实践活动过程中,一些同学虽被安排到岗,却不能及时完成工作任务。在大三年级进行学科竞赛时,有部分同学以考研、考公务员等理由拒绝参加比赛,致使学科竞赛的效果减损。在安排的实习、见习岗位上,部分同学不能满足所在单位要求,部分同学不能积极抓住学习机会,只是被动参与工作等。

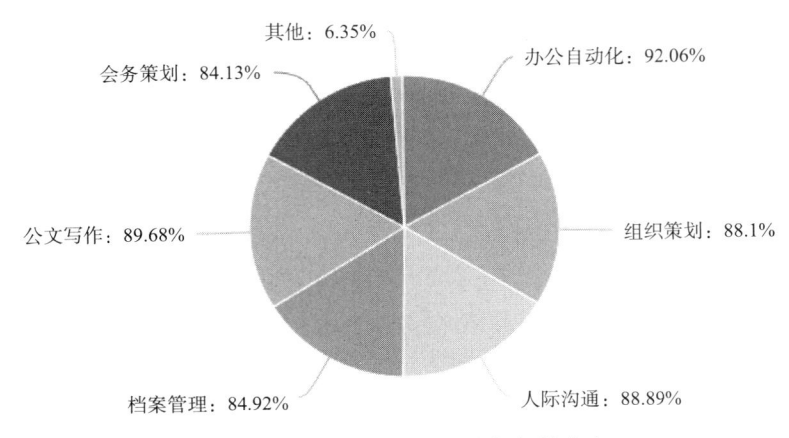

其他: 6.35%
会务策划: 84.13%
办公自动化: 92.06%
公文写作: 89.68%
组织策划: 88.1%
档案管理: 84.92%
人际沟通: 88.89%

图 4　学生认为实践教学应包括的内容

（三）专业教师队伍建设应进一步加强

商洛学院秘书学专业现有专职教师5人，多是毕业于汉语言文学专业或相邻专业，并非秘书学专业科班出身。其中仅有少数老师有秘书类工作经验。这样的师资团队理论水平较高，对于把握秘书专业理论知识十分有益，但对于社会需求高素质秘书人才的现状感知不够敏锐，思想观念有待转变。此外，由于专职教师数量较少，教师队伍建设仍有较大的提升空间。

四、地方高校秘书学专业实践教学提升策略

总的来说，地方本科高校秘书学专业特色的打造应该立足于地方经济，结合已有专业优势，根据社会经济需求调整专业走向，主动适应社会和经济发展需要，提高专业办学水平和竞争力。

（一）凝练专业课程特色

秘书学专业课程要突出专业特色，培养与汉语言文学、行政管理等毗邻专业相比特色鲜明的人才。首先，应根据目前地方社会需求，秘书学专业应及时更新课程设置，凸显应用特色；既突出文书处理与档案管理、会议组织与活动策划、秘书人际沟通、应用文写作一类"核心层"课程的普及性，又提升公共事务管理、信息技术与应用、法律基础知识、财务管理等"幔层"课程的兼容性。既要去培养学生公文写作、档案管理、文案策划、办公自动化等技能，又要去提高秘书实务、办公自动化、文案策划、摄影摄像等实践性课程的比例，让专业课程成为学生技能培养的重要途径。其次，秘书学专业课程内容不应该局限于课本，可以选取新近发生的社会热点案例促使学生提高学习思考的积极性。应开设面向商务秘书、法律秘书、行政秘书等不同类型秘书人才的专门课程，使学生能够更充分地了解市场经济、法律法规等多种知识。最后，自本科大三年级开始，可以根据就业方向设置不同类型的专业选修课程供学生进行选择，满足学生对专业知识多样化、精细化的需要。

（二）加强专业师资建设

秘书学专业既需要理论型教师，也需要技能型教师，师资队伍对教学质量至关重要，

因此我们要培养"双师双能"型教师。"双师双能"型教师（专业知识＋专业技术、教学能力＋实践能力）是指高校教师不仅要具备教学及行业工程师的外部资格特征，还要具备学校教育的专业理论与专业实践教学指导的内在素质特征。加强"双师双能"型教师队伍建设，加大对专任教师的专业技能培训，鼓励一些青年教师前往政府、企事业单位的秘书岗位进行锻炼，培养技能、增加经验。同时，秘书学专业发展较慢的地方高校应积极将青年教师派往暨南大学、首都师范大学、陕西师范大学、扬州大学等秘书学专业发展较好的高校学习先进经验，并从地方党政机关、企事业单位、高职院校等单位聘请有秘书工作经验或秘书实践教学经验丰富的老师担任相关实践课程的指导老师，定期来校进行实践教学指导。此外，邀请秘书学界专家开展学术讲座，利用假期组织老师参加职业培训等也是不断提升师资水平的良好途径。

（三）构建应用型实践教学体系

地方院校培养应用型秘书人才的目标和要求十分明确。"本科"决定人才的层次属性，要求在本科教育的范围内对人才培养进行定位，使学生系统掌握本科层次秘书学学科的基础理论、知识、技能和方法。"应用"决定人才的功能属性，要求人才培养要兼顾基础理论知识与实践。因此，有以下五个方面的实践教学建设工作需要加强。一是要创造条件增加实践机会，积极与学校各职能部门沟通，增设实践岗位。可考虑设计课程中实训、单项专门实训、专业见习和社会实践等实践教学方式，将分散实训与集中实训、社会实践与专业实训、创新能力实训与职业发展能力实训有机结合起来。二是要以参加省（部）级以上的秘书专业技能大赛为抓手，完善"以赛促学"的人才培养模式，鼓励更多学生参与。三是积极探索专业"双导师制"（校内导师＋校外导师），按照学生选择的秘书类型，挑选领域内的秘书人才进行指导。同时，将一些学生派遣到校外导师工作的地方进行实习，发挥校外导师的指导作用，促使专业理论知识转化为工作技能。四是健全实践教学评价体系，加强对实践教学的过程性考核，使学生明确实践教学的任务要求，并对学生的实践活动参与度进行监督。五是要在相关竞赛活动中积极邀请秘书业界专家、政府机关和企事业单位中的秘书从业人员参与竞赛设计，以真实的秘书工作视角引导学生审视自身存在的问题。

（四）丰富专业模拟平台及交流活动

"秘书事务所"是为在校学生搭建的专业实践平台。要不断扩大秘书事务所的规模，鼓励更多同学参加秘书事务所，积极举办各类专业活动。要健全事务所的相关制度，将所内办文、办会、办事的流程和要求持续规范化，提高秘书事务所工作效率，拓展服务内容，为校内外有需要的单位提供更多更好的服务。同时，要在事务所内鼓励小组式工作，畅通老师与学生、不同年级间学生的沟通渠道，积极发挥各年级学生间的"传、帮、带"作用。再者，"秘书事务所"还应积极与其他院校开展交流与合作，通过学校、学生之间的沟通交流，学习其他学校的有益经验。

（五）加强实习实训基地建设

实习实训基地建设对培养应用型、复合型的秘书人才十分重要。秘书学专业应积极挖掘校内资源，与学校各个职能部门沟通，增加实践岗位。加大实训室投入建设力度，争取校内外支持，配齐配好实训的相关器材，为实践教学提供良好的环境。秘书专业教学应积极寻求外部合作，建立起较为固定和长期的关系，将教学活动延伸到机关、企事业单位中去。作为地方高校，要积极与地方党政机关和企事业单位交流沟通，争取建设实习基地。同时，地方本科高校尤其应该积极与地方政府部门、企事业单位建立产学研一体化合作模式，如派出学生为地方政务、商务会议服务。这样既能使学生在现实中得到了办文、办会、办事的综合锻炼，又能使学生和政府部门、企事业单位建立起联系，形成毕业生就业渠道，造就"学校炼人才、送人才，单位用人才、得人才"的共赢局面。

五、结语

综上所述，在高等教育应用型转型的时代进程中，类似"把握机遇打造特色专业、注目长远强化优势学科"的改革路径已成为地方本科高校的共识。秘书学专业作为众多专业中就业面广、应用性强且有一定理论实践积累的较年轻专业，理应主动加大自身建设力度，破解发展难题，依据社会人才需求协调好理论教学与实践教学的关系。这就要求地方高校秘书学专业的实践教学体系发展必须顺应时代要求，至少要在以下几个方面取得成效：一是充分凝练专业课程特色、提高实践教学比例，以地区经济和社会发展需求为指引，培养"适销对路"的应用型秘书人才；二是不断加强专业师资队伍建设，通过师资培训、聘请秘书从业人员担任教师等途径提高师资水平；三是更加积极地联系地方企事业单位，促进实习基地建设；四是选派优秀学生参加社会活动的筹备和组织工作，积累经验；五是要鼓励学生参加省（部）级以上的秘书技能竞赛，同时积极地举办校级秘书专业竞赛和参与筹办地区性的专业竞赛，促进专业内、校间的教育教学研讨交流。概言之，通过进一步完善实践教学的方式方法并提升其人才培养效果，能够有效推动更加适合于秘书学专业人才培育的新模式、新体系建设，为社会培养出更多品行好、素质高、能力强的应用型秘书人才。

参考文献

[1] 教育部国家发展改革委财政部关于引导部分地方普通本科高校向应用型转变的指导意见 [EB/OL]．(2015.11.16)http://www.gov.cn/xinwen/2015-11/16/content_5013165.htm.

[2] 时伟．伦大学实践教学体系 [J]．高等教育研究，2013,34(7):56

[3] 石恪，蓝芳．地方高校秘书学专业实践教学现状及对策 [J]．安顺学院学报，2017,19(5): 78.

附录一　商洛学院秘书学专业实践教学现状调查

您好，这是一份关于商洛学院秘书学专业实践教学现状的调查问卷，调查目的是进一步全面真实地了解商洛学院秘书学专业的实践教学现状，本次问卷采取匿名形式，请放心填写，感谢您的支持与配合！

1. 您所在年级 [单选]*
   □ 2016 级
   □ 2017 级
   □ 2018 级
   □ 2019 级
   □ 已毕业 _____ *

2. 您的性别 [单选题] *
   □ 男
   □ 女

3. 您了解本院秘书学专业的人才培养方案吗？[单选]*
   □ 完全了解
   □ 基本了解
   □ 不了解

4. 您认为实践教学内容应该包括 [多选] *
   □ 办公自动化
   □ 组织策划
   □ 人际沟通
   □ 档案管理
   □ 公文写作
   □ 会务策划
   □ 其他 _____ *

5. 与理论课相比，您认为学校所开设的实践课程 [单选] *
   □ 非常多
   □ 比较多
   □ 比较少
   □ 非常少

6. 您认为秘书学专业培养在理论教学和实践培训中应如何侧重？[矩阵内单选] *

项目	理论教学	实践教学
1	○	○
2	○	○
3	○	○
4	○	○

续表

项目	理论教学	实践教学
5	○	○
6	○	○
7	○	○
8	○	○
9	○	○
10	○	○

7. 我校秘书学专业所开设的实践教学大多在几年级？[单选]*
　　□ 大一
　　□ 大二
　　□ 大三
　　□ 大四

8. 您认为在校期间所接受的实践教学能否满足实习和工作的需要？[单选]*
　　□ 能满足
　　□ 一般
　　□ 不能满足

9. 我院秘书学专业所采取的实践教学形式有哪些？[多选]*
　　□ 专业实习
　　□ 校内见习
　　□ 竞赛活动
　　□ 校企合作
　　□ 创业实践
　　□ 其他 _____ *

10. 在校期间您参加过的秘书学专业的实践教学活动有哪些？[多选]*
　　□ 专业实习
　　□ 校内见习
　　□ 竞赛活动
　　□ 校企合作
　　□ 创业实践
　　□ 其他 _____ *

11. 您目前对学院秘书学专业的实践教学工作满意吗？[单选]*
　　□ 不满意
　　□ 基本满意
　　□ 非常满意

12. 您认为制约本校实践教学开展的因素有哪些？[多选]*
　　□ 基础设施不完善

☐ 硬件条件不足
☐ 缺乏专业指导老师
☐ 实践教学经费不足
☐ 实践教学方式单一陈旧
☐ 其他 _____ *

13. 您认为秘书学专业培养应侧重于哪种类型？[单选] *
☐ 专职型秘书
☐ 能适应不同岗位的复合型秘书
☐ 较高层次的管理秘书

14. 您认为开展实践教学能为秘书学专业学生带来哪些好处？[多选] *
☐ 有利于提高我们的实际操作能力
☐ 有利于让课堂教育与实践教育结合
☐ 有利于提高我们的认知与解决问题的能力
☐ 有利于调动我们的学习积极性
☐ 有利于培养我们发现问题的思维能力
☐ 其他 _____ *

15. 在校学习期间，您认为有必要设置校外导师吗？（校外导师指企事业单位中从事秘书工作的专职人员）[单选] *
☐ 有必要
☐ 没必要
☐ 都可以

16. 您对学院秘书学专业实践教学的效果评价是：[单选] *
☐ 有效果，比较实用
☐ 指导老师不够专业，效果不明显
☐ 流于形式，没有达到效果

17. 您认为课程实训环节有哪些不足？[多选] *
☐ 实训形式缺乏创新
☐ 实训内容略显分散
☐ 评价方式比较单一
☐ 评价反馈不及时
☐ 时间紧，活动准备不充分
☐ 其他 _____ *

18. 您在工作（实习）过程中感觉自己最缺少的能力是：[多选] *
☐ 公文写作
☐ 组织策划
☐ 人际沟通
☐ 办公自动化
☐ 组织协调
☐ 其他 _____ *

19. 您认为本校秘书学专业在开展实践教学时存在的问题有哪些？［多选］*
　　□ 实践教学流于形式，效果不明显
　　□ 实践指导内容不清楚
　　□ 学生配合程度低，不重视
　　□ 缺乏专门和固定的实践单位
　　□ 理论和实践没有相互联系
　　□ 老师管理指导不到位
　　□ 其他 _____ *

20. 您对我院秘书学专业实践教学现状的建议（课程教学、课程设置、实训项目等方面）［填空］*

_____

问卷调查到此结束。衷心感谢您对本次调查的支持，祝您生活愉快！

附录二　调查问卷主观题情况汇总

调查问卷中主观题为第20题（您对我院秘书学专业实践教学现状的建议），本次调查共收回调查问卷126份，皆对此问题有所回应。经归纳总结（合并重复、类似意见建议），现将反馈要点汇总如下：

1. 加大实践教学的人、财、物投入，科学地规划实践教学内容，完善实践教学体系建设。

2. 加大对实践实训设备的投资建设。

3. 对实训内容多加创新。

4. 加强理论指导与实践实训有机结合，提高实践教学设施水平。

5. 校外实践太少，实践课程太少。

6. 理论应与实践紧密结合，多增加实训内容，加强教师指导。

7. 多开设实践教学类课程，多举办专业实践活动，多与其他高校中表现优秀的秘书专业交流，尽量能够组织部分高校秘书专业优秀学生学习考察。

8. 按照省教育厅对应用型本科院校的具体要求，结合本校实际，培养符合社会需求的应用型秘书学人才。重视教材的及时更新和"双师型"教师队伍建设，重视实践教学设备的配置和考试形式的转变，做到理论与实践并重。

9. 实践教学方面要多加创新，实现更好的教学效果，老师和同学间的交流要充分，应该良性互动、教学相长。

10. 每次组织活动总是采用固定人员去策划与布置，老师只往往寻找班干部组织活动、安排活动、制订计划，并且有时班干部权力不下放，信息传递不畅，其他同学难以得到历练。

11. 毕竟是教学，要上课。必然不能和上班相提并论。有必要请有实践经验的业内人士授课，将核心问题讲透彻，助力学生真正认识到秘书岗位的职业要求。

12. 多举办与专业相关的实践活动，与校外单位企事业单位联系，邀请专家定期到我校做演讲报告。

13. 设置一些针对性强的实训课程，如政务秘书，商务秘书。

14. 专业实践重在"走出去"，建议学校启动专门的实训项目，让学生多到广阔社会运用所学知识，发现存在问题，不断提升自我。

15. ①重视公文写作的培养。②重视仪容仪表仪态的培养。③重视到企业事业单位去实习实践。

16. 注重实践教学，积极创造各类实践的机会并以制度形式进行约束，避免流于形式。

结合上述答案，受调查者对于商洛学院秘书学专业实践教学发展的建议主要集中在以下几个方面：

一是理论课程应该与实践课程相结合，理论课程应该根据秘书不同类型进行分类。实践课程的内容和形式要进行创新，并提高课程占比。

二是在实践教学中，教师要加强指导，不断优化教学形式与内容，增强实践教学效果。

三是加强实习实训设施建设，提供更好的实践平台，促进学生专业技能水平的提高。

四是加强与学生沟通，扩大学生参与实践教学的覆盖面，积极与其他同类型高校的秘书学专业开展交流与合作，学习借鉴有益经验。

专业认证背景下师范生语言文字能力提升路径探究[1]

苏铁柱[2]

摘要：由于信息技术的快速发展、现代教育技术的广泛使用、"新师范"理念的提出、积极推进师范专业认证、一流专业及一流课程建设等因素，社会对师范类专业人才培养的要求越来越高。随着新师范教育的锐意改革发展，人们对教育均衡和教育质量发展的迫切需求激发了师范类高质量应用型人才的社会需求，地方应用型院校在师范专业转型发展过程中应革新教育理念，与时俱进。基于"一体两翼三综合"模式教学改革和体系建设在应用型高校师范类专业人才培养过程中，能够实现"专业教育"和"语言文字应用能力"教育有机融合，相互促进，协同发展。通过体系化、实践化、融合化的训练，将课程目标、体系、过程及评价进行系统重构，激发学生学习兴趣、强化实践能力训练、提高教学技能水平，培养优秀的具有时代精神、发展潜力的师范类应用型人才。

关键词：师范生；语言文字；策略

语言文字能力作为语言学和应用语言学的重要研究内容，近年来在国家语言规划实际工作中也越来越受到关注。《国家中长期语言文字事业改革和发展纲要（2012—2020）》把"提高国民语言文字应用能力"作为语言文字事业的七大任务之一，把握和了解国民语言能力状况，有针对性地提出提高国民语言能力的政策和措施就显得特别重要。近年来，我国"汉语危机"论、国民语言文字应用能力下降论等与英国20世纪六七十年代情况有些相似，随着时代的发展，人们交流沟通的频率、内容、形式以及传递的信息量相比过去有了很大的变化，对语言文字运用的正确、熟练、有效程度的要求不断提高。教育部语言文字应用研究所通过对部分省市普通话普及情况、大学生语言文字应用能力测试、汉语应用能力及汉字书写等语言文字使用情况进行调查发现，国民普通话普及率有了较大的提高，但普通话水平有待进一步提高；汉语应用方面存在词汇不够，词语使用、搭配不当，常用文体行文格式不当，语法错误，不认识的汉字多等很多问题；汉字书写机会少，提笔忘字现象严重，汉字书写不美观；存在不重视汉语教育，"外语热、母语冷"现象，汉语教育应试色彩浓等。语言文字在教育教学中应用广泛，在师范教育过程中应当加强语言文字应用能力培养，不断提高教师语言文字内涵和素养。

---

[1] 基金项目：商洛学院2021年教育教学改革研究项目（项目号：21jyjx117）
[2] 作者介绍：苏铁柱，1985年11月生，陕西汉中人，硕士研究生，商洛学院副教授，研究方向为高等学校实践教学管理、运动生理学及运动康复学等

一、语言文字能力对师范生培养的重要意义

基于目前现实状况，怎样从师范专业认证体系标准、学生毕业要求以及师范专业毕业生社会需求角度着重重构师范专业语言文字应用能力教育训练体系是首要问题。应用型本科高校应从提高重视程度、加强理论研究、教育引导与加大培养模式力度等方面，对语言文字应用能力培养的改革做出实质性努力。应着手从及时整合教学内容、加强语言实践训练、灵活使用多种教学方法、优化教学过程、改革传统考核模式等途径优化师范专业人才培养，使其适应时代发展的需要和应用型人才培养方案的目标，提升学生的语言文字应用能力，扭转语言文字应用能力培养的现状。师范专业学生与语言文字工作密切相关，对语言文字应用能力要求较高、较为全面，语言能力作为师范基础性、长期性培养的能力，需要长期积累。积极构建"一体两翼三结合"师范专业语言文字应用能力培养模式，对于培育师范专业学生教育教学能力，适应社会和岗位需求能力，提升师范专业人才培养质量具有重大的意义。

二、师范生语言文字能力面临的困境

语言文字应用能力作为师范专业学生职业素养的核心内容，对普通高校师范类专业学生来说具有极其重要的意义。当前普通高校师范类专业学生语言文字应用能力方面存在语音不够标准、用字不够规范、书写技能不高、语言表达缺乏深度等问题，部分高校忽视大学生语言文字应用能力的提高，很少开设或没有开设提高语言文字应用能力方面的课程，"大学语文"等课程长期处于边缘化地位，产生这些问题的原因主要是受语言环境、阅读量、教育体系及学习习惯等的影响。具备较为扎实的语言文字应用能力是大学生的基本素养之一，应用型本科高校以培养高素质应用型人才为目标，更应重视学生语言文字应用能力的培养。研究表明，目前应用型本科高校大学生语言文字应用能力整体状况不佳，其书面语言文字应用能力尤其令人忧虑。随着应用型人才培养方案施行，师范类专业又面临教学内容多而课时少、学生语言运用能力不够、教学方法不够多样、教育过程不够优化、实践平台不够充实、实训过程不够扎实、考核模式相对单一等问题，尤其在语言文字应用能力培养过程中仍存在一些问题和不足。

三、对策与建议

（一）完善师范生培养机制，强化顶层设计

2022年，党的二十大报告首次把教育、科技、人才进行"三位一体"统筹安排、一体部署，首次提出教育是"基础性、战略性支撑"，凸显教育事业在党和国家工作全局中的分量之重。报告中明确提出，"加强师德师风建设，培养高素质教师队伍，倡导全社会尊师重教"，为新时代教师队伍建设和教师教育提供了基本方向。党的十八大以来，以习近平同志为核心的党中央十分关心广大教师、高度重视教师队伍建设工作。教师是立教之本、兴教之源，是传播知识、传播思想、传播真理的工作者，是塑造灵魂、塑造生命、塑造人的工作者。随着高素质中小学教师人才培养需求不断加大，我校在人才培养过程中，坚持师范先行，优先发展的原则，积极响应国家教育政策方针，高度重视师范专业学生培养，不断加大师资、教学设施设备硬软件投入力度，不断提高我校高素质教师培养能力。

依据师范专业认证标准、国家语言文字发展规划以及教师职业从业要求，结合师范专业人才培养方案，在对师范专业语言文字课程体系建设、实践实训平台建立、人才培养成效方面进行充分调研，结合教育行业用人标准以及对师范专业学生人才需求的基础上，完善人才培养课程教学体系，创建教学技能实训平台、夯实教育实习环节、积极推进普通话水平培训与测试评价、第一课堂与第二课堂有效结合、语言表达与文字书写技能有效训练，探索出一条提升师范专业学生语言文字应用能力的实践育人体系。

（二）构建"一体两翼三结合"体系，丰富人才培养内涵

实践教学是师范专业人才培养体系建设发展的重要环节，实践教学是帮助学生深化对专业知识理解、形成专业实践能力、养成专业态度和情感的关键环节。因此要求高校在师范专业培养过程中要重视实践教学工作，建立健全完整的实践教学体系，能够做到学科专业实践与教育教学实践有机结合，教育见习、教育实习、教育研习互相贯通，师德体验、教学实践、班级管理和教育研究一体，并能够与课堂教学、理论学习等其他教育环节有机衔接；实践教学所占的学分比例和时间安排要符合《教师教育课程标准（试行）》和《教育部关于加强师范生教育实践的意见》的规定，实践教学安排科学合理，能够满足师范生对教育教学体验的需要，有利于师范生实践能力的提高和实践智慧的生成；专业教育实习实行集中统一组织与管理，教育实习期间有足够的上课时数，能够初步形成中学教育教学的基本能力。积极构建以"师范专业语言文字应用能力课程体系"为主体、"教学技能实训平台"和"教育实习"为两翼、"普通话水平培训与测试评价"相结合、"第一课堂与第二课堂"相结合、"语言表达与书写技能"相结合的"一体两翼三结合"师范专业语言文字应用能力培养模式，体现以学生为主体的实践育人理念。

（三）完善语言文字课程体系，创新教学方法手段

建立师范专业语言文字应用能力课程体系。通过修订人才培养方案对不同师范专业年级学生开设有针对性的语言文字应用能力教育课程，并与专业教育有效融合，运用线上和线下结合，运用MOOC、雨课堂、智慧树、超星尔雅等现代教育技术手段和在线教学资源。创新语言文字教学方法。国家通用语言课教学，需要教师创新教学方法，引入更多的内容，丰富课堂教学内容，增加课堂的趣味性，加大对学生的吸引力。积极开展线上线下结合的语言文字应用能力培训。在师范专业的学生培养中，为提高学生的口语表达能力，设置演讲与口才训练、课前演讲等环节；为提高书写能力，开设三笔字训练课等师范技能训练等模块；设置公文写作训练、社会调查专题等模块。为提高人文素养，这些专业又可以同时都设置经典篇目背诵模块。举办校级师范专业"教学技能大赛""三笔字大赛""演讲比赛""微课大赛"四大比赛，丰富校园文化活动，以赛促学。

（四）搭建教学技能实训平台，理论密切联系实践

师范专业培养实践性比较强，对学生综合能力要求较高。目前我校尚没有针对师范专业人才培养的专门实训中心或平台，现有的个别专业实验室参与学生专业覆盖面小、专业交流缺失、系统性的指导缺失，成为制约学校师范专业应用型人才的新问题。随着信息技术的不断发展，需要不断搭建新的实践教学平台，创新实践教学方式方法，促进师范生教育教学改革，实现先进实践教学平台资源的充分共享共用。需要建立能够联通在校培养和职前培训的综合性、现代化、通用性实践教学平台，真正实现教育理念现代化、实训体系综合化、技术手段先进化、教学方式多元化、适用专业普遍化、受益学生大众化、培养培

训一体化，提高师范生培养质量，夯实师范学科知识基础，加强师范教师职业基本技能，提升师范信息化素养，针对师范专业教学的教师具有职前养成和职后发展一体化指导。

（五）夯实教育实习实践，创新实习评价机制

语言文字应用能力是师范专业学生的核心能力以及基本职业能力，教师的语言文字应用能力直接影响人才培养质量以及服务社会成效。积极组织师范专业学生开展教育实习、顶岗实习、支教实习，并在实习评价内容中加入语言文字应用能力指标，在实习实践中提升师范生的语言文字应用能力。建立师范生教学能力综合训练的实训平台，培养师范生的教学基本能力（包括教师职业语言能力、教师书写技能、教师仪态着装技能、心理教育能力、现代教育技术应用能力、课堂教学能力、实验教学能力、语言文字应用能力等8种教师职业必备的基本能力）和综合创新能力（包括实验创新设计能力、课程资源开发能力、自制实验教学仪器能力、学科竞赛及指导能力4种创新能力），开展语言文字基本功的训练。

（六）强化培训与测试评价，提升语言文字水平

语言文字应用能力体现应用型人才培养需求。语言文字作为信息的主要载体，社会交际的主要工具，教育教学活动开展的主要媒介，其规范性、科学性、通用性将对信息、知识、思想传递和教育成效产生重要影响，因此在应用型人才培养中发挥重要作用。针对不同普通话水平的学生开展引入分层分级培训，大幅度提升普通话水平和汉语文字运用能力。语言文字训练包括听、说、读、写四方面，听与说是口头语言训练，读与写是书面语言训练，坚持语言表达与书写技能并驾齐驱。加强大学生传统文化教育，提高口语及书面语言表达能力，同时，加强大学生汉字书写能力的训练，有助于培养学生良好的品德和坚强的意志。语言文字应用能力还要通过科学训练才能得以提高，无论是理工科学生还是文科学生都要加强汉语听、说、读写能力的训练，因此，必须充分利用课堂教学和校园文化活动两大阵地，全面开展语言文字基本功的训练。

（七）密切联系第二课堂，服务地方经济社会

高校应主动适应地方经济社会发展需要，逐步调整优化学科专业结构，积极发展与地方主导产业关系密切的相关工科和管理类专业，但仍然保留师范类专业优势，为地方各中小学、幼儿园培养和输送大量优秀人才。同时通过"国培计划""春笋计划""双百工程"、顶岗实习、教育扶贫、根植地方行动计划、为地方中小学教师在职培训、校企校地协同育人，为地方经济社会发展提供有力支持。

（八）以语言文字能力为中心，实现特色化发展

师范专业教育教学也需要不断改革创新，与时俱进，结合学校特色和实际，实现特色化发展。需要在传承并发挥师范专业教育传统优势和特色基础上，主动适应信息技术变革和社会发展需求，由"传统师范"到"新师范"的转变，专业培养要以引导师范生"做学生成长引路人"为目标，通过参与式课程学习、示范性榜样熏陶、反思性案例分析、主题性教育活动、行动性实践体验、激励性成长评价等养成途径和形式，帮助师范生树立正确的教师观，理解教师是学生学习的促进者，认同教师工作的意义和专业性。创造条件促进学生自主和全面发展，加强自身修养，丰富人文底蕴和科学精神，养成积极向上的情感，端正奋发的态度和持续努力的行为。帮助师范生树立正确的学生观，以学生成长的引路人为职业角色预期，在教育教学实践中，能够正确处理师生关系，尊重学生人格，尊重学生的

学习和发展权利及个体差异，对学生富有爱心和责任心，对工作耐心和细心，乐于为学生成长创造发展的条件和机会。

（九）围绕专业认证需求，发挥语言文字效能

语言文字用能力符合师范专业认证要求。国家教育部门以建立师范类专业认证制度、健全教师教育质量保障体系为突破口和着力点，大力振兴教师教育，全面夯实新时代高素质教师培养的基石。师范类专业认证以"学生中心、产出导向、持续改进"为基本理念，分级分类开展师范类专业认证，以评促建，以评促改，以评促强，全面保障和提升师范类专业人才培养质量。师范专业认证强调遵循师范生成长成才规律，以师范生为中心配置教育资源、组织课程和实施教学；强调以师范生的学习效果为导向，对照师范毕业生核心能力素质要求，评价师范类专业人才培养质量；强调对师范类专业教学进行全方位、全过程评价，并将评价结果应用于教学改进，推动师范类专业人才培养质量的持续提升。《师范类专业认证实施办法》和《师范类专业认证标准》要求要突出实践实训教学和实践教学体系建设，实践教学体系要完整，专业实践和教育实践有机结合。要涵盖教育见习、教育实习、教育研习贯通，涵盖师德体验、教学实践、班级管理实践和教研实践等，并与其他教育环节有机衔接。教育实践时间累计不少于一学期。学校集中组织教育实习，保证师范生实习期间的上课时数。

四、结语

师范生培养关系我国未来教育事业发展，师范教育任重道远，需要高校不断探索和创新人才培养模式，力求培养造就一批与新时代教育发展相适应的、教育情怀深厚、专业基础扎实、勇于创新教学、善于综合育人和具有终身学习发展能力的高素质创新型的专业化人才。在师范专业发展背景下，面对地方院校向应用型院校转型发展，师范类专业改革面临新的机遇和挑战。面临新形势、迎接新挑战，需要创新师范专业人才培养体系、教育教学理念，搭建信息化、现代化、综合化、系统化实践育人平台，大力提升师范生以语言文字能力为重点的教育教学能力，着力培养教育理念先进、掌握现代教育技术、教育教学能力扎实、适应中小学素质教育的复合型教师队伍。

参考文献

[1] 李海英. 师范类专业认证背景下师范生实践能力培养策略研究 [J]. 贵州师范学院学报，2022,38(4):71-77.

[2] 张艳芬. 师范专业认证背景下高校师范类专业实践教学体系重构 [J]. 教书育人（高教论坛），2021(33):72-74.

[3] 刘继超，王菊. 构建应用型本科人才培养的实践教学体系 [J]. 科技创新导报，2018(24):251-252.

[4] 胡万山. 师范类专业认证背景下教师教育改革的意义与路径 [J]. 黑龙江高教研究，2018(7):25-28.

[5] 于博，任琴，于秀荣，等. 生物科学专业师范生教学语言技能存在的问题与对策 [J]. 集宁师范学院学报，2022,44(2):24.

中小学教师信息化教学能力提升策略研究

杨小锋

摘要：文章通过对信息化教学特征的解读，对教师信息化教学能力影响因素的探讨，针对当前中学教师信息化教学能力现状及问题，提出相应的对策及解决方案，以期解决存在问题，提升教师的信息化教学能力。

关键词：信息化教学能力；提升策略

教育信息化是社会信息化的重要组成部分，而教师教育的信息化发展，则是教育信息化发展的关键环节，也是促进教育信息化的重要力量。进入21世纪以来，随着信息技术的广泛应用，教师的专业发展孕育了新的内涵，同时也为其开辟了新的思路。信息化社会中，教育思想、教学内容、教学方法都发生了变革，尤其当教育信息化逐步深入教育教学中时，信息化对教育以及教师本身提出的新要求，促进着教育的改革与发展，同时也要求着教师群体的专业化和教师个体的专业发展，对教师的知识体系和能力素质提出了挑战。

一、问题的提出

《教育信息化十年发展规划 2011—2020》明确指出：建设覆盖城乡各级各类学校的教育信息化体系，促进优质教育资源普及共享，推进信息技术与教育教学深度融合。2004年12月国家颁布了《中小学教师教育技术能力标准（试行）》，为教师教育教学能力的发展提供技术标准支持，教师的信息化教学能力已成为备受关注的热点。然而，在信息化教学进程中，却存在以下几个方面的问题：

（一）教师信息化教学观念相对滞后

信息化教学对教育教学促进作用的价值观与信念，直接影响到教师采用信息化教学的意愿，而信息化教学对于教师学科的帮助以及在教学质量、教学成效方面的提升也是教师是否愿意使用信息化教学的重要因素之一。新老教师由于时代背景和教育背景的不同，在对信息化教学态度方面存在较大差异。老教师对信息化教学最直观的感受就是大量信息化教学设备的使用，如幻灯机、计算机、投影机、电视机、录音机、屏幕等在课堂上大量的使用，幻灯投影代替了课堂板书，播放录音代替了课堂朗读，传统的情境创设被视觉媒体代替，这些手段在老教师看来就是信息化教学的全部。由于未接受系统完整的信息化教学理论学习，无法在短时间内体会到信息化教学的优势所在，特别是新兴的计算机多媒体，使整个课堂发生了翻天覆地的变化，老教师对现代课堂产生了陌生感，导致对信息化教学热情度不高，使用率不高。

然而，年轻教师在对信息化教学的理念认同上与老教师相反，喜欢使用信息化教学手段支撑教学，甚至出现了过分热衷于信息化手段教学的现象，加之年轻教师教学经验不足，对于课程的教学要点没有老教师把握到位，过分依赖信息资源，疏于思考备课，难免会出现在教学资源准备过程中忽略教学要点的情况，出现教学质量方面的问题。而学生对于课堂上大量使用的信息资源比如视频课程、声音课件等存在新鲜感，充满好奇，这也会从另一方面影响他们认真听课吸收知识，所以年轻教师在信息化教学过程中"度"的把握尤为重要。

总之，教学中出现了"老教师不愿使用多媒体进行教学，新教师过分依赖于多媒体教学""穿新鞋，走老路"和"高投入，低输出"的现象，教师简单地将多媒体教学归结为单一信息传递，将多媒体等信息技术媒介看作是信息的呈现媒介，仍未突破冷媒体的界限。

(二)教师信息化教学自我效能感较低

自我效能感直接体现为教师对信息技术的自信度，教师如果认为信息技术是可以轻松掌握运用，或者运用信息技术可以对传统教学有所帮助，就较愿意使用信息技术。对信息技术融入教学具备自信心的教师，会因为成功的信息技术融入经验而更加自信、更有成就感，而这类教师群体大多都集中在年轻教师领域。年轻教师在成长时期赶上了信息化潮流，对于信息化理念并不陌生，加之职前学习过信息化教学理念，年轻教师相当于在一个潜移默化的过程中完成了对信息化教学理念的认知及深入，所以在日常教学过程中，喜欢使用信息化多媒体技术辅助教学，喜欢信息化教学元素在课堂中的大量运用。

另外，学校在开展新的教学方法推广时，老教师通常通过观摩年轻教师的示范公开课来了解新教学方式，但信息化教学作为一项系统的教学过程，课前课后都有大量的工作，课堂仅仅只是其中一个环节，信息化教学不单单是提高教学质量，同时还要提升学生信息化意识、开阔学生信息化的视野，培养学生利用信息技术捕捉信息的能力，这在传统教学中是体现不了的，这也是老教师在示范课上看不到的，没有看到信息化教学的全部，没有看到这种教学带来的提高，自然难以积极地去接受这种教学理念。

(三)校本资源与网络资源发展不均，资源利用率低

信息化教学中，信息化教学资源在教学中起着支撑教学的作用，扮演着重要的角色。信息化教学资源包括多媒体素材、电子教案、网络课程、学科资源网站、资源索引目录等。

1.校本资源数量少及质量低

校本资源库是学校根据实际情况将本校教师在长期教学活动过程中积累的资源，如备课参考资料、教案、讲稿、教学课件、教学素材、学生作品等进行定期归档整理，构建形成的校本资源库。《中国电化教育》杂志组织实施的一次全国中小学信息化综合调研结果显示，所调研地区只有接近44%的学校建立了较为完善的校本资源库，48%的学校正在建设完善中，加之地域经济差异，全国各地校本资源库建设的情况也有很大差异，如在苏州地区有62%，河南地区和云南地区则分别为33%和29%。作为西部地区，陕西的校本资源库建设还停留在较低水平，大部分地区资源库尚在建立当中，资源数量整体偏少。

2.网络资源数量大，但利用率低

大部分教师将造成学科教学质量低的原因归结为：所需教学资源种类单一（仅提供多媒体课堂、校园网，没有多媒体课件设计平台和视音频资源制作平台等）、教学资源数量贫乏（如多媒体教室和计算机机房过少、电子类图书和网络教学平台贫乏等）、教学资源质量

低（如多媒体终端智能化程度低、现有校园网速度过低和视音频数据获取困难等）和资源环境复杂（传统的教学黑板与多媒体投影位置关系、信息化环境操作技术要求过高和多媒体教室灯光条件差等）等问题，我们不否定部分问题是现有数字化校园建设中所遇到的客观问题，但是，教学资源种类单一、数量贫乏和质量低是否成为制约教学质量提高的直接因素，或者说我们教学所需的资源是否像调查结果一样无法满足需要呢？作者通过查阅数据发现，却与调查结果有不同之处。

2011年，"陕西省基础教育资源建设项目"共招标采购了中小学电子期刊库、基础教育数字图书馆、基础教育题库及测试系统和教育素材库等资源2000G，供中小学免费使用。2012年，陕西教育资源网已拥有11个资源频道，15万册的数字图书馆、500种电子期刊阅览室、70万道试题等，通过动员全省电教系统相关高校、中小学及社会力量引进、搜集和整理，陕西教育资源网资源总量已达3000G。2011年，陕西基础教育专网接入工作实现突破，全年共接入学校8400余所，接入比例达到了75%，其中高中全部接入，初中接入86.3%，小学接入51.2%。十个市级数据中心的搭建工作基本完成。2012年，陕西实现教育专网普通高中100%接入，初中94%接入，小学80%接入，总体接入比例已经达到85%，一条中小学互联互通、绿色高速的信息高速已经建成。仅陕西师范大学的基础资源网资源数量44165个，资源总量124.64G，涉及课件、教案、课程、素材等，有动画、图片、音频等类型。可见，信息化教学资源缺乏已经不是制约教学质量的主要因素。

（四）教师资源整合意识弱，整合能力有待提升

2011年陕西电化教育馆对陕西省的基础教育信息化教学资源建设情况展开调研，抽取了来自全省不同地区的121名教师，这些教师来自不同地区的学校，具有广泛的代表性。问卷中设计了一项调查：教师主要从哪些渠道获得教学资源。121名填写问卷的教师对这个问题的响应频率统计结果见表1。

表1 教师获得教学资源的途径——多重响应频率统计

获得教学资源的途径	响应人数	百分比（%）
互联网	89	35.9
国家资源库	26	10.5
省级资源库	17	6.9
县级资源库	13	5.2
校本资源库	23	9.3
自己开发	27	10.9
购买光盘	19	7.7
教师互相拷贝	34	13.7

可见，35.9%的教师是通过互联网获得教学资源，通过省级和县级资源库获得资源的频率过低，教师通过自己开发获取资源比例相对互联网资源获取频率过低，进一步说明了教师教学所用资源主要是以网络资源为主，而结合校本资源、学生需求等开发的资源过少，

这也是造成教学资源无法完全适应教学的主要原因。总之，提高教师对资源的二次开发、制作能力和不同资源的整合能力已成为提高信息化课堂教学质量面临的亟须解决的问题。

二、提升策略

(一) 信息化理念的整体提升

首先，重视对学校领导的信息化理念更新培训。学校领导是信息技术教育在学校普及推广的关键，学校领导是否理解并掌握现代教育技术和现代信息技术，直接关系到与信息技术有关的国家政策的理解与执行程度，重视对他们的培训，有助于信息技术教育在学校的普及推广。其次，组织教师进行培训。不仅要培训教师掌握一定的教育技术能力，还要促进学科教师信息化理念的不断更新。作为教学的主导者，不管是年轻教师还是老教师，合理地使用信息化教学手段和教学资源，不仅是为自己的教学服务，而且能够给学生提供自主探究的学习环境，优秀的教育资源更能够提高学生学习兴趣。

(二) 建立资源共享平台，确保已有校本及网络资源物尽其用

资源的共建共享、资源的检索、资源的服务、资源的更新，已经成为一线教师广为诟病的问题，解决这些问题首先需要一个强有力技术平台的支撑。目前，校本资源库和网络资源库基本上各自为政，没有交集，这给教师使用带来很大不便，阻碍了信息化教学的发展。同时由于平台繁多，使用不便，容易使教师产生厌烦情绪，而教师是资源的使用者，对资源的优劣有最深的体会，如果教师因为从心里抵触资源平台，难免会疏于对在库资源的评价反馈，进而影响资源库建设者的建设思路和质量，这对于资源库的发展极为不利，而诸多的管理机制的高效、动态管理实现，也离不开一个功能完备、高效运行的技术支撑平台。随着技术的发展和用户需求的提高，资源库信息化软件平台建设迫在眉睫，而庞大的软件平台，需要高效、高质量的运维管理，才能为用户提供优质的服务，因此，在建设资源库的同时，还应考虑到运营和维护。目前，省、市、县、校各级平台的各自为政，遍地开花，不仅是对投资的浪费，更是对运行管理和系统维护力量的分散弱化。为此，我们提出依托计算机网络，全省一盘棋，统一建设，分布式部署，分级式管理，在全省层面统一构建"分布式存储、一站式服务"的高起点、高质量、稳定运行和服务的资源共建共享支撑平台，并在建设中关注以下问题："分布式存储，一站式服务"的技术路线要切实落实，确保存储服务的高效性，确保资源服务的有效性；要注重采用新技术，着力提高用户的访问体验和个性化服务水平，在资源的编目和检索、资源的按需推送、资源的发布等方面提供优质服务；要对基于网络的高效的运行管理机制提供支撑，如资源建设需求的征集和立项，资源的上传、审核和评价，资源的共享，资源应用的研讨等。

(三) 统筹规划，建立资源全盘开发机制

对于教学资源内容和质量的调查发现，已有教学资源在内容结构和数量、质量方面存在一些问题，包括资源量大但内容重复多、教学课件内容陈旧、教学设计更新缓慢、参考资料脱离实际、与一线教学联系不够紧密、高质量的教学资源缺乏，等等。这些问题凸现出在资源建设方面缺乏统一的规划，建设和开发力度不够。

教学资源的内容建设需要根据一线教师的需求去规划开发和建设。为避免教育资源产

品重复建设现象，各地教育部门有必要建立数字教育资源产品登记制度，建立教育资源产品信息库。这样便于开发单位在立项前查询版权和设计方案是否与他人的产品相同，也方便学校和教师了解教育资源现状。这可以规范教育资源市场，鼓励正规出版单位的发展，促进教育资源有序地发展。

教学资源建设的参与者有一线授课教师、教育部门的研究开发机构、企业等，而其中最核心的开发建设和应用主体应该是一线授课教师。目前基础教育资源主要来源于三个途径：一是教育部门统一开发，二是企业开发，三是教师自制或互相交流。调查数据显示，国家资源中心提供的资源和向企业购买的资源占多数，教师自己开发的资源数量明显偏少，这导致区域资源建设的长效机制难以形成，我们已经在上面提到，目前校本资源数量偏少，网络资源占据资源库的大部分空间，而要建立资源的长效开发机制，必须依靠一线教师，一线教师是资源的使用者，资源质量的高低好坏直接影响着在日常教学中教学质量的高低，而鼓励教师根据自己的教学特点和实际开发资源，为校本资源库的不断扩充做贡献才是资源库长久之计。

参考文献

[1] 李群. 教育信息化对教师教学能力的新要求 [J]. 理论月刊，2006(6):71.

[2] 李馨，胡小勇，缪容. 我国基础教育资源建设与应用调查 [J]. 中国电化教育，2009(2):22.

[3] 袁新瑞，姚远，丁剑峰. 陕西省基础教育信息化教学资源建设现状与对策 [J]. 中国电化教育，2011(3):77-82.

初中生网络成瘾与心理弹性、父母教养方式的关系研究[1]

杨宪华[2]，庞蕊媛

摘要： 为了解当代初中生网络成瘾、心理弹性、父母教养方式的现状并探讨其关系，本研究采用《网络成瘾诊断量表》《青少年心理韧性量表》《简式父母教养方式量表》，以陕西某地三所初级中学共361名学生为被试进行问卷调查。本研究结果发现：①准网络成瘾者的检出率为29.92%，网络成瘾的检出率为1.66%，且在年级维度上存在显著差异。②初中生心理弹性的总体水平处于中等水平，在目标专注、情绪控制、积极认知、心理弹性等各个维度上均存在显著的性别差异。③初中生父母教养方式上的过度保护、亲情温暖方面表现较高，而在拒绝方面则表现为中等偏上。初中生父母教养方式在亲情温暖（父亲）维度上存在显著的性别差异。④网络成瘾与心理弹性存在显著负相关关系（$P<0.01$）；初中阶段的网络成瘾与拒绝（父亲/母亲）、过度保护（父亲/母亲）等4项之间有着正相关关系（$P<0.01$），与亲情温暖（父亲）存在负相关关系（$P<0.01$）；心理弹性对网络成瘾有显著的负向预测，拒绝（母亲）对网络成瘾有显著的正向预测。本研究结果表明心理弹性与父母教养方式能够预测网络成瘾的因素，通过提高初中生的心理弹性及改善其父母教养方式，可以有效地预防初中生网络成瘾行为。

关键词： 初中生；网络成瘾；心理弹性；父母教养方式

近年来，随着科技的快速发展，网络正逐步渗透到我们的生活当中。根据中国互联网络信息中心（CNNIC）发布的《中国互联网络发展状况统计报告》（2022年，第49次报告）调查结果表明，目前全国有10.32亿的用户。其中，10～19岁群体占比为13.3%，且未成年人互联网普及率为94.9%，其中初中生群体占比最高为99.4%，且初中生网民的互联网应用的使用比例均高于未成年网民的平均水平。国外学者认为，网络成瘾是指因滥用网络或不合理使用网络而导致个人的心理和社会功能受损。在国内，网络成瘾是指因反复多次上网而引起的精神行为障碍。有研究表明初中生易产生网络成瘾现象，是网络成瘾的高危人群。网络对我们来说是一把"双刃剑"，在疫情常态化下许多学校开展停课不停学活动，保证教学正常进行。但是也会存在许多不良的影响，随着青春期的到来，初中生的心理变得复杂，自我意识处于萌芽阶段，网络世界带给他们的认同感和虚拟体验感，容易使得青少年沉迷其中，不可自拔。一些青少年网络用户由于无节制地使用网络，使得他们出现与家人之间

---

[1] 基金项目：陕西教师发展研究院"教师发展研究计划项目"重点项目（2022JSZ007）、陕西省教育科学"十四五"规划课题（SGH21H233）和陕西省教育学会2022年度课题（SJHYBKT2022211）阶段性成果

[2] 作者介绍：杨宪华，1980年生，山东高唐人，硕士，商洛学院健康管理学院副教授，研究方向为心理健康

的交流减少，交际范围减小，心理功能受到损害等现象。从长远的观点来看，网络成瘾不仅会对青少年的成长造成严重的危害，而且会对国家的发展产生深远的影响。

心理弹性是影响初中生网络成瘾的一个重要因素，由美国心理学家 Anthony 在20世纪70年代首次提出。由于心理弹性本身的复杂性，学术界至今未能对此概念达成一致。在国内，关于心理弹性的研究起步比较晚，研究的重点侧重于心理弹性的含义、测量方法、研究现状和研究进展等。周会娜等人将心理弹性定义为三种类型：结果性、能力性和过程性。国内学者对国外较成熟的心理弹性量表或自行编制的心理弹性量表进行了修改和研究。张碧碧等通过对大学生的网络成瘾和心理弹性的相关性进行了研究，发现其对网络成瘾者有显著的负面影响。巩彦平等研究发现心理弹性、目标专注、积极认知、家庭支持、情绪控制、人际协助和网络成瘾有明显的负相关关系。

父母教养方式是个体成长的一个重要影响因素，父母教养方式对网络成瘾存在非常重要的影响。结果表明：父母的不良教育与青少年的网络成瘾性相关。国内已有研究证实父母教养方式对于网络成瘾具有预测作用，例如李彩娜等学者研究发现父亲的教养方式对男、女生网络成瘾的形成均有显著的预测效果。杨昕的研究显示，有无网络成瘾学生的父母教养方式不同，父母的教养方式对孩子网络成瘾倾向有显著的影响，而严格的教育方式更利于青少年的网络成瘾的增长。

我国学者王鹏军调查研究得出，网络成瘾与非网络成瘾的初中生在心理韧性分数上存在显著差异，网络成瘾者的心理韧性评分低于非网络成瘾者。孙亚蜀、任俊等通过分析的结果发现，网络成瘾与心理弹性具有显著的负相关关系。彭阳等研究发现父母教养方式对青少年网络成瘾有影响或两者相关。张国富的研究发现，父母教养方式特别是母亲的教养方式，对青少年的心理弹性发展有一定的影响。

虽然国内外对于网络成瘾与心理弹性、父母教养方式的研究已经较为成熟，但都是某种程度以上考查两两之间的关系，究竟整体上三者的关系如何，并没有系统的研究论证，所以针对此情况，本研究将以网络成瘾、心理弹性、父母教养方式作为研究变量，旨在研究初中生网络成瘾与心理弹性、父母教养方式的关系，为有效防止初中生沉迷于网络，预防初中生网络成瘾提供实证依据。

一、研究方法

（一）研究对象

本研究以陕西省西安市三所初级中学400名学生为调查对象，发放问卷400份，回收问卷395份，回收率98.75%。剔除无效问卷后获得有效数据共361份，其中有效回收率约为90.25%。其中男生175人（48.5%），女生186人（51.5%）；初一257人（71.2%），初二104人（28.8%）；农村174人（48.2%），城镇187人（51.8%）。

（二）研究工具

1. 网络成瘾诊断量表

该量表是由 Young 编制的一个包含20个条目的评估工具，本量表采用五点计分方式，所有题目得分的总和为网络成瘾总分。Young 的网络成瘾量表将得分划分为三个阶段，得

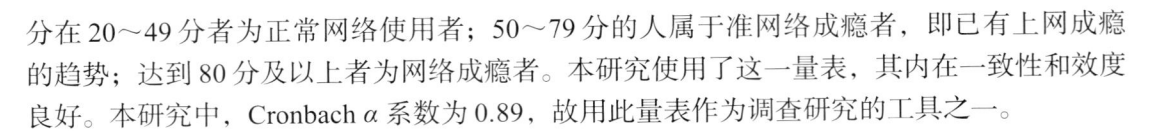

分在 20～49 分者为正常网络使用者；50～79 分的人属于准网络成瘾者，即已有上网成瘾的趋势；达到 80 分及以上者为网络成瘾者。本研究使用了这一量表，其内在一致性和效度良好。本研究中，Cronbach α 系数为 0.89，故用此量表作为调查研究的工具之一。

2. 青少年心理韧性量表

该量表共有 27 个项目，按 5 点进行计分，1 是完全不符合，2 是比较不符合，3 是说不清，4 是比较符合，5 是完全符合。分为两个维度，在个人力维度上主要有情绪控制、积极认知和目标专注三个因子；支持力维度由人际协助和家庭支持两个因子构成，可以评总分。在这个量表中，1、2、5、6、9、12、15、16、17、21、26、27 是反向计分。本问卷的信效度良好。在本研究中，这一量表中各个因素的 Cronbach α 系数在 0.627～0.756，故将其应用于本研究。

3. 简式父母教养方式量表

该量表共 42 个条目，其中"爸爸"和"妈妈"各 21 个问题，使用 4 点计分，1 为"从不"，2 为"偶尔"，3 为"经常"，4 为"总是"。考查父母采用何种教养方式，分为父亲版和母亲版，分为三个维度：拒绝、情感温暖和过度保护。第 15 题为反向记分，在计算各个维度的总分后除以这个维度的项目数量，得到的分数是这个维度的分数，分数越高，父母使用这种教育方法的可能性就越大。该量表各维度的 α 系数在 0.657～0.825，故采用该量表作为研究工具。

(三) 研究程序

问卷的施测是由各学校专业教师负责发放并回收的，并且采用纸质版调查问卷，现场发放与回收，严格控制问卷答题时间。在问卷发放的过程中，得到了各学校教师的许可。施测前，由专业教师讲述专业指导语并告知所有学生该问卷只是进行科研调查，不另作他用，对每一位问卷作答者的信息进行保密。并在每一个量表上都写有指导语。施测地点为学生所在学校的班级内进行。

(四) 数据处理

在本文中，采用 Excel 进行数据的录入，SPSS 22.0 进行描述性统计、独立样本 t 检验、相关分析和回归分析对数据进行处理和分析。

二、研究结果

(一) 初中生网络成瘾的现状

1. 初中生网络成瘾基本现状

根据量表的得分标准进行分类，被试被分为正常网络使用者、准网络成瘾者、网络成瘾者三种。具体分布情况见表 1。在 361 位初中学生中，有 6 位网络成瘾（80 分及以上），占总人数的 1.66%，这表示其中有 1.66% 的学生有网络成瘾问题。得分在 50～79 分的准网络成瘾者为 108 人占总体的 29.92%。在 20～49 分的学生为 247 名，是正常网络使用者，比例为 68.42%。

表1 初中生网络成瘾程度（$N=361$）

网络成瘾程度	人数	比例
正常网络使用者（20~49分）	247	68.42%
准网络成瘾者（50~79分）	108	29.92%
网络成瘾者（80分及以上）	6	1.66%

2.初中生网络成瘾性别差异分析

运用独立样本t检验，探讨了初中生网络成瘾的性别差异，见表2。

表2 初中生网络成瘾性别差异检验（$N=361$）

网络成瘾	男生（$N=175$）（$M±SD$）	女生（$N=186$）（$M±SD$）	t	P
得分	42.75 ± 14.92	44.54 ± 13.81	−1.187	0.236

而表2则显示，虽然女生网络成瘾的平均得分比男生高，但没有明显的统计学意义。并且在6名网络成瘾者中，男生2人，占总体的33.33%，女生4人，占总体的66.67%。女生的网络成瘾检出率高于男生。

3.初中生网络成瘾年级差异分析

采用t检验，结果显示不同年级的学生网络成瘾存在显著性差异（$t=-2.701$，$P<0.01$）。初二年级明显高于初一年级，见表3。

表3 初中生网络成瘾年级差异检验（$N=361$）

网络成瘾	初一（$N=257$）	初二（$N=104$）	t	P
得分	42.39 ± 14.04	46.86 ± 14.73	−2.701	0.007**

注：** 表示 $P<0.01$。

（二）初中生心理弹性现状

1.初中生心理弹性基本现状

对初中生心理弹性量表，分量表及各因子进行描述性统计分析见表4。

表4 初中生心理弹性描述统计（$N=361$）

	目标专注	情绪控制	积极认知	家庭支持	人际协助	个人力	支持力	心理弹性水平
M	17.15	18.21	14.24	19.51	18.12	49.51	37.56	87.23
SD	4.48	5.84	3.70	5.38	5.78	10.81	9.11	17.31

由于问卷计分方式由27~135，中位数是81，并计算各维度的中位数。从而从表4可

以看出，初中阶段的学生心理弹性及其各个维度处于中等偏上的水平。

2. 初中生心理弹性的性别差异分析

采用 t 检验以初中学生的性别差异为自变量，初中学生心理弹性及其各维度和因子为因变量，分析发现：性别不同的初中学生在目标专注（$t = 2.835$，$P<0.01$）、情绪控制（$t = 6.016$，$P<0.01$）、积极认知（$t = 2.667$，$P<0.01$）、心理弹性（$t = 4.137$，$P<0.01$）等各维度的性别上具有统计学差异，但是在家庭支持（$t = 1.054$，$P>0.05$）、人际协助（$t = 1.471$，$P>0.05$）、个人力（$t = 0.840$，$P>0.05$）、支持力（$t = -0.444$，$P>0.05$）等维度上不同性别不存在统计学差异，见表5。

表5　初中生心理弹性性别差异检验（$N=361$）

	男生（$N=175$）($M \pm SD$)	女生（$N=186$）($M \pm SD$)	t	P
目标专注	17.83 ± 4.36	16.51 ± 4.50	2.835	0.005**
情绪控制	20.03 ± 5.71	16.50 ± 5.45	6.016	0.000**
积极认知	14.77 ± 3.80	13.74 ± 3.54	2.667	0.008**
家庭支持	19.82 ± 5.28	19.23 ± 5.48	1.054	0.293
人际协助	18.58 ± 5.69	17.68 ± 5.85	1.471	0.142
个人力	50.00 ± 11.08	49.04 ± 10.56	0.840	0.401
支持力	37.34 ± 9.02	37.77 ± 9.22	−0.444	0.658
心理弹性	91.03 ± 17.02	83.66 ± 16.85	4.137	0.000**

注：** 表示 $P<0.01$。

3. 初中生心理弹性的年级差异分析

采用 t 检验，结果显示：初中生年级上不存在显著性差异，在个人力、目标专注、情绪控制、积极认知、支持力、家庭支持、人际协助和心理弹性方面，P 值都高于0.05。因此，目标专注、情绪控制、积极认知、家庭支持、人际协助、个人力、支持力、心理弹性等因素对学生年级的影响无统计学意义，见表6。

表6　初中生心理弹性年级差异检验（$M \pm SD$）

	初一（$N=257$）	初二（$N=104$）	t	P
目标专注	17.20 ± 4.28	17.02 ± 4.94	0.344	0.731
情绪控制	18.11 ± 6.15	18.48 ± 5.03	−0.553	0.581
积极认知	14.15 ± 3.75	14.47 ± 3.56	−0.752	0.452
家庭支持	19.44 ± 5.49	19.69 ± 5.13	−0.397	0.691
人际协助	17.79 ± 5.75	18.91 ± 5.81	−1.671	0.096

续表

	初一（$N=257$）	初二（$N=104$）	t	P
个人力	48.86 ± 10.93	51.11 ± 10.39	−1.793	0.074
支持力	37.59 ± 8.92	37.50 ± 9.61	0.083	0.934
心理弹性	86.69 ± 17.86	88.58 ± 15.89	−0.938	0.349

（三）初中生父母教养方式现状

1. 初中生父母教养方式基本现状

本研究以初中生简式父母教养方式量表为依据，对初中生家长养育方式的基本状况进行了分析，见表7。

表7 初中生父母教养方式描述统计（$N=361$）

	拒绝（父亲）	亲情温暖（父亲）	过度保护（父亲）	拒绝（母亲）	亲情温暖（母亲）	过度保护（母亲）
M	1.84	2.62	2.16	1.82	2.76	2.31
SD	0.77	0.81	0.56	0.71	0.71	0.58

从表7可以看出亲情温暖（父亲/母亲）维度的得分最高，拒绝（父亲/母亲）维度的得分最低。总体而言，在过度保护、亲情温暖方面，本地区初中生得分较高，但在拒绝方面得分中等。

2. 初中生父母教养方式的性别差异分析

采用t检验，结果发现：不同性别的初中生在父母亲养育方式量表中的亲情温暖（父亲）有显著性（$t=2.759$，$P<0.01$），并且男孩高于女孩。但是在拒绝（父亲）（$t=0.620$，$P>0.05$）、过度保护（父亲）（$t=0.797$，$P>0.05$）、拒绝（母亲）（$t=0.099$，$P>0.05$）、亲情温暖（母亲）（$t=0.940$，$P>0.05$）、过度保护（母亲）（$t=-0.184$，$P>0.05$）等维度上性别差异不显著，见表8。

表8 初中生父母教养方式性别差异检验（$M±SD$）

	男生（$N=175$）	女生（$N=186$）	t	P
拒绝（父亲）	1.86 ± 0.75	1.81 ± 0.78	0.620	0.536
亲情温暖（父亲）	2.74 ± 0.85	2.51 ± 0.75	2.759	0.006**
过度保护（父亲）	2.19 ± 0.56	2.14 ± 0.55	0.797	0.426
拒绝（母亲）	1.82 ± 0.70	1.81 ± 0.71	0.099	0.921
亲情温暖（母亲）	2.79 ± 0.69	2.72 ± 0.72	0.940	0.348
过度保护（母亲）	2.31 ± 0.58	2.32 ± 0.59	−0.184	0.854

注：** 表示$P<0.01$，* 表示$P<0.05$。

3. 初中生父母教养方式年级差异分析

对数据进行 t 检验，结果显示不同年龄阶段的父母教养方式差异并不显著，见表9。

表9 初中生父母教养方式年级差异检验（$M \pm SD$）

	初一（$N=257$）	初二（$N=104$）	t	P
拒绝（父亲）	1.87 ± 0.80	1.75 ± 0.68	1.372	0.171
亲情温暖（父亲）	2.60 ± 0.75	2.66 ± 0.93	−0.550	0.582
过度保护（父亲）	2.18 ± 0.55	2.12 ± 0.57	0.852	0.395
拒绝（母亲）	1.82 ± 0.72	1.80 ± 0.69	0.233	0.816
亲情温暖（母亲）	2.78 ± 0.72	2.71 ± 0.67	0.829	0.408
过度保护（母亲）	2.32 ± 0.58	2.30 ± 0.60	0.337	0.736

（四）初中生网络成瘾与心理弹性、父母教养方式的相关分析

1. 初中生网络成瘾与心理弹性的关系分析

采用皮尔逊积差相关的方法，显示初中学生的网络成瘾性与心理弹性、人际协助、情绪控制、积极认知、家庭支持、目标专注等6个因素都有显著性差异。相关系数值分别是心理弹性为 −0.339、人际协助为 −0.226、情绪控制为 −0.309、积极认知为 −0.127、家庭支持为 −0.249 和目标专注 −0.211，相关系数值都低于0。结果显示：网络成瘾与心理弹性、情绪控制、目标专注、人际协助、积极认知、家庭支持等因子之间有着显著负相关关系，见表10。

表10 初中生网络成瘾与心理弹性的关系

因素	1	2	3	4	5	6	7
网络成瘾总分							
心理弹性总分	−0.339**						
目标专注	−0.211**	0.685**					
情绪控制	−0.309**	0.742**	0.343**				
积极认知	−0.127*	0.589**	0.526**	0.285**			
家庭支持	−0.249**	0.667**	0.312**	0.304**	0.282**		
人际协助	−0.226**	0.716**	0.305**	0.482**	0.168**	0.337**	

注：** 表示 $P<0.01$。

2. 初中生网络成瘾与父母教养方式的关系分析

利用皮尔逊积差对初中学生网络成瘾与父母教养方式的影响因素进行了研究。亲情温暖（父亲）、拒绝（父亲/母亲）、过度保护（父亲/母亲）等5项与网络成瘾之间全部均呈现

出显著性，并且相关系数分别为拒绝（父亲）（0.200），拒绝（母亲）（0.278），过度保护（母亲）（0.252），过度保护（父亲）（0.191），全部均大于0，且 $P<0.01$，这就意味着初中生网络成瘾与拒绝（父亲/母亲），过度保护（父亲/母亲）等4项之间有着正相关关系；亲情温暖（父亲）（-0.105）小于0，$P<0.05$，因而说明网络成瘾和亲情温暖（父亲）之间存在显著的负相关关系。同时网络成瘾与亲情温暖（母亲）之间并不会呈现出显著性，相关系数值接近于0，这说明网络成瘾与亲情温暖（母亲）之间并没有相关关系，见表11。

表11 初中生网络成瘾与父母教养方式的关系

因素	1	2	3	4	5	6	7
网络成瘾总分							
拒绝（父亲）	0.200**						
亲情温暖（父亲）	-0.105*	-0.306**					
过度保护（父亲）	0.191**	0.617**	-0.161**				
拒绝（母亲）	0.278**	0.717**	-0.226**	0.524**			
亲情温暖（母亲）	-0.097	-0.227**	0.680**	-0.197**	-0.401**		
过度保护（母亲）	0.252**	0.482**	-0.174**	0.712**	0.617**	-0.260**	

3. 初中生心理弹性与父母教养方式的关系分析

对采用皮尔逊积差相关对初中学生的心理弹性与父母教养方式进行了相关性研究。结果显示：心理弹性与过度保护（父亲/母亲）（$P<0.01$）、拒绝（父亲/母亲）（$P<0.01$）、亲情温暖（父亲/母亲）（$P<0.01$）共6项之间的相关关系数值呈现出显著性。这些因素的相关系数为拒绝（父亲/母亲）是-0.345和-0.409，过度保护（父亲/母亲）是-0.276和-0.354，这说明心理弹性和过度保护（父亲/母亲）、拒绝（父亲/母亲）之间有着显著的负相关关系。同时亲情温暖（父亲/母亲）相关系数分别为0.447和0.430，因而说明心理弹性和亲情温暖（父亲），亲情温暖（母亲）之间有着显著的正相关关系，见表12。

表12 心理弹性与父母教养方式的关系分析

因素	1	2	3	4	5	6	7
心理弹性							
拒绝（父亲）	-0.345**						
亲情温暖（父亲）	0.447**	-0.306**					
过度保护（父亲）	-0.276**	0.617**	-0.161**				
拒绝（母亲）	-0.409**	0.717**	-0.226**	0.524**			
亲情温暖（母亲）	0.430**	-0.227**	0.680**	-0.197**	-0.401**		
过度保护（母亲）	-0.354**	0.482**	-0.174**	0.712**	0.617**	-0.260**	

注：** 表示 $P<0.01$。

(五) 初中生网络成瘾与心理弹性、父母教养方式的回归分析

在相关分析的基础上,采用逐步多元回归分析,对心理弹性、父母教养方式与网络成瘾的影响进行分析。通过回归分析的数据来看,发现有两个因素可以有效地预测网络成瘾。首先进入回归模型的是心理弹性,这也是对网络成瘾影响的最大,解释力最强因子,其解释量是 11.5%。其次是拒绝(母亲)这个因子。这两个变量的联合预测力达到了 13.8%,见表 13。

根据表格数据可以得出网络成瘾的模型公式为:网络成瘾 = 57.024−0.224* 心理弹性水平 + 3.414* 母拒绝。以上数据表明:心理弹性的回归结果为 −0.224($t = -5.025$,$P = 0.000 < 0.01$),这表明情绪控制对网络成瘾会产生显著的负向影响。拒绝(母亲)的回归结果是 3.414($t = 3.122$,$P = 0.000 < 0.01$)显示拒绝(母亲)会对网络成瘾产生显著的正向影响。

表 13 初中生网络成瘾与心理弹性、父母教养方式的逐步回归分析

因变量	预测变量	R	R^2	ΔR^2	t	B
网络成瘾	心理弹性	0.339	0.115	0.112	−5.025	−0.224
	拒绝(母亲)	0.372	0.138	0.133	3.122	3.414

三、讨论

(一) 初中生网络成瘾的现状分析

近年来,我国关于初中生的网络成瘾的检出率大概在 5%~15%。刘影等对成都中小学生研究发现,1~9 年级其中准成瘾者为 15.20%,网络成瘾者为 1.13%;张莲对大连地区初中生网络成瘾的现状进行调查,其中网络成瘾者 81 人,初中生网络成瘾率为 14.26%。近几年研究检出率结果并不一致的原因可能是由于我们现在还没有一个标准的网络成瘾的诊断标准,不同的研究人员所采取的研究工具量表并不一致,且研究的被试也存在着差异。而在本研究中以西安市某三所中学初中生为被试,发现网络成瘾检出率为 1.66%,可能比一般情况较低,也许是因为问卷数据的采集虽是无记名方式,但由于是老师进行发放,被试担心暴露出太多,引起老师的注意,对所存在的情况进行一些隐瞒。在性别上,潘利华的调查显示,女生上网成瘾发生率为 10.2%,男生为 8.5%,女生比男生更严重,在本研究中网络成瘾虽然不与性别差异存在显著差异,但是女生群体网络成瘾的平均分高于男生群体网络成瘾的平均分,网络成瘾检出率也高于男生。这可能是因为一些同学在作答时对情况进行一些隐瞒,还有可能是随着网络普及率的上升,绝大多数家庭都存在上网设备,家长对女生的监管较松,从客观上使得女生存在上网时间和上网条件。而与不同的年级存在显著的差异,已经得到许多研究结果的支持。郭永芬研究表明初一年级的检出率是 10.2%,初二年级是网络成瘾的高峰期其检出率是 16.1%,初三年级的检出率下降至 13.9%。孙宏艳等学者认为,初二学生中有 8.2% 的学生存在网络成瘾,而且比平均值 6.8% 大,而初三年级网络成瘾检出率是 6.7%。本研究结果发现在年级上存在显著差异,初二明显高于初一年级。这可能是因为初二学生既没有升学压力也没有适应进入新学校的生活压力,而初一学

生处于青春期萌芽发展时期，更容易听从老师和家长要求，接触网络时间较少。

(二) 初中生心理弹性的现状分析

心理弹性是个体面对逆境和困难时的恢复能力，是一个动态的过程。从整体上看，初中学生的整体心理弹性水平属于中等水平，这与以往的调查结果相吻合。这是因为我国现阶段素质教育越来越普及，家庭经济情况较好，中学生参加社会性团体活动的机会增多，其独立性、抗逆力、应变能力均有所提高，从而使初中生的心理弹性得到全面提升。在性别层面，心理弹性、目标专注、情绪控制、积极认知等维度有显著性差异，而在支持力、个人力、家庭支持、人际协助等维度上无显著性差异。在年级差异方面并不存在显著差异，但是初二明显高于初一年级，初一的同学刚刚脱离小学阶段的生活，在新学校、新同学、新朋友还没有完全适应的时候，会有很大的压力，如果遇到困难，没有朋友和家人的帮助，容易产生消极情绪。

(三) 初中生父母教养方式的现状分析

父母教养方式实际上是包含相对稳定的教养态度和教养信念的综合体，是父母在教养过程中一种较为稳定的、风格一致的教育理念、态度和行为。西安市三所学校的学生在过度保护和亲情温暖上表现出更高的分数，说明家长对子女的日常照顾水平更高，可以为初中生提供足够的情感温暖，因而有更多的保护行为。而在拒绝维度上的得分则为中等，表明西安市三所中学的学生在父母教养方式上没有过分采用拒绝否定的方法。这可能是因为：现在处于一个信息高度发展的社会，学生父母不仅拥有一定的教育程度，还在信息高速发展的时候学习到了较好的理念和教育方式，花费在孩子身上的时间和精力也相比从前较多。在教育孩子方面，一般都是比较温和的，不会对孩子的要求和建议采取消极的态度。在性别方面来看，李柞山和其他人相信，在家中男生更容易得到更多的注意，所以他们更有可能接受更多的消极教养方式。不同性别的中学生在亲情温暖（爸爸）维度上存在显著差异，男生比女生高，其他方面无显著差异，但是男生的分数都比女生高。从传统性别社会化的角度来看，家长在教育孩子时存在不同的方法，而现代的性别社会化则需要家长以同样的方式来对待孩子。在不同年级方面，父母教养方式并没有显著的差异。这种情况的产生，是因为随着父母的受教育水平越来越高，他们对子女的教育越来越重视，并且越来越倾向于改变传统的观念。

(四) 初中生网络成瘾与心理弹性、父母教养方式的关系分析

通过对被试网络成瘾与心理弹性、父母教养方式的关系结果进行分析发现，心理弹性，情绪控制，目标专注，人际协助，积极认知，家庭支持都与网络成瘾存在负相关关系。本研究与周平艳等在研究心理弹性与网络成瘾的关系时所得出的结论：心理弹性与网络成瘾具有显著的负相关关系的研究结果相一致。本研究同时对网络成瘾与父母教养方式的关系进行了探讨，结果表明初中生网络成瘾与过度保护（父亲/母亲），拒绝（父亲/母亲）等4项之间有着正相关关系；与亲情温暖（父亲）存在负相关关系，在亲情温暖（母亲）之间并没有相关关系。这一结果和王依晴父母教养方式中的调查发现，网络成瘾与拒绝（爸爸/妈妈），过分保护（爸爸/妈妈）两个维度之间有显著的正相关，网络成瘾与亲情温暖（爸爸/妈妈）之间存在负相关的结果，存在一些不同。对初中生心理弹性和初中生父母教养方式

的关系进行分析，发现其心理弹性和拒绝（父亲），过度保护（父亲），拒绝（母亲），过度保护（母亲）之间有着显著的负相关关系，和亲情温暖（父亲），亲情温暖（母亲）之间有着显著的正相关关系。和王觅研究发现的除了父亲版本的过度保护和母亲版本的过度保护之外，其他因素都与心理弹性有一定的相关性研究结果不一致。通过对初中生网络成瘾与心理弹性、父母教养方式的回归分析发现，心理弹性对网络成瘾会产生负向的预测作用。拒绝（母亲）对网络成瘾会产生正向的预测作用。其中心理弹性的预测力最佳，因此可以通过训练提高初中学生的心理弹性水平以预防初中生网络成瘾情况发生。

四、结论

初中生的网络成瘾：准网络成瘾者的检出率为29.92%，网络成瘾的检出率为1.66%。不同年级之间存在着显著性差异。

初中生的心理弹性：初中生心理弹性的总体水平处于中等水平，在心理弹性、目标专注、情绪控制、积极认知等维度上存在显著的性别性差异。不同年级间无显著性差异。

初中生的父母教养方式：父母教养方式上的过度保护、亲情温暖方面表现较高，而在拒绝方面则表现为中等偏上。其中亲情温暖（父亲）维度上有显著的性别差异。在年级方面与父母教养方式差异不显著。

网络成瘾与心理韧性水平、目标专注、情绪控制、积极认知、家庭支持、人际协助等六项之间有着显著负相关关系。

初中生网络成瘾与过度保护（父亲/母亲），拒绝（父亲/母亲）等4项之间有着正相关关系；与亲情温暖（父亲）存在负相关关系，但与亲情温暖（母亲）之间并没有相关关系

心理弹性和拒绝（父亲），过度保护（父亲），拒绝（母亲），过度保护（母亲）之间有着显著的负相关关系，和亲情温暖（父亲），亲情温暖（母亲）之间有着显著的正相关关系。

心理弹性对网络成瘾会产生显著的负向预测。拒绝（母亲）对网络成瘾会产生显著的正向预测。

参考文献

[1] CNNIC发布第49次《中国互联网络发展状况统计报告》[J]. 新闻潮，2022(2):3.

[2] Young. Internet Addiction: the Emergence of a New Clinicaldisorder[J]. Cyberpsych Behav, 1996:237-244.

[3] 陶然，王吉囡，黄秀琴，等. 网络成瘾的命名、定义及临床诊断标准[J]. 武警医学，2008,19(9):773-776.

[4] 李莉. 父母教养方式与初中生网络成瘾关系的研究[D]. 武汉：华中师范大学，2018.

[5] 周会娜. 积极心理学视角下的心理弹性研究[J]. 宁波教育学院学报，2010,12(5):92-95.

师范专业认证背景下英语教学法课程建设与创新研究

李亚红

摘要：师范专业认证不仅是一种外部评价，更是一种专业发展的契机。在专业建设中，师范专业认证的理念不仅要落脚在以培养目标和课程体系设计为主的专业顶层设计上，更要落实在专业课程教学中。作为英语师范专业的一门专业主干课，英语教学法具有培养师德规范、教育情怀、教学能力、反思与发展意识和综合育人等多项育人功能。通过对师范专业认证理念和课程功能分析，英语师范专业课程可通过重构课程目标、完善课程内容、创新教学方式、采用多样化的评价方式加强课程建设，提高课程教学质量。

关键词：师范专业认证；英语教学法；课程建设与创新

进入新时代，内涵式发展已成为引导我国高等教育发展的核心理念。经过几十年的探索、实践和反思，我国高等师范教育面临从"去师范化"到"再师范化"的二次转型。再师范化转型不只是从"教师教育"到"师范教育"话语表达方式的重新转换与回归，还是对更有质量、更具特色、更富内涵的师范教育的迁跃与提升。2017年10月，教育部印发《普通高等学校师范类专业认证实施办法（暂行）》，开始全面实施师范类专业认证工作。在某种程度上，这正是确保我国高等师范教育"再师范化"和提升师范教育质量的一项重要举措。师范专业认证是运用统一的认证理念和标准对师范类专业人才培养进行监测、考核和评估，目的在于"办好一批高水平、有特色的教师教育院校和师范类专业""为发展更高质量更加公平的教育提供强有力的师资保障和人才支撑"。

多年来，我国英语基础教育质量差强人意。因此，高校英语师范专业的建设与发展任重道远。对于英语师范专业来讲，师范专业认证不仅是一种外部评价，更是一种专业发展的契机。在专业认证背景下，高校英语师范专业应以学生为本，从自身实际出发，不仅要从人才培养目标、课程设置等方面对专业建设进行顶层设计，更应重视将专业认证理念和相关要求落实在课程目标以及课程教学中。本文以英语教学法课程为例，探讨如何将师范专业认证理念及相关要求融入课程建设中，以促进高校英语师范专业内涵式发展，提高师范生培养质量。

一、师范专业认证理念及内涵意义

师范专业认证以"学生中心、产出导向、持续改进"为核心理念，为高校英语师范专业全面重构课程体系，加强专业内涵式建设，创新人才培养方式提供新的思路。

"学生中心"不仅要关注师范生的认知发展规律，更要关注师范生的职业核心素养和关键能力，即毕业时"学到了什么"和"能做什么"。在师范类专业标准中，对师范生毕业时应具有的职业核心素养和关键能力提出了明确的要求，即："践行师德、学会教学、学会育人、学会发展"（一践行三学会）。毕业要求不仅是构建人才培养目标的重要依据，也是构建课程目标和课程内容的重要参照。

"产出导向"是以英语师范专业人才培养目标为导向，反向设计课程教学体系。以标准中提出的"一践行三学会"的毕业要求为重要参照，使英语师范专业课程设置涵盖师德体验、学科素养、教书育人和学会发展四个方面；同时，也尽可能使每门课程结合自身的学科特点涵盖这四方面的相关要求，所有课程同心同力，最终使英语师范生毕业时达到"一践行三学会"的要求。

"持续改进"则强调对师范类专业教学进行全方位、全过程评价，更重要的是教师要参照评价结果，持续不断地改进课堂教学，促进专业建设，形成一个螺旋式上升的封闭环，推动英语师范专业人才培养质量的持续提升。

二、师范专业认证下英语教学法课程的功能分析

英语教学法课程是一门理论与实践相结合的课程，其目的主要在于培养学生的英语学科教学能力和专业发展能力，为将来从事英语教育事业奠定良好的理论和实践基础。在师范专业认证理念中，英语教学法课程如何支撑"一践行三学会"毕业要求，就要分析英语教学法课程所涵盖的内容及其功能。

（一）英语教学法课程对培养师德规范和教育情怀具有一定的意义

师德是教师工作必须遵守的道德规范和行为准则的总要求，是引领和指导师范生学会教学、学会育人和学会发展的核心要素。对于师德定位，英语教学法课程可通过介绍《英语课程标准》《中学教师专业标准》以及中小学教育"双减政策"等主题为英语师范生创造师德体验，使英语师范生准确把握新时代中国特色社会主义特征，自觉贯彻党的教育方针，践行社会主义核心价值观，形成思想政治信念坚定、以立德树人为己任、认同师德规范的良好意识和倾向，为日后积极践行立德树人理念、自觉遵守师德规范和依法执教等奠定基础。与此同时，了解我国外语教学历史发展进程、我国外语教学现状、英语基础教育课程改革理念以及深刻认识当代英语教师所应肩负的使命感则有助于培养英语师范生立志成为有理想信念、有扎实学识、有仁爱之心好教师的教育情怀。

（二）英语教学法课程对培养教学能力具有至关重要的作用

"学会教学"是英语教师赖以生存的首要核心职业技能。比起学科素养，英语教学法课程直接指向师范生的学科教学能力的培养。教学能力指教师为实现教学目的、完成教学任务而具备的知识、技能和情感态度方面的能力。根据教学任务完成的活动过程，教学能力包括教学设计能力、教学组织能力、教学监控能力、教学评价能力、教学反思能力和教学创新能力。就学科内容来讲，英语教学法课程包括语音教学、语法教学、词汇教学、语篇教学和文化教学等语言知识教学技能培养以及听力教学、阅读教学、口语教学和写作教学等语言技能教学技能培养等内容；聚焦不同的主题教学，英语教学法课程则涉及教学活动的设计、实施、评价与反思。因此，英语教学法课程是从纵横多维度共同构建英语师范生的学科教学能力。

(三)英语教学法课程促进反思与发展意识的形成

教师是反思性的实践者。"学会反思"是英语师范毕业生从事基础英语教学工作，实现专业发展的基本能力要求。英语教学法课程可以通过英语教师职业发展规划，帮助英语师范生了解英语教师专业发展的核心内容、发展阶段与路径方法，形成专业发展意识，树立终身学习理念；通过指导他们分析自我、明确发展目标重点、选择发展路径，制订专业学习与职业发展规划。除此之外，还结合主题教学内容，创设反思性教学情境，通过培训课堂观察、案例分析、教学日志等实训技能来培养英语师范生在教育实践中，收集信息、自我诊断、自我改进、增强教学反思体验，形成自我反思和自我发展意识的能力。

(四)英语教学法课程可以培养综合育人能力

综合育人体现了育人为本的教育理念，是英语师范生适应中小学综合育人工作所需要的专业核心能力。根据师范专业认证标准，英语师范生的综合育人能力是指能够理解英语学科的育人价值，能根据学生的身心发展规律和外语学习规律，有机结合英语教学活动和英语语言文化，初步掌握在教书中育人的途径与方法。虽然英语教学法课程重在培养师范生的英语学科教学能力，但课程中有关英语基础教育课程改革新理念、课堂管理、英语课程资源的开发和利用以及英语"课程思政"等主题内容对于英语师范生了解中小学生跨文化意识培养、国际视野形成、家国情怀塑造以及社会主义核心价值观养成的过程与方法起着至关重要的作用；理解英语学科在情感、态度和价值观方面独特的育人功能，初步掌握英语教学育人的途径与方法是英语师范生的必备能力。

三、英语教学法课程建设与创新

(一)研读专业认证标准，重构课程目标

课程目标是课程建设的起点，是师范专业办学和专业建设的重要支撑点，也是英语师范认证考核、评价的重要参照。专业标准中的培养目标分别对目标定位、目标内涵以及目标评价做出了质的规定，对英语师范专业人才培养目标以及课程目标的制订具有宏观导向性。毕业要求是对培养目标的细化，是培养目标达成度的条件性体现。因此，在重构英语教学法课程目标的时候，应仔细研读中小学教育认证标准，明确标准中培养目标以及毕业要求对课程目标的导向作用及意义，并结合专业人才培养方案，制定出适合本校专业发展特色的明确、具体、公开的课程目标，为后续课程建设及课程评价奠定基础。

(二)对标毕业要求和课程目标，完善课程内容

课程教学是实现人才培养的基本途径，也是提高师范教育质量的重要环节。中小学教育专业标准对师范专业提出"一践行三学会"的要求，这实际上是对师范生在师风师德、教学能力、育人能力以及专业发展能力等方面作出具体要求，是对师范生培养规格作出的质的规定，也是毕业生所应具备的职业核心素养或教育教学能力的具体体现。这一规定不仅要体现在课程目标中，也要体现在课程教学内容中，使毕业要求、课程目标、课程内容形成相互关联、相互支撑的关系。这就要求在课程建设中，要根据毕业要求以及课程目标，补充、完善英语教学法课程内容，尤其是不完善或是被忽略的部分。例如，针对"师德规范和教育情怀"的培养，提出"了解国内英语教学改革前沿信息，形成自觉践行社会主义

核心价值观，热爱祖国教育事业，具有为国家富强、民族昌盛奋斗的志向和责任感"的课程目标，相关课程内容则可以是外语教学历史发展进程、国内外外语教学现状与差距、英语基础教育课程改革理念、"双减"政策以及融入课程始末的"课程思政"等内容。

(三) 以学生为中心，创新课程教学方式

"以学生为中心"不仅是师范专业认证所提倡的理念，也是高校师范专业实现"立德树人"的基本出发点。但是，据有关调研发现，师范类专业课堂教学中存在教学方式机械单一，实践教学中存在认识陈旧、形式单一、管理松散等问题，这也是师范专业教学亟须改革之处。师范类专业认证关注师范生学习体验，强调课程内容丰富和课程实施方式灵活多样。例如，英语教学法是一门理论与实践相结合的课程，因此，在教学实施中，英语教学法课程可以通过理论讲授、课堂讨论、案例分析、课堂观摩、任务设计等多种相结合的方式组织教学活动，让学生深度参与课堂学习，增强对教学实践情境的体验与感知，提高对实践问题的分析与解决能力以及反思能力。例如，在阅读技能教学中，教师可先讲授有关阅读模式、阅读教学模式、阅读教学活动设计等理论，再呈现阅读教学设计案例以供英语师范生进行案例分析、课堂讨论，然后组织他们就相关教学内容进行教学设计。这一系列的过程涉及理论感知、实践感知、问题分析和动手实践等多层次的学习体验。

(四) 采用多元化评价方式，持续改进课程质量

师范类专业认证是一种以毕业要求达成度为主的评价系统。因此，英语教学法课程教学的质量评价也应以毕业要求达成度为主要参照，并采用形成性评价、终结性评价等多元化方式进行考核。终结性评价主要采用笔试的形式，对支撑课程目标和毕业要求达成的课程内容尽可能进行全面考核。对于难以用考试形式进行考核的思想品德、教育情怀等毕业要求则以形成性评价进行考核。例如，在了解了我国英语基础教育课程改革理念与当地英语课程改革现状的差距之后，教师可以组织学生就自己的职业理想或者是自己将如何致力于解决英语教学改革中出现的难题进行讨论，以此来考核学生的职业发展规则和立志投身教育事业的理想情怀。学生的表现可以课堂表现的形式记入形成性评价，并最终纳入课程考核中。

不管是终结性评价还是形成性评价，其考核结果都将用于课程教学质量的改进和提升。课堂中及时的形成性评价或是课程结束后的终结性评价都是师范专业教师提升课程质量的重要参照。对于达成度不好的指标或目标，要适时调整、改进课程内容或教学方式，直到学生有更好的表现，达到课程目标和毕业要求的考核标准。

四、结语

英语教学法课程是高校英语师范专业的一门专业主干课，在英语师范生培养中起着非常重要的作用。在师范专业认证背景下，英语教学法课程建设应以专业认证标准理念和毕业要求为参照构建课程目标和课程内容，以学生为中心创新教学方式，以毕业要求达成度为主要参照进行多元化的评价。在此基础，不断调整、改进课程教学质量，提高英语专业教育质量，为社会培养出一批优秀的英语教师队伍。

参考文献

[1] 赵国祥，罗红艳，赵申苒. 论师范大学再师范化转型及价值重塑 [J]. 教育研究，2020, 41(3):143-151.

[2] 教育部关于印发《普通高等学校师范类专业认证实施办法（暂行）》的通知 [EB/OL]. (2017-11-08)[2022-8-22]. http://www.gov.cn/xinwen/2017-11/08/content_5238018.htm.

[3] 宋明江，胡守敏，杨正强. 论教师教学能力发展的特征、支点与趋势. 教育研究与实验，2015(2):49-52.

[4] 王治民，薛勇民，南海. "教师教学能力"概念辨析——对"中职学校专业教师教学能力标准"概念的解读 [J]. 中国职业技术教育，2008(18):8-10.

[5] 王晓诚，等. 地方高等师范院校的责任与使命——基于山东师范大学教师教育的调研 [J]. 山东师范大学学报：人文社会科学版，2016(2):97.

初中生情绪智力、人际关系与心理健康的相关性研究

杨宪华，周紫彤

摘要：为考查初中生情绪智力、人际关系与心理健康的关系，本研究采用情绪智力量表、初中生人际关系问卷、儿童和青少年心理健康量表对西安某中学的420名初中生进行问卷调查。结果发现：①从总体来看，初中生情绪智力、人际关系的总分和各个因子得分都处于中等偏上水平，心理健康的总分及各因子处于中等偏下较低水平。②从差异上看，初中生的情绪智力、人际关系在性别和年级上都存在显著性差异；初中生心理健康有显著的性别差异，在情绪体验因子上存在年级差异。③从相关上看，初中生情绪智力及其各因子和人际关系呈现显著正相关，初中生情绪智力及其各因子和心理健康呈现显著正相关，初中生人际关系及其各因子与心理健康呈现显著正相关。④情绪智力和人际关系对心理健康都具有正向预测作用，也就是说初中生情绪智力越高，人际关系越好，心理健康状况越好。可见，初中生的情绪智力、人际关系都对心理健康有着显著影响。

关键词：情绪智力；人际关系；心理健康

伴随当前我国教育社会经济建设发展状况的日新月异，人们长期以来对于优质学校教育品质的总体认识要求已有显著大幅提升，国家相关教育决策部门也相继酝酿出台相关重要地方教育管理方针政策，以强化政策指导倾向，着力保护改善和关心支持优质中学阶段学生发展教育水平质量，整体推动增强面向我国和全民族优质教育供给质量，提升覆盖全体国民学生综合教育素质，实现中国教育整体公平进步的目标。当青少年即将进入初中教育学习发展阶段，标志着其青少年身心健康发展、人格个性形成过程已逐渐进入素质教育关键发展阶段，此过渡时期社会团体与个体家庭、学校管理与学生教师工作等多种不同因素方面形成的多种力量可能会共同对广大青少年学子形成了一定程度上的身心精神压力，对其整体心理及健康发育水平等产生各种不同程度层次的影响。

"情绪智力"最早是由萨拉维和新罕布什尔大学梅耶于1990年在美国耶鲁大学正式提出。戈尔曼（1995）将情绪智力定义为：认知自我和别人情感的能力，自我激励能力，以及管理自我和人际关系中情感的能力。张进辅（2002）等提出，情感智力与传统的以认知为中心的智力之间存在差异，它决定了个体在日常工作、生活、学习中能否获得成功的非认知性心理能力。甘文彬（2014）等学者的研究得出：初中生的情绪智力保持在一个良好的水平。

---

[1] 基金项目：陕西教师发展研究院"教师发展研究计划项目"重点项目（2022JSZ007）、陕西省教育科学"十四五"规划课题（SGH21H233）和陕西省教育学会2022年度课题（SJHYBKT2022211）阶段性成果

[2] 作者介绍：杨宪华，1980年生，山东高唐人，硕士，商洛学院健康管理学院副教授，研究方向为心理健康

申婷（2019）等人的研究表明：初中生的情绪智力在年级、生源地上存在显著差异。

人际关系这一定义，最初是由国家人事管理联合会所提出的。从狭义的人际关系方面来说，人际关系是指人与人之间在长期相处的过程中，所形成的某种直接、稳定或被观察的心理上的关联，例如：师生关系、亲子关系、伴侣关系等；更广义的则是指人与人之间一切方面的关系，以及其所相关的任何方面关系。曹虹（2018）的研究指出：初中生群体总体上来说人际关系良好。魏向争（2018）的研究表明：初中生的人际关系在不同的年级存在着差异。初二学生的人际关系困扰程度最高，初三最低，初一处于中间水平。

长久以来，心理问题就开始被许多研究者所重视。对心理健康的真正系统的研究则要追溯到二十世纪。第三届世界卫生会议提出，心理健康指的是当躯体、智力和情感方面与人们的身体健康不矛盾时，使之达到最佳的状况。而不同的研究者则从不同的角度，对中学生开展了不同的心理调查。胡安阳（2016）等对初中学生的心理健康进行了调查，结果显示：初中学生的心理健康水平存在着明显的性别差异，女生的心理健康水平低于男生；从心理健康的每个维度去看，可明确初一学生的总平均分略低于初二学生。安玮（2019）等人的研究也表明：初中学生总体的心理状况良好，相对来保持着安定状态，并且从不同层面分析，可明确初一学生的总平均分略低于初二学生。

在查阅文献时发现，关于情绪智力、人际关系、心理健康文献研究的多是两两之间的关系但对其三者的研究较少。情绪智力与心理健康有着密切的联系，Anderson S（2004）曾经的研究中指出：情绪智力能够预测心理健康状态，情绪智力对于缓解压力、维持精神状态具有很大作用。同时人际关系状况也可以直接影响中小学生的心理发展和人格形成，尤其是心理健康。初中是一个关键时期，良好的情绪智力和人际关系也在影响着初中生面对各种负面情绪时的生理与心理反应。尤其是当初中生处在压力情境下，这些都将会对初中生的心理健康造成影响，对于初中生而言，心理健康的好坏对于其以后的全面健康发展至关重要，因此本研究主要探讨初中生情绪智力、人际关系和心理健康的关系，可以有针对性地帮助初中生提高心理健康水平。

一、研究方法

（一）研究对象

本研究采用随机抽样法，以西安市某中学的学生作为研究对象。共发出420份调查问卷，其中400份被回收。回收率95.2%，其中55个为无效问卷，345个为有效问卷，有效利用率为86.3%。

表1 被试的人口学统计特征

人口统计学变量	项目	人数	百分比（%）
性别	男	148	42.90
	女	197	57.10
年级	初一	122	35.36
	初二	111	32.18
	初三	112	32.46

续表

人口统计学变量	项目	人数	百分比(%)
生源地	农村 城市	236 109	68.41 31.59
合计	—	345	100

(二)研究工具

1. 情绪智力量表中文版(EIS)

本研究使用由王才康译出的《情绪智力量表(中文版)》(EIS),该量表的内部一致性效度(A系数)达到0.185。该量表共有33个项目,情绪知觉、自我情绪管理、他人情绪管理、情绪利用4个因子。其中第5、第28、第33题这3题采用反向积分。采用5点计分其中按照"非常不符合""不太符合""不清楚""比较符合"和"非常符合"这5个等级分别取1~5分。得分越高表示其情绪智力水平也越高。

2. 初中生人际关系问卷

采用王帅青于2013年编制的《初中生人际关系问卷》来评估初中生的人际关系。这份调查问卷共包含11个问题,师生关系、亲子关系和同学关系3个因子。本份问卷均采用4点计分,按照"很不符合""不符合""符合"和"非常符合"这四个等级分别合计取1~4分,总分应在11~44分。得分越高,说明人际关系也越好。该问卷的α系数为0.826,具有良好的信效度。

3. 儿童和青少年心理健康量表(MHS-CA)

采用程灶火等人于2001年设计编制的《儿童和青少年心理健康量表》(MHS-CA)来评估初中生心理健康状况。该量表从24个方面评价儿童和青少年的心理健康状况,包括5个分量表,认知功能、思维与语言、情绪体验、意志行为、个性特征。计算分量表分时,采用条目转换评分(1~5分),将分量表所包含题目的得分相加即为分量表分,将五个分量表得分相加即为量表总分。分数越高表示心理健康状况越好。该问卷的α系数为0.874,具有良好的信度和效度。

(三)研究程序

选取西安市某中学部分初中生,使用统一的指导语并由研究者作为主试。采取线上发放的方式由主试在相应时间内查看问卷的填写情况,填写问卷时不写名字,保证问卷的真实有效性。被试填写时间在30分钟以内,之后统一检查后台问卷,对后台收回的问卷进行筛选,去掉无效问卷,剩余问卷为有效问卷,用于数据分析。

(四)数据处理

本研究采用SPSS26.0的统计软件进行资料输入和分析。统计分析包括描述统计、独立样本t检验、单因素变量方差分析、相关分析等。

二、研究结果

(一) 初中生情绪智力、人际关系和心理健康的现状

初中生情绪智力、人际关系和心理健康的描述性统计

结果如表2所示,情绪智力量表采用5级评分制,情绪智力得分越高,表示情绪智力水平越高,因此取中间值3作为参照标准。可以得出初中生整体的情绪智力均分为3.61大于理论中值3,情绪智力总分的均值为119.26分,表示初中生的情绪智力整体处于中等偏上水平;其次,可以看出初中生在情绪知觉、自我情绪管理和情绪利用因子上被试的均分相对来说比较高,在他人情绪管理因子上被试的均分相对来说比较低。初中生人际关系问卷采用4级评分制,人际关系得分越高,说明人际关系越好,所以取中间值2.5作为参照标准。可以得出初中生的人际关系均分为3.14大于理论中值2.5,人际关系总分的均值为34.61分,可以得出初中生的人际关系整体处在一个良好的状态。其次,可以看出初中生在师生关系、亲子关系这两个因子上的均分相对来说比较高,在同学关系因子上均分相对来说比较低。儿童和青少年心理健康量表采用5级评分制,心理健康得分越高,表示心理健康状况越好,所以取中间值3作为参照标准。可以得出心理健康项目均分为2.95小于中间值3,心理健康总分的均值为71.03分,表示初中生的心理健康状况处于中等偏下水平。其次,可以看出初中生在认知功能、思维与语言、意志行为和个性特征因子上的均分相对来说比较高,在情绪体验因子上的均分相对来说比较低。

表2 初中生的人际关系、心理健康和情绪智力的描述统计结果

	最小值	最大值	M	SD
情绪知觉	12.00	50.00	40.01	7.71
自我情绪管理	8.00	38.00	28.96	5.94
他人情绪管理	6.00	30.00	23.31	5.19
情绪利用	8.00	35.00	26.98	5.85
情绪智力项目均分	1.24	4.52	3.61	0.72
情绪智力总分	41.00	149.00	119.26	23.78
师生关系	4.00	16.00	12.55	2.63
亲子关系	4.00	16.00	12.62	2.86
同学关系	3.00	12.00	9.43	2.16
人际关系项目均分	1.18	3.73	3.14	0.63
人际关系总分	13.00	41.00	34.61	7.03
认知功能	7.00	25.00	14.99	3.19
思维与语言	6.00	22.00	14.57	3.34

续表

	最小值	最大值	*M*	*SD*
情绪体验	3.00	15.00	8.93	2.53
意志行为	5.00	25.00	14.80	3.39
个性特征	6.00	29.00	17.73	3.74
心理健康项目均分	1.630	4.08	2.95	0.80
心理健康总分	39.00	98.00	71.03	9.12

(二) 初中生情绪智力、人际关系和心理健康在人口统计学变量上的差异

1. 初中生情绪智力、人际关系和心理健康在性别上的差异

结果如表3所示，初中生在情绪智力总分和其他各个因子上存在着显著性的差异（$P<0.05$），男生得分显著低于女生；在人际关系总分、师生关系、同学关系因子上存在显著的性别差异（$P<0.05$），男生得分显著低于女生；在心理健康总分、认知功能、思维与语言、意志行为因子上存在显著性的差异（$P<0.05$），男生得分显著低于女生。

表3 初中生情绪智力、人际关系和心理健康在性别上的差异

因素	性别	*M*	*SD*	*t*	*P*
情绪知觉	男性	39.04	8.42	−2.031	0.043
	女性	40.73	7.05		
自我情绪管理	男性	28.00	6.71	−2.614	0.009
	女性	29.67	5.18		
他人情绪管理	男性	22.50	5.75	−2.527	0.012
	女性	23.92	4.65		
情绪利用	男性	26.01	6.46	−2.705	0.007
	女性	27.72	5.25		
情绪智力总分	男性	115.56	26.48	−2.530	0.012
	女性	122.05	21.18		
师生关系	男性	12.18	2.79	−2.320	0.021
	女性	12.84	2.47		
亲子关系	男性	12.35	3.20	−1.532	0.126
	女性	12.82	2.56		

续表

因素	性别	M	SD	t	P
同学关系	男性	9.14	2.44	−2.187	0.029
	女性	9.65	1.91		
人际关系总分	男性	33.67	7.83	−2.166	0.031
	女性	35.32	6.29		
认知功能	男性	14.50	2.94	−2.478	0.014
	女性	15.36	3.32		
思维与语言	男性	14.15	3.32	−2.009	0.045
	女性	14.88	3.33		
情绪体验	男性	8.68	2.47	−1.537	0.125
	女性	9.11	2.56		
意志行为	男性	14.16	3.19	−3.063	0.002
	女性	15.27	3.46		
个性特征	男性	17.34	3.55	−1.686	0.093
	女性	18.03	3.87		
心理健康总分	男性	68.85	7.99	−3.916	0.000
	女性	72.66	9.58		

2. 初中生情绪智力、人际关系和心理健康在年级上的差异

结果如表4所示，初中生情绪智力和人际关系在年级上存在显著差异。心理健康在情绪体验因子上有显著的年级差异。具体表现为：情绪智力方面，初中生在情绪知觉和他人情绪管理因子上初二大于初三，在自我情绪管理、情绪利用和情绪智力总分上初一和初二的得分大于初三；人际关系方面，初中生在同学关系因子上初二大于初三，在师生关系、亲子关系和人际关系总分上初一和初二的得分大于初三。心理健康方面，在情绪体验因子上，初二得分大于初三。

表4 初中生情绪智力、人际关系和心理健康在年级上的差异

因素	初一 ($M \pm SD$)	初二 ($M \pm SD$)	初三 ($M \pm SD$)	F	P	LSD
情绪知觉	40.44 ± 5.97	41.04 ± 6.46	38.50 ± 9.27	3.362	0.036	2>3
自我情绪管理	29.50 ± 5.33	29.70 ± 5.08	27.61 ± 7.07	4.335	0.014	1, 2>3
他人情绪管理	23.45 ± 4.78	24.18 ± 4.78	22.31 ± 5.85	3.725	0.025	2>3

续表

因素	初一 ($M \pm SD$)	初二 ($M \pm SD$)	初三 ($M \pm SD$)	F	P	LSD
情绪利用	27.39 ± 5.74	27.79 ± 5.11	25.75 ± 6.48	3.911	0.021	1,2>3
情绪智力总分	120.79 ± 21.82	122.72 ± 20.46	114.18 ± 27.91	4.045	0.018	1,2>3
师生关系	12.80 ± 2.44	12.92 ± 2.29	11.92 ± 3.02	4.935	0.008	1,2>3
亲子关系	12.80 ± 2.57	13.02 ± 2.71	12.02 ± 3.21	3.839	0.022	1,2>3
同学关系	9.48 ± 2.23	9.87 ± 1.74	8.94 ± 2.37	5.277	0.006	2>3
人际关系总分	35.09 ± 6.49	35.82 ± 6.23	34.61 ± 7.03	5.385	0.005	1,2>3
认知功能	15.23 ± 3.28	14.94 ± 3.27	14.77 ± 3.00	0.627	0.535	—
思维与语言	14.58 ± 3.44	14.75 ± 3.29	14.37 ± 3.29	0.363	0.696	—
情绪体验	8.92 ± 2.58	9.37 ± 2.27	8.93 ± 2.53	3.471	0.032	2>3
意志行为	15.14 ± 3.39	14.90 ± 3.31	14.31 ± 3.44	1.863	0.157	—
个性特征	17.82 ± 3.59	17.60 ± 3.54	17.76 ± 4.12	0.109	0.896	—
心理健康总分	71.72 ± 8.07	71.59 ± 8.05	69.72 ± 10.94	1.720	0.181	—

注：1代表初一，2代表初二，3代表初三。

（三）初中生情绪智力、人际关系和心理健康的相关分析

1. 初中生情绪智力和人际关系的相关分析

由表5可知，初中生的情绪智力总分以及各因子和人际关系总分以及各因子呈显著正相关，说明初中生情绪智力的得分越高，人际关系的得分也就越高。

表5 初中生情绪智力和人际关系的相关分析

变量	情绪知觉	自我情绪管理	他人情绪管理	情绪利用	情绪智力总分
师生关系	0.776**	0.772**	0.783**	0.792**	0.810**
亲子关系	0.773**	0.771**	0.779**	0.788**	0.807**
同学关系	0.789**	0.779**	0.775**	0.785**	0.813**
人际关系总分	0.848**	0.842**	0.849**	0.859**	0.882**

注：** 表示 $P<0.01$。

2. 初中生情绪智力和心理健康的相关分析

由表6可知，初中生的情绪智力总分以及各因子和心理健康总分以及各因子呈显著正相关，说明初中生情绪智力的得分越高，心理健康的得分也就越高。

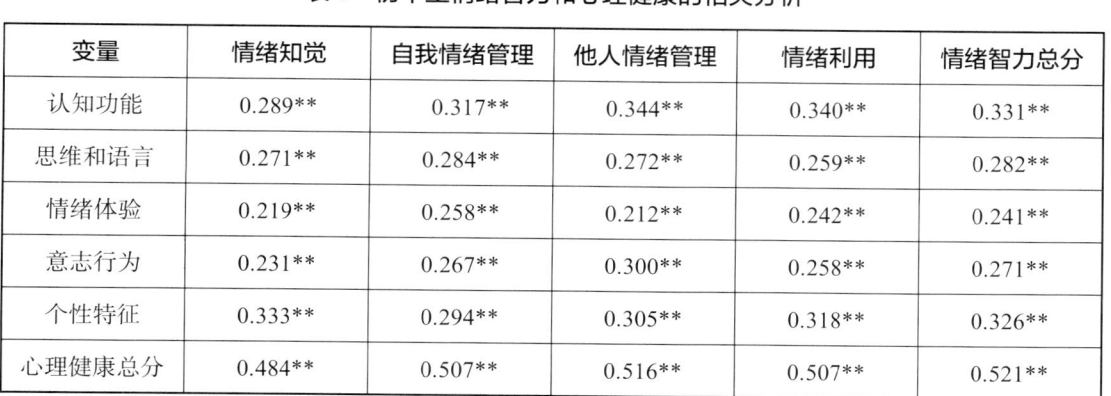

表6 初中生情绪智力和心理健康的相关分析

变量	情绪知觉	自我情绪管理	他人情绪管理	情绪利用	情绪智力总分
认知功能	0.289**	0.317**	0.344**	0.340**	0.331**
思维和语言	0.271**	0.284**	0.272**	0.259**	0.282**
情绪体验	0.219**	0.258**	0.212**	0.242**	0.241**
意志行为	0.231**	0.267**	0.300**	0.258**	0.271**
个性特征	0.333**	0.294**	0.305**	0.318**	0.326**
心理健康总分	0.484**	0.507**	0.516**	0.507**	0.521**

注：* 表示 $P<0.05$，** 表示 $P<0.01$。

3. 初中生人际关系和心理健康的相关分析

由表7可知：初中生的人际关系总分以及各因子和心理健康总分以及各因子呈显著正相关，说明初中生人际关系的得分越高，心理健康的得分也就越高。

表7 初中生人际关系和心理健康的相关分析

变量	师生关系	亲子关系	同学关系	人际关系总分
认知功能	0.268**	0.270**	0.365**	0.322**
思维和语言	0.271**	0.274**	0.260**	0.293**
情绪体验	0.235**	0.257**	0.218**	0.260**
意志行为	0.238**	0.216**	0.173**	0.231**
个性特征	0.314**	0.292**	0.279**	0.322**
心理健康总分	0.476**	0.467**	0.463**	0.510**

注：** 表示 $P<0.01$。

（四）初中生情绪智力、人际关系对心理健康的预测分析

以情绪智力总分及其各个因子、人际关系总分及其各因子为预测变量，以心理健康总分为因变量。采用逐步进入法做回归分析，其中，情绪智力总分和人际关系总分进入回归方程。表8结果表明：首先进入回归方程的是情绪智力总分，这也是对心理健康影响最大、解释力最强的因素，其解释量为21.7%；其次是人际关系总分，这两个变量的联合解释量为28.3%。因此，可知心理健康的模型公式为：心理健康 = 46.164+0.122* 情绪智力 +0.298* 人际关系，以上数据表明，情绪智力的回归结果为0.122（$t=3.278$，$P=0.000<0.05$），这表明情绪智力对心理健康有显著的正向预测作用。人际关系的回归结果为0.298（$t=2.361$，$P=0.000<0.05$），这表明人际关系对心理健康也有显著的正向预测作用。

表8 初中生情绪智力、人际关系对心理健康的预测分析

因变量	预测变量	R	R^2	$\triangle R^2$	B	t	F	P
心理健康总分	情绪智力总分	0.521	0.217	0.269	0.122	3.278	127.792	0.000
	人际关系总分	0.532	0.283	0.279	0.298	2.361	67.536	0.000

三、讨论

(一) 初中生情绪智力、人际关系与心理健康总体状况分析

从问卷的分析中可以看出，初中生情绪智力整体状况发展良好，处于中等偏上水平（大于中间值3），这与苏怡怡（2021）等的结论一致。从总体上讲，初中学生基本都具备较好的情绪感知、自我情绪管理、情感利用能力，能及时调整自己的情绪，但是在与别人交流的时候，却没有充分的体会和了解别人的情绪，因此在他人情绪管理上的分数偏低。

其次，在人际关系方面，初中生人际关系整体来说较好，处于中等偏上水平（大于中间值2.5），这与曹红等的结论一致。这说明从整体上来说初中生的人际关系比较好，初中生可以很好地与老师、父母和同学进行相处，但是可能会因为同学之间小矛盾的出现，导致在同学关系上的得分略微低于在师生关系和亲子关系上的得分。

最后，在心理健康方面，通过数据分析可以得出初中生的心理健康状况处于中等偏下水平（小于中间值3），这与林崇德（2003）等的结论一致。这同时也说明了初中生在心理健康方面存些许问题，特别是在情绪体验方面的得分偏低，可能是因为初一学生从小学过渡到初一，一时间无法很好地适应；初二年级增加了物理课程，课程压力加大；初三面临着中考的压力，使得初中生在情绪体验方面的得分偏低。

(二) 初中生情绪智力、人际关系和心理健康在人口统计学上的差异

初中生情绪智力在性别上女生得分显著高于男生，此结果与苏怡怡等（2021）的研究结果一致。初中阶段男生通常都相对较为害羞和不善去主动地表达，情绪方面的波动及频率方面也往往相差的较大，而女生性格则属于相对较为温和，喜欢交往，双方能通过相互聊天或谈心、交换了解一些小秘密、小情报等多种交际方式会进一步地去发展双方深厚的友谊，故而女孩可能在自我情绪管理、理解、感知他人的情绪的能力上略优于一般的男生。

初中生人际关系在性别上存在显著差异，女生高于男生。这与文艺（2021）的研究结果一致。分析其原因，可能是因为随着年龄的增长女生的性格变得相对较为稳重，从而在与他人的交谈过程中显得要更的活泼、自在，因此会逐渐的交到很多朋友。而男生也随着年龄的增长，心智变得成熟，能够很好地体会到他人所表达的情感，但是在与女生进行交流中则总是会有一种既有所向往而同时却又显得有所退怯的矛盾心理状态，从而导致了一些朋友的流失。

初中生心理健康在性别上女生得分显著高于男生。主要是因为男女看待问题的角度不同，认知不同所致，男生力气大，喜欢用暴力的方式去解决问题，遇到一点小事会钻牛角尖，喜欢情绪化的处理问题；而女生力气小，看待问题懂得变通，遇到问题会主动听取他人的意见和建议，情绪的变化差异较小。

研究表明，初中生的情绪智力状况在年级上存在显著差异，这与栾艳红（2019）等人的研究结论相同。从年级的角度来看，初一、初二的情绪智力总体显著高于初三。究其原因，可能是因为初三学生面临中考压力，加之父母对其的期望，使得初三的学生更少的去关注自己对情绪的感知和利用以及对他人情绪的理解。

初中生人际关系在年级上存在显著性的差异。这与林巧明（2015）的研究结果一致。分析其原因，初一学生刚进入校园，对新环境、新同学充满了好奇，这驱使着他们去进行交往；其次，初二学生处于从少年走向成熟的青少年期过渡的关键时期，这个时期的学生开始对异性注意和关心，尤其对仰慕自己的同龄异性有好感，会产生接近的心理；初三学生面对着中考的压力，心思几乎都在学习上，在人际交往上的关注度会下降。

初中生心理健康在情绪体验因子上有显著的年级差异，初二学生得分高于初三学生。这与陈蕴（2012）等人的研究结果一致。分析其原因，初三学生本身就面临着中考的压力，学习负担重，主要表现为考试焦虑和学习动力不足。因此学生会对学习产生厌恶、痛苦、不愉快的感受，对困难的心理承受力较差，从而产生了较大的心理负担。

（三）初中生情绪智力、人际关系和心理健康的关系分析

通过数据分析可知初中生的情绪智力总分与人际关系总分以及其各个因子呈显著正相关，这与史梦薇（2017）等人的研究结果相同。由此可见，中学生的情绪智力水平与其心理健康水平存在着显著的正相关关系。随着中学生情绪智力水平的不断提高，他们能够更好地处理和解决因为情绪所导致的师生问题、亲子问题和同学问题，进而促进他们的人际关系。

初中生情绪智力和心理健康呈现正相关，这与潘明军（2012）等人的研究一致。也就是说初中生情绪智力对其心理健康有显著的正向影响。随着初中生情绪智力的提高，他们处理和解决情绪问题的能力会变得更强，从而改善他们的心理健康。

初中生人际关系和心理健康呈现正相关。随着初中生人际关系的改善，在一定程度上会缓解由于学业、父母及老师的期望所带来的心理压力，同学、朋友之间的交流增多，使得初中生自身产生的心理问题可以得到及时的解决，因此其心理健康水平会有显著的提高。

（四）初中生情绪智力、人际关系和心理健康的预测分析

情绪智力对心理健康具有显著正向预测作用。也就是说初中生情绪智力水平越高，其心理健康状况就越好。初中生能够很好地觉察自己的情绪状态并进行自我负面情绪的调节及管理、能够更好地理解他人的情绪的初中生，在学习中会产生更多的积极情绪，在自己面对困难时，也会很快的调节自己的情绪，从而战胜困难，会更好的调动自己学习中的积极情绪从而主动的投入学习中，因此其心理困扰以及心理压力就会在一定程度上降低。

回归分析显示，人际关系对心理健康具有显著正向预测作用，这也表明，初中生人际关系越好，其心理健康水平越高。这与姜媛（2020）的研究结果一致。良好的人际交往是人们心理需要的重要标志。从心理健康的观点来看，良好的人际关系能使人们感到安全感、归属感、自尊、力量感、友情、互助等，对人们的身体和精神都是有益的；而人际关系的失调则会使人的身心健康受到严重的影响，从而导致焦虑、恐惧、孤独、敌对等情绪反应。初中生的人际关系对培养他们的心理素质、情感的稳定性具有很大的作用，人际关系越好，他们就会变得更加积极、自信、勇敢，精神状态也会越来越好。

四、结论

（1）从总体来看，初中生情绪智力、人际关系的总分和各个因子得分都处于中等偏上水平，心理健康的总分及各因子处于中等偏下较低水平。

（2）从差异上看，初中生的情绪智力、人际关系在性别和年级上都存在显著性差异；初中生心理健康有显著的性别差异，在情绪体验因子上存在年级差异。

（3）从相关上看，初中生情绪智力及其各因子和人际关系呈现显著正相关，初中生情绪智力及其各因子和心理健康呈现显著正相关，初中生人际关系及其各因子与心理健康呈现显著正相关。

（4）情绪智力和人际关系对心理健康都具有正向预测作用，也就是说初中生情绪智力越高，人际关系越好，心理健康状况越好。

参考文献

[1] Goleman D. Emotional Intelligence, Scientific American, Inc[M]. New York: Bantam Books. 1995: 70-80.

[2] 徐小燕，张进辅. 情绪智力理论的发展综述 [J]. 西南师范大学学报（人文社会科学版），2002(6):77-82.

[3] 甘文斌，周宁，陈佳，等. 初中生情绪智力、自尊与自我妨碍的关系 [J]. 中国健康心理学杂志，2014(10):1562-1563,1564.

[4] 申婷，张野，张珊珊. 初中生情绪智力与攻击行为的关系研究 [J]. 黑龙江教育学院学报，2019,38(10):77-79.

[5] 魏彬. 中学生人际关系对心理健康的影响及教育引导 [D]. 济南：山东师范大学，2005.

新形势下商洛职业教育实现跨越发展策略研究[1]

王怡[2]，郭萌

摘要：我国经济社会发展迫切需要更具质量和效率的现代职业教育体系支撑。通过分析现代职业教育改革发展面临的新形势，梳理商洛职业教育发展的现状，总结审视制约商洛职业教育改革与发展的主要问题，从强化责任意识、着手规模变化、加大资金投入、畅通教师来源、做强特色专业、推进校企合作六个方面，提出新形势下商洛职业教育实现跨越发展的对策，使得商洛职业教育能够抓住国家改革机遇期和政策红利期，真正走出困境，实现跨越发展。

关键词：科技革命；职业教育；跨越发展

当前，我国正处于经济转型和产业升级换代时期，迫切需要数以亿计的工程师、高级技工和高素质职业人才，这就需要一个更具质量和效率的现代职业教育体系予以支撑。发展现代职业教育，不单单是一个教育问题，还是推动工业化、信息化、城镇化、农业现代化同步发展的重要一环，更事关中国制造业的核心竞争力、中国装备的市场竞争力。能否把握这个机遇，把商洛市职业教育做强、做优，做出商洛教育品牌，更好地服务于经济社会事业，是当前和今后一个时期我们必须认真研究的问题。

一、现代职业教育改革发展面临的新形势

当前，新一轮的科技革命带来国际产业格局的重塑和国际分工的变化，发达国家将目光锁定于新兴产业和科技领域，开始顶层设计。中国不可避免地卷入此次全球制造业升级浪潮，2015年5月国务院印发《中国制造2025》，提出从"制造大国"向"制造强国"转变。冲破"中国加工"的藩篱，摘掉"世界工厂"的帽子，改变经济增长模式，向价值链前端延伸，将人口红利变为人才红利，培养一大批技术技能型、创新研发型、智能网络型和绿色生态型人才。职业教育作为一种教育类型，其外延深入经济社会发展的方方面面。实现"中国制造2025"是一大系统工程，要求职业教育的内涵与当前产业转型升级、民族文化与时代需求对接，地位和价值受到党和国家领导人的特别关注。

陕西省也加快了推进职业教育改革的步伐。制订改革方案及配套文件，召开全省职教

---

[1] 基金项目：陕西省教育学会2022年度课题（课题编号：SJHYBKT2022198）"产教融合背景下职业技术教育教学模式创新研究"
[2] 作者介绍：王怡，女，博士，教授，陕西高校新型智库商洛发展研究院院长，商洛学院教务处处长，主要从事教育领导与管理研究

大会；严把初中毕业生升学职普比"第一道阀门"，必须达到4：6底线要求；争取国家职业教育经费，加大省级财政投入，改善办学条件，重点加强示范校建设；健全职业教育工作指导和监管机制，建立常规工作台账，开展职业教育重点工作专项督导，切实落实市县政府办学责任。职业教育改革力度之大前所未有，职业教育迎来了新的发展机遇期。地处秦岭山区的商洛，如何在改革机遇期和政策红利期实现跨越发展，是我们应当深思和重视的问题。

二、商洛职业教育发展的现状

近年来，商洛市坚持教育优先发展，把发展职业教育作为振兴商洛经济的重大措施，体系不断完善，服务经济社会能力持续增强，为改革和发展职业教育奠定了良好的基础。目前全市现有职业院校8所，其中中等职业学校7所，高等职业学院1所。国家级中等职业改革发展示范校2所，省级中等职业学校示范校4所。学校占地面积40.92万 m^2，建筑面积24.83万 m^2。现有教职工1643名，其中专职教师1331人，"双师型"教师298名，占专职教师的22.39%。在校学生数15400人（高职6800人，中职8600人），开设了8个专业群27个专业，商洛职院有7个专业为陕西省重点专业，中职学校有省级精品专业12个。

（一）构建了现代职业教育新体系

商洛市委市政府坚持党政主导、齐抓共管，成立了职教统筹领导小组，明确教育、人社、财政、发改、扶贫、编制等部门职责，相继出台了《商洛关于加快发展现代职业教育的实施意见》《商洛市职业教育资源整合实施方案》《关于加快县区职业教育资源整合的意见》等，把职教资源整合列入县区党委、政府重大督办项目，采取超常规办法研究解决职教工作存在的困难问题，形成深化职教发展的整体合力，全力推动新时期职教体系和责任目标的落实。各县区尽力支持保障职业教育发展，商南、丹凤两县县域内职教资源整合实施到位；山阳县政府出台政策，足额拨付各类专项资金和地方配套资金；镇安县集中千万资金，配建实训楼设施设备；柞水县协调搬迁民房，解决职专用地。不断完善学校功能和体系建设，同时，加强商洛职院、县区职教中心在专业建设、人才培养和师资配置方面的统筹，深化职教资源统筹工作，推动中职学校抱团取暖、以强带弱、共同提高。

（二）增强了内涵发展新动力

坚持"以服务为宗旨，以就业为导向"的原则，坚持立德树人根本任务，整体构建校内校外思政教育体系，按照"低起点、严要求、少理论、多实践、重德育、齐发展"的办学思路，培育和践行社会主义核心价值观。增强学校发展活力，完善管理机制，规范教学过程，加强校企合作，以产业对接专业。开展教学诊断、技能大赛、综合评价、联合办学等，创新人才培养模式，提高教育质量。机械类专业推行"校企合作，工学结合，产教一体"的培养模式，涉农类专业构建"政府主导，行业指导，社会参与，学校主体，送教下乡，农学结合"的人才培养模式，现代服务类专业构建"宽基础，活模块，重实践，强素质"的人才培养模式，实施项目教学、模块教学、情景教学、技能打包等教学方式，提高了学生的专业技能水平。加大教材改革力度。指导学校以企业岗位技能要求为依据，进行课程体系改革，有针对性地进行教学设计。鼓励开发适应全市主导产业、特色产业和新兴产业发展的校本课程教材，增强职业教育服务当地经济社会的功能。

（三）扩大了职业培训新领域

以农村实用技术培训为重点，开展多形式、多规格、多门类的短期职业培训。围绕商洛特色农产品"八大件"，开展有针对性的培训项目，开设乡村旅游服务、家政服务、中药材、高产农作物、运输等专业，促进产业的发展。利用现有的书籍、广播电视、技术宣传手册等资源，提升农民的文化素质和生产技术水平。商洛职院把5个部门培训基地扩展到15个，面向社会开设短期培训班，进行农村劳动力转移培训、再就业继续教育，每年全市培训达3.5万人次，推动了单一培训向复合型培训转变。紧跟区域发展，坚持面向地方，面向工业园区，加强技能人才培养培训，毕业生本地就业率由"十一五"期间不足20%提升到现在的45.5%，一大批较高素质的实用人才实现本地就业，为区域经济发展提供了强有力的人才支撑。按照"带一户、联一片、兴一方"的战略，以基地为中心，建立联村挂户的产业发展思路，充分发挥专业户、示范户的引领辐射作用，实施精准扶贫，培养了一批留得住、会致富、能带头的新型职业农民。

三、制约商洛职业教育改革与发展的主要问题

虽然商洛市职业教育有了长足的发展和进步，但人们对职业教育的认识不足、总量不足、质量不高、效益不明显、办学特色不突出等问题，使职业教育整体上仍是教育的短板。

（一）对职业教育的重要性缺乏足够的认识，仍然存在着忽视职业教育的倾向

由于职业教育在商洛市发展历史短、地位低，人们对它的重要性还认识不足，特别是受到传统教育价值观等影响，人们对职业技术教育的认识还存在偏见。国家加快发展现代职业教育的方针在实际工作中没有得到有效落实，政策支持和工作力度都还没有完全到位，诸如普职比、经费投入、教师来源、招考等方面受到歧视。《商洛市关于加快发展现代职业教育的实施意见》规定的职教投入政策在部分县区落实不到位，城市教育费附加30%用于职教，每年150万元职教专款在多数县区没有全额兑现甚至没有兑现，负债8672万元。同时，社会和群众认识也不利于职业教育的发展，鄙薄职业教育的陈腐观念一直存在，鄙视劳动，鄙视技能和根深蒂固的"望子成龙""望女成凤"的传统观念交织在一起，职业教育在当今人们的意识中还是一种低等教育，这是对职业教育认识的偏离，也是对教育公平的一种背离。再加上职业学校发展定位不明晰，自身缺乏足够的吸引力，导致群众及其子女不愿就读职业学校。

（二）受经济发展程度和地域的影响，职业教育的发展远远不够

按照职普比4：6是陕西省的底线要求，职普大体相当是国家的战略目标。在扩大中职学校招生规模的同时，随之而来的是学校校园校舍、实验实训设施设备不足，学校师资建设、课程和教材建设资源紧缺。目前，职普比例极不平衡，严重失调，近年来，全市中等职业教育的学校数、在校学生数、招生数仅占高中阶段的21.88%、17.48%、19.76%。据不完全统计，现在商洛市中职学生饱和容量1.16万位，三年后校舍容量将达2.44万位，学生缺口1.28万位；教师缺口545名，其中专业教师缺口317名，"双师型"教师缺口282名；校舍面积缺口17.3万平方米；仪器设备估价缺少值为7750万元。

(三) 师资队伍建设不能适应职业教育发展的需要

全市中等职业学校和教师大多是由普通中学转过来的，绝大多数是文化课教师，目前的专业教师和"双师型"教师多是靠自学培训等途径取得的。现有"双师型"教师298名，占专业教师的比例为22.39%，多数教师只是取得了技能培训证书，而自身并非真正具备了该项技能，尚不能胜任企业相应岗位的工作或学生实习实训的指导工作，培养渠道比较单一。教师一次性学习的知识和技能的老化周期越来越快，直接冲击着教师原有的知识结构，专业教师知识更新的速度跟不上职业教育的发展理念，知识陈旧，思想固化，教学方法保守等，影响了学生的学习积极性和学习效率。从企业、社会或其他行业聘请的技术型人才到校做兼职教师，不能给予正式编制、薪资缺乏地方财政支持等，已严重影响着全市职业教育的进一步发展。

(四) 办学特色不鲜明，教学质量不高

商洛地处贫困山区，当地第二产业发展落后，特色大型企业较少，职业学校不能因地出发开展职业教育，学校联系发展用人单位大多是我国东部地区工厂企业，合作比较松散，导致学校开设专业不能长期稳固，不能形成鲜明办学特色。近年国家启动职业教育应用型本科人才培养模式改革试点，架构起职业教育学生成长的"立交桥"，在升学渠道上给职业教育的学生更多发展空间，但部分学校以此为借口，通过强化学历教育吸引生源，弱化了学生的技能教育和实践教育。大部分职业学校实习实训设施短缺，理论教学占用了实践操作，一些学生认为学不到技术，被迫中途辍学，影响到学校声誉。专业特色不鲜明，学生感觉"学非所用"或"用非所学"，不想升学的学生毕业后的就业没有优势，沦落为"打工者"，校企合作很难开展。

(五) 校企合作不深，发展途径不畅

职业教育是政府和学校买单，企业受益。此前国家对于校企合作没有宏观的保护政策，企业的投资没有得到应有的保护。管理部门不能充分协调，不能有效地调动学校和企业合作的积极性和主动性，校企合作形成了"剃头挑子一头热"。学校在校企合作中处于弱势地位，按企业标准拓宽学生就业渠道，开设合作课程，忽视了人才培养质量和学生的全面发展。这种短期行为，给校企双方长期合作造成障碍，影响学生发展。目前校企合作给学生提供一个就业环境，还停留在浅层，合作深度不够，对学校的专业化建设没有起到多少促进作用，也影响了人才培养目标的实现，制约了校企合作的发展前景。

四、新形势下商洛职业教育实现跨越发展的对策

当前，国、省职业教育的发展进入了前所未有的发展期，商洛职业教育的发展关键在于如何抓住国家改革机遇期和政策红利期，从而真正走出困境，实现跨越发展。

(一) 强化责任意识

各级党政领导要提高服务职业教育的政治意识，要将职业教育发展摆在社会事业发展的重要战略地位，将职业教育纳入社会发展的总体规划，同步谋划，协调发展；要明确所辖区域内发展职业教育的主体责任；要建立健全职业教育督导、评估和问责制度，加强对各级部门履行发展职业教育责任的监督检查。一是建立健全职业教育发展考核评价制度。

制定职业教育发展考核评价制度及考核实施方案，由市委组织部对各级党委、政府领导履行职业教育职责进行述职考核，对达不到要求的要进行约谈问责。二是建立党政领导班子职业教育发展研究机制。县区委常委会、政府常务会每年研究职业教育工作不少于1次；分管领导每年召集教育主管部门研究职业教育工作不少于2次，到基层开展职业教育工作调研不少于2次；着力解决职业教育发展中的实际问题和具体困难。三是建立政府主管领导职业教育发展联席会议制度、及时研究协调解决职业教育发展中的实际问题。四是加强对职业教育工作的视察检查。人大、政协积极开展职业教育方面的视察检查，并向社会公示。

（二）着手规模变化

发展是目标，学生是基础，没有学生的职业教育发展只是空谈。国、省下达高中阶段招生职普比任务目标是4：6，并明确提出招生职普比是国务院、省政府、教育厅三级督查和考核的重点内容。这对商洛市职业教育发展带来了很好的政策机遇，从宏观政策方面对初中毕业学生职普教育进行调控，能够较快较好地提升职业院校招生规模。市县区两级政府应当切实提高认识，从严守政治规矩的高度，从根本上转变重普轻职的思想观念，出实招、下狠心扩大职业院校招生人数，扭转职业教育发展短板。市级教育部门应当严格按照职普比4：6的目标任务下达招生计划，并在实际录取过程中严格执行，杜绝开口子、批条子的行为发生。要站在教育长远发展的高度和经济社会全局发展的高度，把高中阶段教育布局调整作为推动职业教育发展的一项重要工作来抓，统筹制定职业教育发展规划目标、服务产业能力目标、基础能力建设目标、改革创新目标。要乘借国家职业教育改革的东风，按照教育部颁布的《中等职业学校设置标准》，从高标准、从严要求地配置和新建中职学校，提高办学能力，夯实办学基础，确保中长期发展适应国省职业教育发展的要求。

（三）加大资金投入

各级各部门的管理人员，应当加强对国省职业教育改革发展要求的学习，消除对职业教育发展的偏见，从国家宏观发展的高度，推动促进职业教育发展。市县（区）两级应当切实保障职业教育的经费需求，保障生均经费的落实和每个职中每年150万元职教专款的落实，保障城市教育附加费30%用于市县区职业教育的发展。针对商洛职业教育发展的短板，市县区两级政府应当从职业教育长远发展的角度，加大资金投入，化解基础设施建设债务，解决临聘专业课教师的工资待遇，让中职学校放下包袱轻装上阵。同时，政府加强统筹，允许职业院校先行先试，吸纳社会资金，着力改善办学条件，加强学生实习实训基地建设，满足职业教育改革发展的基本需求。

（四）畅通教师来源

"双师型"师资队伍建设是职业教育师资队伍建设的核心内容，是保证技术应用型人才培养质量的关键。市、县、区根据职业院校事业发展的实际，调整、整合区域内教师编制，解决文化课教师，并赋予职业院校在专业课教师招聘方面较大的自主权，打破教师来源仅仅局限于师范院校（免费师范生）的惯例，专业教师必须体现专业对口、技能优先，不受毕业院校及学历的限制，将应聘人员的实践操作能力、在行业企业岗位的工作经历、工作业绩放在第一位。职业院校要改革传统的教学模式，充分挖掘学校内部潜力，培养"双师型"教师，拓宽教师来源渠道，根据实际需要，使用正式编制招聘兼职或合同制人员；可以自主引进行业专家、企业能工巧匠，而不受职称、教师资格证等限制；还可以给予临聘教师正式编制人员的工资待遇，解决"同工不同酬"的尴尬困境。适当放宽对学历、学位、论文发表、课题研究等一刀切式的硬性规定。

（五）做强特色专业

加强专业建设是职业院校提高教育质量的根本性工作，是学校抓质量、上水平的突破口和着力点。各县区和职业院校要依托现有办学基础，积极拓宽思路，沿着高标准、高水平、高质量的专业发展路径，推进办学方式创新，形成一套完整的体制机制。在教育目标、师资队伍、课程体系、教学条件和培养质量等方面，提升办学水平，打造办学特色。要围绕商洛特色农业"八大件"，建设生态茶果、生态种植、生态养殖、地道中药材四大产业基地，十大产业发展集群体系建设等，因势利导，顺势而为，结合学校自身基础能力发展的实际，确立适合自身发展的长线专业。把着力点放在教学改革上，改革人才培养模式，做到"教、学、做"一体化培养和定向式培养及分布式工学交替培养。做大做强国家级、省级示范校，示范专业和特色校、特色专业建设，加大政策资金扶持力度。

（六）推进校企合作

校企合作为职业院校、企业、学生，乃至区域经济社会发展、社会人口素质优化，构建了多方共赢的平台。在国、省产教融合试点的基础上，积极做好产教融合型企业的组织申报工作，梳理现有的校企合作资源，严格遴选标准，对进入目录的，落实好"金融＋财政＋土地＋信用"组合式激励、教育费附加抵免等政策措施。把"引教入企"和"引企入教"结合起来，让企业在专业设置、课程教材、培养方式、岗位资格认定等方面有更大的话语权，充分调动企业参与职业教育的积极性。在实训基地建设上，加强校企合作，通过校企共建的方式，加强仪器设备等实训条件建设，创新运营模式和共享机制。

参考文献

[1] 杨宏涛. 乡村振兴战略下农村职业教育发展的困境与对策 [J]. 人才资源开发，2022 (17):36-39.DOI: 10.19424/j.cnki.41-1372/d.2022.17.006.

[2]《中国制造 2025》解读之：中国制造 2025，我国制造强国建设的宏伟蓝图 [J]. 工业炉，2022,44(4):72.

[3] 李红艳. "互联网＋"背景下职业院校服务乡村振兴战略的实施路径——以陕西省为例 [J]. 山西农经，2022(13):175-177. DOI: 10.16675/j.cnki.cn14-1065/f.2022.13.056.

[4] 程诗有. 大改革推动高质量发展的有益尝试——商洛职业技术学院探路"3+2"中高职衔接基本制度调查 [J]. 陕西教育（高教），2022(6):83-85. DOI: 10.16773/j.cnki.1002-2058.2022.06.034.

[5] 王晨丰，赵鹏，巩建辉. 地方职业院校的机电一体化技术专业群建设探究 [J]. 中国设备工程，2022(7):218-219.

大学数学课程融入课程思政的实施路径探索与实践 ❶

刘亚亚 ❷, 程国

摘要：为充分发挥大学数学课程的育人功能，将课程思政融入大学数学课程是课堂教学改革的重要内容。本文基于大学数学课程的特点和教学现状，分析了大学数学课程课堂教学实施课程思政的必要性和优势。从课程介绍、概念引入、原理使用、案例分析、思维训练五个方面给出了具体的思政元素切入点，并提出了大学数学课程育人的具体实施路径。

关键词：大学数学课程；课程思政；实施路径；实践

2016 年 12 月 7 日至 8 日习近平总书记在全国高校思想政治工作会议 ❸ 上特别指出："要用好课堂教学这个主渠道，使各类课程与思想政治理论课同向同行，形成协同效应（习近平主席在全国高校思想政治工作会议上的讲话）"。2020 年 5 月教育部印发了《高等学校课程思政建设指导纲要》，纲要中指出"理工类课程要在教学中把马克思主义立场观点方法的教育与科学精神的培养结合起来，提高学生正确认识问题、分析问题和解决问题的能力，要注重科学思维方法的训练和科学伦理的教育，培养学生探索未知、追求真理、勇攀科学高峰的责任感和使命感"。

大学数学课程主要包括高等数学、线性代数、概率论与数理统计这三门课程，开设于大学一、二年级，因此学习这些课程的人数较多、时间较长。正由于大学数学课程学习者众多、学习时间较长的特点，再加上大学一、二年级是学生人生观和价值观形成的关键时期，这些都成为发挥大学数学课程育人功能的有利因素。但教师在以往的教学中存在"重内容而轻育人"的现象，因此有必要对大学数学课程进行课程思政教学改革。从哪些角度挖掘大学数学课程的思政元素？有哪些切入点可以将思政元素有效融入课堂教学？这些问题是十分值得研究的。吕亚男以数学史和数学精神等数学文化为例探讨了高等数学课程中思政元素的挖掘。齐新社等提出了高等数学课程思政教学方案的设计思路和提升教育效果的主要方法。李常虹分析了高等数学"课程思政"实践教学的主要路径。何亮田等讨论了线性代数课程中课程内容与思政元素二者有机结合的方式。孙立伟等对概率论与数理统计

---

❶ 基金项目：陕西高等教育教学改革重点攻关项目（21BG046）、陕西省课程思政示范课程《高等数学》建设项目、陕西省线下一流本科课程《高等代数》建设项目、商洛学院教育教学改革研究项目（20jyjx122、21jyjx119）、商洛学院课程思政教学研究中心建设项目（21JXYJ02）、商洛学院课程思政示范课程《高等代数》建设项目（22SFKC02）

❷ 作者介绍：刘亚亚，1981 年生，女，陕西商州人，副教授，硕士，研究方向为数学教育

❸ 新华社．习近平主席在全国高校思想政治工作会议上的讲话 [EB/OL]．中国政府网，(2016-12-08).http://www.gov.cn/xinwen/2016-12/08/content_5145253.htm#1.

课程进行了课程思政背景下的教学创新研究与实践。

本文总结了挖掘大学数学课程思政元素的角度，并从课程介绍、概念引入、原理使用、案例分析、思维训练五个方面讨论了思政元素的切入点，并提出了大学数学课程育人的具体实施路径。

一、大学数学课程思政元素挖掘的角度

（一）从数学文化视角挖掘大学数学课程的思政元素

数学文化就是在数学不断发展过程中体现出的思想、精神、方法和观点，广义上讲，还包括数学史、数学家、数学美、数学教育、数学发展中的人文成分、数学与社会的联系、数学与各种文化的关系等。从中国古代数学发展的历史出发，引出中国历史上灿烂的数学文化，树立起强烈的中华文化自信。如魏晋时期的数学家刘徽在割圆术中提出的"割之弥细，所失弥少，割之又割以至于不可割，则与圆合体而无所失矣"，这是中国古代最早的极限思想，这一思想的提出要比西方早一千多年。刘徽创还提出了计算圆周率的方法。在此基础上，南北朝时期的数学家祖冲之首次将"圆周率"精确到小数第七位，即在3.1415926和3.1415927之间，"祖率"的提出对数学的研究有重大的贡献。直到16世纪，阿拉伯数学家阿尔·卡西才打破这一纪录。

被誉为中国古代第一本教科书的《九章算术》，其中第八章主题是方程。其中线性方程组用分离的系数表示，这一表示法相当于矩阵；书中用直除法解线性方程组，其思想与矩阵初等变换求解线性方程组是一致的。这个方法是世界上最早出现的线性方程组的求解方法，中国古代数学人贡献了他们的聪明才智。西方直到17世纪才由莱布尼兹提出完整的线性方程的求解法则。因此，在学习线性代数中的线性方程组、矩阵及初等变换这些知识点时，教师完全可以引入介绍《九章算术》。通过数学史的介绍，让学生对中国古代相关数学历史有深入的了解，形成科学的历史观，激发强烈的民族自豪感。

（二）从马克思主义哲学思想出发挖掘思政元素

大学数学课程中的"变与不变""量变与质变"等体现出了马克思主义哲学中的辩证思想。高等数学中关于无穷小有这样的性质——有限个无穷小的代数和仍为无穷小，但无限个无穷小的代数和不一定是无穷小。在概率论与数理统计中学习事件的独立性内容时，引入保险赔付的案例。根据险种的赔付方案经过计算可知，参保人数在一定范围内时赔付率是一个小概率事件。只有当参保人数超过一定数量后，保险公司的赔付概率会超过50%，这时就不能不重视小概率事件了。这些内容都体现出了量变到质变的道理。在线性代数中，对矩阵进行初等变换，矩阵的秩不变。对矩阵进行合同变换，正负惯性指数不变。对矩阵进行相似变换，矩阵的特征值不变。在这些变换中，体现出的就是所谓"形变质不变"的这一辩证思想。

二、大学数学课程思政元素与课堂教学融合的切入点

（一）课程介绍时融入课程思政

一般地，在课程导论时要介绍大学数学课程，包括教学计划、课程内容和考核方式等。

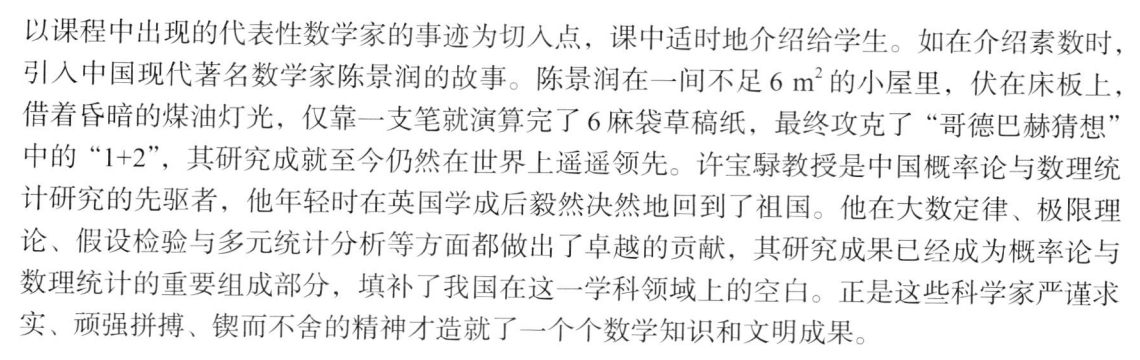

以课程中出现的代表性数学家的事迹为切入点，课中适时地介绍给学生。如在介绍素数时，引入中国现代著名数学家陈景润的故事。陈景润在一间不足 6 m² 的小屋里，伏在床板上，借着昏暗的煤油灯光，仅靠一支笔就演算完了 6 麻袋草稿纸，最终攻克了"哥德巴赫猜想"中的"1+2"，其研究成就至今仍然在世界上遥遥领先。许宝騄教授是中国概率论与数理统计研究的先驱者，他年轻时在英国学成后毅然决然地回到了祖国。他在大数定律、极限理论、假设检验与多元统计分析等方面都做出了卓越的贡献，其研究成果已经成为概率论与数理统计的重要组成部分，填补了我国在这一学科领域上的空白。正是这些科学家严谨求实、顽强拼搏、锲而不舍的精神才造就了一个个数学知识和文明成果。

（二）概念引入时融入课程思政

大学数学课程中的数学概念较多，要抓住概念阐述的机会，不经意间对学生渗透课程思政教育。函数概念是所有数学知识的基础概念。函数最早是由德国数学家莱布尼茨提出的，清代数学家李善兰将单词"function"翻译为"函数"。古代"函"与"含"通用，意为"含有，包含"。李善兰将函数定义为"凡式中含天，为天之函数"，意思就是"凡式中含有 x，就称该式为 x 的函数"。这个故事表明我国数学家用自己的文化解释函数的概念，学生能够清楚理解其中的内涵，体现出文化自信和文化传承的使命感。在学习随机变量的数字特征——数学期望和方差时，数学期望反映了随机变量取值的平均水平，方差反映的则是随机变量取值与平均值的离散程度。在学习概念时引入实例，让学生理解数学期望和方差的实际意义。以"中国已于 2020 年打赢脱贫攻坚战"作为思政载体渗透思政教育：脱贫是为了消除贫困，减少贫富差距，提高平均生活水平，逐步实现共同富裕，这里"平均生活水平"与"贫富差距"就是数学期望与方差概念的具体化。引导学生利用所学概念解读和理解脱贫攻坚政策，感受我国社会主义制度的优越性。

（三）原理使用时融入课程思政

泰勒公式本质上是用函数的高阶导数组合成的多项式来逼近一般函数，它是微分中值定理的推广。著名的对数表、三角函数等数学用表都是基于泰勒公式算出来的。为了得到精确的计算结果就要给出不同阶导数下的误差范围和进行误差估计，在实际问题中要不断地减小误差。在港珠澳大桥的建设过程中我国工程师们解决了沉管隧道安装放置这一世界级难题。大桥需要在 55km 的全长中铺设 6.7km 长的外海沉管隧道，这就使得建设面临海底隧道最长、埋深最深、单个沉管体量最大等世界性难题。这些沉管要无人对接在海平面以下 13~48m 不等深度的海底，而每节标准沉管隧道管节长达 180m，排水量达 7.5 万 t 以上，技术标准要求对接误差控制在 2cm 以内。然而该技术只被极少数国家掌握且形成技术垄断。为了使我国能够自主掌握这项技术，在大桥岛隧工程项目林鸣总工程师的带领下，经过百余项试验研究和实战演练，建设团队终将这项外海沉管建设难题攻破，也创造了"半个月内连续安装两节沉管""极限 3 毫米对接误差"等多个纪录。这个例子说明了控制误差的重要性，也体现出了当代中国工匠们精益求精的钻研精神。

（四）案例分析时融入课程思政

要发挥典型案例的作用，结合教学内容利用数学建模方法分析问题，提高学生应用数学知识解决实际问题的能力。在学习曲率概念时，由列车脱轨事件引入曲率。反过来通过曲率的研究，指导工程师们更规范地设计铁轨，避免脱轨事故的再次发生。这是理论与实践相互联系的典型案例。在学习贝叶斯公式这一知识点时，引入《狼来了》故事中说谎小孩的可信度是如何下降的案例。利用所学的概率论相关知识，量化分析说谎小孩的可信度。通过此案例，既培养了学生的科学思维，又潜移默化的教育了学生建立诚信意识的重要性。通过量化分析使学生明白做人做事讲诚信的重要性。学习结束后，介绍贝叶斯的生平事迹。

（五）思维训练时融入课程思政

在无穷级数的学习中会遇到数列求和的问题。引入银行储蓄复利计算问题来揭示"利滚利"的可怕性。适时地介绍被卷入"校园贷""套路贷"后所产生的严重后果。通过课堂理性分析引导学生建立正确的消费观念，自觉抵制享乐奢靡之风，坚决远离非法借贷。无穷级数的概念中，需将数列的每一项加起来。习近平主席在2018年新年贺词中指出"千千万万普通人最伟大"❶。千千万万的人正像无穷级数的每一项，加起来汇聚成了强大的力量。

三、结束语

大学数学课程中蕴含着丰富的课程思政元素。需要大学数学课程教师找准切入点，以合适的教学手段和方法进行课程思政，充分发挥出课程的育人功能。达到育智与育人协同推进，实现双赢的教学效果。

参考文献

[1] 吕亚男. 从数学文化视角探讨高等数学与课程思政的有机融合 [J]. 西部学刊，2019(4):97-100.

[2] 齐新社，李国，王欣，等. 高等数学课程思政方法研究 [J]. 高等数学研究，2020,23(4):118-119,123.

[3] 李常虹. 高等数学"课程思政"教学实践分析 [J]. 大学，2021(20):30-33.

[4] 何亮田，谢建强. 课程思政背景下的"线性代数"教学实践 [J]. 合肥学院学报（综合版），2021,38(5):128-133.

[5] 孙立伟，庄桂敏，张玲，等. 课程思政背景下"概率论与数理统计"教学创新的研究与实践 [J]. 科教文汇，2022(9):85-88.

---

❶ 新华社. 习近平主席发表二〇一八年新年贺词 [EB/OL]. 中国政府网,(2017-12-3). http://www.gov.cn/xinwen/2017-12/13/content_5252083htm.

小学生亲子亲合、亲子沟通与自尊的关系研究[1]

王怡[2]，唐怡新，郭萌

摘要：采用《亲子亲合量表》《青少年亲子沟通量表》及《自尊量表》对4所小学的503名小学生进行问卷调查，结果表明：小学生的亲子亲合处于中等偏上水平，在性别、年级和主要照顾者上存在显著差异，在生源地上不存在差异；小学生的亲子沟通处于中等偏上水平，在年级、生源地上存在显著差异，在性别和主要照顾者上则不存在差异；小学生的自尊处于中等偏上水平，在生源地和主要照顾者上存在显著差异，在性别和年级上则不存在差异；小学生亲子亲合、亲子沟通与自尊存在显著相关关系。结论：亲子亲合、亲子沟通能够在不同程度上预测小学生的自尊，亲子沟通是亲子亲合和自尊之间的中介变量。

关键词：小学生；亲子亲合；亲子沟通；自尊

自尊是一种较为浓烈的情感，在自我尊重、自爱的同时要求社会、集体与他人对自己表示尊重，这种情感的产生基础是个人的自我评价，也是一个人构建人格的自我调节结构和重要心理成分。在儿童成长早期阶段，尤其是在小学高年级时期，自尊水平迅速提升并迎来发展的关键期。在这一时期，亲子关系的好坏对小学生的自尊水平发展起着不可替代的作用。良好的亲子关系对小学生自尊水平起着积极的促进作用；反之，不良的亲子关系会对小学生自尊水平产生消极影响。因此，深入研究小学生亲子亲合、亲子沟通与自尊的关系，对于促进小学生心理健康成长具有较为重要的理论价值和现实意义。

一、文献综述

自尊是一种包含着个体自我认知的价值判断，是个体对自我价值、重要性和成功的积极的情感体验。自尊的测量问卷众多，有 Janish 和 Field 初编于1959年，后于 Fleming 和 Watts 1980年修订的《缺陷感量表》；Coopersmith（1967，1975，1981）编制的《自尊调查问卷》；Marsh（1984）的《自我描述问卷》；Shrauger（1990）的《个人评价问卷》等。其中罗森伯格（1965）的自尊量表是目前具有最权威性与应用最广泛的量表，以个人的整体自尊为主要测量内容，关注个人从整体上如何看待自己的方式。除此之外，我国学者根据我国文化和国民实际，自行编制了具有中国文化适应性的自尊量表，如由魏运华编制的《儿童自

---

[1] 基金项目：陕西省教育学会2022年度课题（课题编号：SJHYBKT2022198）"产教融合背景下职业技术教育教学模式创新研究"

[2] 作者介绍：王怡，女，博士，教授，陕西高校新型智库商洛发展研究院院长，商洛学院教务处处长，主要从事教育领导与管理研究

尊量表》，黄希庭等编制的《青少年自我价值感量表》。自尊可以在各方面影响到人的心理。钱铭怡和肖广兰通过研究发现：个人自尊与其自我效能、心理健康状态、父母教育方式之间存在相关关系。张灵提出：自尊与个人人际关系之间可能存在一定的因果联系，若人际关系对自己造成困扰，则其集体自尊、个人自尊均会受到负面影响。王小新和苗晶磊通过研究发现，对于大学生而言，自尊、自我效能感、学习倦怠三者之前的关系为：自尊在其余两者之间可能起到中介作用，自尊与自我效能感在一定程度上可以预测学习倦怠的出现，且学习倦怠会对大学生的自尊与自我效能感起到显著负面影响。

自尊的形成和发展又受到多方面因素的作用。周碧薇通过研究发现，可以将对自尊产生影响的因素分为四种。第一种是个人因素，如性别、年龄、归因风格与个体的能力、品德、应对方式和成败经验；第二种是家庭因素，如父母教育方式、亲子关系、父母自身属性、家庭结构；第三种是学校因素，包括学业表现、教师和同伴、学校类型；第四种是社会文化因素：如文化水平差异、城乡差异等。大量研究证实家庭因素是影响儿童自尊的决定因素，特别是亲子亲合和亲子沟通。

亲子亲合指父母与子女之间亲密的情感联结。研究发现：亲子亲合可以保护青少年自尊发展的过程，若一个家庭具有较高的亲子亲合水平，则会直接提高孩子的自尊水平（Cooper, Holman & Braith-waite, 2015），这种影响持续的时间较长，至孩子成年早期这种影响都会存在。亲子沟通是一种特殊类型的人际沟通，特指在家庭中父母与子女之间通过各种言语和非言语的形式交流信息的过程。房超、方晓义和武永新通过研究发现：个人自尊与亲子沟通是否良好之间存在一定关系，若亲子沟通表现良好则会促进个人自尊的发展，反之，可能产生不利影响。陈丽和刘艳发现流动儿童群体亲子沟通的不同维度均能预测流动儿童的自尊。良好的亲子沟通可以促进流动儿童的心理健康和减少问题行为，提高自尊的发展。武永新等研究之后认为，在青少年自尊与父母冲突之间的关系中，亲子沟通可以充当桥梁，起到良好的中介作用。

以上所述可见：亲子亲合、亲子沟通是影响儿童自尊的重要因素。有学者提出：在对自尊进行干预的整个过程之中，应对亲子关系的和谐性进行重点关注，尽量保证家庭氛围的美好与温馨。但已有研究中，对于亲子亲合、亲子沟通与自尊的关系的探讨中更多关注的是两两之间的关系，而还没有对于三者之间的关系研究。为了提高小学生自尊水平，促进小学生自尊获得更好发展，本研究通过问卷调查方法了解小学生的亲子亲合、亲子沟通状况，并从这两个方面探讨其对自尊水平的影响。

二、实证研究

(一) 研究对象

选择的研究范围为某县中的4所小学，以随机取样法选取被试，发放问卷503份，在剔除无效问卷后，共获得413份有效问卷，达到了82.1%的有效回收率。表1为研究对象的基本情况。

表1 研究对象基本情况

变量	类型	人数（人）	百分比（%）
性别	男	184	44.6
	女	229	55.4
年级	五年级	187	45.3
	六年级	226	54.7
生源地	农村	242	58.6
	城镇	171	41.4
主要照顾者	爷爷、奶奶	37	9.0
	爸爸、妈妈	372	90.1
	其他	4	0.9

（二）研究工具

1. 亲子亲合量表

《亲子亲合量表》采用 Olson, Sprenkle 和 Russel（1979）编制的家庭适应和亲子亲合评价量表 FACES（Famliy Adaption and Cohesion Evaluation Scales）中的亲子亲合分量表。由于该量表原版为英文，为了保证其在中国文化背景下的适用性，由专业人员根据我国文化实际进行过仔细修订，并已在相关研究中使用过。这一量表共含10个题项，使用5点记分（1—几乎从不，5—几乎总是）。同时，该量表包含两个分问卷，分别为母子亲合与父子亲合，两份分问卷的内容相同，需要反向计分的条目是3、4、8和9，总分越高表示亲子关系越好。其内部一致性系数分别为0.79（父亲）和0.82（母亲）。

2. 青少年亲子沟通量表

采用 Barnes 和 Olson 于1980年编制，1995年修订的版本。该版本由安伯欣于2004年翻译并修订，主要测量的内容为父母与青少年对亲子沟通交流的本质看法。此量表由开放性沟通和问题性沟通两个分量表构成，共20个题目，其中10个题目表示亲子沟通的开放性，另外10个题目表示问题性，采用5点记分的方法，其中1~5分分别为非常不同意、有些不同意、一般、有些同意、非常同意。对于问题性的题目，需要进行反向计分，之后加上开放性题目的分数得出总分。总分越高表明亲子沟通关系越好。此量表的 Cronbach's α 值为0.89。

3. 自尊量表

Rosenberg 自尊量表（The Rosenberg Self-Esteem Scale, RSES）由罗森伯格（Rosenberg）于1965年编制，田录梅于2006年翻译并修订，主要测量个体的整体自尊。该量表有10道题目，采用4点计分，从"1 = 非常符合"到"4 = 很不符合"共4个等级对自己进行评价，其中所有问题均分为正向题与反向题两种，但考虑到中西方文化差异，将第8题改为正向

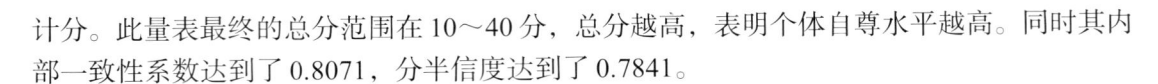

计分。此量表最终的总分范围在 10～40 分，总分越高，表明个体自尊水平越高。同时其内部一致性系数达到了 0.8071，分半信度达到了 0.7841。

（三）研究程序

采用随机抽样的方法，分别在特克斯县四所小学的五、六年级随机抽取几个普通班级。施测者提前熟悉指导语和施策过程；在施测过程中为避免发生意外情况，每个班级代课教师监督施测过程，由施测者在抽取的每个班级逐个进行测试，保证每个班 10～20 分钟的测试时间，并在问卷填写完毕之后，当场回收所有问卷。

（四）数据处理

使用软件 SPSS 22.0 对全部所得数据进行分析，数据处理时，采用的统计方法有描述统计、相关分析、回归分析、独立样本 t 检验和单因素方差分析等。

三、结果分析

（一）小学生亲子亲合、亲子沟通和自尊的相关研究

对亲子亲合、亲子沟通与自尊之间的关系进行考察，结果如表 2 所示。亲子亲合与自尊间存在显著正相关，这说明小学生在家庭日常生活中，与父母相处越融洽、关系越和睦，那么家庭的亲子亲合水平越高，孩子的自尊水平也就越高；反之，则越低。亲子沟通和自尊间存在显著的正相关。这表明小学生与父母之间沟通状况越良好，那么亲子沟通水平也会随之上升，其自尊水平也呈上升趋势；反之，则下降。

表 2　亲子亲合、亲子沟通与自尊的相关分析

变量	父子亲合	母子亲合	亲子亲合总分	开放性沟通	问题性沟通	亲子沟通总分	自尊总分
父子亲合	—	0.409***	0.825***	0.460***	0.374***	0.490***	0.151**
母子亲合	0.409***	—	0.849***	0.378***	0.260***	0.375***	0.241***
亲子亲合总分	0.825***	0.849***	—	0.505***	0.378***	0.520***	0.229***
开放性沟通	0.460***	0.378***	0.505***	—	0.467***	0.876***	0.184***
问题性沟通	0.374***	0.260***	0.378***	0.467***	—	0.822***	0.206***
亲子沟通总分	0.490***	0.375***	0.520***	0.876***	0.822***	—	0.210***
自尊总分	0.151**	0.241***	0.229***	0.184***	0.206***	0.210***	—

注：*** 表示 $P<0.001$。

（二）小学生亲子亲合、亲子沟通与自尊间的回归分析

1. 小学生亲子亲合与自尊的回归分析

以小学生自尊总得分作为因变量，选择自变量为亲子亲合总分，对其进行回归分析之后以回归方程表示，具体结果如表 3 所示。亲子亲合总分解释了自尊 5% 的变异量。

表 3 亲子亲合与自尊的回归分析

因变量	预测变量	R	R^2	$\triangle R^2$	B	F	t
自尊总分	亲子亲合总分	0.229	0.052	0.050	0.101	22.704***	4.765***

注：***$P<0.001$。

2. 小学生亲子沟通与自尊的回归分析

以小学生自尊总得分作为因变量，选择自变量为亲子沟通总分，对其进行回归分析之后，以回归方程表示，具体结果如表 4 所示。亲子沟通总分解释了自尊 4.2% 的变异量。

表 4 亲子沟通与自尊的回归分析

因变量	预测变量	R	R^2	$\triangle R^2$	B	F	t
自尊总分	亲子沟通总分	0.210	0.044	0.042	0.079	18.946***	4.353***

注：***$P<0.001$。

3. 小学生亲子亲合、亲子沟通与自尊的回归分析

选择因变量为小学生自尊总得分，自变量为亲子亲合、亲子沟通总分，以逐步回归法进行分析，以回归方程表示，具体结果如表 5 所示。亲子亲合总分、亲子沟通总分进入回归方程，二者共同解释自尊 5.9% 的变异，其中亲子亲合单独解释了自尊 5% 的变异，同时亲子沟通可以对自尊 0.9% 的变异进行单独解释。

表 5 亲子亲合、亲子沟通与自尊的回归分析

因变量	预测变量	R	R^2	$\triangle R^2$	B	F	t
自尊总分	亲子亲合总分	0.229	0.052	0.050	0.072	22.704***	2.932***
	亲子沟通总分	0.252	0.064	0.059	0.047	13.946***	2.229***

注：***$P<0.001$。

4. 小学生自尊与亲子亲合的中介变量分析

以美国心理学家 Baron 和 Kenny 的检验模型用来检验中介效应，其中该效应是否存在所需满足的必要条件为：自变量对因变量回归、中介变量对因变量回归、自变量对中介变量回归、中介变量和自变量对因变量回归，上述回归均表现出较为显著的回归系数。同时，完全中介作用与部分中介作用的判断依据为：回归系数（B）降低为部分中介作用，回归系数不显著为完全中介作用。

研究显示：一旦亲子沟通介入这一过程中来，即可以对自尊进行更好的预测，其总预测力由原来的 5% 上升至 5.9%，同时亲子亲合相对于自尊的标准化回归系数（B）由之前的 0.101 降至 0.072，这一变化表明亲子沟通为部分中介变量。因而可知，亲子沟通在小学生亲子亲合与自尊中起到中介作用。

四、结果讨论

(一) 小学生亲子亲合、亲子沟通和自尊的基本情况分析

研究结果表明：父子亲合、母子亲合、亲子亲合总分处于中等偏上的水平，表明小学阶段五、六年级的学生和父母关系和睦、相处融洽，亲子亲合水平较高，这与涂瑾及符明弘的研究结果一致。开放性沟通、问题性沟通、亲子沟通总分处于中等偏上的水平，表明小学阶段五、六年级的学生与父母之间沟通状况良好，亲子沟通的质量较好，这与张干群、王悦和石瑞莲的研究结果一致。总体来说，小学生亲子亲合、亲子沟通都处于中等偏上水平，总体水平良好。

研究结果表明：小学生自尊总分处于中等偏上水平，总体水平良好，小学阶段五、六年级的学生自尊水平较高，这与李茂平及陈瑜、于晓莉和周慧贤的研究结果一致。出现这样的原因可能在于一方面父母对孩子的平时教导有方、家庭教育得当；另一方面在小学高年级阶段孩子的自尊水平飞快提升并迎来自身发展的黄金时期，在此阶段自尊水平不断提高。

(二) 小学生亲子亲合、亲子沟通和自尊在人口学变量上的差异

1. 小学生亲子亲合、亲子沟通和自尊的性别差异分析

研究结果表明：在母子亲合上男女生之间存在着显著的差异，不同性别的小学生在其余各因素上均不存在显著差异。女生与母亲之间的关系要好于男生与母亲之间的关系。这分别与涂瑾及符明弘、徐婷婷和朱淑湘等人的研究结果相一致。出现的原因可能是一方面在小学阶段，女生发育和心智成熟比男生早，能更好地理解和体谅母亲。另一方面女生性格乖巧懂事，听母亲的话；男生淘气调皮，容易惹母亲生气。

2. 小学生亲子亲合、亲子沟通、自尊的年级差异分析

研究结果表明：小学生的父子亲合、母子亲合、亲子亲合总分、开放性沟通、问题性沟通、亲子沟通总分在不同年级上均存在着显著差异，自尊不存在显著差异。表明在父子亲合、母子亲合、亲子亲合总分、开放性沟通、问题性沟通、亲子沟通总分这些因素上，五年级的学生得分均高于六年级的学生得分。这与涂瑾及符明弘和张干群的研究结果一致。出现的原因是：一方面，六年级的学生思维方式和独立意识增强，与父母在日常相处中容易出现一些小摩擦和吵闹；而五年级相比于六年级的学生，更不容易与父母因为摩擦琐事而出现矛盾，因此与父母相处更和谐友好。另一方面，六年级的学生面临小升初等多方面压力，情绪和心情不稳定，在日常生活中容易与父母沟通出现问题；而五年级相比较于六年级的小学生，与父母沟通状况较为良好，因此亲子沟通质量较高。

3. 小学生亲子亲合、亲子沟通和自尊的生源地差异分析

研究结果表明：问题性沟通、亲子沟通总分存在显著的生源地差异，表现为农村学生得分均高于城镇学生，这与于璐的研究结果一致。出现的原因是不同生源地人们的生活差异明显。一是城镇的生活是快节奏，平常父母工作较忙和孩子沟通较少，有时忽略孩子的某些情况可能会导致父母与孩子在沟通时出现问题；而农村家庭的父母以务农为主业，除劳作外大部分时间在家，能及时了解孩子的情况并且和孩子进行有效的沟通。二是农村人

有日常生活中没事时聚在一起聊聊天的习惯，农村家庭内部以及和邻里的沟通较多，既增加了亲子沟通的机会，也为孩子沟通提供了充足的示范；但城市多为小区封闭式住宿，家庭之间的交往相比农村较为局限。

在自尊总分上，城镇得分高于农村得分，这与周慧贤的研究结果一致。原因主要是城乡物质生活差异所致。在城镇，人们整体收入高，生活水平富足，物质条件优越。况且，城镇多是独生子女，而农村多为多子女，每个子女享有的资源城乡差异更大，这种外在的物质生活条件可能影响到了小学生的自尊水平。

研究结果显示：在父子亲合、母子亲合、亲子亲合总分和开放性沟通这些因素上不存在显著差异。这与张文新及王美萍、于璐的研究结果一致。这一情况的原因可能是一方面在放开二胎政策之前家庭大多是独生子女或少子女家庭，家里只有一个孩子，父母对孩子的照顾和爱很集中，所以父母与孩子的亲子亲合水平较稳定。另一方面是随着经济的发展，人们的生育观念从原来的重男轻女到现在的开放平等，育儿观念从经验传授到科学合理，因此在日常生活中父母与孩子的关系更和睦友好。亲子关系良好，育儿观念先进，也保证了亲子沟通开放性水平，城乡亲子间开放性沟通差异不大。

4. 小学生亲子亲合、亲子沟通和自尊的主要照顾者差异分析

研究结果表明：亲子亲合、亲子沟通和自尊在主要照顾者差异上，仅存在母子亲合和自尊总分的显著差异。在母子亲合上，爸爸妈妈和其他照顾者的得分高于爷爷奶奶的得分，这与陈蔚萌的研究结果一致。父母照顾得分在母子亲合上高的原因是父母不仅和孩子有血缘关系，而且母亲一般细心，在传统角色上，母亲往往是孩子最直接的养育者、情感联结者和亲情沟通者，特别当母亲亲自照顾子女时，母子亲合要优于爷爷奶奶和其他照顾者；其他照顾者比爷爷奶奶在母子亲合上高的原因是与爷爷奶奶相比较，母亲会对照顾者有歉疚之心，而且更害怕对孩子照顾不周，因此会对子女增加沟通和照顾，另外，其他照顾者也比爷爷奶奶更强调母亲的作用，在重大决策上更愿意征求孩子母亲的意见，无形之中提高了母子亲合的水平。

在自尊总分上，爷爷奶奶和爸爸妈妈的得分高于其他照顾者的得分。这与柴志叶研究结果一致。亲人照顾得分在自尊上高的原因则是因为孩子在其他照顾者照顾下难以得到亲人直接照顾，并通过社会比较更容易产生自卑心理，不利于孩子的健康成长，所以亲人的得分高于其他照顾者。

研究结果显示：其余各因素差异不显著，这与陈蔚萌、石瑞莲和柴志叶研究结果一致。出现这样的原因可能是，孩子在有的问题上可能和除父母之外的人交流，一方面害怕一不小心犯错受到父母的责备与担心，另一方面可能会有些在意他人对自己的看法，所以和除父母之外的人沟通较好。相比父亲，母亲与孩子相处得更融洽和睦，所以孩子与母亲更为亲密。总体来说，亲子亲合水平总体差异不明显。

（三）小学生亲子亲合、亲子沟通和自尊的关系分析

研究结果表明亲子亲合与自尊间存在显著相关，且亲子亲合能够正向预测自尊。说明小学生在家庭日常生活中，与父母相处越融洽、关系越和睦，那么家庭的亲子亲合水平越高，孩子的自尊水平也就越高；反之，则越低。这与宋静静等人和张永欣等人研究结果一致。父母对孩子的人生成长和品格养成起着至关重要的作用，父母就像是孩子的第一任老

师，父母的示范与教导对孩子自尊的发展有着很大的影响。在父母与孩子相处过程中，当孩子在生活与学习方面某些地方做得好时，父母对孩子适当的赞赏与表扬会让孩子感受到自己的自我价值，这对孩子的自尊发展起着积极的促进作用。反之，父母与孩子相处不好并且生活中也不关心孩子，那么孩子会感到自己不被父母重视，长时间会让孩子感到孤独，孩子性格会越来越寡言少语，这对自尊的发展起阻碍作用。

研究结果表明亲子沟通和自尊间存在显著相关，且亲子沟通也能够正向预测自尊。表明小学生与父母之间沟通状况越良好，那么亲子沟通水平也会随之上升，其自尊水平也呈上升趋势；反之，则下降。这与周宇峰和胡春霞、张斌等人研究结果一致。父母与孩子之间的沟通状况对孩子的自尊发展也会产生影响，父母与孩子之间亲子沟通状况良好，孩子会感到自己成长环境是温暖、快乐的，有利于孩子自尊的发展。父母与孩子之间亲子沟通状况差，孩子的内心会变得敏感，长时间容易形成自卑心理，不利于自尊的发展。

(四) 小学生亲子沟通的中介作用分析

研究结果显示：亲子沟通是亲子亲合和自尊的中介变量，起着部分的中介作用。亲子亲合可以对自尊产生影响；亲子亲合也可以通过亲子沟通对自尊产生影响。亲子沟通的介入可以更好并清晰地说明亲子亲合与自尊之间的关系。父母与孩子之间的关系越好并稳定，亲子亲合水平越高，越有利于孩子的健康成长，孩子的自尊水平也越高；父母与孩子的亲子亲合水平，亲子沟通的心理氛围就越安全、越和谐，彼此之间的亲子沟通质量也越好。良好的亲子沟通，易于发挥长辈在孩子成长中的引导作用，也易于促进孩子对自己客观的反思，促进孩子的自我意识发展；同时，良好的亲子沟通，也容易使孩子获得人际交往中的成功体验，这些都有利于提高孩子的自尊水平。相反，当父母与孩子之间关系出现裂缝和隔阂，塑造了冷漠、紧张、冲突的亲子沟通氛围，影响到亲子沟通的质量，亲子沟通质量的降低，不仅难以发挥家长的教育作用，而且容易导致孩子为反对而反对，坚持因情绪而导致的偏见，不能很好地进行自我反思，更增加了孩子人际交往中的失败体验，从而对孩子自尊的发展带来不良影响。

五、结论与建议

(一) 研究结论

一是小学生的亲子亲合处于中等偏上水平，在性别、年级和主要照顾者上存在显著差异，在生源地上不存在差异。

二是小学生的亲子沟通处于中等偏上水平，在年级、生源地上存在显著差异，在性别和主要照顾者上则不存在差异。

三是小学生的自尊处于中等偏上水平，在生源地和主要照顾者上存在显著差异，在性别和年级上则不存在差异。

四是小学生亲子亲合、亲子沟通与自尊存在显著相关关系。

五是亲子亲合、亲子沟通能够在不同程度上预测小学生的自尊，亲子沟通是亲子亲合和自尊之间的中介变量。

(二) 对策建议

一是进行适当的亲子交流与沟通，会提升孩子的自尊。交流与沟通对于一个家庭的和谐共处有着不可忽视的作用。不论是任何时候，适当的鼓励与赞扬，会增强孩子的自尊心发展。比如适当与同龄人进行正确的社会比较，会使孩子感觉自己处于恰当的位置，提供正确的社会支持，会提升孩子的自尊水平。

二是建立正确有效的亲子行为，提高孩子的自尊水平。父母和孩子之间建立正确有效的亲子行为：比如父母在孩子的生活和学习中对孩子适度、有兴趣的参与与接受；尊重孩子的选择，理解孩子的想法；给予孩子充分的自由；犯错误时用正确的方法引导和说服而不是体罚孩子。这样，会让孩子感受到父母的认可与支持，会在无形之中慢慢提高孩子的自尊水平。

三是开展有效的亲子活动，促进孩子自尊水平的发展。首先，父母与孩子在日常生活中多聊天与谈心，营造良好和谐的家庭氛围。其次，根据实际情况因事论事。在平常日子里难免会遇到各种各样的事情，要根据事情的不同来采取合理的解决办法。比如遇到孩子不能在某些事情上很好地理解父母，可以采取将心比心、角色互换的方法来解决。最后，在家庭中定时定期开展一些亲子活动，比如开展真心话对对碰、快乐一家人等游戏。一方面可以增进父母与孩子的亲子关系，另一方面可以让孩子在游戏中促进自尊水平的发展。

四是保证亲子关系的积极性，促进自尊水平的提高。积极的亲子关系，可以促进孩子形成积极的人生态度，进而使自尊水平得到提高。自尊以个体对自我的人际关系、能力、技能等方面的评价为基础，同时，自尊心还来源于他人对自己的看法，因此与社会或他人的关系，是影响自尊的基础性因素。保证亲子关系的积极性，不仅可以让父母接受孩子的优点与缺点，而且可以在了解孩子真实情况的基础上，为孩子制定符合孩子特征，具有激励作用并可以达到的标准，使孩子获得积极情感的同时，容易体验到成功，从而提升自尊水平。

五是采用良好的亲子教育方式，增进自尊水平的提高。良好的亲子教育，会使孩子形成正确的三观，掌握良好的与人交往的技能，对孩子的自尊的发展起着积极的影响。正确的教育方式，可以给予孩子尊重与温暖；民主型家庭教养方式中，孩子与父母平等讨论问题，既能得到他们的指导，又能悉心学习父母思维方式，有助于能力提升；相比于口头说教，父母的榜样效应影响力更大，因此对于父母而言，在面对生活中的挑战与障碍时，需要选择积极的方法与态度来面对问题，帮助孩子的人格不断完善和健全，进而发展孩子的自尊水平。从日常生活到学习交往，父母对孩子的教育方式不应粗暴直接，一定要适合有效，以身作则。

参考文献

[1] 林崇德. 心理学大辞典 [M]. 上海：上海教育出版社，2003(4).

[2] 王建平. 男女大学生自尊的比较研究 [J]. 韩山师范学院学报，1998(4):159-164.

[3] 王铮芳，刘静. 国内大学生自尊研究综述 [J]. 江西金融职工大学学报，2006(S2):267-268.

[4] 魏运华. 自尊的概念与结构 [J]. 社会心理科学，1997(1):35-39.

[5] 黄希庭，杨雄. 青年学生自我价值感量表的编制 [J]. 心理科学，1998(4):289-292,382.

义务教育阶段数学小组合作教学方法探讨

王晓，刘玮，朋宏玮 ❶

摘要：义务教育阶段数学学科在培养学生综合能力方面起着至关重要的作用。小组合作的教学模式为基础教育的教学改革提供了一种新的方法，能够突出学生在教学过程中的主体地位，符合我国目前的新课程改革要求。本文结合国内外对小组合作学习的研究现状和我国目前教师在采用小组合作学习模式在实践中所存在的问题进行详细的分析，从而给出相关的解决策略以便于教师在今后的小组合作学习能够提高学生的学习效率。

关键词：数学教学；小组合作；教学方法

一、引言

合作学习是被广泛认同和赞誉的一种教学方式，它不仅能够有效地改善教师在传统课堂上给学生带来紧张和压抑的心理压力，而且能够培养学生养成良好的自律等优秀品质。此外，就数学的本质来说它的学习过程就是一个相互探讨的合作学习过程。所以，在数学的平时教学过程中能够提升数学的课堂教学效率和激发学生对学习的主动性的最有效的方法是采用小组合作学习的教学模式。因为如果教师在数学教学过程中采用小组合作教学模式不仅能够让学生们相互交流、探讨自己的想法，而且能极大程度上培养学生们的团队合作的意识，激发学生在数学学习中的求知欲望。

随着教育制度的不断改革，教学模式也在不断地发展，学生在课堂中的地位也发生了变化，学生对知识的追求也在不断地加深，所以主动学习与被动学习的转换已经是目前如何让学生更好地发挥自主学习的关键。如何来有效地在数学课堂中开展小组合作学习活动是目前各地教师所共同面对的问题。虽然，根据目前的数学授课方式来看，小组合作学习的教学模式已经在全国各地得到了许多教师的认可，并且也能够在平时教学活动中得到运用。当学生能够积极参与到小组合作学习中来时，他们就成了课堂的主人，有利于发挥他们的自主性和合作意识，在这个小组合作学习的过程中能够充分地体现出学生在课堂学习中的主体地位，而不是和传统教学一般，教师在课堂中占据主要地位。因此，对小组合作学习在教师教学过程中的可行性以及在实行过程中所存在的问题以及对它所产生的实效性进行研究则显得尤为重要。

---

❶ 作者介绍：王晓，男，河南南阳人，博士，商洛学院数学与计算机应用学院副教授，主要从事组合优化及数学教学方面的研究
刘玮，女，陕西商州人，商州区第一小学教师，主要从事小学数学教学研究
朋宏玮，女，陕西山阳人，商洛学院数学与计算机应用学院数学与应用数学专业学生

二、小组合作学习教学过程中存在的问题

（一）教师对小组合作教学认知不足

教师的教学理念很容易将小组合作学习片面地认为它只是将学生简单地划分为几个小组，而没有深刻地去体悟小组合作学习的内在含义和相应理论依据以及在课堂中采用小组合作学习中应该注意的问题。我国推行小组合作学习的目的就是促进教师和学生、学生与学生之间的互相帮助和互相学习交流。通过小组合作学习还有利于学生的团队合作意识的形成，同时，还能够促进各个小组之间的合作与竞争，激发学生的学习兴趣。学生在小组合作学习的过程中还能够集思广益，充分地发挥出他们的内在潜能，使他们在互相学习的过程中共同进步。然而，目前我国各地教师普遍在教学过程中所采用的"小组合作"教学模式只注重外在的形式，而忽略了小组教学的内含，从而导致教师的教学效果不佳，缺乏实效的现象。主要的问题有以下几个方面：

1. 小组合作学习的教学模式实施时机不当

在我国新一轮课程改革中，重点强调了在普及素质教育的过程中要注意培养学生的合作意识，而且随着社会的不断发展，合作意识和团队精神已经逐渐地成为当下人才必备的能力，但是如果教师不根据教学内容的特点和学生的实际情况以及教学环境等条件而盲目地采用小组合作的教学方式，从而使教师在课堂教学过程中方法的单一且收效甚微。例如，在教学内容过于简单或者教学内容难度过高设置小组合作学习交流；在适合学生独立自主探索或者需要动手实践的时候设计小组合作交流；在需要教师指导的时候安排学生小组交流探讨，从而使学生不知所措。所以，如果不根据实际情况而随意的安排小组合作学习只会使得最终的结果收效甚微，甚至还会弄巧成拙。

2. 构建合作学习小组的结构不合理

授课教师如果在教学过程中需要采用小组合作学习的教学模式，那么在组建小组合作学习的过程中一定要注意各个小组结构的合理性。第一，所组建的合作学习小组成员人数不合理，如果小组人员太多，则可能会出现场面混乱从而导致参与者之间不能进行有效交流和个人才能最大限度地发挥。如果授课教师对所组建的合作学习小组分配的人员过少，可能会导致学生在学习交流的过程中对问题的讨论与探究出现困难。第二，小组成员优差搭配不合理。人生而不同，所以每位学生在各方面也存在着大大小小的差异，例如，学生对基础知识的掌握程度、学习能力的高低、探究能力大小以及性格特点等诸多方面都存在着差异，所以授课教师如果在教学过程中组建合作学习小组时忽略了这些影响小组合作学习的因素，势必会导致学习成绩两极分化严重优等生统一天下，学困生尽管似懂非懂，但只能无奈地盲目信服优等生的答案，从而可能会导致学困生产生自卑心理。

3. 没有建立一套有序的规则

在平时的教学过程中经常见到这样的一种情形，当老师提出一个问题后立刻就会有学生在下面开始一番激烈的讨论场面，但是，如果你细心观察的话就会发现这只不过是一种虚假的讨论，有些学生只不过是打着讨论问题的幌子去凑热闹。有的合作学习小组里的同学抢着发言，导致场面混乱。有的合作学习小组可能就是鸦雀无声，心不在焉的闲坐着或

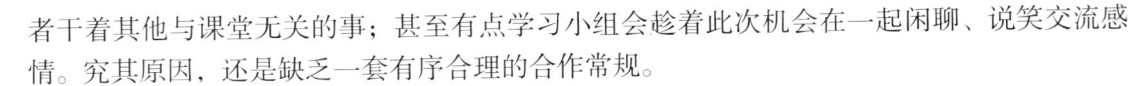

者干着其他与课堂无关的事；甚至有点学习小组会趁着此次机会在一起闲聊、说笑交流感情。究其原因，还是缺乏一套有序合理的合作常规。

4.合作学习时间不足

在教师安排合作学习小组学习的问题后，当学生们在相互交流探讨的正激烈时，结果还不到两三分钟就被教师叫停，教师的这种做法不仅不会使参与小组合作学习的学生达到合作学习的目标，而且会在一定程度上使积极参与讨论、学习的学生的积极性受到打击。这种做法还有可能使参与小组合作学习的学生养成敷衍了事的坏习惯。

(二)教育评价机制与课改的矛盾

自中华人民共和国成立至今前后已经实行了七次课程制度改革，每一次的课程制度改革都取得了很大的成绩。经过一次次的摸索与改革，我国的课程体系逐渐趋于完整，此外还涌现出了很多的教学模式，使我国的基础教育得到进一步的发展。但是，随着我国社会的不断发展和教育制度改革的进一步深化，也使我们现行的一些教学模式所存在的问题和弊端显现出来。

面对日新月异的科技发展，社会对人才的要求提出更高的标准。为了使培养出来的学生能够更好地适应社会的发展，所以教师对教育制度的改革基本是持支持的态度。而在最近的一次课程制度改革中强调了教师角色的转变，教师应改变以往单纯的传教式的授课方法。授课教师在教学过程中要以学生为教学的主体，尽可能地选择适合所授内容的教学模式，以此来充分地调动学生在学习过程中的积极主动性。只有选择了适合学生、切合所教授的学习内容的教学模式，才能够有效地激发学生对学习的兴趣，发挥学生在学习过程中的自主性。而小组合作学习的教学模式如果授课教师能够运用的恰当，则不仅能够充分的发挥学生在课堂学习的自主能动性，而且还能够极大地调动学生学习的积极性，利用小组合作学习还能够有助于学生极大限度地挖掘出他的内在潜力。此外还有利于避免教师对学生进行满堂灌带来的痛苦，更重要的是通过小组合作学习的教学方法还能够让教师发现自身在教学中所存在的一些不足，从而有利于教师对自身教学中所存在的问题进行改进，使得教师的教学水平得到进一步提升，真正实现教师在教中学、在学中教。但是，我国目前社会主要以学校的"升学率"来衡量这所学校的好坏，而教师也就只能以能否有效且快速而简洁提高学生的学习成绩来衡量这种教学模式的好坏。虽然在课程制度改革浪潮的一次次推动下，部分学校和教师不得不对教学方法进行改变，但是在实际的教学过程中，学校和教师仍然为了应试教育而对学生进行教学。

(三)小组成员间异质性特征的影响

由于每个人从小所处的环境不相同，所以导致每个学生在性格特点、个人爱好以及学习能力和学习动机等方面都有着很大的差异。例如有些学生的性格比较外向，他们做事的主动性都会比较高而且善于表达自己的观点，为人处事灵活多变，喜欢分享自己的成果，喜欢得到其他学生对自己能力的认可。所以这些性格外向，学习能力比较高的学生很容易在小组合作学习活动中占据发言的主动权。相反地，有些学生性格内向，学习能力也比较低，而且不善与和其他同学进行交流，特别是在团队合作学习交流中讷口拙言，不敢也不想去表达自己对问题的看法和观点。在小组合作学习活动中不少学生在学习动机方面也存在着许多问题，有的学生由于种种原因导致学习态度不端正，尤其是有厌学情绪的同学经常会在教师授课的过程中开小差。所以如果对这些自律性比较差的学生不采取一定的措施而盲目地采用小组合作学习那么就会给这些人自由的空间，从而会使他们瞬间感觉被解放了，无拘无束。这些人在小组合作学习的过程中可能会随意的胡乱发言，可能会抱着无所谓的态度将自己与课堂分离，充当一位旁观者，还有可能会有学生趁机捣乱，扰乱整个合作学习小组甚至整个班级的活动秩序。此外，虽然每个人都存在着差异，但是他们普遍都缺少合作学习的技巧和方法。由于我国当代的大部分学生是家里独生子女，这些学生从小就在父母和长辈们的百般呵护下无拘无束地生活着，在这种环境中成长很容使这些独生子女形成一种唯我独尊的骄傲心态和自私的意识。因此，这些独生子女普遍缺乏互相帮助、共同进步的合作精神和奉献意识。然而，在小组合作学习的过程中着重强调的就是各个队员需要彼此在竞争中互帮互助，共同探讨交流，共同进步，最终实现教师对小组合作教学任务的圆满完成。但是，由于独生子女的这种特殊情况导致他们在小组合作学习过程中不会也不愿意合作，甚至有时候还在课堂讨论过程和其他学生发生吵架甚至还会出现人身攻击的现象。

（四）小组合作学习研究较浅

随着新课改的不断深入，小组合作学习教学模式也在各校的课堂中时常出现，原有的传统而单一的教学模式已经被打破，教师不再是教学过程中的主体，学生也不再被动地学习。取而代之的是逐渐被广大教师和学生所慢慢接受而认可的小组合作学习教学模式，这种教学模式能够充分地调动和发挥出以学生为主体性的特征。但是，由于小组合作学习最早是由国外传入我国的，很多教师在教学任务的压力下无法对小组合作学习的教学模式与内涵进行系统的研究和挖掘。还有部分老教师由于年龄比较大，已经习惯了传统的固有教学模式，再加上外在的一些影响因素，他们也不愿意再去花费过多的精力去对这种新的教学模式进行研究。而就我国目前在课堂中采用的小组合作学习教学模式往往只注重外在的形式，对小组合作学习的有关理论仅仅是停留在对概念的解释上，忽视了小组合作学习教学模式的实质，从而导致教学成果缺乏时效性，根本不能对小组合作学习的教学模式在当下数学课堂中的运用起到积极的作用。

（五）个性发展与应试教育的矛盾

在追求个性化发展和优秀成绩的今天，所有教师都面临着如何平衡考试成绩和能力培养之间的矛盾。部分学者和专家在"面向21世纪的教育"国际研讨会上一致认为，21世纪的人才应该具有积极向上、勇于探索的开拓精神，而且应具备强大的适应能力以及团队合作能力及创新力。虽然我国在这方面也积极地采取了一些措施，加大对新课改的推广力度，但是，我们并没有从根本上改变应试教育在家长心目中的地位，反而让素质教育一直停留在口头上。为了应对考试，作为数学学科最好的提分方法就是让学生进行题海战术，再以教师对做题方法及解题技巧加以辅助，这样对于考试成绩的提升无疑是最快的！但是这种教学方式一般是无法激发学生的学习兴趣，进而导致学生对学习没有动力。而如果授课教师在授课过程中能够合理地采用小组合作学习的教学模式，则学生在学习的过程中可以生由被动学习转为主动学习，让学生真正地成为课堂的主人。授课教师通过这种教学模式不仅可以激发学生的学习兴趣，还可以让学生们集思广益充分挖掘出他们的潜能，同时还可以在一定程度上培养学生的创造力和团队精神。

三、提高小组合作教学效率的对策

（一）在教学过程构建科学合理的合作学习小组

授课教师如果要在教学过程中采用小组合作学习的教学模式，那么授课教师要提前科学合理地组建合作学习小组。授课教师在构建合作学习小组时应注意团队结构的合理性，首先，所组建的团队成员的人数要合理，一般以4~6人为最好选择，人数太多容易出现场面混乱，人数过少则可能会导致学习任务无法进行。其次，应注意所组建的各小组之间的差异性不能过大，尽量使这些团队在各方面的情况相同。最后，授课教师在分配各个小组的成员时要考虑到学生之间的差异性，所以教师在分组时应该依据学生的学习能力、性格特点、探究能力等情况将学生进行分组。授课教师这样分组有利于将学习成绩在不同层次和具有不同特殊能力的学生进行重组优化组合，从而使各个合作学习小组的实力旗鼓相当，有利于各个团队在竞争中学习，在学习中相互促进成长。

（二）精心设计，优化效率

教师对小组合作学习过程的精心安排是提高小组合作学习效率的关键。相对于传统课堂来说，小组合作学习教学模式在课堂中很容易使课堂的学习气氛活跃起来，但是，随之也给授课教师带来了把控课堂的负担，因为如果对课堂掌控不足，则课堂很有可能因为某些学生起哄或者趁机捣乱导致课堂秩序出现混乱。授课教师在小组合作学习的过程中不仅扮演着其中的组织者、指导者，而且也是小组合作学习过程的参与者。所以，为了提高小组合作学习的时效性，教师应提前做好活动的计划安排。

分工合理，明确责任。授课教师需要提前对已经分好组的各位小组内的每位成员划分明确而具体的责任，谁担任组长，谁负责记录，谁负责向大家汇报。小组长负责组织小组内的讨论交流地开展工作和调节组内所存在的问题。小组记录员主要负责将小组成员在合作学习、交流、探讨过程中的有价值的内容进行及时的记录和整理。小组汇报员主要负责将所在小组的讨论探究成果进行归纳总结后向全班同学进行汇报交流。教师也要根据活动的需要及时调整队员角色的设置，而且要做好学生的思想工作，鼓励学生不仅要积极的承担自己在活动中所负责的事物，而且要和其他小组成员互相密切的帮助，充分地发挥出他们的团队合作精神。

制定清晰的小组合作学习制度。在进行小组合作学习的过程中，经常会出现一种"热闹"的假象。因为当教师提出一些问题让学生进行交流探究时，教室中立刻就会出现场面激烈的讨论情形，但是，如果你仔细地去观察学生合作交流的过程的话，你就会发现这只不过是一种假象，因为总有一部分参加小组合作学习的学生在小组合作学习的过程中浑水摸鱼，趁着合作学习的教学活动去借机找其他学生聊天说笑。当小组合作学习结束后，让每个小组派一名代表总结发言他们所在小组的探讨成果时，要么彼此开始互相推辞，要么就是抢着发言，毫无秩序可言。

为小组合作学习营造一个轻松的学习环境。授课教师在组织学生开展小组合作学习的过程中，需要为参加小组合作学习的学生们营造一个和睦、民主、轻松自由的学习交流的环境。在小组讨论的过程中教师要尊重并维护好参与者的讨论热情。授课教师还要尽最大努力地去鼓励学生们在进行小组合作学习交流的时候要积极融入小组的讨论和学习中。授课教师在组织实施小组合作教学的过程中尤其是要关注到学困生在小组合作学习交流中的情况，必要时可以给予一些鼓励与引导，这样有利于让学困生能够充分地融入合作学习的氛围中，不仅能够增强他们的自信心，还能让他们体验到学习的快乐。

（三）依据内容，抓住小组合作学习时机

在新一轮基础教育课程改革的实践当中，虽然全国各地的教师们都能够积极地在课堂中采用"小组合作学习"的教学模式并展开相关的研究和探讨，但是最终所收到的效果却是不尽如人意的。究其原因，首先，教师在采用小组合作学习教学模式之前，教师对所授课程的研究不到位，没能够准确地把握所授内容的易错点和易混点以及其中的重难点。其次，教师对学生的学习情况了解不足，在教学活动中一味地追求小组合作学习的教学模式，而忽略了对学习任务的设置，如果教师将学生学习讨论的目标定的太低或者过高，容易让学生觉得轻而易举或者手足无措，从而对小组合作学习失去兴趣。

因此，教师如果要在授课过程中采用小组合作学习的教学模式，则要考虑是否合理适时。教师要提前根据授课内容和学生实际的学习情况来综合的考虑对学习任务的设计。而且，教师对学生学习交流过程中所涉及的问题要有一定的层次性。教师要时刻观察各个小组的合作学习情况，在合适的时机对学习交流的学生进行一定的引导，同时也要鼓励各个小组之间的互相学习与交流。争取让每位学生都积极动脑，主动思考，充分地发挥出自己的才能，努力地为小组合作学习贡献出自己的一份才智，也能让自己在小组合作学习中有所收获。

四、总结

随着新一轮基础教育课程改革的不断推进，小组合作学习的教学模式在近些年受到教育各界专家、学者以及教师的高度关注和认可。它为教师在践行新课改的要求中提供了一种新的教学方法，也是各位教师在教学改革中的一种重要选择。本文结合国内外对小组合作教学的研究进而对小组合作教学在初中数学教学过程中运用的可行性及实效性进行进一步的探索研究。通过研究小组合作学习在当下教师教学过程中所存在的问题，以及影响小组合作学习模式在课堂中开展的因素，从而针对所发现的问题，给出了相对应的解决策略。

参考文献

[1] 李香淑. 中学数学小组合作学习的探究 [D]. 延吉：延边大学，2017.

[2] 方龙珠. 初中数学小组合作学习存在的问题及对策探究 [D]. 成都：四川师范大学，2015.

[3] 周艳. 初中数学探究性学习的策略研究 [J]. 科学大众（科学教育），2014(5):3.

[4] 叶玉妹. 初中数学有效合作学习的策略研究 [D]. 福州：福建师范大学，2008.

[5] 刘玉静. 合作学习的伦理审思 [J]. 山东师范大学，2006(10):6.

英语专业师范生教学能力的"人为"影响因素探析

邵霞[1]

摘要：英语专业师范生从事基础教育阶段英语教学的职业核心能力是教学能力。在教学能力提升的过程中，人是最关键的因素，师范生自身的因素是内在原因，起决定性作用；教师和教学管理者的因素是外部原因，起知识传递、教法指导等协助作用。师范生、教师、教学管理者按照基于师范专业认证的人才培养方向同心协力，是提高英语专业师范生教学能力的最重要途径。

关键词：英语；师范生；教学能力

英语教育为我国加强国际传播能力建设、展示真实立体全面的中国提供强有力的人才支持，在我国的基础教育和高等教育中占有举足轻重的地位。英语专业师范生是我国基础教育中英语教学的主力军，其教学水平对教学效果有着重要的作用。探究英语专业师范生教学能力提升的内因和外因是有效提升英语专业学生教学水平的基本前提。

一、教学能力的含义和影响因素

教学能力是教师最重要的职业技能，是体现教学水平和保证教学效果的一种综合能力。当前，关于教育能力的含义，学界尚未形成统一的认识，不同学者依据其研究需求来界定其意义。比如，胡卫平为了对教学能力进行评价，将教学能力分为基本能力、教育能力、教学能力、教研与自我发展能力和教学改革与创新能力，通过调查数据，对教师的教学能力进行了客观地评价。郭雪等指出教学能力是多要素组成、多手段融合形成的基于对学生知识传递的行为特征，包含语言表达、教法使用、教材组织、学情分析、教学研究、科研应用等能力。陶立红提出教学能力的提升需要重点树立教师的反思意识和能力，从教学过程、反思内容方法、反思途径等方面阐述如何实现教学能力的提升。黄厚江基于新一轮课程改革的教学背景，探讨提升教学能力的方向，重点从提升课程理解能力、教学活动设计和组织能力、课程开发和内容整合能力等方面进行培养。不同学者对"教学能力"的认知各执一端，对其分类方式和内涵要素，见解不一。可见，教学能力是一个综合性的抽象概念，受不同因素的限制和制约。

笔者认为教学能力可分为隐性能力和显性能力。隐性能力是指影响教学能力知识、技巧、方法等学习效果的内在素养，如师德师风、职业精神、创新能力、爱心、耐心、教案设计等。显性能力指可以在课堂上所直观感受到的教师教学行为，随着"元宇宙+"技术的

---

[1] 作者介绍：邵霞，1983年生，山西运城人，硕士，商洛学院人文院副教授，研究方向为翻译教学

深入发展，英语专业师范生教育行业迎来新一轮科技革命，师范生不仅需要有过硬的语言表达、教具使用、师生互动、课堂管理、谈话教育、黑板书写等能力，还需要结合元宇宙技术发展的最新趋势以及英语专业建设发展的新需求，提升自身数字人文素养。隐性能力与显性能力紧密联系，同步体现教学能力。正如习主席2019年3月在学校思想政治理论课教师座谈会中指出的"要坚持显性教育和隐性教育相统一，挖掘各类课程和教学方式中蕴含的思想政治教育资源，实现全员、全过程、全方位育人"❶。

英语专业师范生教学能力的提升需要循序渐进、持之以恒的努力和深刻反思，其中在校期间的教学技能、教育实习等课程的学习和体验是其毕业后能够胜任教育教学工作的必要前提。影响师范生教学能力的因素众多，笔者认为，人的因素是最重要的，其中起决定性作用的因素是师范生自身，此为内因；起辅助引导作用的因素是教师和教学管理者，这是外因。

二、英语专业师范生提升教学能力

学生是高校教学活动的主体，学生的学习动机、知识基础、素质涵养、人际关系、学习态度等都直接影响着学习成效，对于师范生来说，其自身因素对教学能力的提升起着决定性的作用。

（一）严格自我要求，树立良好的师德师风

成为合格教师的基本前提是具备良好的师德师风和崇高的道德品质。正确的"三观"和良好的道德品质是英语专业师范生提高自身教学能力的首要条件，是成长为优秀教师的思想保证和动力源泉。因此，英语专业师范生要从优秀教师身上汲取正确的人生观、价值观和积极向上生活、工作的精神，努力塑造自己的爱岗敬业品行，践行"春蚕到死丝方尽，蜡炬成灰泪始干"的无私奉献精神，才不会被"享乐主义""攀比之风""奢靡之风"等错误观点与庸俗潮流所浸染。

（二）明确学习目标，树立正确的学习态度

英语专业师范生要明确学习目标，为提升教学能力开展坚持不懈、不畏艰险地拼搏奋斗；还需要树立正确的学习态度，不断提升学习的自主性，充分发挥能动性，制定适合自己教学能力提升的长远目标和阶段性目标，脚踏实地按计划推进实施。在指导教师的引导下进行各项教学活动，保质保量地按时做好相关任务。师范生自身的切实行动才能从源头提升教学能力。

（三）学习专业知识，塑造优良的专业素养

具备扎实的专业知识、形成良好的专业素养是师范生进行知识讲授、教学设计、教学创新改革等教学活动的前提。师范生努力学好与中小学英语教学和学生管理相关的教育学、社会心理学、应用语言学、英汉语言对比、课程教学论、班级管理等知识，增强英语专业师范生学习过程中的活动性、探究性、交互性及沉浸感，尤其在英语听、说、读、写、译等五个方面稳固提升，为进一步提升课堂教学的语言技能和知识灵活应用能力打下良好

---

❶ 习近平主持召开学校思想政治理论课教师座谈会强调用新时代中国特色社会主义思想铸魂育人 贯彻党的教育方针落实立德树人根本任务[N]. 人民日报，2019-03-19.

基础。

（四）强化技能训练，提高英语教学水平

根据教学安排，师生开展教学技能训练是提升教学能力的重要环节。教学技能训练要按照模块循序渐进、有目的地开展。从课前准备到课堂讲授再到课后辅导，要进行多角度全面训练，比如板书训练、教案撰写、导课、讲授、互动、总结、反思等教学活动。师范生需要根据教师的教学安排，认真落实教学技能课程的各项训练，主要包括材料收集、多媒体课件设计、板书设计、教学演练等。在训练过程中，虚心听取教师、其他小组同学提出的意见和建议，并能结合自身对知识的科学理解和学情的认真分析，合理吸收建议并改之。在每一次教学技能训练课程结束后，师范生一定要进行全面且深刻的课后反思，总结经验教训，使每一次经历成为教学能力提升的宝贵财富。

三、教师提升师范生教学能力

教师是课堂教学和课外实践活动的重要规划者与决策者，也是教学中的指导者和评价者。教师的品德修养、专业技能、知识储备、教育理念、班级管理、行为举止等对师范专业学生良好的教学能力塑造起到重要作用。

（一）高尚的师德师风

高尚师德是教书育人必不可少的素质，是培养师范专业学生高尚师德，引导学生正确价值观的前提。因此，从事英语教育的教师应有爱岗敬业、关爱学生。在教学过程中，时刻保持态度端正、性情随和、平易近人、积极向上、精神饱满；在学生管理上，要学会正确引导学生的思想、容纳学生个体的差异性，公正评价学生，为学生塑造"优秀老师"的楷模，充分发挥教师对学生潜移默化、耳濡目染的作用。

（二）过硬的专业能力

过硬的专业能力是完成课程目标的保证。高校英语教师不仅需有扎实的英文语言功底、标准流利的英语口语，还需要具备教学设计、教学方法、多媒体技术应用等专业技术能力。同时，也要能够全方位清晰把握如何高效提升师范生教学能力的训练体系和实施路径。教师要正确把握师范生人才培养目标、毕业要求、课程目标三者之间的内在关系，并在课程教学过程中落实教学总体目标，保证教学突出重点、条理清晰，应用合适的教学方法、方式，利用优质的线上教学资源进行教学方案设计和执行，以实现良好的教学效果。

（三）创新意识和探索精神

让学生满意的教学决不能生搬硬套、墨守陈规、照本宣科，而应根据现阶段中小学英语教育的具体要求，针对英语专业师范生的能力需求和学科发展的最新动态，结合课程培养目标，适度调整部分课程内容和教学方式。要敢于对教学模式进行改革创新，善于对教学方法进行调整，对教学效果的提升方式和对策要持之以恒的探索、研究、落实。英语老师要积极关注教育政策法规的改变，关注教学理念、教育理论的研究，有意识地提升自己对前沿的教育信息技术和思想意识的了解。要开拓创新、活学活用、因地制宜地创新产出导向法、任务教学法、案例教学法、模拟教学法、项目教学法、计算机辅助等交互性较强的教学方法，为提升英语师范专业生的教学能力给予重要保障。

（四）构建教学技能训练模式

教师需根据师范专业班级学生的整体情况重构部分教学技能训练方式，采取课前任务驱动—课中活动互动—课后项目带动模式，涉及线上线下混合教学，更高效地将学生的专业知识、教学理论知识转换为教学能力。教学技能训练包括辅助技能训练，比如教学工具的设计和使用、教态和板书训练、多媒体技术应用等；包括知识专题训练，比如英语单词、语法、听力、口语、阅读、写作等训练；包括教学技巧训练，比如导课和提问技巧、内容讲授的衔接方式、教学评价和意见反馈技巧等。教师根据实际情况可以开展一人训练、小组训练、学生评价、教师评价、同伴互评和小组互评价等多形式的教学训练，逐步提升学生的教学能力。

四、教学管理者提升师范生教学能力

教学管理者主要包含管理教学的校领导、教务处工作人员、教学督导中心、教学秘书及班级辅导员和班主任等。教学管理者是人才培养方向制定、课程设置、教学内容安排、教学软硬件设施购置、实习实训基地或语言实验室建设、学生管理和教学的中坚力量，对英语专业师范生教学能力的提升有重要的推进作用。

（一）提高教学管理和服务能力

高校的教学管理者要明确自己的职责所在，不断提高教学管理和服务的质量和效率，在师范专业的人才培养中要重点围绕提高师范专业教学能力开展顶层设计和日常教学管理工作，对英语专业师范生人才培养方案、课程体系建设、教学体系建设、教材建设、课堂教学、教师队伍建设、评价激励等进行一体化设计，为师生给予积极上进的教学环境，营造和谐、安全、礼貌、阳光的校园氛围和学习环境。最切实可行的措施是建立高效可操作的教学管理制度、教学监管体系、教学评价体系、校园紧急事件响应措施等，比如推广教师听评课模式、分布在教学奖惩措施、举办教学沙龙、设立教学信息员等。

（二）重构课程体系

课程体系设置是所有专业落实人才培养目标的重要环节，也是相关教学管理者的任务之一。我们应推动简单评价体系走向精准化、数字化、智慧化，推进英语专业师范生教育评价模式的创新发展。相关教学管理负责人员需常去中小学英语教学课堂参观考察，通过中小学教师座谈、专家咨询、高校英语教师论坛等方式与手段重新构建突显英语师范专业特点、能全面提升学生们教学能力的课程体系。比如，英文书写课程、中学英语课堂设计与教学评价、中学英语教学、说课稿技巧与练习、班级管理、中学英语课程标准与教材分析、备课与教学设计、英语说课与评价、教学课件制作专业技能与练习等。对于课程的修学时间，要合理安排到各个学期，且每个学期需有围绕教学能力提升的相关课程，比如英文书写课程、简笔画教学、教育学、心理学等课程；安排低年级开展英语听课、说课、教学设计等教学活动；教学理论与评价等课程安排到高年级阶段开展。在英语师范专业的实践活动中，除了大学第四年的教育实习外，在各学年度安排师范生到中小学校实训基地或西部乡村学校开展教学课堂学习、课堂授课、课堂管理、自习课指导、课后辅助教学等实习或见习教学活动，使师范专业学生不断累积教学经验，为未来成为优秀教师打下坚实基础。

(三)加强师资队伍建设

雄厚的师资力量是高效提升师范生教学能力的重要保障。教学管理者要制订政策通过"内培+外引"的方式进行教师队伍建设。制定切合高校实际的政策，激励专任教师定期参加提升教学能力的学术类、专业课程类、课堂教学管理类等培训，不断提升教学素养，推动专业能力和素质的快速提升。教学管理者要根据学校长远发展规划，依据课程发展需要，制订人才引进方案，引进优秀博士、高层次人才，为教师队伍填补"新生力量"，确保教师队伍持续健康发展。除了"外引""内培"教师的方式外，还可以聘用经验丰富的中小学英语一线或退休教师担任教学实践活动的指导教师，为师范生共享中小学教学经验，从而为学生毕业后能够尽快适应教学工作岗位奠定基础。

(四)建设良好班风，丰富校园文化

教学管理者尤其是高校辅导员要认真履行班级、宿舍管理和服务的岗位职责，强化对师范生的监管，综合选任有能力的班级、宿舍干部，努力创造团结互助、热爱学习的良好班风、舍风。教学管理者除了关注学生的学习和生活，更重要的底线责任就是做好学生思想工作，通过个别谈话、集中谈话等方式协助师范生正视自己的专业特点、客观评价自己的能力和需求，引导学生做好长短期生活和学习规划，鼓励他们朝着每一个规划方向努力。针对部分由于自身疾病、家庭环境、人际关系等因素导致学生消极、极端，甚至有厌世倾向的现象出现时，及时发现、及时谈话引导，必要时通过心理教师或医生谈话或药物引导治疗。教学管理者要鼓励学生，尤其是性格内向、封闭自我的学生，主动加入有价值的社团或参加团队式的英语竞赛等活动使师范生形成与人交往和正确的自我认知能力。这些措施为学生课堂教学能力的形成与提升提供良好的班风和校园文化。

教学能力是英语专业师范生从事中小学英语教学的核心职业能力，是各种素质集于一体的综合能力，其提升效果主要由人的因素来决定，师范生自身是内因，起决定性作用，教师和教学管理者是外因，起辅助引导作用。"三者"只有齐心协力，切实履职尽责地扮演好自己"角色"，才可以更有效地提升英语专业师范生的教学能力。

参考文献

[1] 胡卫平. 教师教学能力评价初探 [J]. 中国考试，2021(10):12-17.

[2] 郭雪，芦颖，关劲秋. 新需求下教学能力的解析 [J]. 经济师，2022(2):192-193.

[3] 陶立红. 教学反思：强化教师教学能力的必经之路 [J]. 教学管理与教育研究，2022,7(8):111-112.

[4] 黄厚江. 新课程背景下教学能力发展的重点 [J]. 中学语文教学，2022(3):4-9.

信息技术与中学数学教学整合浅析

王晓，刘玮，张苗 ❶

摘要：信息技术与中学数学教学的整合既弥补传统教学中的不足又能更好地坚持以学生为本，培养适应时代发展的社会主义建设者。以实现素质教育为目的，阐述了信息技术与中学数学教学整合的内涵及理论基础，深入挖掘了二者整合的功能，分析了整合存在的问题，并针对存在的问题提出建议，为教学实践提供指导。

关键词：信息技术；中学数学；教学实践

一、引言

现代信息技术是以计算机为核心的新型技术，它对数学教育的影响越来越广泛。数学教育是我国学生所必须接受的基础教育之一，它不仅要使学生了解基本的数学知识，掌握不可缺少的数学技能，还要在许多领域发挥数学这门学科的重要作用。在进行教学实践活动时合理地运用现代信息技术，能够使教学结构得到不断地创新，使学生更好地适应信息时代的学习和生活，促进学生的多方面发展和进步，进而为现代社会创造价值，以促进我国社会生产力的多元化发展。

信息技术是提高学生数学学习效率和教师教学质量的重要途径之一。在日常的教学活动中，信息技术的应用逐渐广泛，它为数学教学实践提供了丰富的课程资源，在教育教学活动中发挥着重要作用，使得师生进行交流和获取信息资源的方式也越来越多。数学学科的显著特点是具有高度的严谨性和逻辑性，这就需要教师在教学的过程中，鼓励和引导学生在计算机环境下对复杂的数学问题进行合作交流，再将问题的分析过程通过信息技术生动地进行演示，从而在有限的教学时间里有效地提高数学课堂教学的质量，产生更高的教学效益；可以通过课堂教学使学生获得必备的数学知识，还可以鼓励和帮助学生利用计算机或互联网资源查询、获取相关的数学知识，了解数学文化，实现对课堂教学内容的补充和扩展，提高学生的数学素养。现代信息技术与数学课程的整合是新课程背景下教育改革适应时代发展的重要特征之一，给我国数学教育带来了全新的格局，许多挑战和机遇并存。

从信息技术在数学教学实践中的实际运用情况来看，整合主要发生在课堂教学中，信息技术通常被视为教师进行教育教学工作的辅助性工具。在 2020 年 1 月，我国开始暴发新冠肺炎疫情并立即采取全面的防疫防控措施，"停课不停学"政策的提出，给信息技术带来了发展机遇，但是在进行线上教育时师生的互动性不强，教师只能使用技术手段表现课前

---

❶ 作者介绍：王晓，男，河南南阳人，博士，商洛学院数学与计算机应用学院副教授，主要从事组合优化及数学教学方面的研究
刘玮，女，陕西商州人，商州区第一小学教师，主要从事小学数学教学研究
张苗，女，陕西丹凤人，商洛学院数学与计算机应用学院数学与应用数学专业学生

设计好的解决问题的思路，不能充分考虑学生的想法，更不能加强与学生之间的交流，使学生数学学习的主动性受到了限制。在进行线上课堂教学时，也会限制教师的活动范围，教师一直坐在计算机前进行教学，这将对师生的双边活动产生很大的约束性，使教学活动不能达到好的效果。此外，教师不能适时地将现代信息技术与传统教学方式有效融合，过分强调计算机软件的功能，使教师的教学效果不仅不明显，甚至还会起到反作用。这些问题表明，信息技术与数学教学实践的整合远远没有达到一种理想的状态，仍需进一步探究真正意义上的整合。

信息技术与数学学科教学的整合是目前较先进的一种新型教学观念，本文以实现素质教育为目的，阐述了信息技术与数学教学整合的内涵及理论基础，深入挖掘了二者整合的功能，分析了整合存在的问题，并针对存在的问题提出建设性的建议，从而为数学教学实践提供指导。

二、信息技术与中学数学教学整合的内涵及理论基础

（一）对信息技术的理解

在信息科学的强大指导下，能够把人们特有的信息功能进行有效扩展的新型技术就可以称为信息技术，它可以将信息进行检索、整理、加工、分析和传递等。目前，现代信息技术可以分为四种基础技术，分别是传感技术、通信技术、计算机技术以及控制技术。在这四大基础技术中，通信技术和计算机技术是信息技术的两个非常重要的支柱。其中，计算机技术对数学教学实践来说尤为重要，主要包括对多媒体技术和网络技术的掌握和运用。

随着计算机技术的不断发展和进步，现代数学教育的目的不只是使学生学习和掌握数学学科的文化知识，更是为了使所有学生都能在各个方面得到全面发展，从而促进社会的进一步发展。信息技术的引入，使数学知识的呈现方式趋向多样化，不仅能将知识直观形象地展示给学生、拓展学生的知识面，还能够使学生在运用信息技术的过程中更加热爱数学，积极与同学交流探讨数学，从而提高学生的综合能力和合作交流意识。

（二）对信息技术与中学数学教学整合的理解

信息技术与数学教学的整合就是在数学教学实践活动中，能够生动有效地利用信息技术探索和解决各种数学问题。这种整合是以实现数学课程标准为目标，使信息技术为数学课程和教育教学服务，将传统的教学模式进行合理改进，不断促进数学知识呈现的多样化，灵活转变学生学习数学的方法，以及改进教师的教学方法，为学生愉快地学习数学创造良好的学习环境。在整合的过程中，应该注重引导学生真正有效地利用信息技术发现、交流和解决数学问题，增强学生自主探究各种问题的意识和能力。同时，要注重鼓励和引导学生使用信息技术提高数学学习的效率，加强师生之间的双边互动，达到数学教学的优化目的，促进我国素质教育的蓬勃发展。

信息技术与数学教学的有机整合意味着在遵循教育教学基本规律的基础上，确定数学课程内的教学目标，创新数学课堂的教学方法，帮助和引导学生根据具体的数学知识灵活选择学习方法，使学生主动地将数学知识的学习内化为自己的需要，成为学习的真正主人。现代信息技术对数学学科教学的影响是多方面的，它通过与数学教学的生动整合，促进数

学教学结构的不断优化和发展,从而使学生的创新能力与解决问题的能力得到提高。在整合的过程中,应该注意信息技术要服务和应用于数学教学和数学教育,努力探索信息技术在哪些方面可以提高数学教学质量和学习效果,能使学生利用信息技术完成其他学习方法难以解决的问题,或者使学生掌握一些基本的数学技能。将信息技术和数学课程在数学教学活动中有机结合,高质量地完成数学教学目标和教学任务,是目前教育界一种新型的教学方式。

(三)信息技术与数学学科教学整合的理论基础

近代著名的儿童心理学家皮亚杰提出了建构主义学习理论。这种学习理论认为:知识是学生建构现实世界的结果,这种结果是不断发展的,不同的学生对同一知识会有不同的理解,需要根据已有的经验背景和学习经历,去同化周围生活和学习环境中的所有信息资源,而不是直接从书本和其他人那里直接得到的。一般来讲,学生完成学习活动需要依据自己丰富的日常生活经验主动建构有意义的知识,教师则要从学生已经形成的知识和经验出发,积极关注学生所具备知识的"生长点"和"延伸点",不断促进学生在真实、具体的情境中进行意义建构。学习者的自我发展是在现代社会生活中进行和完成的,建构主义强调在学习活动中调动学习者学习的兴趣和主动性,强调学习者的自我发展,并且教师在学生发展中的重要作用也不容忽视。现代信息技术可以创设很多真实生动的教学情境,学生要学会主动接受各种信息资源,合理的对信息进行加工和保存,最终形成自己独特的数学知识体系。信息技术具有强大的功能和优势,在它的支持与运用下,建构主义学习理论如今的发展取得了长足的进步,显示出勃勃生机。

三、信息技术与中学数学教学整合的功能

(一)提供丰富的信息资源,激发学生学习的兴趣

在信息化的现代社会,尤其是在信息技术广泛普及的情况下,学生获得各种信息和知识的途径越来越多。在传统教学中,仅仅依靠教材、教室挂图、教与学的辅导用书等信息来源调动学生的主观能动性,促进学生数学能力的提高是远远不够的。现代信息技术可以为具有差异性的全体学生提供大量的数学学习资源,这些数学学习资源也能够在很大程度上帮助教师在数学教学实践中,大胆创设多种多样的生动情境,使学生更好地理解和体验数学课程与现实生活不可分割的关系,感受数学给我们的生活带来真真切切的影响,从而有助于引导和帮助学生树立良好的数学学习观,形成正确的价值观。

(二)认识数学概念的本质,加深学生对数学知识的理解

数学源于现实社会生活,数学概念可以理解为现实中的客观事物在空间的形式上和数量的关系上抽象、整理出来的本质属性。它是在实践过程中,面向数学研究对象,从其诸多属性中概括出来的本质属性。在数学的学习历程中,数学概念的地位极其重要。数学知识的发生和发展过程可以通过信息技术得到充分的展示,将一些抽象的知识变得具体直观,不仅可以使学生喜欢数学这门学科的学习,缩短数学课程与学生之间的距离,还可以帮助学生深刻理解数学概念的本质。对于教师来说,在信息技术的有效运用和支持下,可以深入探究数学概念的发生过程,了解学生学习概念的心理状态和具体情况,进行比以往更有

效的数学概念教学设计。对于学生来说，数学概念是在数学学习活动中的"再创造"，是学生根据已经形成的数学知识和丰富经验对新的数学知识的概括，而信息技术突破了传统的教学方式，不仅可以为学生提供大量丰富的数学实验，还可以为学生创设生动活泼的教学情境，使学生在学数学的过程中获得全面提升。

例如，在圆锥曲线的研究中，我们知道它的形状是随着离心率的变化而变化，便可以借助"几何画板"来形象地演示它的变化规律；在函数的教学中，传统的教学方法费时费力，函数的图像和性质不易讲清，学生理解和掌握起来存在困难，而借助"几何画板"或"函数绘图仪"，则可以很方便地制作任意函数的图像，直观地观察其性质，使学生对函数的数学模型和几何形式都会有很深的了解。

（三）拓展学生的数学视野，凸显发现式学习的过程

信息技术的应用已经成为学生数学学习活动的重要组成部分，它不仅可以促进学生在课堂上的互动、合作和交流，还能促进我国学生与全球学生的相互学习和联动，从而发展学生的数学学习思维，拓展学生进行数学活动和数学研究的视野。数学结论的获得不是一蹴而就的，需要从开展大量的数学活动中提出和猜想问题，并通过探究一步一步推导得出结论。几何画板、计算机等技术可以使学生在较短时间内开展活动，获得大量生活中的例子，从实例里面发现数学规律，进行猜想这一活动。此外，学生还可以利用计算机、数学软件等辅助工具，验证猜想，深入体会归纳推理和演绎推理之间的密切联系。因此，运用信息技术的益处不仅在于可以使学生发现问题、独立思考并解决问题，还可以促进学生获取信息和处理信息能力的发展，贯彻落实发现式学习的方式，切实培养学生的探索和创新精神，使学生对数学学习产生浓厚的兴趣，各方面都得到共同发展，真正成为学习的主人。

四、信息技术与中学数学教学整合时存在的问题

现代信息技术为数学学科教学提供了很大的优势和便利，许多学校都安装了信息技术等先进设备。这种新型教育技术的应用，不仅在一定程度上满足了我国现阶段教学改革的实际需求，还适应了时代发展的步伐。在实施新课程的这一大背景下，信息技术与数学教学整合的明确要求，极大地促进了数学教育工作者在这一领域的实践研究，并且许多研究项目加速了二者有机整合的进程。但是，信息技术与数学学科教学的整合在给数学课程和数学教育带来活力的同时，也普遍存在以下问题：

（一）教师教学课件的质量有待提升

当前，中学数学教师在教学过程中，使用的教案和数学课件大部分都是通过网络媒体资源下载的。虽然这样比较节省时间，花费的人力和物力很少，但是在实际的授课过程中，这样的课件没有办法真正保证教师的教学效益和学生的数学学习效果。这是因为每节数学课的实际情况在教学过程中更为复杂，教师必须注重所教班级里全体学生的实际情况和学习差异性，结合数学教学内容的教育价值来制作教学课件。从互联网上下载的课件在许多方面都难以与课堂教学完全匹配，如果仅仅是使用互联网媒体资源上的数学课件进行数学教学而不加以改进，那么教师将不可避免地面临更大的问题，即教学的质量的下降。

(二)阻碍师生之间的互动和交流

在数学教学实践中,信息技术的运用在一定程度上会淡化教师与学生之间的双边互动,这一现象在新冠肺炎疫情之下的线上教育中普遍存在。对于数学这门学科的教学,教师需要面向全体学生,根据学生在数学知识的具体学习过程中的实际反映来进行。而在线上教育中,教师仅仅使用技术手段表现课前设计好的解决问题的思路,不能充分考虑学生的想法,更不能加强与学生之间的交流,使学生数学学习的主动性受到了限制。此外,许多教师在使用课件进行数学教学的过程中,一方面更注重课件的播放,减少了对学生课堂反应的关注,没有进行及时的互动,使学生在听课过程中存在的一些疑问不能得到及时发现和解决,另一方面省掉板书后不利于学生整体水平的提高。这样一来,利用信息技术的作用就会适得其反。

(三)教师对信息技术重视不足或过度依赖

在贯彻新课程改革要求的背景下,通过对中学数学相关教学视频的分析,我们不难发现两种普遍存在的情况,一种是教师在课堂上不使用信息技术,或者很少使用信息技术进行教学,只凭借自己在教学过程中积累的丰富经验对学生传授系统的知识,另一种是教师在教学过程中完全依赖信息技术,不管教学内容的具体特点和学生的情况,每节数学课都要运用新型的技术。前者虽然也可以引导学生进行数学学习活动,但教师自身完全没有意识到信息技术的重要性,信息技术的应用可以大大地提高教学质量,可以有效地帮助课堂教学完成预定的教学目标,达到良好的教学效果。而后者又过度依赖现代信息技术进行数学教学,不仅容易将学生的思维禁锢,还不利于数学教师的专业发展。

五、信息技术与中学数学教学整合问题的对策

(一)提升教师教学课件的质量

信息技术与数学学科教学整合的创新,需要教师从自身突破,而提升教学课件的质量是一个重要方面。教师不仅可以把现代信息技术作为进行数学教学实践的有力工具,利用这一工具有效的从事数学教学实践与数学问题研究,还可以通过多媒体技术和网络技术进行检索和查阅,下载有价值的数学资料或教学课件等,然后结合所教班级学生的实际特点和实际教学内容的教育价值以及其他因素,制作和改进教学课件,使之适用于自身的数学课堂教学,从而营造生动活泼的课堂气氛,形成良好的教学活动,提高教学质量。

(二)加强师生之间的双边活动

教师的主要任务是引导学生学会学习,目的是使学生在数学上得到不同的发展。学生的发展存在着个性差异。在整合的过程中,教师可以根据具体的教学内容和所教班级的现实情况,认真思考教学过程,确定合理的教学目标,设计一个好的教学方案,从实际的需求出发与现代信息技术相结合。教师还可以通过信息技术恰当地选择数学教学的素材,设计更加愉悦高效的教学流程,并鼓励班上所有的学生积极加入活动,实现信息技术与数学课程的生动结合。此外,教师还要关注学生的课堂反应,从多方面的角度发现和解决学生的问题,提高学生整体水平,取得良好的教学效果,使师生关系得以改变,从而充分发挥信息技术的优势和作用。

(三)处理好使用信息技术与教学手段多样化的关系

现代信息技术是一项能够有效提升教学质量的辅助性工具，但我们不能将信息技术看作现代数学课堂教学的核心内容，这种思想极其不利于信息技术与数学教学的整合。学生是数学教学活动中的核心，数学教学活动要能够促进学生的发展，而原有的教学手段也能够实现学生的发展，因此，现代信息技术不能代替原有的教学手段，它的真正价值在于达到最佳的数学教学效果。对于整合后的数学教学活动，并不是每节课都要用信息技术来进行教学。比如，一些数学知识可以通过简单的教学辅助工具来证明，就不需要再用计算机来演示。我们要明确信息技术真正的应用价值，处理好使用信息技术与教学手段多样化的关系，教师必须要知道哪些教学内容或教学任务适宜在信息技术的环境下开展，确保整合与传统的教学手段实现优势互补。

(四)关注教师教学技能的培养

教师在信息技术与数学学科教学有机整合的过程中扮演着非常重要的角色，两者的整合能否充分发挥重要作用取决于教师，而教师能否发挥有效作用则取决于是否能够熟练掌握和充分利用信息技术。目前，教师应具备的一项重要教学技能是在掌握信息技术的相关知识后，能够生动有效地将信息技术整合到教学实践中。为此，学校需要重点关注教师的这种教学技能，组织开展相关的培训活动，使教师开放式的表达各自对有效整合的建议和观点，在培训过程中积累其他教师优秀的教学经验，提高自身的教学能力，促进教师之间的相互进步与协调。教师也应该与时俱进，结合数学的特点与信息技术的优势，不断地探索适应新时代的数学教学模式。

六、结束语

综上所述，在信息技术迅猛发展的今天，数学教育的目的不仅是使学生能够学习和掌握基础的数学知识、技能等，而且使不同的学生在问题解决和情感态度等方面都有不同程度的发展，从而达到社会发展的根本目的。通过信息技术与数学学科教学的整合，数学课程的设计与实施呈现出多样化趋势，间接性的将数学知识系统的展示给学生，使学生具备应用数学知识的意识，认识到数学课程与日常生活之间有着紧密的联系，进而为改进社会生活和推动时代发展不断努力和创新。信息技术与数学学科教学进行有效的整合，一直以来都是数学教育领域值得研究的问题。选择信息技术与数学学科教学整合这一课题的目的，旨在紧密结合数学学科的特点和学生的心理特征，深入挖掘信息技术与数学教学整合的功能，发现二者整合存在的问题，并针对存在的问题提出建设性的建议，从而为数学教学实践提供指导，以便更好地实施新课程，促进学生的发展和数学教育的发展，提高我国公民的数学素养，推动现代社会的进步。在中学数学阶段的学科教学中，我们辅以信息技术的有效运用，能够使学生在教师的引导下积极地开展数学活动，我国未来的数学教育事业将会保持着不断向上的发展趋势。

参考文献

[1] 中华人民共和国教育部. 义务教育数学课程标准(2011年版)[M]. 北京：北京师范大学出版社，2012.

[2] 谢娟. 浅议信息技术与当代教育深度融合的有效途径 [J]. 中国信息化, 2021(3):108-109.

[3] 张艳, 赵书爽. 信息技术与数学学科的整合 [J]. 长春师范学院报: 自然科学版, 2006, 25(3):105-107.

[4] 吴小平. 探究多媒体在初中数学课堂中的有效应用 [J]. 新课程, 2021(8):145-145.

[5] 杨勇. 信息技术与数学教学的整合 [D]. 武汉: 华中师范大学, 2007.

中学《有机化学》课程思政元素的挖掘及探究 ❶

王香婷 ❷，李璐瑶，高列

摘要：中学有机化学作为化学学科的重要内容，传统的以有机化合物结构及其性质为重点的授课方式忽略了其蕴藏的育人理念。课程思政是新时代课程改革的最新要求，本文采用文献对比法对中学有机化学课程思政教学研究背景与现状进行了详细分析，并进行了系统全面的整理，从有机化学发展史、理论知识延伸、高分子材料合成及应用等发掘思政元素，最后通过设计、分析教学案例给出基于培养学生核心素养为最终目的的教学理念与教学模式，力求改进教学方法、提高教学质量，为化学教师思政教学提供参考。

关键词：有机化学；课程思政；课程改革；核心素养

立德树人、理念协同、结构立体多元化是课程思政工作的核心终极目标。俗话说，做人要有德行，立德是育人的基础，这就是培养人才的辩证思维。执教者应该引导学生努力成为社会主义的建设者，培养全面发展的后备军，这就意味着学校的所有学科教育也承担着传道、授业、解惑、培育人才的职责。教师不仅要指导学生熟悉掌握全方位的科学文化知识，还要学会构建出基本的体系，并培养学生其他方面的能力，树立正确的三观，保持积极的状态，避免学生看待事物上的片面性，对待情感上的偏激，以及一些行为上的不恰当。

一直以来，大部分的中学教师热衷于以学生的各科成绩为主要任务，而忽略学生思想上的进步，使绝大部分学校的思想政治理论课程面临着孤军奋战的情景，为了实现全方位培养新时代接班人，实现中学化学课程思政元素贯穿教学过程显得尤为重要。有机化学作为高中化学课程中一个非常重要的分支，高中必修选修中多有涉及，与我们生活中许多方面也息息相关。通过学习有机化学，既可以帮助学生吸收基本的化学理论，又可以帮助他们构建思维框架，建立空间想象，并形成解决问题的能力。因此有机化学课程的内容对于中学生的培育工作十分重要，而课程思政的核心就是要求教师在进行有机化学课堂的同时，细腻恰当地提炼出个人理想、家国情怀、团队精神、责任担当等育人要素。所以在有机化学课程中实施课程思政，对培养当代青年学生环保意识、团队精神、刻苦耐劳、人文主义等方面具有重要意义。

---

❶ 基金项目：陕西教育科学"十三五"规划课题（SGH18H401）；商洛学院教改项目（21SFKC04，20jyjx108）
❷ 作者介绍：王香婷，1982年生，陕西西安人，有机化学硕士，商洛学院化材学院副教授，研究方向为有机催化及光谱分析

一、有机化学课程思政的研究现状

（一）中学有机化学课程教学现状

处于应试教育的大环境下，中学化学教学日益功利化，刚刚踏入高中的学生对化学的理解还不够透彻，而且高中化学内容增加，难度也有所上升，加之现在的"双减"政策，学时课时一度被压缩，课后辅导也是少之又少，随着老师们的教学任务越来越重，高考的压力越来越大，更是没有时间把思政元素穿插到化学课堂中，因此，很多老师都忽视了这一环节。

《有机化学》作为高中必修与选修课程，在高考占比较无机化学偏少，而且有机化学课程难度较结构化学课程偏难，并且机理记忆部分较多，所以有部分学校会为了保证升学率而选择开展"物质结构"选修课程，尽管多数学校与地区都赞同"课程思政"走进课堂教学之中，但是在实际执行中，绝大多数教师经常以升学率、学业成绩、高考目标为最终导向，将高考重难点、学科理论知识、真题讲解作为课堂的主线，缺少对有机化学这门课程背后思政元素的深入挖掘，无法真正实现思政走进化学课堂，不能保证我们的青年学生在学习掌握有机化学知识点内容的同时接收到思政教育的心灵净化，从而导致"两张皮"的现象出现。

（二）教师现状

由于高中学生面临高考，学时紧，压力大，大部分中学教师对"思想政治"的理解还不够清晰，大部分教师都把"高考重点"放在首位，学业成绩是重中之重。有部分教师提出，实施思政教育通常是班主任与专门讲授政治课程教师的任务，这就导致了思政理念与其他课程的教学活动不能很好地结合。此外，多数中学教师未受过系统的培训，缺乏思政底蕴，并且开展思政元素教学的能力有限，难以恰当将思政元素融入有机化学课程当中，致使课程思政不能实际落地。虽然目前很多学校推进课堂融入思政教育，但是实际教师重视程度不高，课堂基本为讲解理论知识。

（三）学生现状

根据目前互联网时代的发展来看，现阶段的学生是互联网大军的主要成员，众多自媒体进行信息传播和思想交汇，多元文化的火花使这一代青年学生思想上注入了许多活力，使这个时代的青年具有不同于任何一个时代青年的心智和三观。同时也产生了一定的消极现象，所以必须给予重视。中学阶段是树立正确道德观念，养成良好行为习惯的重要时期，这个阶段的青年学生对是非观念的认识还不够成熟清楚，容易被多重因素所影响。当代青年学生作为我国未来建设的接班人，不能仅具备强硬的文化理论知识，还必须具备进步的思想政治觉悟，正确的思想道德修养。才能够树立正确的人生观、世界观、价值观，进而踏上正确的人生之路，用自己所学所知去造福社会。因此，在中学阶段进行遵循学生心智成长规律的思政走入课堂就显得格外重要。

二、有机化学思政挖掘

（一）以有机化学由来及其发展史为切入点

有机化学作为一种自然科学是在19世纪形成的。不过，有机化合物在人类生活和生产过程中的应用，由来已久。据《周礼》中记录到，在距今 3000 多年前的周朝，就设有特定部门管理染色、酿酒和制醋的工作，而且那个时期的人们就已经知道使用胶；在汉朝时期，坐拥智慧的古代劳动人民又发明了造纸等技术。虽然有机化学早已经存在于人类的生活生产、工农业的利用中，但对有机化合物的了解却是从近代才开始的。1828 年，德国著名化学家 Friedrich Wohler 在实验室里，将氰酸铵加热分解为尿素，而氰酸铵作为无机界的一员，从无机物质到有机物质的转化，打破了有机物质来自植物和动物的观念，使得禁锢化学家多年的思想得以解放。后续一些年轻有为的科学家为有机化学发展事业也做出了许多贡献，从这些伟大的化学家的事迹可以看出，他们在不到而立之年的年龄，就为有机化学发展事业做出巨大贡献。以此来激发学生对有机化学的热爱，培养他们树立文化自信，端正学习的态度，树立远大的理想，体会吃苦耐劳的精神，以及科技强国的爱国情怀。有机化学发展历程如图 1 所示。

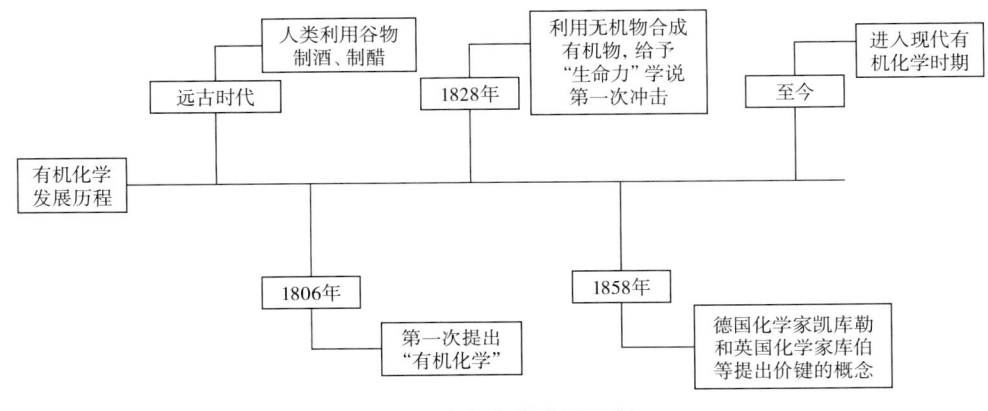

图 1 有机化学发展历程

（二）以有机化学知识点作为切入点

在进行有机化学教学时，可以根据部分课时知识点创设情景，预设融入时间，从而通过典型事件挖掘背后思政元素。表 1 为以知识点切入的思政元素。

表 1 以知识点切入的思政元素

授课章节	思政教育切入点	教学方法	思政元素育人目标
引言部分	古代中国酒文化、醋文化、凝结着中国古代劳动人民的智慧	故事说理	激发学生文化自信，民族自豪感，爱国主义情怀
	维勒发现尿素		神奇出自平凡，创新源自思考与需求
烷烃	自然界的烷烃，结构决定性质，性质决定用途	引入小故事案例分析	思考问题角度不同，结果也不同，打破惯性思维
	烷烃命名规则，讲解伯、仲、叔、季碳原子定义		古代长幼起名字经常用到伯仲叔季，引导学生尊老爱幼，弘扬中国传统文化

续表

授课章节	思政教育切入点	教学方法	思政元素育人目标
烯烃	食用乙烯催熟的水果出现不适症状的新闻报道 塑料的来源，乙烯加聚反应，塑料的降解与使用	引入社会热点案例分析	辨伪存真，运用科学的知识去解决实际问题 正确看待化学与人类的生活，走可持续发展道路，发展具有两面性
卤代烃	卤代烃命名，引入制冷剂氟利昂的发展历程。并且说明氟利昂对环境的危害	贴近生活，社会热点	引导学生树立可持续绿色发展理念，实现科技成果应用与环境保护的和谐统一
芳香烃	凯库勒与苯的结构 苯的加成反应，杀虫剂对环境的污染，引入"绿水青山就是金山银山"的思想	故事导入，案例分析	培养学生要养成勤思考多动脑的学习态度 树立可持续发展、绿色化学的理念
醇、酚、醚	人们饮酒后乙醇在人体内被氧化，因而醉酒的人经常头痛、呕吐	创设问题情境故事导入	化学是一把"双刃剑"，引导学生辩证思维，帮助学生形成正确的三观
基础营养物质	苏丹红、血燕、三聚氰胺奶粉事件，讲解违规食品添加剂对人的危害	案例分析	强调诚信的重要性，拓宽学生视野，培养学生关注健康
高分子	医护人员新冠肺炎疫情期间穿的就是聚乙烯材质的防护服 塑料、合成橡胶、合成纤维的使用及降解	案例分析	化学来源于生活，又服务于生活，提升学生学习兴趣，树立民族自豪感 合理利用，保护环境，树立绿色理念

（三）以与有机化学试剂有关的典型案例为切入点

俗话说"育人先育德"，高中阶段的学生心智仍处于不成熟阶段，化学教师可利用近几年关于有机试剂出事的大型事例从而教导学生要先做人再做学问，高中阶段是我们这一生中道德树立以及良好行为习惯养成的黄金时期，这个年龄学生的是非观念还未成熟，易受到多种未知的诱惑。执教者用心讲述一些关于不适当利用化学试剂，从而导致意外事件发生的前因后果，以引导学生形成上进的思想理念、积极人生的态度、正确的道德观念并且建立健全的心理状态，进而奔赴正确的人生之路。

当代大多数青年学生，无论是思想上还是心理上，都是非常敏感和脆弱的，因为学习、情感、人际关系等方面原因出现意外的学生更是让人痛惜。高中阶段作为人格形成的关键时期，传统的教学模式已经不适用于现如今的这一代青年，最直接最真实的事例才更能直击心灵。教师有责任与义务去协助学生建立起敬畏生命、热爱生命的价值观。

（四）以有机化学反应机理为切入点

以讲授有机化学中"马氏规则"为例，丙烯是不对称烯烃，双键上的 π 电子结合质子会产生两种不同的碳正离子,以有机化学反应的机理为切入点,来细致地分析不对称烯烃的不对称加成规则——马氏规则,基于此机理引导学生复习回忆乙烯与水反应规则,并且巩固丙烯加成反应,还可延伸"反马氏规则",帮助学生摆脱定式思维"氢加在含氢多的地方上",引导学生把握知识的内在联系与本质,从而延伸到事物联系的多样性。培养学生看待问题利用辩证的思维模式,不能思维定式。用科学的思想武装头脑,更好的分析问题,处理问题。培养当代学生深刻贯彻透过现象看本质的科学素养。

(五)以贴近生活的用品合成及其应用为切入点

开展石油和煤的两种基本化工原料课时,教师以石油和煤对人类社会的贡献切入思政元素,并恰当融入碳达峰、碳中和相关知识。目前煤和石油为全球各个国家的经济发展和科技进步做出了不可估量的贡献,石油是不可再生能源,是古代有机物动物尸体经过上亿万年变化才形成的。我国倡导碳达峰、碳中和,引导学生在今后生活中保护不可再生能源,合理利用资源,同时培养学生努力上进的品格,立志开发可循环使用的能源,走可持续发展道路。

开展不饱和烃的加聚反应时,可以通过目前工业广泛利用的三大合成材料展开教学活动,通过了解塑料、合成纤维以及合成橡胶,以医用防护服和医用口罩为例,引导学生结合生活来真正走进化学课堂。例如在严峻的疫情之下,医护人员所穿的防护服,医用口罩都是由什么材料所制,现在戴口罩是怎么将病毒阻挡在口罩之外,创设学生认知冲突,让学生亲身体验到与时代发展紧密相关的化学发展,深刻领略社会主义核心价值观中蕴藏的理念,培育属于这一代青年学子的时代精神。

(六)案例呈现

采用情景创设法、实验探究法、集体讨论法、推进设问的引导方式进行教学,提出用生活的眼光看化学,用化学理念指导生产生活。润物无声地融入课堂,增强课堂中学生与知识的联系,以达到最佳的课堂效果。选取实施课程思政来培养核心素养的典型教学案例,以展现课程设计的理念与思路,以下是教学案例的具体内容:

生活中常见的有机物——乙醇

(选自陕西省商洛市丹凤中学化学说课一等奖作品)

【设计理念】

教师的所有教学活动都是以学生的学习为目的,既要使学生的学业成绩得到提高,又要使他们的专业素质得到提高。据从教多年的教师经验总结出:"要用生活的眼光看化学,用化学理念指导社会生活。"通过为什么学、学什么、怎么学、设置环节来展开教学活动。图2为设计理念产。

乙醇作为博大精深的中国酒文化的主角,在现代社会,人们为了节约石油资源而使用乙醇汽油,在疫情蔓延的今天,乙醇也起到了至关重要的作用。所以乙醇对于我们生活生产都是十分重要的。

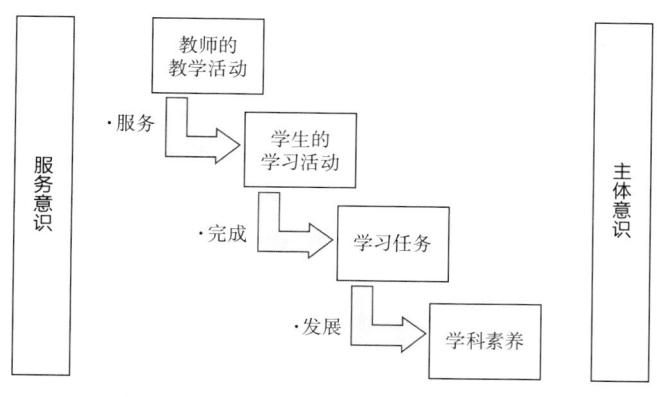

图2 "生活中常见的有机物——乙醇"课程设计理念

【学什么】
依据分析教材情况、分析学情现状、教学目的以及重点与难点的剖析，对学什么的问题进行分析。

【教材分析】
本节课时选自高中化学人教版教材必修二第三章第三节第一课时"乙醇"。乙醇作为连接烃与烃的衍生物的重要桥梁，乙醇的学习在有机化学中占据了核心地位。本节课程内容上承接初中有机化合物学习以及必修二烃类化合物的学习，下启于高中化学选修五有机化学基础。起到了承先启后的作用，对于培养学生的专业素质起着至关重要的作用。

【学情分析】
学生在初中阶段就已经粗略地学习过乙醇的化学式、物理性质，而且前两节完成了甲烷、乙烯一系列烃类的深入学习，学生已经领会学习有机物的手段与方式，并且这阶段的学生已经形成了一定的实验设计能力与探究能力，可以在教师的引导下，利用小组协作对乙醇的分子结构及其相关化学性质进行讨论研究。处于这阶段知识储备的高中学生利用分子结构推理化学性质能力仍需逐步训练与提高。在课堂教学的过程中，授课教师要引导学生以官能团羟基为核心来展开对乙醇化学性质的学习。

【教学目标】
(1) 了解烃类衍生物、官能团的概念、理解乙醇的分子结构及其化学性质。
(2) 通过问题提示，实验探究学习科学探究的基本方法和思路。
(3) 感受化学物质的微观构造之美，知晓与化学有关的实际生活问题。图3为教学目标。

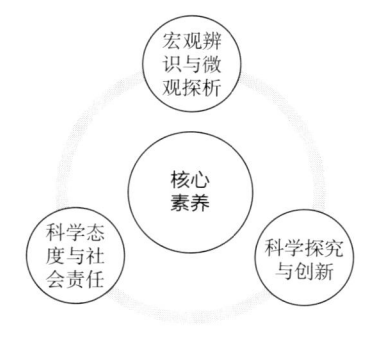

图3 教学目标

【教学重难点】

重点：了解烃的衍生物、羟基官能团的概念、明确乙醇分子结构及其化学性质。

难点：学习科学探究基本方法和思路。

【教学方法】

通过教法学设计，解决怎么学的问题。通过以下几种教学方法，进行情景创设、问题推进、动画演示、多媒体辅助等，引导学生通过看、听、做、思，进而成为课堂的主人。

【教学过程】（见表2）

表 2 教学过程

教学环节	教学内容	设计意图
情景教学，引出课题	利用具有地域特色的丹凤葡萄酒，引出课题	从生活中挖掘素材，激发学生兴趣
实物观察，温故知新	引导学生利用初中所学以及生活经验总结出乙醇的物理性质	
诱思探究，获取新知	要求学生依据乙醇的分子式，以及各原子的成键特征搭建出乙醇的可能结构。教师利用提问法抛出问题："乙醇的结构到底是哪一种呢"	通过让学生动手搭建球棍模型增加课堂趣味性，强化有机物中同分异构现象
动画演示，突破重点	教师引导学生进行实验探究，分组讨论，最终通过对比分析得出乙醇结构。教师再通过多媒体动画展示乙醇与金属钠的反应，将微观问题宏观化，抽象问题具体化。从而突出重点，突破难点，最后展示乙醇钠的应用	培养学生团队探讨精神，开拓学生思维，产生思维碰撞。开展应用学习可以实现学生化学学科的价值拓展

三、结论

本研究对课程思政和核心素养相关理论知识基础进行研究，基于此结合有机化学发展史、理论知识点、生活应用挖掘其蕴藏的思政元素，并融入育人目标进行一一剖析。最后以一个教学案例为例，选取不同思维的角度进行分析。通过上述研究工作，得到以下结论：

第一，基于《普通高中化学课程标准》与《高等学校课程思政建设指导纲要》，要明确我国推行的课程思政不只是局限于爱国元素、社会主义核心价值观，还要包含人文素养、匠人精神、环保意识、团队协作等元素。我们要理清楚课程思政代表着哪几个层面，核心素养与课程思政可以说是相得益彰，并且在真正实施时可以相互促进，相互影响。

第二，将课程思政纳入有机化学教学中，这不但有助于促进学生的课堂参与度，还可以全方位、全角度地提高学生的综合素质。在传统的教学方式中，学生对知识点的吸收大多是被动的，课堂上的师生、学生的互动很少，课堂基本为满堂灌。采用融入课程思政的教学设计增加了许多源于生活的常识，在激发学生对知识渴求的同时，通过多元化的教学活动，使学生自己变成课堂的主人，从而使教师设计的育人元素更加有效，并且学生在掌握新知识的同时也学会利用化学知识去解答生活中的社会热点问题。随着学生思考能力的不断提高，实践能力也随之提高，从而综合素质也逐渐提升。

第三，课程思政元素融入课堂可以提升学生的核心素养。课程思政融入教学，不仅可以有效达成化学学科的五大核心素养，还可以显著提高学生其他方面的发展。

四、不足与展望

在案例展示中，仅提供了高中化学人教版必修二的一个案例设计，数量不够多，教材版本的选取不够完整，思路体现的不够完全，这也是今后需要进一步探索的，针对后续多个版本的高中化学教材继续设计有关课程思政实践的教学设计。

自"课程思政"理念提出至今已有六年之久，课程思政的推行已是大势所趋，并且会长期贯彻执行。教师也会更加注重教学的方法与模式，使教师不再是知识的搬运工，而是帮助学生找寻价值的引路人。在未来，课程思政将对于学生看待问题思考问题的能力以及核心素养的养成有很大的提升。本文对课程思政的研究只是基础摸索的水平，对于实施课程思政与核心素养的相关内容要求可能理解的深度不够，精髓的把握不够准确，只是在已有的文献基础之上进行梳理研究。期待本文可以起到抛砖引玉的作用。

参考文献

[1] 袁贵仁. 坚持立德树人加强社会主义核心价值观教育 [N]. 人民日报，2014-05-23(7).

[2] ZHENG Y. Challenges Facing College Moral Education in the New Era and Coping Strategies[J]. Learning & Education, 2021, 10(2): 146-147.

[3] 王潇，樊小英，伏彩彩，等. "课程思政"在初中化学教学中的实现途径 [J]. 中学课程资源，2021:17(5)66-68.

[4] 潘香萍，石燕萍，郭曦. 课程思政"两张皮"的问题——以高职公共英语课程为例 [J]. 校园英语，2021,10(43):71-72.

[5] 张跃伟，于雪. 立德树人思想教育在有机化学教学中的探讨与实践 [J]. 吉林化工学院学报，2019,36(8):28-30.

师范专业认证背景下数学师范生情感素养的实践与探索❶

叶美丽❷

摘要：在全面实施新课程教学改革的新形势下，立德树人的教育发展战略不仅体现了教育工作的发展方向，也体现了教育问题的本质，师范专业认证已全然成为检验数学师范专业核心素养的重要手段，应培养数学核心素养过程中衍生出的数学情感素养的能力。数学核心素养数学情感素养是研究数学学习过程中对数学的理性认识，是指师范生数学素养中所有非智力因素的概括和统称，也是核心素养观下形成的内化表现。根据国内外数学师范生情感素养的理论基础，建立数学道德情感、数学理智情感、数学审美情感3个一级指标、11个二级指标的师范生数学情感素养指标体系，为数学情感素养和核心素养培养的有效结合提供建议。

关键词：师范专业认证；数学师范生；情感素养

师范专业认证是师范生个体发展的要求，是专业教师队伍建设的保障，是检验人才培养目标实现的重要抓手，是师范专业发展的必然趋势，是学校和学院未来发展大计。国外师范专业认证工作早于我国，提前推行了教师教育课的改革，意在现代教育和科学水平发展的要求下，提升教师的授课水平和课堂教学多媒体的应用能力，不断修订专业培养方案，旨在提高教育教学质量，培养符合紧跟时代和社会需求的学生。国外开展师范专业认证工作，为我国开展该项工作提供了理论和实践参考。为应对新时代教育理论和科学技术所带来的挑战，培养出高素质、多元化、高技术、高水平、高能力的现代教师已刻不容缓，构建师范专业人才培养新模式、保障人才培养质量是检验教师教育改革的重要抓手，开展师范专业认证工作是重要手段。自此，我国正式开始在各省份师范院校开展师范类专业认证工作。数学作为基础学科，具备复杂、高度抽象、逻辑严密、使用广泛的特征，是每一个受教育者的必修课程。开展师范专业认证，运用现代化科学技术，更新教育理念，对于数学师范专业是挑战也是机遇，数学师范专业认证最注重数学核心素养的培养。

刘海英指出"对数学产生的兴趣不仅是学习数学的兴趣，而且是学习数学过程中的内心体验，是心灵世界的逐渐丰富，形成一个连续的自然机器，一个良性的循环"。黄翔将数学情感解释为"让学生的身心得到快乐，是教学中的一个重要环节，在教学中要注意培养学生的人格素质和情感调控能力，使学生能够把知识内化，从而得到正面的情感体验，即

---

❶ 基金项目：陕西省课程思政示范课程《高等数学》；商洛学院教育教学改革研究项目（20jyjx122;20jyjx123;21jyjx119）；商洛学院课程思政教学研究中心建设项目（21JXYJ02）；商洛学院科研项目（21jyjxs110）

❷ 作者介绍：叶美丽，陕西商洛人，数学与计算机应用学院

得到全面的发展"。鉴于数学情感素养难以准确量化指标，很多学者也是在探索途中，如今大多数研究者使用了自我报告指标，例如徐斌艳的"数学情感测评的整体评分标准"。研究数学情感素养问题，能为高校师范生的培养带来一些辅助作用，切实的考核学生现有的情感素养水平，为不断改进学生数学情感素养给予一些建议，从而对提升学校师范生培养水平提供参考。

一、数学核心素养与情感培养关系

数学核心素养是指学生应具备的具有数学特征的、能够适应个人终身发展和社会发展需要必备的思维品质和关键能力。数学核心素养包括数学抽象、逻辑推理、数学建模、数学运算、直观想象、数据分析六大方面，在数学核心素养中思维品质涵盖了一项极其重要的要素——数学情感。与数学的核心素养相比，情感素养的重要性还没有被人们所重视，但是，情感素养的培养却是不可忽略的。

(一) 数学核心素养

数学情怀是当前师范生对数学的兴趣、意识、思想等总体认识，对数学的认识、对数学的信赖和敬仰，并积极地将数学知识与情感相结合。培养学生学习数学知识的能力，能主动学习数学的基础知识、历史和数学实践，以领悟知识的本质，提高综合能力。学生对数学基础知识、数学史和数学实践表现出极大的兴趣，对知识的本质和一般能力有了更深的理解。学生有主动探索学习的积极性，在学习数学理论和技能的同时，能巩固自己的知识，积极与他人进行交流。培养学生对数学本身的思考，把真实的数学知识融入数学实践中，并运用推理、测试、建模等方法来探究数学命题，体验数学来源于生活并可以服务生活的过程，处理好数学与外界的关系，为数学的发展创造条件。

(二) 数学情感素养

与数学的核心素养相比，情感素养的重要性还没有被人们所重视，但是，情感素养的培养却是不可忽略的。首先，在中小学课程标准中，情感目标与知识、能力目标同样重要；其次，目前热度最高的核心素养核心技能中也包含着情感要素。因此，情感能力的研究对数学教学是十分必要而且重要的。研究人员现在已经从理论上探讨了数学中情感能力的"内容"，为该领域的进一步研究奠定了基础。

作为数学能力的一个非智力因素，对数学情感能力的研究还有待深入探讨。从文献中可以看出，非智力因素如情感素养、情绪和情感能力都相当复杂，因此，培养学生对情感能力概念的认知将是本研究的第一个关键方面。

虽然数学中情感素养和相关课题的研究重点不同，但问题的本质是一样的：培养什么样的人，如何培养。鉴于这一研究课题的丰富性，显然，对事物外观的概括性认知并不符合研究的科学性。为了使数学情感素养这个抽象的命题可操作，需要本研究对师范生的情感素养进行细致的概念化。问卷设计过程中使这个抽象的概念变得可衡量和可操作，这样数学情感教育的研究就可以扎根，"立德树人"的基本任务就可以实现了。

二、数学情感理论基础

教育家苏霍姆林斯基曾指出，个体对客观事物的主观心理体验会产生情感体验。数学情感的内涵在国内外研究者认知中并不一致。著名学者陆家楣曾明确情感教学是在最基本的意义上的一个学习过程，教师充分考虑到影响认知的因素，同时利用情感的教育作用，明确学习目标，提高教师课堂积极生动的教学效果。其中对于数学课程标准，将学习数学的情感划分为兴趣、动机、意志和信心。可见，国内外学者对数学情感内涵认知都有一些共同点：以数学的学习过程为主体，对学生的数学情感进行分析，并将数学情感因素，作为激发学习兴趣的积极内在手段、保持情感学习的外在非智力因素。

(一) 数学情感要素

数学情感要素的定义划分如今仍没有统一明确的归纳。但在中小学新课程改革中发现，三维教学目标的第三个维度情感态度价值观的教学目标就包含了情感要素，数学情感部分的主要内容是：要主动地参加数学活动，对数学产生好奇心，尽早地认识到它和人类的生命有着紧密的联系，并且认识到它在人类发展过程中所扮演的角色。感受数学活动，感受到丰富而满意的情感、积极的态度和对数学学科的真正欣赏是学生学习、生存和发展的基础。

(二) 数学情感评价

教学评价本身具有一定教育意义，目前，在教育教学中的发展性评价对数学师范生来说是十分重要的，情感评价可以用来鼓励学生的表现成绩，鼓励学生改进发展过程中的不足之处，发挥情感的教育功能，使得学生的情感需求获得满足，进而促进发展。情感评价属于质性评价，要建立一些数学情感评价的定性或定量指标，由于很难将情感量化考评，要准确测量数学情感还有很多困难。

(三) 数学教师情感

情感数学教学要求教师不仅要关注学生与数学课堂学习有关的积极情感体验，还要关注学生对自己的积极情感——自尊，以及学生对数学的积极情感体验。在如何使学生对数学产生积极的情感体验方面，教师应采用一定的教学方法来调整学生对有关内容的看法。

(四) 教学情感述评

数学课中关于数学历史和文化往往是被忽视的，在课堂中将文化要素渗透到教学中可以充分发扬数学精神，展示数学的魅力，培养学生的数学情操，培养学生的数学兴趣，使他们对数学的感情得到升华。在新课改的要求下，教学过程中的情感教育也占有越来越重要的位置。

三、数学情感培养指标体系

作为师范生数学核心素养的情感素养，其作用不可忽略的。首先，在中小学课程标准中，情感目标与知识、能力目标同样重要；其次，目前热度最高的核心素养核心技能中也包含着情感要素。因此，情感能力的研究对数学教学是十分必要而且重要的。研究人员现在已经从理论上探讨了数学中情感能力的"内容"，为该领域的进一步研究奠定了基础。作为数学能力的一个非智力因素，对数学情感能力的研究还有待深入探讨。从文献中可以看出，非智力因素如情感素养、情绪和情感能力都相当复杂，因此，培养学生的对情感能力概念的认知将是关键。

表 1 师范生数学情感素养指标设计

目标层	一级指标	二级指标
师范生数学情感素养指标体系	数学道德情感	数学责任感
		数学原则感
		数学合作感
	数学理智情感	数学探奇感
		数学自强感
		数学执着感
		数学逻辑感
		数学严谨感
	数学审美情感	数学统一美感
		数学对称美感
		数学奇异美感

（一）数学道德情感

数学道德情感指数学师范专业学生在数学课程学习活动中所体验的情感心理特征，主要指数学师范专业对学生做人原则、社会责任和团队合作精神方面的影响。数学责任感指数学学习过程中的勇于挑战，拼尽全力完成的精神；数学原则感指数学坚持原则，秉承公正、严谨研究的情感；数学合作感指愿意与他人共同协作。

（二）数学理智情感

数学理智情感是指数学师范专业学生在掌握知识后并得以运用实践过程中所产生的情感心理特征。包括的二级指标有：数学探奇感指在精通数学知识原理和思想的基础上，对新知识、原理和方法产生的浓厚兴趣；数学自强感指在数学学习过程中勇于挑战，积极进取，注重数学发展的自我完善所产生的情感；数学执着感指对数学学习的坚持不懈、不愿放弃的情感；数学逻辑感指数学学习长久过程中形成的思维规律情感；数学严谨感指数学学习的严肃谨慎情感。

（三）数学审美情感

数学审美情感是指数学师范生在数学学习过程中，用美学眼光看待和感知数学活动所产生的情感心理特征。包含二级指标有：数学统一美感指数学概念、原理、思想和方法与其他学科统一的情感；数学对称美感指欣赏数学中存在的系统性、对称性、周期性、等价性情感特点；数学奇异美感指数学符号、算式、公式的奇特美感。

四、数学情感素养培养策略

（一）培养学生自身主动的积极情感

数学责任感和数学原则感的培养需要从学生自身开始，学生对于数学学习的自信感会增强学生主动性,长期使学生保持数学学习的主动和自信,便可以调动学生的积极情感。其次,数学教学实施过程中应该辅以情感教育,并注重培养学生严谨、细致的良好学习习惯,使他们能够认真听讲,细心解决问题,通过学习提升做事的认真态度和品格。同时,也要引导师范生在今后的学习工作中,能够主动的进行自我评价,引导学生感受到自身力量的主导作用,使得学生在学习过程中主动获取知识,超越自我。

(二)培养学生对于数学课堂学习的积极情感

数学对称美感和数学奇异美感的培养应该培养师范生对课堂的积极情感。高校教师在教学过程中应该以学生认知顺序体验为主,借助学科数学的科学性和文化价值,发掘在形成数学技能过程中蕴含的价值观念、审美情趣、文化等思想,使学生在各方面得到一个较好的发展。第一通过激发学生学习兴趣,以合作交流等学习形式促进学生情感态度的发展。第二通过学生在数学活动中体验获得成功的成就感,从而建立自信心。

(三)培养学生对于数学的积极情感

对于数学情感素养的总体培养,要求培养学生对于数学的积极情感。数学文化在数学教学中的应用得到了普遍的重视与认可,使学生在数学中得到塑造学生优秀品格的价值,从而得到了学习的动力。学习数学,实际上是给学生提供一种精神上的宝贵财富,或许以后的师范生不会把数学的全部知识都用上,但这种精神会一直陪伴并影响着他们的工作和生活。数学是一门非常复杂抽象的学科,它要求学生勇于面对困难和挑战,培养其不屈不挠、不畏挫折的优良素质,提高学生的综合素养。

五、结语

数学情感素养对数学师范生的发展至关重要,情感部分的素养在数学素养中的作用巨大,如果说数学知识与技能是构成身体的骨骼和肌肉,那么情感要素就是在塑造一个人的灵魂,使其更加灵活生动。培养良好的数学情感,让学生在学习的过程中受到非智力因素的引导,保持积极的心理状态,从而让学生体会到数学的魅力,激发对数学的兴趣,进而提升学习效率,培养数学素养,获得相应的人格和价值。因此,在提高师范生数学素养的过程中,必须重视数学情感素养。由于师范生身份特殊,既是现在的受教育者,又是以后的教育者,情感素养是十分重要的。所以,在数学教育的过程中,必须要有"春风化雨"般"润物细无声"的熏陶,还要善于把握各种教育机会,潜移默化地让学生获得良好体验,最后形成良好行为习惯。

参考文献

[1] 林立举. 师范生数学情感教育的理论研究与实践研究 [D]. 福州:建师范大学,2002.
[2] 林伟华. 师范生数学情感素养的概念化认知 [J]. 闽南师范大学学报(自然科学版),2018,31(4):85-91.
[3] 刘宗德. 基于数学核心素养的课堂情感渗透 [J]. 教学管理与教育研究,2021,6(10):74-75.
[4] 邢峰. 加强课堂教学情感投入全面提高学生数学素养 [J]. 教育与职业,2008,4(23):89-90.
[5] 刘喆. 数学师范生数学素养的内涵与现状研究 [D]. 广州:华南师范大学,2012.

通过设计性物理实验培养中学生的创新思维能力

谭小东，郭嘉妮

摘要：针对传统物理实验中，部分学校学生自觉性差，自主创新能力差，教学设备陈旧，以及教学过程中存在师生对物理教学认识不够等一系列问题，本文从中学生个体以及教师教学出发，紧跟新课改下国家对物理教学的新要求，探究问题存在的原因，并提出崭新的设计性物理实验用以解决中学生创新思维能力不足的问题。本文理论联系实际，以"是什么""为什么""怎么做"这三个层次为整体构架，从设计性物理实验的优点、意义以及利用设计性物理实验进行物理课程教学出发，更新教师和学生的观念，转变教学中心，提出了新的教学方式；自主设计了"利用杠杆平衡原理一次性测量两个物体质量"的实验。在设计性物理实验的前、中、后三个阶段提出不同的教学要求，因材施教，倡导学生大胆创新，利用发散性思维捕捉传统实验中存在的不足，并加以改进。与传统实验相比，此类设计性物理实验更具启发性，有助于对中学生创新思维能力的进一步培养。

关键词：设计性物理实验；创新思维能力的培养；创新意识；创新思维

一、引言

传统的物理实验教学形式普遍是由老师先行讲授实验原理，甚至做示范，指导学生根据教材中的流程图进行实验操作，这样的实验形式使得实验过程流于形式化，学生容易对现有的教材和老师的讲授产生依赖心理，实验过程中一味追求实验结果忽略了思考过程，甚至为了应试化教育死记硬背实验步骤，忽略了实验本身对于中学生发散性思维、动手能力以及自主学习能力的培养，达不到创新性人才培养的目的，从而浪费了宝贵的实验资源。设计性物理实验作为一项崭新的物理教学方法，迎合国家教育主旨"服务国家重大战略需求，选拔培养基础学科拔尖创新人才"的方针，取缔了传统照本宣科的教学方式，积极主动地引导学生开展全新的创新性实验探究活动，用于激发学生对物理学习的兴趣，从而多方面的培养学生的创新思维能力，实现从教师主体到学生主体教师主导的角色转变。引导学生根据实验要求，独立思考，了解和掌握实验原理之后尝试自主设计实验阶段，然后完成整个实验过程。有计划的物理实验对中学生创新思维能力的培养有很大的促进作用，再通过实践和改革，归纳出一些用以激发学生的学习兴趣，培养中学生创新思维能力的方法，

---

❶ 基金项目：陕西高等教育教学改革重点研究项目 (21BZ075)；陕西省教育科学"十四五"规划项目 (SGH21Y0238)；商洛学院教育教学改革课程思政专项 (21jyjxs106)

❷ 作者介绍：谭小东，1985年生，男，陕西宝鸡人，博士，副教授，主要从事教育教学改革与实践研究
郭嘉妮，1999年生，女，陕西西安人，本科，主要从事中学物理改革研究

使得设计性物理实验在擅长的领域熠熠生辉。

美国是国外众多国家中创新性思维人才培养较为全面的国家之一，其自20世纪30年代就已开始针对创新性人才进行了相关的培养。美国在针对创新性思维人才培养的过程中主要是通过一种全新的教学模式，进而实现对创新性思维人才的培养。此外，日本在创新性思维人才的培养方面也逐步迈进世界领先的位置，但与美国等国家所不同的是，日本在针对创新性思维人才的培养方面不但重视对创新性人才思维方式的相关培养，同时也极为注重对其表达能力的培养。

自改革开放以来，中国逐渐提高了对创新性思维能力人才的培养的重视程度，尤其是物理学等方面。通过对这些创新性思维能力人才的培养，不但可以有效提高中国的科技发展，同时还可以增强中国的国防军事力量，并且也可以对中国的经济发展以及社会发展起到一定的促进作用。但由于中国对创新性思维人才的培养方式较为生疏，因此中国国内对创新性思维能力人才的培养过程中也出现了许多的问题。例如，教学模式的不适用等问题。中国传统的教学模式不但会对学生创新性思维的培养造成一定的抑制作用，同时还会对教师的教学模式创新起到一定的禁锢作用。另外，在中国国内还存在有缺乏实际教学的指导等问题。这一问题在物理实验教学以及一些理工科实验教学方面尤为明显。缺少实际教学指导这一问题不但会对同学的自我动手能力以及独立思考能力造成严重的影响，同时还会影响到同学对相关理论性知识的理解与领悟，并且，这一问题也会影响到同学创新性思维能力的培养。最后，中国在针对创新性思维方式的培养过程中还存在对创新性思维能力认识不足的问题。这一问题将会严重影响到教师对同学创新性思维能力的培养方式，进而对中国创新性思维能力人才的培养造成严重的影响。

二、现今我国物理实验存在的问题

纵观古今，每一项教育方式的改革，都是基于该时代对学生学习能力的要求，随着时代的发展，中学生对知识的学习，不单单局限于浅层次的理解表面意思，继承和发扬传统文化，而是要求学生对知识的本质有自身独特的见解，在一定的知识基础上，培养其具有延展性的创新思维，因而传统物理实验的弊端显得越发的突出，主要表现在以下几个方面：

（一）教师忽略物理实验的重要性

中学物理实验区别于大学物理实验，教师在物理教学中占据主导位置，引导性作用相对薄弱，忽略了学生的主体地位。其主要原因在于，目前，大多数中学物理教师对物理实验的重视不够，导致一味强调概念性物理知识，忽略物理实验在教学中贯穿始终的作用；其次对于物理实验中流程不熟悉，任务不明确，敷衍了事现象较为普遍，究其根本原因是教师对于实验教学态度不够端正，在现行的学校体制下，考得高分作为教学的首要目标，很难培养学生的创新思维能力。

（二）学生对物理实验的参与度较低

现在很多学校物理实验的教学，基本上都是由教师一个人完成，学生只能看着教师做实验。甚至有些学校没有开展专门的物理实验课程教学，物理课程分配时间有限，几十分钟的课堂里，教师不但要向学生教授理论知识，还要进行物理实验演示，时间有限，因而无法让学生参与到物理实验中。不仅使学生看不到物理的真正价值，而且会使大多学生对物理的学习兴趣下降。更不要谈让学生成为课堂的主人，自主地去设计实验，独立思考。

(三) 学校基础设施不完善，实验设备老旧

偏远地区由于整体经济落后，导致教育资源跟不上，经济条件制约了教育的发展，尤其是一些乡镇学校，其实验器材多年不用，出现了精确度低，设备老化安全系数不高，存在一定的危险性，这样的试验器材达不到试验的真正效果，学生不能亲自动手进行实验操作，使原本富有趣味性的物理实验与教材中的概念性物理知识没有差异，使学生对物理学习的兴趣大打折扣。学生无法真正地参与到实验中，甚至不熟悉实验设备，浑水摸鱼，如此以往何谈利用设计性实验来培养中学生的创新思维。

三、设计性物理实验的重要性

(一) 设计性物理实验的优点

与普通物理实验不同，设计性物理实验，更注重对中学生的启发和引导，强调通过学生自主探究，对于旧问题产生新的思绪，迸发新的灵感，从而进一步尝试构建出新的实验思路。教师不再只关注学生的成绩，做实验是否落实到每一个学生，实验过程是否由学生自主设计独立完成，实验过程是否对学生有新的启发，实验是否对学生创新思维培养有所帮助，成了当下设计性物理实验教学的焦点。学生方面从一味地"睁眼看"转变为"动手做"，而新的实验教学下的动手做，不仅仅是按照教材上的实验流程，或者教师的演示实验去单一的复制实验步骤，而是在了解和认知实验原理和知识本身的前提下一步步地去自主探究实验步骤，或是利用更现代化的实验器材和实验设备去优化实验过程，精化实验数据，摒弃实验弊端，升华实验意义的过程，从而达到思维锻炼和动手能力的双重提高。

(二) 设计性物理实验的意义

设计性物理实验其现实意义在于，打破了传统物理实验以成绩为主的教育目的，使得教育面向全体学生，面向知识本身，面向学生思维本身，寓教于乐，让学生做自己的老师，自己动手，加深了对实验原理的了解，对于培养创新性人才具有极大地推动作用。

当前教育部门对中学生学习能力提出了新的要求，物理实验的改革势在必行，行为与意识上的双重统一才是物理实验改革的关键，要想在教学中提高创新思维能力，设计性物理实验的提出显得尤为必要。实施有效的物理实验教学将会在很大程度上确保物理实验教学的有效性。当前，很多初中院校的物理实验教学过于形式化，教师的教学方式也具有一定的局限性，学生很难真正在实验课堂上学习到有用的知识。当然一堂设计良好的物理实验课对中学生的创新思维能力的培养具有至关重要的作用，不仅是一次教学的创新，也是对学生动手能力的训练，丰富学生物理知识面的同时也会对学生创造能力的培养起到潜移默化的作用。新模式下中学生物理实验教学可以趋近于自主化，使得学生成为实验的主体，启发学生的思维能力，在指出实验基本要求的基础上，允许学生思考，采用不同的实验器材和实验步骤进行实验，从而得出实验结论。

四、创新思维能力的培养和发展

基于国家新课程改革的要求，创新能力已经作为一项中学生学习中不可或缺的技能，

由此，我国教育部门对创新有了新的定位和要求。近年来，物理实验灵活多变，难度增大，主要考验学生对于知识的应用。教材中的物理实验学生动手演示出来就很好地契合了这一点，教师培养学生的创新思维能力，使学生将每一个小的知识点组成整体的知识框架就显得尤为必要。那么我们就可以从以下几点来加以落实：

(一) 教学观念的更新

1. 以人为本

过去的"填鸭式"教学方法一直都是以教师为课堂的主体，以有意义的接受学习为主，虽然使得学习过程简捷、高效、便于理解，但却忽视了对学生创新思维能力的培养，学生只知道一味地低头学习。最后就会出现教师不教，学生就不会的消极现象。

在新课程改革中，要求老师在整个教育教学过程中体现"以人为本，创新为目的，科学训练为主线，开发思维核心，全面提高学生综合能力素质"的教学思想，强调了学生的主体性。

2. 转变教学重心

新时期的物理教学不仅要尊重学生的个性，更要着重培养学生的思维能力和创新能力。在讲授好基本概念知识的同时，教学重点应转向引导学生"独立思考，自主学习"，培养学生的学习能力和实验动手能力，使学生的学习由被传授向自主学习转化，由继承向探索、发展、创新转化。真正地实现教与学两手抓，侧重于思维能力而不是获取知识的能力。

3. 教学方式多样化

翻转课堂也可以恰如其分地投入使用，在学生构建好自己的思维逻辑框架之后，确保实验安全性的前提下鼓励学生去尝试，鼓励学生"多犯错"，思维始于问题，创造也始于问题，通过学生实验过程中所暴露出来的问题，加以分析和拓展，使得学生对实验的有一个更深层次的理解。学生扮演教师的角色，面向全体同学去展示自己的实验思路，锻炼了学生胆识的同时，激发了学生学习物理的积极性，对物理学科的兴趣日益增多。物理实验知识的学习，不仅仅局限在物理课堂，生活处处有物理，开放式物理实验教学会使实验更加富有趣味性以及生活性。

(二) 把握新课程标准，确定教学重难点

教学重难点就是学生必须掌握的基础知识与基本技能，是基本概念、基础知识以及由内容所反映的思想方法，也是学科教学的核心知识。善于利用重难点教学，有助于物理实验教学的顺利进行和创新思维能力的高效培养。

新课程改革对这方面提出了新的要求，教学目标方面要具有思维逻辑性、层次性，从知识与技能、过程与方法、情感态度与价值观三个维度着手，以此制定适合不同层次学生的教学目标。教学方式上应鼓励具有创新性、多元化，寓教于乐，打破传统的模式，对于抽象性的物理知识，善于利用多媒体教学，以及前沿的科学技术加以分析和理解。教学评价方面，趋近于民主化和全面化，对教学过程中存在的问题都能够及时的反馈，人人参与，逐个解决，实现教学评价的全覆盖，一方面提高了教师的业务水平，另一方面也促进了实验教学的改进。

实施新课程标准，要求教师侧重于教学重难点的教学，善于利用有意注意，把学生的注意力聚集到教学重点上面，避免注意力的分散和过度消耗，对于创新思维创造一个极佳的环境。

(三)设计性物理实验中对创新思维的培养

1. 在实验组织过程中启发学生的创新思维

学生产生创造性的思维是进行物理实验准备工作的前提，在前期的教学工作中教师要引导学生从"实验本质是什么""提出的方案为什么""实施的过程怎么做"这三个大的维度去着手，逐步用完善的思维结构去构建实验的基本框架。利用已知的材料内容，选定一个参考对象，找到一个切入点，根据实验提出有意义的问题，并把创造性思维聚集到问题的焦点，大胆想象，提出假设，对假设进行一个初步的正确性判断，之后根据正确的假设展开实验设计和创新。

2. 在实验操作过程中培养学生的创造性思维

传统的实验过程是一个机械操作的过程，学生只注重落实每一个步骤的流程，以实验结果为最终的目的，实验的过程只是为了推动结果的最终展示，而设计性物理实验要求我们在新的教育模式下，实验假设只是一个待定的实验结果，在实验过程中需要我们每一步都去思考去创造，去达到思维和动手能力的磨合，一旦有新的灵感出现，我们可以及时调整实验过程，创新思维的灵活性由此体现。其次在物理实验中我们主张把课堂交还给学生，尽可能多地让学生自己动手做实验，教师做知识的引路人，在最大限度内挖掘优质的教学资源，尽可能多地将教师的演示实验转变成学生的分组操作实验，提高学生的参与度和积极性。

在实验教学开始前，要注意实验预习的作用，提前预习可以让学生在实验课开始之前就本次物理实验有一个更加广阔的思维构想，避免课堂所学习的物理知识对学生思维的束缚，同时这个创新思考的过程一方面锻炼了其创新思维能力，另一方面也为物理实验的创新和改进提供了新的思路。

实验教学过程中，可以把不具有危险性，操作难度系数比较低的实验任务分配给学生，让其动手操作。这样通过学生自己动手实验，提高了学生的动手能力，使得学生成为一个全面发展的人，增强了学生的创新体验感。

在设计性物理实验教学过程中，首先要求学生将预先设计的传统实验方案作为指导，找到实验所需仪器、设备以及确定测量的相关量，然后，每个人可以发表自己对实验的见解，根据自己设想去试着构思实验思路，模拟实验流程，运用创新性思维尝试设计多种实验方法去探寻实验原理，并把自己所迸发出的新灵感记录下来，达到一个积累的过程，从而在创新思维的道路上实现质的飞跃，使得对实验的物理本质有一个更加深刻的理解。

具体例题如下：

现有轻质的直尺一把，粗线三根，弹簧测力计一个，利用上述工具，要求只能进行一次测量，确定两个不同物体的质量，该如何设计实验？

步骤如下：

①搭建力学试验系统：

a. 连接弹簧测力计与直尺

b. 用细线连接物块与直尺

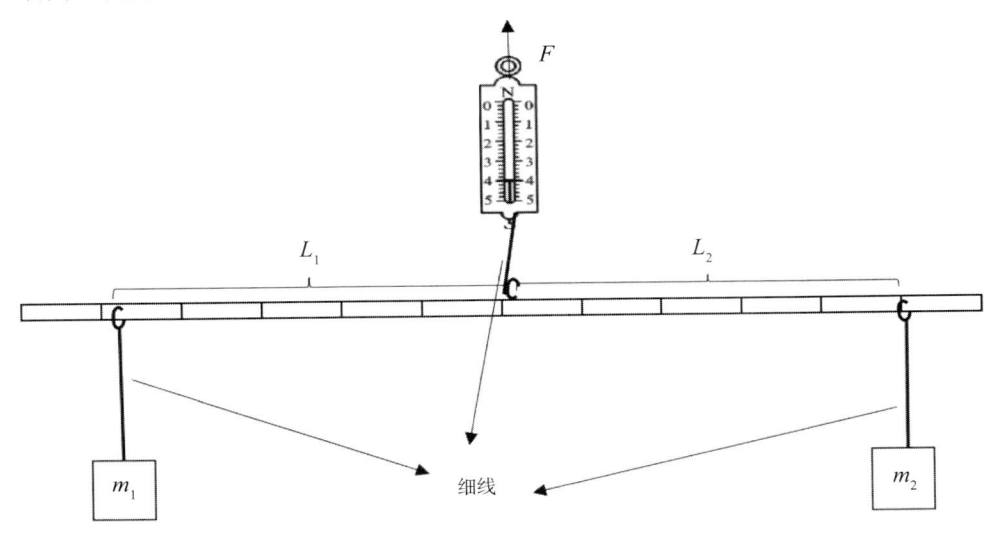

②调节系统：调节 L_1、L_2 或原点位置使得直尺平衡
③读取数据：在平衡条件下读出 L_1、L_2 与弹簧测力计示数 F
④数据处理与计算：
受力平衡：
$$F=(m_1+m_2)g=G \tag{1}$$

力矩平衡：
$$m_1gL_1 = m_2gL_2 \tag{2}$$

联立解得：
$$m_1 = \frac{L_2F}{(L_1+L_2)g} \tag{3}$$

$$m_2 = \frac{L_1F}{(L_1+L_2)g} \tag{4}$$

在上述实例中，我们启用创新性的思维方法设计了本次物理实验：

①利用弹簧代替了原来的钩码，测力计的力可以连续变化，无须改变力臂，更容易让杠杆平衡。

②弹簧测力计可以直接读出拉力的大小，使得实验数据更加精确。

③仅测量一次就可以利用受力平衡条件和力矩平衡条件列出方程，两个方程联立，带入已知量可以很快地计算出两个不同物体的质量。

综上，融入创新思维的物理实验，具有设计思路巧妙，计算便捷，实验过程简单，实验数据精确的优点，同时将杠杆平衡知识与物体测量知识相关联，使得原本古板的经典物理实验具有新的价值和研究意义。

3. 在实验分析过程中培养学生的创新思维能力

最后的实验结果分析过程是整个物理实验中不可或缺和至关重要的过程。实验结果可以让学生对起初的实验假设得以验证，将实验伊始所提出的问题得以解决，另外，有效的分析实验结果可以看到实际性操作实验所得出的结果和教材所呈现的实验结果存在一定的差异，而这些误差点就是我们对现有的物理实验改进的切入点，引导学生对实验结果分析，多思考，从而对创新思维能力得到一个提高，对物理知识的学习得到拓展，这对学生人生长期的发展作用是非常巨大的。将这种创新思维能力运用到其他学科，不论是对知识的理解还是对学习的认识上都会取得很大的进步。

（四）发散思维和聚合思维并重大胆创新

1. 大胆创新，教学模式多变

新课讲授前教师应准备一些具有思考和探究价值的问题，讲述新实验时，给学生抛出问题，让学生尝试解决，在问题解决过程中体验物理实验的本质规律，与此同时我们要做到以下几点：

①问题结果开放，在思考的过程中不要拘泥于固定的实验结果，即对同一实验可以做出各种不同的假设，再引导学生通过自主探究去验证自己的假设正确与否。

②教学方法开放，对于既定的物理实验教学，可以引导学生自己动手探究，而对于实验现象比较具象化，不容易操作或者存在一定危险的物理实验可以适当的结合多媒体设备进行教学。不必限制固定的实验方法和手段。

③实验思路开放，寻求多种途径的解法，多多使用发散性思维方式，一题多解，在不断的思考中逐渐地提高创新思维能力。

2. 集思广益，捕捉实验灵感

实验过程中，创设有利于学生发展的教学情境，通常可创设一种轻松愉快的课堂氛围，使得学生思维变得活跃，对于教材中给定的实验，引导学生讨论实验步骤，抛开实验固定步骤，假设独立思考，大家集思广益，收集交流过程中的新奇点，进行加工，讨论可行性。在此集体讨论的重要性不容忽视，作为教师要指导学生，勇于探索，发散思维，反思不足，使得在一次次物理实验教学中学生的思维更加灵活多变。

五、结语

设计性物理实验是培养中学生创新思维能力行之有效的方式之一，对于物理学习而言，教师应该紧跟国家教育步伐，思想为先，教育为先，思维应走在教育的前沿，找到教育所面临的问题，对症下药，才能药到病除。就中学物理中存在的问题，本文展开探究：

①从国内外两个角度探究了创新思维能力培养和发展的现状。
②就我国传统物理实验存在的问题，进行了分析归纳。
③提出设计性物理实验用以解决传统物理实验中存在的问题。
④利用设计性物理实验培养学生的创新思维能力，提出了四点切实可行的教学思路。

参考文献

[1] 周维新. 中学物理实验教学中学生创新能力的培养研究 [D]. 苏州：苏州大学，2008.
[2] 杨建军. 初中物理实验教学中学生创新思维能力的培养 [J]. 西部素质教育，2019,5

(12):69.

[3] 汪厚斌. 中学物理教学中学生创新能力的培养 [D]. 武汉：苏州华中师范大学，2006.

[4] 马丽娜. 初中物理实验教学中创新思维能力的培养 [D]. 天津：天津师范大学，2012.

[5] 张玉妹. 初中物理实验教学中优化问题设计的策略研究 [J]. 科学大众（科学教育），2016(7):21.

地方应用型高校创新创业教育与专业教育的深度融合研究——基于商洛学院文化产业管理专业的思考❶

刘龙龙❷，李泓波，贾长安

摘要：创新人才培育和创新国家建设，要求地方应用型高校要加快推进创新创业教育与专业教育的融合。文章基于对商洛学院文化产业管理专业的思考，在对双创教育和专业教育融合内涵与必要性分析的基础上，强调应通过推动两者教学内容的深度融合，加强双创教育教学活动与专业教育实践活动的深度融合，实现双创师资与专业教育师资相融合，推动地方应用型本科院校提升创新型人才培养的质量。

关键词：应用型本科院校；创新创业教育；专业教育；深度融合；文化产业

国务院办公厅于2021年印发了《进一步支持大学生创新创业的指导意见》，强调高校要在教育理念、培养模式、课程改革等方面，持续深化创新创业教育改革，使得创新创业教育贯穿高校人才培育的全过程。要提升教师创新创业教学能力，树立创新创业教育品牌意识，大力开展高校高质量的创新创业教育和培训，持续增强大学生的创新意识，提高创业能力。地方应用型本科院校亟须加快推进双创教育与专业教育的深度有机融合，促进创新型人才培养质量的提高。

一、高校创新创业教育与专业教育融合的内涵

为了培养创新型人才，西方国家最早提出创新创业教育的理念，强调创新创业教育不仅要培养大学生的创新意识，培养创新能力，而且需要提升创新创业过程中学生的心理素质。近年来国内高校也进行了大量培养大学生创新创业意识，提高大学生创新创业能力等方面的探索和实践。教育部2012年颁布《普通本科学校创业教育教学基本要求（试行）》，强调通过创新创业教育带动就业，进一步缓解中国就业压力。

创新创业教育与专业教育融合的内涵包括双创教育和专业教育两种要素相融合具有高度的融洽性，同时融合后两者由于优势互补相得益彰实现增量效应，可以实现"1+1>2"的效果。它们的融合效应体现在以下几个方面：①通过创新创业教育活动的开展弥补专业教

---

❶ 项目基金：陕西省教育科学"十三五"规划课题（SGH20Y1353）、陕西本科和高等继续教育教学改革研究重点项目（21BZ052）、商洛学院教育教学改革研究项目（20jyjx114）

❷ 作者介绍：刘龙龙，1983年生，陕西商州人，商洛学院经济管理学院副教授，研究方向为企业管理、生态旅游、区域经济发展

育中的实践时间不足；②通过创新创业教育和实践活动的开展激发大学生的学习积极性和创造性；③双创教育活动有效加强了师生互动，教师对学生创新创业项目进行指导或者帮助，搭建了个性化的创新创业指导平台；④创新创业教育和实践活动的开展，为大学生进行团队合作、组织协调和团队精神的培养提供了机会；⑤创新创业教育活动为高校进行专业教育提供大量的案例与素材，在实现对学生专业教育检验的同时又增强了学生对理论知识的应用，使得专业教育的价值性和有效性得到提高。

二、应用型本科院校进行专业教育与创新创业教育融合发展的必要性分析

（一）创新创业教育与专业教育融合发展是应用型本科院校教育改革的必然要求

20年来我国高校毕业生总人数已经从2001年的103万人高速增长到2021年的909万人，高校毕业生面临的就业形势非常严峻。地方应用型本科院校在人才培养理念、培养模式、培养方法等方面与社会对人才的要求存在脱节现象。同时中国经济正处于快速增长向高质量发展的转变阶段，产业结构不断升级优化，要求应用型本科院校培养既富有创新精神又具备扎实专业知识的高素质应用型人才，要求高校在开展创新创业教育的同时，加快创新创业教育与专业教育的融合发展。

（二）创新创业教育与专业教育融合发展是提升大学生素质的重要途径

创新是推动一个国家发展和社会进步的不竭动力，创新创业教育作为一种从深层次培养高素质人才的综合性教育，对高校专业教育教学改革具有重要的促进作用。大学生综合素质、创新意识、创业能力的培养，在很大程度上受到高校双创教育与专业教育融合发展的深度和程度决定。高校只有通过持续改革创新创业教育，将创新创业教育深度融入专业教育，培养更多高素质、创新型人才，为创新型国家建设和人才强国战略提供智力支持。

（三）创新创业教育与专业教育融合发展是促进学科交叉的需要

高校专业学科建设和发展必须积极与其他学科相融合。创新创业教育本身就是一门涉及法律、经济、管理、心理学等学科内容的交叉学科，推动双创教育与专业教育的融合发展，实际上也是促进专业教育与相关学科相互交叉融合的一个过程，有助于促进地方应用型本科院校提升学科的发展水平，增强学科的竞争力。

三、应用型高校创新创业教育和专业教育深度融合的路径和建议

（一）创新推动双创教育与专业教育课程教学内容的深度融合

1. 构建三大课程体系、六大模块的人才培养课程体系

根据商洛学院文化产业管理创新创业人才培养目标，科学的设计互相融通的课程计划，增加实践课程和交叉融合课程所占比重，体现出文化、经济、管理、艺术等多学科交叉渗透，实现对文化产业管理知识体系的有效整合。将专业人才培育课程体系分为基础、专业和拓展三大课程体系，设置包括社科科学、自然科学、专业基础、专业主干、专业拓展和能力拓展等课程模块在内的六大课程模块。前三年注重对专业课程和基础课程的学习，最

后一年进行文化产业综合实习、实践和毕业设计，强化对学生文化创意、策划、文创设计、新媒体应用和文化经营管理能力的训练，培养学生的创新和创业潜力（见表1）。

表1 文化产业管理创新创业人才培养课程体系

课程体系	课程模块		课程名称
基础课程体系	社会科学基础课	社会科学	毛泽东思想和中国特色社会主义理论体系概论、中国近现代史纲要、马克思主义基本原理、思想道德修养与法律基础、形势与政策、应用文写作、大学生心理健康教育、军事理论
		创新创业	创新创业教育与训练、大学生职业发展与就业指导
		体育	大学体育1、2、3、4
		英语	大学英语1、2、3、4
	自然科学基础课	数学基础	经济数学1、2
		信息科学	大学计算机基础
专业课程体系	专业基础课		经济学原理、管理学原理、文化学、文化产业概论、美学与艺术概论、文化政策与法规、社会调查研究方法、企业管理、组织行为学、人力资源管理、传播学概论、专业英语、财务管理
	专业主干课		文化管理学、文化资源学、文化经济理论与实务、平面设计、文化市场营销、文化经济学、文化创意与策划、文化项目管理与实务、文化投资学、文化产业经营管理案例研究
拓展课程体系	专业拓展课		文化消费心理学、非物质文化遗产概论、广告学、旅游学、民俗学、会展策划与管理、公关与礼仪
	能力拓展课		传播学课程设计、文化资源学课程设计、文化市场营销学课程设计、社会调查研究方法课程设计、文化项目管理与实务课程设计、企业管理课程设计、文化创意与策划课程设计、文化产业经营管理案例研究课程设计、文化创意与旅游产品设计、电子商务、影视编辑制作、新媒体运营实务、综合实习、毕业设计

2.建立创新创业教育与专业教育融合的课程群

围绕文化产业管理专业核心课程体系，开设文化产业项目管理实务与训练的专业必修课程。如文化投资学、文化产业经营管理案例研究、文化产业经济理论与实务等课程，从文化产业学科专业与科学研究需要的关联入手，培养学生掌握文化产业项目开发、经营与管理的方法，参与文化产业管理专业的创新创业实践，培养在校大学生分析问题和解决实际问题的能力。围绕商洛学院文化产业管理专业的完整课程体系，开设交叉学科的选修课程，开设经济学原理、传播学概论等专业基础课程，开设电子商务、企业管理、广告学、旅游学、会展策划与管理等专业拓展性课程，引导学生获得电商、广告、旅游、会展等领域创新创业所必需的专业知识，培养学生创新创业能力。

（二）加强创新创业教育与专业实践教育活动的深度融合

学院依托陕西高校新型智库商洛发展研究院和陕西省商洛公众科学素质与创新发展研

究中心两个省级平台建设，紧密结合文化产业管理专业教师的科研优势，与企业合作建设粤嵌"众创空间"，推进商洛学院"文化产业管理省级一流专业人才"培养计划。结合文化产业模拟运营实验室、ERP实验室、文化项目管理模拟运营实验室、文化创意与策划等专业功能实验室，对文化产业管理专业大学生进行专业训练和实践演练，使其更好的服务创新创业教育服务；发挥好创新创业学院的作用，使学校众创空间和创业孵化基地为学生开展科学研究、创业实践和完成大创项目提供优质的资源，切实地提高创新创业教育水平和质量；在专业实习和实训时，为学生安排专业能力强的指导教师和业务熟练的校外实训导师，校内校外双导师共同指导学生专业技能训练和实践创新，使学生从实践层面进行文化产业经营管理训练，激发学生的创新性和创造力。

重视落实与文化产业管理专业实践教学紧密衔接的创新创业教育实践环节。鼓励文管专业大学生参与教师的科研项目，或由学生组建团队进行各类创新创业实践项目申报，开展大学生暑期三下乡社会实践活动、陕西省大学生"挑战杯"大赛、中国"互联网+"创新创业大赛、大学生创新创业大赛、陕西省市场营销大赛等专题学科竞赛，促进文化产业管理专业以赛促教，实现全面发展。鼓励学生成立各类创新创业社团组织，将创新创业活动抓实开展。加强与地方文化和旅游主管部门进行深度合作，鼓励专业教师和大学生根植地方服务地方，参与各项文化旅游行业的调研与评估，强化应用型本科文化产业管理专业教育与区域社会经济发展的融合，不断完善学生专业技能与文化产业市场发展的有效衔接，切实提升文化产业管理专业大学生专业技能和文化服务技术。

（三）促进双创教育师资与专业教育师资队伍相融合

学生在创新创业实践过程中，经常会出现经验不足、盲目跟风、资金缺乏等问题，迫切需要专业教师进行创新创业过程中的跟踪指导，需要打造一支由专业知识型、创新创业型和实践经验型教师组成的高素质多元化教师团队。推动高校师资队伍"走出去"，深入政府和企业，同时把校外知名产业人士"请进来"。让高校专业教师去文化产业和相关行业企业参加实践，加强高校与文化产业单位合作，使得教师的专业知识在产业一线得到更好的锻炼和检验，推动提高文化产业人才培养质量。转变教育教学观念，让专业教师在进行专业知识讲授的同时培养学生的创新创业基本素质，引导学生将学科知识与产业、市场有效衔接，在专业教育中有效推动创新创业教育教学活动顺利开展，促进创新创业教育师资队伍与专业教学师资的有机融合，使得高校专业教育与创新创业教育相互促进。

综上所述，在全球经济一体化发展背景下，国家之间的竞争也变得日益激烈，高校人才培养的质量在很大程度上影响着国家的建设和发展，只有培养更多高水平、高素质的应用型创新型人才，才能满足创新型国家建设的迫切需要。在我国大众创业万众创新的背景下，商洛学院要从课程教学内容、专业实践活动、师资队伍建设等方面持续推进创新创业教育与专业教育的深度有机融合，不断提高文化产业管理专业创新人才的培养质量。

参考文献

[1] 赵亮. 创新创业教育与专业教育深度融合的高校课程体系重构——基于理论与实践角度的分析 [J]. 江苏高教, 2020(6):83-88.

[2] 陈强. "专创融合"人才培养模式构建及推进策略——以新商科专业群为视角 [J]. 中国

高校科技，2019(11):73-76.

[3] 王秀芝，刘志强，吴祝武. 创新创业与专业教育融合的国内外研究进展 [J]. 中国高校科技，2019(4):92-96.

[4] 刘振中. 高校创新创业教育与专业教育的深度融合——基于 L 学院旅游管理专业的思考 [J]. 教育理论与实践，2018,38(33):12-14.

[5] 韩建中. 传媒类本科院校创新创业教育与专业教育融合研究——以山西传媒学院为例 [J]. 教育理论与实践，2018,38(24):9-11.

初中生学习投入的现状及影响因素研究[1]

邹媛园[2]，李嫱，李子豪

摘要：为了解初中生学习投入的现状和特点，促进初中生的学业发展，采用学习投入量表、青少年评价父母教养投入行为问卷及初中生学校适应问卷对322名初中生进行现场问卷调查。结果显示，被调查初中生学习投入处于中等偏上水平；学习投入在性别、年级、生源地三个变量上差异不显著，在是否独生子女、父母职业类型、父母受教育程度、家庭经济水平等变量上存在显著差异；学习投入与父母教养投入、学校适应呈显著正相关；父母教养投入、学校适应可正向预测初中生的学习投入。

关键词：初中生；学习投入；父母教养投入；学校适应

学习投入指学生在学习过程中，积极参与各项学习活动，深入地进行思考，充满活力地应对挑战和挫折，并伴有积极的情感体验。作为学习素养的重要成分，学习投入不仅可以预测学生的学业成就和学业表现，也是衡量教育质量和学生发展状况的重要指标。研究表明，学习投入影响个体的学习质量、学习绩效及学校适应。初中生正处于学习的黄金时期，学习是他们日常生活的第一重要任务，探讨学习投入的状况及影响因素不仅有助于提升初中生的学习投入水平，也可促进初中生的学业发展和教学质量的提高。

在众多影响学习投入的因素中，父母教养投入和学校适应的作用不可忽视。父母教养投入是指父亲和母亲在教养孩子的过程中，为了促进孩子的健康发展而在认知、情感和行为上的投入。与教养方式不同，教养投入更强调教养子女的内容和行为。研究发现，父母教养投入能够预测青少年的心理和行为适应，如加大学业投入、降低孤独感、增加亲社会行为等。学校适应是指学生在学校情境中愉快地参与学校活动，在学习、人际交往、参与学校活动和情绪适应方面表现成功的状况。良好的学校适应对青少年的成长和发展具有重要作用，如缓解网络成瘾和手机依赖、加大学业投入、缓解学习倦怠、提升自尊水平、提高生活满意度等。

一、研究对象与方法

（一）研究对象

采取方便取样的方式，以三所初中的学生为对象开展问卷调查，发放问卷350份，回收333份，对于规律性作答或者大面积漏答的问卷进行剔除后，得到有效问卷322份，问卷有效率为92%。被试具体分布情况见表1。

---

[1] 基金项目：商洛学院教育教学改革研究项目（21jyjx112）；陕西乡村基础教育研究课题（SXJY202224）；陕西省教育学会课题（SJHYBKT2022142）

[2] 作者介绍：邹媛园，女，陕西蒲城人，硕士，讲师

表1 研究对象基本情况

变量	类别	人数（人）	百分比（%）
性别	男	155	48.1
	女	167	51.9
独生子女	是	126	39.1
	否	196	60.9
年级	七年级	81	25.2
	八年级	127	39.4
	九年级	114	35.4
生源地	农村	212	65.8
	城市	110	34.2
父亲职业类型	务农	77	23.9
	个体经营	47	14.6
	打工族	101	31.4
	教师	22	6.8
	公司职员	51	15.8
	公务员	6	1.9
	其他	18	5.6
母亲职业类型	务农	98	30.4
	个体经营	47	14.7
	打工族	89	27.6
	教师	21	6.5
	公司职员	37	11.5
	公务员	10	3.1
	其他	20	6.2
父亲受教育程度	初中及以下	149	46.3
	高中或中专	87	27.0
	大专	54	16.8
	本科及以上	32	9.9
母亲受教育程度	初中及以下	174	54.0
	高中或中专	64	19.9

续表

变量	类别	人数（人）	百分比（%）
母亲受教育程度	大专	54	16.8
	本科及以上	30	9.3
家庭平均月收入	3000元及以下	78	24.2
	3000～6000元	134	41.6
	6000～10000元	75	23.3
	10000元以上	35	10.9

（二）研究工具

1. 学习投入量表

《学习投入量表》（UWES-S）最早由Schaufeli等人编制，本研究采用李金娥修订的版本，包括活力、奉献、专注三个维度15道题。量表采用Likert 7级评分，得分越高表明学习投入水平越高。总量表及各维度的Cronbach's α 系数分别为0.950、0.880、0.896、0.891。

2. 青少年评价父母教养投入行为问卷

伍新春等人对《父亲自评教养投入问卷》的互动性子问卷进行修订，形成了包括情感休闲、规则教导、学业支持与生活照顾四个维度22道题的《青少年评价父母教养投入行为问卷》，问卷采用Likert 5级评分，得分越高表明父母教养投入水平越高。问卷各维度的Cronbach's α 系数在0.7以上，有着较好的内部一致性信度。

3. 初中生学校适应问卷

《初中生学校适应问卷》由崔娜编制，共27题，包括学校态度、同伴关系、师生关系、学业适应及常规适应五个维度。问卷采用Likert 5级评分，得分越高表明学校适应状况越好。问卷各维度的 α 系数介于0.67～0.90，内部一致性系数为0.78～0.95，分半信度为0.79～0.93。

（三）统计学方法

分别采用Excel和SPSS17.0对数据进行录入和分析，主要的统计学方法有描述统计、t 检验、方差分析、相关分析、回归分析等。

二、结果

（一）初中生学习投入的基本情况

表2呈现了初中生学习投入总分及各维度的得分情况。学习投入总分及各维度的项目均分均高于中数水平，说明初中生的学习投入处于中等偏上水平，学习投入状况整体良好。

表 2　初中生学习投入的基本情况

因素	平均数	标准差	极大值	极小值	项目均分
学习投入总分	72.10	17.85	105.00	26.00	4.80
活力	19.30	5.05	5.00	28.00	4.82
奉献	28.60	7.43	10.00	42.00	4.77
专注	24.20	6.06	35.00	7.00	4.84

（二）初中生学习投入的差异

采用独立样本 t 检验考查初中生学习投入在性别、是否独生、生源地等变量上的差异，结果如表 3 所示。是否独生子女变量上差异显著（$t = 2.112 \sim 2.456$，$P<0.05$），独生子女的学习投入得分显著高于非独生子女。性别和生源地变量上差异不显著（$t = -1.379 \sim 1.701$，$P>0.05$）。

表 3　初中生学习投入及各维度的独立样本 t 检验结果（M ± SD）

因素	性别		t	P
	男（n=155）	女（n=167）		
学习投入总分	73.29 ± 18.47	70.99 ± 17.23	1.154	0.249
活力	19.79 ± 5.15	18.83 ± 4.93	1.701	0.090
奉献	28.89 ± 7.69	28.32 ± 7.19	0.677	0.499
专注	24.61 ± 6.37	23.83 ± 5.76	1.154	0.249
因素	是否独生子女		t	P
	独生（n=126）	非独生（n=196）		
学习投入总分	75.02 ± 17.86	70.22 ± 17.64	2.368	0.018
活力	20.07 ± 5.16	18.80 ± 4.93	2.216	0.027
奉献	29.86 ± 7.33	27.79 ± 7.39	2.456	0.015
专注	25.08 ± 6.12	23.63 ± 5.97	2.112	0.035
因素	生源地		t	P
	农村（n=212）	城市（n=110）		
学习投入总分	71.04 ± 18.12	74.15 ± 17.22	−1.484	0.139
活力	19.02 ± 5.15	19.84 ± 4.84	−1.379	0.169
奉献	28.19 ± 7.52	29.39 ± 7.22	−1.380	0.169
专注	23.83 ± 6.15	24.92 ± 5.85	−1.530	0.127

采用单因素方差分析考查初中生学习投入在年级、父母职业类型、父母受教育程度、家庭月收入等变量上的差异，结果如表4所示。除年级外，其余变量上的差异均具有统计学意义（$F = 2.515～7.925$，$P<0.05$）。事后比较结果显示，在父亲职业类型变量上，父亲职业为公司职员、教师、公务员的学生其学习投入总分及活力、奉献、专注维度分高于父亲职业为农民、个体经营和打工族的学生；在母亲职业类型变量上，母亲职业为公司职员、教师、公务员的学生其学习投入总分及活力、奉献、专注维度分高于母亲职业为农民、个体经营和打工族的学生；在父亲受教育程度变量上，父亲学历为本科及以上的其在学习投入总分和各维度上的得分高于父亲学历为初中及以下、高中或中专；在母亲受教育程度变量上，母亲学历为本科及以上的其在学习投入总分和各维度上的得分高于母亲学历为初中及以下、高中或中专的学生；在家庭平均月收入变量上，收入在6000～10000元及10000元以上的其学习投入总分和奉献、专注维度分高于收入在3000元以下、3000～6000元的学生。

表4 初中生学习投入及各维度的单因素方差分析结果（$M±SD$）

因素	年级			F	P
	七年级（$n=81$）	八年级（$n=127$）	九年级（$n=114$）		
学习投入总分	72.59 ± 16.83	73.21 ± 18.18	70.50 ± 18.22	0.729	0.483
活力	19.30 ± 4.88	19.63 ± 5.11	18.93 ± 5.13	0.576	0.563
奉献	28.83 ± 7.23	29.09 ± 7.55	27.89 ± 7.43	0.824	0.440
专注	24.47 ± 5.57	24.50 ± 6.17	23.69 ± 6.30	0.642	0.527

因素	父亲职业类型							F	P
	务农（$n=77$）	个体经营（$n=47$）	打工族（$n=89$）	教师（$n=22$）	公司职员（$n=51$）	公务员（$n=18$）	其他（$n=18$）		
学习投入总分	66.19 ± 17.87	69.63 ± 18.79	71.61 ± 16.99	72.68 ± 16.20	82.47 ± 15.28	80.00 ± 13.90	73.78 ± 18.54	5.011	<0.001
活力	17.78 ± 5.19	18.58 ± 5.46	18.31 ± 4.79	19.86 ± 4.83	22.18 ± 4.09	20.00 ± 4.86	19.78 ± 4.83	4.421	<0.001
奉献	26.08 ± 7.33	27.74 ± 7.92	27.33 ± 7.18	28.50 ± 6.49	32.98 ± 6.22	33.17 ± 5.85	29.33 ± 7.44	5.381	<0.001
专注	22.34 ± 6.14	23.32 ± 6.15	23.98 ± 5.69	25.31 ± 5.58	27.31 ± 5.56	26.83 ± 4.54	24.67 ± 6.78	4.209	<0.001

因素	母亲职业类型							F	P
	务农（$n=98$）	个体经营（$n=47$）	打工族（$n=89$）	教师（$n=21$）	公司职员（$n=37$）	公务员（$n=10$）	其他（$n=20$）		
学习投入总分	16.53 ± 2.70	15.94 ± 2.92	16.15 ± 2.61	17.04 ± 2.54	16.81 ± 1.83	18.10 ± 1.73	17.10 ± 2.60	5.045	<0.001
活力	18.27 ± 5.01	17.87 ± 5.09	19.34 ± 5.01	21.23 ± 4.11	21.19 ± 4.65	22.10 ± 4.61	20.60 ± 5.24	3.589	0.002
奉献	26.83 ± 7.07	26.64 ± 7.16	28.27 ± 7.89	32.33 ± 6.00	31.62 ± 6.72	34.70 ± 5.33	30.80 ± 6.57	5.211	<0.001
专注	22.94 ± 5.86	22.28 ± 6.23	23.93 ± 6.16	27.00 ± 5.12	27.05 ± 5.15	28.60 ± 3.98	25.65 ± 6.05	5.048	<0.001

续表

因素	父亲受教育程度				F	P
	初中及以下 (n=149)	高中或中专 (n=87)	大专 (n=54)	本科及以上 (n=32)		
学习投入总分	71.46 ± 17.71	67.80 ± 18.12	74.39 ± 16.36	82.88 ± 15.81	6.214	<0.001
活力	19.21 ± 5.06	18.28 ± 5.06	19.74 ± 4.59	21.75 ± 5.06	3.962	0.009
奉献	28.27 ± 7.38	26.69 ± 7.57	29.70 ± 6.78	33.47 ± 5.99	7.422	<0.001
专注	23.99 ± 5.95	22.84 ± 6.17	24.94 ± 5.76	27.66 ± 5.53	5.480	0.001

因素	母亲受教育程度				F	P
	初中及以下 (n=174)	高中或中专 (n=64)	大专 (n=54)	本科及以上 (n=30)		
学习投入总分	70.72 ± 18.41	66.98 ± 15.74	76.67 ± 17.61	82.77 ± 13.20	7.245	<0.001
活力	18.93 ± 5.19	18.25 ± 4.49	20.33 ± 4.99	21.83 ± 4.52	4.665	0.003
奉献	27.90 ± 7.66	26.53 ± 6.51	30.78 ± 7.31	33.13 ± 5.30	7.925	<0.001
专注	23.90 ± 6.18	22.20 ± 5.62	25.56 ± 5.97	27.80 ± 4.38	7.288	<0.001

因素	家庭月收入上				F	P
	3000元及以下 (n=78)	3000～6000元 (n=134)	6000～10000元 (n=75)	10000元以上 (n=35)		
学习投入总分	69.29 ± 18.06	69.70 ± 18.29	76.95 ± 16.55	77.14 ± 15.64	4.355	0.005
活力	18.81 ± 5.09	18.72 ± 5.22	20.47 ± 4.66	20.11 ± 4.78	2.515	0.058
奉献	27.33 ± 7.76	27.59 ± 7.49	30.60 ± 6.87	31.00 ± 6.31	4.779	0.003
专注	23.15 ± 6.01	23.40 ± 6.20	25.88 ± 5.68	26.03 ± 5.47	4.697	0.003

（三）初中生学习投入与父母教养投入、学校适应的关系

采用相关分析考察初中生学习投入与父母教养投入、学校适应的相关性，结果如表5、表6所示。学习投入及其各维度与父母教养投入及其维度均呈现显著正相关（r = 0.301～0.444，P<0.01），学习投入及其各维度与学校适应及其维度均呈现显著正相关［r = 0.393～0.671，P<0.01］。

表5　初中生学习投入与父母教养投入的相关分析

	情感休闲	规则教导	学业支持	生活照顾	父母教养投入总分
活力	0.366**	0.330**	0.362**	0.268**	0.411**
奉献	0.401**	0.321**	0.384**	0.301**	0.442**
专注	0.376**	0.317**	0.347**	0.327**	0.423**

续表

	情感休闲	规则教导	学业支持	生活照顾	父母教养投入总分
学习投入总分	0.398**	0.335**	0.380**	0.312**	0.444**

注：** 表示在0.01水平上显著相关。

表6 初中生学习投入与学校适应的相关分析

因素	学校适应	学校态度	同伴关系	师生关系	常规适应	学校适应总分
活力	0.649**	0.603**	0.409**	0.538**	0.483**	0.652**
奉献	0.647**	0.577**	0.364**	0.528**	0.471**	0.627**
专注	0.641**	0.598**	0.370**	0.491**	0.470**	0.624**
学习投入总分	0.671**	0.614**	0.393**	0.539**	0.492**	0.657**

采用回归分析进一步考察父母教养投入、学校适应对学习投入的预测作用，以学习投入总分为因变量，父母教养投入总分及维度分、学校适应总分及维度分为自变量，采用逐步回归的方法，结果见表7。学校适应维度对学习投入的预测力为44.8%，学习态度维度的预测力为4.7%，父母教养投入总分的预测力为3.1%，三个变量均可正向预测学习投入，学校适应维度的预测力最高。

表7 初中生父母教养投入、学校适应与学习投入的回归分析

因变量	预测变量	R	R^2	$\triangle R^2$	B	F	t
学习投入总分	学校适应	0.671	0.450	0.448	3.548	261.613***	16.174***
	学校态度	0.706	0.498	0.495	1.136	158.411***	5.552***
	父母教养投入总分	0.728	0.530	0.526	0.223	119.757***	4.669***

注：*** 表示 $P<0.001$

三、讨论

（一）初中生学习投入的现状和特点分析

初中生学习投入状况整体良好，这与刘在花的研究一致。初中阶段是个体求学、身心发展的重要时期，新的中考政策使得初中生面临着巨大的升学压力，他们重视学习，积极参与各项学习活动，愿意为学习投入时间和精力。

从青少年自身特征来看，性别和年级不影响学习投入，这与以往研究不一致。这可能是样本量较小所致，以后研究中应在样本数量、覆盖面上进行改善，确保样本的代表性。独生子女的学习投入得分显著高于非独生子女，这可能是因为独生子女可以独享父母的爱与关怀，具体到学习上，父母花费更多的时间和精力关注他们的学习，如制定学习目标、培养学习习惯、监督和辅导家庭作业、提供丰富的学习资源等，长此以往，有助于独生子

女形成较高的学业责任感和良好的学习习惯，目标清晰并积极为之努力，在学习上比非独生子女投入更多的时间与精力。

从地域特征来看，城市初中生的学习投入水平高于农村初中生，但差异不显著，这与以往研究不一致。随着经济社会的发展，城乡差距逐渐缩小，许多家住农村的初中生就读于城市中学，与城市初中生共享学校教育资源，共同努力进取，发奋学习。

在这样一个知识经济时代，农村初中生唯有通过努力学习才能在获取知识和技能的基础上谋求发展机遇、立足社会，进而提升自身生活品质。

从家庭特征来看，父母的职业类型、受教育程度、经济水平影响初中生的学习投入。这三个因素反映了一个家庭的社会经济地位，即社会经济地位越高的家庭，子女的学习投入水平越高，这与以往研究一致。如贾晓珊等人的研究表明，家庭社会经济地位可正向预测初中生的学习投入。王晓玲等人研究发现，家庭社会经济地位可通过父母教育期望和积极教养行为影响初中生的学习投入。程利娜研究发现，家庭社会经济地位可通过领悟社会支持影响初中生的学习投入。社会经济地位高的家庭中，父母因其受教育程度较高、收入高，可获得的社会资本普遍较多，他们认同学习的价值和意义，重视通过良好的家庭氛围、父母言传身教等方式潜移默化地熏陶和感染孩子，孩子也乐于学习。

（二）父母教养投入、学校适应对初中生学习投入的影响分析

初中生学习投入与父母教养投入、学校适应显著正相关，父母教养投入、学校适应可正向预测学习投入。父母教养投入重在强调教养子女的行为和内容，积极教养行为可增加孩子的学习投入，消极教养行为会减少孩子的学习投入。因此父母可通过增加积极教养行为如鼓励、接纳、情感温暖等方式促进子女加大学习投入，同时减少消极教养行为如拒绝、否定、严厉管教、控制等方式以助于子女加大学习投入。雍挺俊等人研究发现，中学生的学校适应能显著预测其学习投入。良好的学校适应有助于初中生应对学习生活中的困难和挑战，对学校的态度较为积极，有着良好的师生关系和同伴关系，因而能够把时间和精力都用在学习上，学习投入度高。

参考文献

[1] 张娜. 国内外学习投入及其学校影响因素研究综述 [J]. 心理研究，2012,5(2):83-92.

[2] 刘在花. 流动儿童学习投入现状、产生机制及干预研究 [J]. 教育科学研究，2021(4):92-96.

[3] 贾绪计，李雅倩，蔡林，等. 自我妨碍与学习投入的关系：学业浮力的中介作用和父母支持的调节作用 [J]. 心理与行为研究，2020,18(2):227-233.

[4] 肖科婷. 中学生坚毅品质与学习投入及英语学业质量的关系研究 [D]. 南京：南京信息工程大学，2022.

[5] 张超，慕文婧，张玉柱. 师生关系和学习投入对学习绩效的影响 [J]. 心理月刊，2022，17(10):68-70,73.

《论语》中的师生关系对当代师范教育的启示❶

陈红艳❷，李迎波

摘要：良好的师生关系是立德树人任务的保障，《论语》中反映的孔子师徒的师生关系具有亲如父子、挚如朋友的特点，以师徒对"仁道"的追求为动力，以孔子的人格魅力为基础，孔子的教育技术，如因材施教，维持了其良好的师生关系。这些都可为当代师范教育所借鉴。

关键词：《论语》；师生关系；启示

党的十九大报告指出，加强师德建设，是全面落实立德树人根本任务的必然要求。良好的师生关系是师德建设的基础工程，高尚的师德维护着良好的师生关系，二者互为依托。师范教育中良好的师生关系既能保证立德树人任务的完成，又可以潜移默化影响师范生，形成默会知识，助力于其职后的师生关系建设。

《论语》作为我国儒家思想的奠基之作，是我国传统文化的重要载体，其中反映的孔子与其弟子间的师生关系对我国教育界产生的持久影响，在当今社会仍不失借鉴意义。

一、《论语》中的师生关系分析

(一)《论语》中的师生关系之状——亲如父子、挚如朋友

1. 亲如父子

"一日为师，终身为父"的师生关系观在《论语》中有明显反映。孔子与其学生之间相互尊重，相互关心、爱护。老师把学生当成自己的儿子一样教育爱护，弟子也把孔子当成父亲一样的关心照顾。

孔子视生如子。《论语》中记载，孔子在正式场合遵循上古礼仪规范称呼学生的字，在非正式场合，"小子"等称呼表现了孔子对弟子们犹如父亲般的亲切、关爱之情。如子在陈曰："归与，归与！吾党之小子狂简，斐然成章，不知所以裁之。"（《论语译注·公冶长》）子曰："二三子以我为隐乎？吾无隐乎尔。"（《论语译注·述而》）除了称谓上的亲切外，孔子对学生满怀关切之情。当弟子离殇，孔子捶胸顿足，仰天数叹"天丧予"（《论语译注·先进篇》）；当弟子冉伯牛病危时，孔子从窗户中握着他的手，悲恸地叹息："亡之，命矣夫！

---

❶ 基金项目：陕西省教育科学"十四五"规划2022年度一般课题：双减背景下地方院校师范教育改革路径研究

❷ 作者介绍：陈红艳，1973年生，陕西泾阳人，教育学硕士，副教授，研究方向为教师教育

斯人也而有斯疾也！斯人也而有斯疾也！"(《论语译注·雍也篇》)；在孔子感觉自己快要离世时，一心期盼相见的也是自己的弟子，曰："赐，汝来何其晚也"。

另一方面，学生尊敬仰慕孔子，甚于父子之情。孔子讲过："子生三年，然后免于父母之怀。夫三年之丧，天下之通丧也。"(《论语译注·阳货篇》)在孔子死后，其弟子以父丧服丧，守孝三年甚至六年。《史记·孔子世家》中记载，弟子服丧三年后，相诀而去，则哭各复尽哀；或复留，唯子赣庐於家上，凡六年，然后去。《里仁篇》中说到"三年无改于父之道，可谓孝矣"，孔子死后，弟子将孔子所推崇的仁道发扬光大，传承至今，做到了孔子所讲的"孝"。

2. 挚如朋友

相对于师道尊严，孔子于其弟子之间的相处更多的是一种朋友关系。主要表现在孔子师生间可以相互指过、坦诚相待和无隙交谈、平等共处。

相互指过、坦诚相待。如孔子与子路的相处。子路为人率真有一说一，在子路与孔子的意见相悖时，子路便会与孔子据理力争，直截了当地表达自己的真实想法，不会因孔子的地位而畏惧。《子路篇》中孔子对子路说自己治理国家会先从更正名分开始，子路听到后毫不客气地说道，"有是哉，子之迂也，奚其正？"不仅如此，当孔子意识到自己的问题时，也会及时承认错误。《雍也篇》中记载，孔子要去见卫国名声不好的实际掌权者南子，子路听后十分不悦，孔子便向子路诅咒发誓说："予所否者，天厌之，天厌之"；《先进篇》中子路使子羔为费宰，孔子批驳道："贼夫人之子"，子路便于孔子展开辩论讲到"有民人焉，有社稷焉，何必读书然后为学"，最后孔子败下阵来说了一句"是故恶夫佞者。"子路虽然一直被孔子教训，但他也是十分相信孔子，且处处维护自己的老师，《史记·仲尼弟子列传》中记载：孔子曰："自吾得由，恶言不闻於耳。"

无隙交谈、平等共处。孔子主张"有教无类"，对不同出身、不同年龄、不同职业的学生都能够同样对待，而且能够和学生平等相处。《公冶长篇》中孔子让他的弟子说说各自的志向，子路说："愿车马、衣轻裘与朋友共，敝之而无憾。"颜渊说："愿无伐善，无施劳。"孔子也说出了自己的向往："老者安之，朋友信之，少者怀之。"可以看出孔子与弟子交谈时的氛围和谐宽松、安静平和、师生相互呵护、以诚相待、平等共处，整个场面温馨动人、轻松和谐，体现了孔子及其弟子间民主平等、友爱互助、教学相长的师生关系。

孔子与弟子间的之所以建立朋友般的关系，是因为他们认为"以友"可以"辅仁"，即交朋友可以帮助自己培养仁德，成就智慧。为了追求仁道，可以向任何人学习："三人行，必有我师焉，则其善者而从之，其不善者而改之"(《论语译注·述而篇》)；甚至可以"当仁不让于师"，即在"仁"面前老师和学生是平等的。

(二)《论语》中的师生关系之力——以仁道统

"仁道"既是孔子思想的核心，也是孔子和学生之间联系的纽带。孔子在政治主张中提出"仁"的学说，据统计《论语》一书中"仁"字出现的频率高达一百多次。孔子将"仁"看作是道德境界的最高层次，《卫灵公篇》中讲道"无求生以害仁。有杀身以成仁。"而孔子也在方方面面贯彻之对"仁"的实施，甚至对居住地的选择也重"仁"："里仁唯美，择不处仁，焉得知？"(《论语译注·里仁篇》)孔子评价前人时说"求仁而得仁，又何怨"。在孔子看来"仁"是种种美德的代名词，正如徐克谦先生所说：仁是孔子思想体系的核心，是孔子所理解的传统深层文化精神的核心，只有有仁德的人才是真正的人，孔子与其弟子穷其一生将"成仁"视为自己人生的价值和意义。

孔子十分重视对"仁"的弘扬，其弟子为了追求仁的精神特来向孔子学习。在《论语》中记载了众多弟子向孔子求教仁道。《子路篇》中樊迟问仁、《卫灵公篇》中子贡问仁、《阳货篇》中子张问仁，除此之外宰我、司马牛、颜回等均与孔子针对仁进行过谈话。弟子们在学习仁的同时也将仁践行于生活实践中。《公冶长篇》中记载"子路有闻，未之能行，唯恐有闻"。《雍也篇》中赞颜回：其心三月不违仁，一箪食，一瓢饮，居陋巷，人不堪其忧，回也不改其乐。《雍也篇》还记载，当行不合仁道的季氏想让闵子骞做费城的长官时，闵子骞让门人为其请辞，并说道："如有复我者，吾必在汶上矣。"孔子主张：当仁可以不让于师。

教师重"仁道"，弟子求"仁道"，"仁道"把孔子和弟子联系起来，不行"仁道"也成了师生分离的原因。《先进篇》中讲道：季氏富可敌国，但冉求却还在为季氏榨取百姓钱财，孔子说道："非吾徒也，小子鸣鼓而攻之可也"。冉求的做法违背了孔子一直以来的"仁道"主张，帮季氏榨取财富、剥削百姓，孔子没有纵容冉求的做法，严厉地指出了他的过错，并要所有的弟子对他进行声讨。可见孔子以仁道为重，不论亲疏远近。

"就有道而正焉"（《论语译注·学而》），"仁道"是孔子师生的共同追求，这种追求"仁道"的精神激励着他们不断提高探讨学习，甚至"朝闻道，夕死可矣"（《论语·里仁》），称谓孔子师徒求学的不懈动力。

（三）《论语》中的师生关系之基——孔子的人格魅力

对"仁道"的追求使孔子师徒们走到一起，并激励其前行。而孔子的人格魅力是其良好师生关系得以保持的关键，正是因为孔子为人谦逊、真实无私、可爱、关爱学生，孔子师徒间才能够维护终生的师生关系。

孔子为人谦逊。当孔子的声望已经很高时，孔子依然十分谦逊。《论语译注·子罕篇》中讲到太宰问子贡："夫子圣者与，何其多能也？"孔子闻之，曰："太宰知我乎？吾少也贱，故多能鄙事。君子多乎哉？不多也。"

孔子真实无私。孔子对于学生从不藏私，他将自己所有的知识都展现给学生，即便对于自己的儿子，孔子也从不会偏心。陈亢曾问伯鱼在夫子那里是否得到不一样的教导？得到伯鱼的回答后，陈亢曰："闻诗，闻礼，又闻君子之远其子也"。（《论语译注·季氏》）正如《述而篇》中孔子自述道："二三子以我为隐乎？吾无隐乎尔，吾无行而不与二三子者，是丘也。"

孔子也十分可爱。孔子并不像那种高高在上的老师一样，他同学生谈心，开玩笑，与学生之间的距离很近。当子路听见孔子打算见南子时，子路十分不开心，孔子便对天发誓说："予所否者，天厌之，天厌之"。在《阳货篇》中孔子到了武城，听到管弦和歌唱的声音，说："割鸡焉用牛刀？"听到子由的解释后说道："二三子，偃之言是也！前言戏之耳"。

孔子关爱学生。孔子对自己的学生十分关切，当冉伯牛生病了，孔子前去探望。自牖执其手，曰："亡之，命矣夫。斯人也，而有斯疾也！斯人也而有斯疾也！"；对于外出做官的学生，关心其父母生活。公西华出使齐国。冉有替公西华的母亲向孔子请求一些粮食，子曰："与之釜。"请益，曰："与之庾。"在"仁道"思想下，孔子尊重学生，关爱学生。认为："己所不欲，勿施于人"《论语译注·卫灵公》；"夫仁者，己欲立而立人，己欲达而达人"

《论语译注·雍也》。

(四)《论语》中的师生关系之道——因材施教、善用褒贬、以身为范

教师的教育教学素养是维护师生关系的重要因素。孔子教学,善于因材施教、善用批评表扬等评价激励措施,并能够严于律己,为学生做好榜样。

1. 因材施教

孔子清楚地知道自己学生的优缺点,对其学生都有精辟的评价。《论语译注·先进篇》中记载"德行:颜渊,闵子骞,冉伯牛,仲弓。言语:宰我,子贡。政事:冉有,季路。文学:子游,子夏";从政事品质方面评价:"由也果"、"赐也达、柴也愚,参也鲁,师也辟,由也喭,求也艺";评价子贡"瑚琏也",评价公冶长"可妻也"。在了解学生的基础上,孔子能根据学生的特点,进行有针对性的教育,在《论语》中有多处体现了这点,如孔子主张:"中人以上,可以语上也中人以下,不可以语上也"(《论语译注·雍也篇》);对子路与冉有同问"闻斯行诸"的问题,根据两人的气质类型,给出了大相径庭的回答;对于"仁"的回答孔子也针对学生的特点,给予针对性的回答。对颜渊答:"克己复礼为仁"(《论语译注·颜渊篇》),对樊迟答:"仁者,先难而后获",对司马牛答:"仁者,其言也讱"(《论语译注·子路篇》)。

2. 善用褒贬

孔子对众弟子严慈相济,长善救失。孔子经常表扬其学生,赞子贡曰其"始可与言诗已矣!"使其能举一反三者也。赏颜回曰其"贤哉"其生陋室,仍能惟己德馨。相较于表扬,孔子常批评学生,指出学生的过错,且对于学生的批评多于表扬,以激发学生思考和反省。当看到宰予昼寝,批评到:朽木不可雕也,粪土之墙不可圬也(《论语译注·公冶长篇》)。当子贡说:我不欲人之加诸我也,吾亦欲无加诸人。孔子批评道:"赐也,非尔所及也。"孔子对于学生并不是一味地表扬或者一味地批评,在大多数时候会注意到两者的结合。《先进篇》中记载,子路在孔子门前弹瑟,由于自己性情刚勇,他弹瑟的声音很激烈,不够舒缓。孔子说道:"由之瑟,奚为于丘之门?"其余弟子听到后便不尊重子路,孔子得知后道赞扬子路说道:"由也升堂矣,未入于室也"(《论语译注·先进篇》)。孔子由衷认为:"道不行,乘桴浮于海,从我者其由与",子路听到了十分高兴,孔子又紧接着说道:"由也好勇过我,无所取材"(《论语译注·公冶长篇》),批评其性情急躁。

3. 以身为范

钱穆先生指出:"《论语》教人,多从自己一面说。"孔子的言说方式是内省式的,呈现出教师真实的生命状态,将自己置于和学生平等的地位,激发学生的求学热情。《论语》中记载多处孔子以自己为榜样给学生讲道理:"吾少也贱,故多能鄙视"(《论语译注·子罕》);"我非生而知之者,好古敏以求之者也"(《论语译注·述而》)。

除此之外,孔子也为弟子们做出了学习不辍的典范。孔子讲:"学而时习之,不亦说乎"(《论语译注·学而》);"学而不厌,诲人不倦"(《论语译注·述而》);"三人行,必有我师焉。择其善者而从之,其不善者而改之"(《论语译注·学而》)。孔子总结自己的一生是学习的一生,是不断进步的一生:"吾十有五而志于学,三十而立,四十而不惑,五十而知天命,六十而耳顺,七十而从心所欲,不逾矩"《论语译注·为政》。

除了以上的师生关系之道外，孔子还主张启发式教学，善于譬喻。《述而》中记载："不愤不启，不悱不发，举一隅不以三隅反，则不复也。"

二、《论语》中的师生关系对当代师范教育的启示

虽然《论语》中不乏封建礼教思想，但其所主张和体现出的师生关系现在仍不失有积极意义，可供我们借鉴。师范教育承担培养未来教师，担当教育大业的重要责任，特别是在注重师德和师生关系的新时期，更应该吸取《论语》中的精华，打造具有中华特色和时代特点的师生关系。

(一) 以学生为本，重理想信念教育

孔子爱生如子，待生如友，与学生亲密无间，既是教育中的师徒，又是生活职业中的好友，得到了学生的尊重。要建立良好的师生关系，教师应该充分了解学生，想学生之所需，急学生之所急，始终把学生的发展作为自己的最大任务。要根据师范专业的不同，分析教育发展方向，了解基础教育改革现状和对教师的新需求，并将其具体化于自己的教学中；教育中知识、能力与教育意识养成并重，培养学生基本教育价值观，养成学生的教育定力。

"仁治"社会是孔子师徒们的社会理想，对"仁道"的执着追求成为孔子师徒间的凝聚力，也使他们拥有了强大的动力。凝聚力是一个团队的向心力，是一个组织生命力持续保持斗志的条件，也是团队中把个体结合在一起的情感力量。理想信念则是凝聚力之源。党的十九届四中、五中全会都强调"推动理想信念教育常态化、制度化"，在师范教育中，师生应该克服"小我"意识，树立建设社会主义现代化强国、实现中华民族伟大复兴的理想，以此为凝聚力和动力，教师诲人不倦，学生学而不辍，朝向共同目标不断切磋，教学相长。教师要从学生实际出发，引导学生的教育观，激励学生担当新时期教育责任。

(二) 平等共处，关爱学生

孔子认为"当仁可以不让于师"，能够与学生平等相处，不认为自己高于学生，允许学生指过、质疑，也勇于向学生承认错误，接受学生的批评；同时还爱生如子，对学生用情挚深，因学生的进步而高兴，因学生的懈怠而焦虑，因学生疾病、去世而悲恸，对自己孩子毫无偏袒之心。他公正无私、关心学生、热爱学生，得到了学生的支持和好评，与学生间建立了超出父子的师生关系。当代社会民主平等意识已经深入人心，教师应该放下师道尊严，深入学生中，了解学生，关心学生的学业进步、身心健康、生活状况，为学生打造和谐、平等、友爱的校园环境。现代学生经历挫折较少，面临就业等社会压力增大，有的学生踌躇于教师职业和其他职业之间难以抉择，有的没有耐心面对幼小儿童，有的对教育行业的严格要求不能接受，这些都对当代师范教育教师提出更高要求，需要不断学习，探索新问题的新方法，帮助师范生树立坚定的教育理想。

(三) 严于律己，做学生榜样

孔子把"仁爱"思想落实到教育工作中，不仅热爱学生，而且克制自我中心注意倾向，修身立德，为人师表，激励和带动了一批批学生和他励志前行。他不仅谦恭有让、坦诚无私而且幽默可爱，以自己的人格魅力感染学生。师范生未来的工作对象多为未成年人，心

智发展未成熟，容易受周围环境的影响。基础教育阶段的教师尤其要注意克制自我，善于内省，不断提高自己的修养，以养正于蒙，打牢学生发展的思想基础和行为习惯基础，所以，师范生的前职业道德教育尤为重要，而这些很容易受其的教师的影响。另外，据对大学生欢迎的教师形象进行问卷调查，发现教师的专业知识、为人处世风格、生活态度、工作态度等品质最受学生重视，可以推测：从事师范教育教师的自身修养是教师是否受欢迎的重要因素。为了建立良好的师生关系，教师应该不断加强修养，为学生树立榜样。

（四）不断学习，提升教育素养

孔子可谓是终身学习的典范，在教育教学的过程中，他也探索出了因材施教、善于褒贬、以身为范、启发诱导等教育之术，教育出了流传千古的学生，提升了学生的获得感，得到了学生尊重。如上所述，高校教师的专业知识是影响其是否受欢迎的第一要素。所以，从事师范教育的教师应不断学习，从教育观念、教育知识、教师技能等方面不断提高自己的教育素养，并把自己的教育素养传授给学生，使学生拥有从事教育工作的意识和能力。除了阅读培训等学习外，师范教育教师也应该加大教育科研，并带动学生参与，在教育科研的活动中巩固学生的教育知识，锻炼学生的教育科研能力，帮助学生掌握自主克服教育教学问题的意识和能力。

《论语》中关于孔子师徒言行的记载，反映了孔子师徒在追求"仁道"目的下，互相尊重、平等互爱，在孔子人格魅力的感召下和高超教育能力的发挥中，形成了亲如父子、挚如朋友的师生关系，为当今的师范教育师生关系建立提供了优良的范本，值得借鉴。

参考文献

[1] 苏文兰. 构建和谐师生关系是师德建设的基础工程 [J]. 肇庆学院学报，2010,31(6):93-96.

[2] 杨伯峻. 论语译注 [M]. 上海：中华书局，2020.

[3] 黄霞，徐晖.《论语》中孔门师生称谓及其和谐关系分析 [J]. 内蒙古大学学报（哲学社会科学版），2012,44(3):96-100.

[4] 司马迁. 史记 [M]. 北京：中国文联出版社，2016.

[5] 姜广锦.《论语》教育理论范畴对当今教育的启示 [D]. 湖北：华中师范大学，2016.

鲁迅与中学语文教学

程华 ❶

摘要：鲁迅在中国现代文学史上是具有原创性、民族思想源泉性的文学家和思想家。鲁迅对于中小学教育的价值在于提供一种基础人文精神的支撑，鲁迅作品是新中国成立以来统编版初高中语文教材选文数量最多的。对于正在成长阶段的中小学生而言，鲁迅和他的作品不论在思想的引领，审美品格的培养，白话文写作技巧以及语言的锤炼等方面，都能满足学生的学习要求。

关键词：鲁迅；中学语文教学；整体性；精讲；细读

钱理群先生认为，每一个民族，都有一些具有原创性、民族思想源泉性的文学家和思想家，人们能从他们的作品中不断获得启示，得到精神的支撑。他们的作品，诸如德国的歌德、英国的莎士比亚、俄国的托尔斯泰，总是成为国民教育的基本教材，他们的作品，是培育民族精神的基础性工具。在中国，鲁迅先生就是这样一位具有民族精神源泉性的作家。

鲁迅在开创现代思想文化方面居功至伟，毛泽东称鲁迅是新文化运动的干将和旗帜。鲁迅的思想和精神与他的文学密不可分。在现代文学史上，鲁迅是现代白话小说的开创者和奠基者，他的3部小说集《呐喊》《彷徨》和《故事新编》中共有33篇中短篇小说，具有继往开来的文学的桥梁作用，引导着后来者的创作。他的2部散文集《朝花夕拾》《野草》，一则具有独语体风格，一则具有闲话体文风，在现代散文领域也具有开宗立派的意义。他的16部杂文集，包含思想的火花，语言凝练，标志着现代杂文写作的高峰。作为思想家，鲁迅是现代思想文化的开拓者，他的人学思想和启蒙观念是"五四"新文化运动的重要组成部分。作为文学家，他文体兼具，在每一个文体领域都获得了很高的造诣。不论是孩童，还是成名的作家，不论是社会青年，还是在校学子，都能从鲁迅先生这里获得教益，他是蹈大方之家的。

一、鲁迅与中学语文教育的价值

根据《普通语文课程教学标准》的要求，中学语文教材选文要满足弘扬中华传统文化，增强民族自信心，形成正确的人生观、价值观、世界观；要符合学生的认知特点和自身发展的需要，形成良好的个性和健全的人格；选文具有时代性和典范性，利于开阔学生视野和发展核心素养。对于正在思想成长阶段的中小学生，鲁迅和他的作品，对于他们而言，不论在思想的引领，审美品格的培养，白话文写作技巧以及语言的锤炼等方面，都能满足学生的学习要求。

---

❶ 作者介绍：程华，女，陕西韩城人，硕士，教授

鲁迅作品一直是中学语文教材选编的"重头戏"，在所有的现当代作家中，鲁迅作品是中华人民共和国成立以来统编版初高中语文教材选文数量最多的。1950年和1956年人教版的初高中语文教材共选编鲁迅作品各14篇，1960年人教版的初高中语文教材共选编鲁迅作品19篇，1952年版9篇，1958年版10篇，1961年版13篇。1978~1979年编成的新时期第一套教科书开"突出鲁迅"先河，共选鲁迅作品18篇，1982年版将这一数字推向顶点，编选的鲁迅作品22篇。随着20世纪90年代改革开放深化和社会主义市场经济的全面推行，文学领域的自由空气越来越浓厚，1987~1990年初版的第八套全国通用中学语文教材共选鲁迅作品19篇，1992~1995年中学语文教材减少到14篇。21世纪以来，人教版的鲁迅作品选文数量虽然一直在12~15篇，但初中阶段的整本书阅读必读书目加了《朝花夕拾》。此外，小学六年级上册语文教材专设"鲁迅阅读"单元（新增《好的故事》，共4篇），初中七年级上册"名著导读"附有《五猖会》原文，高中阶段增加了"中国现当代作家作品专题研讨"选修教材。可以肯定，统编中小学语文教材迎来了21世纪以来的又一个鲁迅作品选编高峰。不仅如此，钱理群先生认为，在义务教育阶段，加设鲁迅作品选读也是很有必要的。他认为，中学阶段选修课的主要任务就是通过对原创性经典作家的学习，为中学生终身的学习和发展打下底子。

纵观中学语文教材中鲁迅作品的选文特点，初中阶段多选取鲁迅关于生命、爱与美的感悟，描写、思考相对明朗的文字；高中阶段则选取了更能体现鲁迅最基本的思想，文字更为严峻、理解有一定难度的作品。

基于鲁迅对于语文教育的价值在于提供一种"基础人文精神的支撑"，在中学语文鲁迅作品的教学方面，教什么和怎么教就成为众多老师多方面讨论的话题。在"教什么"方面，钱理群认为，要让孩子走进鲁迅的心灵世界，从感受鲁迅——阅读鲁迅——研究鲁迅——言说鲁迅四个层次，让同学们逐渐认识和接受鲁迅。在"怎么教"方面，他强调要文本细读，在文本细读中，感悟文字之美和细节之美。钱理群毕生研究鲁迅，注重将鲁迅研究和阅读向中小学生推进，他身体力行，著作《细读鲁迅》，力求使中小学生接近一个更真实的鲁迅。钱理群关于鲁迅的教学和研究，给予我们启示并有助于我们的学习。

二、整体性的教学观念

对于中学阶段的鲁迅作品教学，在"教什么"方面，我们既不能固守于课本教学，也不能固守于单篇文字教学，不能将鲁迅和其作品分开来教学。鉴于鲁迅作品在整个中小学语文教材中的选文比例，对于鲁迅作品教学，要有一个整体性的眼光，要有循序渐进的教学意识，要将鲁迅其人和其文联系起来，知其人而读其书。

（1）在学习鲁迅作品之前，要先认识和了解鲁迅。

如同钱理群所言，要寻找鲁迅与学生之间的生命契合点、连接点，构建精神通道。要做到这一点，就不能单纯从分析单篇作品入手，而要将鲁迅的人生成长过程介绍给学生。关于鲁迅青少年成长类传记作品，比如周作人的《关于鲁迅》，这里面有大量的文献，涉及鲁迅儿时的爱好。在周作人的回忆文章中，鲁迅从小喜欢书画，在皇甫庄的时候，就向其表兄借来一册《荡寇志》的绣像，买了吴公纸来影描，订成一大本，后以一二百文钱的代价卖给书房里的同窗。鲁迅从小就喜欢看书，儿时略有积蓄（压岁钱），便开始买书，买过两册石印本冈元凤所著的《毛诗品物图考》。从周作人的介绍中，也能看出鲁迅读书的喜好，他家中原有几箱藏书，多是经史及举业的正经书，也有些小说如《聊斋志异》《夜谈随录》，以至《三国演义》《绿野仙踪》等，除此之外，买过《西阳杂俎》《容斋随笔》《辍耕录》《池北偶谈》《六朝事迹类编》"二西堂丛书"《金石存》《徐霞客游记》等。新年鲁迅三兄弟出城拜岁，来回总要一整天，船中枯坐无聊，只好看书消遣，那时鲁迅放在"帽盒"中带了去的大抵是《游记》或《金石存》。鲁迅喜欢买书，《唐代丛书》买不起，托人去转借来看过一遍，周作人抄了《平泉草木记》，鲁迅则抄了三卷《茶经》和《五木经》。后来买了这部小丛书，共二十四册。从这些记录可知，鲁迅的这些爱好"奠定"了他半生学问事业的倾向。

从鲁迅儿时的爱好中，还可窥见其爱较真的性情，诸如买的书偶然有点纸破或墨污，总不能满意，便拿去调换，至再至三，直到伙计烦厌了，戏弄说，这比姐姐的面孔还白呢，何必调换，乃愤然出来，不再去买书。

从鲁迅自己的散文作品中，也可了解鲁迅的成长经历，如《朝花夕拾》中的《百草园与三味书屋》《阿长与山海经》《父亲的病》《琐记》等，《百草园与三味书屋》《阿长与山海经》等选入了中小学教材，目的是让学生了解一个更真实的鲁迅，《父亲的病》《琐记》则是了解鲁迅成长经历的拓展性阅读作品，从这些作品中，学生们可以了解到鲁迅少年时期的成长环境，也能了解他为什么会如此痛恨中医，为什么会率先接受启蒙主义的现代思想，在文章中，他这样写道：

芦根和经霜三年的甘蔗，他就从来没有用过。最平常的是"蟋蟀一对"，旁注小字道："要原配，即本在一窠中者。"似乎昆虫也要贞节，续弦或再醮，连做药资格也丧失了。

从文字表述中，足见鲁迅对中医庸医的痛恨，其文字的讽刺意味，也可见出其思想的锐利。这类文字可拉近鲁迅和现在学生的距离，他的儿时成长也和我们很多学生一样，有自己的个性和喜好，而儿时的个性和喜好，往往影响一个人往后大半生的思想和事业。

（2）要建立鲁迅和学生之间的精神通道。

要让学生对鲁迅的思想和人格认同，并不是通过单篇作品可以做到的，要通过课堂阅读和拓展阅读，让学生理解鲁迅的思想。鲁迅自己本人写过很多杂文，有很多篇目诸如《论费厄泼赖应该缓行》《中国人失掉自信力了吗》《灯下漫笔》等被选为中学语文教材，但还有大量关于人生成长主题的篇目，对于青年学生具有思想启迪作用，诸如《我们现在怎样做父亲》《娜拉走后怎样》《我的节烈观》等作品，这些作品里包含着鲁迅对青少年的关爱，对女性的尊重，对现在民主社会的憧憬和希望，能拉近学生和鲁迅的距离。

在《我们现在怎样做父亲》中，鲁迅至少从三个方面阐明他对父与子的关系以及对生命的看法。第一，从进化论的角度来说明父亲和子女的关系，子女辈不仅是爷父辈生命的延续，更是生命的发展和进化，从发展的理念来看待生命，幼者的生命总比长者的生命有价值，长者应为幼者牺牲和尽义务。第二，鲁迅还谈及生命的进化需要尊重每个个体生命本性。生命的本质在于有情，有爱。爱能呵护一个健全生命的发展。生命本能的"爱"与道德教化的"恩"相比，爱能使生命更健康的发展。在后来的文学作品中，沈从文的《边城》就是用文学形象说明：爱，是生命的一部分。父亲爱子女比用礼教教化子女，比施加威权于子女之上，能培养一个更健全的灵魂。第三，父母对子女，不仅仅有生的义务，还要有养的责任。教养比给予生命更重要。他认为："长者须是指导者协商者，却不该是命令者。不但不该责幼者供奉自己；而且须用全副精神，专为他们自己，养成他们有耐劳作的体力,纯洁高尚的道德,广博自由能容纳新潮流的精神,也就是能在世界新潮流中游泳,不被淹没的力量。"尤其在恩与爱、教与养的关系方面,鲁迅先生的思想具有穿越时间的力量,也能和现在的青年学子产生共鸣。

鲁迅在《娜拉走后怎样》中写道:

> 所以为娜拉计,钱,——高雅的说罢,就是经济,是最要紧的了。自由固不是钱所能买到的,但能够为钱而卖掉。人类有一个大缺点,就是常常要饥饿。为补救这缺点起见,为准备不做傀儡起见,在目下的社会里,经济权就见得最要紧了。

可见,女人要独立,最主要在于有经济权。但鲁迅的思想远比当下一般的思想者的眼光更开阔,他在此文中又说:"在经济方面得到自由,就不是傀儡了么?也还是傀儡。无非被人所牵的事可以减少,而自己能牵的傀儡可以增多罢了。因为在现在的社会里,不但女人常做男人的傀儡,就是男人和男人,女人和女人,也相互地作傀儡,男人也常做女人的傀儡,这绝不是几个女人取得经济权所能救的。"这就给两性独立开出了更大的空间。两性的独立,不仅仅是个人的问题,也仰仗于相对民主和自由的社会环境,仰仗于更为自由的意志和情感,仰仗于人们对爱情的态度。这样的思想见解,具有超越时空的力量,也容易得到当代学子的认同。

(3) 要整体性地认识鲁迅,就要拓展阅读鲁迅的范围。

除了所选教材篇目需要精读和细读,还要列出鲁迅作品选读篇目。钱理群先生致力于在中学阶段拓展鲁迅作品的选读范围,他的《鲁迅作品细读》(北京出版社,2017年版)按文体分类,细读鲁迅先生小说、散文、散文诗、杂文共33篇文章,钱理群认为:"阅读鲁迅原著是走进鲁迅的唯一途径,而且要静下心来,一个字一个字地品味,来不得半点浮躁与虚假。""要通过对鲁迅独特的思维、语言和情感的领悟,体察其罕见的想象力与创造力,进而走入鲁迅的文学世界,思想天地。"这里面所选读的文章,如《孔乙己》《阿长与〈山海经〉》《五猖会》《风筝》《纪念刘和珍君》等是人教版语文统编教材所选篇目,钱理群对这些篇目进行了细致的分析。其他篇目,诸如《在酒楼上》《孤独者》《铸剑》《父亲的病》《死火》《墓碣文》等可作为学生阅读鲁迅和理解鲁迅的拓展篇目。

三、精读与细讲

在学生整体性认识和阅读鲁迅作品的前提下,对所选篇目进行细读精讲。细读是了解作者最直接的方法,是通往文学作品最便捷的桥梁。细读和精讲,也是钱理群在鲁迅作品教学中谈及"怎样教"时所使用的最重要的方法。细读,不仅是学生细读,教师也要细读文本,精讲之前进行细读。

在《孔乙己》一文中,作者以小伙计的视角,写了三个场面的故事:一是鲁镇咸亨酒店的布局和"我"在酒店当小伙计的情形,特别写了温酒这一情景。二是孔乙己被何家吊着打之后来酒店喝酒的情形。三是孔乙己被丁举人打折了腿之后来酒店喝酒的情形。

在精讲之前,可先向学生介绍一下此文的背景知识,借此说明,鲁迅先生的写作是有原型的,孔乙己故事的发生地在鲁镇,这是鲁迅小说写作的主要环境背景。进而说明,任何一个作家的写作,都不是闭门造车,都有相关的时代背景和人物背景,在现实的基础上进行合理的想象,是现实主义小说创作的一种观念。关于此文的原型和背景有以下三个方面的知识点：一是关于孔乙己的原型：周作人在《鲁迅小说中的人物》中谈及，孔乙己的原型是孟夫子，原是破落大户家的子弟和穷读书人的代表。他读过书但没进学，不会营生但好吃酒，懒惰，也讨饭被打，这些细节后来都被鲁迅在小说中进一步凝练并使之更具个性化。二是关于咸亨酒店，《孔乙己》《风波》《明天》中都谈及这个酒店，原址在绍兴周家新台门对面的一个十字路口。三是关于温酒的习俗，温酒是绍兴酒店特有的风俗，鲁迅对此非常熟悉，他也在小说中借助温酒，写出了短衣主顾的性格和心理。

在细读和精讲文本中，重点抓住小伙计这个叙事视角。《孔乙己》的叙事者是小伙计，从十二岁便在酒店当伙计，小说通过小伙计回忆二十多年前的情景，能客观地呈现故事环境背景和酒店气氛，以及主人公孔乙己、掌柜、酒客的形象。小伙计又是作品中的次要人物，他是现场的当事人，只能叙述他眼睛所见内心所想的事实，在叙事学上一把被称为第一人称限知叙述视角。

小伙计这个现场当事人叙述故事的优点在于：首先是环境背景和酒店气氛在小伙计的视角下更为真实：一是短衣帮的站着喝酒或站着喝酒就茴香豆；长衫客踱进店面里面的房子，要酒要菜慢慢吃喝，这样的环境突出酒客的阶层划分，为主人公形象埋下伏笔。二是小伙计眼中的主人公是唯一一个穿长衫（自己极自尊/他人极轻蔑）且站着喝酒的人。从环境的伏笔可见这个人物阶层和身份的矛盾。三是小伙计同时也叙述了自己的无聊与酒客欢快的气氛的对比，将孔乙己和其他人物推向前台，叙述事件也更为真实。其次，小伙计为叙述视角，容易将孔乙己的自我审视与小伙计、周围的人对他的观察和评价都纳入叙述视野中。

孔乙己的自我感觉：他是"清白"而高人一等的。他是国家、社会不可或缺的"君子"。在文中，作者通过细节描写突出孔乙己的衣着——穿长衫，孔乙己的言语——窃书不算偷书，读书人的事，君子固穷，"茴"字有四种写法等，孔乙己的行为——排出九文大钱等。孔乙己在小伙计和他人眼中，却是被奚落和哄笑，受歧视的对象。文中反复写到孔乙己被哄笑奚落的场面：

"只有孔乙己到店，才可以笑几声，所以至今还记得。"

"孔乙己一到店，所有喝酒的人便都看着他笑。"

"什么'者乎'之类，引得众人都哄笑起来：店内外充满了快活的空气。"

"全是之乎者也之类，一些不懂了。在这时候，众人也都哄笑起来：店内外充满了快活的空气。"

"于是这一群孩子都在笑声里走散了。"

"孔乙己是这样的使人快活，可是没有他，别人也便这么过。"

"孔乙己低声说道，'跌断，跌，跌……'他的眼色，很像恳求掌柜，不要再提。此时已经聚集了几个人，便和掌柜都笑了。"

"他喝完酒，便又在旁人的说笑声中，坐着用这手慢慢走去了。"

作者借助孔乙己的故事，在文本中形成知识分子的自我审视和社会上大多数人对知识分子的观察与评价之间的对立和反差，两相对立产生的矛盾落差就呈现逼真的艺术效果，突出了孔乙己"被封建科举制度毒害、吞噬"的悲剧。通过文本分析，读者可以看到，这篇小说有真实的故事背景和人物原型，但作者通过巧妙地叙事技巧，通过一个小伙计的视角，就将当时的环境再现于读者眼前，也将一个落魄的旧式知识分子形象呈现出来，还表现出这个典型知识分子的精神世界，具有强烈的批判社会的现实意义。

就如同茅盾先生所评价的，鲁迅先生是创造新形式的先锋，《呐喊》里的十多篇小说几乎一篇有一篇的新形式。文学形式是文学性的集中表现，从形式到内容，对鲁迅作品的细读和精讲，能使学生深入到作品内部，真正明白鲁迅运用白话文进行文学想象的能力，也能深入了解鲁迅思想，近距离认识一个真实的鲁迅。

参考文献

[1] 钱理群. 中学语文中鲁迅作品的教学 [J]. 教育研究与评论·中学教育教学，2012(1): 4-17.

[2] 中华人们共和国教育部. 义务教育语文课程标准（2011年版）[M]. 北京：北京师范大学出版社，2012.

[3] 陈志华，高守英. 新中国70年中学语文教科书鲁迅作品选编 [J]. 语文建设，2021(5): 59-63.

[4] 钱理群. 让鲁迅走进孩子的心灵世界 [J]. 基础教育月刊，2006(12):10-15.

[5] 周作人. 雨天的书 [M]. 武汉：长江文艺出版社，2016.

微课在中小学语文教学中的运用

程华[1]，王锦

摘要：微课不仅是一种开放性的共享资源，也是一种辅助性教学手段。微课不但能弥补传统教学模式的不足，还能为中小学语文课堂注入新的活力，激发学生的学习兴趣。在数字媒体化时代，随着信息化教学手段的提高，教育教学改革越来越趋向多元化。微课作为新颖的信息化教学方式，得到越来越多中小学教师的青睐，现以《四季之美》的阅读和写作教学为例，设计微课教学案例，说明微课教学以其"精、复、微、便"的特点服务于学生个性化的学习和教师差异化教学。

关键词：微课；语文教学；案例设计

教学实践的改革，源于教学大环境的变化。这个教学大环境主要指时代背景、教学的主要受众群体教师和学生的观念以及教学效果的相关评价体系和方式等的改变。

在信息飞速发展的时代，互联网联通一切，教育也不能避免，教育资源如何与互联网结合，为学生提供更便捷的教学信息和教学体验？其次，在"互联网+"的时代，传统的知识灌输型教学方式已经落后于这个时代，教师和学生都借助互联网，拥有来了比传统的纸质书本更丰富和便捷的信息资讯，教师如何改变自身的教学观念，引导学生在专业学习的基础上进行积极主动的体验和思考，成为教学设计的主要方面。

在互联网时代，教学效果的评价也发生了改变，在很多学校，考评的方式不仅仅是以知识量的掌握为主要评价方式，而以学生在教学过程中是否进行实践参与以及是否发挥了自身的主动性和创造性思考作为主要评价指标。当评价指标反过来考核教学成果时，也促使教师进行更富时代特点、更能适应学生需求的教学过程设计。

在"互联网+"的数字媒体化时代，教学观念也相应发生变化。联通主义学习理论被认为契合了当下的时代背景和知识特征。联通主义学习理论强调教学是一个开放的过程，主张学习者利用当前的社会交互工具建立个人学习环境，并在此基础上形成个人学习网络，实现知识的交互，而教师是网络学习中的重要节点，能够塑造和影响整个知识网络。微课为教师组织教学提供了有效平台，微课借助网络或移动终端平台，以短视频的方式，将碎片化、可视化的教学资料呈现在教学过程中，实现知识的联通和交互。与此同时，微课参与到教学过程中，不仅考验学生学习的灵活性、主动性，也考验教师对教学的引导，传统的目标教学理念在网络时代就显得尤为重要。

一、微课的发展

我国微课的发展历经三个阶段。2008 年始，佛山市在岑建林教授的主持下，启动了

---

[1] 作者介绍：程华，女，陕西韩城人，硕士，教授

"佛山市新课程精品课例征集"活动。征集到的都是"教学重难点"的视频片段，且视频片段受到了师生以及家长的一致好评。微课的雏形也初步呈现，主要是为了解决学生学习中遇到的重、难、疑点而出现的没有时间限制且以"教学重难点"为主要内容录制的视频片段。

2011年，佛山市发布了对微课有导向作用的《关于开展佛山市中小学新课程优秀课例片段征集评选活动的通知》文件，该文件指出，"优秀课例片段是指以视频为载体记录教师在课堂教学实施过程中，围绕某个教学内容或教学环节而开展精彩的教与学过程。课例片段时长一般为5分钟左右，最长不超过10分钟。课例片段呈现的内容必须主题突出、指向明确、设计合理、相对完整，具有较大的教育教学和研究价值。教师应尽量选取学科教学中的重点、难点内容录制"。这标志着微课有了新的发展，即以"重点和难点为核心，课堂教学片段不超过10分钟"。这正是微课发展的第二阶段。

2016年，岑健林教授在《微课定义与特征诠释》中详细讲述了"微课是指运用信息技术，按照认知规律，呈现碎片化学习内容、过程及扩展素材的结构化数字资源"。2018年，岑建林教授又指出了"微课需要师生双向互动"，并通过线上线下双管齐下的培训方式，让广东省广大的教育者厘清微课的概念，成为微课制作、研究与应用的主力军。他还指出微课不是"课"，也就是微课不是传统意义上的"课"堂，微课也不是微课程，而是碎片化、可视化、结构化、非线性的数字资源，其服务的第一对象是学生，第二对象是教师，第三对象是家长。因此，微课的第三阶段，是指以学生为主体，根据认知规律呈现碎片化学习内容的师生之间双向互动的非线性数字资源。

随着互联网和新媒体的发展，人们已经进入了快速扩张、快速传播的信息时代，教育也必须紧跟时代步伐，挣脱传统的捆绑。为此，教育部发布了《教育信息化十年发展规划》，该《规划》提出了："到2020年，基本建成人人可享有优质教育资源的信息化学习环境，各级各类教育的数字资源日趋丰富并得到广泛共享，优质教育资源公共服务平台逐步建立，政府引导、多方参与、共建共享的资源建设机制不断完善，数字鸿沟显著缩小，人人可享有优质教育资源的信息化环境基本形成。"

为了实现这一目标，我国开始学习可汗学院、TED演讲等从国外传入我国的短小精悍的微视频。这类视频受到了学习者的欢迎，也引起了教育者的关注。于是，中国学者开始关注微课的研究。

总之，微课之所以受欢迎，离不开它的"碎片化"的基本形态和以"精、复、微、便"的特点服务，利于学生个性化学习和教师实施差异化教学。

二、语文新课标与信息化教学

《义务教育语文课程标准》也在2011年有了相应的改变。纵观全书，虽然只字未提"微课"，但其隐含在某些语句中，毕竟不是只有微课这一种现代化的教学手段。比如，微课在语文课程基本理念下的"全面提高学生的语文素养，正确把握语文教育的特点，积极倡导自主、合作、探究的学习方式，努力建设开放而有活力的语文课程"这四个方面就有所体现。

全面提高语文素养，传统的只局限于课本或是根本没有机会出去走走看看的学生，只能看到自己生活地方的一小部分事物，是很难实现这个要求的。想要每个学生都能开阔视野、拓宽知识面，微课这种辅助教学的出现就相当重要。微课可以把学生没见过的事物、没去过的地方，以图片或视频加讲解的方式呈现给学生，让学生通过微课上的视觉冲击感受祖国的优秀文化并自觉将优秀的传统文化发扬光大。

正确把握语文教育的特点，要求以学生为主体，设计符合学生各个阶段特点的教学设计。但是，一个班级最少有四十名学生，教师要照顾到所有学生是极其困难的，有少部分学生很少被关注到。微课可以解决这个问题，可以一个知识有不同的讲解或呈现方式，而学生可以选择自己喜欢的一种反复观看，理解并掌握知识。

积极倡导自主、合作、探究的学习方式，主要目的让学生自发爱上学习，形成独自思考的好习惯，在此基础上，再开展团队合作学习，培养友爱团结的优良品德，最后要锻炼学生发现、提出、探索和解决问题的能力。"传统的教学属于机械式教学，缺乏灵活性。"教师说什么，学生做什么，学生被否定的次数多了，自然也就不敢再提出自己的想法，思维也变得固化。"此理念要求要爱护学生的好奇心和求知欲，鼓励自主阅读、自由表达，教学内容的确定，教学方法的选择以及评价方式的设计都应有助于此学习方式的形成。而微课的运用会有助于学生养成这样的学习方式。"因为微课可以根据不同的学生选择不同的教学方法和教学评价，学生也可以在观看的同时发表自己的看法，老师及时给予评价，这样保护了学生自尊心、好奇心和求知欲。因此，微课对于学生的学习起着很重要的作用。

"努力建设开放而有活力的语文课程，要求在继承我国语文教育的优良传统，注重读书、积累和感悟，注重整体把握和熏陶感染的同时，还应密切关注现代社会发展的需要，拓宽语文学习和运用的领域，注重跨学科的学习和现代科技手段的运用，使学生在不同内容和方法的相互交叉、渗透和整合中开阔视野，提高学习效率，初步养成现代社会所需要的语文素养，而在运用现代科技手段的同时，也应该尽可能满足不同地区、不同学校、不同学生的需求。"微课这种辅助教学方式的实施就很符合这一基本理念。

三、微课在中小学语文教学中的应用情况

虽然微课被广泛应用于各教育学段，但由于理论的不充分和实践的不熟练，致使微课在中小学语文教学中的应用情况不容乐观。微课很少被教师使用，作用没有得到充分发挥。目前为止，教师大多都是资深的老教师，他们由于微课录制过程的烦琐难以掌握，就会产生不想尝试的欲望，从而会相对选择少使用或不使用，而年轻的教师较少，有的教师会因为多数教师都没有用微课，觉得自己一个人用不太好，从而减少微课的使用，甚至干脆不使用。有些教师仍然习惯使用"把重难点用PPT罗列出来，然后配合自己讲解完成课堂教学"的传统教学模式，对于这种教学模式轻车熟路，认为微课没有必要，而且不愿花时间和精力去制作微课。没有使用过微课，也就没有机会体会到微课的妙处。

教师和学生都对微课无感，原因并不都在教师和学生身上，学校也有一定的责任。学校是师生的领导者，就要提倡和培养教师使用微课。一些学校没有意识到教师使用微课后所带来的积极影响，也就没有对教师进行相关的培训；一些学校虽然有进行相关的培训，但并不是每位教师都有机会参加。即使教师在培训后，了解了微课的相关知识，但由于学校没有真正推广使用微课，微课得不到实施，还是只能停留在理论层面。

综上所述，只有学校、教师和学生无缝衔接才能使微课发挥最大效能。学校给教师进行培训并提倡使用，教师努力学习使用并正确引导学生找适合自己的优质资源，学生也要

自主喜欢寻找并认真观看微课，这样微课的运用就会渐入佳境。

四、微课在语文教学中的运用

相比传统的单纯依靠教材和课本的教学资源，微课凭借互联网，具有异常丰富的教学资源，能为学生提供大量贴合生活和教学要求的学习资源，拓展学生的学习面，激发学生的学习兴趣，提升学生的学习能力。如何将微课应用于教学过程中，要针对每一篇文章的不同的教学要求来设计案例，下面以部编版五年级上册第七单元第一课《四季之美》这篇文章在阅读和写作教学中的微课案例设计为例，说明微课在语文教学中的具体应用。

在中小学的阅读教学中，"阅读是运用语言文字来获取信息、认识世界、发展思维、获得审美体验的重要途径。"如何将微课应用于《四季之美》这样的写景类文章的阅读教学中，首先要根据教学要求做微课的教学案例。这篇文章最后留了两个问题："读下面句子，联系上下文，体会动态描写；反复朗读课文，体会作者笔下四季之美的独特韵味。"这两个问题中都有"体会"一词，那怎样才能引导学生体会写景类文章呢？写景文章的教学，主要目的不是让学生知道写了哪些景，而是要教给学生写景的方法。那就要让学生通过此文的学习，练就一双发现美的眼睛。

课文共有四大部分，本堂课以前两部分为例，将教师的教学过程以微课的形式展现出来，为学生后两部分的阅读提供学习方法上的参考。上课时是通过层层递进的提问，让学生从课文的学习中，明白作者是如何发现美和表达美的。微课步骤如下：师播放音乐，营造轻松氛围→师陈述生的表现，唤醒生的记忆，提高生的自信心→师放映递进问题和学生答案→生观看，回忆理解和巩固→师再次总结，布置任务→微课结束。

微课设计过程如下：

师：先播放一首舒缓的纯音乐，再开始总结陈述。

师：我们在对课文前两部分的初步感知中，同学们表现的都很棒。首先我们从大家喜欢的商洛美景中知道了美景到处都有，但是想要把美景用文字记录来，就需要有发现美的眼睛及会用恰当的语言表达美。

【时间：1分钟】

【设计意图：打开学生的记忆大门，更好地进入听课状态】

师：我们通过多次朗读课文知道了课文是按照春夏秋冬的季节时间顺序写的，刚好对应了题目的"四季"，每一段的主题句中都有"最美"两字，照应了题目的"美"。这就叫"文题对应"。

师：第一段中你们通过老师提问的三个问题，了解到作者是用"泛着""染上""飘着"三个动词，准确写出东方破晓时天空颜色的变化。

【屏幕展示三个问题及学生的回答：1.春天的黎明美在哪里？美在色彩的变化，先是鱼肚白，接着是红晕，然后是紫红紫红。2.作者用哪些动词写出颜色变化的？"泛、染、飘"三个动词。3.这三个动词还有没有其他更合适的词语代替？通过咀嚼品味"漏出、显出、浮着"鱼肚色与"泛着"鱼肚色，还是"泛着"更合适，"泛着"是由里到外地呈现，就好像小姑娘害羞时脸上泛出的红晕。】

【时间：3分钟】

【设计意图：及时评价学生，激励学生，让学生有自信心，了解学习的方法】

师：通过第一段的学习，我们知道了动词修饰的重要性。第二段我们继续寻找夏夜中描写萤火虫的动词，大家找到了"翩翩飞舞""闪着""飞行"这三个动词。接着又用词语替换的方法，大家纷纷表达了"翩翩飞舞"可以换成"银光闪烁""忽闪忽闪""一闪一闪"等，这篇文章是翻译出来的，有一位译者翻译萤火虫的飞动就用了"群萤乱飞，银光闪烁"，说明大家要用批判的眼光阅读文章，这样才能逐渐形成自己的评鉴能力。

【播放第二段文字图片，图片中将动词标注出来】

【时间：2分钟】

【设计意图：让学生明白，不能死读书，要有自己的判断】

师：春天美景是如何变化，夏天美景是如何表达的呢？大家告诉我，还是用动词来写，只不过这次是抓住萤火虫的动态来写，所以夏天美景是写出动态。

师：其实通过前两段的学习，大家已经掌握了阅读方法，先找出最美的景色，然后寻找修饰景色的词语，再看看有没有更合适的词语来替换等，但方法不是固定的，大家还可以有其他的阅读方法和感悟。

师：接下来的两段，请大家自主阅读，可以用上前两段的学习方法，阅读完后，请大家用作者写文章的方法自己仿写一段秋景或冬景，下节在课堂上和大家分享。

【时间：3分钟】

【设计意图：锻炼学生自己学会自主阅读，检验所学结果】

这节微课主要是想让学生通过回顾课堂上的阅读方法，再次理解掌握阅读方法，教师在微课讲解的过程中，及时对学生上课的表现给予评价，激励学生自信阅读，引发学生自主阅读意识，敢于有不同的见解，逐渐提高自己的鉴赏能力。

诸如在写作教学环节，在小学语文教学中，"写作是运用语言文字进行表达和交流的重要方式，是认识世界、认识自我、创造性表述的过程，是语文素养的综合体现。""教学过程中，要贴近学生的生活实际，让学生易于动笔，乐于表达，热爱生活，写出真情实感。"小学语文高年段的学生存在不喜欢写作，不会用写作方法和技巧，克服不了对写作的畏惧心等问题，如何把《四季之美》中的写景手法运用到自己的写作中呢？为了解决此问题，本节微课的设计是运用于课堂中的，微课步骤如下：师PPT放映两篇学生仿写内容→学生自己进行评价→师及时评价并放映总结的写作方法→生找出文中所用写作手法→师总结并鼓励学生写作→微课结束。

微课是这么设计的：

师：在上节课结束的时候，老师让大家仿写了一段秋景或冬景。现在老师随机选两篇放到大屏幕上，请大家自己来评价一下这两篇仿写。

【第一篇：秋天最美是清晨，当你一走进公园，就会感到阵阵秋意。这时，你靠坐在公园的木椅上，感受着秋风的抚摸，看着金黄色的树叶像蝴蝶一样翩翩飞舞，便会不由自主地想起"一叶知秋"；鸟儿振翅有序地向南方飞去，不知你是否感受到了秋天的美丽？此时也是瓜果丰收的季节，你可以站在果园中闻闻水果的清香；可以蹲在大树下观察缓慢蠕动的蜗牛；也可以坐在田地边欣赏鞠躬的稻谷，这样的生活好不安逸！你甚至还可以走在金色的大街上，听脚下发出的"沙沙"声，像是一首动听的乐曲。

第二篇：秋天最美的景象就是黄昏时分了，日落的光洒向一片麦田，就像是披上了金色的薄纱，显得格外金黄。从高处望去，像是浪花一样翻滚着；走到近处，麦香一阵阵袭来。湖边的景色更为迷人，湖上漂浮着一层寒霜，湖边枫叶随风摇曳，地上便是秋天行走过的"脚印"。夕阳渐渐下落，月亮悄悄探出头，江上灯火点点，看着这灯火三两点，听着这枫叶唰唰响，此情此景别有一番风味。】

【设计意图：放映同学自己仿写的片段，更容易激发学生的学习意识】

生：第一篇运用"抚摸""翩翩飞舞""蠕动"等动词写出了秋天早晨各种事物的动态美；运用嗅、视、听觉三种感官体验了秋天的美妙。

生：第一篇的"秋风的抚摸"和"鞠躬的稻谷"运用了拟人的手法，让秋天清晨的风和稻谷充满了灵性。

生：第二篇也从视觉、嗅觉和听觉写出了秋天黄昏的和谐舒适。

生：第二篇运用时间顺序，从黄昏阳光到夜幕降临，写出了黄昏到夜晚不同时间段下不同景物呈现的特点。

生：第二篇写出了麦田从不同的角度呈现出不同的美，从高处到近处，运用空间顺序写出了麦田的金黄和清香。

【设计意图：让学生自己评价，检验学习成果，锻炼鉴赏能力】

师：同学们的评价都很不错，其实同学们的评价中已经说出来了写作时所能用到的某些方法。但老师呢，给大家总结了写景常用的方法，大家一起看电子白板（屏幕上的内容：顺序有时间顺序、空间顺序，表现手法有以动衬静、融情入境、想象联想、照应，修辞手法有拟人、比喻、夸张、排比、对比、叠词）。

师：我们学的《四季之美》这篇写景的课文中就用到了好多屏幕上出现的方法，请大家小组合作找一找，一会儿来分享。

第一组：每一段开头的中心句用了排比的手法，还用了春夏秋冬的时间顺序。

第三组：第二段以翩翩飞舞的萤火虫和风声、虫鸣来衬托夏夜的宁静，运用了以动衬静的手法。

第二组：第三段中急匆匆的点点归鸦，和在高空中比翼而飞的成群结队的大雁都往家里飞去，让作者联想到了自己的家乡和亲人，用了借景抒情和联想的方法。

第五组：每段的中心句的四个季节和"最美"两个字都照应了题目，运用了照应；第一段用"一点儿一点儿、微微、红紫红紫"三个叠词写出了天空色彩渐变的过程。

第四组：第五段运用"雪的洁白"和"炭火的火红"作了颜色、温度的对比，显得作者的生活是多么的惬意舒适。

【设计意图：知识点的整理放映，让学生掌握系统的知识；从文中找手法，更易于理解写作手法怎么用；小组协作交流，培养学生合作、主动探索的意识】

师：看来同学们的合作能力很强，把所有的都找出来了。大家不仅说出了用的手法还说出了是怎么用的，可见大家已经掌握了这些写作手法，只要大家细心观察并用恰当的语言表达出来，再加上自己的感受，为我们的写作做积累和练笔，再遇到写作的时候就不会无从下笔了。这节课就到这里了，大家课下找找自己身边认为最美的景，用恰当的语言表达出来。

【设计意图：鼓励学生选择贴合自己生活实际的景，更利于学生写作】

通过查看课下学生们在微信群里分享的仿写内容，学生们都基本上掌握了写景的方法。比如学生写的这一段：冬天最美是傍晚。太阳发出耀眼的红光，天空从耀眼的橘色渐变为更深的蓝紫色，渐变的颜色层层叠加。美的好像一幅油画。更叫人心旷神怡的是干燥而清新的空气，被凛冽的微风吹过，空气自己跑进鼻子里，树木也轻轻摇摆，发出悦耳的声音，奏响一首优美而独特的"冬季狂想曲"，让人感到安逸。

这一段第一句用"渐变"这个动词写出了傍晚天空颜色的变化；第二句运用了融情于景的写作技巧，将自己的思想感情完美地表达出来；第三句通过嗅觉感知清新的空气，让人感到心情舒适，还运用到了文中的成语，说明学生学会了知识迁移；还把树木发出的声音比喻成乐曲，用比喻的修辞手法表达了自己对树木的喜爱之情。

通过这节微课学生学会了用恰当的写法，用真情实感记录自己眼中的美景，学生对写作的畏惧感降低了，写作能力也有了一定的提升。

五、微课运用的意义

微课是与课堂教学是相辅相成的，但微课更有利于学生个人的学习，课堂是面对全体学生的，教学内容与教学的重难点皆是针对全班学生制定的，不能做到每个学生都能理解与吃透课堂上所学习的内容。微课在这点上更有利于学习吸收课堂所学知识与内容，从学生的角度出发，发挥学生的主观能动性，将课堂还给学生，微课的出现有着自身的意义与价值。微课的具体意义如下：

（一）微课以学生为中心，强调学习情境、资源和活动的设计

微课是以一定的学习主题为核心而组织起来的活动，它能够运用现代科技手段让脱节的社会学习、被人为孤立的知识以及被动的学习方式回归现实，再把现实融入课程中，呈现多彩多样的学习方式，让学生从现实生活出发，发展其发散性思维。微课所设计的活动，选取素材多样，展现方式灵活，以现实为基础，教学时间较短，学生获取知识的同时，也能进行高层次的思考，在具体的活动过程中，学生既学到了本门课程的知识，也丰富了其他学科知识。"教学的教育性是客观存在的，在微课上，教师总是试图设置一些与实际问题相关的场景来感染学生，对学生的情感产生积极的影响，吸引学生的注意力，鼓励学生完成布置的任务，培养学生解决实际问题的能力。"

（二）微课可以为学生提供有效的学习支架

微课重视以学生为中心，更多的主动性在学生身上，但这并不代表学生能完全脱离教师的引导去探索。"事实上，在整合的过程中，教师应该扮演内容的主讲人、学习的帮手和课程的设计者等多重角色，在教师的学习控制和学生的自主活动之间达到应有的平衡状态。"

（三）微课的实用性、可操作性和实践性较强

微课教学方法多样化，打破了传统的课堂教学方法，不再是单一的教师讲解，学生学习，而是整合多种教育资源，利用现代技术把文图、音视频等融入课程，呈现多种生动形象的课堂形式，引发学生的学习兴趣和学习思考。

本文研究的主要内容为微课在小学的现状和微课的发展过程，通过《四季之美》的微课教学设计，从识字与写字（课前）、阅读（课后）和写作（课中）来说明微课在课前、课中以及课后该怎么设计运用，但不管是何种类型的微课，以怎样的方式呈现，首先都应该以学

生为主体，激发学生的学习兴趣，从而引导学生养成自主、合作、探究的学习方式。微课不只是重难点的讲解和呈现，也不只是应用于课前预习和课后巩固，而是学生能学到学习知识的方法。微课是学生与教师共同发展的桥梁，如果桥梁运用得好，搭建得平衡，学生的学习自然而然会有所提高，教师的专业技能也能得到提升。因此，学校要重视对教师微课的相关培训，教师要多建设开发有活力的语文课程，学生要自主的学习微课来提高自己的语文素养。

参考文献

[1] 许力，杨健，华子荀. 教育信息化 2.0 背景下微课发展趋势研究——基于全国 18129 篇相关文献的统计分析 [J]. 中国教育信息化，2020(17):5-10.

[2] 岑健林. 微课定义与特征诠释 [J]. 教育信息技术，2017(Z2):79-81.

[3] 罗希凡. 高中语文微课设计与应用研究 [D]. 南昌：江西师范大学，2018.

[4] 中华人民共和国教育部. 全日制义务教育语文课程标准 [S]. 北京：北京师范大学出版社，2011.

[5] 崔丽娜. 情景教学视阈下中学英语口语教学的研究 [D]. 哈尔滨：哈尔滨师范大学，2018.

初中化学教学中真实性情景的创设研究[1]

樊雪梅[2]，王嘉怡，王书民，孙楠，刘萍

摘要：化学抽象的、系统的知识体系和严密的逻辑性，对于身心发展还不成熟的初中学生来讲，学习化学是一个很大的挑战，教学情景在学生学习中显得十分重要。真实性情景教学是指教师以真实存在的情景和环境作为教学案例进行教学，从而达到教学目的，构建学生思维体系，可通过真实事例加深学生对抽象知识进行理解。真实性情景具有真实性、互动性、直观性、针对性、时效性、趣味性等优点，可以改善以往应试教学模式的弊端，这就需要初中化学教师充分挖掘生活实例应用于课堂中，改变以往枯燥无趣的语言讲述，采用灵活的真实性情景开展课堂教学，因此可以激发学生学习化学的兴趣和积极性，构建系统的化学知识体系。本文主要从通过化学趣味实验、借助多媒体构建化学模型等方法与理论知识进行联系创设教学情景。

关键词：真实性情景教学；初中化学；情景创设；填鸭式教学；构建知识体系

真实性情景是指在教学过程中，利用生活实例和真实环境作为教学案例进行教学，从而达到教学目的。对于学生建构初中化学知识体系奠定了不可或缺的基础，初中化学知识属于逻辑性较强、抽象知识多、体系完整及各个章节间联系密切的学科，采用真实性情景教学可以激发学生学习化学的积极性，从化学理论知识解释实际生活、生产现象。以新课程标准要求提高学生学科素养为宗旨，激发学生学习兴趣，通过增加学生感性知识从而促进理性知识的学习，培养学生采用理论知识解决生活问题的能力。

初中阶段的学生认知能力正处于发展过程，对于抽象性强的化学学科来讲因为初次接触没有提前了解过此学科，学习起来并不会特别得心应手，甚至会产生厌烦学习化学的念头，因此教师更应该注重学生的心态状况，采用合适的教学情景显得尤为重要。为了改善教师板书总结而学生抄写学习的传统应试教学模式，引入真实性情景教学模式进入课堂中帮助学生理解知识并掌握知识，相对于理论知识而言学生对于化学实验、多媒体演示等更感兴趣，相对于没有感情的文字语言教学而言，此种教学方式更加占据优势。在教学中运用生活实例才能更好地让学生感知抽象知识，学生将理论知识转换为自己的内部知识并为提升能力而非仅限于应付初中升高中的考试。在教育局的修订下，初中化学课程标准要求学生提高学科"核心素养"，初中化学开始课程中首先接触的是构成物质的微粒，微粒结构抽象，故而在进行教学时应运用多媒体构造微粒模型动态运行，有利于学生直观的通过感官接受知识，符合宏观辨识与微观探析结合的核心素养理念，使学生通过构建模型了解微粒的结构，也可以通过结构学习物质的性质及其用途。

---

[1] 基金项目：陕西省教育学会教学改革研究项目（SJHYBKT2022140）
[2] 作者介绍：樊雪梅，女，教授，1980年生，主要从事教学法的研究

本文以初中化学真实性情景进行创设作为研究，希望可以对初中阶段学生在学习化学学科过程中起到帮助作用，通过真实性情景的创设改善以往教学中存在教学效率不高、填鸭式教学中存在不足之处等问题。

一、真实性情景教学的特点和理论基础

真实性情景教学是在教学中教师利用真实事例和环境背景等作为教学案例运用于授课中，创造丰富生活情景的教学活动，从而达到教学目的，是达成教学最终成功的重要方式。随着科技和社会的不断发展，当代学生对所学知识要求也更高。最早提出情景教学概念的是苏格拉底的"产婆术"，通过创设一定的情景与学生间进行语言交谈，学生获取知识的过程得到很好的成效。而在国内首次提出情景教学的是特级教师李吉林，她倡导以"情"为经、以"境"为纬，设计生动情境并运用于教学过程，以激发学生学习化学的强烈欲望，培养学生学习的积极性和构建整体知识体系的能力。

（一）真实性情景教学的特点

在化学授课时采用真实性情景教学相对于传统教学模式具有许多优点，其具有趣味性、真实性、生动性、灵活性等特点，锤炼学生自主解决问题的良好品格，培养学生观察现象的灵敏性及自己总结知识的能力，构建知识体系框架和建构思维能力，增强学生对化学知识的渴望和崇尚追求真知的科学态度。

初中化学教学中可以采用课本中涉及的化学实验作为教学背景，教师演示实验时学生可以通过看、听、闻、触等感官直观感受到知识的本质。如人教版《化学》九年级第六单元中二氧化碳的性质与制备中的实验也是难点，教学即需要采用教师演示实验和学生合作实验配合完成此部分整体教学。通过现象学生观察总结归纳好过教师将自己的知识进行总结后传授。情景教学是一堂好课的重要标志，选择适当的情景能达到理想效果，选择不当反而会导致失败，化学实践性强则可在课堂中引入化学实验、生活中的现象等作为案例引入课堂，学生能够设身处地感受知识的本质，极大地激发学生学习热情，从内心深处选择学习并热爱接受此科目，这也可以使"教"与"学"形成一个优良循环。

以往教师总结知识板书出来，学生不会深入思考形成自己的知识体系，导致最终成为填鸭式学习，学生也会反反复复记不住知识而感到痛苦，这对于学生后续学习都会造成巨大的消极影响。倘若在初中阶段最初教学中采用合适教学情景，学生心中会留下"易学"的感觉，对后期抽象和逻辑性强的知识也不会产生畏惧的想法，更能培养学生不怕困难、迎难而上的精神态度及严谨的科学观，积极响应新课标倡议的培养新型建设型国家栋梁的号召。随着科技的进步，真实性情景的创设也应考虑多媒体辅助教学，如采取演示课件及模拟演示在实验室中不能实地操作但却能带给学生启蒙的危险实验。在化学教学中需要接触许多微观粒子可使用Flash构建微粒模型用多媒体展示，如原子、分子等微观粒子结合生成新的微粒，此种微观状态无法通过语言等方式进行阐述却可通过构建模型演示从而将微观世界以宏观形式表达，充分响应"宏、微观结合"的初中化学核心素养培养。学生用眼睛观看更易以直观方式感知化学的奥秘，激发起学生的好奇心，更让学生拥有学习化学的毅力。学生系统学习化学中的现象、规律以及实质进行再运用，培养学生的实践能力有助于对往后生活质量提升档次，也会对当下和未来创造无限可能。教师也可以采用将现实发生的案例作为教学背景引入，尤其是针对各大化工厂发生的重大安全事故进行阐述并加

以多媒体展示事故图片，对于安全知识进行渗透。在学生进入实验室做实验时教师应提前教授实验室安全的课程，让学生明白做实验是一件很严肃的事情，切记保护自己和他人安全为第一位，不再让注意安全变成一个空洞无力的口号。将化学从生活实例中融入平时教学中，学生对化学知识会感到更加亲切，而不会感到陌生从而疏远甚至因为陌生而厌恶。教学情景选用是否恰当会直接影响整堂课程的效果及学生学习程度的反馈，故应更加重视此方面的问题以达到更好的教学效果。

(二) 理论研究

1. 建构主义理论

建构主义知识理论是由儿童认知特点发展而来，也是人类特有认知知识发展的过程，同时是重要概括学习知识的特点也是整个认知过程中最基本的起点，核心观点主要被分为两个方面，第一方面是"什么是学习"；第二个方面是"学习的方法"。

建构主义表明知识不是仅仅等待教师讲授而学习者进行抄写就行，应是受教育者在搜集、查阅资料并在适当的环境和其他朋友及教师进行交谈中建构知识体系，从内心深处激发探索知识实质的念头，因此情景的构建对于学生接受完善知识体系来讲是至关重要的。

有意义情景构建：情景是指学习新知识时带学生进入学习状态的环境及方式，教师在教学过程中不仅需要分析教学目标、内容及重难点，更需要设置与教学任务匹配的情景从而构成有意义的建构。评判是否有意义的情景在于是否最终达到了教学目的以及是否提升学生的综合素质为标准。设置情景融于教学中需要考虑到学生的身心发展水平及他们的知识接受程度且与教学内容匹配程度，合适的教学情景对于教学可以产生巨大的影响。如在"物质构成微粒"的教学中，教师可以先采用宏观方式进行演示，分子扩散肉眼虽不可见但可通过红墨水在水中扩散的形状来表示粒子的运动，不仅如此，学生可从生活中举出更多的例子，如炒菜时能够闻到饭菜的香味是由于分子不规则运动所致等。从宏观方面想要更细致探析微观世界教师应采用多媒体展示微观微粒结构，系统学习分子、原子的结构也可以展示化学反应的过程，使无法想象的微观知识转化为宏观易学知识，近而达到教学目的。对于学习化学方程式以质量守恒为原理展开书写、计算等部分属于此阶段中的重点也是难点，对于教师教授的方法及教学情景的选取更为重要，教师可以采用制作动画进行表示质量是否守恒的知识点，利用此种情景学生注意力被吸引达到教学期待目标。

2. 最近发展区理论

维果斯基的最近发展区一方面是指学生独立活动时解决问题的能力称为现阶段能力，而另一方面是指学生在他人指导下运用已学知识解决遇到问题的能力称为潜在解决问题能力，两者间差距称之为最近发展区。最近发展区也是教学阶段的最佳时期，教师利用中学生对任何事物都容易产生好奇心可采用适当的教学手段，利用现实中的现象为案例代入情景教学引发学生深思。如学习酸和盐类反应时，教师可以引导学生探索在做饭时家中铁锅或者不锈钢锅上不会出现水垢，而烧水壶中却有水垢出现的现象，学生进行思考想出食醋泡在水壶中可以发生反应，因为食醋的主要成分是醋酸而水垢的主要成分碳酸钙。教师引用生活中的现象将学生循序渐进引入新知识中，借助学生思维矛盾引发思考。该理论运用于初中化学的教学可以得到很好的效果，学生陷入矛盾时打乱原有存在的思维重新构建知识体系，学习的知识也会有一定更深程度的理解，学生不会产生"纸上谈兵终觉浅"的想法。化学作为一门与生活联系十分密切的学科，初中阶段化学的学习是一个启蒙阶段，顺利的学习会给学生带来终生难忘的印象，随科技的发展化学领域中遇到各种有待解决的问题也是需要培养学生从小存在的思想观念。学生内在想法也是重要的影响，学生经常会思考学习是为谁、为什么学习等内在原因，教师也可利用外在因素影响学生行为，如在化学课程结束前教师布置课后任务，圆满完成任务次数可以奖励学生，通过满足学生的愿望牵引其内部驱动力，将其外部因素内化为自身需求达到目的，也需要培养学生解决实际能力的问题，学习了金属资源的保护后，对于家中金属制品的生锈有没有保护的实际方法，学生会思考如果只是用于装饰的铁制品是否可以通过在其上喷漆、抹油、电镀等方法隔绝铁制品与大气中的空气和水分反应防止铁锈，学生在实践过程中将所学知识转为己用，教师将自己的指导作用与学生的主体作用发挥到淋漓尽致，不再局限于学生所学仅是教师所教，学生更会利用身边的环境学习优化自己。

3. 信息加工理论

加涅的信息加工理论是指人其实是一台知识加工的机器，认知其实就是对知识的重组加工，学习的知识其实是由两方面构成，一是习得，二是使用信息构成。学习的过程不仅是接受知识，还有将其利用，学生学习的知识要大量存储，但更重要的是将知识转化成能力。学生接收到新的知识先是被新知识刺激再进行对知识的信息编码，继而对编码重组后的知识储存，最后是需要运用知识时提取知识的完整过程。学习储存知识在需要时进行使用，这也就考虑到储存的知识能否完整再现并进行提取，记忆储存的深浅在于接触知识时产生的刺激强弱，教师采用的情景是否符合教学，在学生提取知识时能否因为接触相同情景迅速、准确想到相关知识，教师也可在时间允许情况下带领学生进行有效重复所学知识。比如在学习"溶液"的内容时，固体溶于水中吸、放热并不相同，教师可以采用实验形式将学生带进实验室中让其设计探究过程并验证实验最终记录结果，学生动手记录观察会得到更加直观的效果，此部分涉及实验较为简单且易操作，学生可以利用放学空闲时间在家中进行操作，可将洗衣粉投入水中触摸温度得出结论，也可以将盐放入水中观察现象触摸温度，这些实验可以在家中简易操作并可以观察现象，实验环境要求不高且试剂易在生活中获得，学习的知识经过大脑的再加工进行储存，等到需要时提用出来，当看到生活中的简易实验时也会加强知识的印象，提取知识的过程会更加快速结果也会更准确。信息加工在对于整个化学学科的学习中至关重要，学生自己将外部知识进行加工重组从而转化为自己知识的增量应用于生活，为以后的人生及社会主义核心价值观的形成奠定基础。

(三) 真实性情景教学研究进展

我国教育部在《义务教育化学课程标准》中提出，化学是一门与实际生活联系密切的学科，可通过为学生创设关于体现化学、生活、技术以及生产中实际问题的情景融入于授课中，引导学生学习认知物质组成、学习知识与实际生活及生产之间的联系，教师应充分挖掘贴近生活的素材，与情景紧密的结合进行教学以达到教学目的。

在尚合玲编写的《初中化学情境教学创设策略探究》中将真实性教学情景分为两种类别，第一种为借助多媒体构建模型，利用模型展示抽象微粒等无法直接用语言和实际行动表达出的知识。第二种则为师生互动解决问题，如化学学科的教学中不能离开实验的演示及身边发生的事例，将其融于化学教学中，同时培养学生的思维能力和构建健全的知识体系，也能提升学生的责任感、科学严谨的态度。陈奇编写的《初中化学教学情景的有效创设》中提到将生活现象、社会热点话题作为教学情景运用于授课过程中，能够增加学生的理解能力，且学生对知识点的掌握程度较无情景引入课程达成的教学效果好很多，创设有效情景可以让学生完善思考问题方式。在陈永波编写的《初中化学教学中情景创设的应用及策略》中提到可以通过创设问题、实验以及生活热点话题设计情景，创设课堂真实性情景显得十分重要，可有效提升学生的科学素养，将教学活动置于有意义的情景中，提升学生感知能力以获取逻辑性强的知识，使新知贴近生活现实，学生在心情愉悦时从内心更容易接受知识从而达到教学目的。在胡学建编写的《初中化学情景教学的理论与实践研究》中提出初中化学教学过程中出现最大的弊端在于传统教学的影响深远，导致出现的教学过程以教师为主体，而学生仅记录教师总结的知识。而且，也出现教师设计的教学情景不切合实际等问题，导致最终教学达不到理想效果。在张利梅编写的《论初中化学情景教学》中提出初中化学教学过程中应当注重培养学生思维体系，可通过师生互动、生生互动来保证课堂正常进行，整个过程中均以学生为主体提升学生的真实感知度，培养其举一反三的能力。在李学峰编写的《核心素养导向下的初中化学生活化教学方法》中提出应于授课中构建生活化情景教学，教师设置情景促进学生构建完整思维体系也应明确教学的意义和目的，通过核心素养的要求培养学生的全面发展能力。

在邓晶编写的《通过情景创设培养初中学生"科学态度与社会责任"的核心素养》中提到利用真实性情景用于授课中可培养学生的社会责任感，通过真实性情景教学触发学生积极、务实、科学的态度。在谢新春编写的《趣味化学实验在初中化学教学中的应用》中提出当今化学教学中遇到的问题其实是学生对抽象知识的感悟不深、了解不到化学反应实质，故而可引入趣味化学实验及多媒体运用于教学，让学生自己动手操作及亲眼观察现象进行总结，教师对学生的错误指出并改正总结最终正确的结论，学生在做实验的过程中获取知识会加深记忆的储存时效，最终达到良好的教学效果。在穆金华编写的《新课标下如何开展初中化学教学》中提出，新课标中对于知识性技能知识要求更高，这就要求教师设计更加贴近生活，给予学生真实性更强的情景，要让学生相信并主动寻找问题进而尝试解答，提升学生学习的主动性、积极性，成功的教学情景理应紧紧贴合教学中心，降低教学知识难度的同时让学生在学习时也事半功倍，教师设置的问题应有较多的回答空间，如果束缚学生的想象空间则会导致直接打击其积极性，学生间的相互讨论会增加对知识的深度理解，优秀的教师也是学生成功路程上最重要的指引。骆印在《如何给初中化学课堂教学增效》中提出，一个好的教学效果不仅仅需要学生的努力，更需要教师精心设计的课堂流程，使得课程的重难点一环套一环，教师更应该做好课后工作而不是结束当堂课程就成功了，教师应做到三个反思：教学前反思、教学中反思、教学后反思，对学生留下的作业积极进行讲授，培养学生的自主学习能力也应是循序渐进的过程，教师应注重保护学生的好奇心和想象力。

李吉林是情境教学的创始人，她提出的观点是将学生的活动和认知结合起来从而调动学生对学习积极性和接受性。化学学科想要学好其实还是需要了解现象背后的本质并将知识运用尝试解决生活中的问题，真实性情景运用于化学教学中可以锻炼学生的动手能力，在解决问题中完善思维体系，激发学生揭开化学"陌生面孔"的好奇心，教师也应顺应学生学习顺序性设计课程，帮助学生构建整体框架体系，使学生不在迷茫中学习，提高整堂课的教学效率。

二、真实性情景在初中化学教学中的调查研究及分析

（一）研究对象

初三阶段化学学科的学习对于初次接触学生而言，挑战也是巨大的。化学最起始的学习可能是困难的，这时候仅靠学生自主学习克服远远不够，教师的作用也十分重要。采用真实性情景融入于课堂中的优点及问题，通过设计调查问卷分发给商丹中学初三阶段的学生进行填写收集数据。此次调查问卷分发调查的基数是九年级（1）班和九年级（4）班的学生（两个班平均人数均为 50 人），采用这两个班级作为调查也是由于其化学成绩平均分相差不大，调查的基数不能到达一定数量时采用的数据一定尽可能具有代表性，这两班人数以及学生的学习程度、状态而言相差不大，故选择此作为调查对象以获取更加精准的结论。

（二）调查设计的基本方面

调查开始前应该对学生学习化学的基本学情做一个了解，针对学生的情况设计调查问题，教学的对象是以学生为主体，设计关于"真实性情景运用教学中的应用实践"为题编辑调查问卷进行发布并收集。

问卷的主要内容围绕着学生对化学是否感兴趣、学习化学中存在的问题、教学情景运用课堂中出现的问题、学生倾向哪种情景、情景教学的优缺点等方面开展调查，此次调查为了解学生的对情景教学的反应和接受度，为后续教学方式的改变和提高学生的能力奠定了重要基础（具体的调查问卷见附录）。

（三）调查问卷的结果分析

对于本次关于"真实性情景运用教学中的应用实践"的调查问卷，共分发 100 份问卷，回收上的调查问卷为 96 份，调查题目类型均为单选题目，根据九年级（1）班、（4）班分发的问卷得到结论如下：

由图 1 可以得出回收的 96 份问卷中喜欢化学这门科目的学生占 53.13%，非常喜欢化学学科的学生占 22.92%，总和计算有 76.05%。对于初中阶段刚接触化学的学生而言，因为从未学过相关知识，突如其来陌生学科的加入会使其产生好奇心和新鲜感，支撑他们进行学习，也有学生是因为代课教师的温柔和讲课精炼产生好感继而推动后续学习，还有一部分学生因为学习化学可以解决生活中遇到的问题而喜欢学习化学。占 19.72% 的少部分学生

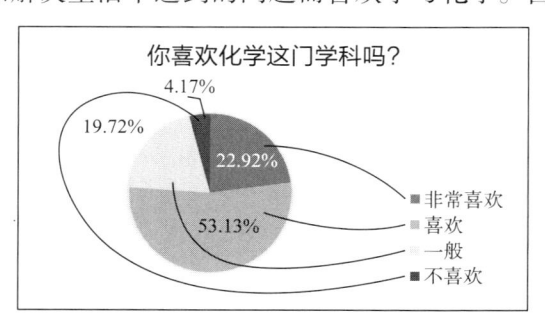

图 1 学生是否喜欢化学的分析

对化学学科是一般喜欢，这部分学生由于学习中找不到适合自己的学习方法导致在学习中产生无可奈何的情绪，对化学学习逐渐失去信心从而转变学习态度。占 4.17% 的学生不喜欢学习化学因为从未接触全新的知识，从内心深处害怕学习该门课程而厌烦学习。

根据图 2 数据进行分析可得，学生对于教师布置的任务，能很快完成的人占 30.21%，这部分学生具有很扎实的基础，对于教师提出问题能很快地联系到之前所学知识进行顺利解答，思考及回答问题的时间也会大幅降低，对学生掌握知识能力要求较高。需要一定时间思考完成任务的学生占 45.83%，这部分学生掌握知识较快但是在解决问题记忆再现已学知识时还是有难度的，学生应注意课后对知识进行及时的回顾复习及预习。有 17.71% 的学生对于教师布置的任务可以完成但是却不动手去做，属于"眼高手低"的惰性状态，对于此类学生教师应及时做好引导，帮学生积极解决问题。还有占 6.25% 的学生表现出无所谓的状态，这类学生对于学习的态度不正确，出现此类结果可能是由于学生从内心不喜欢化学学科产生的抵触情绪或者家人对孩子学习状态不关心以及学生厌烦授课老师等原因。教师应及时找寻学生进行谈话，了解学生内心所想，帮助学生解决困惑，引导学生进入学习的正轨，现阶段学生的感性状态会影响其对许多事情的判断力，教师应对学生进行行为规劝、讲道理、家访等，形成家校良好配合，降低学生厌学的心态。

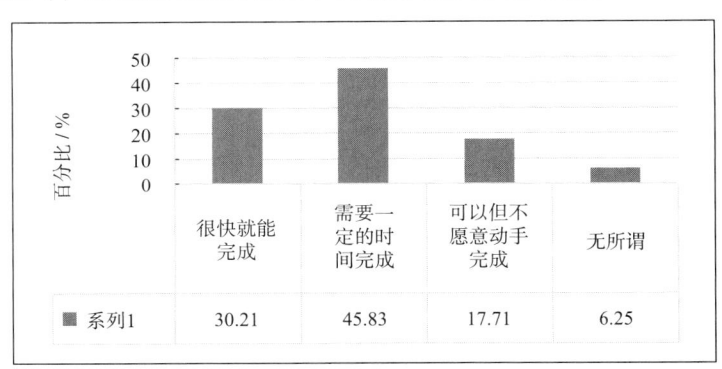

图 2　学生能否及时完成布置任务分析

对于化学学习过程中真实性情景引入教学分为两类创设，分别为实验情景和多媒体情景作为情景引入课堂教学。

第一类情景，由表 1 数据进行分析得到，非常喜欢和比较喜欢实验情景引入课堂的学生占 88.55%，绝大部分学生更偏向于进实验室里动手实验学习新知识。在实验课中，学生根据已储备知识设计实验、提出实验假设、组装实验装置、观察实验现象、验证假设、得出结论，考验学生思维运转能力及动手操作能力，教师只是在学生出现问题时进行指导、协作，培养学生举一反三的能力。对于抽象及逻辑性强的知识用语言讲述过于枯燥，实验情景的引入会让学生整体学习的氛围活跃和轻松，学生学习效率也更为高效。占 11.46% 的学生对于实验情景的引入感受一般甚至不喜欢，出现这种情况是由于部分学生对于前面已经学习的知识没有更好地掌握，不能有效的提取，导致基础稍差，不能自主设计实验流程，针对此类问题教师应当将学生进行小组实验由基础知识掌握优越的学生带动基础较差的学生，同时也应在课下对学生进行全面的训练弥补之前知识方面的不足。

第二类情景由表 1 数据可知，非常喜欢和比较喜欢多媒体情景教学的学生占 82.3%，多媒体引入教学授课学生能更好地接受知识体系，如原子结构排布图在多媒体上可以通过宏观的方式展示微观结构，学生对于无法想象的微观知识可通过直观上视觉的刺激加强对此部分知识的理解。有少部分占17.71%的学生由于更偏向于实验情景教学，喜欢在动手操作过程中掌握知识，还有部分学生3.13%认为会被多媒体吸引视线导致后续课程无法专心听讲，会影响听课效率，故不喜欢此情景引入教学中。对于课堂情景引入来讲，有51.04%的学生更喜欢将实验和多媒体引入课堂，学生喜欢先做实验然后再用多媒体进行知识的总结，以此加强记忆。

表1　化学情景引入课堂方式应用研究

问题	选项	所占百分比（%）
你喜欢老师采用实验的方式进行教学吗？	非常喜欢	40.63
	比较喜欢	47.92
	一般	8.33
	不喜欢	3.13
你喜欢老师采用多媒体进行教学吗？	非常喜欢	47.92
	比较喜欢	34.38
	一般	14.58
	不喜欢	3.13
你期待中的老师在讲课中应引入什么样的情景？	将实验运用于教学中	32.29
	将多媒体运用于教学中	16.67
	两者结合使用	51.04

化学情景进入课堂中遇到各种问题和困难，由表2数据进行分析可得，学生在学习化学过程中遇到问题一般程度的学生占50%，有63.54%学生认为学习过程存在的问题是知识点抽象、逻辑较强和整体章节间脉络不清晰，教师应在学习每章节之后开设复习课对已学知识进行总结复习，训练学生用思维导图的形式梳理清楚章节的知识点加强对知识的理解。28.12%的学生认为在学习化学过程中存在较多的问题，这部分学生不仅存在逻辑性不强及整体章节间脉络不清，还有无法理解化学知识的本质，导致遇到问题时不能及时提取知识解决问题。学生不会"举一反三"是教学中最大的问题，教师应进行相应部分的训练改善欠缺的知识点。21.88%的学生在学习化学时遇到困难不多，可以自主解决所遇问题，教师如对此部分学生做好引导工作给予正确的方向，学生学习化学的过程会更加得心应手。学生对于真实性情景教学运用教学中对其帮助主要从以下几个方面阐述：有33.33%的学生认为情景可以吸引注意力于课堂中从而提高学习的愉悦感；有34.38%的学生认为教学情景的好处在于可以调动整个课堂的活跃气氛，整个学习的氛围轻松学习的效率自然会提高更多；有22.92%的学生认为情景的设计可以使其对本节课学习的整体脉络更加了解更加清晰，在遇到知识章节脉络不清晰的问题上能够得到更好的解决；有9.38%的学生认为情景

培养了学习化学的严谨科学观，这说明只有少部分学生认识到科学观的重要性，教师应加强学生科学核心素养的培养。

表 2　学习遇到困难及情景课堂的分析研究

问题	选项	所占百分比（%）
你觉得在学习化学的过程中遇到的困难多吗？	非常多	13.54
	多	14.58
	一般	50
	不多	21.88
你觉得你遇到学习化学的困难在哪方面呢？	知识点抽象，逻辑较强	27.08
	整体章节间脉络不清晰	36.46
	无法理解化学知识本质	15.63
	以上都有	15.63
	以上都没有	5.21
你觉得化学教学中运用真实性情景教学对你的帮助大吗？	可以吸引注意力于课堂中	33.33
	可以调动整个课堂的活跃气氛	34.38
	对本节课学习的整体脉络更加了解	22.92
	培养了学习化学的严谨科学观	9.38
你觉得情景教学课堂和普通课堂哪个教学内容更好？	情景教学课堂更好	73.96
	普通课堂更好	5.21
	两者结合起来更好	17.71
	都不好	3.13

由图 3 数据表示可知，占 73.96% 的学生认为教师的期望越高学习效率越好，他们觉得教师的期望是认可行为的体现，不愿意辜负其希望所以会更加努力的学习，学生很单纯的认为在现阶段只有好成绩才能回报老师的期望，这种情况属于正反馈。有 8.33% 的学生认为教师的期望会让学习效率变差，学生认为教师的期望会给自己带来太大的学习压力，害怕自己成绩不好会对不起教师的栽培，最终打破自己内心的防线最终崩溃，这种情况称为负反馈。教师应对学生有的放矢、因材施教的进行教育针对不同的学生有不同的教学方式。还有占 11.46% 的学生认为教师的期望与学习效率无关，这部分学生自我心理、学习状态不会受其他外来因素影响，教师的期望强烈或淡薄都不会打乱学生对学习的安排和计划。有 6.25% 的学生认为不希望教师给予期望，这部分学生不太自信，总害怕会让别人失望，教师应及时对这类学生进行鼓励，激励学生前行。

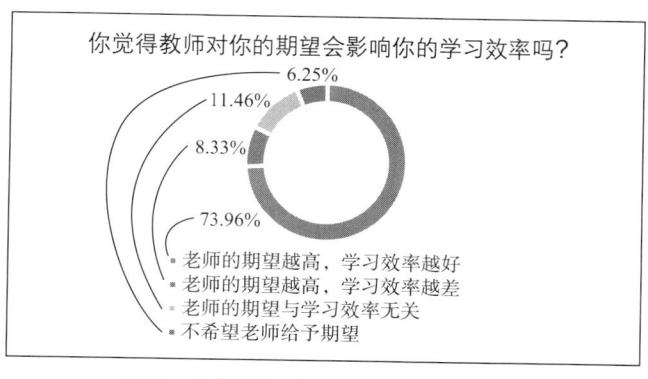

图3 教师的期盼对学生产生影响分析

三、真实性情景实施反思

1. 化学实验情景引入教学中的反思

本文笔者主要研究的真实性情景分为两类，第一类是实验情景运用于教学中，实验的采用可以减少学生由于对学习新知识认知不深刻，导致知识出现调取使用的问题。根据调查可知有部分学生认为学习化学困难之处在于知识无法了解实质。实验情景的创设可以减少上述出现的问题，但是也会伴随实践中出现其他问题，以下是出现的问题以及如何解决：

首先，设计实验情景运用教学过程教师需要提前做好课程的创设并及时向学校提出申请实验室使用时间，若安排不恰当教师在课堂上讲授的理论知识不能与实践知识产生同步联系，学生无法更好地将两者关联形成自己的知识脉络。

其次，实验情景在教学中的实践是很耗费教学课时的，此阶段化学课时较少，不想让学生沦为单纯记忆知识的工具，更加考验教师对整堂课程的掌控能力，实验课堂交由学生的时间占据大多数，学生设计实验时出现问题或不顺利不能及时进行后续设计时教师应找出共性或特性问题进行讲解，得以让实验继续进行下去。

最后，实验情景的正常实施对于学生基础知识是否掌握扎实是巨大的考验，对于基础知识掌握很好的学生可以自己设计并实践，对于知识掌握不是很扎实的学生而言可采用小组间合作实验，针对不同学情的学生实施不同的教学方式从而达到良好的教学效果。

总而言之，实验情景教学虽然有在实施中的缺点，但是可以避免，教学的整体效果不仅由教师教授来决定，也需有学生配合教辅工作，达到最终教学目标。

2. 多媒体情景引入教学中的反思

化学科目作为初一学生从未接触的领域，学生在学习时会产生陌生、好奇、神秘甚至抵触的情绪，教师应充分利用学生的好奇心和想要揭开化学神秘面纱的情感，借助教学工具完成教学。多媒体情景教学可以将难以想象的知识用直观的图像及模拟空间态展示，但并不是每节课堂都适合采用此情景，以下几个方面为研究中发现的问题与反思：

首先，多媒体情景教学在展示动画模型时起到吸引学生注意力的作用，能更好地为后续课程做好铺垫，也有很好的承前启后作用，但需要考虑的重点问题是学生被吸引注意后还能否专心继续后面的课程，有部分学生注意力被吸引在多媒体图画如何制作等与本堂课关联不大的问题上，开始走神。教师可以播放完动画后应立即关闭多媒体投影，等待学生专心回答问题，完成此部分教学后打开屏幕进行后续学习可以有效杜绝此类问题的产生。

其次，多媒体教学可在短时间内呈现大量信息扩大学生的知识面，但整体教学过程中会出现信息容量过大而学生还没做出反应就已经过去，忽略学生接受知识的能力，留空回答问题的时间太短最终会导致学生被强制灌输知识。教师应提前设计好教学中可能发生的每一环节，提出问题留够让学生发挥的空间和时间。

参考文献

[1] 丁明芳. 关于初中化学生活化教学策略的分析 [J]. 天天爱科学（教育前沿），2021,11:45-46.

[2] 麻崇明. 浅析初中化学有效课堂教学方法与课堂学习情景创设的策略 [J]. 考试周刊，2021,26:131-132.

[3] 王玉霞. 综合分析当前初中化学实验情景教学的研究 [J]. 新课程（中），2019,11:44-45.

[4] 杨育才. 情景创设应用于初中化学教学的效果分析 [J]. 中国校外教育，2020,4:37-41.

[5] 罗雪梅. 初中化学教学中"宏微结合"核心素养的培养研究 [J]. 当代家庭教育，2021,2:123-124.

附录　问卷调查表

初中化学教学中真实性情景的创设研究

亲爱的同学们，你们好！根据本次授课情况想做一次调查，占用你们两分钟时间填写调查问卷，本次调查采用无记名方式，请放心填写。真诚地感谢你的支持与配合！

1. 你喜欢化学这门学科吗？（　　）
    A. 非常喜欢　　　　　　　　　　B. 喜欢
    C. 一般　　　　　　　　　　　　D. 不喜欢
2. 你能及时完成老师在化学课上布置的任务吗？（　　）
    A. 很快就能完成　　　　　　　　B. 需要一定的时间完成
    C. 可以完成但不愿意动手　　　　D. 无所谓
3. 你喜欢老师采用实验的方式进行教学吗？（　　）
    A. 非常喜欢　　　　　　　　　　B. 比较喜欢
    C. 一般　　　　　　　　　　　　D. 不喜欢
4. 你喜欢老师采用多媒体进行教学吗？（　　）
    A. 非常喜欢　　　　　　　　　　B. 比较喜欢
    C. 一般喜欢　　　　　　　　　　D. 不喜欢
5. 你觉得在学习化学的过程中遇到的困难多吗？（　　）
    A. 非常多　　　　　　　　　　　B. 多
    C. 一般　　　　　　　　　　　　D. 不多
6. 你觉得你遇到学习化学的困难在哪方面呢？（　　）
    A. 知识点抽象，逻辑较强　　　　B. 整体章节间脉络不清晰
    C. 无法理解化学知识本质　　　　D. 以上都有
    E. 以上都没有
7. 你期待中的老师在讲课中应引入什么样的情景？（　　）
    A. 将实验运用于教学中　　　　　B. 将多媒体运用于教学中
    C. 两者结合使用
8. 你觉得化学教学中运用真实性情景教学对你的帮助大吗？（　　）
    A. 可以吸引注意力于课堂中　　　B. 可以调动整个课堂的活跃气氛
    C. 对本节课学习的整体脉络更加了解　　D. 培养了学习化学的严谨科学观
9. 你觉得情景教学课堂和普通课堂哪个教学内容更好？（　　）
    A. 情景教学课堂的更好　　　　　B. 普通课堂的更好
    C. 两者结合起来更好　　　　　　D. 都不好
10. 你觉得教师对你的期望会影响你的学习效率吗？（　　）
    A. 老师的期望越高，学习效率越好　　B. 老师的期望越高，学习效率越差
    C. 老师的期望与学习效率无关　　　　D. 不希望老师给予期望

乡村中小学英语教师信息技术素养提升策略

冯丽君

摘要： 乡村中小学英语教师要增强信息技术素养提升的意识，在主观上认识到信息技术应用能力对英语教学的促进作用；乡村中小学应加强学校信息技术相关的软硬件基础设施建设，从政策和资金上支持英语教师信息素养提升的相关培训和进修学习；同时，乡村中小学英语教师要增强自主学习意识，积极主动去接纳和学习现代化信息技术和相关知识。只有这样才能逐渐提高乡村中小学英语教师的信息技术素养，从而提高乡村中小学英语教学质量。

关键词： 信息技术素养；乡村中小学；英语教师；策略

信息技术（Information Technology）主要是指以计算机网络为媒介，以现代通信为手段，对信息进行检索、处理、传递和利用的技术，而信息素养（Information Literacy）是指一个人能够充分认识到何时需要信息，并具备高效检索、评价和利用信息来解决问题的能力。将信息技术和信息素养相结合即为信息技术素养。也就是说，教师的信息技术素养是指教师具备运用计算机网络和现代通信工具进行检索、分析、处理和传递信息的能力。随着计算机技术的不断发展，教育信息化成为了教育发展的必然之路。教育教学的过程本身就是对教学资源和信息进行获取、分析、处理和传递的过程，因此，教师作为教育的主力军，教师的信息技术素养直接关系到教育信息化的发展。

教育部关于基础教育阶段《义务教育英语课程标准（2011版）》中指出，英语学习需要大量的输入，中小学英语教师要能够为学生提供丰富多样的英语课程学习资源，拓展学生学习英语的渠道。教师要善于开发和利用生活中的英语学习资源，以及从网络、电视、图书、杂志等渠道获取英语学习资料等。这些英语学习资源的获取、筛选、加工和使用都需要教师具备一定的信息技术素养。中小学英语教师的信息技术素养包括高效使用计算机和通信技术的能力、有效获取信息的能力、批判性加工信息的能力、合理整合信息与英语课程的能力、准确传递信息的能力，等等。中小学英语教师的信息技术素养直接影响着英语教学的效果。因此，提升中小学英语教师的信息技术素养至关重要。

一、乡村中小学教师信息技术素养提升的困境分析

本研究通过对商洛市商州区周边乡村中小学的调研发现，乡村中小学英语教师目前在信息技术素养提升方面存在以下普遍的问题：

（一）教师对信息技术素养的认识不足

由于我国城乡基础教育发展存在不平衡现象，很多偏远地区由于经济欠发达，当地的中小学教学设施落后，生活条件艰苦，很难招聘到大城市毕业的优秀教师，特别是英语师

资缺乏使乡村中小学英语学科成为农村基础教育的薄弱环节。

笔者在商洛市周边的几个乡村中小学调研发现,在这些学校任教的英语教师很多都是当地出生的师范毕业生,有一些从教多年的老教师,他们多年来从事教育事业,具有丰富的教学经验,但是他们使用计算机网络和信息通信技术的能力严重不足。有些年龄较大的教师教学观念相对保守,这些老教师平时接触计算机和网络较少,计算机知识和技能缺乏,另外这些教师多年运用传统教学方法已经成为习惯,在主观上排斥计算机网络相关的新教学理论和方法,认为那些花里花胡的图片、视频、PPT课件等容易让学生分心,还不如多讲一些语法知识和做题技巧实在。甚至很多相对年轻的乡村中小学英语教师也持同样的观点,一方面由于他们原来接受的教育是传统式的,另一方面可能也是他们在工作岗位上受到有经验的年长教师的指导和影响的结果。

因此,尽管教育部早在十年前就将信息技术应用能力确定为新时代教师的核心素养,并且实施了全国中小学教师信息技术应用能力提升工程,但乡村教师的信息化技术应用能力至今仍很难提升。

(二)教师使用信息技术的条件不足

有些乡村中小学英语教师也意识到了信息技术应用能力的重要性,但由于学校的硬件和软件资源缺乏,不具备教师使用信息技术辅助教学的条件。很多乡村经济不发达,近几年尽管政府和社会各界都开始重视乡村基础教育的基础设施建设,很多乡村中小学都有了宽敞明亮的教室和塑胶操场,但是信息化教学环境的建设方法还相对落后,英语教学所需的多媒体语音实验室等乡村学校都很少有,有些教室尽管也装有多媒体设备,但网络连接等跟不上,很多教师仍没有自己独立备课使用的办公电脑。

此外在软件资源上,很多乡村中小学没有能力购买一些英语教学和研究的教学资源和语料库等供教师使用。另外一个重要原因是大多数的乡村中小学教师缺乏信息技术应用能力,或者说是信息技术素养缺乏,不懂得如何高效地获取信息和整合利用信息,软硬件条件再好,不会充分利用也起不到好的教学辅助作用。

二、乡村中小学英语教师信息技术素养提升策略

对于乡村英语教师来说,信息技术素养不仅仅是指音频、视频获取或PPT课件的制作和使用能力,进入21世纪,随着计算机和网络技术的发展,语料库技术越来越广泛地被应用在英语教学和研究当中,促进了英语教学方法和手段的改革。因此,对于英语教师来说,语料库技术的熟练应用成了英语教师信息技术素养的重要体现。下面重点以语料库技术应用能力为主分析乡村中小学英语教师信息技术素养提升的有效策略。

(一)增强信息技术素养提升的意识

要想提升乡村中小学英语教师的信息技术素养,首先要让英语教师们在主观上意识到信息技术应用能力对英语教学的促进作用。

以语料库在中小学英语教学中的应用为例,由于语料库技术是近些年来才逐渐被广泛应用到英语教学中的,很多乡村中小学英语教师没有接触过语料库,即使听说过,也由于缺乏语料库建设、检索和应用的知识,意识不到语料库对英语教学的促进作用。很多乡村中小学英语教师缺乏语料库技术使用能力,教学中仍然脱离语言的使用语境孤立地讲授单

词和语法，并要求学生死记硬背单词和语法，这种方法记忆的词汇和语法知识很容易忘记，即使是记住了，在真正语言表达时学生也很难正确使用。很多英语教师也意识到学生英语学不好是因为缺乏英语使用的语境，教育部颁布的《义务教育英语课程标准（2011版）》中也指出，英语教学应该注重语言学习的实践性和过程性，引导学生接触和体验真实的语境，在真实语境中理解语言和学会运用语言，主动探索和发现语言的规律。而语料库是由大规模的自然语言资源，按照一定的标准文本化后建成，主要用于语言研究或教学的电子文本集。语料库正好能够为英语学习提供大规模的自然语言资源，提供真实的语言使用语境。同时，语料库最大的优点就是能够实现快速地检索，获取所需信息。

除了使用现有的语料库进行语言资源的获取外，教师还可以根据中小学学生的需求情况，以学生的教材、测试题等为语料自建单语语料库、双语平行语料库、多模态语料库等，基于语料库教师可以进行教学资源的获取、教学大纲设计、教材的编写和评估、多媒体教学课件的开发等。同时，语料库还可以应用到英语课堂教学，如基于语料库的词汇教学、口语教学、写作教学和学习模式探讨等。

总之，语料库能够为教师教学和科研提供大规模的真实自然语言资源，语料库检索软件能够实现快速检索和统计结果。很多乡村中小学英语教师对信息技术在英语教学中的使用仅局限于基本的运用电脑制作PPT课件，不知道或者没有能力去利用语料库等信息技术在英语教学方面的优势，缺乏利用语料库等优质英语语言资源来提高自己教学质量的能力。语料库使用技术是当今时代英语教师的信息技术素养体现的一个重要方面，而大多数的乡村英语教师都不具备这方面的信息技术素养，这也是造成城乡基础英语教学质量差距的原因之一。

因此，乡村中小学英语教师首先要认识到语料库等信息技术对英语教学的促进作用，意识到自身信息技术素养的不足，并从主观上愿意去接纳和学习新的计算机和信息技术，同时，乡村中小学英语教师也要克服思想上的惰性，积极学习新技术，提高自己的信息技术应用能力。

（二）提供信息素养提升和信息化教学的环境

乡村中小学英语教师信息素养提升和运用信息技术促进英语教学质量提高的先决条件之一是乡村中小学首先要有信息技术实施环境，也就是说，乡村中小学首先需要加强学校信息技术相关的软硬件基础设施建设。例如，英语信息化教学需要教室有多媒体设备、网络连接设备、英语语音实验室、英语教师专用备课电脑等硬件，以及网络自主学习平台、语料库资源、语料库建设和检索工具，等等。有了这些软硬件设施，英语教师进行信息技术辅助英语教学才可能实现。同时，在使用这些基础设施的过程中英语教师也会发现自身信息技术能力的不足之处，从而增强学习和提升自身信息技术能力的意愿。

另外，要加强乡村中小学英语教师信息技术能力相关的培训，为乡村中小学英语教师提供信息素养提升的机会。近年来，我国政府加大了对乡村基础教育的投资，很多乡村中小学在政府的支持下都加强了基础设施建设，计算机、网络、多媒体教室等硬件设施和城区的学校不相上下，现在差距较大的主要是软件设施和师资队伍建设。为了保证乡村中小学英语教师能够真正将信息技术和英语教学相结合，提高英语教学质量，乡村中小学在引进英语教学相关软硬件资源时，要做好对英语教师的培训，让英语教师能够熟练使用这些硬件和软件资源。政府在支持乡村学校基础建设的同时，也要支持乡村教师的培训学习，一方面可以聘请相关专家来校进行培训，另一方面可以定期资助英语教师外出进修，保证在职英语教师都有参加信息技术相关培训的机会。特别是一些年龄较长的英语教师，自主学习电脑和网络信息技术能力相对薄弱，必须通过一定时期的培训和指导，才能逐渐掌握相关技术和技能。当教师体会到信息技术的强大，有了一定的基础知识和技能，教师也会自主学习和探索新的技能，教师的信息技术素养自然会逐渐得到提升。

（三）教师加强自主学习，提升自身信息技术素养

为了适应英语信息化教学的需求，乡村中小学教师不仅要增强信息化素养提升的意识，在积极参加学校各类培训和进修学习提高自身信息化技术使用能力的同时，还要增强自主学习意识，积极主动去接纳和学习现代化信息技术和相关知识，提高自己的信息技术使用能力。

在当今信息爆炸时代，电脑网络和信息使用技术更新速度飞快，除了积极参与学校组织的培训或进修学习外，作为一名教师必须要有自主学习的意识和能力。对于英语教师来说，除了会运用计算机进行 PPT 课件制作以及播放音频和视频，熟练使用学校的多媒体、语音室和信息化设施等，还需要掌握一定的语料库建设和语料库检索技能。

语料库技术对于提高英语教师的信息化教学水平具有很大的促进作用。建议乡村中小学英语教师首先要掌握一些语料库建设的基本步骤，包括语料库设计、语料采集、语料预加工、语料标注或双语语料对齐等，以及语料库建设过程中需要使用的软件，包括 ABBYY FineReader 等 OCR 文字识别软件；NotePad++、EditPad 和 PowerGREP 等语料清洗降噪软件；Tmxmall、ABBYY Aligner、Trados 或雪人 CAT 等双语对齐软件；TreeTagger、Corpus WordParser 等语料库词性标注软件等。语料库的建设是一个相对复杂的过程，如果能够熟练运用各种软件，可以高效准确地辅助人工完成各种耗时费力的工作。对于中小学英语教师来说，可以根据自己学生的水平，以讲授的教材内容为语料，自建小型的各年级教材语料库、写作语料库、试题语料库等，创建语料库需要一定的时间和精力，但语料库建成之后，教师可以利用语料库进行备课、教材分析、高频词表提取、语言信息检索、试题编写等，甚至还可以利用语料库创建适合自己学生的英语学习平台。教师也可以利用 WordSmith、AntConc、PowerGREP、ParaConc 等语料库检索软件进行现有的语料库资源检索，获取所需的语言信息。

总之，语料库的创建和应用涉及很多电脑软件的使用，需要英语教师具备一定的计算机操作能力，起初在学习语料库时教师可能会感到困难，一旦掌握了语料库技术，体会到了语料库对英语教学的促进作用，教师会拥有成就感，同时英语教师的信息技术素养也会有很大的提高。

三、结语

在当今信息发达时代，教育的信息化要求教师首先要具备较高的信息技术应用能力。很多乡村中小学英语教师由于受地域限制和传统英语教学观念的影响，思想上缺乏信息技术对英语教学促进作用的认识，主观上缺乏学习计算机新技术的动力，再加上很多乡村中小学软、硬件等基础设施和教学资源不足，学校对英语教师培训学习的支持不够，造成很

多乡村中小学英语教师的信息技术素养缺乏。因此，乡村中小学要想提升英语教师的信息技术素养，首先要增强信息技术素养提升的意识，要让英语教师们在主观上意识到信息技术应用能力对英语教学的促进作用；其次，乡村中小学要为英语教师提供信息素养提升和信息化教学的环境，加强学校信息技术相关的软硬件基础设施建设，从政策和资金上支持英语教师信息素养提升的相关培训和进修学习；最后，乡村中小学英语教师要增强自主学习意识，积极主动去接纳和学习现代化信息技术和相关知识，只有这样才能逐渐提高乡村中小学英语教师的信息技术素养，从而提高乡村中小学英语教学质量。

参考文献

[1] 金国庆. 信息素养一词的概念分析及历史概述 [J]. 国外情报科学，1996(1):26-33.

[2] 中华人民共和国教育部. 义务教育英语课程标准（2011 版）[M]. 北京：北京师范大学出版社，2012.

[3] 祝智庭. 信息教育展望 [M]. 上海：华东师范大学出版社，2002.

[4] 唐俊红. "互联网+"英语教学 [M]. 北京：新华出版社，2018.

基于核心素养的初中数学单元整体教学实施策略研究[1]

郭萌，胡萌，王怡

摘要：单元整体教学是实现初中生核心素养发展的重要途径和载体，然而相关研究结果表明，目前初中数学单元整体教学的实施仍存在一些问题，其中最突出的是教师对这一新型教学方式理论知识的了解不足、实际操作经验不足，导致教学质量良莠不齐。本文以综合学科核心素养、数学新课程标准的理念为基础，探讨数学单元整体教学的内涵与实施意义，实地调查分析当前初中数学单元整体教学现状，针对目前发展过程中所呈现出的问题给予一定的建议，并以"函数"为例，做出了案例示范。

关键词：初中数学；课程改革；数学核心素养；单元整体教学

数学核心素养是结合各个阶段所学教材进行知识传递的途径，也是对学生综合素质能力的培养，即教师除了应当及时丰富讲解问题的方式方法外，还应当明确学习目的以及相关理论知识，从而能够进一步对学生进行正确引导。其大致可以分为：对基础理论知识、学习方法以及对相关知识的掌握能力，通过这三部分从而对数学这一学科有一个更深层次的了解。在教学过程中应当充分结合生活，使学生的创新思维以及推理能力得到有效提高，并使学生意识到数学就存在于我们身边。为进一步达到国家制订的教育改革的目标，我国对义务教育课程等方面改革的关注度也随之提高，结合国家于2022年制定数学新课程标准可以了解到，在进行数学科目的教学时应当关注内容之间的联系以及同一个内容中重要知识点之间的联系。发展学科核心素养作为新一轮课程改革的重要导向，也推动着课程教学设计从关注课时、单个知识点转向关注单元整体教学设计。最近将数学核心素养定义为数据分析、空间意识、创新思维、逻辑推理等多种数学能力为一体的综合能力。为了加强学生核心素养的培养，要从单元整体去分析知识体系，更多地发现教学内容的本质，这就要求广大的初中数学教师在教学中要更好地实施单元整体教学。

在传统初中数学的教学设计过程中，大部分老师都是以课时来做备课准备的。教师能够借助这一教学方式来对该课时的重难知识点进行细致讲解，并使教学目标得到有效落实。然而此类传统教学方式有一定的缺点，即采用课时教学方法，学生只是单独掌握这一课时的知识点，无法找到所有所学课时的内容之间的内在关联，并构建出一个完善的知识体系，且学生的逻辑以及创新思维水平也无法得到有效提高。结合相关调研结果可以了解到，在目前的初中数学的教学过程中，仍无法借助单元整体教学达到所颁布的课程标准。由于仍

---

[1] 基金项目：陕西省教育学会2022年度重点课题（课题编号：SJHZDKT202204）"商洛市基础教育资源配置空间分布特征及共享机制优化研究"

有小部分教师对教学理念的了解不足，抑或是仅仅了解并未对其进行实际落实，这也是导致对初中数学实施单元整体教学时教学质量良莠不齐的主要原因。基于此，开展整体教学的主要目的是在教学时克服课时问题的束缚，使学生的思维能力更具整体性以及系统性。教师在借助这一教学方式进行教学前，应当找到本单元各课时之间的内在联系，从而进一步带动课堂学习节奏，将此教学方式所具的优点充分发挥。除此之外，教师还应当结合其他单元以及其他版本教材的相关内容，在教学过程中及时给学生进行补充以及举例，从而实现教学方式以及教学内容的转变。及时掌握教学方式进行转变的发展现状并对解决方法进行一定的创新，能够进一步明确改变教学方式的目的以及内涵，针对具体问题进行解决，除此之外还可以为教师提供一个新的切入点，并为其提供相关意见。在进行落实的过程中，教师也应当注重对单元内容的提炼与整合，有利于初中数学新课标的落实，切实提高学生数学核心素养。

一、单元整体教学现状

单元整体教学这一新型教学方式是参考学生的理解与学习能力，将教学内容按照单元来进行划分，并将任务量设置在学生能够接受的范围内。这是全面掌握教育要求，安排教育内容，在课堂上实施的一种教育。单元整体教学是在 19 世纪末开始的欧美新教育运动中留下的优秀文化，教育家 Ovide Decroly 便是其中最为代表性的人物，他坚持整体教学的教学方式，并认为应当充分认识到学习内容完整的重要性。得益于杜威实用主义这一教学方法的提出，进一步推动了单元整体教学水平的有效发展。直至 1950 年前后，由莫里生所发表的五步教学模式，其中单元整体教学步骤的设定也给予了教师教学准备工作一个新的切入点。随后，部分国家开始尝试落实单元整体教学，从而使数学教学方式发生了翻天覆地的改变。在我国，梁启超于 20 世纪初期总结出来"分组比较教学法"，这一教学方法的主要内容为：学习应当从整体的角度来进行，应当注重学习内容的整体性以及其内在逻辑性，从整体出发，而不是拆分成课时来进行教学，这也是我国单元整体教学方法的首次提出。1919 年，我国诚邀杜威先生来到我国并举办讲学活动，其所倡导的实用主义思想首次在中国进行了宣讲，而单元整体教学理论便是其中一部分。从此，中国开始将教材内容进行单元化改变。

从 20 世纪 80 年代起，便开始有专业人士对单元整体教学这一教学方法展开进一步研究，这一教学方式也被他们判定为一种重要教学方法。对此何建芬曾发表自己的看法：单元整体教学，顾名思义就是按照单元来进行备课与教学，并结合相关教学内容对课程的教学目标以及教学方式进行改动。陈敏也曾就单元整体教学法发表自己的看法：这一方法能够通过部分来充分带动整体。因此，将知识汇集成一个综合又互相联系的整体。得益于近年来单元整体教学这一教学理论的不断普及与认可，覃可霖（1995 年）首次发表了自己"大单元"的想法，他认为应当再进行适当升级，从而使单元的定义发生了进一步的改变。吕彩玲（2008 年）结合实际案例，对如何有效落实实现单元整体教学展开了进一步的研究。马兰（2012 年）提出了"以整体观为指导有序设计单元教学"。钟启泉（2015 年）在相关研究中指出，教师应当在保证学科素养的基础上，从整体角度上来进行内容教学，即单元教学。吕世虎（2016 年）便就"大单元"为切入点，明确了单元教育过程中的主要步骤。周初霞（2019 年）指出，初中教学中，落实学科核心素养的重要途径是聚焦重要概念的单元整体教学设计。张粒（2021 年）在梳理单元整体教学内涵的基础上，侧重于怎样在不落下学习重点的前提下，在单元整体教学的教学方式中融入课时教学。与此同时，崔楚民通过研究表明，单元教学无疑是连接教学和学科素养必不可少的一个纽带，有效解决教师在教学内容以及教学方式上的相关问题，从而推动了教师对教学实践的认知。综上所述，结合相关中外研究文献，我们对单元整体教学这一教学方式的了解程度得到了有效提高。

二、初中数学单元整体教学调查分析

（一）调查对象的选取

对教学方式进行创新与改革，由传统的教学方式改变单元整体教学法，应当充分结合目前采用该方式教学的发展情况。为满足代表性、影响性以及进一步提升学生家长的认同感，本文选择咸阳市甘井中学、仪井中学以及监军中学来作为主要研究对象，并借助问卷调查的方式来展开调查与分析。后文将上述学校简称为：甘井中学（GJ），仪井中学（YJ），监军中学（JJ）。以 ADDIE 模式为基础，设计出针对教师的调查问卷。在对问卷内容的设置上，主要围绕受调研教师的个人基本情况、对单元整体教学这一教学方法的了解程度、运用情况，以及对其疑惑点等方面来设计。主要侧重于后面三部分的调查，对教师基本信息进行调查以便于后续分析，这些不是决定教师是否采用单元整体教学这一新型教学方法的影响因素。内容大纲以及具体对照表参考表 1。

表 1 调查问卷的维度与问题对应表

维度	对应问题	
J1: 教师个人基本情况	J11 教龄	教师问卷第 1 题
	J12 学历	教师问卷第 2 题
	J13 职称	教师问卷第 3 题
J2: 教师教学备课方式	J21 备课	教师问卷第 4 题
	J22 理解	教师问卷第 5 题
J3: 教师的单元整体教学认知	J31 采用	教师问卷第 6 题
	J32 设计	教师问卷第 7 题
	J33 开发	教师问卷第 8 题
	J34 实施	教师问卷第 9 题
	J35 评价	教师问卷第 10 题
	J36 作业	教师问卷第 11 题
J4: 教师单元整体教学的局限与困惑	J41 局限	教师问卷第 12 题
	J42 资源	教师问卷第 13 题

将咸阳甘井中学、监军中学以及仪井中学作为主要调研场所，并从校内数学老师队伍

中随机选择100位老师来作为调研对象展开问卷调查，问卷的发放与收回具体情况如表2所示。

表2 教师问卷调查的详细情况

学校	发放问卷数量	收回问卷数量
GJ	35	32
YJ	35	35
JJ	35	33
总计	105	100

(二) 调查结果分析

在问卷内容的设置上，问题1~3设定为对教师基本情况的了解，主要分为教龄、学历以及职称。结合调查结果可以了解到，教龄为是否采用单元整体教学方式的影响因素之一，而学历以及教师职称对其产生的影响相对较小。由于所选取调研学校，校内多为教龄15年以上的资深老师，因此教龄会出现普遍较高的情况。

问题4~5调查结果显示在众多教师的思想理念中认为单元整体教学就是依照自身的教学目标，按照教学篇、章、专题顺序形成自然单元来实施教学活动，部分教师针对单元整体教学的认知并不全面，在实践应用过程中局限性较高。问题6的数据显示，多数教师备课方式是以教材中章节内容（即课时）来准备的。现如今，单元整体教学的教学方式的实行也就意味着教师需要对教学内容进行一定程度地改动，以单元为单位来进行教学备课，结合相关调研结果可以看出完全没有考虑过的人数占比是很小的。可以看出大部分的教师都采用过单元整体教学的教学方式，其中约15%的教师只有过想法，但并未实际落实。问题7研究得到结果显示绝大多数教师开展教学活动时将确定教学目标和课时目标放置在首位，随后依照"主题—探究—表达"的方式开展各项单元教学活动，随后便是针对教材进行深入分析，从而编订教学内容的可视图。

问题8~10主要关注的核心点便是教师在实施整体教学设计时的具体方法。问题8分析获得的结果显示绝大多数学校教师会采用梳理各个单元框架内容和教学流程等方法，从而系统性地展开教学活动。而能够基于自身的教学需求来开发各评估工具和指标的教师数量较少，从而获得的教学效果不尽如人意。在教学活动中单元整体教学目的是获得更好的教学效果，从问题9统计得到的结果显示当下教师在开展教学活动时十分重视尽早达到良好的教学目的，而对于教学过程的重视程度比较薄弱，没有注重学生们的需求。有效性是评估教师工作质量和效果的关键所在，问题10统计得到的数据显示，以学生的学习行为、情感与态度、结果，教师根据单元目标要求及不同的学习情境来展开全面系统性的评价；然而在当下教学活动中对于现代化电子信息技术手段的运用却比较薄弱，无法系统性地追踪和评估学生们的学习状况，评价方式也较为单一。问题11关注的是单元整体教学课后的作业布置，作业设计关注梳理各个单元框架内学习概念，从而和既定的学习目标相符合。由此可见，教师针对教学目标和教学内容设计较为全面合理。

问题12得到的统计数据表明，在单元整体教学推行过程中面临的最主要问题便是教师对于单元整体教学认知理念比较薄弱，不同的教师秉持着不同的态度。许多教师认为在传授新课程内容时通过运用单元整体教学对于学优生能够获得更好的效果，然而由于不同的学生学习态度和方式不同，学习水平存在着显著差异性，因此这种教学方式取得的效果并不突出。其次由于教材内容较多，教师安排课堂内容与课时较为紧张，很难定期展开评价和观察教学质量效果。许多教师在开设课堂内容时十分担心自身采用的教学方式是否会影响教学进度，为此教师更加青睐于采用传统的教学模式。由此可见单元整体教学在实施过程中仍然存在许多的问题，需要不断地予以改进。问题13调研分析了教师在实施课堂教学内容时所需投入的资源，根据数据结果显示对于各类不同教学资源需求没有得到有效满足。分别有63%和48%的教师认为，在实施单元整体教学时对单元目标的设计实例、单元理解主线的设计实例需求较多。相对而言，教师对在线或面对面培训课程的需求较低，仅为19%。

问卷调查的分析结果可以概括如下：一是在初中内部分一线教师对于单元整体教学认知水平比较薄弱，采用的教学方式也较为单一，很难满足学生多元化的需求，因此需要不断的改进自身的教学方式；二是初中一线教师认为数学教学中单元整体教学，具有极其重要的现实意义，希望能够通过运用这种教学模式来提升整体教学效果和教学质量；三是数学单元整体教学实践过程中难度较高，同时缺乏有效理论体系的引导，这会导致教师教授单元内容时受到影响。

三、初中数学单元整体教学中存在的主要问题

当前初中数学单元整体教学与对学生核心素养培养的过程中，通过上述调查结果的数据显示，主要存在以下问题：

（一）教师专业素养不足

问题1~3的调查数据表明，从教师基本情况、单元整体教学的认知程度现状而言，教师职业素养稀缺主要表现如下：一是教师的专业化程度比较薄弱，自身的理论和实践技能都较为稀缺，一部分教师针对单元整体教学了解不够到位，缺乏对单元整体教学重要性的认识，无法通过改变授课方式来提升自身的教学质量和教学效果；二是单元整体教学对于教师各方面的要求较高，教师需要不断提高自身的理论知识和实践技能才能适应教学发展的需求。不仅如此，教师采用的教学方式是否合理规范将直观影响学生的学习积极性，这对于教师教学能力也提出了更高的要求。

（二）落实核心素养教学导向不够

问题5~9的调查数据表明，在实践教学活动中许多教师都仅仅局限于传授书本中的内容，教学重组能力并没有得到根本性的发展，在一些教师的心目中认为只需要将课本中的知识完全传授给学生就足够了，随后再根据习题册内的内容进行知识拓展，这是当下众多教师选择采用的教学方法。这种思想理念导致教师在教材内容开发时局限性较高，和学生之间的交互性比较差，从而导致综合教学质量不尽如人意。教师在授课时不应当仅仅局限于教材内容，而应当以学生为核心针对教材中的各项知识进行重组，从而提升学生们的积极性，帮助学生实现可持续发展。

(三)教师教学设计理念滞后

问题4统计得到数据显示,当下许多教师在授课时更加青睐于以课时为单位的教学方法,这种教学模式是基于中国教育市场环境背景之上的。教师需要从实践教学标准着手让学生们大量地刷题,能够在短期时间内提升学生们的成绩,尤其是针对初三学生效果更加突出。根据调研得到的结果显示,大部分教师采用的教学方法较为单一。而其原因有以下几方面:大部分一线初中教师都是以应试教育为主,目的在于帮助学生在短时间内提高学习成绩应对考试,创新思维理念比较薄弱。尽管当下在校园内许多教师都经过了系统性专业的培训,但是对于初中教师而言创新度仍然比较薄弱,很难满足学生多元化发展的需求,这也是导致数学单元整体教学难以实现全面发展的重要因素。

(四)教学评价方式单一

问题10的调查数据表明,当下教师在针对学生们的学习效果进行评价时仍然是以结果为根基,而这和初中新课改标准指出的"要同时注重过程和结果的评价"要求不相符合,会影响教师们的教学效果。新课改标准体系强调了初中学生要全面掌握各项数学知识,同时能够在日常生活中灵活运用知识。在大数据时代背景下全面发展的人才较少,教师们需要针对学生的应试水平和素质教育进行评价,这也是教师应当重点落实的工作。

(五)学生参与探究学习能力欠缺

问题12的调查数据表明,一部分教师认为在实施过程中存在的障碍问题便是需要学生具备较强的基础素养,并且主动性较高。然而在实践教学时针对基础能力比较薄弱的学生教师只能逐字逐句精细地讲解,告知学生们解题的思路,从而能够让其在短时间内提升学习成绩。针对基础能力较强的学生则在教师的引导下能够更加积极主动地掌握各种知识,从而提升学习成绩。学生的数学整体性很难提高,导致与数学新课程标准中的单元整体教学实施还存在一定的差距。

四、初中数学单元整体教学的改革策略与建议

(一)提高教师单元整体教学认知水平

首先,要拓展教师专业知识深度。在新课改要求下教师们必须不断提升自身的职业教学素养。数学课堂中的许多问题都是来源于我们的日常生活,当下数学问题涉及各个领域。教师自身的专业知识能力将直观影响学生们的知识水平,同时和学科质量也是密切关联的。

其次,教师必须要不断提升自身的理论知识和实践技能,充分了解不同层面存在的数学问题。只有将数学单元整体教学运用在日常生活中才能激发学生自主学习的能力,从而让学生深刻了解数学教学和日常生活是密切关联的,能够积极引导学生更加精准地发现问题和解决问题,提升自身的数学素养。

最后,要加强教师单元整体教学的理论与实践指导。在教学实践活动中要想充分将单元整体教学落实到位就需要教师充分全面地了解其重要性并且能够在日常教学活动中合理运用。一些初中十分重视提升教师的能力并定期展开培训,同时让教师逐步认识到教学过程是课堂教学内容中的核心所在,教师选择采用何种教学模式将直接影响着学科教学质量。数学单元教学设计就是在新课程改革体系背景下教师将各种因素组合在一起来提升最终教

学质量的方式。

(二)落实单元整体教学要求

首先,要坚持教学的核心素养导向。在新课程标准中,教学目标由原有的三维目标变为今天强调的核心素养。初中数学核心思想涉及的内容较多,对于学生而言其中任何一个因素都是不可少的。初中数学教师为了完善单元整体教学理念就要转变自身传统的教学模式,能够适应社会市场多元化的发展需求,针对某一单元课程内容进行全面设计。当下教师在日常数学教学活动中要将核心素养的培养融入进去,能够引导学生采用合理的方式去解决日常生活中存在的一些问题。教师需要合理向学生们传递数形结合、类比推理、函数方程思想方法等解决数学问题的思路,并与日常实践生活相结合,从而提升学生的学习能力。

其次,落实课程教学的整体教学理念。在单元教学过程中,要注重单元整体,避免知识体系碎片化。教师在教学活动中为了提升数学知识的整体关联性,可以采用单元类比的方式,从而明确不同单元之间存在的相互关系,体现出本次教学活动中的重点和难点。教师需要结合实践教学目的合理设计各个单元的活动内容,同时在课堂内容中渗透课本内知识,能够帮助学生提升学习能力,掌握基础知识。

最后,要在解读教材中提供单元架构的依据。在新课改标准体系下各种要求会被教材编排出来,教师们则应当合理编排教材内容,能够深入把握教材中的一些核心和难点,提升教学质量。教师深入地解读教材,需要从以下三个层面着手来落实各项工作:一是深入了解教学活动中的教学本质和内涵。在教材中数学理念、法则等有其自身所包含的真正内涵。二是数学教师要明确数学知识脉络体系,针对教材中的内容进行全面整合,明确教学活动的关键,这样才能向学生们灌输更多的知识。三是教师要针对多版本不同的教材进行全面分析。通过解读多种版本教材找准单元内容的难度定位,酌情调整教学内容的深度与广度。采用多元化的设计理念,保障单元教学活动顺利进展,提升教学质量水平。

(三)提升教师教学设计的能力与技巧

一是要重视关注能力进行教法设计。教师在教学活动中能否采用合理的教学方式至关重要,教师要结合单元教学活动特点,针对课堂内容进行合理编排,利用多样化的教学方法,引导学生深入掌握学习内容,提升学生分析问题、理解知识、计算、推理等能力。教师在教学活动中不能仅仅追求教学效果而忽视了教学过程,应当引导学生们能够根据案例解题方式来合理解决数学问题,同时在教学活动中也要针对章节内的各种数学方式进行全面整合提炼,有助于学生自主建构知识体系以及完善自身的数学知识体系。

二是要创设问题情境搭建知识网络。新课改标准体系背景下注重学生们的全面发展,需要创设具体形式,让学生们在学习数学知识中能够掌握其中的一些关键知识,同时数学教师也要明确教学活动中设定的教学目标,培养学生德智体美实现全面发展。教师问题的设定要基于教材内容之上,采用更加多元化的方式来得以体现,激发学生们自主学习的能力。情境化教学是数学知识转变的一种重要方式。通过创建基于问题的各项活动能够引导学生们自主的参与进去并提升不同学生之间的协作性,帮助学生掌握正确的解题思路和解题技巧,推动数学知识结构实现不断转变,提升学生们的数学素养。

(四)追求单元整体教学评价的多元化

一是建构确定单元整体教学的评价标准与主题。单元整体教学评价，是根据具体教学内容而设定的一种教学模式，课程评价的目的在于了解教师的教学质量，明确教师教学活动中存在的薄弱点并不断予以改进，提升最终的教学效果。在此过程中首先要确定评价标准，而不同年级段的学生教学目标存在着显著的差异性，需要以此为根据来实现评价。例如其强调在实践场景设定时要提升学生们自主解决实际问题的能力，提升学生们的学习水平。

二是实施聚焦素养的过程性评价。初中数学学习评价，其中的重点和核心便是针对过程情况进行评估，而不是对结果的评估。初中数学单元教学内容设计时结合不同学生存在的差异性采用不同的教学模式，提升教学质量，帮助学生实现全面发展。另一方面，我们要开发评价工具，构建多元化的评估工具。落实此项工作，有助于学生认识自己、增强自信心以及教师提高教学质量，提高学生的学习兴趣。

五、结语

通过调研分析得到结果显示初中数学课堂中单元整体教学正在不断落实，单元整体教学对培养初中生的数学核心素养起到了一定的积极作用，并且已经得到了初中数学教师的肯定。对教师来说，数学单元整体教学正处于一个摸索的困难阶段，教师对它还存在一定的困惑。当前，初中数学单元整体教学中存在的问题主要有以下几个方面：一是教师的专业素养水平不高，在实践教学活动中缺乏理论引导；二是教师教学设计单一、评价方式单调；三是教材认知度不够、教学思维偏差；四是教学内容的设计和课堂标准要求之间紧密度不高，许多教学内容只是流于形式；五是学生们的自身理论知识和实践技能存在差异性等。基于此，我们应通过定期培训，提升教师的专业素养，在实践教学活动中，严格按照整体教学要求落实各项工作，逐步改进教师的教学模式，适应教育市场要求，促进单元教学评价体系多元化发展。

参考文献

[1] 中华人民共和国教育部. 义务教育数学课程标准（2022年版）[M]. 北京：北京师范大学出版社，2022.

[2] 张永生. 新课程标准下初中数学核心素养的培养策略 [J]. 学苑教育，2022(1):64-66.

[3] 李燕. 基于核心素养的小学数学单元整体教学研究 [D]. 济南：山东师范大学，2018.

[4] 陈对平. 二次函数单元教学设计的研究 [D]. 天水：天水师范学院，2018.

[5] 陆鹏程. 基于学情分析的小学数学单元教学设计的研究 [D]. 上海：上海师范大学，2018.

"参与式"教学法在中学化学课堂中的应用研究——以商丹高新中学为例

郝东艳,刘萍,李欣悦,胡玉洁

摘要: "参与式"教学法是在教师的指导下,学生积极主动的参与教学过程。课堂中应用"参与式"教学法可营造民主平等的课堂氛围,激发学生的学习兴趣、培养学生的探究能力。基于此,本论文采用问卷调查法,探究了"参与式"教学法模式在商丹高新中学化学教学运用中所存在的问题,并针对这些问题从"化学课堂前""化学课堂上""化学课堂后"三个阶段提出应用策略,从而为丰富中学化学教学法提供理论上的参考。

关键词: "参与式"教学;中学化学;合作学习;教学方法

一、引言

"参与式"教学法,既是一种教学方法,又是一种教学理念。从教学方法上讲,"参与式"教学法就是一种以学生为中心的协作式或合作式的教学方法,鼓励学生积极参与进教学过程中。让师生平等地参与到课堂活动之中,共同探讨学习中的问题,实现教学活动中的教学相长以及师生、学生之间的互动。从教学理念上讲,"参与式"教学法提倡以学生为中心,强调在教学活动中的师生平等以及共同参与,进而让师生双方在教学过程中相互参与、相互促进。"参与式"教学法也可以通过合作的教学模式,促进不同层次学生的相应发展。因此,"参与式"教学法是在教师的指导下,学生积极主动的参与教学过程与环节,促进师生、学生之间形成学习共同体,调动学生学习积极性提高课堂效率的教学方法。

"参与式"教学法的基本特征主要有:①参与性:"参与式"教学法的灵魂与核心就是参与性。"参与式"教学法注重发挥学生的主体参与作用,通过设计教学活动让学生积极参与进课堂教学中,做到全员参与、有效参与。"参与"不仅需要学生参与进教学活动,而且要求教师参与进教学活动中。②合作性:"参与式"教学法倡导合作学习,在分小组合作的学习过程中,各个组员相互交流观点、探讨问题、共同合作。"参与式"教学法不仅为学生之间的交流合作提供了机会,也进一步加强了教师与学生间的交流合作。合作学习不仅能提高学生对知识的学习能力还可以提高学生的综合能力。③民主性:在"参与式"教学法中,教师不再是"居高临下"的,而更加亲近学生,学生无须惧怕老师,教师与学生之间的关系是民主的。教师通过创设轻松、活泼的课堂氛围,引导、鼓励学生分享自己的观点,做出自己的判断。学生之间也是平等、相互尊重的,他们在学习过程中也能友好、愉快地相处。④开放性:"参与式"教学法使学生的学习内容是丰富多彩且生动形象的。教师教学的目标、方法、内容以及对学生的评价都具有多样性、开放性的特点。中学化学的教学内容不但来源于课本还来源于生活,学生的学习方式和学习地点也是开放的、多样的,在课堂以外的时间和空间学生也可以进行自主学习或合作学习。

本论文以商丹高新学校为研究对象，采用文献查找法、问卷调查法、统计分析法等研究"参与式"教学法在中学化学课堂中应用现状，充分了解学生在化学课堂中的参与程度以及"参与式"教学法的具体应用情况，开展问卷调查，并对问卷进行具体对比分析，提出"参与式"教学法在中学化学课堂的应用策略。

二、调研对象及问卷设计

本次问卷调查以商丹高新学校的160名同学和20名化学教师为调查对象，向学生发放《"参与式"教学法在中学化学课堂中的应用现状调查问卷（学生）》（内容见附录一）160份，回收有效问卷158份，有效采用回收率为98.75%。向教师发放《"参与式"教学法在中学化学课堂中的应用现状调查问卷（教师）》（内容见附录二）20份，回收有效问卷18份，有效回收率98%。

三、问卷调研结果与数据分析

（一）学生层面

学生版调查问卷为《"参与式"教学法在中学化学课堂中的应用现状调查问卷（学生）》，学生版调查问卷共15个单选题，主要包括四部分。第一部分：第1~3题，主要为学生对化学课堂的态度与看法；第二部分：第4题，主要为上课前学生对于教师课前设计的教学活动的表现情况；第三部分：第5~12题，主要为课堂中学生对教学活动的参与情况以及学生对"参与课堂"的想法；第四部分：第13~15题，主要为化学课后学生的学习方式以及对知识的掌握情况。

1. 学生对化学课堂的看法情况

通过调查发现：如图1所示，有48.73%的同学喜欢化学是因为学习化学对自己有益处，说明学生能够认识到学习化学的重要性；有16.46%的同学是因为喜欢教师的授课方式，教师在化学课上能够带领他们分析问题；有27.85%的同学是因为喜欢动手做实验，化学课上有许多实验，可以满足学生的喜好；但也有6.96%的同学是因为考试压力，不得不学习化学。由上述结果可得，大多数同学喜欢化学这门学科，主要因为大家喜欢动手做实验，说明学生具有参与课堂的态度，同时也可以看出在课堂上教师可以带领学生一起讨论，使学生参与课堂学习。

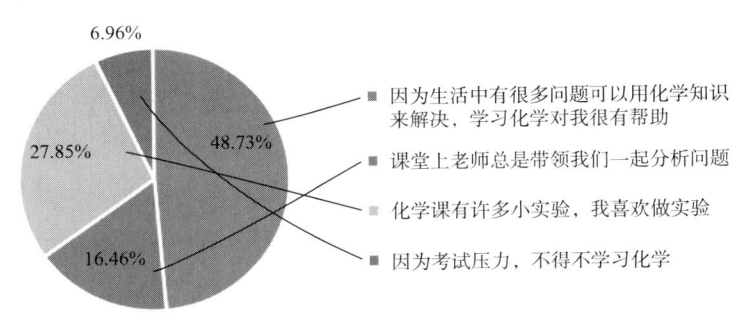

图1 学生对化学喜爱程度

通过调查发现：如表1所示，有28.48%的同学认为自己班级参与化学课的情况是十分积极的；有43.67%的同学认为自己班级参与化学课的情况是比较积极的；有25.32%的同学认为自己班级参与化学课的情况是一般积极的；也有2.53%的同学认为自己班级参与化学课的情况是不积极的。有46.84%的同学认为自己班级化学课堂的氛围是轻松愉快的；有36.08%的同学认为自己班级化学课堂的氛围是师生平等的；但也有少数同学认为自己班级化学课堂的氛围是沉闷的、压抑的。

表1 化学课堂情况分析表

问题	选项	频次	百分比（%）
你们班参与化学课的情况是	十分积极	45	28.48
	比较积极	69	43.67
	一般积极	40	25.32
	不积极	4	2.53
班里的化学课堂氛围是怎样的	轻松愉快的	74	46.84
	师生平等的	57	36.08
	沉闷的	21	13.29
	压抑的	6	3.8

2. 化学课前设计活动，学生的表现情况

通过调查发现：如图2所示，化学教师在课前让学生做小实验或查阅课外资料时，有45.57%的同学会认真完成；有32.91%的同学会选择找家长或同学一起来完成；有16.46%的同学会找家长来帮助完成；只有5.06%的同学不去做这项作业，对化学学习没有积极性。由上述结果可得，绝大多数学生具有探究意识，喜欢合作学习，具有参与意识。

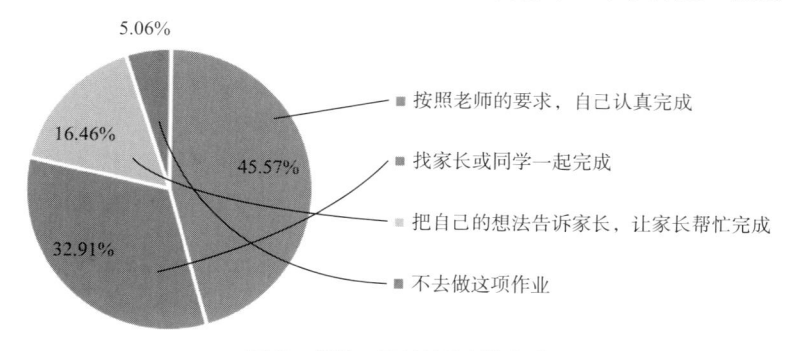

图2 学生对课前活动的态度

3. 化学课上设计活动，学生的表现情况

通过调查发现：如表2所示，有38.61%的同学很乐于回答老师的问题；有36.08%的同学对回答问题时感到有些紧张；有19.62%的同学害怕回答问题；有5.7%的同学表示无所谓。在"参与式"教学法中教师要为学生营造和谐愉快的班级氛围，消除学生对教师的敬畏感与畏惧感，让学生和教师平等相处与交流。只有26.58%的同学能做到整节课全神贯注地听课；有41.14%的同学认真听课的时间在35分钟左右；有25.95%的同学全神贯注听课的时间在25分钟左右；但也有6.33%的同学认真听课的时间仅为10分钟左右。"参与式"教学法要求学生要全程参与课堂，也有助于提高学生上课专心所讲的时长与程度。

表2 课上学生的自我感受与评价分析表

问题	选项	频次	百分比（%）
在化学课上，被老师提问时你的感觉是	乐于回答问题	61	38.61
	有点紧张	57	36.08
	害怕被老师点名	31	19.62
	无所谓	9	5.7
在一节化学课上，我能全神贯注地听课的时间为	整节课	42	26.58
	35分钟左右	65	41.14
	25分钟左右	41	25.95
	10分钟左右	10	6.33

4. 化学课后设计活动，学生的表现情况

通过调查发现：如表3所示，当课后教师布置查阅相关资料的作业时，有41.14%的同学能够自己翻阅书籍或到网上查找资料；也有很多同学愿意找同学提起讨论或找家长帮助，然后共同查阅资料。可以看出学生有合作意识并对课本外的知识很感兴趣。在对学生喜爱的学习方式调查中，44.3%的同学喜欢自己独立学习，遇到问题问老师或同学；30.38%的同学喜欢独立学习，但不与其他同学交流；有20.25%的同学喜欢与同学一起学习；5.06%的同学喜欢家长监督学习。

表3 学生对课后活动态度分析表

问题	选项	频次	百分比（%）
在化学课后，当老师布置查阅相关资料的作业时，你会	自己翻阅相关书籍或到网上查找资料	65	41.14
	和同学一起讨论，查找资料	62	39.24
	先问家长，然后一起查阅资料	23	14.56
	不去查阅相关资料	8	5.06
在化学课后，你喜欢哪种化学学习方式	自己独立学习，有问题问老师或同学	70	44.3
	自己独立学习，但不和别的同学交流	48	30.38
	喜欢和同学一起学习	32	20.25
	家长在旁边看着我学习	8	5.06

通过调查发现：如图3所示，36.71%的同学表示可以用课堂所学的知识来解决生活中的一些问题；有60.12%的同学可以将课堂中的知识联系到生活中；但也有3.16%的同学无法将课堂知识联系到生活中。

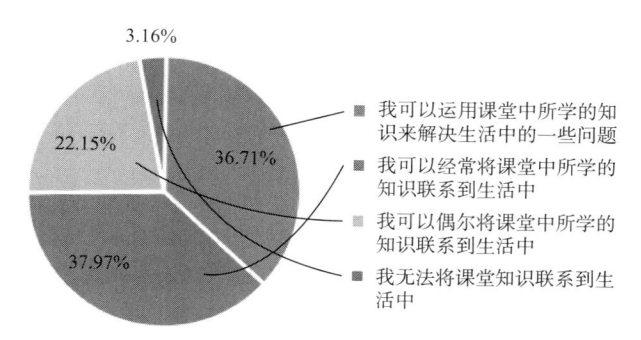

图3 学生将知识联系生活的情况

（二）教师层面

教师版调查问卷为《"参与式"教学法在中学化学课堂中的应用现状调查问卷（教师）》，教师版调查问卷共9个单选题，主要包括三部分。第一部分：第1~4题，教师个人对"参与式"教学法的态度等；第二部分：第5~6题，主要是教师认为运用"参与式"教学法时的困难与阻碍；第三部分：第7~9题，主要为教师分别在上课前、课堂上、下课后对"参与式"教学法的应用情况。

1. 教师对"参与式"教学法态度情况

通过调查发现：如表4所示，仅16.67%的教师十分了解"参与式"教学法；有72.22%的教师比较了解"参与式"教学法；但也有11.11%的教师不了解"参与式"教学法。教师只有对"参与式"教学法进行系统的了解，才更有利于在教学中展开"参与式"教学法。有61.11%的教师认为引导学生参与教学活动非常重要；有33.33%的教师认为引导学生参与课堂活动比较重要；仅有5.56%的教师认为引导学生参与课堂活动不重要。在对教师在课堂中使用"参与式"教学法的频率调查中，有44.44%的教师表示经常使用"参与式"教学法；50%的教师偶尔使用"参与式"教学法；但也有5.56%的教师从未在课堂中使用过"参与式"教学法。可以看出，绝大多数教师能够认识到学生参与课堂的重要性，在课堂中具有使用"参与式"教学法的意识。

表4 教师对"参与式"教学法的态度分析表

问题	选项	频次	百分比（%）
您对"参与式"教学法的了解程度	十分了解	3	16.67
	比较了解	13	72.22
	不了解	2	11.11
您认为学生参与教学活动重要吗	非常重要	11	61.11
	比较重要	6	33.33

续表

问题	选项	频次	百分比（%）
您认为学生参与教学活动重要吗	不重要	1	5.56
您在课堂中使用"参与式"教学法的频率	经常使用	8	44.44
	偶尔使用	9	50
	不使用	1	5.56

通过调查发现：如图4所示，参与调查的20名教师中仅2名教师为非化学师范类专业占比10%，其余18名教师全为化学师范类专业。化学师范类专业的教师因接受过系统的培养，对化学概念有更为整体的把握，可以让学生快速、准确的理解并掌握化学概念。并且化学师范类教师除了拥有教学能力外，也需具备合格的实验能力以及良好的实验操作习惯。

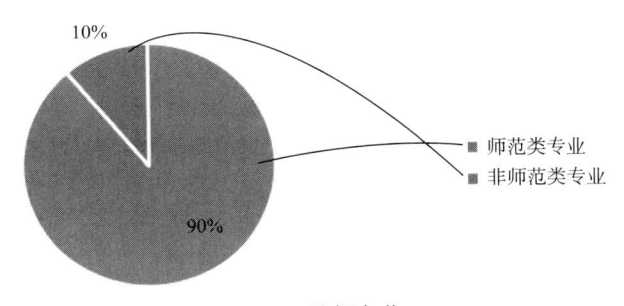

图4 教师专业

2. 实施"参与式"教学法困难与阻碍情况

通过调查发现：如表5所示，有55.56%的教师认为学生参与教学的困难是学生基础较差，学生参与教学的能力比较低因而参与困难；有33.33%的教师认为学生的自主性与主动性较差，学生不愿意参与教学活动；也有11.11%的教师表示学生对化学学习不感兴趣，因此不愿意参与教学。在调查关于使用"参与式"教学法的阻碍问题中，有33.33%的教师表明因为上课时间有限，让学生进行讨论和探究，难以完成教学任务；有38.89%的教师认为因为班级规模较大，很难关注到每一位学生；也有27.78%的教师认为目前的评价方式是以学生的成绩为主，关注学生参与课堂会影响学生的考试成绩。

表5 教师认为运用"参与式"教学法的困难与阻碍分析表

问题	选项	频次	百分比（%）
您认为学生参与教学的困难是	学生基础较差	10	55.56
	学生自主性与主动性较差	6	33.33
	学生对化学学习不感兴趣	2	11.11
您认为在课堂中应用"参与式"教学法的阻碍是	课堂时间有限，学生进行探究、讨论，难以完成教学任务	6	33.33

续表

问题	选项	频次	百分比（%）
您认为在课堂中应用"参与式"教学法的阻碍是	班级规模较大，很难关注到每一位学生	7	38.89
	以学生成绩为主的评价方式，关注学生参与课堂影响学生考试成绩	5	27.78

3. 教师创设教学活动的情况

通过调查发现：如表6所示，在课前，有44.44%的教师经常会为学生创设课前的教学活动，有50%的教师偶尔会为学生创设课前的教学活动，大多数教师都能为学生创设课前的教学活动，以提高学生的学习兴趣与课堂参与度。在化学课堂上，38.89%的教师最常用的教学方法是举生活中的例子；33.33%的教师会与同学们共同进行实验探究；仅27.78%的教师会让同学们进行小组讨论，共同探究。

表6 教师创设教学活动的情况分析表

问题	选项	频次	百分比（%）
在化学课前，你会为学生创设课前的教学活动吗	经常会	8	44.44
	偶尔会	9	50
	从来不会	1	5.56
在化学课堂上，您最常用的教学方法是	举生活中的例子，方便同学们理解	7	38.89
	小组讨论，共同探究	5	27.78
	共同进行实验探究	6	33.33
在化学课后，你会给学生布置哪种类型的作业	拓展知识，查阅本节课的相关资料	3	16.67
	思考与生活相关的化学问题	4	22.22
	课本习题	11	61.11

四、分析与对策

（一）化学课堂前"参与式"教学法的应用策略

1. 布置课前小实验，学生思考并动手

在正式课堂前或教师讲解知识点前，学生在家中按照教师设计的实验要求自行或找人合作完成实验探究。在正式授课时，教师可以先邀请学生将课前的小实验讲述或演示给同学并与同学分享交流实验现象，再由教师演示实验让学生进行对比，最后通过教师的引导，师生共同总结问题。这样的结果是既在课前让学生提前参与了教学活动，也在课堂上鼓舞了学生展现自己的自信心，增强了学生在课堂上的参与感。

2. 收集相关小资料，提前了解新知识

在课堂上，当教师需要为同学们补充相关知识或需要为同学们拓展课外知识时，可以让已经提前查阅学习过的同学来分享自己搜集到的成果。全班交流，教师补充。如果同学们发言踊跃时间过长，也可以让同学们课下班内进行成果分享。

3. 学生课前变助手，增强学生参与感

学生与教师一起准备上课所用的实验药品及仪器或小道具，不仅增强学生在课堂上的参与感及自我成就感，也有助于学生在课前提前感知本节课的学习内容。教师邀请学生作为自己课前准备的小助手，有助于教师多方面了解学生，更好地因材施教。学生变身教师化学课前的小助手，对激发学生的化学学习兴趣，提高课堂参与程度都有一定的帮助。

（二）化学课堂中"参与式"教学法的应用策略

1. 设计小组讨论，促进交流合作

进行小组讨论，首先要恰当的分组，以4~6人为一小组，组间同质，组内互补。教师在设计小组讨论时，要选取适合讨论的内容，创设情境，提出问题，让学生进行讨论。在讨论过程中，教师营造平等、民主的讨论氛围，准许不同观点的出现，要表扬敢于质疑的学生。学生讨论完毕，教师要对讨论结果做出总结，及时修正学生的对问题的错误认识，确保学生获取正确、系统的知识。

2. 理论联系实际，化学教学生活化

理论联系实际指教师在讲授知识时与实际生活要有密切联系，让学生在深刻理解知识的同时也能用所学知识去分析和解决实际生活中的问题。当教师在课堂上引出生活中的实际问题或案例时，会使学生感受到生活中处处都有化学知识的体现，体会到化学的学科价值，因而强化自己对化学的学习动机，才能更好地参与到教学活动中。例如，在学习"钠的性质"一节时，在给学生讲解完"钠与水的反应"这一知识点后，为学生播放爆炸事故的新闻，让同学们小组讨论发生爆炸的原因以及如何防止。在同学们讨论完毕后，教师进行总结，将"钠与水的反应"这一重点知识让学生再次加深记忆。

3. 评价方式多元化，让学生全面发展

评价的功能不仅仅是对学生进行甄别与选拔，其实评价还具有调节、激励、诊断等功能，化学教师要学会应用评价，使评价能够激励学生参与课堂教学。包括学生自我评价、学生之间相互评价、教师评价，让学生在教学活动中记录保留自己的学习发展进程，不断提醒自己、督促自己不断进步与成长。

4. 学生变身小老师，切身体会知识点

中学生具有较强的独立自主意识，让学生参与讲课，不仅调动学生的参与性也有利于培养学生间的合作意识与钻研精神。为突出学生自主讲课的课堂效果，教师可以提前设定好内容，分小组、分版块布置任务，各小组提前精心准备、课前广泛收集材料、制作PPT等，让每位同学通过自主钻研，吃透教材，切身体会知识点，各小组派出代表进行知识讲授，最后全班同学进行相互评价，共同进步。

5. 爱国主义入课堂，增强学生自豪感

教师在教授学生化学知识的前提下，同时适时地结合教材相关内容对学生进行爱国主义教育，增强学生的民族自豪感，提高课堂参与感与学习兴趣的同时，也赋予学生为中华民族的伟大复兴而学习的使命感。在化学教学中，教师需要有意识地结合课本内容向学生传递爱国主义情感，进行恰当的爱国主义教育。例如，在学习"纯碱的工业制法"时，教师可为学生介绍侯德榜博士的爱国事例和超过国际标准的永利碱厂的故事，让学生更好地了解闻名中外的"侯氏制碱法"以及为祖国所带来的荣誉。

（三）化学课堂后的"参与式"教学法的应用策略

1. 建立交流社区，方便答疑解惑

同学之间也可以在此平台上相互解答疑惑、分享化学学习方法、拓展有趣的化学小知识。"化学交流社区"把课堂延伸，为学生们提供了更开阔的空间与更充裕的时间，可以帮助学生更好地学习化学，为学生的全面参与提供机会，激发学生对化学的兴趣。

2. 预留开放性作业，促使学生多思考

教师在为学生布置作业时，不仅需要通过课本习题来了解和巩固课堂知识，也需要一些开放性的作业来发散学生的思维，培养学生的实践能力也促进学生个性的发展。

3. 巧用微信公众号，师生共同促发展

微信公众号的信息订阅改变着人们获取知识的方式，将微信公众号与化学教学相结合，不仅为学生提供了更加新颖、有趣的学习方式，同时也实现了移动课堂的运用。教师可以利用微信公众号发送文字、图片视频等内容给特定人群的特点，将微信公众号变为学生课前预习、课后巩固的平台，也可以通过微信公众号将课堂中的化学知识进行拓展。

参考文献

[1] 董彩云. "自主，合作，探究"的参与式教学法研究 [J]. 甘肃教育研究，2021(4):5,166-167.

[2] 任爱明，何志华. 后疫情时代线上课堂与参与式教学融合路径探析 [J]. 内蒙古农业大学学报：社会科学版，2021,23(2):4.29-32.

[3] 蔺蕾蕾. 参与式教学法在初中化学课堂中的应用 [J]. 新课程导学，2019(23):1.

[4] 李慧媛. 参与式教学法在高校地理教学中的应用 [J]. 文教资料，2019(6):179-180.

[5] 吴兆忠. 核心素养导向下初中化学"教学做合一"的教学研究 [J]. 教师，2020(5):45-46.

附录一：

《"参与式"教学法在中学化学课堂中的应用现状调查问卷（学生）》

1. 你喜欢化学这门科目的原因是
   A. 因为生活中有很多问题可以用化学知识来解决，学习化学对我很有帮助
   B. 课堂上老师总是带领我们一起分析问题
   C. 化学课有许多小实验，我喜欢做实验
   D. 因为考试压力，不得不学习化学

2. 你们班参与化学课的情况是
   A. 十分积极　　　　　　　　　　B. 比较积极
   C. 一般积极　　　　　　　　　　D. 不积极

3. 你现在的化学课堂氛围是怎样的
   A. 轻松愉快的　　　　　　　　　B. 师生平等的
   C. 沉闷的　　　　　　　　　　　D. 压抑的

4. 在化学课前，若老师布置做一些简单的小实验或查阅课外资料的作业，你会
   A. 按照老师的要求，自己认真完成
   B. 找家长或同学一起完成
   C. 把自己的想法告诉家长，让家长帮忙完成
   D. 不去做这项作业

5. 在化学课上，老师提出与日常生活相关的实际问题时，你会
   A. 先和同学小组讨论，然后积极发言
   B. 跟着老师的引导思考问题，积极发言
   C. 自己有想法，但是不会发言
   D. 不愿意思考问题

6. 在化学课上，当老师让同学们小组讨论化学问题时，你会
   A. 积极表达，和同学们沟通自己对问题的看法
   B. 自己有想法，先听完其他同学分享完后再说自己的想法
   C. 自己有想法，但害怕被同学否认，不参与讨论
   D. 自己没有想法，不参与讨论

7. 在化学课上，老师请同学到前面一起做小实验，你会
   A. 积极举手，非常愿意去配合老师
   B. 想要去配合老师，但怕配合不好，所以不举手
   C. 不想去配合老师，只想看其他同学演示
   D. 不喜欢看演示的小实验

8. 在化学课上，老师让小组合作做实验时，你会
   A. 先和同学讨论实验步骤和分工，然后大家一起做实验
   B. 先和同学讨论实验步骤，然后自己独自做实验
   C. 自己不愿意动手做实验，只想看其他同学做实验
   D. 对做实验不感兴趣

9. 在化学课上，你希望老师

   A. 多关注我，多提问我

   B. 能关注我提出的问题

   C. 当我回答完问题以后，能鼓励我

   D. 能够把知识点写在黑板上，我会认真做笔记

10. 在化学课上，你喜欢怎样的学习模式

   A. 小组合作学习　　　　　　　　B. 学生上课

   C. 老师上课后学生提出问题　　　　D. 老师上课，学生听课

11. 在化学课上，被老师提问时你的感觉是

   A. 乐于回答问题　　　　　　　　B. 有点紧张

   C. 害怕被老师点名　　　　　　　D. 无所谓

12. 在一节化学课上，我能全神贯注的听课的时间为

   A. 整节课　　　　　　　　　　　B. 35 分钟左右

   C. 25 分钟左右　　　　　　　　　D. 10 分钟左右

13. 在化学课后，当老师布置查阅相关资料的作业时，你会

   A. 自己翻阅相关书籍或到网上查找资料　　B. 和同学一起讨论，查找资料

   C. 先问家长，然后一起查阅资料　　　　D. 不去查阅相关资料

14. 在化学课后，你喜欢哪种化学学习方式

   A. 自己独立学习，有问题问老师或同学　　B. 自己独立学习，但不和别的同学交流

   C. 喜欢和同学一起学习　　　　　　　　D. 家长在旁边看着我学习

15. 在化学课后，你能将课堂知识联系生活

   A. 我可以运用课堂中所学的知识来解决生活中的一些问题

   B. 我可以经常将课堂中所学的知识联系到生活中

   C. 我可以偶尔将课堂中所学的知识联系到生活中

   D. 我无法将课堂知识联系到生活中

附录二：

《"参与式"教学法在中学化学课堂中的应用现状调查问卷（教师）》

1. 您的专业
   A. 化学师范类　　　　　　　　　　B. 非化学师范类
2. 您对"参与式"教学法的了解程度
   A. 十分了解　　　　　　　　　　　B. 比较了解
   C. 不了解
3. 您认为学生参与教学活动重要吗
   A. 非常重要　　　　　　　　　　　B. 比较重要
   C. 不重要
4. 您在课堂中使用"参与式"教学法的频率
   A. 经常使用　　　　　　　　　　　B. 偶尔使用
   C. 不使用
5. 您认为学生参与教学的困难是
   A. 学生基础较差　　　　　　　　　B. 学生自主性与主动性较差
   C. 学生对化学学习不感兴趣
6. 您认为在课堂上应用"参与式"教学法的阻碍是
   A. 课堂时间有限，学生进行探究、讨论，难以完成教学任务
   B. 班级规模较大，很难关注到每一位学生
   C. 以学生成绩为主的评价方式，关注学生参与课堂，影响学生考试成绩
7. 在化学课前，你会为学生创设课前的教学活动吗
   A. 经常会　　　　　　　　　　　　B. 偶尔会
   C. 从来不会
8. 在化学课堂上，您最常创设的教学情境是
   A. 举生活中的例子，方便同学们理解　　B. 小组讨论，共同探究
   C. 共同进行实验探究
9. 在化学课后，你会给学生布置哪种类型的作业
   A. 拓展知识，查阅本节课的相关资料
   B. 联系实际，思考与生活相关的化学问题
   C. 课本习题

"双减"背景下初中数学教学创新[1]

李超[2]，陈星霖，程国

摘要："双减"是基础教育改革的新方向。本文研究了"双减"政策的基本意义及影响。针对现阶段初中数学采用的教学方法，提出了初中数学教学创新的注意事项、存在问题、改进措施及"双减"背景下提升初中数学教学质量的有效途径。

关键词："双减"政策；初中数学；创新策略

"双减"政策是主要针对小学生和初中生实行的一种教育政策，即减轻作业负担和校外培训负担。"双减"政策提出的原因是，针对我国教育和家长教育理念的现状，为了减轻学生的学习压力，从而使学生能够轻松高效的学习，做出的一种教育战略决策。"双减"政策的实施对建设高质量教育体系，提升学校教育教学效率，减轻学生学业负担具有重要作用。"双减"政策的贯彻与创新型数学课堂的构建相辅相成，课堂形式得到创新，也就意味着数学教师的教学形式以及教学方法能够以全新的姿态出现在学生面前，而对于初中生这一群体而言，对待新事物仍能保持高度的热情。因此，新颖的课堂模式能够直接吸引初中生的注意力，从而提高初中生在数学课堂中的学习效率。"双减"政策的实施贯彻，给初中教师提出了更高要求的教育标准，要求教师在数学教学的过程中，要不断地对新的模式进行探索，根据现阶段初中生的年龄特点以及本班级内初中生的性格特点制定以学生为基本导向的教学目标，这对于教师自身的核心素养以及专业技能提出了更高的要求。由此可见，创新型的教育模式与"双减"政策的教育理念相吻合，能够共同促进学生能力的提升，使学生在高强度的压力之下，能够轻负高效的学习数学。因此，研究"双减"背景下的教学创新对提升初中数学教学质量是十分必要的。

一、"双减"政策的基本意义

教育的质量与学生的成绩并不能相提并论，学生的成绩不能直接反映出教育的质量，教育的质量需要从学生的德、智、体、美、劳多个方面进行考查。而现我国的教育将学生的成绩作为评价学生是否为德、智、体、美、劳全面发展的学生，以及是否为全能学生的重要标准，甚至，有的学校将学习成绩作为唯一考查学生能力以及本学校教育质量的标准。而"双减"政策的颁布，则对这一错误的教育观念进行了批判，"双减"政策是为减轻学生学习负担，提升学生学习能力所颁布的教育政策。因此，"双减"政策的问世，让我国的

---

[1] 基金项目：陕西高校教育教学改革重点攻关项目（21BG046）、陕西省课程思政示范课程《高等数学》建设项目、陕西省线下一流本科课程《高等代数》建设项目、商洛学院课程思政教学研究中心建设项目（21JXYJ02）、商洛学院教育教学改革研究项目（20jyjx122;21jyjx119）、商洛学院课程思政示范课程《高等代数》建设项目（22SFKC02）

[2] 作者介绍：李超，1965年生，男，陕西镇安人，学士，三级教授，研究方向：数学教育

教育管理人员以及广大教师重温了教育的初心以及教育的本质，使我国的教育任务落实在立德树人上，将教育的目标放在培养德、智、体、美、劳全面发展的学生上，在一定程度上削弱了唯成绩主义的思想，对提高我国的教育质量，落实立德树人的根本任务具有积极作用。

（一）减轻学生学习负担，提高学生学习兴趣

"兴趣是学生最好的老师"，课外特长辅导班也称之为兴趣班，这主要由于现阶段我国课外特长辅导机构针对小学和初中等学生群体所进行的特长教育采取兴趣教育的培训方法，由此可见，学生的特长与学生的兴趣紧密相连，要在学生兴趣的基础之上培养学生自身的特长，在精准搜索学生的特长后，对其特定的特长进行兴趣培养，最终才能培养成高素质的国家人才。除了特长，文化课亦是如此，在文化课的学习中，每个学生都有自身的特长，而每个学生都有学好文化课的潜能，这就需要教师以兴趣为导向开展教学。而"双减"政策则从两个方面入手，第一是减轻学生的作业负担，第二是减轻学生的课外辅导负担，当学生的学习压力降低后，学生则有充足的时间研究自己感兴趣的项目，对于初中生而言，初中时期较为叛逆，当家长以及学校给予学生的压力减轻后，学生则可以主动地进行学习，在学习中寻找快乐，从而提高学生对学习的兴趣。因此，"双减"政策的颁布，实际上为初中生提供了更加广阔的学习空间，使学生能够摆脱题海战术，摆脱唯分数论的思想，让学生在学习中以提升自己的能力为根本目的，在提升能力的同时，提高分数使学生轻负高效的学习。

（二）作业减少，学生学习压力降低

"双减"政策的实施带来最直接的影响，是学生的作业明显减少，"双减"政策要求学校的教师务必要保证学生的作业量适当，教师不得采用题海战术，也不能给予学生较多的学习压力，而是以提高学生的能力作为根本的教育目的，让学生在快乐中学习，进行轻负高效的学习。因此，"双减"政策的实施，使学生的作业直接减少，同时，让学生有充足的时间和空间进行自我能力的提升，从而减轻了学生的学习压力，让学生重新回归快乐的青少年生活。

（三）学生学习回归学校

在实行"双减"政策之前，家长为了拔高学生的成绩，为学生报名了众多的课外辅导班，甚至有的家长在学校教育和辅导班教育两者之间选择了辅导班教育。当所有学生都接受课外辅导，而课外辅导的难度已经超出了学生正常的接受水平，所以学生整体的成绩提高，最终出现了一个学习名词——内卷。父母以及我国教育理念的偏移，使学生背负重大压力来满足父母之间的攀比，对学生的身心健康发展带来了巨大的隐患。而"双减"政策的实施，则直接打压了课外辅导班的运行，使学生能够重新地回归学校教育，接受符合该年龄段正常范围内的智力教育。

（四）德育、美育重回校园

"双减"政策的实行，使德育和美育重回校园，在此之前，智育作为学校教育的重点内容，所以教师忽视了对学生德育和美育的教育。而"双减"政策施行之后，学校开始进行德育、美育进课堂的决策，这是以学生为重心做出的教育决策。初中生所处的年龄阶段正是叛逆时期，也是价值观的形成时期，由于所处的叛逆时期会直接影响学生价值观的形

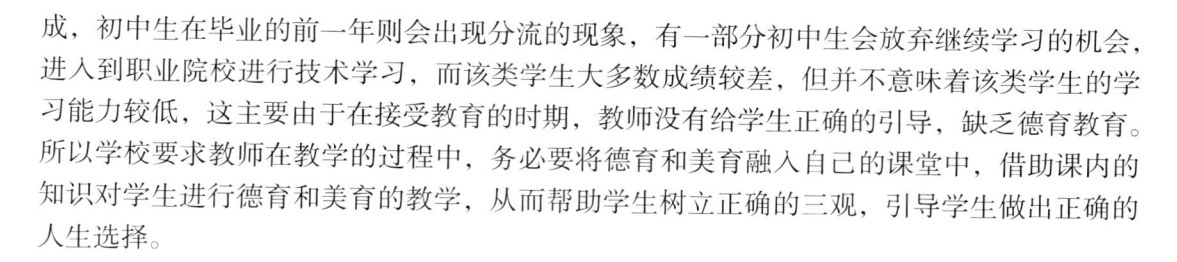

成，初中生在毕业的前一年则会出现分流的现象，有一部分初中生会放弃继续学习的机会，进入到职业院校进行技术学习，而该类学生大多数成绩较差，但并不意味着该类学生的学习能力较低，这主要由于在接受教育的时期，教师没有给学生正确的引导，缺乏德育教育。所以学校要求教师在教学的过程中，务必要将德育和美育融入自己的课堂中，借助课内的知识对学生进行德育和美育的教学，从而帮助学生树立正确的三观，引导学生做出正确的人生选择。

二、初中数学教学方法

（一）演示教学法

演示教学法是初中数学最基本和最普遍的一种教学方式，主要通过初中数学教师在课堂上对内容和知识进行讲解。对于初中数学知识有关定义和公式的讲解，初中数学教师基本会采用演示教学法，在PPT中或者黑板上为学生进行知识讲解或者公式演示，从而让学生以模仿的方法进行数学知识的学习。该种教学方式不能突出学生的主体地位，教师主导，对于提升学生数学能力效果并不明显。

（二）小组讨论学习法

小组讨论法也是初中数学课堂中较为常用的一种调动课堂氛围的方法。初中数学教师为了提升课堂的氛围，一般会在课堂中设置小组讨论环节，但是现阶段初中课堂中小组讨论环节的效果并不佳，这主要由于初中生对于数学知识的兴趣程度并不能支撑在小组讨论环节中，将全部的时间和精力都用在讨论数学问题上，因此，小组讨论学习法在初中数学课堂中虽然常规，但并不高效。

（三）问题式教学法

问题式教学法在初中数学课堂中是仅次于演示教学法使用频率最高的一种方法。初中数学教师在进行教学的过程中，会利用问题作为本节课的线索，贯穿整个课堂，通过问题引导，调动学生的积极性以及集中学生的注意力，使学生在解决具体问题的过程中练习对基本知识的掌握熟练度。问题式教学法是对演示教学法的巩固，通常与小组讨论学习法一同使用。

三、初中数学创新的注意事项

（一）保护和激发学生的好奇心

初中数学教师在对初中课堂形式进行创新的过程中必然会减少知识讲解的时间，容易造成时间的浪费，在创新课堂形式的过程中，往往会用到涉及小组讨论，情景教学等多种方法。因此，在这一系列方式进行的过程中，务必要保护好学生的好奇心，不能一味地追赶课堂效率，从而磨灭了学生的好奇心。同时，还要注重问题的提问方式以及提问技巧，使问题能够充分地激发学生的好奇心，促进课堂形式创新的顺利完成。

（二）为学生创造独立解决问题的机会

在创新数学课堂形式和丰富课堂内容的同时，务必要为学生创造独立解决问题的机会，不管是利用设疑来激发学生的好奇心，还是通过情景教学的方式，使学生融入特定的知识氛围内，教师都不能忽视学生独立解决问题的环节。初中数学教师在给予学生问题后，还应该给予学生充分的思考空间，即便将课堂三分之一的时间用来对问题进行思考也未尝不可，切记在这一过程中，教师不能给予学生任何额外的提示。除此之外，在创设新颖的教学方式时，要尽可能地建立在为学生创造独立思考机会的基础之上，进行新的教学情境创设以及模式的更新。

四、"双减"背景下初中数学教学创新的途径

（一）打造高质量课堂教学，提升课堂教学效率

"双减"政策为深化数学教学改革提供了新机遇，抓好这次机遇的根本问题是深化课堂教学改革，将以往以形式为主的教学改革转变为以提升课堂内涵式发展为核心的改革。例如：教会学生课前高质量的预习，引导学生课中大胆讨论、质疑，形成高质量的课堂讨论学习，让学生成为课堂主体，充分发挥他们的主观能动性，形成师生之间课堂的有效沟通，让数学"活"起来。

（二）树立正确的作业观，用高质量作业提升课后效率

作业观是指教师、学生、家长等对学生作业价值的认识和态度，决定着作业在学习中的作用，正确的作业观会带来事半功倍的效果，反之，则会消解学生学习兴趣，消耗学习精力，消退学习热情。"双减"政策落地后，数学作业负担将会迎来显著变化，少而精成为最基本的要求，数学教师要杜绝布置作业、批改作业的随意性，增强布置作业、讲解作业的针对性，数学作业应该体现价值性、多元性、协同性、生活化等原则，让学生体验到数学学习的乐趣，进而促进他们学习数学、应用数学、思考数学的思维形成。

（三）因材施教，加强数学教学的供给侧改革

在"双减"背景下，数学教师要真正贯彻因材施教的根本理念，不断加强不同学习能力学生的数学知识、方法的供给侧改革，也就是说，让不同的学生在中学数学教学中最大限度地获得不同收获。数学教师要特别注重数学教学、作业、思维训练等方面供给的精准性，让学生感知到"为什么做题""做什么题""怎样做题"。同时要根据不同学段学生的需求，设计数学教学内容，让学生对数学学习感兴趣，进而愿意探索和自主学习数学，改变题海战术导致的师生疲惫不堪的艰难境地。因此，从中学数学教学供给侧改革的角度来看，数学教学未来应该重视分层设计、分类指导、精准供给、寓教于乐，从而达到共享共赢的局面。

五、数学教学创新中存在的问题

（一）作业环节创新不足

现阶段，初中数学教学环节中存在的主要问题之一是作业布置环节相对薄弱，教师并没有给予作业布置足够的重视，在进行教案准备过程中，也总是将重心放在课堂进行环节，而忽视了作业布置环节。大多数的初中数学教师往往将初中数学作业的内容局限在以完成课后练习题、对某一题目进行思考等范围内，而该种布置方式对于提升学生的数学能力以

及开拓学生的思维并没有起到积极的作用。因此，现阶段增强作业环节的创新性以及有效性，是数学教学创新中当务之急应该解决的问题之一。

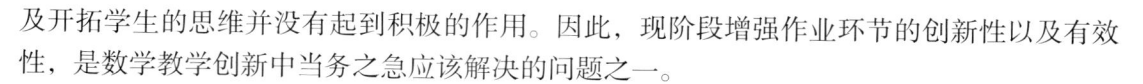

（二）学生主体地位不突出

初中时期所涉及的学习科目较多，因此初中数学的学习时间相较于小学而言大大减少，这时很多初中数学教师为了保证教学的速度，在拟定教案时，虽然对课堂的形式进行了创新，通过趣味教学法等具有新颖特点的教学方式进行教学，但并没有将该种教学方式的有效性真正地落实进初中数学课堂中，虽然在课堂中会设置让学生独立思考的环节，但是并不会给予学生过多的思考时间以及独立解决问题的时间，这并不能起到数学教学创新的实质作用。

（三）课堂形式单一

初中教师在创新初中数学教学的过程中采用的课堂形式较为单一，当一种新颖的课堂形式呈现时，在特定的时间段内初中生的课堂氛围比较活跃，效率较高，但是当这一形式经常出现后，则不能起到原有的效果，这主要由于课堂形式较为单一而导致。

六、数学教学创新的改进措施

（一）优化作业设计

作业是检测学生课堂效果的直接方式，而作业也是对学生能力进行拔高的最佳方式。在课堂中由教师为主导对学生这一主体进行教学，在课堂中，学生往往处于被动地位，并且在课堂中，学生容易受到他人的干扰而影响自己的思维方式。而学生在做作业这一环节中，完全由个人的思维和思想对作业的答案进行把控，不会受到他人的干扰，在这一过程中，处于主动地位，因此，教师务必要对作业进行创新，在"双减"的大背景之下，优化作业设计作业，能够提升学生的创新能力，开阔学生的数学思维，从而提升学生的数学核心素养。

例如，初中数学教师可以将作业的理论性与作业的实践性相结合，构建较为趣味性的数学作业。在学习正负数这一节中，教师在布置有关正负数的作业时可以脱离练习册为学生布置具备实践性和确定性的数学作业。本节中，对于初中生而言，重难点在于负数大小的判断。这时教师可以为学生设置："请同学们回家后寻找家中可以帮助我们判断负数大小的物品，并根据自己寻找的物品出十个判断负数大小的题"。诸如此类的题目，可以让学生将理论性的知识转变为实践行动。学生在寻找相关的物体进行负数大小的判断过程中，可以充分地开阔学生的思维和想象力，通过自己认为简单的方法来判断负数的大小，在考试以及做题的过程中，可以将自己所认为最为简单的判断方法作为基本导向，对大小进行判断。第二部分为实践型作业，在趣味性作业基础之上，对学生的掌握成果进行检验。

（1）如果下降5米，记作-5米，那么上升4米记作（　　）米；如果+2千克表示增加2千克，那么-3千克表示（　　）。

该类题可以引导学生借助温度计学习正负数，并且能够引导学生将自己在家找的参照物与温度计进行转换，从而培养学生的应变能力。

（2）二月，妈妈在银行存入5000元，存折上应记作（　　）元。三月一日妈妈又取出

1000元，存折上应记作（　　）元。

该类题，将学生的生活实际融入数学中，深入的贯彻了"双减"教育理念，有利于培养学生的数学核心素养。

（3）海平面的海拔高度记作0m，海拔高度为+450m，表示（　　），海拔高度为-102m，表示（　　）。

该类题脱离了辅助工具，使学生能够将自己学习的辅助工具印在脑海中，通过虚拟的工具进行解题，锻炼学生负数的计算能力。

（4）如果把平均成绩记为0分，+9分表示比平均成绩（　　），-18分表示（　　），比平均成绩少2分，记作（　　）。

该类题，锻炼学生举一反三的能力，进一步巩固学生的掌握程度。

以上该种类型的作业不仅不用学生通过大量的运算来巩固自己的正确率，而且通过学生的发散性思维可以为教师提供更多简便的教学依据，从而深刻地贯彻"双减"教育理念。

（二）形成性评价教学

"双减"政策实施的目的是减轻学生的学习负担，而减轻学生学习负担的重要方法之一，就是因材施教，解决学生现阶段存在的主要问题。这则需要引入形成性评价教学方法来使初中数学教师及时了解学生的具体学习情况，通过非正式的考试或者单元检测的形式，及时发现学生自身存在的问题。

例如，教师可以设计多样的评价体系。由于"双减"政策的实施要求，初中数学教师在教学的过程中务必要进行针对性的教学，从而使学生轻负高效的学习。同时，"双减"政策要求初中数学教师要将德育融入初中数学课堂中。因此，教师可以通过多样的评价体系来了解初中生数学成绩落后或者停滞不前的重要原因，从而为初中生设置更加详尽的教学方案。教师在对数学课堂形式进行创新过程中，一般采用小组讨论、情景教学以及合作研究等教学方式，而这些方式开展的难点在于学生的参与效率。因此，教师可以利用多样的评价体系，将学生的课堂表现纳入经营评价体系中，为了保证小组学习的效率，教师也可以将班级划分为人数相等的不同小组，在为学生设置独立思考问题时，可以通过小组解决问题的效率以及小组的参与度，对小组进行评分，将评分列入最终的竞赛考核成绩中。

例如，$\left(x^2-2x+\frac{1}{2}x\right)-\left(x-\frac{1}{2}x+x\right)-x$ 的值，其中 $x=2004$，甲同学把"$x=2004$"错抄成"$x=2040$"，但他的计算结果也是正确的，这是怎么回事？

布置作为小组讨论的问题，先让小组独立思考为什么抄错题计算结果也正确，如果没有小组能够解答，教师再将该题作为例题进行讲解。

该种多样的评价体系摆脱了唯分数主义论，不仅把学生的数学成绩作为评定的标准之一，还把学生日常的参与情况作为重要评价内容，充分的调动学生的参与度和积极性，对于培养学生的创新精神具有促进作用。

（三）趣味性教学

本篇论文中所涉及的趣味性教学，主要是指将游戏和比赛融于教学。初中数学课堂中，使初中生借助本节课所学习的重点知识进行游戏闯关或者游戏比赛，在快乐中学习数学，在玩游戏的过程中，锻炼自己的反应能力以及思维的转化能力。

整式的加减、一元一次方程、一元二次方程以及实数等数的计算是初中数学学习的基础，也是重点内容。在中考试卷中，一元一次方程等一系列有关运算的知识作为基础点，是学生务必须掌握的数学知识。而学生在该部分知识的学习过程中容易出现计算的错误，因此，教师一般会采取题海战术来增加学生的熟练度。该类教学方法违背了"双减"政策以及创新型的数学教学模式原理，这就需要教师采取趣味性的教学方法来帮助学生进行灵活运用。

例如，初中数学教师可以设置 $2(x-3)+3(2x-1)=5(x+3)$、$2(2x-1)-x(1-2x)=0$ 等类型的题，题目的数量根据本班学生的数量设定，再将班级内的学生分为 A、B 两个大组，每节课开始的前五分钟，让学生以 A、B 两个大组的形式进行解题比赛，教师需要在 PPT 上呈现出两组所要运算的题目，两组题的难度相同，教师分别为两组准备一张白纸，让学生以接龙的形式分别在两张白纸上写出每个人对应题的答案，通过两组完成的速度以及运算的准确率进行评分。以上该种方式就是通过游戏引入的趣味性教学，使学生在快乐中享受数学知识，能够做到轻负高效的学习。

七、结束语

"双减"政策是意为减轻学生作业负担和课外辅导负担而设定的一项教育政策，是对教育理念的改革和创新，更是以学生为主体，以现阶段学生发展中出现的问题为基本导向做出的一项重大教育改革。对于数学教学活动进行创新，是为了贯彻我国"双减"政策理念而实行的一项重大教学举措，通过对课堂的形式以及教学的理念进行创新，为学生提供全新的教学环境，在传统教学模式与新颖的教学模式结合的基础之上，为学生开拓轻负高效的学习之路。本篇论文主要以"双减"政策理念的积极意义以及对我国教育产生的影响为基础，通过对我国现阶段初中数学课堂中出现的问题以及采用的基本模式进行探讨，再对创新型初中数学课堂模式中出现的问题进行分析，最终以形成性评价、教学趣味性教学和优化作业设计三个部分对上述提出的问题加以解决，希望能够对现阶段我国初中数学教学存在的创新性问题做出一定的贡献。

参考文献

[1] 周序，付建霖."双减"背景下如何实现课堂教学的应教尽教[J]. 中国教育学刊，2021(12):1-5.

[2] 向云胜. 改变观念，与时俱进——初中数学教学中课业的"减负增效"实践研究[J]. 考试周刊，2011(5):80-81.

[3] 陈燕. 转变初中数学教学方式，使学生真正会学[J]. 上海课程教学研究，2020(10):58-63.

[4] 毕毅. 关于初中数学课堂教学有效性的几点思考[J]. 试题与研究，2021(14):71-72.

[5] 李军祥. 基于核心素养背景的初中数学单元教学策略[J]. 新课程，2022(2):38.

论新课标下初中数学教学方法的创新与对策[1]

李会荣[2]，周婉婷

摘要：随着新课程标准（2022年）的颁布和"双减"政策的实施，传统的教学方法已经不能适应当前教育的发展，比如教学手段单一，教学方法陈旧，教学目标僵化等问题，限制了学生对数学学习的兴趣和创新意识的培养。本文以新课标下初中数学教学方法的创新为研究对象，首先分析了当前初中数学在教学手段、教学方法、教学目标等方面存在的问题；其次分别从利用互联网丰富教学手段、创新教学方法、因材施教、"思政"元素融入等方面提出初中数学教学方法的创新与对策；最后设计了以"角平分线性质"为课题的教学案例，并在教学案例中运用了问题式教学、游戏式教学、合作探究式教学、数形结合等多种教学方法，取得了良好的教学效果。

关键词：因材施教；数形结合；问题式教学；游戏式教学；课程思政

一、引言

受传统教育理念的影响，教师和家长更多地注重学生的成绩，以学生的成绩作为衡量学生知识能力的标准。而现阶段的数学教学方法存在着众多缺点，教师忽略了学生身心发展规律以及综合能力的培养，导致初中生在数学课堂上兴趣不高，甚至出现厌学情绪，传统数学教学方法也难以取得明显的教学效果。为了克服这些缺点，越来越多的学者对初中数学教学方法与方式进行研究。

针对数学教学手段单一，吕永生在初中数学预习环节中应用微课，为学生提供了新的学习模式，使学生充分利用微课资源，缩减学习基础知识的时间，让信息化与数学教学相结合，吸引学生的注意力；刘文莉对翻转课堂教学模式下的初中数学教学进行创新和优化，使学生成为课堂的主人，达到学生教学能力和教师教学质量的双提升。针对教学方法陈旧，徐冉冉等人揭示了有无问题提出设计的课堂之间存在着显著差异，问题提出设计的课堂不仅可以为学生创造更大的学习机会，而且可以促进学生对知识的理解。针对教学目标僵化；岳德凤在初中数学课堂中应用分层教学，遵循因材施教的原则，减轻学生的作业负担；针对学生综合素质的培养，王嵘论述了数学文化融入中学教科书的内容与方法，从学科联系、社会角色、文化多元等五个方面将数学文化引入到了数学课堂中，传递数学文化的情感、温度，让学生体会到数学文化的博大精深，发展数学核心素养。

随着教育"双减"政策的出台，中学数学教师迎来了对数学内容结构化整理、减少学生沉重的作业负担、提高学生学习主动性等新挑战。本文首先分析了目前初中数学教学手

---

[1] 基金项目：陕西省教育学会2022年度一般课题（课题编号：SJHYBKT2022115）"初中数学差异教学的创新与实践研究"

[2] 作者介绍：李会荣，1979年生，男，陕西洛南人，博士，教授，研究方向：机器学习与数学教育

段简单、教育目标僵化、不能因材施教等问题。然后根据上述问题，提出了丰富教学手段、革新教学方法等方法，活跃数学课堂的氛围，从而促进学生对数学产生浓厚兴趣，培养学生的创造性思维能力，深化学生的核心素养。

二、新课标下初中数学教学存在的问题

根据教育部颁发的最新课程标准，其特点是核心素养、方法创新、减负、审慎设计、能力优先。而传统的数学教学在教学理念、教学方法等方面仍然存在着诸多问题与缺陷，不能达到新课程标准，主要表现在以下几点：

（一）教学手段单一、不能提高课堂效率

教学手段是指在教学活动中，为了实现教学目标而采用的一种教学工具。目前，由于教学资源有限，在新课程实施中，教学设备"跟不上"是一个很常见的问题。有的经济欠发达地区学校计算机供应不足，老师们大多采取传统的方法，以"黑板+粉笔"的方式讲授；有的学校缺少教学道具，学生无法通过实验来探究知识；有一大部分老师适应了传统的教学手段，不愿意接受新兴的教学手段。总之，教师忽视了教育手段自身的特点，导致了学生对数学课堂没有兴趣。这与新课程标准下的审慎设计相违背，不能提高课堂效率。

（二）教学方法陈旧、不能提高学生学习兴趣

教学方法是教师在教学过程中为达到教学目的所采用的一种方法，而在培养学生创新思维的过程中，传统的教学方法已经不能适应学生的学习需要。许多初中生在从小学到初中的过渡中对数学会惧怕初中数学，间接原因是因为教师没有做好从小学到初中知识的衔接。直接原因是初中数学教学方法陈旧，教师不能采取学生所感兴趣的方式进行引导和授课，根据对自己有利的教学方法进行知识传授，使学生成为被动接受者。导致学生对数学学习兴趣不高、创新思维钝化。在传统的教学中，学生的主体意识常常被忽视，教师忽略了教学方法的创新，这与"以学生为中心"的教育思想背道而驰，也与新课程标准提出的创新方法、能力为重相违背。

（三）教学目标僵化、不能因材施教

教学目标是指在课堂教学中，教师要实现怎样的教学效果。受应试教育的影响，初中阶段的教学目标逐步演变为升学率的提高，而数学作为初中重要科目之一，在这样的教学目的作用下，初中数学的指导作用越来越突出，使学生变成了测试的工具。学生失去了创新、追求、探索以及好奇心，初中的孩子正处于个性发展强烈、身体和心理发展的关键时期，传统的教学目标一味地追求高的成绩，不但会给初中生心理上造成巨大的压力而且不利于身体的成长，忽略了学生的内在需求，这与中学生的个性发展存在矛盾，不能因材施教，无形中给中等生和学困生施加了更多的压力，与最新课程标准中力求减负和"双减"政策相违背，不能根据每个学生的学习情况制定具体的教学目标，适当的调整教学，使每个学生都能参与到课堂中，提高课堂效率。

（四）脱离德育原则，核心素养有待发展

德育是培养学生德智体美劳全面发展，而传统的教学模式更多的培养学生如何"做对题、做好题"，单纯的在解题方面的进步并不是素质教育的体现，长久以来学生会变成只会

做题的"工具人",不会去思考数学知识的来源是什么,能利用数学知识解决生活中什么问题,对自己有什么样的帮助。以核心素养为导向的新课程目标,要求学生掌握的不仅仅是数学、学会如何解题,更重要的是学到课本上学不到的知识,要求将"思政"元素与数学相结合,使学生了解数学文化、学习到数学家的优秀品质,形成未来社会和个人所需要的核心素养。传统的教学模式脱离了新课程标准中的德育为先,目前的素质教学中有关德育教育的融入、核心素养的发展、数学文化的传播还有很多的不足。

三、新课标下初中数学教学方法的创新和对策

为解决教学手段单一、教学方法陈旧、教学目标僵化等问题,提出利用互联网丰富教学手段、创新教学方法、实施分层教学等创新和对策。使中学数学教学方法和观念与时俱进,使课堂充满生机,提升学生对数学的兴趣,确保教学质量。

(一) 利用互联网丰富教学手段

随着互联网的发展,教师应合理利用互联网丰富教学手段,借助信息技术丰富数学课堂,如微课、线上线下混合教学、翻转课堂等。

1. 微课

微课是利用信息技术,根据认知规律,将学习内容、过程和扩展材料以实现碎片化的形式展现出来。在中学数学教学中,微课强调了学生的主体性,充分考虑了学生的性格特征,并结合学生的学习接受能力、理解能力和知识的掌握程度,更有利于学生的学习,帮助学生简化数学学习。

如在"一次函数的图像"教学过程中,需要在平面直角坐标系中找点描线,根据函数图讲解图像的特征。但画出函数图像需要花费课堂一半的时间,会导致讲解函数图像的时间过少,所以老师可以采取微课的方式,将提前录制好的5~8分钟一次函数图像画法的视频,借助微课视频讲解本节课的知识,使得课堂更加高效,教师利用更多的时间讲授本节课的重难点,利用微课可以吸引同学们的兴趣,提高注意力。

2. 线上线下混合教学

在新冠肺炎疫情的冲击下,为响应全国"停课不停学"的号召,中学数学中采用了"线上与线下"相结合的教学模式,主要分为三个环节:

预习环节,教师在课前阶段可以将提前录制好的微课视频上传至班级的学习平台、钉钉群或微信群等,并适当地布置一些简单习题,以便检查学生们的预习情况;讲授环节,老师们通过对预习过程中的反馈,对学生所遇到的一些常见问题进行细致的解释,以帮助他们更好地了解所学到的重点和难点。若是因为疫情影响需要线上教学,教师可利用钉钉、腾讯课堂等平台进行线上讲授,学生有疑问可进行观看回放并与老师在线上进行及时的交流与沟通解决自己的疑问,充分利用线上资源进行及时的巩固和提升。课后环节,教师可以通过翻转课堂、钉钉平台,利用多媒体辅助布置课后作业,检验学生的学习成果。

3. 翻转课堂

翻转课堂是指学生在课堂上或课后,通过老师的录像进行教学,并能独立地进行学习,让教室成为教师、学生讨论、交流的场所。主要训练学生的自主学习和独立思考能力,教

师只是起到答疑、点拨的作用,更好地把课堂交给学生。

如在"等腰三角形"的教学中,为了让学生更好地了解等边三角形的特性,教师事先录制了视频,在录制视频时引入生活中的等腰三角形物品进行讲解,吸引学生们自主探究的兴趣,在视频最后设计重难点的习题一并上传至班级学习群,教师根据学生们做题情况在课堂上统一讲解。翻转课堂可以有效地促进学生的时间分配,提高学生的自主性,更有利于学生掌握本节课的重难点。

(二)创新教学方法、培养学生学习兴趣

"兴趣是最好的老师",在新课改的大环境下,中学数学教学必须进行改革。要从激发学生的数学兴趣,调动他们的学习热情,改变他们对数学的恐惧和反感。在新课改中,教师应采取多种教学方式,如数形结合、问题探究法、游戏教学法,让数学课堂变得生动有趣。

1. 数形结合

数形结合是指数学和几何相结合,并在教学中应用数字和图形相结合的方式,能够使抽象变具体、复杂变简单,帮助学生更好地理解数学知识,从应试角度来看,数形结合还可以大大提升学生的学习效率和解题速度,将数形结合的思维方式应用于中学数学教学,能够有效地增加学生的知一反三、提升课堂教学效果、培养创新思维、激发学生学习兴趣等方面的作用。

如在"一次函数图像的应用(行程应用)"的新课讲授中教师采用数形结合的教学方法首先利用多媒体展示:

(1)如图1所示,小明从家去公司,S 表示小明离开家的路程,T 表示小明离开家的时间,我们能列出函数方程吗?

(2)如图2所示,首先让学生思考通过图2能够得到什么信息?S 表示甲步行从公司到家离开的路程,T 表示甲步行的时间,教师引导学生分别从 X 和 Y 观察函数图像,X 和 Y 轴分别代表什么?从而我们能得到什么信息?一步一步地来引导学生动脑思考,探索学习本节课的知识。

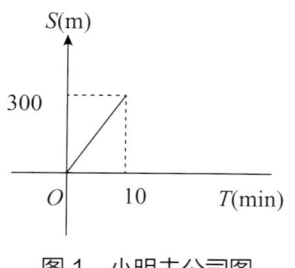

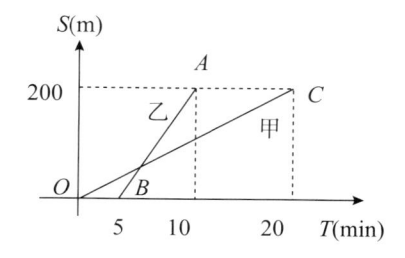

图1 小明去公司图　　图2 甲、乙二人步行从公司到家图

图1是过原点的函数图,过点(0,0)和(10,300),设一次函数解析式为 $y=kx$,分别把点(0,0)和(10,300)代入:$\begin{cases}0=k\times 0\\300=k\times 10\end{cases}$,得 $k=30$,得到小明从学校去公司的函数式为 $y=30x$。图2是甲、乙两个函数图,甲过点(0,0)和(20,200)设一次函数解析 $y=kx$,分别把点(0,0)和(20,200)代入:$\begin{cases}0=k\times 0\\200=k\times 20\end{cases}$,得到 $k=20$,得到甲步行从公司到家的函数解

析式为 $y = 10x$；乙是甲出发五分钟后才从公司出发的，乙过点 (5,0) 和 (10,200)，设函数解析式，同理把点 (5,0) 和 (10,200) 代入，可以求出乙的解析式。

在本例中，利用数形结合的教学方法，使复杂问题简单化，更加直观地从图形中提取信息，激发学生的学习兴趣，促进创造性思维。

2. 问题探究法

数学家哈尔莫斯曾说："问题是数学的心脏。"问题式教学通过层层递进的方式，培养学生对数学的兴趣，并能有意识地指导找出问题，提出数学问题，并以数学问题为载体形成师生之间的交流和互动。

如在学习"多边形外角和"这一课题时，我们分三步进行探究：

第一步，首先借助量角器，让学生们动手操作，通过图3填写表1，看看同学们能发现什么？如果从"三角形"不断增加边数，到四边形、五边形等还能发现同样的规律吗？

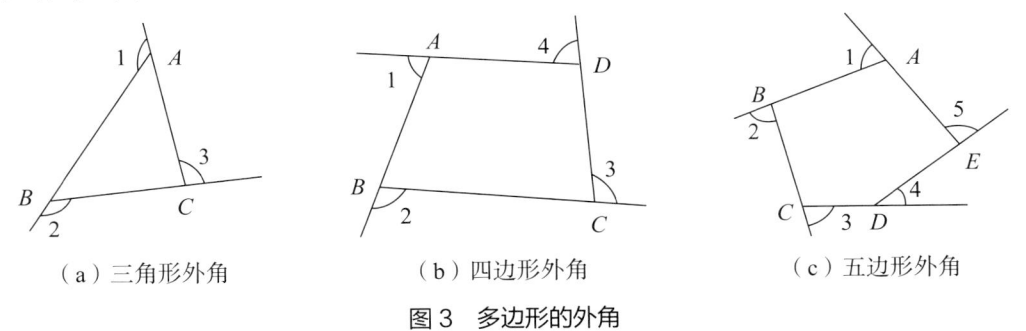

（a）三角形外角　　　　（b）四边形外角　　　　（c）五边形外角

图3　多边形的外角

表1　多边形的度数和外角和

多边形	∠1	∠2	∠3	∠4	∠5	外角和
三角形	120	120	120	—	—	360
四边形	60	120	120	60	—	360
五边形	75	105	37.5	37.5	105	360

第二步，教师分发教具，借助"拼图"看大家会如何拼，会发现什么，四边形、五边形等呢？

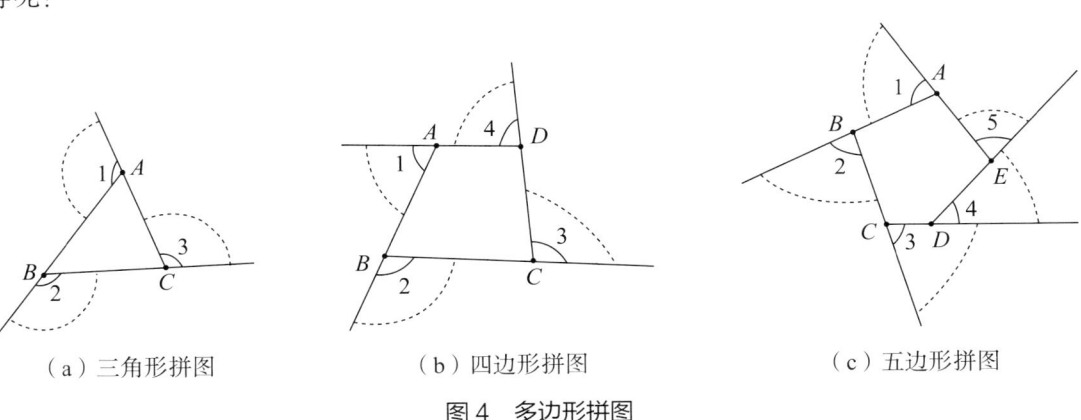

（a）三角形拼图　　　　（b）四边形拼图　　　　（c）五边形拼图

图4　多边形拼图

第三步，教师用几何画板把所有外角汇聚到一点如图5所示验证了多边形的外角和是360°。培养学生的科学探索能力和发散思维。

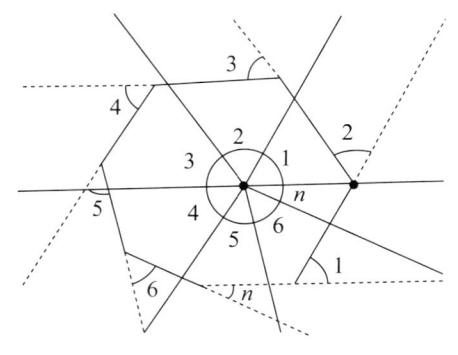

图5 几何画板平移外角

在本例中，用一连串的问题来引起学生们的好奇心，让他们自己主动地去解决问题，并从中获取知识，从简单到复杂，引导学生自主探究。问题探究既符合教学规律，使学生轻松进入学习状态，使学生在数学知识的掌握、教学技能的提高上大大提升，锻炼学生发现问题、思考问题的能力。

3. 游戏教学法

十四五岁的初中生正处于好奇心十分强烈的阶段，而传统的理论教学模式相对缺乏生机比较枯燥，因此教师应抓住这一特点，在一些课题中适当地加入游戏环节，让孩子们走出"教室"去学数学，让同学在"游戏中学习"的同时，也能让学生充分地参与到游戏中去。课堂氛围也变得活跃，学生们也慢慢改变对数学的偏见看法，逐渐喜欢数学，享受数学的乐趣。

如在讲授"概率"这节课时，教师采取游戏教学法，分为三步进行：

第一步，教师提前准备红、黄、蓝三种不同颜色的小球并装入纸箱中以小组为单位进行第一轮游戏，让每名学生摸两次球，并如表2所示记录下来，最终两次摸到相同颜色球的同学获胜。

表2 第一轮游戏数据

	红	黄	蓝
红	（红，红）	（红，黄）	（红，蓝）
黄	（黄，红）	（黄，黄）	（黄，蓝）
蓝	（蓝，红）	（蓝，黄）	（蓝，蓝）

第二步，教师拿出骰子进行第二轮游戏，以小组为单位每人骰一次筛子谁抛到点数为6谁就获胜并根据每个人抛的点数填写表3；最终获胜的同学给予奖励。

表3 第二轮游戏数据

点数	1	2	3	4	5	6
概率	1/6	1/6	1/6	1/6	1/6	1/6

第三步，游戏教师拿出同样的骰子，以小组为单位每人抛两次骰子，填写抛到的所有可能如表4，两次点数之和大于10即获胜；最终获胜的同学给予奖励。

表4 第三轮游戏数据

	1	2	3	4	5	6
1	(1, 1)	(1, 2)	(1, 3)	(1, 4)	(1, 5)	(1, 6)
2	(2, 1)	(2, 2)	(2, 3)	(2, 4)	(2, 5)	(2, 6)
3	(3, 1)	(3, 2)	(3, 3)	(3, 4)	(3, 5)	(3, 6)
4	(4, 1)	(4, 2)	(4, 3)	(4, 4)	(4, 5)	(4, 6)
5	(5, 1)	(5, 2)	(5, 3)	(5, 4)	(5, 5)	(5, 6)
6	(6, 1)	(6, 2)	(6, 3)	(6, 4)	(6, 5)	(6, 6)

在本例中通过游戏教学，使所有学生参与到课堂中，通过亲身体会"游戏"学到知识，让学生亲身体会自己获胜的概率有多大，更好的理解概率的由来，激发学生的兴趣，降低本节课的学习难度，并能利用本节课所学习的内容去科学的计算一些不确定事件的发生概率，形成科学、合理的数学思维模式。

（三）因材施教，实施分层教学

分层教育是在当前学校教学中广泛使用的一种教学方法，也就是所谓"因材施教"。教师需要全面掌握班上每名同学的情况，并针对学生的学习成绩、心态以及学习能力将班级学生分为三种层次，一是学习成绩良好，二是学习成绩一般的学生，三是学习成绩较差的学生，每一个月后再针对学生的学习状况加以调整。

1. 教学目标的合理分层

教学目标的分层，是教师针对不同水平的学生设置不同的教学标准，在制订教学目标时倾听每个学生的需要。对第一类学生，教师所制定的教学目标应更加注重要求学生能够全面理解和掌握教材的每个知识点；对第二类学生教师制定的教学目标应该以提高学生的学习兴趣入手，激发学生对数学学习的积极性和主动性；对第三类学生的教学目标则是教师引导学生树立起自信心，提升对数学的好感。循序渐进，充分发挥分层教学的优势所在。

2. 教学内容的合理分层

初中阶段学生的个体差异、数学学习基础都有很大的不同，好比在同一个教师教授的同一节课中，面对不同类型的学生即使都付出了相同的时间、相同的经历、相同的努力，但最后所达到的效果却大有不同。因此，在教学中，实施"分级任务单"，教师要兼顾到各个层次的学生，哪怕这节课只是讲授了一道题或者一个知识点，若这道题或者这个知识点在每个层次的学生身上都得到了不同程度的反馈，那么这节课则是非常高效且成功的，尤其"学困生"得到收获后，会做一些简单的习题，增加了对数学的兴趣，提高了自信心。

3. 课后作业的合理分层

孔子说："温故而知新，可以为师矣"，课外作业是有效的检查和发现问题的途径。因此，教师在设计课后作业内容时，要因材施教，实行分层型作业布置，既要照顾到第一、二类学生又要照顾到第三类学生。首先给第三类同学布置最基本的习题，目的是让其掌握课堂所学的基础内容，其次给第二类学生布置基础习题外加两道难度提升中等的题目，最后给第一类学生在第二类学生难度中等习题的基础上让学生根据自己的学习情况选择下一难度系数较高的任务进行突破。层次不同任务不同，更有利于提高学生的思维能力和学习能力，进而通过课后作业提升不同层次学生的学习效果。

如在"抛物线与直角三角形"的习题课中展示分层教学：在平面直角坐标系中，抛物线 $L_1: Y = ax^2 - 2x$ 的对称轴为直线 $x = -2$，顶点为 c，将抛物线 L_1 沿 y 轴对称，得到抛物线 L_2，顶点为 G。

问：(1) 求 a 的值；

(2) 求抛物线 L_2；

(3) 问在抛物线 L_1 或 L_2 上是否有点 P？使以点 P、A、B 直角三角形？若有，求出点 P 的坐标；若不存在，说明理由。

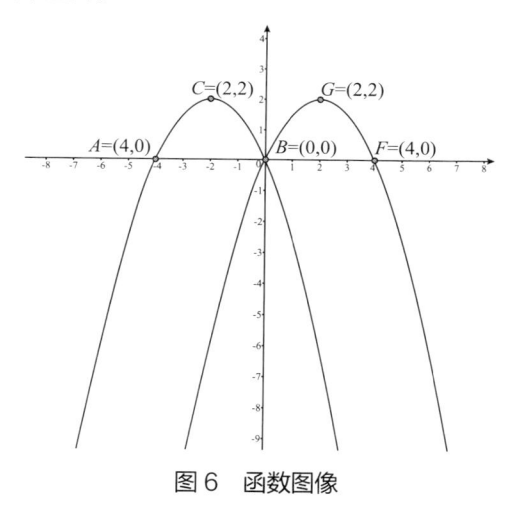

图 6 函数图像

【教学目标】

对第一类学生要求课前预习这节课内容并三个小题有大概解题思路，对第二类学生要求复习回顾抛物线与直角三角形的相关知识点能顺利求解前两小题并突破第三小题；对第三类学生要求掌握求抛物线方程的三个方法。

【讲授新课】

教师为了帮助不同学生理解，将问题设置分布化：

问题一：由抛物线 L_1 的表达式和对称轴，我们可以回想起在讲抛物线的性质时，已知抛物线 $y = ax^2 + bx + c$ 中的 b 和 c 点关于对称轴对称，怎样来求？那么我们是不是能够解决第一小问的问题呢？

问题二：大家先来回顾一下对称轴的概念，关于 y 轴对称 $y=ax^2+bx+c$ 变为怎样呢？我们第一问求解出 L_1 的表达式，沿着 y 轴对称，那么抛物线 L_2 的表达式是不是显而易见呢？

问题三：我们是不是可以先把两条抛物线的图像画出来，假设点 P 的位置，分为几种情况来讨论？先确定直角坐标的顶点位置，再根据直角三角形的性质和勾股定理，讨论若点 A 为直角顶点，点 B 为直角顶点，点 P 为直角顶点的情况。

任务一要求三类学生全部解答出来，任务二面对的是绝大多数的同学，要求前两类同学都能解答出来（第三类同学根据具体情况而定），任务三对于第一类学生动脑探究，对于第二类学生在依据自己的实际情况在完成前两个任务之后考虑要不要进行突破。最后教师进行统一的讲解，对不同类型学生的疑惑进行答疑，使得每一类型的学生都有不同的收获，这节课也变得高效。

【课后作业】

给第一类学生布置提升类习题；第二类布置基础+巩固类习题；第三类学生布置基础习题。

本例中在教学目标、课程讲授、课后作业都实施了分层教学模式，针对不同水平的学生提出了不同的需求，旨在帮助第一类的学生不断提升自我，不断突破自我；让第二类学生能熟练地完成课后作业；对第三类的学生，必须掌握本节的基础知识。使得所有学生都能参与到课堂中，都有所收获。实施分层教学，一方面能够使教学顺利地开展，也是对学生课后负担的减轻，响应国家的"双减"模式；另一方面，培养学生创新思维能力实施高效课堂，对初中生的成绩提升效果较为明显。

(四)"思政"元素融入教学，培养学生核心素养

习近平总书记在全国大学生思想政治工作会议上指出："把思想政治工作贯穿到教育、教学全过程，努力开创我国高等教育事业发展新局面"。数学作为一门理科重要课程，不仅培养学生的思维能力，而且蕴含着许多思政元素和哲学思想，例如：爱国情怀、爱国主义精神、辩证唯物主义观、个人优秀品质、科学素养等，将思政元素融入数学教学可以有效的深化学生的核心素养。

1. 爱国主义精神

爱国主义作为学校德育的重要任务，在初中数学中有着许多爱国主义的思政元素，例如在学习勾股定理时向学生展示2002年世界数学大会的会徽以及"赵爽弦图"，初中数学教材中每章的插画展示了中国"神舟七号"火箭升空间、北京天坛、特别行政区区旗上的图案等，都与爱国元素息息相关。通过这些元素可以让学生体会到祖国的日益强大，感受数学历史的悠久，激发学生的民族自豪感和文化认同感。

2. 辩证唯物主义观

辩证思维被广泛应用于数学领域，比如平行四边形、菱形、矩形、正方形、多边形的内角和、外角和的推理，都是共性和个性的辩证统一；而在有理数和无理数、正数和负数、变量和常量、性质和定理体现对立和统一的规律。

3. 个人优秀品质

在以人为本的教育中个人优秀品质也是一个重要因素，教师可以向学生们介绍国内外数学家的奋斗历程。例如笛卡尔敢于创新创立了解析几何、发明了坐标系，华罗庚在吊脚楼上写出堆砌教学论，柯西勇于探索发明了柯西准则、柯西不等式等。他们身上的优秀品质不仅可以激发学生的学习兴趣，而且有助于培养学生坚忍不拔、勇于探究、勇于创新的优良品格。

4. 其他

我国拥有许多独特且丰富的数学文化，在数学教学中，教师要把数学文化融入其中，在授课时引入优秀数学家的著作，如《周髀算经》《九章算经》《孙子算经》等；初中数学教材也会引用一些正能量的故事，给学生们带来正确的世界观；数学中的对称轴、插花等都展示数学的"对称美"，提升教学审美等方面与"思政"元素紧密结合，形成个人所需要的核心素养。

四、教学案例——以角平分线性质为例

将上述新课改下教学方法的创新与对策应用于数学教学实践中，以新课标人教版八年级上册"角平分线的性质"为例。

在本例中，采取了数形结合、问题式教学、游戏式教学、师生合作探究学习、多媒体教学等教学方法，提高了课堂气氛，能有效地促进学生对数学学习的热情，使他们更好地理解本节的要点和难点，从而使其更好地掌握本节知识；培数学学习兴趣，掌握数学知识，提高创新思维的能力，更能体现"学生是课堂的主人"的特色。

【课前准备】

教师在班级学习群上传微课视频，以及针对不同层次预习检测的习题。教师根据学生的作答情况在课上进行讲解（利用互联网丰富教学手段）。

【复习导入】

教师活动：教师用多媒体展示一幅角的图片，让学生回顾以前所学到的知识，然后提问：角的等分线是什么？

学生活动：对于教师的提问，学生思考后回答：一条射线把一个角分成两个相等的角，这条射线叫作这个角的平分线。

教师活动：教师分发准备好的三角形教具，并让学生们自行进行折叠。有一个启发式的问题：怎样折叠可以组成两个三角形？我们可以找出角平分线的某些特性吗？并由此引出了这门课的主题——角平分线的性质定理（采用游戏式教学、问题式教学）。

【讲授新课】

教师活动：教师引导学生将刚才折叠的三角形 $\angle AOB$ 道具，做 $\angle AOB$ 角平分线 OC，在 OC 处取一个 P，过点 P 把 OA 和 OB 的垂线分别用 D、E 表示，然后问 PD 和 PE 的关系。

学生活动：学生通过直尺来测量长度，并猜想 $PD = PE$。

教师活动：教师接着提出问题：如多媒体上图7，点 P 在 $\angle AOB$ 的角平分线上，$PD \perp OA$，$PE \perp OB$，垂足为 D、E。求证：$PD = PE$。能不能用数学的方法来解释？让学生以小组为单位，进行讨论，老师会对他们进行监督和引导。

学生活动：派一名学生代表进行板书，板书如图7所示（采取数形结合教学方法）。

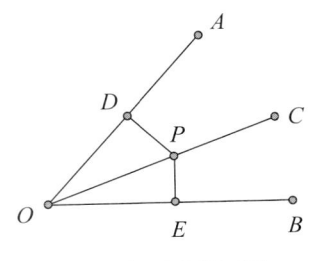

图7　角平分线板图

教师活动：老师对学生的板书进行了评价，并给出肯定的答案，然后又提出一个问题：在角平分线上，是不是随便取一个点，就能得出这样的结论？大家可以用什么方法进行探究呢（采取问题式教学）？

学生活动：有一组学生采取了用直尺多次测量 PD、PN、PE、PM 如图8所示的方法填写表5，进行动手验证，得到角平分线上的点到角两边的距离都相等（采取数形结合教学方法）。

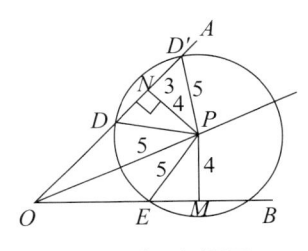

图8　直尺测量图

表5　测量值

PD	PN	PE	PM
5	4	5	4

教师活动：教师评价并总结本节课的知识点：角平分线的性质定理：角平分线上的点到角两边的距离相等。角平分线的性质定理的应用必须满足以下几个条件：①角的平分线；②点在该角平分线上；③点到角两边的距离相等。

【课堂巩固】

利用多媒体出示下面三道练习题，分别选取不同层次的学生代表板演解题过程，教师进行点评（采取数形结合教学方法）。

（1）练习题1：如图9所示，OC 是 $\angle AOB$ 的角平分线，点 P 在 OC 上，$PD \perp PE$，$PE \perp OB$，垂足分别是 D、E，$PD = 4cm$，求 PE 的长度。

（2）练习题2：如图10所示，在 $\triangle ABC$ 中，$\angle C = 90°$，AD 平分 $\angle BAC$ 交 BC 于点 D，若 $BC = 10$，$BD = 7$，则点 D 到 AB 的距离为多少？

（3）练习题3：如图11所示，OC 平分 $\angle AOB$，$PM \perp OB$ 于点 M，$PN \perp OA$ 于点 N，$\triangle POM$ 的面积为6，求 PN 的长度。

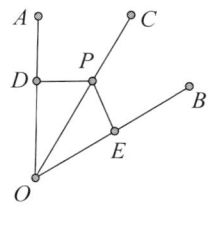

图 9　练习题 1 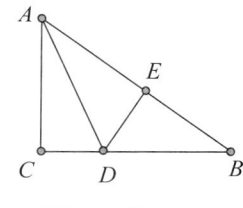　　　　图 10　练习题 2 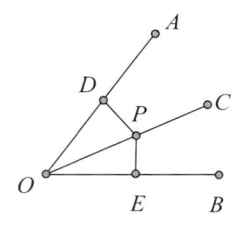　　　　图 11　练习题 3

【课堂小结】

让学生回顾本节课所学习的内容，谈谈自己本节课的收获是什么。

【课后作业】

根据不同层次学生的学习情况，分别检测各类学生对本节课的学习情况；再对各类学生布置课后作业。

第一类：运用角平分线性质定理解决现实问题。

第二类：掌握角平分线的基本原理，运用角平分线性质定理进行课后练习。

第三类：可以了解角平分线的特性：在角平分线上，点到角两侧的距离是等长的，并且可以在下课后做一些简单的练习。

【课后反思】

这堂课以学生为主体，采用了数形结合、问题探究法、游戏教学法等多种教学方法，引发学生的学习兴趣，自己动脑、动手去探究新知，更好地掌握本节课的重难点，分层次教学，使得每位同学都参与到课堂中，都有所收获，不足点在于在课堂巩固环节内容过多耗时太长。

五、小结

根据新课程标准（2022 年）的提出，传统教学模式下的数学教学已经难以取得明显的教学效果，不能满足新的社会发展需要。为了积极响应"双减"政策，要改善课堂教学，更好地适应学生的发展需要，使学生的综合素质得到全面的发展，对数学的兴趣得到提升，这就要求我们改进中学数学的教学方式。本文在此基础上提出新课改下初中数学教学方法的创新和对策，利用互联网丰富教学手段，创新教学方法，因材施教、实施分层教学，"思政"元素融入数学教学，进而改变传统的单一教学模式，将现代化手段应用到数学课堂中，把数学思想渗透到教学中，传播数学文化，从而使学生在课堂上获得更多的快乐，使学生在"乐中学，学中乐"。培养学生数学学习兴趣，激发学生的探索动力，培养应用意识和创新意识，发展数学核心素养，成为一名德才兼备的优秀人才。所以，要利用现有的一切资源对初中数学教学方法进行创新，使得我国教育事业向前发展，教师更应该把学生当作课堂的主人，让数学课堂"活"起来，努力实现更好的中学数学教育，培养为人民服务的数学人才。

参考文献

[1] 吕永生. "微"言精义别样精彩——浅谈微课在初中数学预习环节的应用 [J]. 数学学习

与研究,2019,24:66-68.

[2] 刘文莉. 基于翻转课堂教学模式的初中数学教学创新与优化路径 [J]. 试题与研究,2021(23):123-124.

[3] 徐冉冉,裘晓丽,姚玲,等. 基于教师——研究者伙伴关系的初中数学教学改进——以"一次函数""问题提出教学"为例 [J]. 数学教育学报,2021,30(1):25-31.

[4] 岳德凤. 因材施教的初中数学分层教学法 [J]. 新课程教学(电子版),2021(11):59-60.

[5] 王嵘. 数学文化融入中学教科书的内容与方法 [J]. 数学教育学报,2022,31(1):19-23.

中学语文教材劝学类作品的德育教学探究

李小奇，齐佳怡 ❶

摘要：中学阶段的语文教材立足适应中学生的认知特点和身心发展的规律，通过对学生思想情感的教育，激发学生对中华传统文化的热爱，培养学生树立正确的世界观、人生观和价值观，体现社会主义核心价值观。本文通过对中学教材中关于劝学类作品加以统计梳理，分析与新课标之间存在的关系，从思政角度分析其中蕴含的德育元素，从课内课外相结合、德育目标与能力目标相结合和拓展培养学生阅读能力三方面探究教学方法，为中学语文教学提供方法论上的借鉴。

关键词：中学语文教材；劝学；德育；教学探究

一、引言

"劝学"一直是中华民族的教学方式和思想主张，其可以追溯到先秦时期，中国文明经久不衰，源远流长，主要源于前人劝勉、激励、教导，这些言论思想出现在文章中，"劝学"便成为一类文章的主题。"劝学"类文章主要是作者以自己的经历和学识劝导引导学生学习从而形成的一种以"劝学"为主题的文类。劝学思想也是当代教育中重要的思想之一，关于学习或者促进人们成长进步的文章我们都可以称为"劝学文"。

劝学思想源远流长，劝学文章应运而生，对当代青少年的成长具有积极的意义，有利于实现"格物、致知、诚意、正心、修身、齐家、治国、平天下"的人生和社会理想。对劝学文进行整体性研究较有代表性的是东北师范大学宋祥的《中国古代劝学文研究》，这篇论文对古代劝学文的产生、发展和代表人物进行了梳理总结，让我们对劝学文产生全面的认识。除此之外还有很多学者对劝学文进行研究，但大多数学者以单篇文章或者具体人物为研究对象，因此关于单篇劝学文的研究有很多，如中国政法大学夏超男的《荀子"劝学"思想浅析》以荀子为研究对象，分析荀子"学"的内涵、基石、内容和目标，最后探讨了荀子劝学思想对当代教育的启示。

《义务教育语文课标准》中说："语文是最重要的交际工具，是人类文化的重要组成部分，工具性和人文性的统一是语文课程的基本特点。"劝学文是中学语文教材中的一种主题，针对中学语文教材中的劝学文研究，目前有《中学语文劝学类文言文教学策略研究》一篇文章，以中学语文教材中的劝学类文言文为研究对象，界定劝学概念，探讨劝学价值，

---

❶ 李小奇，女，文学博士，商洛学院副教授。主要从事古代文学教学工作，主要研究古代文学、园林文学与文化。主持国家社科基金后期资助项目一项并结项，参与国家社科基金重点项目一项并结项，参与国家社科基金重大项目并承担子课题一项，主持陕西省教育厅重点项目一项并结项，曾在暨南学报、新疆大学学报、光明日报、中国社会科学报等报刊发表学术论文近二十篇，出版学术专著《文心见园：唐宋园林散文研究》。获得陕西省第十五次哲学社会科学优秀成果二等奖

齐佳怡：女，汉语言文学专业学士，中学语文教师，主要从事中学语文教学和教育研究工作

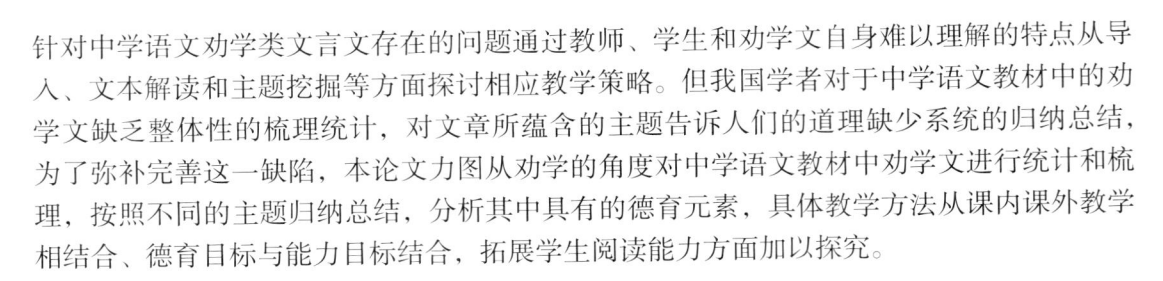

针对中学语文劝学类文言文存在的问题通过教师、学生和劝学文自身难以理解的特点从导入、文本解读和主题挖掘等方面探讨相应教学策略。但我国学者对于中学语文教材中的劝学文缺乏整体性的梳理统计，对文章所蕴含的主题告诉人们的道理缺少系统的归纳总结，为了弥补完善这一缺陷，本论文力图从劝学的角度对中学语文教材中劝学文进行统计和梳理，按照不同的主题归纳总结，分析其中具有的德育元素，具体教学方法从课内课外教学相结合、德育目标与能力目标结合，拓展学生阅读能力方面加以探究。

二、中学教材劝学类文章概况

初中语文和高中语文教材中都有劝学类文章。选取有关劝学类的文章适应青少年的身心发展规律和认知水平，符合中学生所面对的实际情况，现身说法通过简短的故事或者道理启发学生刻苦学习，树立远大理想，实现人生价值，同时有利于中学生德育的培养和中国传统文化的传承与发展。

（一）劝学类文章梳理统计

主要以人教版（部编版）初中语文和人教版高中必修劝学类文章进行统计整理。

年级	册数	文章
七年级	上册	《〈论语〉十二章》《诫子书》
	下册	《孙权劝学》
八年级	上册	《孟子》两章《富贵不能淫》《生于忧患，死于安乐》
	下册	《礼记》二则（《虽有嘉肴》）
九年级	上册	《行路难（其一）》
	下册	《送东阳马生序》、短文两篇《谈读书》《不求甚解》
高一必修1		无
高一必修2		无
高一必修3		《劝学》
高一必修4		无
高二必修5		无

经过统计可以发现，人教版语文教材初、高中共有11篇劝学类的文章，其中初中10篇，《孟子》2篇组合成一篇课文，《短文两篇》由2篇文章组成，高中仅1篇。以文言文古代作家为主，古代作家共9篇，现代作家1篇，外国作家1篇。其中，以初中为主，《〈论语〉十二章》是语录体散文，记录孔子及其弟子的言行，着重叙述了求知态度、学习方法和修身做人三方面的内容；《诫子书》是诸葛亮写给儿子的一封家书，劝勉儿子勤学励志，修身养性；《孙权劝学》是司马光创作的一篇记叙文，记叙吕蒙在孙权劝说下开始学习并大有长进，强调学习的重要性；《孟子》两章是孟子及其门人所作，《富贵不能淫》告诉人们要有坚定的信念，不为荣华富贵所诱惑，不为贫贱困苦所改变，做真正的大丈夫；其二《生

于忧患，死于安乐》告诉人们要有忧患意识，积极进取不能贪图享乐；《礼记》二则（《虽有嘉肴》）运用托物言志手法，指出教和学是相互促进、相辅相成的，即"教学相长"的道理；《行路难（其一）》是诗仙李白的诗作，激励人们只要坚定信念一定会达到最终的目的；《送东阳马生序》是明代文学家宋濂所作的一篇赠序，通过介绍自己早年的求学经历，现身说法勉励马生和青年人珍惜良好的读书环境，努力学习树立正确的苦乐观，通晓业精于勤和学成于专的哲理；短文两篇中，其一《谈读书》是英国作家培根创作的一篇论说散文，主要谈论读书的益处，足以怡情，足以博彩，足以长才，说明知识就是力量的道理;《不求甚解》是现代作家邓拓笔名马南邨所作的一篇议论性作品，通过探求"不求甚解"的本意提出见解，提倡重要的书要反复地阅读才能会意，要把握精神实质。高中仅《劝学》一篇，是荀子所创作的一篇论说文，通过论述学习的意义、作用、方法和态度勉励人们努力学习，脚踏实地，持之以恒。

这11篇文章通过不同方面、不同角度、不同方法、不同程度地表达了带有劝学特色的文章，其都有一个主题，鼓励学生克服困难，专心求学，刻苦自励，坚定信念，积极进取。

（二）新课标要求与中学教材劝学类作品关系

语文是知识的载体又是文化的载体，它所承载的文化内容是其他学科无法替代的，它同时又独具艺术性，带有强烈的主观表现性与个人独特性的特质。"工具性与人文性的统一，是语文课程的基本特点。"语文课程的特性就是要面向全体学生进行教育，从而提高学生的思想文化修养。义务教育《语文课程标准》明确提出："语文课程还应通过优秀文化的熏陶感染，促进学生和谐发展，使他们提高思想道德修养和审美情趣，逐步形成良好的个性和健全的人格。"

根据课程标准的要求，对学生进行思想教育是有必要的，从古到今，出现的伟大文人和革命家无一例外都是热爱学习、有恒心有目标有毅力的人，古代出现过"为天地立心，为生命立命，为往圣继绝学，为万世开太平"的壮志豪言，近代也有"为中华崛起而读书"的豪情壮志，他们都为了中华这个民族的繁荣发展这个目标而奋斗终生，乃至失去生命。而中学语文教材中劝学文的出现，正是对这些思想的继承与发展，它对学生的发展具有潜移默化和深远持久的影响。青年是民族的希望和未来，青年学生处于青春期，正是学习发展的大好年华，可塑性强，学习对他们来说是一种不竭的动力，影响其一生，但同时又容易受到来自外界压力或者思想价值观的影响。教材选文选取劝学类文章，结合学生年龄特点，选取文人大家勤奋为学的故事从内心教育学生，最大程度启发学生开拓视野，全面认识分析事物，科学规划，全面提高自己对语言的理解能力，对传统文化的鉴赏能力，提升写作水平，激发学生对传统文化的热爱，全面提升语文素养，不断优化自己的学习方法，使之形成积极健康的人生态度和价值观，让这种思想成为受用终生的动力，促进学生德智体美劳全面发展，并为中华民族伟大复兴的中国梦而奋斗。

三、劝学类文章德育元素分析

"劝学"在古代是两个词，"劝"即勉励、鼓励、劝说，"学"即学习，将二者合起来的意思是劝勉鼓励人们学习。中学教材内的劝学文章思想内容都有其共同之处，对这些文章的思想情感进行归纳总结，结合各单元中心主旨，提炼核心观点，结合现在学生学情身心发展规律的特点，启发学生思考获得领悟，树立远大理想，珍惜时间，脚踏实地，学会吃苦耐劳坚持不懈，掌握适合自己的学习方法。

（一）树立远大志向

青年兴则国家兴，青年强则国家强，新时代要求青年必须树立远大理想，坚定崇高信念。远大理想是青年健康成长、成就事业并开创未来的精神支柱和前进动力，树立远大理想，能够让目标清晰，指引青年前进，塑造高尚的人格。

在中学语文教材中，《〈论语〉十二章》选自七年级上册第三单元，这个单元主要内容为学习生活，从中了解不同时代儿童的学习状况，这篇课文告诫我们要有远大理想，坚定志向。"三十而立，四十而不惑，五十而知天命，六十而耳顺，七十而从心所欲，不逾矩"，"三军可夺帅也，匹夫不可夺志也"说明志向对一个人的重要性，"博学而笃志，切问而近思，仁在其中矣"表达了一个人心有远大理想就要有丰富的知识，要多疑问多思考。《行路难（其一）》选自九年级上册第三单元，这个单元所选诗文描写景物抒发感慨的同时，也表达了作者的政治理想，志趣抱负，可以感受他们的忧乐情怀。其中"长风破浪会有时，直挂云帆济沧海"告诉我们尽管前路障碍重重，只要坚定理想信念，就会有成功的一天。中学教材劝学篇目，结合青少年身心发展特点，启发学生树立远大理想，早立志，立长志，立大志，引导学生做什么人，走什么路，要把个人理想寓于社会理想之中，为祖国的民主富强、繁荣昌盛贡献自己的力量。

（二）学会珍惜时间

"一寸光阴一寸金，寸金难买寸光阴"，因为时间每时每刻都在流逝，它量化了一个人的生命，珍惜时间就是珍惜生命，学生只有珍惜时间才能提高学习效率，才能创造属于自己的价值，开拓新的知识天地，为社会发展贡献出自己的力量。中学教材中的劝学文章，结合初中高中学生处于青春期，有逆反心理，通过不同事例旁敲侧击，让学生在学习中懂得思考，懂得感悟，珍惜时间珍惜现有的学习条件，提高时间观念养成合理安排时间的好习惯。

《诫子书》选自七年级上册第四单元，这个单元从不同方面诠释了人生的意义和价值，还有关于修身养德的谆谆教诲，彰显着理想光辉和人格力量。其中"非淡泊无以明志，非宁静无以致远"认为一个人须恬淡寡欲方有明确志向，须寂寞清净才能到达深远的境界，要求我们要"志当存高远"；诸葛亮告诫自己的儿子"年与时驰，意与日去，遂成枯落，多不接世，悲守穷庐，将复何及"，从反面提出时光飞驰，意志被磨灭最终不为社会所用，只能悲哀守在自己穷困的破舍中，那时悔恨也来不及了，劝诫学生要珍惜时间。

（三）吃苦耐劳，坚持不懈

吃苦耐劳是中华民族的传统美德，是一个人走向成功、成就大业的有效途径，是学生应具备的优良品质之一。懂得坚持不懈，持之以恒，脚踏实地，才能获得成功。语文教材充分发挥语文的育人功能，培养青年学生吃苦耐劳的品质，锻炼意志，在吃苦中磨炼心智，增强毅力，促进学生全面发展。

在中学语文教材中，《孟子》两章选自八年级上册第六单元，这个单元用几篇古代诗文从不同角度回答了人应该有怎样的品德与志趣。其中，"故天将降大任于斯人也，必先苦其心志，劳其筋骨，饿其体肤，空乏其身，行拂乱其所为，所以动心忍性，增益其所不能"，大意是上天降临重大职责，先让其内心痛苦，使他筋骨劳累，经受饥饿而体肤消瘦，缺乏钱财，受贫困之苦，用这些让其内心收到震撼，使他性格坚毅，增长过去所没有的才能，明确说明了磨难成才的道理，即人要担负重任，有所作为，成就大业，必须在思想、生活和行为等方面经历一番磨炼；《送东阳马生序》选自九年级下册第三单元，这个单元都是传统名篇，内涵丰富深刻，描述少年求学的艰辛，论述人生的理性抉择。其中，作者宋濂现身说法，叙述自己青少年时期求学艰难场景，明白了"其业有不精者、德有不成者，非天质之卑，则心不若余之专耳"告诉我们"业精于勤荒于嬉"的人生哲理。

（四）找到适合的学习方法

"工欲善其事，必先利其器。"如果想做好一件事，很重要的一点就是具备适当的手段，掌握科学适合自己的学习方法，才会获得学习能力取得事半功倍的效果。语文教材中劝学文章侧重学习的不同方面，有其不同的学习方法和道理，学生学习文章可以站在前人的肩膀上开拓视野，找到适合自己的学习方法，提升学习效率，强化学习能力，建立学习自信，取得事半功倍的学习效果。

语文教材中，《〈论语〉十二章》选自七年级上册第三单元，主要内容是关于学习生活、学习方法和学习态度的。"温故而知新，可以为师矣"告诉我们不断温习所学的知识，从而可以获得新的感悟；"学而不思则罔，思而不学则殆"告诉我们只学习却不思考就会感到迷惑而无所适从，只是思考却不学习就会精神疲倦而无所得，启发学生不能死记硬背而不去思考理解，要学会变通，也不能空想而不付诸实践，学习和思考要结合起来才能学到有用的知识；"三人行，则必有我师焉。择其善者而从之，其不善者而改之"告诉我们要看到他人的长处，选择别人的优点去学习，他们的缺点如果自己有就改正，取长补短，虚心向别人学习；《虽有嘉肴》选自八年级下册第六单元，这个单元都是传统的名家篇目，有对精神自由的渴望，有对学习生活、理想社会的期望，有情趣，有理趣，表达了古人的哲思与情怀。"是故学然后知不足，教然后知困。知不足，然后能自反也；知困，然后能自强也"，告诉我们教学相长的道理，教与学相互促进相辅相成，学习之后才能知道自己的不足之处，教导他人之后才能知道自己的困惑，这样以后能反省自己，知道自己困惑的地方，这样才能自我勉励，这就叫"学学半"，这个学习方法可以让学生学习当小老师，教会同学巩固自己，合作共赢；《劝学》选自高一必修三第三单元，其中，"木受绳则直，金就砺则利"，"不积跬步，无以至千里；不积小流，无以成江海"，"骐骥一跃，不能十步；驽马十驾，功在不舍。锲而舍之，朽木不折；锲而不舍，金石可镂"等反复说明了脚踏实地，持之以恒的道理；"吾尝终日而思矣，不如须臾之所学也；吾尝跂而望矣，不如登高之博见也"，也就是说，当我们遇到困难或问题时，应该把这当作学习的契机，有思考但不是闭门造车，善于主动用已有的知识经验丰富自己，并向高处攀登，"假舆马者，非利足也，而致千里；假舟楫者，非能水也，而绝江河。君子生性异也，善假于物也"意思是能借助车马的人并不是脚走得快，但是能到达千里之外；借助船只的人，并不是能游泳，却能横渡江河，君子的本性同一般人没有什么差别，只是他们善于借助外物。揭示了人要成功，就要懂得利用环境，借助他人的力量发展自己，同时启示学生抓住周围已有条件，顺应规律，借助外物自我提升。

四、教学方法探究

教学方法是指为达到教学目的、实现教学内容、运用教学手段由教学原则指导的一套方法组成的师生相互作用的活动,它是为完成教学任务而采用的办法,包括教师教和学生学的方法。教师在教学中应坚持以学生为主体,教师为主导的教学原则,充分调动学生积极主动性,采取灵活多变的教学手段,同时要依据不同课文,从实际出发,对多种教学方法优化组合,选择适当的教学方法,扬长避短,引导培养学生的自主探究精神,实践能力,提高阅读鉴赏能力,陶冶情操,树立正确的世界观、人生观、价值观。

(一) 课内课外教学相结合

课内课外相结合的教学原则对培养学生的合作精神、合作方法、社交技能、改革呆板沉闷的教学、提高教学质量和减轻师生负担起着积极的影响作用。以课堂教学为主,课外教学为辅,充分利用学校家庭等教育资源,拓宽学生的学习发展空间,开展综合性学习,培养学生全面发展。

劝学类文章,教师应制订相应的教学目标。如《〈论语〉十二章》这篇课文,教师在教学开始之前就可以让学生搜集资料,了解孔子及其儒家学说的概况,了解《论语》的主要内容,借助工具书,通读全文。在进行课堂教学的过程中对于文言文文本难于理解的特点,结合具体语言环境,读准字音,处理好停顿、语速和语调,这个环节主要运用讲授法,旨在让学生疏通理解文章大意,掌握常用的文言实词,能够流畅地朗读文章,感受儒家文化的博大精深。在感知课文的教学环节中教师可以运用讨论法,以前后桌4人为小组讨论,逐级逐句分析,探讨文章并思考,文中哪些语句是讲学习方法,哪些是讲学习态度的,学生交流回答问题,教师引导总结答案。在教学最后教师提问学生通过学习《论语》学到了什么,并在课堂最后布置课后作业:一是,提问学生什么是儒家经典,"四书"指的是什么,"五经"包括哪些书;二是,《论语》中有很多关于"君子"的论述,阅读《论语》,找出对其描写的句子,根据自己对君子言行的理解,探究君子的人格特点。第二堂课开始提问学生,明确"四书"指的是《大学》《中庸》《论语》《孟子》,"五经"指的是《诗经》《尚书》《礼记》《周易》《春秋》。找出《论语》中对君子描写的句子交流分享,全班诵读君子篇,播放视频理解"君子""小人"的概念,"君子"指的是才德出众的人,"小人"指的是普通人,明确君子是真善美的化身,具有择善固执、温柔敦厚、谦逊有礼、勤勉好学的品行风度,启发学生学君子言,做君子事,立君子品。

(二) 德育目标与能力目标相结合

德育是实施五育的思想基础,对人的全面发展起着导向和动力作用,是中学生健康成长,并实现思想、情感转折的重要引导。中学语文教材中的劝学思想,是对中国古代优秀传统文化的继承与发展,它潜移默化深远持久地影响着一批批青年学子。能力是完成一项目标或者任务所体现出来的综合素质,德育目标与能力目标相结合的教学方式,启发学生应该深入领悟,融会贯通,守正创新,激励更多的当代学子勤奋学习,做新时代的继承者和开创者,促进其深刻性、敏捷性、灵活性、批判性和独创性等思维品质的提升。

如教师在进行教学《送东阳马生序》这篇文章时,在课堂导入环节就要介绍作者宋濂,同时帮助学生明确:"序"指的是赠序,并非"序言"而是"赠言"的意思。《送东阳马生序》

是作者宋濂写给马生的一篇赠序，文人以言相赠，表达离别时的某种思想感情，相当于议论性散文的一种写法。在初读环节解决学生疑难字词，以学生为主体，教师引导学生掌握重点字词，翻译重点语句。教师指导学生自由朗读，齐读课文，归纳文章层次结构，明确作者宋濂叙述个人早年虚心求教和勤苦学习的经历，从而勉励青年人珍惜良好的读书环境，专心治学。所以德育目标可以从文章"其业有不精者，德有不成者，非天质之卑，则心不若余之专耳"这句话启发学生，学业能否有所成就，主要在于主观努力，不在天资的高下和条件的优劣，让学生知道"业精于勤荒于嬉"的道理，劝勉他们珍惜现有的优越条件，学习作者虚心好学的精神。同时这篇文章大量运用了多重对比手法，宋濂与太学生幼时致书之难和有丰富藏书，加冠叩问之难和有专门老师，从师行路之难和无奔走之苦，寓旅吃穿之难和无冻馁之苦的对比可以作为本节课的重点去讲授，明确对比让文章具有说服力，在讲授过程中教师可以通过提问学生、小组合作探究和板书的方法帮助学生完成学习目标。布置写作练习题目，及时的写作训练利于学生理解和掌握新的写作手法，有利于提高写作能力。运用对比的写作手法写一篇议论文，就是这节课的能力目标。

（三）拓展培养学生阅读能力

阅读能力包括认读能力、理解能力、鉴赏能力、评价能力、活用能力、阅读技巧。阅读能力的培养是素质教育重要组成部分，阅读能力的高低，直接关系到学生的理解能力、运用知识的能力以及表达能力的提升。提高学生阅读能力有利于学生语文素养的培养，锻炼语言表达，使学生感受形象、品味语言、体验情感的过程中提升文学欣赏能力，提高写作能力。

如教师在进行教学《劝学》这篇文章时，课前让学生通过自读，查找相关资料，研讨交流理解文章的大致内容，课堂上让学生齐读课文，整体感知，确定文章"学不可以已"的中心论点，然后让小组交流探讨把难以解决的字、词、句方面的问题提出来，师生共同讨论解决；在精读这个环节以提问学生为主培养学生的阅读能力、理解能力和鉴赏能力。问题一：从哪些方面阐述"学不可以已"这个中心论点，让学生通过自由朗读、小组合作学习等明确作者用的五个比喻论证：青出于蓝，冰寒于水，直木为轮，木受绳则直，金就砺则利，从学习的作用方面用五个比喻论证得出学习能弥补后天不足、君子生非异也，善假于物也的结论。君子善于利用学习来弥补自己的不足，从学习的方法和态度用十个比喻从正反两方面论证学习要坚持不懈、用心专一；问题二：本文是阐述学习道理的议论文，通篇设喻，找出设喻的句子，让学生找出正面设喻，如青出于蓝、冰寒于水和木为轮；正反设喻，如蚓和蟹、骐骥和驽马、锲而舍之和锲而不舍；反复设喻，如登高而招、顺风而呼、假舆马、假舟楫等，明确这样的作用是增强文章的说服力和可信度；问题三：提问学生对文章中的哪些观点比较认同，鼓励学生畅所欲言，自由发挥，分小组展开辩论，锻炼其语言表达能力、理解能力和鉴赏能力。教师布置议论文小练笔，学会运用设喻的方法，同时背诵《劝学》这篇文章，作文中引用名言警句如不积跬步无以至千里，不积小流无以成江海等，激发读者阅读兴趣，升华主题，增强说服力。

五、结语

中学语文教材选取劝学类文章，根据学生的年龄特点，培养学生读好书、好读书，养成良好的学习习惯。本文统计整理中学阶段人教版语文教材中带有劝学特色的文章，分析新课标与中学教材内劝学文章的关系，充分发挥语文课程的育人功能。从世界观、人生观和价值观分析劝学文章蕴含的德育元素，这些劝学类的文章启发学生树立远大志向，学会珍惜时间，充分利用现有的学习条件，懂得吃苦耐劳，脚踏实地，坚持不懈，通过学习文章了解到更多的学习方法，开拓视野改变学习策略，不断尝试，找到适合自己的学习方法。教学方法应从课内课外相结合、德育目标与能力目标相结合、培养学生阅读能力三方面展开，通过教师搜集、学生之间互相分享、网上查阅等途径，查找其他类似热爱学习的故事或文章，有效提高语文能力，发展提升学生思维能力和思维品质，感受美的熏陶，培养自觉的审美意识和高尚的审美情趣，启迪学生养成勤奋读书的观念，培养全面发展的社会主义建设者和接班人。

参考文献

[1] 宋祥. 中国古代劝学文研究 [D]. 长春：东北师范大学，2011.

[2] 夏超男. 荀子"劝学"思想浅析 [D]. 北京：中国政法大学，2011.

[3] 中华人民共和国教育部. 普通高中语文课程标准2011[M]. 北京：北京师范大学出版社，2012.

[4] 齐梅梅. 中学语文劝学类文言文教学策略研究 [D]. 西安：陕西师范大学，2019.

[5] 中华人民共和国教育部. 普通高中教育语文课程标准2017[M]. 北京：北京大学出版社，2017.

初中生人格特质、推理能力与学业成绩[1]

梁丰[2]，李盼盼，方新雨

摘要： 为提高初中生的学业成绩，改善初中生的学习心理问题，为心理健康教育工作的有效开展提供依据和指导，采用大五人格问卷和瑞文标准推理测验，对350名初中生进行问卷调查，探究初中生人格特质、推理能力与学业成绩的关系。结果表明，初中生人格特质处于中等水平，推理能力处于偏低水平；人格特质、推理能力与学业成绩存在显著相关；开放性和友善性对学业成绩有显著的负向预测作用；A维度、D维度和瑞文总分对学业成绩具有显著正向预测作用。因此，要开展符合初中生人格特质的学业指导，提高其推理能力，进而提升其学业成绩。

关键词： 人格特质；推理能力；学业成绩；初中生

学习是中学阶段学生的主要任务，而学业成绩高低是衡量学生学习状态和学习能力的重要指标，早期探讨的学业成绩高低的影响因素，主要将目光集中于智力因素，随着社会心理服务体系建设的逐步完善，学校和社会都更加注重心理素质的培养，研究者们也逐渐将影响学业成绩的原因集中于非智力因素。林崇德（1999）的研究表明，学业成绩与计划性、意志力、目的性、兴趣和人格特质等非智力因素呈显著性相关。已有研究结果表明，学习成绩的好坏与个体的内在因素和外在因素都有关系，本文将从学习者的内在因素出发，探讨推理能力和人格特质是怎样影响学习成绩的。

人格特质是反映个体情感、思想等个体差异稳定的行为倾向。自20世纪80年代以来，国际心理学界最常用的划分模式就是人格五因素模式，被称为"大五人格"。董印卿（2009）关于大五人格与高中英语成绩的相关研究结果显示，除尽责性以外，其他四个人格维度与英语成绩均呈负相关。我国学者王馨竹（2007）使用16PF测验对高中生人格特质与学业成绩的关系进行研究，结果发现二者存在着一定的相关性。但并不是所有人都持有相同的观点。也有研究指出，人格特质对于初中生学习成绩的影响并不显著，这说明人格特质可能并不是直接对学习成绩产生影响，而是同其他因素共同作用，也或许是通过其他因素对学业成绩间接地产生影响。

王有智（2002）的研究结果表明，人格特质和推理能力与学业成就之间存在着显著的相关关系。其中人格特质维度对于推理能力变异量的解释率要高于学业成绩对于推理能力变异量的解释率，并且人格对推理能力和学业成绩均有重要的影响。马振（2015）的研究结果显示，人格对学业成绩也起着重要作用。外倾性、尽责性、宜人性等人格特质对中小学生学业成绩起着促进作用，而神经质等特质起着阻碍作用。

---

[1] 基金项目：陕西乡村基础教育研究课题：陕西省乡村振兴战略背景下农村留守儿童研究（SXJY202218）；陕西省教育学会课题：初中学生心理危机干预研究（SJHYBKT2022141）

[2] 作者介绍：梁丰，1986年生，河南虞城人，教育学硕士，副教授，研究方向为：心理健康教育

综上所述，目前国内的研究集中于把人格特质、推理能力与学业成绩三个方面作为独立变量进行分析，很少出现同时用以上三个变量对初中生这一特定的群体进行研究。因此本次研究将集中分析人格特质、推理能力对学业成绩的预测作用。

一、对象与方法

(一) 研究对象

本研究采用分层随机取样法，选取陕西某中学初一和初二的学生作为被试。发放问卷350份，回收有效问卷共303份，有效回收率为86.57%。

表1 被试的具体分布情况

人口学变量	类别	人数（人）	百分比（%）
性别	男	172	56.77
	女	131	43.23
年级	初一	118	38.94
	初二	185	61.06
家庭结构	完整	266	87.79
	不完整	37	12.21

(二) 研究工具

1. 大五人格问卷

采用《大五人格量表简化版》(NEO-FFI)，问卷由神经质、外倾性、友善性、严谨性和开放性五个维度组成，每个维度包括12道题目。该量表从"非常不符"到"非常符合"依次记为1～5分。该问卷各维度的内部一致性信度系数都在0.63以上，具有良好的信度。

2. 瑞文标准推理测验

采用张厚粲修订的瑞文测验(RSPM-CR)，测验由60道题目组成，分A、B、C、D、E五组，每组12个题目，从A组到E组，从第1题到第12题的难度排列由易到难递增。被试所答对的题目总数就是所得分数。该测验的再测信度为0.82，分半信度为0.96，具有良好的信度。

3. 学业成绩

本研究中所涉及的学业成绩变量，来自学校各班级学生最近一次期中考试的语文、数学、英语三科成绩的总分。由于现实需要，将初一年级和初二年级学生的成绩转化成Z分数，再根据总成绩Z分数将学生分为两大类，总成绩的Z分数大于0的学生为高成就组，总成绩Z分数小于0的学生为一般成就组。其中高成就组133人，一般成就组170人。

(三) 研究程序

量表按照心理测验程序施测。随机抽取晚自习班级进行测验，向被试说明注意事项，测验没有时间限制，基本都在 70 min 之内完成。为防止有的学生没写或者写错，当场回收问卷并查看，这样可以保证研究结果的可靠度。

（四）数据处理

采用 Microsoft Excel 2007 进行数据录入与管理，继而采用 SPSS26.0 统计软件进行分析处理，统计方法包括描述统计、独立样本 t 检验、单因素方差分析、相关分析、回归分析和路径分析等。

二、结果与分析

（一）初中生人格特质与推理能力的基本状况

本研究调查发现，初中生的神经质、开放性维度项目均分略低于理论中值，外倾性、友善性和严谨性略高于理论中值，可以看出初中学生五个维度的得分都是略高或者略低于理论中值，接近于中等水平。

瑞文推理测验的 A、B、C、D、E 五个维度的项目均分分别是 0.89、0.79、0.66、0.59、0.32，根据瑞文推理总分划分的智力分组情况看，项目均分 2.32，是略低于理论中值的。由此可以看出，从 A 维度到 E 维度，随着题目难度的增大，项目均分呈下降趋势，学生的推理能力总分，总体上低于理论中值，也就是他们的智力发展水平总体上没有达到全国均值水平，数据见表 2。

表 2　初中生人格特质与推理能力的基本状况

变量	维度	平均数	标准差	项目均分
人格特质	神经质	35.24	4.51	2.94
	外倾性	39.79	5.13	3.32
	开放性	35.49	4.29	2.96
	友善性	38.28	4.12	3.19
	严谨性	38.27	4.32	3.19
推理能力	A 维度	10.71	1.64	0.89
	B 维度	9.53	2.16	0.79
	C 维度	7.94	2.33	0.66
	D 维度	7.05	2.57	0.59
	E 维度	3.89	2.48	0.32
	瑞文总分	39.12	8.60	0.65
	智力水平	2.33	0.94	2.32

(二) 初中生人格特质与推理能力的差异比较

1. 初中生人格特质与推理能力在性别上的差异比较

本研究对不同性别初中生人格特质与推理能力进行独立样本 t 检验显示，不同性别初中生的人格特质与推理能力均不存在显著差异（$P>0.05$），即男生和女生没有显著性差异，数据见表3。

表3　初中生人格特质与推理能力在性别上的差异比较

变量	男生（$n=172$）	女生（$n=131$）	t	P
神经质	35.19 ± 0.33	35.31 ± 0.42	−0.232	0.817
外倾性	39.53 ± 0.40	40.12 ± 0.45	−0.971	0.332
开放性	35.28 ± 0.30	35.74 ± 0.41	−0.920	0.358
友善性	38.60 ± 0.31	37.87 ± 0.37	1.525	0.128
严谨性	38.19 ± 0.36	38.36 ± 0.33	−0.337	0.736
A维度	10.72 ± 0.14	10.68 ± 0.13	0.159	0.874
B维度	9.55 ± 0.16	9.52 ± 0.19	0.117	0.907
C维度	8.10 ± 0.17	7.72 ± 0.22	1.411	0.159
D维度	7.05 ± 0.20	7.05 ± 0.22	0.001	0.999
E维度	4.03 ± 0.20	3.68 ± 0.20	1.226	0.221
瑞文总分	39.45 ± 0.66	38.66 ± 0.74	0.794	0.428
智力水平	2.34 ± 0.07	2.32 ± 0.09	0.200	0.842

2. 初中生人格特质与推理能力在年级上的差异比较

本研究对不同年级初中生人格特质与推理能力进行独立样本 t 检验显示，不同年级初中生的人格特质不存在显著差异（$P>0.05$）；在瑞文标准推理测验中，B维度和C维度得分上存在显著的差异（$P<0.05$），初二年级显著高于初一年级，但是A、D、E和瑞文总分，初一和初二年级差异并不显著（$P>0.05$），数据见表4。

表4　初中生人格特质与推理能力在年级上的差异比较

变量	初一（$n=118$）	初二（$n=185$）	t	P
神经质	35.18 ± 4.73	35.29 ± 4.37	−0.204	0.838
外倾性	39.24 ± 4.61	40.14 ± 5.43	−1.487	0.138
开放性	35.46 ± 4.42	35.51 ± 4.23	−0.100	0.921
友善性	37.99 ± 3.95	38.47 ± 4.22	−0.987	0.325

续表

变量	初一（$n=118$）	初二（$n=185$）	t	P
严谨性	38.23 ± 3.95	38.29 ± 4.55	−0.124	0.902
A 维度	10.7 ± 1.44	10.70 ± 1.76	0.004	0.997
B 维度	9.02 ± 2.33	9.84 ± 1.99	−3.297	0.001
C 维度	7.56 ± 2.62	8.17 ± 2.10	−2.251	0.025
D 维度	6.71 ± 2.55	7.26 ± 2.57	−1.815	0.071
E 维度	3.92 ± 2.37	3.85 ± 2.52	0.229	0.819
瑞文总分	37.91 ± 8.801	39.83 ± 8.38	−1.907	0.058
智力水平	2.3 ± 0.96	2.34 ± 0.93	−0.397	0.692

3. 初中生人格特质与推理能力在家庭结构上的差异比较

本研究对不同家庭结构初中生人格特质与推理能力进行独立样本 t 检验显示，不同家庭结构初中生的人格特质在严谨性维度上存在显著差异（$P<0.05$），家庭结构完整的学生显著高于家庭结构不完整的学生，在其他四个维度上不存在显著差异（$P>0.05$）；在瑞文标准推理测验中，D 维度得分上存在显著的差异（$P<0.05$），家庭结构完整的学生显著高于家庭结构不完整的学生，在其他维度上不存在显著差异（$P>0.05$），数据见表 5。

表 5　初中生人格特质与推理能力在家庭结构上的差异比较

变量	家庭结构完整（$n=266$）	家庭结构不完整（$n=37$）	t	P
神经质	35.11 ± 4.49	36.34 ± 4.63	−1.524	0.129
外倾性	39.91 ± 5.14	38.86 ± 5.18	1.141	0.255
开放性	35.44 ± 4.28	35.74 ± 4.52	−0.391	0.696
友善性	38.3 ± 4.17	38.17 ± 3.86	0.174	0.862
严谨性	38.45 ± 4.20	36.86 ± 5.08	2.057	0.041
A 维度	10.79 ± 1.55	10.06 ± 2.16	1.945	0.059
B 维度	9.56 ± 2.12	9.31 ± 2.35	0.647	0.518
C 维度	8.01 ± 2.30	7.46 ± 2.56	1.313	0.190
D 维度	7.19 ± 2.52	6.03 ± 2.78	2.525	0.012
E 维度	3.91 ± 2.41	3.71 ± 2.85	0.441	0.660
瑞文总分	39.46 ± 8.30	36.57 ± 10.34	1.586	0.121
智力水平	2.37 ± 0.91	2.06 ± 1.08	1.857	0.064

4.初中生人格特质与推理能力在学业成就类型上的差异比较

根据学业成绩的统计分类,将学生的数学、语文、英语和学业总分的原始分数转换成 Z 分数,根据 Z 分数将学生分为高成就组和一般成就组,本研究对不同学业成就类型初中生人格特质与推理能力进行独立样本 t 检验显示,不同学业成就类型初中生的人格特质在友善性维度上存在显著差异($P<0.05$),一般成就组的学生显著高于高成就组的学生,在其他四个维度上不存在显著差异($P>0.05$);在瑞文标准推理测验中,五个维度和总分得分上均存在显著的差异($P<0.05$),高成就组的学生显著高于一般成就组的学生,数据见表6。

表6 初中生人格特质与推理能力在学业成就类型上的差异比较

变量	一般成就组(n=170)	高成就组(n=133)	t	P
神经质	34.85 ± 4.52	35.74 ± 4.46	−1.715	0.087
外倾性	39.89 ± 5.28	39.65 ± 4.95	0.416	0.678
开放性	35.71 ± 4.21	35.20 ± 4.40	1.024	0.307
友善性	38.75 ± 3.81	37.69 ± 4.43	2.228	0.027
严谨性	38.14 ± 4.17	38.43 ± 4.51	−0.574	0.566
A 维度	10.43 ± 1.94	11.05 ± 1.07	−3.557	0.000
B 维度	8.95 ± 2.38	10.26 ± 1.58	−5.740	0.000
C 维度	7.23 ± 2.50	8.83 ± 1.73	−6.604	0.000
D 维度	6.55 ± 2.87	7.68 ± 1.96	−4.090	0.000
E 维度	3.22 ± 2.33	4.71 ± 2.38	−5.448	0.000
瑞文总分	36.38 ± 9.20	42.53 ± 6.24	−6.926	0.000
智力水平	2.06 ± 0.94	2.65 ± 0.83	−5.698	0.000

(三)初中生人格特质、推理能力与学业成绩的相关分析

本研究对初中生人格特质、推理能力与学业成绩的相关分析显示,开放性维度和学业成绩总分、语文成绩、数学成绩呈显著负相关($P<0.05$),即开放性得分越高,学生对应的学业总成绩、语文成绩和数学成绩就越低。友善性维度与学业成绩总分、英语和数学成绩呈显著负相关($P<0.05$),即友善性得分越高,数学、英语和学业总分越低;瑞文推理的 A、B、C、D、E、瑞文推理总分和智力水平与学业成绩总分、语文、数学、英语成绩均呈显著正相关($P<0.05$),即瑞文推理得分越高,其学业成绩就越好,数据见表7。

表7 初中生人格特质、推理能力与学业成绩的相关分析

变量	Z 学业成绩	Z 语文成绩	Z 数学成绩	Z 英语成绩
神经质	0.075	0.027	0.069	0.069
外倾性	0.041	0.066	0.006	0.009

续表

变量	Z 学业成绩	Z 语文成绩	Z 数学成绩	Z 英语成绩
开放性	−0.157**	−0.134*	−0.149**	−0.067
友善性	−0.131*	−0.076	−0.118*	−0.129*
严谨性	0.058	0.070	0.018	0.038
A 维度	0.202**	0.235**	0.138*	0.102
B 维度	0.385**	0.331**	0.318**	0.276**
C 维度	0.398**	0.350**	0.328**	0.254**
D 维度	0.264**	0.262**	0.228**	0.150**
E 维度	0.377**	0.219**	0.410**	0.223**
瑞文总分	0.431**	0.364**	0.381**	0.267**
智力水平	0.361**	0.307**	0.307**	0.225**

注：* 表示 $P<0.05$，** 表示 $P<0.01$。

（四）初中生人格特质、推理能力与学业成绩的回归分析

首先以人格特质各因子作为预测变量，学业成绩作为因变量，采用逐步回归方法，建立回归方程，探究人格特质对学业成绩的回归效果，数据见表8，结果显示开放性和友善性对学业成绩呈显著负向预测作用（$P<0.01$），两者共同解释了学业成绩3.2%的变异。

表8 初中生人格特质与学业成绩的回归分析

预测变量	R	$\triangle R^2$	B	F	t
开放性	0.024	0.021	−0.036	7.559**	−2.749**
友善性	0.039	0.032	−0.029	6.038**	−2.105**

注：** 表示 $P<0.01$。

再以瑞文推理总分及各因子作为预测变量，学业成绩作为因变量，采用逐步回归方法，建立回归方程，探究推理能力对学业成绩的回归效果，数据见表9，结果显示瑞文总分和维度D、A对学业成绩呈显著正向预测作用（$P<0.05$），三者共同解释了学业成绩21.1%的变异。

表9 初中生推理能力与学业成绩的回归分析

预测变量	R	$\triangle R^2$	B	F	t
瑞文总分	0.186	0.183	2.181	56.996	8.310**
D 维度	0.209	0.203	4.379	37.454	−2.920**
A 维度	0.219	0.211	3.414	27.572	−1.982*

注：* 表示 $P<0.05$，** 表示 $P<0.01$。

三、讨论

(一) 初中生人格特质与推理能力的基本情况分析

本研究调查结果显示，初中生的神经质、开放性项目得分略低于理论中值，而外倾性、友善性和严谨性略高于理论中值，说明学生情绪稳定性比较好，更加讲究实际、偏爱常规，比较传统和保守，性格偏外向，对人性持乐观的态度，控制管理和调节自身冲动的能力高，这与郑于枫（2017）等人的研究结果是一致的。

在瑞文推理测验中，从 A 维度到 E 维度，随着题目难度的增大，项目均分呈下降趋势。这与王有智（2002）的研究一致，而且几乎所有推理能力结果都与之一致。A 组考察的是思维、观察、判断、想象与分析能力，B 组考察的是概括和分析能力，C 组考察对于图形的推理、比较和系统变化的认识，D 组考察的是抽象推理、综合判断和分析概括能力，E 组主要考察对于图形的结合、互换的综合与分析能力。从 A 到 E，考察的智力因素逐渐增加，题目难度逐渐加大，推理总分降低是自然规律。

(二) 初中生人格特质与推理能力的差异分析

本研究调查结果显示，大五人格的五个维度，神经质、外倾性、开放性、友善性和严谨性在性别之间不存在显著性差异，这与季梦吟（2016）的研究结果一致，人格是先天遗传和后天生活环境共同作用而形成的，而且具有稳定性，不容易在短暂刺激的作用下发生改变，初中生绝大多数时间都是在学校度过，与同学和老师接触很多，大的学习氛围和校园文化影响下，学生会有一些共性，所以大五人格的五个维度没有因为性别不同而有很大的差异。在瑞文推理测验中，学生的 A、B、C、D、E 以及瑞文总分六个维度在性别变量上没有达到显著水平，这与孙晓铜（2019）的研究结果是一致的，说明男生和女生的智力、能力方面差异并不显著，因为学生的智力水平呈正态分布，绝大多数学生的智力水平差异不大，再加上同处于相同的学习环境之下，所以推理能力没有表现出性别上的显著差异。

初一年级和初二年级的学生在神经质、外倾性、开放性，友善性和严谨性五个维度上的差异并不显著，这与曲思博（2019）的研究结果一致，说明学生的人格特征与年级、年龄无关。人格特质具有稳定性，不会在短短一两年之间发生很大的变化。在瑞文推理测验中，初二年级学生在 B 和 C 维度上显著高于初一年级学生，并且从 A 组到 E 组，随着题目难度的增大，不同年级中学生的推理成绩均呈现下降趋势，这与孙晓铜（2019）的研究结果是一致的，这说明推理能力随着年级、年龄的增加而增长。接受教育的过程，其实也是智力开发，各方面能力发展的过程，随着年龄的增长，类比、抽象推理、综合分析等能力的逐渐发展，推理能力会随年级的增加而提高。

人格特质中只有在严谨性上家庭结构完整的学生显著高于家庭结构不完整的学生，也就是说家庭结构完整的学生，他们控制管理和调节自身冲动的能力较强，由于家庭结构完整，个体能够得到父母的关爱和呵护，他们在面临难题的时候有人陪伴和支持，会得到更多的关注和陪伴，因而控制管理自身冲动的能力较强。相反，家庭结构不完整的学生，他们面临的舆论压力较大，而且家人的陪伴支持度也比家庭结构完整的学生要少，遇事冲动，不好控制自己的情绪。

将两个年级的学生按照标准分划分为高成就组和一般成就组。两组学生在外倾性、严谨性、神经质、开放性四个维度上的差异不显著，一般成就组的学生在友善性维度上显著高于高成就组的学生，这与黄吉迎（2014）的研究结果一致，友善性得分高的人善解人意、友好、慷慨大方、乐于助人，但是不太适合应试，友善性得分低的学生更擅长应试。在瑞文推理测验中，一般成就组学生的得分显著低于高成就组学生的得分，也就是说学业成绩高的学生，其瑞文推理测验各维度的分数和总分也高。因为推理能力与学业成绩都是与智力、能力相关联的，二者相辅相成，同增共减。

（三）初中生人格特质、推理能力与学业成绩的关系分析

在人格特质与学业成绩的相关研究中发现，人格的不同维度对学业成绩的影响不尽相同，数学成绩与友善性和开放性呈显著负相关，英语成绩与友善性呈显著性负相关，语文成绩与开放性呈显著负相关，学业成绩总分与开放性和友善性呈显著负相关，所以人格对于学业成绩有一定的预测力，这与张丽（2007）的研究结果不一致，一些研究表明外倾性维度与学业成绩呈显著正相关，同时也有研究显示外倾性与学业成绩之间呈负相关或者是无显著性相关的观点一致。友善性得分高的学生，不适合应试。开放性得分越高，性格越开朗，态度开放，容易接受新事物，可能恰是这个原因，导致学生接触的事物多而不精，成绩不太理想。这也有可能是因为人格特质不是唯一影响学业成绩的因素，学业成绩和人格特质之间受缓冲变量和中介变量的影响。

在推理能力与学业成绩的相关研究中发现，推理能力 A、B、C、D、E 五个维度与数学、语文、英语和学业总成绩都呈显著正相关。推理能力的高低是评判认知水平高低的重要指标，也是主动探索并把握事物内在联系的认知过程，推理得分高，说明学生的认知发展水平高，学习能力比较强，学业成绩自然也高，这与拉热措（2009）的研究结果一致，瑞文推理测验与学业成绩的共同之处是需要智力因素的参与，观察、整合、逻辑的运用是推理测验和考试取得好成绩的基础。

四、结论

①学生的情绪稳定性较好，他们讲究实际、偏爱常规，比较传统和保守，性格偏外向，对人性持乐观的态度，他们控制管理和调节自身冲动的方式比较理想。学生的推理能力没有达到全国均值水平；学业成绩不理想，数学、语文和英语成绩均远低于及格线，数学对于他们来说学习难度最大，语文是学习程度较好的科目。

②大五人格的严谨性在家庭结构是否完整维度上存在显著差异，家庭结构完整显著高于家庭结构不完整的学生；友善性在学业成就维度上存在显著差异，一般成就组得分显著大于高成就组得分；外倾性对于 A 呈显著正相关。

③推理能力在 B、C 两个维度上，初二年级学生显著高于初一年级学生；高学业成就组瑞文推理得分显著高于一般学业成就组，推理能力各维度得分以及总分与学业成绩呈显著正相关。

④人格特质、推理能力与学业成绩存在显著相关，开放性和友善性对于学业成绩有显著负向预测作用；A、D 以及推理总分对于学业成绩具有显著正向预测作用。

⑤人格特质和推理能力是初中生学业成绩的影响因素。

参考文献

[1] 林崇德. 学习与发展 [M]. 北京：北京师范大学出版社，1999.

[2] 魏印卿. 大五人格与高中生英语成绩的相关研究 [J]. 科技创新导报，2009(3):161.

[3] 王馨竹. 高中生人格特质与学业成绩的关系研究 [J]. 中国健康心理学杂志，2007(4): 307-309.

[4] 聂衍刚，蔡笑岳，张卫. 初一学生人格特征、学习适应性与学习成绩关系的研究 [J]. 心理与行为研究，2005(2):134-138.

[5] 王有智. 不同民族中学生人格特征与推理能力、学业成就的关系研究 [J]. 青年研究，2002(10):19-26.

虚拟仿真实验在自由落体运动教学中的应用❶

刘宝盈，樊腾飞，袁训锋 ❷

摘要："虚拟仿真"作为一种新型的教学手段，能够促进教育和智能的结合，是教育部打造的五大金课之一。本文选择 Algodoo 软件，对自由落体运动进行模拟仿真实验并与真实实验进行对比。在归纳虚拟模拟技术在课堂中优缺点基础上，为教师进行物理教学方法选择提供参考。

关键词：虚拟仿真；Algodoo；中学物理；自由落体运动

一、引言

物理学是研究物质属性和运动规律的学科，它极大地促进其他学科的发展，是科技发展不可缺少的环节。物理学作为一种实验性的学科，学生通过实验了解物理学的基本原理。实验能够有效地促进学生的物理模型制作，使学生能够更好地理解物理定律，进而提高学生的创新能力、探究能力和观察能力，让学生在体验中认识物质，从而实现全面发展。在常规的实验教学中，由于受到多种因素的制约，教学效果较差。

在人类社会进入智能化的时代背景下，物理实验虚拟仿真技术迅速发展，成为辅助中学物理教学的一道亮丽风景线。常用的有 Flash, Box2D, Phun, Mysicslab, Matlab。虚拟仿真实验进行教学具有成本低、过程人性化、环境理想化的优势。虚拟仿真实验成本低，虚拟仿真软件大部分可以从网络上轻松下载，相比于传统实验而言，无须购买实验器材，仅需安软件即可。虚拟仿真实验过程人性化，传统物理实验在实际操作中，实验现象呈现时间较短，使学习者难以对其进行细致的观测。实验过程比较漫长，而且要考虑到温度、湿度等各种因素，而且实验现象不能长期存在。虚拟仿真实验可以通过不断地重复实验进行深刻认识，并可以根据实验要求和探究的需要调整实验参数，观察实验现象，激发学生的创造性，同时也能保证学生的安全。虚拟仿真实验环境理想化，诸多物理实验具有理想场景，例如没有引力，没有摩擦力，没有空气的阻力，没有空气等。在地球上进行真实实验，很难拥有完美的理想环境。在虚拟模拟系统中，可以设置目标和参数，使其满足实验要求，减少实验的误差。

本文选择 Algodoo 软件，对自由落体运动进行模拟仿真实验并与真实实验进行对比。在归纳虚拟模拟技术在课堂中优缺点的基础上，为教师进行物理教学方法选择提供参考。

---

❶ 基金项目：陕西高等教育教学改革重点研究项目 (21BZ075)；陕西省教育科学"十四五"规划项目 (SGH21Y0238)；商洛学院教育教学改革课程思政专项 (21jyjxs106)；商洛学院创新创业教育课程思政教育研究中心 (21JXYJ03)

❷ 作者介绍：刘宝盈，1967 年生，男，陕西洛南人，博士，三级教授，主要从事教育管理研究
樊腾飞，2001 年生，男，陕西咸阳人，本科，主要从事中学物理改革研究
袁训锋，1984 年生，男，湖北神农架人，博士，副教授，主要从事教学改革研究

二、构建主义理论

构建主义源于皮亚杰,它最初是为改善教育而提出来的。科尔伯格、卡茨等以皮亚杰为基本思想,对其进行了深入的探讨,从而进一步发展了其理论。这些学说得到了广泛的认同,虚拟仿真实验在物理教学中有重要借鉴意义。

构建主义的教学理念并非将教材中的内容一股脑儿的灌入到课堂中,让学生在被动的情况下接受新的知识,而在于让他们深入地了解到知识的内在构造,将所学到的新的知识和原来的知识相融合。课堂上对新的知识进行提炼、加工,最终形成语义结构,获取新的信息。它的演变路径有两种:顺从与吸收。建构派知识主义相信知识并非客观的事物,它只是学习的经验和假设,知识并非以实体的形态出现,在学习的进程中,学习者的性格、学习方式、学习环境都不尽相同。因此,学习的人也会根据知识的假设、构建新的知识系统。从建构论的角度讲,知识是一种完全由个人决定的、虚拟的主观事物。

三、软件介绍

当前,我国政府十分关注信息化与教育教学相结合的问题,迫切需要将信息化科技与教育教学相结合。所谓的"虚拟现实",就是所谓的"VR",它是二十多年前才出现的一种新兴技术,基本思想是通过虚拟系统来模拟出真正系统。在《虚拟现实技术(第二版)》中对"虚拟模拟"下的界定:"它是一个高级的、具有视觉、味觉、听觉等多个感知渠道的高级界面。"随着时间的推移,除了科学实验和数学推理之外,虚拟仿真技术能够给师生提供虚拟而逼真的感受。

随着信息技术的飞速发展,随着国家对教育和科技的关注,Algodoo 成了一款非常受欢迎的仿真 App。以实例说明 Algodoo 模拟在物理、机械和光学领域的特定应用。Algodoo 模拟器可以把抽象的概念实体化,以直观的方式展现给学生,让其能够更好地了解物理学的基本原理,快速熟悉教学内容,建立系统化的关系,有助于在学习中充分发挥学生的主体性。相对来说,可以创造一个多元化创新教学方式,它不仅能够体现教师的示范作用,还能够解释各种物理学的现象和法则,有助于培养学生独立思考的能力。本文旨在探讨 Algodoo 在中学物理领域的运用及其特性,虚拟模拟技术在中学物理各环节的应用。

四、自由落体运动

(一)教学目标、重难点以及课堂演示实验

在学生完成匀速的线性动作后,学生们就开始自由落体的训练,这是一种特殊的训练方式,学生可以在练习中复习、巩固已有的匀速线性动作,还可以在实践中培养思考、解决问题的能力,从而为终生学习打下坚实的基础。

根据该节课教学重难点可知,在自由落体运动教学中,重点在于对自由落体运动概念的理解,并在实践中进行探索,培养其良好的思考能力。人们在现实中经常会遇到类似的情况,例如一片叶子的速度不如一颗石子,一颗小石子比一片棉絮落地的速度要快,一张纸掉下来的速度比一本书要慢。古希腊的亚里士多德得出结论是:一个物体的下降速度和重量有关系,重量大会比重量小的东西下降的速度更快。伽利略在逻辑上进行了论证,认为亚里士多德的理论是不对的。亚里士多德的思想就是错误的,误导学生陷入错误思考中,

而想要摆脱这种错误，就必须要克服这种错误。教师可以在课堂上进行示范实验，使他们掌握相关知识。在实际操作中，先把牛顿管子倒着放，让同学们能看见钱币的速度和最小的速度，用吸尘器把牛顿管子里的气体吸干，再把牛顿管子竖起来。通过观察不同质量和形状的牛顿管内三个不同质量和形状的物质的下降速度，证明伽利略的理论是对的。实验器材如图1所示。

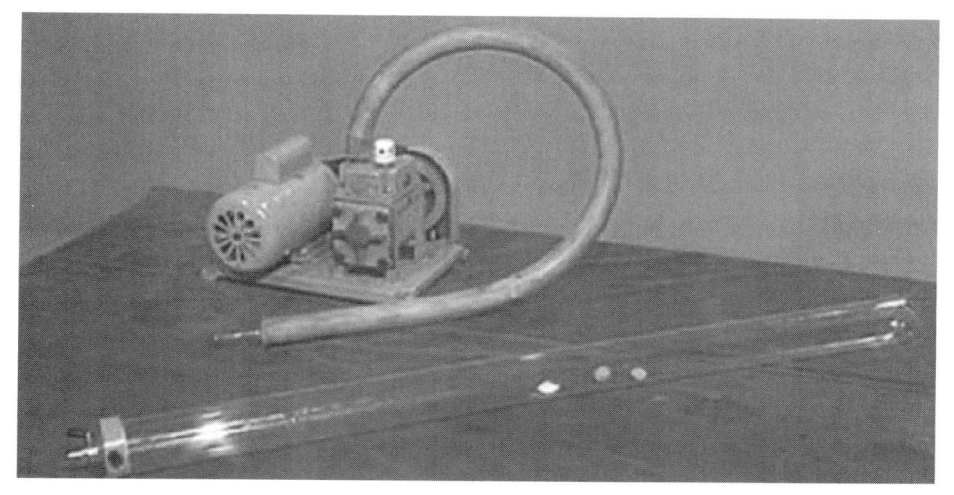

图1 实际操作器材

然而，由于实验的条件非常严格，如果一个操作过程中的某个环节不严格或者操作失误，就会造成不明显的实验现象，或者产生不正确的现象，并且这种现象转瞬即逝，再加上学生平时的生活经历，认为重量大的物体一定比重量小的物体下降得更快。在学习过程中，他们会对自己思想中的观念产生强烈的抵触、困惑，从而使他们难以理解教科书中的内容，因此，不能积极地建构知识的含义，不能正确地认识，挫伤了学生的学习自信。在教学过程中，教师可以利用Algodoo模拟真实的物理场景，让学生在直观的物理场景下，进行简单的操作，得到正确的实验结论，并能积极地建构自己的知识含义，培养学生的自信。

(二)探究步骤

1. 物理模型建构

①点击"场景新建"按钮，选择"预设置值"。

②点击"文字、方框"按钮，绘制1个长方形，并复制成5个长方形，保证这6个长方形在同一水平线，右键长方形，点击"材质"，设置这6个长方形的质量参数。

③为了更加直观的观察实验现象，右键长方形，选择"几何行为"，再选择"添加循迹追踪器"，如图2所示。

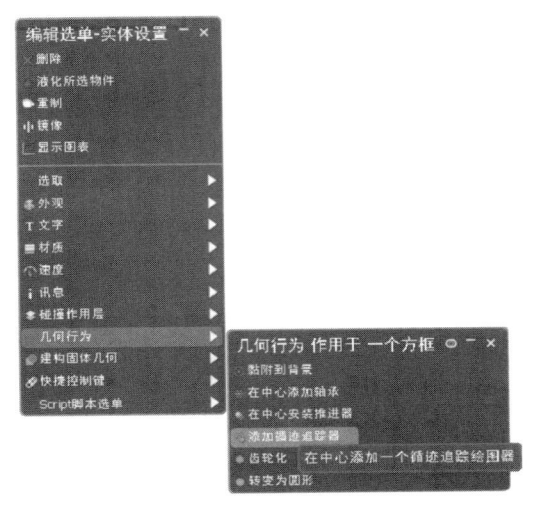

图 2　自由落体实验模型

2. 当存在空气阻力时，长方形的质量与下落快慢的影响关系

基于步骤③的操作，在"环境设定"选项上选择开启重力 G 及空气阻力 f，并在"拟真控制列"上，选择"暂停或开启动作"按钮，开始进行仿真实验，如图 3 所示。

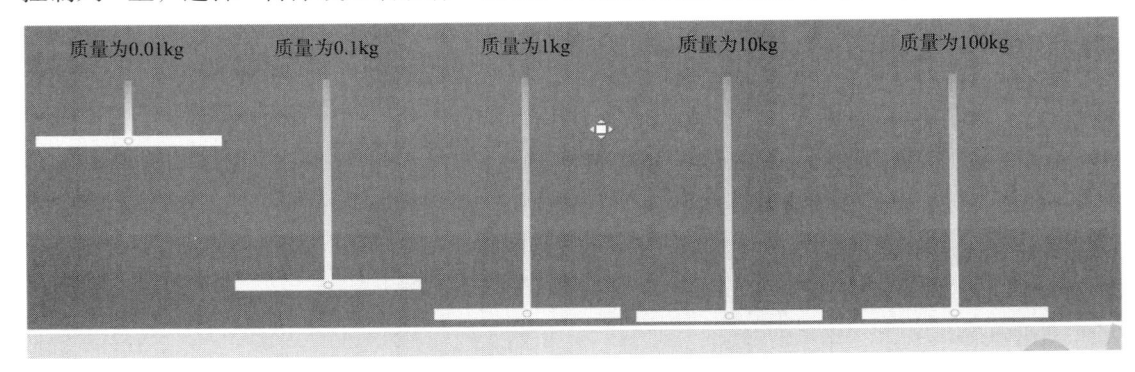

图 3　当空气阻力存在时质量对其下落快慢的影响

在空气中有一定的空气阻力时，如果一个物体的形状和质量不一样，重量大的物体就会以最快的速度下降，而重量越小的物体其速度就会越慢。还可以进一步从实验数据中进行探究，右键长方形上选择"显示图表"，绘制空间和时间坐标，如图 4 所示。

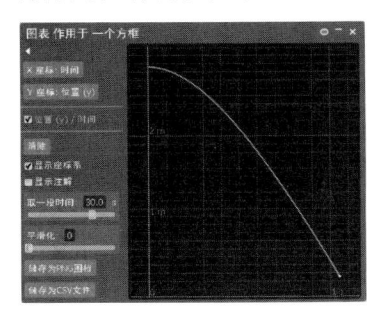

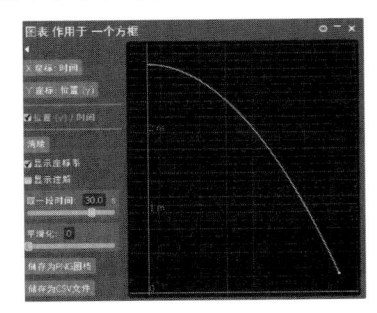

0.01kg　　　　　　　　0.1kg　　　　　　　　1kg

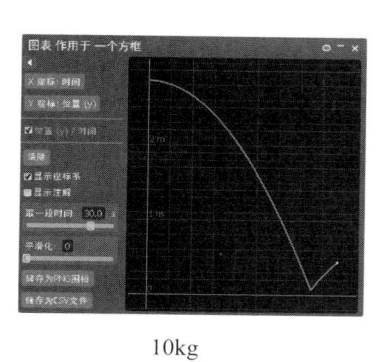

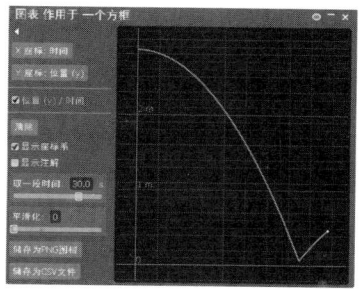

10kg　　　　　　　　　　100kg

图 4　存在空气阻力时的时间—位置图

从模拟仿真实验中可以获得如表 1 数据，将其绘制成折线图，如图 5 所示。

表 1　存在空气阻力时，下落位置与质量关系

下落时间	0.3	0.3	0.3	0.3	0.3	0.3
物体质量	0.01	0.1	1	10	100	1000
下落位置	3.9210	3.8320	3.7410	3.728	3.727	3.726

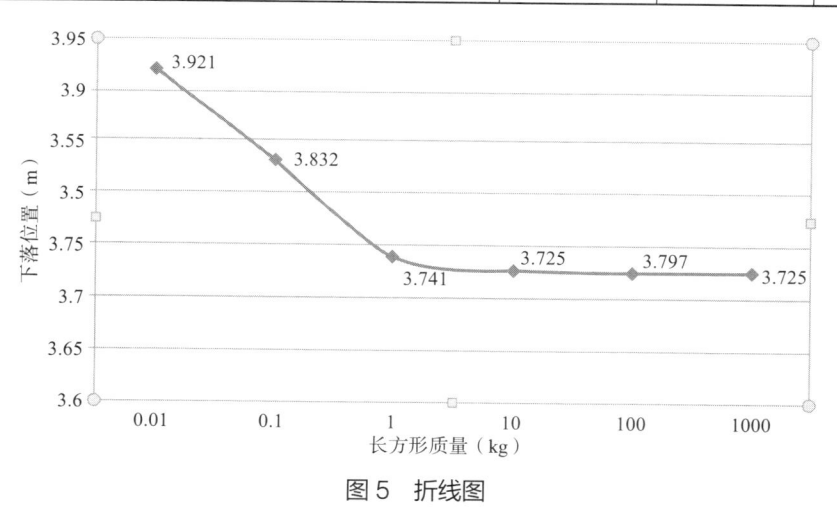

图 5　折线图

可以看出，6 个同样形状和重量的矩形物体，在有气流的作用下，从同样的海拔高度下降，在下降时间 t 为 0.3 s，重量 10 克的矩形下降到 3.9210 米；重量 100 克的矩形下降至 3.8320 米；重量 1000 克的矩形下降至 3.7410 米；10 千克重的矩形物体下降至 3.7280 米；重量 100 千克的矩形物体下降至 3.7270 米；质量为 1 吨的长方形下落到 3.7260m 的位置处。可以发现，当 6 个具有相同形状和重量的矩形在坠落的时候，最短的是重量 0.01 千克的矩形，最大的是重量 1000 千克的矩形，也就是说，同样的高度，重量轻的下降的速度慢。重量大的物体下降速度快，重量越小下降越缓慢。

不过，仔细观察的同学们却注意到，10 千克重的长方形，100 千克的长方形和 1000 千克重的矩形，同样的距离，同样的初速度，却可以看到三个不同物体，在同一时刻，分别

下落到不同高度。

3. 当空气阻力不存在时，质量不同对长方形下落快慢影响的探究

在对上述研究的结果感到困惑的情况下，教师还可以进行进一步的实验，在"环境设定"栏中单击"关闭空气阻力"，创建理想的物理场景，然后继续进行，如图6所示。

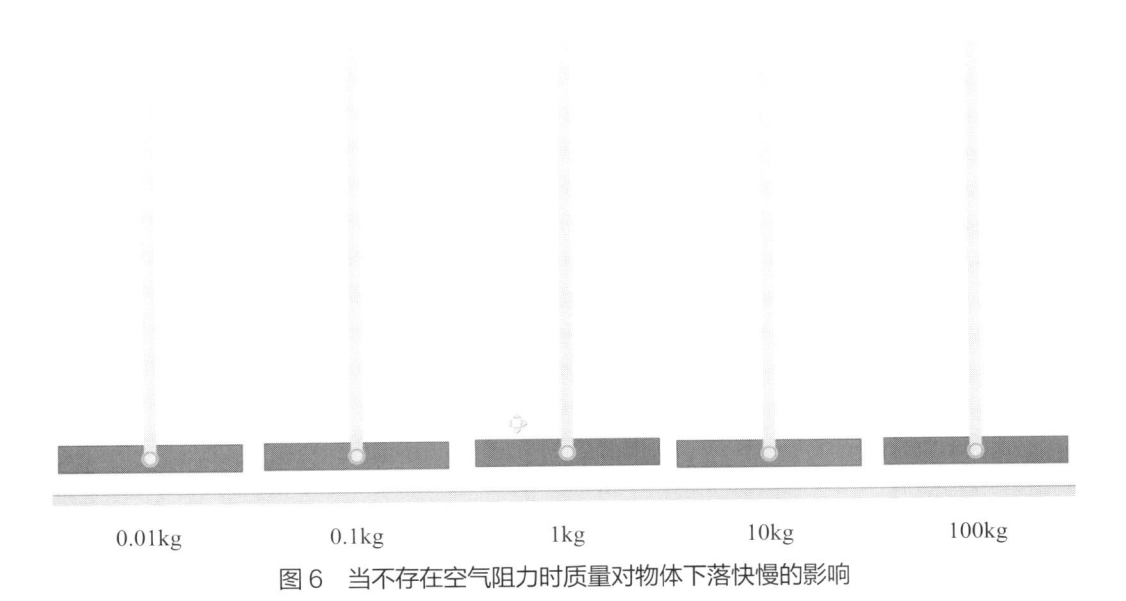

图6　当不存在空气阻力时质量对物体下落快慢的影响

通过动画示范，可以看见实验中的现象，在没有空气阻力后，同样的高度，同样的外形，不同的重量，同样的速度。此外，教师还可以对每个矩形的空间坐标进行详细的分析，从而使其更好的理解，如图7所示。

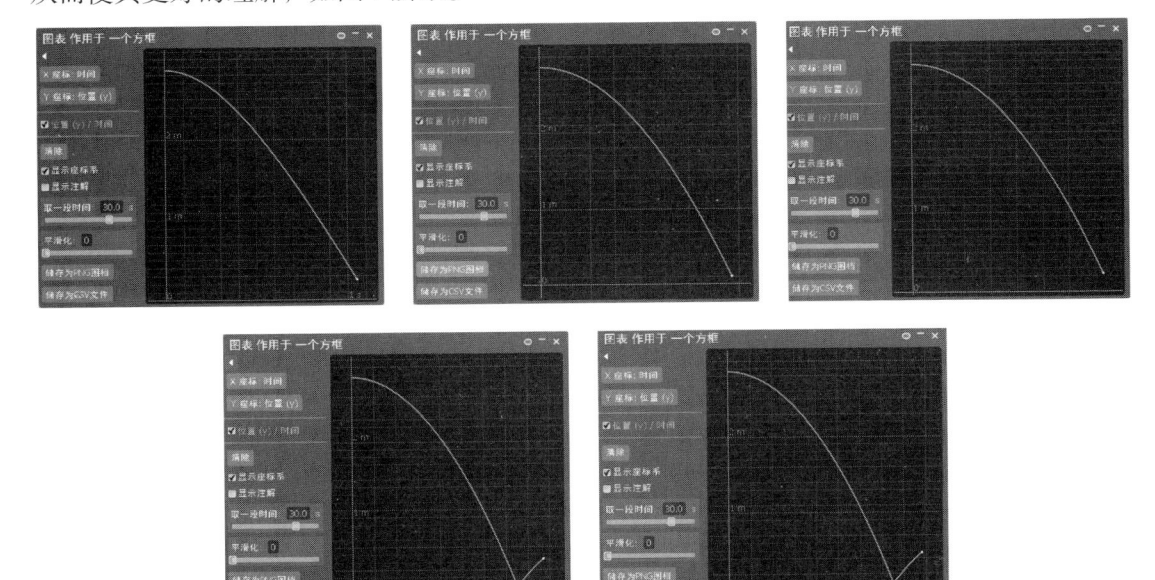

图7　关闭空气阻力时的时间—位置图

根据7图可以获得如表2数据，绘制曲线如图8所示。

表2　不存在空气阻力时下落位置与质量关系图

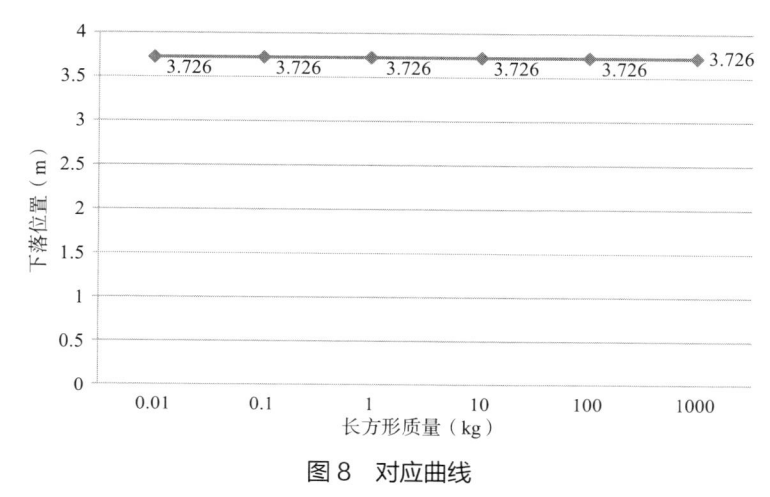

下落时间（s）	0.3	0.3	0.3	0.3	0.3	0.3
质量（kg）	0.01	0.1	1	10	100	1000
位置（m）	3.726	3.726	3.726	3.726	3.726	3.726

图8　对应曲线

从图中可以看出，6个具有相同形状和不同重量的矩形从同一处坠落，在0.3秒的下降时间内，它们的下降位置均为3.726米。在两个比较的探索宋验中，可以让学生了解在关掉气流时，同样的外形，不同的重量，下降的速率是同样的。教师还能指导学生看图3.19和图3.22，将两张图表的线段走势进行比较，结果表明：在矩形的重量是10千克、100千克、1000千克的情况下，由图19中相应的一点连接起来的线与图22中的曲线方向一致，也就是说，如果对象的重量够大，则可以忽视气流的阻力，使其形成一个突出的主要要素而忽视小部分的一种哲理。

Algodoo的动画和图形的展示，既可以提高教师的备课质量，又可以提高教师的工作效率，减少学生在自由落体运动实验中出现的各种误差，比如实验现象不明显、实验结果偏差。在教师的指导和Algodoo的多种作用帮助下，可以使学生在安全、轻松环境中，根据上述三个探索试验，对牛顿第一定律、自由落体运动等规律进行总结和归纳。在没有受到引力影响的情况下，没有受到其他的外力，如大气的阻力，而当它开始下降时处于静态状态，也就是初始的速度为0，这种运动称为"自由落体"，当一个物体以同样的高度进行自由落体时，其下降速率是一样的。学生在进行自主学习的过程中，可以更加轻松和深入地了解物理规律。让教师轻松教学，学生轻松掌握知识。

五、结论

该仿真系统的软件接口友好、交互性能好、"动态性"强、"追踪性"强，能够快速、直观地模拟现实场景。采用Algodoo虚拟模拟软件进行教学，并对其进行动画的展示和量化的分析，有助于学生更容易理解教学中的重难点，提高教学效果；通过对实物操作与虚拟仿真训练的结合，能够促进学生全面发展。Algodoo 虚拟模拟系统具有易于使用的特点，可以独立编写课件，帮助学生完成探究式的试验；在教学中，教师要注重对学生独立思考和解决问题能力的培养，增强学生的科技素养，为学生终身的学习奠定良好的基础。希望通过对虚拟仿真实验在中学物理教学中的研究，为选择虚拟仿真教学的师生提供参考，希望更多的师生了解和使用该软件，全面提高学习效率，实现信息化与专业教育的有机结合。

将建构主义理论和戴尔体验之塔等理论结合起来，虚拟模拟技术具有现实实验所不能取代的优势；从辩证唯物主义角度出发，虚拟仿真实验也不能替代实验仪器操作。

①在实际过程中，36.73% 的实验数据不能通过虚拟模拟程序进行，而在能够进行的实验中，仅有 18.37% 的实验结果比真实的要好。数据显示，利用虚拟模拟技术进行中学物理实验的学生并不多，模拟结果比实际测试结果好的学生更是寥寥无几。

②虚拟模拟系统是建立在电脑程序基础上的，一切操作系统都是理想的，不能给出现实生活中客观事物的真实感，缺乏说服力。

由于作者的时间、精力和研究能力有限，所以对这篇论文的研究还很浅显，还有许多的遗憾与缺陷。

①在虚拟模拟的应用方面，对 Algodoo 虚拟模拟系统的使用还不熟练，从而对实体建模的构建产生一定的阻碍。

②论文的重点在于 Algodoo 在中学物理教学中运用的实际案例，只是从力学和光学两个方面进行探究，具有局限性。

③软件 Algodoo 运用于中学物理教学尚未经过大量的教学验证，其实际运用成效主要依据物理课程标准、建构主义、戴尔体验之塔等教学思想以及中学生的心理发展特征，因而可能存在偏颇。

参考文献

[1] 陈蓉. 虚拟仿真软件在中学物理教学中的应用研究 [D]. 昆明：云南师范大学，2020.

[2] 黄秋瑛. Algodoo 软件在教学中的应用 [J]. 中学物理. 2011,29(8):5-6.

[3] 徐丹. 基于交互式电子白板的初中物理课堂教学设计与实践 [D]. 呼和浩特：内蒙古师范大学，2016.

[4] 祝玉亮. 基于 Hlash 的高中物理仿真实验的设计与实现 [D]. 青岛：山东师范大学，2011.

[5] 刘科. 仿真物理实验室在高中物理教学中的有效应用策略研究 [D]. 成都：四川师范大学，2012.

中学思政课教师新媒体素养存在的问题及解决策略

王晓霞,王贝贝,刘勇 ❶

摘要:思政课是夯实学生思想基础、完成立德树人根本任务的主要途径。中学思政课在培育和塑造中学生的世界观、人生观、价值观方面发挥着重要作用,这为中学思政课教师提出了特殊的教学要求。随着信息技术的发展和新媒体的出现,互联网在人们的学习和生活中变得越来越重要。为此,中学思政课教师必须提高自身新媒体素养,正确使用新媒体技术,合理运用新媒体平台,更好地增强中学思政课教学的实效性。当前,一些中学思政课教师在运用新媒体方面还存在诸多问题,本文针对存在的问题,探讨提升中学思政课教师新媒体素养的具体路径,以期更好地为中国特色社会主义事业培养合格的建设者和可靠的接班人。

关键词:中学思政课教师;新媒体素养;提升研究

思政课涉及根本、关系全局、影响长远。习近平总书记在全国高校思想政治工作会议上强调,"推动思想政治工作传统优势同信息技术高度融合,增强时代感和吸引力"。新媒体是继书刊报刊、广播节目、电视机等发展起来的新媒体形态,新媒体依靠电子信息技术、互联网技术、移动技术发挥作用,是以电子计算机、智能机、有线数字电视等为智能终端。青少年是祖国的未来、民族的希望,青少年阶段是人生极为关键的成长时期,必须用心正确引导和栽培。对于青少年的教育,摆在首位的就是将正确的思想传递给他们,能够通过教育更好的引导他们。思政课,是落实立德树人根本任务的关键课程,它发挥的作用无法被替代,对于思政课教师来说,使命光荣,责任重大。网络信息时代,中学思政课教师充分发挥其自觉性和创造力离不开新媒体,因而,探讨中学思政课教师的新媒体素养具有重要的现实意义。

一、提升中学思政课教师新媒体素养的必要性

加强中学生思想政治教育有其自身的特殊性和必要性,其对青少年人生观、价值观和世界观的塑造有着重要作用。如何更好地完成立德树人的根本任务,教师发挥着关键作用,当前,提升中学思政课教师新媒体素养刻不容缓。

---

❶ 作者介绍:王晓霞,1985年生,陕西省定边县人,法学硕士,商洛学院马克思主义学院讲师,研究方向为思想政治教育
王贝贝,1986年生,陕西省宝鸡市人,法学硕士,商洛学院马克思主义学院讲师,研究方向为思想政治教育
刘勇,1974年生,河南省杞县人,法学博士,商洛学院马克思主义学院教授,研究方向为思想政治教育

(一) 适应中学生心理发展特征的需要

新媒体是一把"双刃剑",它具有信息及时性、海量性、共享性等优势,同时也带来信息良莠不齐、真假难辨的弊端。而中学思政课不仅仅是对理论知识的传授,更重要的是适应中学生心理发展特征的需要。思想政治教育的根本任务是:要使学生掌握马列主义、毛泽东思想和中国特色社会主义理论体系的基本知识及其理论前沿、发展动态;深刻领会和掌握习近平新时代中国特色社会主义思想的重大意义、科学体系、丰富内涵、精神实质及其在中学思想政治教育教学中的实践要求,最终培育和造就有理想、有道德、有文化、有纪律的社会主义新人。对于中学生,其心理发展还不成熟,在新媒体时代背景下成长,易受到不良信息误导,导致其价值观的歪曲。因此,中学思政课教师需要提升自身的新媒体素养,引导和培养中学生形成健康的政治心理素质、积极向上的心态和坚定的理想信念。

(二) 发挥中学思政课教师积极性、主动性、创造性的需要

习近平总书记在学校思政课教师座谈会上的重要讲话,对新时代办好思政课提出了更高的要求。中学思政课是完成立德树人根本任务的主要课程,也是德育和智育融合程度最高的课程。而办好思政课的关键在于教师,因此,一名优秀的思政课教师不仅要提升自身的专业素养,更要具备强烈的政治意识,这就必须要充分发挥教师的积极性、主动性和创造性。教师要有丰富的知识储备、严谨的思维能力、生动的表达能力以及广阔的新媒体视野。教师通过自身的政治意识、专业知识和新媒体素养,不断完善教学方法,丰富教学内容,提高学生学习主动性。

(三) 推动中学思政课改革创新的需要

新媒体技术扩大了人们信息的获取途径,教师可以利用新媒体技术获取与教学相关的内容。利用新媒体工具展开线上教育,对课堂内容进行延伸,增强学生的学习自主性。利用新媒体工具可以实现高效的课堂互动,教师的新媒体态度直接影响其新媒体素养,因此要端正自身的新媒体态度。新媒体时代,思政课要守正创新、培根铸魂,提升思政工作的吸引力和时代感。思政课创新的实质就是创新教学形式,丰富教学内容,从而提升教学效果。利用新媒体技术使思政课教学有了更形象、更深入的理解,使学生更容易吸收知识;还可以优化思政课教学内容,提高思政课的教学效率。并且,利用自媒体平台与学生进行交流互动,在课堂内外形成正确的思政课教育导向。

(四) 提升中学思政课亲和力、感染力、针对性和实效性的需要

习近平总书记在《思政课是落实立德树人根本任务的关键课程》的重要文章中指出:"无论组合拳怎么打,最终要落到把思政课讲得更有亲和力和感染力、更有针对性和实效性上来。""针对性"较强的思政课,才能发挥最大的效果,而思政课"针对性"的提升,则须从"亲和力"以及"感染力"入手。教师作为教育教学的组织者、主导者与合作者,思政课的教学效果和质量最终取决于教师,因此教师的"亲和力""感染力"显得尤为重要。俗话说,"世界上最遥远的距离,不是所谓的天涯海角,而是心与心的距离"。思政课较强的政治性、严肃性、理论性,使其与学生天然产生一种心理距离,而且思政课内容广泛、时代性强,又在一定程度上增加了学生学习的难度。这些是导致思政课不容易讲好、不容易被学生接受的原因。所以,新课改背景下,中学的思政课教学要想更好地提升"亲和力",

就必须创新，利用新媒体，将思政教育的理论知识与学生实际需要相结合，有效地改变思想政治教育被动和盲目的处境。同时，中学思政教师通过互联网平台可以更好地掌握学生的身心状况，可以更具针对性地调整教案计划与内容，从而增强学生思想政治教育的实效性。

二、当前中学思政课教师新媒体素养存在的问题及原因分析

中学生政治知识、政治意识、政治能力和政治敏锐度的培养，主要依靠中学思政课的课堂教学。目前，在中学思政课的课堂教学中，教师在运用新媒体方面还存在诸多问题。

（一）中学思政课教师新媒体素养存在的问题

1. 新媒体使用意识较为薄弱

中学思政课教师新媒体使用意识薄弱主要体现在三个方面：首先，对于新媒体的需求不足。一些教师没有意识到新媒体对于教学的辅助作用，他们仍旧认为传统的教学方式是最好的，并没有提升自己新媒体素养的想法。其次，对于新媒体信息的心理感知不够。有些教师并没有了解到新媒体信息对学生的影响，没有认识到利用新媒体教学对提升学生学习积极性的作用。最后，对于新媒体的信息认知不足。这种认知主要包括教师对新媒体信息内容、活动、环境等各方面的了解以及对新媒体信息的态度、掌握及运用。

2. 新媒体技术应用能力不足

首先，中学思政课教师能否熟练地运用新媒体，是否有将教学和新媒体相结合的能力。这里所说的运用，一方面是指使用新媒体工具，另一方面是指对新媒体文化的掌握。中学思政课教师教学和新媒体的结合程度是指教师利用新媒体工具和新媒体文化展开多元化的教育，创新教学内容和教学方式。新媒体技术是教师提高新媒体素养的基础，但一些中学思政课教师对于新媒体技术的掌握较弱。运用新媒体进行课堂教学优势显著，可创新课堂形式，创设教学情境，调动课堂气氛，使课堂更加精彩。但是部分教师认为，这些对提高教学效果没有多少帮助，新媒体技术是一种华而不实的东西，无法使学生更加深入地了解知识。其次，有些中学思政课教师对于新媒体的认知存在问题。他们片面地认为互联网和计算机就是新媒体的全部，却没有看到他们之间所产生的其他产品。因此，许多教师将新媒体教学简单定义为用PPT讲课，认知过于狭隘。所以，很多中学思政课教师对新媒体的使用流于形式，实际内容和传统课堂一样，使得教学效果不升反降。所以，只有找到新媒体和教学的契合点，并将两者紧密结合，才会使教学效果大大提升。

3. 使用新媒体手段较为单一

互联网时代，新媒体工具多种多样，新媒体涵盖了所有数字化的媒体形式，包括所有数字化的传统媒体、网络媒体、移动端媒体、数字电视、数字报刊杂志等。所以，新媒体能对学生提供个性化的内容，是传播者和接受者融会成对等的交流者，同时无数的交流者相互间可以进行个性化交流。然而大部分中学思政课教师对新媒体工具的使用依旧局限于PPT，而且对于PPT的使用也只是简单的课件播放，或者是音频播放和图片展示。这种教学方式导致部分教师过度依赖课件，缺少板书，并没有得到预期的教学效果，也会让教师产生新媒体教学不能提高教学效果的错误心理认知。现阶段，大部分中学思政课教师没有

做到将新媒体工具与教学相结合。

(二) 中学思政课教师新媒体素养不足的原因

1. 自身重视程度不足

在新媒体的社会大环境下，大部分中学思政课教师认为新媒体技术的发展对教学产生了影响，使教学方式灵活化、教学环境现代化、学习方式个性化，并且新媒体信息资源能够提高教学效果。但是，在实际教学过程中，很少有教师主动利用新媒体开展探究、资源共享、小组协作、课堂互动等。一些教师是为了应付教学评价，而象征性地使用新媒体教学。还有一些教师是为精品课程的需要，被动使用新媒体工具进行教学。此外，大多数教师知道其新媒体素养有待提升，但是很少主动去提高自身的新媒体素养。一方面是因为不愿意面对自己不熟悉的事物，不熟悉的领域。另一方面是因为年龄，年龄大的教师更不想学习新事物，但是主要还是因为对新媒体的重视程度不足。

2. 传统教学方式和教学理念的影响

随着网络技术的推进，利用新媒体教学的方法逐渐盛行，成为教学评价的指标之一。中学思政课教师需要对繁多的互联网信息进行筛选和再造，与课程内容结合，并根据学生特点开展一堂生动的思想政治教育课程。然而，在实践的过程中，许多教师并没有做好。甚至有许多教师仍然采用"粉笔+黑板"的方式，通过语言、肢体动作和一些传统的辅助教学工具向学生传递知识。这种教学习惯根深蒂固，尤其是在教学理念上还未实现从"以教为中心"向"以学为中心"的转变，教师很难将教学内容与新媒体很好地融合起来。

3. 教育培训方式偏差

当前，基础教育为了跟上时代的步伐，对提升教师的新媒体素养普遍较为重视，但所采取的措施还不够有力。第一，一些中学用大量资金购进一批新媒体教学设备，然而有些教师不会使用这些设备，更不知道怎样与教学相结合，这些设备不能发挥其自身作用。第二，有些中学会对教师组织新媒体教学培训。但这些培训针对性不足，没有基于教师实际情况开展。从培训内容上看，教师的新媒体素养有一定的差异，培训内容要因人因课而异。从培训时间上看，培训时间过短或与教师教学安排有冲突，导致很多教师对培训敷衍对待，严重影响了培训效果。

三、中学思政课教师新媒体素养提升策略

随着时代的发展进步，新媒体已迅速渗透到人们生活的方方面面，并且使教育模式逐渐现代化。在新媒体时代，每个人都可以成为信息的传播者，这就更要求我们提高对新媒体的识别和理解能力、判断和质疑能力、参与和使用能力、传播和创造能力。

(一) 加强教师新媒体使用意识的培养

新媒体技术的发展对中学思政课教学提出了更高的标准。随着4G时代手机媒介的普遍应用以及5G时代的到来，有必要进一步提高教师对媒体信息的接收、选择、加工、利用等能力。提升自身的新媒体素养，首先就要增强自身新媒体意识，加强对新媒体的重视度。中学思政课教师应从认知和能力两个方面的维度出发，努力提高自身新媒体素养。首

先，从认知维度方面看，作为思政课，其特殊性要求教师既要重视知识传授，更要侧重于学生价值观的塑造和理想信念的确立。针对目前中学思政课教学还存在墨守成规的一言堂、照本宣科、忽视学生主体地位而使教学效果大打折扣的问题，要求中学思政课教师应从本心出发改变传统的课堂讲授形式，遵循教育教学规律，运用新媒体技术，教师应结合课程内容利用新媒体进行多种方式的教学设计，精心设计深层互动，让学生有参与感。让学生始终兴趣盎然、热情参与到课堂学习中，课堂教学效果会显著提升。其次，从能力维度方面看，中学思政课教师应具备新媒体的分析能力、新媒体的加工能力以及新媒体的交流能力。新媒体分析能力，要求教师要能够准确收集与思政课教学相关的新媒体信息，并能够判断新媒体信息的真伪；新媒体加工能力，要求教师能够将收集的信息和资料通过重新加工向学生传授知识；新媒体交流能力，要求教师能够运用新媒体工具与家长和学生进行交流，能够与其他教师和学科专家在教学和科研上进行交流和合作。新媒体技术可以加强师生互动率，可以营造良好的教学氛围，让学生能够积极主动地学习，也可以帮助教师解决课堂上的教学难题和实践教学难题，还可以拓展教学资源。针对教师怎样从繁多的媒介信息中筛选出与中学思政课理论教学相符的信息，怎样使用新媒体组织课堂教学，怎样开展课外实践，怎样解决学生信息反馈等问题，这就需要中学思政课教师能够熟练地掌握新媒体技术，将理论教学和新媒体技术结合起来，充分利用各种新媒体工具，更好地解决教学中遇到的问题。在实践中，教师对一切新媒体技术的运用都必须以教学为中心，要有针对性的根据教学内容和教学目标选择不同的新媒体工具，将新媒体工具和教学方式融合起来，增强思政课堂的教学效果。

（二）强化教师新媒体综合素养的培训

新媒体技术更新快，在操作过程中存在一定难度，教师不仅要通过自主发展，还要依靠一些有组织的集体培训提高自身新媒体素养。当前，中学思政课教师运用新媒体工具仅限于课件制作和运用，而对于翻转课堂、慕课、微课、VR（Virtual Reality）技术等新技术知之甚少，因此就要求相关教育部门和学校根据当前教师的现状和特点，对其进行专业培训。通过培训帮助教师树立思政课理论内容和新媒体技术相融合的教学理念，增强中学思政课教师新媒体运用能力。在进行培训时，首先要确立明确的培训目标，避免培训流于形式。要明确培训不仅是为了新课改的要求，更是为了顺应时代的发展。其次，培训的方式方法灵活多样。要根据教师的实际需求和问题有针对性的安排培训，可以依据教师不同的年龄段，进行分层培训；也可以根据不同科目的学科特点进行培训。最后，要有具体可行的考评方法。可以根据培训内容给教师布置实际教学，把培训内容运用于教学之中。培训完成后，可对教师进行考核，考核成绩作为教师评优的参考依据。只有将培训工作落到实处，才能实现提升教师新媒体素养的目的。

（三）互通有无促进资源共享

资源共享体现在三方面：教师和教师之间的资源共享，班级与班级之间的资源共享，学校与学校之间的资源共享。首先，教师和教师之间的资源共享方面，中学思政课教师可以和同科目的教师进行资源共享，也可向其他科目的教师学习，相互借鉴优点。年轻教师和年长教师之间进行资源共享。年轻教师虽教学经验少，但是其接受新事物的能力强，思维敏捷，视野开阔，年长教师因其教学时间长，有丰富的教学经验，通过资源共享和相互学习，达到互通有无，共同进步；其次，班级和班级之间的资源共享。每个班级的学生情况不同，教师的教学风格不同，实现班级和班级之间的资源共享可以更好地了解其他教师在新媒体方面做了哪些工作，取长补短。可以共享教学方法、新媒体信息的利用以及处理各种问题的方法，促进教学形式的多样化，教师的教学能力也会随之提高；最后，学校与学校之间的资源共享。学校和学校之间通过信息技术建立资源共享平台，方便教学资源的获取，各学校的教师也可定期或不定期的交流学习相互借鉴，探讨在运用新媒体过程中的经验和心得。

（四）推动相关机制和考核奖励制度的完善

中学思政课教师如何有序规范、合理有效加强新媒体素养的提升，良好合理的奖励和考核制度必不可少。由于学习和运用新媒体会消耗教师大量的时间和精力，另外有些教师虽然意识到新媒体技术的重要性以及自身新媒体素养的不足之处，但由于学校本身教学压力重以及自身的惰性，所以不愿意去提升自己的新媒体素养。因此，就需要学校制定针对教师新媒体素养的相关机制和奖励考核制度。第一，责任机制要明确。在提升新媒体素养方面，中学思政课教师要有强烈的责任感和明确的职责分工。第二，建立联动机制。单纯依靠教师自身的努力很难达到预期效果，需要中学各部门的联动配合，教务处、信息中心等部门齐抓共管，形成一体化的教育体系。第三，建立有效的考核制度。在考核制度上，可以将新媒体技术应用纳入年度考核和教师职称评定中。总之，只有通过改进和完善中学思政课教师工作的激励和评价制度，才能充分调动教师的积极主动性，促进其新媒体素养的提高。

（五）加强交流拓展教师视野

新时代要求思政课教师具备更高的综合素养，而有效运用新媒体进行思政课教学，是思政课教师必须具备的素养之一。在有效提升新媒体素养的过程中，中学思政课教师应不断加强交流，开拓眼界，开阔自身的视野。例如，通过对新媒体教学成功案例的学习，在拓宽中学思政课教师的新媒体视野的过程中，更有效地更新教师的新媒体教学方式，提高中学思政课教学的实效性。第一，搜集目前利用新媒体开展教学的教学方法和新媒体教学的优秀案例，通过视频展示，让教师了解新媒体教学的运用范围十分广泛，增强中学思政课教师使用新媒体进行教学的意识。第二，学校邀请知名教师开展示范课堂，对新媒体教学方式进行演示，鼓励教师积极与优秀教师进行交流、探讨，提高中学思政课教师对新媒体的认知范围。第三，积极走出去，向其他学校借鉴经验。通过与其他学校之间建立座谈会或展开讲座等形式，进行交流学习，进一步提升教师新媒体素养。

参考文献

[1] 饶文文. 参与式教学法在高中思想政治课中的运用研究 [D]. 武汉：华中师范大学，2019.

[2] 陈万柏，张耀灿. 思想政治教育学原理 [M]. 北京：高等教育出版社，2015.

[3] 尹毅，贾韬. 借力新媒体创新思政课. 新华日报 [N]. 2019-4-16(11).

[4] 吴奕欣. 中学思想政治教师新媒体素养提升研究 [D]. 郑州：河南大学，2019.

[5] 习近平. 思政课是落实立德树人根本任务的关键课程 [J]. 求是，2020(17).

[6] 熊光红."互联网+"时代背景下高校思想政治教育的创新路径[J].智库时代,2019(1):277.
[7] 李娟.新媒体环境下高校教师教学改革初探[J].求实,2014(5):232-234.
[8] 王晚英.刍议高校思想政治理论课教师新媒体素养提升[J].新西部(下旬刊),2017(11):156-157.

家庭情绪表露、亲子依恋与小学生情绪调节能力

彭虎军，李盼盼，杨倩倩

摘要：为了改善小学生情绪调节能力，为心理健康教育工作的有效开展提供依据和指导，本文采用《家庭情绪表露问卷》《亲子依恋问卷》《小学生情绪调节能力量表》，对439名小学生进行问卷调查，探究家庭情绪表露、亲子依恋与小学生情绪调节能力的关系。结果表明，小学生家庭积极情绪表露高于消极情绪表露，积极的家庭情绪表露与情绪调节能力存在显著正相关，消极的家庭情绪表露与情绪调节能力存在显著负相关，亲子依恋与情绪调节能力存在显著正相关；越积极的家庭情绪表露，越良好的亲子依恋关系，小学生的情绪调节能力越强。反之，越消极的家庭情绪表露，越不良的亲子依恋关系，小学生的情绪调节能力越弱。

关键词：家庭情绪表露；亲子依恋；情绪调节能力；小学生

孩子从出生的那一刻开始，就与父母建立了密不可分的关系。父母根据经验及本身的认知，渐渐与孩子发展出一套独有的依恋关系。随着年龄的增长，遗传、亲子间的依恋关系与环境产生交互作用，孩子的行为渐渐被塑造出来。进入学校学习之后，孩子学习与同学相处，并发展出自己独有的人际关系运作方式。尤其是当孩子逐渐长大，生理与心理都会产生巨大的变化。不论是受到本身内在因素还是外在环境的相互作用，对于未来人生的发展都具有关键性的影响。由于身、心、社会各方面的转变，小学生处于非常不平衡的状态，与父母之间独立与依赖的摆荡，对自己未来的疑惑与彷徨，重视人际关系又怕失去自我的矛盾与挣扎，在这样的矛盾与冲击之下，情绪变化可说是小学生最明显的心理特征，剧烈起伏又不安定的情绪易形成情绪困扰，有时也可能引起反社会行为或是情绪失控的问题。

情绪起伏是每个人都要面对的问题，喜悦、愤怒、悲伤、快乐是人类共通的体验。由于身体、心理、社会各方面的变化，儿童处于一种不平衡的状态，试着同化及调整，而情绪变化则是此时最明显的心理特征。儿童的感觉敏锐，对外在事物及对自己的反应容易趋向激烈化，情绪起伏波动非常大。可能已体验到较愉悦或欢欣的情绪，觉得人生充满了希望，也可能因为克服了焦虑与恐惧的情绪，感到成就并建立自信。研究指出，情绪调节不佳、适应困难的儿童外化性问题行为发生的比例较高。有关依恋关系与情绪调节的研究发现，个体的依恋关系与其情绪调节及适应能力有关，依恋关系良好的个体，情绪调节能力

---

[1] 基金项目：陕西乡村基础教育研究课题：陕西省乡村振兴战略背景下农村留守儿童研究（SXJY202218）；商洛学院课题：西部贫困地区农村中小学心理健康教育研究（20FK009）

[2] 作者介绍：彭虎军，1968年生，陕西丹凤人，教授，研究方向为学校心理健康教育与管理

较佳，负向情绪较少。因此儿童与父母的依恋关系对其情绪调节与发展的确有重大影响力。

家庭是儿童最早接触的社会环境，也是儿童社会化与学习启蒙的重要场所，家庭成员间良好的沟通及气氛有助于提升家庭凝聚力、稳定的家庭关系，以及发挥正向的家庭功能。家庭气氛也是营造健康、和乐家庭的基本条件，提供儿童健康成长与情绪管理的榜样。家庭正向的情绪表达和情绪调节能力有正相关、父母的情绪表达则和子女情绪调节有正向的关联性，也就是说，家庭有越多的正向情绪表达，则孩子有越好的情绪调节能力。

在对家庭情绪表露、亲子依恋与小学生情绪调节能力三者关系的梳理中，以往的研究大多数是以两两之间的为研究，对三者的关系还没有探讨。本研究通过探讨三者的相关关系，以细化亲子理论，丰富情绪调节模型，提高小学生情绪调节能力，为小学生心理健康教育工作的有效开展提供依据和指导。

一、对象与方法

（一）研究对象

本研究采用分层随机取样法，选取陕西某小学五、六年级的学生作为被试。发放问卷500份，回收有效问卷共439份，有效回收率为87.8%。

表1 被试的具体分布情况

人口学变量	类别	人数（人）	百分比（%）
性别	男	180	41.00
	女	259	59.00
年级	五年级	279	63.55
	六年级	160	36.45

（二）研究工具

1. 家庭情绪表露问卷

采用由邓赐平（1998）修订，Cassidy（1995）编制的《家庭情绪表露问卷》进行问卷调查。本量表包含积极情绪表露和消极情绪表露两个维度，本研究选择儿童为问卷调查对象，需要分别测试。问卷的克隆巴赫系数为0.83，信度和效度良好。

2. 亲子依恋问卷

采用由于海琴（2002）修订，Kerns等人（1996）编制的《家庭情绪表露问卷》进行问卷调查。本量表包含信赖程度和亲近倾向两个维度，该量表分为父、母两个独立问卷，需要分别测试。问卷的克隆巴赫系数为0.85，信度和效度良好。

3. 小学生情绪调节能力量表

采用由 Diamanto、Rydell 和 Thorell L（2007）编制，我国学者翻译的《小学生情绪调节能力量表》进行问卷调查，量表包含愤怒情绪、悲伤情绪、恐惧情绪和激动情绪4个维度，包括29个条目。克隆巴赫系数为0.84，有较好的信效度。

(三)研究程序

量表按照心理测验程序进行施测。随机抽取自习班级进行测验，向被试说明注意事项，测验没有时间限制，基本都在 30 分钟之内完成。为防止有的学生没写或者写错，当场回收问卷并查看，这样可以保证研究结果的可靠度。

(四)数据处理

采用 Microsoft Excel 2007 进行数据录入与整理，继而采用 SPSS21.0 统计软件进行分析处理，统计方法包括描述统计、独立样本 t 检验、单因素方差分析、相关分析和回归分析。

二、结果与分析

(一)小学生家庭情绪表露、亲子依恋与情绪调节能力的基本状况

本研究调查发现，小学生家庭情绪表露中父母积极情绪表露均高于中值，父母消极情绪表露均低于中值，说明小学生家庭积极情绪表露大于消极情绪表露；小学生亲子依恋中父母亲子依恋总分、信赖程度均高于中值，父母亲近倾向均低于中值，说明小学生亲子依恋水平较高，信赖父母程度高，亲近父母的倾向较低；小学生情绪调节能力四个维度得分和总分均高于中值，进一步从项目均分来比较发现，悲伤情绪 > 愤怒情绪 > 恐惧情绪 > 激动情绪，说明小学生情绪调节能力较好，对悲伤情绪的调节能力相对最好，对激动情绪的调节能力相对最弱，数据见表 2。

表 2 家庭情绪表露、亲子依恋与小学生情绪调节能力的基本状况

变量	平均数	中值	标准差
父亲积极情绪表露	56.90	54	13.46
父亲消极情绪表露	35.35	42	10.34
母亲积极情绪表露	60.12	54	13.81
母亲消极情绪表露	37.30	42	10.51
父亲信赖程度	23.50	20	4.83
父亲亲近倾向	16.84	17.5	2.14
父亲亲子依恋总分	40.34	37.5	4.82
母亲信赖程度	24.30	20	4.47
母亲亲近倾向	16.93	17.5	2.11
母亲亲子依恋总分	41.23	37.5	4.66
愤怒情绪	24.39	22.5	4.49
激动情绪	12.74	12.5	2.98
恐惧情绪	21.80	20	3.98
悲伤情绪	20.03	17.5	4.49

续表

变量	平均数	中值	标准差
情绪调节能力总分	78.96	72.5	15.94

（二）小学生家庭情绪表露、亲子依恋与情绪调节能力的差异比较

1. 小学生家庭情绪表露、亲子依恋与情绪调节能力在性别上的差异比较

本研究对小学生家庭情绪表露、亲子依恋与情绪调节能力在性别上进行独立样本 t 检验显示，不同性别小学生家庭情绪表露的父亲积极情绪表露存在显著差异（$P<0.05$），具体表现为男生得分高于女生；在其他三个维度上不存在显著差异（$P>0.05$）；不同性别小学生亲子依恋与情绪调节能力因子得分与总分均不存在显著的差异（$P>0.05$），数据见表3。

表3　小学生家庭情绪表露、亲子依恋与情绪调节能力在性别上的差异比较

变量	男生（n=180）	女生（n=259）	t	P
父亲积极情绪表露	58.65 ± 13.34	55.18 ± 13.44	2.282	0.023
父亲消极情绪表露	36.13 ± 10.50	34.81 ± 10.21	1.313	0.188
母亲积极情绪表露	61.09 ± 13.60	59.45 ± 13.94	1.224	0.221
母亲消极情绪表露	38.05 ± 9.91	36.78 ± 10.89	1.241	0.214
父亲信赖程度	23.58 ± 4.85	23.44 ± 4.82	0.297	0.767
父亲亲近倾向	16.78 ± 2.22	18.88 ± 2.09	−0.476	0.634
父亲亲子依恋总分	40.37 ± 4.96	40.33 ± 4.73	0.086	0.932
母亲信赖程度	24.30 ± 4.56	24.30 ± 4.42	0.001	0.999
母亲亲近倾向	16.81 ± 2.27	17.01 ± 1.99	−0.996	0.320
母亲亲子依恋总分	41.11 ± 4.06	41.32 ± 4.67	−0.450	0.653
愤怒情绪	24.80 ± 4.48	24.10 ± 4.47	1.593	0.112
激动情绪	12.83 ± 2.83	12.68 ± 3.09	0.522	0.602
恐惧情绪	21.83 ± 4.20	21.78 ± 3.82	0.121	0.906
悲伤情绪	20.25 ± 4.75	19.88 ± 4.29	0.844	0.397
情绪调节能力总分	79.71 ± 16.26	78.44 ± 15.67	0.721	0.320

2. 小学生家庭情绪表露、亲子依恋与情绪调节能力在年级上的差异比较

本研究对小学生家庭情绪表露、亲子依恋与情绪调节能力在年级上的差异比较进行独立样本 t 检验显示，不同年级小学生家庭情绪表露的父亲消极情绪表露存在显著差异（$P<0.05$），具体表现为六年级得分高于五年级；在其他三个维度上不存在显著差异（$P>0.05$）；不同年级小学生亲子依恋因子得分与总分均不存在显著差异（$P>0.05$）；不同年级小学生情

绪调节能力的总分、愤怒情绪和激动情绪得分存在显著差异（$P<0.05$），具体表现为五年级小学生的情绪调节能力总分、愤怒情绪和激动情绪得分高于六年级小学生，在其他两个维度上不存在显著差异（$P>0.05$），数据见表4。

表4 小学生家庭情绪表露、亲子依恋与情绪调节能力在年级上的差异比较

变量	五年级（$n=279$）	六年级（$n=160$）	t	P
父亲积极情绪表露	56.89±14.26	56.91±11.98	−0.012	0.990
父亲消极情绪表露	34.51±10.90	36.81±9.12	−2.250	0.025
母亲积极情绪表露	59.67±14.90	60.91±11.68	−0.904	0.366
母亲消极情绪表露	36.82±11.24	38.14±9.07	−1.263	0.207
父亲信赖程度	23.59±5.03	23.33±4.47	0.027	0.592
父亲亲近倾向	16.88±2.16	16.78±2.11	0.443	0.658
父亲亲子依恋总分	40.47±5.07	40.12±4.36	0.734	0.463
母亲信赖程度	24.34±4.74	24.24±3.97	0.218	0.828
母亲亲近倾向	16.91±2.17	16.95±1.99	−0.184	0.854
母亲亲子依恋总分	41.25±4.97	41.20±4.08	0.125	0.900
愤怒情绪	24.75±4.70	23.75±4.02	2.252	0.019
激动情绪	13.11±3.00	12.10±2.85	3.451	0.001
恐惧情绪	21.96±4.20	21.53±3.55	1.093	0.274
悲伤情绪	20.12±4.72	19.86±3.40	0.594	0.550
情绪调节能力总分	79.94±16.65	77.24±13.82	2.202	0.029

（三）家庭情绪表露、亲子依恋与小学生情绪调节能力的相关分析

本研究对家庭情绪表露、亲子依恋与小学生情绪调节能力的相关分析显示，父亲积极情绪表露、母亲积极情绪表露、父亲亲子依恋总分和母亲亲子依恋总分与小学生情绪调节能力总分之间存在显著正相关（$P<0.01$）；父亲消极情绪表露、母亲消极情绪表露与小学生情绪调节能力总分之间存在显著负相关（$P<0.01$），即小学生家庭积极情绪表露越多，亲子依恋水平越良好，其情绪调节能力越强；反之，小学生家庭消极情绪表露越多，亲子依恋水平越不良，其情绪调节能力越弱，数据见表5。

表5 家庭情绪表露、亲子依恋与小学生情绪调节能力的相关分析

变量	父亲积极情绪表露	父亲消极情绪表露	母亲积极情绪表露	母亲消极情绪表露	父亲亲子依恋总分	母亲亲子依恋总分
情绪调节能力总分	0.319**	−0.243**	0.332**	−0.246**	0.298**	0.291**

注：** 表示 $P<0.01$。

对家庭情绪表露与亲子依恋的相关分析显示,父亲积极情绪表露、母亲积极情绪表露与父亲亲子依恋总分和母亲亲子依恋总分之间存在显著正相关($P<0.01$);父亲消极情绪表露、母亲消极情绪表露与父亲亲子依恋总分和母亲亲子依恋总分之间存在显著负相关($P<0.01$),即小学生家庭积极情绪表露越多,其亲子依恋水平越良好;反之,小学生家庭消极情绪表露越多,其亲子依恋水平越不良,数据见表6。

表6 家庭情绪表露与亲子依恋的相关分析

变量	父亲积极情绪表露	父亲消极情绪表露	母亲积极情绪表露	母亲消极情绪表露
父亲亲子依恋总分	0.301**	-0.372**	0.150**	-0.305**
母亲亲子依恋总分	0.245**	-0.305**	0.335**	-0.315**

注:** 表示 $P<0.01$。

(四)家庭情绪表露、亲子依恋与小学生情绪调节能力的回归分析

本研究以小学生情绪调节能力总分为因变量,父亲积极情绪表露、父亲消极情绪表露、母亲积极情绪表露、母亲消极情绪表露为自变量,采用回归分析方法,建立回归方程,结果显示:父亲积极情绪表露和母亲积极情绪表露对小学生情绪调节能力存在正向预测作用($P<0.001$),父亲消极情绪表露和母亲消极情绪表露对小学生情绪调节能力存在负向预测作用($P<0.001$),四者共同解释了小学生情绪调节能力21.9%的变异,数据见表7。这说明,小学生家庭积极情绪表露越多,其情绪调节能力越强;反之,小学生家庭消极情绪表露越多,其情绪调节能力越弱。

表7 家庭情绪表露与小学生情绪调节能力的回归分析

预测变量	R	$\triangle R^2$	B	F	t
父亲积极情绪表露	0.319	0.101	0.203	50.039***	3.673***
父亲消极情绪表露	0.432	0.184	-0.254	53.966***	-3.604***
母亲积极情绪表露	0.460	0.210	0.195	30.830***	3.642***
母亲消极情绪表露	0.470	0.219	-0.161	38.870***	-2.345***

注:*** 表示 $P<0.001$。

本研究以小学生情绪调节能力总分为因变量,父亲亲子依恋总分、母亲亲子依恋总分为自变量,采用回归分析方法,建立回归方程,结果显示:父亲亲子依恋总分和母亲亲子依恋总分对小学生情绪调节能力存在正向预测作用($P<0.001$),两者共同解释了小学生情绪调节能力11.2%的变异,数据见表8。这说明,小学生亲子依恋水平越良好,其情绪调节能力越强;反之,小学生亲子依恋水平越不良,其情绪调节能力越弱。

表8 亲子依恋与小学生情绪调节能力的回归分析

预测变量	R	$\triangle R^2$	B	F	t
父亲亲子依恋总分	0.298	0.087	0.532	42.652***	3.823***
母亲亲子依恋总分	0.338	0.112	0.509	28.118***	3.531***

注：*** 表示 $P<0.001$。

三、讨论

(一) 小学生家庭情绪表露、亲子依恋与情绪调节能力的基本情况分析

本研究调查结果显示，总体上小学生家庭积极情绪表露多于消极情绪表露，并且父母的情绪表露风格趋于一致，这有利于儿童的健康成长。这与何洁、徐琴美(2005)等人的结论一致，说明了父母对积极情绪表露有利于孩子成长健康的观点是一致的。而在情绪表露风格方面，发现父亲消极情绪表露 > 母亲积极情绪表露 > 父亲积极情绪表露 > 母亲消极情绪表露。由此可见，父亲更容易表露出消极情绪，这可能是因为女性对情绪的感知在统计意义上比男性更为丰富，进而在表达情绪方面，对儿童的情绪表达可能更多地采取了积极的方式。此外，本文采取的是以儿童为对象的家庭情绪表露量表，儿童感知情绪的方式千差万别，说明了父亲母亲在表露消极情绪的同时，可能包括表露积极情绪的成分。

本研究调查结果显示，小学生亲子依恋中父母亲子依恋总分、信赖程度均高于中值，父母亲近倾向均低于中值，说明小学生亲子依恋水平较高，信赖父母程度高，亲近父母的倾向较低。当前家庭教育受到家长的普遍重视，父母注重亲子关系的培养与维系，因此，小学生的亲子依恋关系水平也较高。

本研究调查结果显示，小学生情绪调节能力四个维度得分和总分均高于中值，进一步从项目均分来比较发现，悲伤情绪 > 愤怒情绪 > 恐惧情绪 > 激动情绪，说明小学生情绪调节能力较好，对悲伤情绪的调节能力相对最好，对激动情绪的调节能力相对最弱。由于学校教育和家庭教育中都强调心理健康教育工作，小学生的情绪调节能力也得到较多的培养与训练，因此可以表现出较好的情绪调节能力，但受限于身心发展水平和经验，小学生对于恐惧和激动情绪的调节能力相对较弱。

(二) 小学生家庭情绪表露、亲子依恋与情绪调节能力的差异分析

本研究调查结果显示，男生的父亲积极情绪表露得分高于女生，可能是因为相对于女生来说，男生对父亲表现出更多的崇拜和仰慕，对于父亲表露的积极情绪更加在意和敏感，渴望得到父亲的肯定与表扬。六年级小学生的父亲消极情绪表露得分高于五年级，可能是因为六年级的小学生面临小升初，父亲在家庭教育中受到升学压力的影响，更容易表现出消极情绪。另外，随着小学生的成长，小学生也对于父亲表露的消极情绪感受更加强烈。

本文研究结果表明，亲子依恋在性别上不存在显著差异，但是孩子对父母的依恋都处于一个较高的水平。这一结果与陈燕(2019)的研究结果不一致，这可能是因为随着时代的发展，父母对孩子的教育也变得更为统一，男女都能同等的接受到来自父母的爱，所以男女生在亲子依恋上没有很明显的差异。亲子依恋在不同年级上不存在显著的差异，这一结

果与孟仙（2011）的研究结果不一致，这可能是因为本研究只选取了五、六年级，两个年级的年龄比较相似，所以没有体现出很明显的差异性。现在父母的教育观念对孩子的影响，都会使孩子的心智成长趋于成熟。

本研究调查结果显示，小学生情绪调节能力总分、愤怒情绪和激动情绪在年级上面有显著差异并且五年级小学生的情绪调节能力得分均高于六年级。可能是因为六年级的小学生面临小升初的压力，在学习、生活、人际交往等诸多方面都会遭遇更多的挫折，进而表现出更多的情绪问题，再加上小学生经验和身心发展水平有限，因而表现出较差的情绪调节能力。

（三）家庭情绪表露、亲子依恋与小学生情绪调节能力的关系分析

父母亲的消极情绪表露与小学生情绪调节能力呈现负相关，而积极的情绪表露与小学生情绪调节能力呈现正相关关系。即父母亲的消极情绪表露越多，小学生情绪调节能力越低；父母亲的积极情绪表露越多，小学生的情绪调节能力越高。家庭是儿童最早接触的社会环境，也是儿童社会化与学习启蒙的重要场所，家庭成员间良好的沟通及气氛有助于提升家庭凝聚力、稳定的家庭关系，以及发挥正向的家庭功能，家庭气氛也是营造健康、和乐家庭的基本条件，可以为儿童提供健康成长与社会化学习的榜样。此外，父母是形成家庭气氛的重要人物，借由成员间彼此的互动来传递家庭价值，使孩子以家庭中的气氛作为生活准则，同时影响孩子整体人格的发展；和乐而正向的家庭气氛有助于塑造孩子正向的人格特质，相反地，不良的家庭气氛则会影响孩子负向的人格特质。Eisenberg等人（1998）曾经提出家庭情绪表达可能透过几种途径来影响孩子的情绪能力：第一，直接影响孩子的情绪表达；第二，通过教养方式影响孩子的情绪及社会能力；第三，父母的情绪表露影响孩子的情绪理解能力；第四，父母的情绪表露通过影响孩子对自己、他人的看法而影响孩子的社会情绪能力。

亲子依恋与小学生情绪调节能力呈现正相关关系。即亲子依恋得分越高，小学生情绪调节能力越高；亲子依恋得分越低，小学生情绪调节能力越低。良好亲子依恋关系对情绪调节的提高有明显的帮助。影响情绪调节能力的层面很多，而父母亲是儿童最早接触到的重要他人，如果能发展出较佳的依恋关系，对儿童情绪调节能力的提升会有显著的帮助。个体早期的依恋对象为其主要照顾者，通常是父母，而依附关系具有持续的倾向性，即使经历长时间的发展，早期的依恋关系仍会持续影响着日后个体认知发展、人际关系、社会能力及对自我的看法。当亲子依恋程度越高时，即说明亲子关系是良好的，在这一过程当中，儿童会培养出较好的情绪调节能力。从这一结果可以看出，亲子依恋质量有着基础性作用，在小学生形成较好的亲子依恋关系的前提下，即使没有较多的家庭情绪表露或者出现负向家庭情绪表露，孩子依然能发展出良好的情绪调节能力。

正面的家庭情绪表露与亲子依恋关系呈现正相关关系，负面的家庭情绪表露与亲子关系呈现负相关关系。即正面的家庭情绪表露越多，亲子依恋关系程度越高；负面的家庭情绪表露越多，亲子依恋关系程度越低。家庭是个体最早接触的重要学习环境，亲子依恋关系的好坏均在家庭环境中形成，而父母是孩子亲子关系的主要参与者，父母所营造的家庭环境、家人互动时所形成的家庭气氛影响亲子关系。家庭情绪表达是家庭成员在每天日常互动时表达情绪的指标，能够影响父母和孩子之间的亲子关系。因此，正面的家庭情绪表

露越多，亲子关系程度越高；负面的家庭情绪表露越多，亲子关系程度越低。

四、结论

（1）小学生家庭积极情绪表露多于消极情绪表露，这有利于儿童的健康成长并且父母的情绪表露风格趋于一致。

（2）小学生亲子依恋水平较高，信赖父母程度高，父母注重亲子关系的培养与维系。

（3）小学生情绪调节能力较好，对悲伤情绪的调节能力相对最好，对激动情绪的调节能力相对最弱。

（4）家庭情绪表露、亲子依恋与小学生情绪调节能力存在显著的相关关系。

（5）家庭积极情绪表露、亲子依恋可以正向预测小学生情绪调节能力，家庭消极情绪表露可以负向预测小学生情绪调节能力。

参考文献

[1] 刘夏鸽. 儿童情绪调节能力与母亲情绪调节、家庭情绪表露的关系研究 [D]. 西安：陕西师范大学，2018.

[2] 马勤. 幼儿焦虑与家庭情绪表露、幼儿气质的关系研究 [D]. 武汉：华中师范大学，2015.

[3] Bronstein P, Fitzgerald M, Briones M, et al. Family emotional expressiveness as a predictor of early adolescent social and psychological adjustment[J]. The Journal of Early Adolescence, 1993,13(4): 448-471.

[4] Pamela, W, Garner. Preschoolers' emotional control in the disappointment paradigm and its relation to temperament, emotional knowledge, and family expressiveness[J].Child Development, 1996,13(21):132-156.

[5] 邓赐平，刘金花. 儿童自我控制能力教育对策研究 [J]. 心理科学，1998,21(3):270-271.

简易水电解器的设计与制作

任有良，刘浩，孙楠，王银伸

摘要：电解水实验是中学教学中一个重要的启蒙实验。做好该实验，有利于帮助学生认识和理解物质微观构成。通过对电解水实验的探究，得出当电解液为15%氢氧化钠溶液，电极材料为镍丝，电压为6～12 V以及电极间距为2.0 cm时为最适配条件。并且利用生活中的废弃优质饮料瓶、5 mL的废弃注射器以及100 mm×100 mm亚克力板设计并制作了实验室水电解器的简易装置。

关键词：电解水；水电解器；简易装置；设计

一、序言

化学演示实验是学生获得化学感性知识的一个重要渠道，它是化学课堂中最常用的视觉教具之一，可以帮助学生形成化学概念、理解化学原理、巩固化学知识，激发学生学习化学的兴趣。化学演示实验还有利于学生观察实验操作的过程，掌握科学、规范的实验操作，对启迪学生思维、培养学生观察分析问题的能力、训练科学方法、提高创新能力都能产生积极有效的作用。

《化学》九年级上册"水的组成"中电解水的实验是中学化学教学中的一个重要实验之一，也是非常经典的实验。根据实验的现象和对水电解产物的检验和分析，得出水是由氢元素和氧元素组成的并得出水的化学式。进一步让学生认识构成物质的微粒间的关系。该实验通过电解水让学生认识物质组成的方法，通过生成氧气与氢气两种物质也为学生们揭示了化学反应的实质，该实验也让学生从宏观与微观的角度去认识物质的组成，也为学生理解质量守恒定律奠定了基础。

化学也是一门以实验为基础的科学，它的发展总是和实验息息相关，现大多数学生在做电解水实验往往用到的不是教材中简易的水电解器就是霍夫曼水电解器，教材中的简易水电解器往往在操作与气体检验都显得很不方便；在使用霍夫曼水电解器时也存在一定缺点与不足，首先霍夫曼水电解装置重心过高，成本高，仪器固定难度也大，两电极间距较大导致电解效率低，氢气与氧气产气慢，添加电解液时不安全易腐蚀皮肤，对气体检验效果不理想，这就使学生在学习电解水实验时，安全性降低了，并且达不到教学效果。对于具有专业素养的化学教师做演示实验来讲，该装置是不错的选择，但其易碎而且价格昂贵，不适用于初学者对电解水实验的独立探究。

本实验对水电解器的结构与电解条件进行改进，并且利用生活中的废弃物品设计并制作了实验室简易水电解器。改进设计后的简易水电解器装配简单，材料易得，操作简单，成本低，实验有趣安全，能提高学生实验探究能力与动手能力，也能提高教学效率。

二、实验综述

(一) 电解水实验的简介

电解水实验是一个验证水的组成的实验。根据电解过程时生成物的情况，电解可分为不同的类型，如电解水型、分解电解质型、放氢生碱型及放氧生酸型等几种类型。水由氧、氢两种元素组成。水通电时会生成氢气、氧气。氧气会在正极产生，氢气会在负极产生。在化学反应前后，元素种类不变。在化学变化中，分子可分成不可分割的原子，并构成新的分子。

1. 实验装置

电解水实验在教学中有两种装置：一是教材中的简易水电解器，二是霍夫曼水电解器。

（1）教材实验装置。

如图 1 所示，在教材中电解水实验提供了一种简易水电解装置。该简易水电解装置由两个刻度管和一个大水槽组成。存在以下缺点：气体产生的量较少，气体检验较困难，实验现象不明显；电极不稳定，不利于气体的检验与收集；实验过程中需要加入稀硫酸、硫酸钠或者氢氧化钠以增强电解液的导电性，电极和导线都要接触水，会导致电解液与皮肤接触，灼烧皮肤对身体造成伤害。

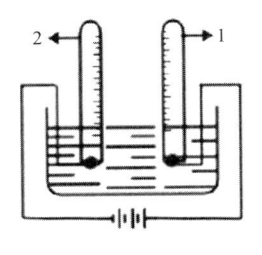

1—H_2；2—O_2

图 1 简易水电解装置

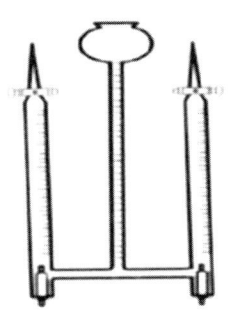

（2）霍夫曼水电解器。

如图 2 所示，霍夫曼水电解器又叫标准水电解器，是验证水的组成的专用仪器，装置是由反应场所、储液场所、电极构成。霍夫曼水电解器作为中学教材中的电解水实验仪器，其优点是：在通电时，可以产生氢气和氧气，并且准确测定了产生气体的体积比；阴极产生的氢气，可以直接在尖口处点燃形成火焰。让学生了解水的组成以及电解水产生氢气与

图 2 霍夫曼水电解器

氧气的比。由于实验装置采用玻璃刻度管等器材，也有许多不足之处：实验装置价格昂贵且重心不稳，固定较为困难；电极位置是固定的，电极处容易漏液，而且容易断；不能同时完成对比实验；加料漏斗的位置是固定的，漏斗口较小加料时稍不注意容易外流，只能完成水的电解；电解效率不高，通常需要加大硫酸浓度和增大电压来加快电解；气体检验时，气体不能均匀流出，有时出现液体冲出现象，不安全。

2. 实验原理

水溶液中存在氢离子和氢氧根离子，在通电的条件下，氢离子向负极移动，获得电子形成氢气，氢氧根离子向正极移动，失去电子，形成氧气，从而形成了一个闭合回路。

水的电离方程式：$H_2O \rightleftharpoons H^+ + OH^-$

阳极：$4OH^- - 4e^- \rightleftharpoons O_2 + 2H_2O$

阴极：$4H^+ + 4e^- \rightleftharpoons 2H_2$

总反应方程式：$2H_2O \rightleftharpoons 2H_2\uparrow + O_2\uparrow$

(二) 研究现状

电解水实验作为在中学教学中重要的实验之一，这节课程的教学效果影响着学生从微观角度去认识物质，因此电解水实验非常重要。近几年，许多研究者以教材简易装置或霍夫曼水电解器为基础，从不同角度对装置以及条件进行探究，并取得了一定的成果。

1. 教材上的方法

2012年人教版、2012年鲁教版、2012年沪教版这三版《化学》九年级上册在教材中的电解水实验，装置基本都相似。运用的都是霍夫曼水电解器，只有装置有些许的差别，鲁教版、沪教版电极间距较大，加料漏斗下端为玻璃与仪器连接。而人教版加料漏斗下端为橡胶管与仪器连接。进行实验时，在加料漏斗处加入水（水中可以加入一定量的硫酸钠或氢氧化钠用来增加导电性）接入电源，观察并记录两电极附近以及玻璃管内发生的现象。最后切断电源用燃烧的小木条检验两玻璃管中的气体。

2012年科粤版《化学》九年级上册在教材中运用的是简易的电解水装置。装置是由两个试管、一个烧杯与两个可弯折长电极拼装而成。进行实验也是先向烧杯中加入水（水中可加入少量烧碱或硫酸增加导电性），再向试管中加满水倒插在烧杯中的电极上，接通电源观察电极附件与试管内的现象，最后切断电源用带火星的木条检验电源正极试管内的气体，用点燃的木条检验电源负极试管内的气体。

2. 文献上的方法

黄媛等人对水电解器的创新，用亚克力板加大底座，降低装置重心，消除了安全隐患，还用亚克力管设计了注水管、氢气管、氧气管，又以镍合金作为电极加快了电解速率，在氢气管与氧气管间设置刻度能直观地看到氢气与氧气的体积比，但是该装置过于笨重且制作困难不简易。

钱莉等人对水电解器的改进，运用注射器，该装置材料易得，加工简单，针头可直接做电极材料，注射器作为电解容器也可直接读数观察气体比例，装置简单易操作。

任有良等人利用废旧的普通白炽电灯泡，在灯泡底部开约4 cm的圆形切口，以灯体为电解槽，以镀镍的铁丝为电极，用试管当氢气管与氧气管。该装置变废为宝，充分利用资源降低实验成本。任有良等人还用废弃的扁形塑料盐水瓶，与废弃的注射器，用盐水瓶的瓶头当电解槽，针头当电极，注射器当氢气氧气管。遵从绿色化学，变废为宝。

蒋发强运用尖嘴导管、注射器、橡皮管和圆球替换掉电解水简易装置的试管来进行实验，他的实验数据得出当电解液为碱时，铁适合做电极材料，当电解液为酸时，保险丝适合做电极材料。

张艳辉运用三口有机玻璃瓶、两个带玻璃活塞的集气管、直流电源、电极与一个气压球对电解水装置进行了改进，可方便携带。操作简单，安全可靠，检验气体方便，可达到较好的教学效果。

黄海燕等人运用两个青霉素小瓶、两个铂金钛网电极、自制温差发电装置以及注射器对装置进行了改进。改进后装置放置稳，药品用量小，绿色环保并且铂金钛网电极清洁轻便，但自制温差发电就显得实验不简易，并且铂金钛网电极价格偏贵，不宜进行推广。

程明银为达到霍夫曼水电解器的全部功能，用两支酸式滴定管、T型玻璃管、塑料输液瓶、橡胶管、尖嘴玻璃导管、玻璃管、细铁丝、小橡胶塞为材料自制水电解器。截取酸式滴定管有刻度的部分当集气的刻度管，塑料输液瓶为加料漏斗，细铁丝插入小橡胶塞作为电极。该装置制作方法简单，现象明显。

金乐等人在电解水实验简易装置的基础上将试管改为以止水夹、玻璃导管、刻度试管的结合体，然后从电极、电解液电极间距、电压四方面来研究最终得出氢氧化钠的浓度以 0.15～0.18 kg／L 最佳，电极材料以铁丝为最佳，电极间距为 12～21 mm 最佳，电压 10 V 最佳。并且他们探究出电极间距越近，电极形状越复杂，电解速率越快。

尚春明把蒸馏水、硫酸溶液、氢氧化钠溶液作为电解液时，作对比实验得出以蒸馏水做电解液时，电解速度较慢，以硫酸溶液做电解液时会导致氢气与氧气体积比大于 2∶1，以氢氧化钠溶液为电解液时，电解速度快也能保持氢气与氧气体积比接近 2∶1。

刘海燕等人为注重绿色化学采用磷酸二氢钾溶液做电解质进行实验，当电解质浓度为 10% 时，以铁、铅等金属做电极电解产生的氢气、氧气体积比接近 2∶1。

张广学认为电解水时加入氢氧化钠比加入硫酸分解速率更快一些。电极必须是良导体，不与电解质和生成物反应并且电极表面积要尽量大，增大水的分解速度。他还认为电压为 10～15V，电流强度为 1A 时可以增大水的分解速度，电压过大反应不易控制并且碱性溶液有泡沫产生。

陈劲经过实验得出影响实验结果的因素的主次关系为电极材料、电解质类型、电解液浓度和电压。并且他根据计算结果得出的结论是：以铅质材料为电极，选用磷酸二氢钾溶液为电解液，电解液浓度为 10%，电极间的距离为 21 mm，电压为 18 V 时，实验效果最好。

赵红等人主要对条件提高电源电压、加快反应速度进行了研究。综合安全与反应速度最后得到用 36 V 电压电解 5% 氢氧化钠溶液反应效率最快，实验效果最好。并且将课堂上 10 分钟的演示实验加快到 2 分钟，大大提高了课堂效率。

三、装置的设计与制作

(一) 设计目的

在进行电解水实验的化学教学中，学生往往都使用的是霍夫曼水电解器，但在使用霍

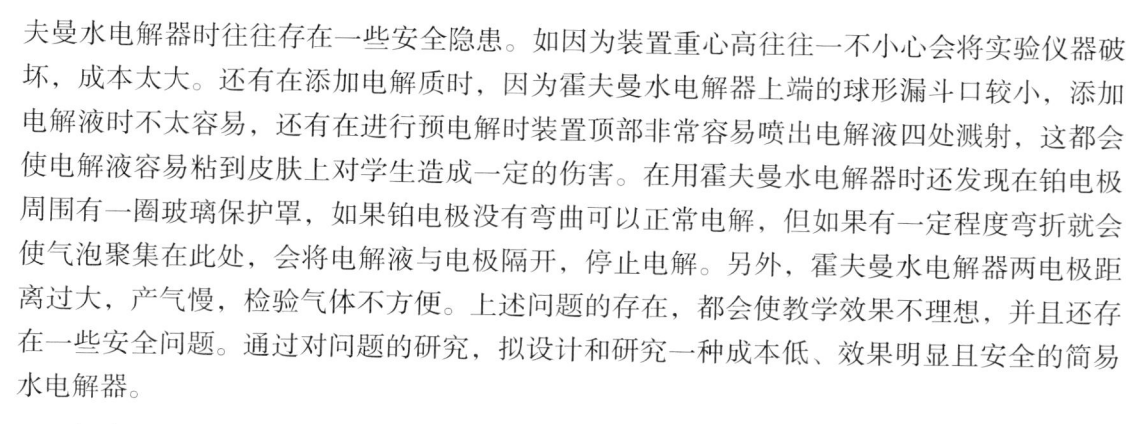

夫曼水电解器时往往存在一些安全隐患。如因为装置重心高往往一不小心会将实验仪器破坏，成本太大。还有在添加电解质时，因为霍夫曼水电解器上端的球形漏斗口较小，添加电解液时不太容易，还有在进行预电解时装置顶部非常容易喷出电解液四处溅射，这都会使电解液容易粘到皮肤上对学生造成一定的伤害。在用霍夫曼水电解器时还发现在铂电极周围有一圈玻璃保护罩，如果铂电极没有弯曲可以正常电解，但如果有一定程度弯折就会使气泡聚集在此处，会将电解液与电极隔开，停止电解。另外，霍夫曼水电解器两电极距离过大，产气慢，检验气体不方便。上述问题的存在，都会使教学效果不理想，并且还存在一些安全问题。通过对问题的研究，拟设计和研究一种成本低、效果明显且安全的简易水电解器。

（二）设计思路

如图3所示，设计的该装置由电解槽、量气管、电极、底座等部件组成，构造简单，材料方便获取，进行了废物利用，绿色环保。其中每部分的构造如图3所示。

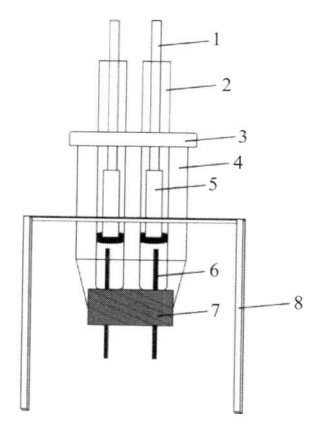

1—玻璃管；2—试管；3—塑料瓶底部；4—塑料瓶头部；5—注射器活塞；
6—电极材料；7—橡胶塞；8—亚克力板底座

图3　简易水电解器

电解槽由两个废弃的饮料瓶拼装而成，用来盛放电解液和固定量气管。量气管由一支试管与塑料注射器的活塞拼装而成，用来抽吸电解液，并对实验收集的气体进行检验。电极是由橡胶塞与所选的电极材料结合而成，提供电动势。底座由亚克力板拼装而成，对装置整体起到固定作用。

（三）实验探究

1. 实验器材

实验所需的主要仪器如表1所示。
实验所需的主要试剂如表2所示。

表 1 实验的主要仪器

仪器名称	仪器型号	数量	生产厂家
霍夫曼水电解器	J2606 型	1 台	江阴市正中科教器材有限公司
分析天平	FA1004B	1 台	上海精科天美科学仪器有限公司
电源	HSPY-36-03	1 台	北京汉晟普源科技有限公司
玻璃棒	常规	1 根	略
烧杯或容量瓶	250 mL	4 个	略
铁架台	常规	1 个	略
铁圈	直径 15cm	1 个	略

表 2 实验的主要试剂

试剂名称	试剂纯度	生产厂家
硫酸	AR	四川西陇科学有限公司
氢氧化钠	AR	天津市北联精细化学品开发有限公司
无水碳酸钠	AR	天津市百世化工有限公司
硫酸钠	AR	天津市津东天正精细化学试剂厂

2. 实验装置

如图 4 所示，实验装置为霍夫曼水电解器，电极为自制电极，找到合适的橡胶塞，将所选的电极材料插入橡胶塞来做电极，在进行实验探究时，只需要更换电极材料、电解质与电极就可进行实验。

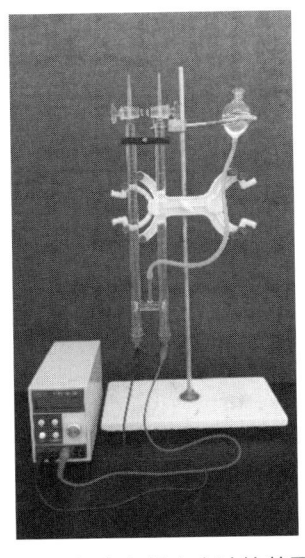

图 4 探究电解水实验的装置

3. 实验内容与方法

(1) 电解液的测试。

本实验选取了碳酸钠溶液、氢氧化钠溶液、硫酸溶液、硫酸钠溶液四种电解液，将四种电解液全部配制为 10% 的溶液。

10% 碳酸钠溶液：准确称取 27.5g 无水碳酸钠粉末，置于烧杯中用适量的蒸馏水溶解后，转移至 250mL 容量瓶中，用蒸馏水稀释至刻度线，摇匀备用。

10% 氢氧化钠：准确称取 25g 氢氧化钠固体，置于烧杯中用少量蒸馏水溶解，再冷却至室温，转移到 250mL 容量瓶中，用蒸馏水稀释至刻度线，摇匀备用。

10% 硫酸溶液：准确量取 25.5mL 98% 的浓硫酸，在烧杯中加入少量蒸馏水，将浓硫酸缓慢倒入水中并持续搅拌，冷却至室温，将稀释的硫酸转移到 250mL 容量瓶中，用蒸馏水稀释至刻度线，摇匀备用。

10% 硫酸钠：准确称取 25g 硫酸钠粉末，置于烧杯中用适量蒸馏水低温搅拌溶解，冷却至室温，转移到 250mL 容量瓶中，用蒸馏水稀释至刻度线，摇匀备用。

将霍夫曼水电解器组装起来，分别将四种溶液在 12V 的电压下预电解 10 分钟（使电解液中的氢气、氧气溶解度达到饱和状态，同时使阳极表面氧化形成保护膜），其次关闭活塞在 12V 的电压下电解 5 分钟，重复三次，记录氢气与氧气体积。

(2) 电解液浓度的测试。

在上述四种不同的溶液中，经过测试选出做电解液效果最好的溶液，因为电解液浓度太低电解较慢，浓度太高太过浪费，如有腐蚀性再做实验安全性也会比较低。因此将所选电解液浓度分为 5%、10%、15%、20% 进行测试。

在霍夫曼水电解器中，分别将四种溶液在 10V 电压下预电解 10 分钟，关闭活塞在 10V 电压下电解 2 分钟，重复三次，记录氢气与氧气的体积。

(3) 电极的测试。

根据一开始所选的四种溶液，选择了适配的三种电极：镍丝、回形针（金属铁）、不锈钢片（镍铬铁合金）。在上述四种不同浓度的溶液中，经过测试选出浓度效果最好的电解液浓度，在霍夫曼水电解器中，将电极改为自制电极，在所选出的电解液中以 12V 的电压预电解 10 分钟，其次关闭活塞在 12V 的电压下电解 5 分钟，重复三次，记录氢气与氧气的体积。

(4) 电压的测试。

在上述所选出的电解液、电解液浓度与电极三个条件下，对电源电压进行改进，将选取 6V、8V、10V、12V、14V、16V 这六个不同的电压进行探究。在霍夫曼水电解器中将浓度合适的电解液加入，并将电极改为测试效果最好的电极，在 12V 的电压下预电解 10 分钟，其次关闭活塞在 6V、8V、10V、12V、14V、16V 这六个不同的电压下电解 3 分钟，重复三次，记录氢气与氧气的体积。

(5) 电极间距的测试。

对霍夫曼水电解器的电极间距进行测量大致为 6.0cm，电解速度较慢，结合笔者设计的装置，将电极间距分为 2.5cm、2.0cm、1.5cm、1.0cm 进行检测。

在上述测试所选出的电解液、电解液浓度、电极与电压四个条件下，对电极间距进行测试，在组装的简易水电解器中，将浓度合适的电解液加入，并将电极改为测试效果最好的电极，在 10V 的电压下预电解 10 分钟，其次将活塞试管抽满电解液，改变电极间距在

2.5cm、2.0cm、1.5cm、1.0cm 这四个不同的间距进行电解 2 分钟，重复三次，记录氢气与氧气的体积。

4. 实验数据及结果

用霍夫曼水电解器装置，利用控制变量法，在电极、电压、溶液浓度以及电解时间不变的情况下，对电解液种类进行检测；在电极、电压、电解时间以及电解液种类不变的情况下，对同一电解液不同浓度进行检测；在电压、电解时间、电解液种类与电解液浓度不变的情况下，对电极的种类进行检测；在电极、电解液种类、电解液浓度以及电解时间不变的情况下，对电压的大小进行检测。在电解液种类、电解液浓度、电极材料、电压以及电解时间不变的情况下，对电极间距进行检测。记录实验数据，找出最佳的电解条件。

由于电极、电压、溶液浓度以及溶液种类对电解水都有影响，因此对四个条件进行了探究。具体内容见表 3。

表 3 设计的条件与类别

条件	类别
溶液种类	硫酸、氢氧化钠、碳酸钠、硫酸钠
溶液浓度	5%、10%、15%、20%
电极材料	镍丝、回形针、热水器、不锈钢
电压	6V、8V、10V、12V、14V、16V
电极间距	2cm、1.5cm、1cm、0.5cm

每种条件下所得的数据分别记录于表 4 至表 13。

表 4 和表 5 是四种不同电解液在 10% 浓度、12V 电压下，5 分钟电解所记录的氢气与氧气的体积。

表 4 四种不同电解液在 10% 浓度下的比较

类别	氢气体积（mL）	氧气体积（mL）	氢氧体积比
碳酸钠	2.60	1.10	2∶0.85
	2.50	0.90	2∶0.72
	2.50	1.10	2∶0.88
氢氧化钠	12.50	5.90	2∶0.94
	12.70	6.10	2∶0.96
	12.90	6.00	2∶0.93
硫酸	29.30	14.30	2∶0.98
	29.40	14.20	2∶0.97
	29.50	14.40	2∶0.98

续表

类别	氢气体积（mL）	氧气体积（mL）	氢氧体积比
硫酸钠	2.50	1.00	2∶0.80
	2.40	0.90	2∶0.75
	2.50	0.90	2∶0.72

表5　四种不同电解液10%浓度下的均值比较

种类	氢气体积（mL）	氧气体积（mL）	氢氧体积比
碳酸钠	2.53	1.03	2∶0.81
氢氧化钠	12.70	6.00	2∶0.94
硫酸	29.40	14.30	2∶0.97
硫酸钠	2.47	0.93	2∶0.75

结论：由上述表4和表5各种电解液的5分钟产气体积，以及氢气与氧气体积比可知，当电解液为10%硫酸溶液时，5分钟产生的气体最多，氢气为29.40mL，氧气为14.30mL，氢气与氧气的比值为2∶0.97；当电解液为10%硫酸钠溶液时，5分钟产生的气体最少，氢气为2.47mL，氧气为0.93mL，氢气与氧气的比值为2∶0.75。

表6和表7是氢氧化钠在5%、10%、15%、20%四种浓度、10V电压下，2分钟电解所记录的氢气与氧气的体积。

表6　氢氧化钠溶液不同浓度的比较

浓度（%）	氢气体积（mL）	氧气体积（mL）	氢氧体积比
5	2.30	1.10	2∶0.96
	2.10	1.10	2∶1.05
	2.30	1.20	2∶1.04
10	3.60	1.70	2∶0.94
	3.40	1.50	2∶0.88
	3.70	1.70	2∶0.92
15	4.20	2.10	2∶1.00
	4.10	2.10	2∶1.02
	4.10	2.00	2∶0.98
20	4.00	2.10	2∶1.05
	4.10	1.90	2∶0.92
	3.90	1.90	2∶0.97

表 7　氢氧化钠溶液不同浓度的均值比较

浓度（%）	氢气体积（mL）	氧气体积（mL）	氢氧体积比
5	2.23	1.13	2∶1.01
10	3.57	1.63	2∶0.91
15	4.13	2.10	2∶1.02
20	4.00	1.97	2∶0.99

结论：从表6和表7由不同浓度的溶液在2分钟产气体积，以及氢气氧气体积比可知，当5%氢氧化钠溶液做电解液，2分钟产生气体最少，氢气最少为2.23mL，氧气最少为1.13mL，氢气与氧气体积比为2∶1.01；当15%氢氧化钠为电解液时，2分钟产气最多，氢气最多为4.13mL，氧气最多为2.1mL，氢气与氧气体积比为2∶1.02。

表8和表9是三种不同电极材料在15%氢氧化钠溶液、12V电压下，5分钟电解所记录的氢气与氧气的体积。

表 8　电极材料的比较

材料名称	氢气体积（mL）	氧气体积（mL）	氢氧体积比
镍丝	20.60	9.90	2∶0.96
镍丝	20.90	10.10	2∶0.97
镍丝	21.30	10.20	2∶0.96
回形针	19.40	9.30	2∶0.96
回形针	19.90	9.40	2∶0.95
回形针	20.20	9.70	2∶0.96
不锈钢片	19.50	9.30	2∶0.95
不锈钢片	19.70	9.60	2∶0.98
不锈钢片	19.70	9.70	2∶0.99

注：不锈钢片为太阳能集热管。

表 9　电极材料的均值比较

种类	氢气体积（mL）	氧气体积（mL）	氢氧体积比
镍丝	20.93	10.07	2∶0.96
回形针	19.83	9.47	2∶0.96
不锈钢片	19.63	9.53	2∶0.97

结论：由上述表8和表9不同电极的5分钟产气体积，以及氢气与氧气的体积比可知，当电极材料为镍丝时，5分钟产气体积最多，氢气最多为20.93mL，氧气最多为10.07mL，

氢气与氧气体积比为2∶0.96；当热水器的不锈钢为电极时，5分钟产气最少，氢气最少为19.63mL，氧气最少为9.53mL，氢气与氧气体积比为2∶0.97。

表10和表11是六种不同电压在15%氢氧化钠溶液、镍丝做电极的条件下，3分钟电解所记录的氢气与氧气的体积。

表10　不同电压的比较

电压	氢气体积（mL）	氧气体积（mL）	氢氧体积比
6V	4.10	1.70	2∶0.83
	3.80	1.60	2∶0.84
	3.90	1.60	2∶0.82
8V	6.30	2.80	2∶0.89
	6.30	2.70	2∶0.86
	6.30	2.70	2∶0.86
10V	8.60	4.10	2∶0.95
	8.80	4.10	2∶0.93
	8.60	4.20	2∶0.98
12V	11.40	5.50	2∶0.97
	11.50	5.50	2∶0.96
	11.70	5.60	2∶0.96
14V	14.60	7.00	2∶0.96
	14.80	7.10	2∶0.96
	15.10	7.40	2∶0.98
16V	17.90	8.70	2∶0.97
	18.20	9.00	2∶0.99
	18.40	9.10	2∶0.99

表11　不同电压的均值比较

电压（V）	氢气体积（mL）	氧气体积（mL）	氢氧体积比
6	3.93	1.63	2∶0.83
8	6.30	2.73	2∶0.87
10	8.67	4.13	2∶0.95
12	11.53	5.53	2∶0.96

续表

电压（V）	氢气体积（mL）	氧气体积（mL）	氢氧体积比
14	14.83	7.17	2∶0.97
16	18.17	8.93	2∶0.98

结论：由上述表10和表11不同电压3分钟产气体积，以及氢气与氧气的体积比可知，当电压为6V时，3分钟产气最少，氢气最少为3.93mL，氧气最少为1.63mL，氢气与氧气体积比为2∶0.83。当电压为16V时，3分钟产气最多，氢气最多为18.17mL，氧气最多为8.93mL，氢气与氧气体积比为2∶0.98。

表12和表13是四种不同电极间距在15%氢氧化钠溶液、镍丝做电极、10V电压的条件下，2分钟电解所记录的氢气与氧气的体积。

表12 不同电极间距的比较

间距（cm）	氢气体积（mL）	氧气体积（mL）	氢氧体积比
2.5	9.60	4.20	2∶0.88
2.5	9.70	4.20	2∶0.87
2.5	9.70	4.30	2∶0.89
2.0	10.10	4.40	2∶0.81
2.0	9.80	4.20	2∶0.86
2.0	9.70	4.10	2∶0.85
1.5	9.30	4.30	2∶0.92
1.5	9.40	4.50	2∶0.96
1.5	9.10	4.30	2∶0.95
1.0	8.70	4.40	2∶1.01
1.0	8.90	4.40	2∶0.99
1.0	8.40	4.20	2∶1.00

表13 不同电极间距的均值比较

间距（cm）	氢气体积（mL）	氧气体积（mL）	氢氧体积比
2.5	9.67	4.23	2∶0.89
2.0	9.87	4.23	2∶0.98
1.5	9.27	4.37	2∶0.94
1.0	8.67	4.33	2∶0.99

结论：由上述表12和表13不同电极间距2分钟产气体积，以及氢气与氧气的体积比可知，当电极间距为1.0cm与1.5cm时，理论上电流更大产气更多，但与电极间距与装置匹配度不高容易漏气所以产气最少，不予考虑。当电极间距为2.0cm时，2分钟产气最多，氢气最多为9.87mL，氧气最多为4.23mL，氢气与氧气体积比为2∶0.98。

5. 实验结论

从上述表4至表13，电极与电解液的适配度以及条件与装置的适配度来看，当电解液为15%氢氧化钠溶液、电极材料为镍丝、电压为6~12V以及电极间距为2.0cm时是最适配的条件，所以本实验的最佳条件为15%氢氧化钠溶液、镍丝、电压10V、电极间距2.0cm。

(四)装置的装配

1. 材料

表14 制作装置所需的材料

材料名称	型号	数量	备注
塑料瓶	500mL	2个	透明度好，壁光滑，一个略粗
塑料注射器	5mL	2支	
塑料注射器	10mL	1支	
试管	15mm×150mm	2支	
橡胶塞	3#	1个	
固体胶	A、B/10g	1个	
食品袋	薄料	2个	超薄，柔软
砂纸	120#	2张	
导线	2mm^2	2根	红色、蓝色
玻璃管	7~8mm	1根	
亚克力板	100mm×100mm	3块	

2. 制作

(1) 制作电解槽。

取一只塑料瓶，从瓶壁拦腰割断，取有瓶口的部分，配一只无孔橡胶塞，如图5所示。取两电极，扳直，插入橡胶塞为两极，橡胶塞塞紧瓶口，即形成简易水电解槽，如图6所示。取另一只塑料瓶瓶身略粗于上述塑料瓶，从瓶底2cm处割断，取瓶底部分，略加处理，在瓶底中间形成一条孔形，如图7所示。

(2) 制作活塞试管。

制作底部开孔的试管：取2支15mm×150mm的小号试管，底部向下，分别竖直置于一张120#的砂纸上（平铺于实验台上）来回用力打磨，直至将底部磨出一个直径约5mm的小孔为止（约需一分钟时间），然后将孔置于大火酒精灯或酒精喷灯火焰上熔光使其口沿圆厚光滑，即得到一个底部有圆孔（直径约6mm）的试管，如图8所示。

制作长柄活塞：取两支5mL的废塑料注射器，将活塞拔出，洗净、晾干。选取两个胶头完好的活塞作为母体进行改良。第一步，用4~5层的超薄塑料薄膜包紧活塞胶头，并于其根部用细线扎紧（薄膜的多余部分用剪刀剪去）。第二步，延长活塞手柄。将玻璃管截成10cm长的两段孔置于大火酒精灯或酒精喷灯火焰上熔光使其口沿圆厚光滑，借助玻璃管的温度，分别把玻璃管套接到前述的增粗胶头活塞的手柄上，并用A，B胶加以固定。至此和开孔试管配套使用的长柄活塞即制成了，如图9所示。

（3）制作气体点燃套管。

取一支10mL的废塑料注射器，拔出活塞。用小刀将塑料管从2mL的刻度线处齐整截断，留下前段，再配上一支中小号针头，即成为一支与开孔试管配套使用的气体点燃套管，如图10所示。

（4）制作底座。

取三块亚克力板，在其中一块中间开一个直径60mm的洞，再将其余两块用A，B胶粘到开洞的亚克力板旁，即成为该简易水电解器的底座，如图11所示。

（5）拼装。

将上述所制作的部件进行拼装得到简易水电解器，如图12所示。

图5　塑料瓶上部 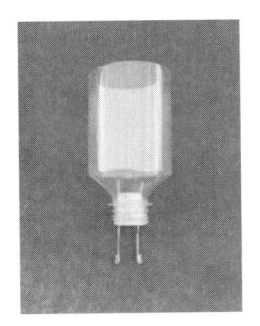　　　图6　自制电解槽 　　　图7　电解槽盖

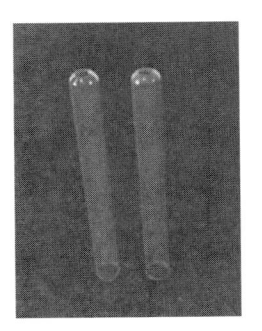

图8　底部开孔的试管 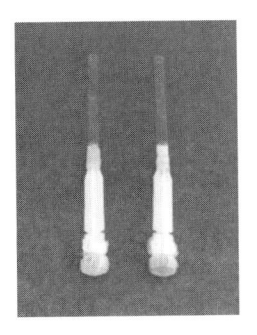　　　图9　长柄活塞 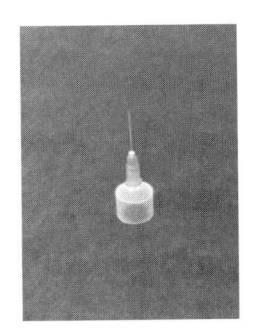　　　图10　气体点燃套管

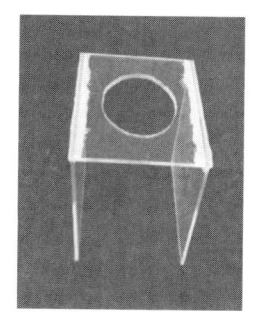

图 11　亚克力板底座　　图 12　简易水电解器

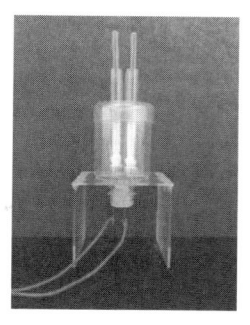

四、装置测试

（一）对装置的测试

将所设计的简易电解水装置拼装起来，在 15% 的氢氧化钠溶液做电解液，镍丝做电极，电压在工作电压内，对该装置收集满一试管氢气所用时间进行记录，并记录氧气的体积，如表 15、表 16 所示。

表 15　装置测试记录

电解液	电压（V）	氢气体积（mL）	氧气体积（mL）	氢氧体积比	时间
15% 氢氧化钠溶液	12	14.00	6.60	2∶0.94	1′45″
		14.00	6.50	2∶0.93	1′43″
		14.00	6.30	2∶0.90	1′40″
	10	14.00	6.30	2∶0.90	2′13″
		14.00	6.50	2∶0.93	2′15″
		14.00	6.60	2∶0.94	2′15″
	8	14.00	6.60	2∶0.94	3′04″
		14.00	6.40	2∶0.91	3′02″
		14.00	6.60	2∶0.94	3′05″
	6	14.00	6.40	2∶0.91	5′07″
		14.00	6.60	2∶0.94	5′09″
		14.00	6.40	2∶0.91	5′08″

表 16　装置测试记录均值

电解液	电压（V）	氢气体积（mL）	氧气体积（mL）	氢氧体积比	时间
15% 氢氧化钠溶液	12	14.00	6.47	2∶0.92	1′42″
	10	14.00	6.47	2∶0.92	2′14″

续表

电解液	电压（V）	氢气体积（mL）	氧气体积（mL）	氢氧体积比	时间
15% 氢氧化钠溶液	8	14.00	6.53	2:0.93	3′03″
	6	14.00	6.47	2:0.92	5′08″

结论：上述实验中，在电压为12V和10V时可以看出集满一试管氢气时间大约在2分钟，在电压为8V和6V时收集满一试管氢气时间为3~5分钟，并且氢氧体积比接近2:1，误差≤8%。

(二) 装置的指标

根据实验探究得装置的指标如表17所示。

表17 装置的指标

电极材料	电极间距	刻度范围	工作电压	氢氧体积比	误差
镍丝	2.0cm	0~14mL	6~12V	2:1	≤8%

五、装置评价

该简易电解水装置，利用了生活中的废弃饮料瓶与注射器，制作了可以电解水的简单装置。该装置具有材料易得，装配简单，操作方便，成本低的特点。市场上所销售的电解水器价钱基本都为几百元，而此装置完全可以满足中学实验教学的应用，达到了节省经费的目的。

科学性方面：装置装配符合科学原理，体现科学知识与科学过程相统一的原则，有利于学习科学知识，树立科学意识，掌握科学方法和实验操作技能。

实用性方面：取材方便，结构简单，易于操作，性能稳定，通用性好，造价低廉，制作精细，重复使用率高，有助于环保和可持续性发展，便于推广使用。

创新性方面：构思新颖，设计简易，制作精细，外形美观，应用了身边易得的材料，具有独创性。

参考文献

[1] 程明银. 电解水实验的教学反思与装置改进 [J]. 中小学实验与装备，2016,26(4):41-42.

[2] 秦蕾. 浅析"电解水实验"在不同教学阶段的应用 [J]. 化学教育，2010,31(9):33-34,62.

[3] 黄丽，张嫔. 突破传统教学模式的尝试——以鲁教版八年级第二单元"探秘水世界"为例 [J]. 化学教与学，2021(17):26-28.

[4] 李娜娜. 水电解器创新设计研究 [J]. 教育与装备研究，2020,36(6):34-37.

[5] 王晶，郑长龙. 化学九年级上册 [M]. 北京：人民教育出版社，2012.

三类易变质试剂的再生液浓度探究

任有良,姬博韬,孙楠

摘要:本文对实验室易变质的三类化学试剂(硝酸盐、盐酸盐、硫氰酸钾)进行处理和利用。通过酸化处理硝酸盐、盐酸盐,并用火焰原子吸收分光光度法和紫外分光光度法测定酸处理后的溶液,通过标准曲线和稀释的倍数,得出溶液的准确浓度。对有颜色的溶液,配制低到高系列浓度的分析纯试剂的标准盐溶液,用比色法比对再生液(需要稀释)与分析纯试剂的标准盐溶液的颜色,筛选标准盐溶液的浓度;对没有颜色的溶液,配制分析纯试剂的饱和溶液,以确定再生液浓度的最佳简易方法。

关键词:变质试剂;再生;仪器分析法;比色法;饱和溶液法

一、绪论

(一)引言

实验室部分化学试剂容易吸收空气中的水分而发生潮解。潮解指的是某些物质(多指固体)从空气中吸收或者吸附水分,使得表面逐渐变得潮湿、滑润,最后物质就会从固体变为该物质的溶液的现象。像氢氧化钠、氢氧化钾、氧化钙、氯化钙、无水硫酸铜、氯化镁、氯化铁、氯化铝、硝酸汞等都是易潮解的化合物。潮解后的试剂组成和含量都不确定,不能正常使用而弃掉,故造成实验试剂的浪费。

发生潮解的各种化学试剂取决于两个主要方面,一方面是由化学物质试剂本身及其分子结构所决定的理化化学性质;另一方面是化学试剂本身所处的化学环境理化条件。造成试剂变质的往往是第二个方面。能发生潮解的化学试剂大部分是一种易溶性无机化合物,一般阴离子半径远小于阳离子半径,也可能阴阳离子半径相近而阳离子所直接带来的电荷数量较多。此类潮试剂通过吸收水分在液体表面流动形成饱和的水溶液后,如果试剂产生的部分水蒸气空气压还远远小于吸入空气过程中的水蒸气空气压,直至全部形成饱和溶液。容易发生水解的盐类化学试剂大都需要具有共价键,凡是强酸和弱碱、弱酸和弱碱所结合形成的酸性盐,遇酸或水都会直接发生不同程度的碱性水解。实验室中一些卤化物容易水解,如 $ZnCl_2$、$FeCl_3$、$AlCl_3$、$CrCl_3$ 等,它们都是电荷高半径小的阳离子化合物,这类试剂可因易吸水水解而变质。

本实验对潮解后的试剂进行处理,确定其含量后,可供实验室继续使用;也为中学实验教学提供一种便捷的处理变质试剂的方法,弥补了试剂的不足,并且避免了不必要的浪费。

(二)研究现状

采用石墨炉原子吸收光谱法测定电厂中水汽的全铁。先从石墨管和标准溶液配制影响因素进行了试验条件优化,标准溶液以 1:199 硝酸作为测定介质,选定 248.3nm 的波长。分别配制 10μg/L 和 20μg/L 的铁标准溶液,进行了工作曲线校准,再通过 4 点 8 平行进行了加标回收率实验。结果表明,10μg/L 铁标准溶液相关系数 $R^2 = 1.0000$,20μg/L 铁标准溶液相关系数 $R^2 = 0.9999$,证明线性关系良好。回收率范围分别 99.91%~101.08% 和 102.06%~102.89%,相对标准偏差(ASD)分别为 1.46%~4.11% 和 1.23%~2.24%。该研究方法对电厂水汽样品测定时铁标准工作液提供了技术选择。

火焰原子吸收分光光度法测定水中锌的仪器最佳条件的确定,在此基础上对实验测定所得的标准曲线、相对标准偏差、加标回收和相对误差等进行了分析,结果表明在满足仪器最佳测量条件下,火焰原子吸收分光光度法测定水中的锌具有较高的准确度和精确度。

原子吸收光谱法作为一种常见的检测水样中金属元素的方法,检测金属元素时有很好的灵敏度和稳定性,有优良的选择性,所以被广泛应用。这种方法的分析原理是通过将金属元素处理成为原子蒸气进而对光源所发出的特征光谱进行吸收,对其吸收的光源辐射大小进行测定进而得出元素的实际含量。由于每一种金属元素都具有其与其他金属元素不同的特征谱线,在被激发成激发态原子之后,能够形成各自的对光源光谱辐射强度不同的吸收值,这也就是原子吸收光谱法具有较高区分性的主要原因之一。对吸收的能量进行测量就可以反映出样品中元素的具体实际浓度数值,进而实现对不同金属元素含量的定量测试。

建立测定抑制电导体的检测—微阳离子色谱法,同时建立测定阴性尿样中氨基草酸和硫氰酸盐的检测方法。通过实验的优化分析确定了各项等度色谱洗脱条件,以 SH-AC-3 型阴离子交换柱为色谱分离柱,以 10.0 mmol/L 的 Na_2CO_3 为等度淋液清洗液,流量控制为 1.0 mL/min,等度色谱洗脱方法可将常见的草酸和氨基硫氰酸盐与存在尿液中大量离子共存的草酸氯化物、磷酸盐和氨基硫酸盐等常见阴酸阳离子完全进行分离,采用互相抑制电导体法检测。草酸和硝基硫氰酸盐的分子质量标准浓度在 0.20~30.0mg/L,其分子色谱峰和表面积相对关系平均线性良好,相关系数均值分别为 0.9992、0.9994,加标测定回收率分别为 95.0%~101.1% 和 95.5%~100.5%,五次加标测定实验结果的相对系数标准浓度偏差值均小于 3%。

建立离子色谱法测定人尿中硫氰酸盐的快速检测方法。用蒸馏水稀释尿样,过 0.22μm 滤膜,经过 Ion Pac NG1 预柱净化,再经 Ion Pac AS16 阴离子柱分离,用 KOH 洗脱,流速为 1.0mL/min,电导检测器检测,外标法定量。并对实验条件进行了优化,考查了方法的检出限、稳定性、准确度及精密度等参数。相关系数为 0.9998,方法检出限(LOD)为 0.04 mg/L,定量限(LOQ)为 0.10 mg/L。在 0.5 mg/L、5.0 mg/L、20 mg/L 三个浓度水平进行加标回收试验。

陈斌提出在红磷中的液体并不是水,而是 H_3PO_4、H_3PO_3、$(HPO_3)_4$ 等的混合酸溶液。

侯玉兰、陈凤峨、蒋协治等利用 ICP-AES 法将配制好的标准溶液利用 plasmas1000 电感耦合等离子体发射光谱仪进行测定,可以快速测定硝酸锌中主要成分锌的含量,该方法精密度($n = 10$)为 2.3%~7.6%,回收率为 94%~97%。

董庆林、赵纯林认为按传统工艺采用硝酸和氧化锌为原料制备硝酸锌的过程中,虽然实际操作简单易行,但生产成本高,无经济效益。实验以锌代替氧化锌,直接和硝酸反应生产硝酸锌,不仅可以降低成本、节约能源,而且用金属锌生产的硝酸锌外观好、纯度高,减少了氧化锌生产过程中的杂质,且生产安全。

刘群、余伟明提出用光度法测定铁含量，以磺基水杨酸作显色剂，所需仪器简单、价格便宜，易于操作，是一种准确可靠又简便快捷的分析方法。

李萍提出用废锌渣制备氯化锌，通过实验确定盐酸的加入量，得到合格的氯化锌产品，同时得出蒸发时控制碱式氯化锌含量的浓缩温度为305℃，确定了有别于传统方法的操作流程。吴怡萍等人认为三水硝酸铜测定的化工行业标准采用以紫脲酸铵作指示剂的EDTA络合滴定法，该方法快速、简单，但终点不易判断，准确度和精密度不高。马凤莉分析了硝酸锌标液浓度标定结果的不确定度，评定了每个标准不确定度分量。并计算出合成标准不确定度，最终确定了不确定度的标定结果。云梁从挥发、升华、稀释、浓缩、氧化、还原等因素全面概述了试剂变质的原因及解决试剂变质的方法。

邻二氮菲是一种常用的氧化还原指示剂，本文对邻二氮菲比色法测定铁含量的条件进行了优化研究，测定了多维铁口服溶液中的铁含量。实验采用邻二氮菲显色、盐酸羟胺还原及标准曲线法测定铁浓度，得出了最优实验条件：波长（510nm）、显色剂用量（2mL）、醋酸钠用量（3mL）、显色时间（10min）。同时，对不同试剂添加顺序进行比较研究，提高了分析检测的灵敏度。

（三）三类易变质试剂及传统的处理方式

实验室因潮解而变质的物质主要有以下几类：①硝酸盐。除了硝酸钾、硝酸钡以外都易潮解，如硝酸锌、硝酸铜等；②盐酸盐（金属氯化物）。基本都易潮解，如氯化锌、氯化铁、氯化钙、氯化镁、氯化铬等；③其他，如硫氰酸钾、红磷等。

实验室在购买所需试剂时，管理员缺乏沟通，没有根据实际需要统一申购，尤其是科研和教学所用的试剂重复购买，导致同类药品质量良莠不齐，从而给实验室管理带来了不必要的麻烦。采购重复让一些保质期时间短的试剂白白浪费，试剂遗留现象极为严重，给后期的试剂管理及处理留下了隐患。有些试剂的保存条件较为严格，稍有保存不当就会引起变质，处理也比较麻烦，所以"治根应治本"，在购买、保存、使用等方面应规范。

以上谈到的易潮解的物质通常在水中有较大的溶解度，且有较强的吸水性。潮解是物质吸收水分的过程，盐类物质潮解时通常伴随水解反应，生成碱性或酸性物质，会让试剂变质。例如$FeCl_3$，在潮解过程中，发生水解反应：

$$Fe^{3+} + 3H_2O \rightleftharpoons Fe(OH)_3 + 3H^+$$

一些化学实验室的化学实验试剂因原料保存使用时间太久，试剂已完全达不到正常使用的安全标准，还有一些由于操作疏忽而随意丢失试剂标签，弄不清到底是什么试剂，需要及时处理及进行销毁。

某些已经撤销的中学职业教育的公立学校，将具有一定使用价值的化学药品全部转移出来给其他的中学教师使用。一些大型工厂的化验室将因需要保存试剂时间太久而无法达到定量分析的化学试剂，如重铬酸钾、氯化钠、碳酸钙、碘、硫酸、酸碱指示剂等进行转移，提供给其他不具有试剂使用实验意义的教学单位（如初中、高中等）进行使用。

利用综合利用的处理方法处理有些化学试剂，虽然效果不如以上转移方法好，但是并不会直接造成室内环境严重污染。如有金属化学品和试剂厂需要回收的，应尽可能将已经不能再使用的化学试剂拿出让其他工厂进行回收；一些金属冶炼厂尽可能将含有铜丝、铁丝、铝粉及铜、铁、铝的金属化合物、试剂等产品作为废旧试剂回收原料进行冶炼再生产。

实验室目前对此类试剂的处理方式主要是因为变质而废弃。废弃不仅是对资源的一种浪费，而且处理不当易对环境造成污染。

二、实验部分

(一) 实验试剂及药品

1. 实验仪器

烧杯（500 mL）、容量瓶（50 mL、100 mL、250 mL、500 mL、1000 mL）、吸量管（25 mL、10 mL、5 mL、1 mL）、酸式滴定管、移液管（25 mL）、试管（18 mm×180 mm）、比色皿、比色管（25 mL）、玻璃棒、pH 试纸、量筒（100 mL）、洗涤瓶、电子天平、原子吸收分光光度计、铁空心阴极灯、锌空心阴极灯、铜空心阴极灯、空气压缩机、乙炔钢瓶、紫外分光光度计等。

2. 实验试剂

除了因潮解而变质的氯化铁、氯化锌、硝酸锌、硝酸铜和硫氰酸钾外，还需要：

铁标准溶液（100 μg/mL）：准确称取 0.1755 g $NH_4Fe(SO_4)_2 \cdot 12H_2O$，置于烧杯中用 20.00 mL 的 6 mol/L HCl 溶液和适量蒸馏水溶解后，定量转移至 250 mL 容量瓶中，用蒸馏水稀释至刻度，摇匀备用。

锌标准储备液（1000 μg/mL）：准确称取纯金属锌 1g 置于烧杯中，加入 20.00 mL 硝酸溶液（体积比为 1∶1），定量转移至 1000 mL 容量瓶中，稀释备用。

锌标准溶液（100 μg/mL）：移取 25.00 mL 锌标准储备液于 250 mL 容量瓶中，用水稀释至刻度，摇匀备用。

铜标准储备液（1000 μg/mL）：称取 1.0000 g 纯金属铜，置于 100 mL 烧杯中，缓缓加入 20.00 mL 硝酸（体积比为 1∶1），边加边搅拌。低温处微热至金属铜完全溶解，不再冒气泡为止。加热煮沸 10 min，去除氮的氧化物。取下冷却至室温，移入 1000 mL 容量瓶，并缓慢补加 20.00 mL 硝酸（体积比为 1∶1），用水稀释至刻度，摇匀备用。

铜标准溶液（100 μg/mL）：移取 25.00 mL 铜标准储备液于 250 mL 容量瓶中，用水稀释至刻度，摇匀备用。

铬标准储备液（1000 μg/mL）：称取重铬酸钾（110 度烘两小时）1.4135 g 溶于水中，定量转移至 500 mL 容量瓶中。

铬标准溶液（100 μg/mL）：移取 25.00 mL 铬标准储备液于 250 mL 容量瓶中，用 1 mL 硝酸吸收，再用水稀释至刻度，摇匀备用。

硫氰酸钾标准溶液（1000 μg/mL）：准确称取硫氰酸钾 1.673 g 溶于水中，移入 1 L 容量瓶中，用水稀释至刻度，摇匀。

硝酸铁溶液（0.124 mol/L）：称取 50 g $Fe(NO_3)_3 \cdot 9H_2O$ 溶于 500 mL 水中，加 25.00 mL 浓硝酸，用水稀释至 1L。

浓硝酸（14 mol/L）：AR。

浓盐酸（12 mol/L）：AR。

硝酸溶液（体积比为 1∶1）。

高纯铜、高纯锌：洛阳市快佳理化技术研究所。

(二)实验原理

本实验将实验室三类因潮解而变质的固体化学试剂——盐酸盐类(氯化铁和氯化锌)、硝酸盐类(硝酸铜和硝酸锌)和其他类试剂如硫氰酸钾作为研究对象。

对于氯化铁、硝酸锌和硝酸铜溶液，有以下水解反应发生：

$$Fe_3^+ + 3\,H_2O \rightleftharpoons Fe(OH)_3 + 3\,H^+$$

$$Zn_2^+ + 2\,H_2O \rightleftharpoons Zn(OH)_2 + 2\,H^+$$

$$Cu_2^+ + 2\,H_2O \rightleftharpoons Cu(OH)_2 + 2\,H^+$$

$$Cr_3^+ + 3\,H_2O \rightleftharpoons Cr(OH)_3 + 3\,H^+$$

通过向溶液中加酸，使反应向反方向进行，抑制溶液中金属离子的水解。

KSCN 常温下化学性质不稳定，在空气中易潮解并大量吸热而降温。在 $-29.5\sim6.8\ ℃$ 时化学性质稳定，低温下可得半水物结晶。

原子吸收分光光度法是利用锐线光源所发出的待测元素第一共振线的锐线光，去照射用原子化器将样品中被测组分转变成的原子蒸气，原子蒸气对这一波长的光产生吸收，未被吸收的光则透射过去。在一定浓度范围内，被测元素的浓度(C)、入射光强(I_0)和透射光强(I_t)三者之间的关系符合 Lambert-Beer 定律，即在使用锐线光源条件下，基态原子蒸气对共振线的吸收，符合朗伯—比尔定律 $A = \lg(I_0/I) = KLC_0$(L 为光经过的火焰的长度，C 为试样的浓度)，以标准样品的吸收与被测样品进行对比，确定样品中被测组分的浓度。

原子吸收分光光度法中所使用的锐线光源为空心阴极灯。本实验使用产生空气—乙炔的火焰原子化器实现原子化。本实验的定量分析方法采用标准曲线法。先测定标准溶液的吸光度，作出标准曲线，再根据样品的吸光度在标准曲线上求出再生液的浓度。

紫外分光光度法是紫外物质内部对光的一种选择性吸收，当一束紫外光照到某种紫外物质的液体固态物或固体溶液上时，一部分紫外光会被液体吸收或被气体反射，不同的物质对于能够照射它们的紫外光束的选择吸收反应程度一般是不同的，对某个特定波长的部分光吸收强烈，对另外一个波长的部分光吸收很小或不能被吸收，我们把这种吸收现象也统称为光的一种选择性吸收。一切辐射物质也都会对处于可见和不可见光系统中的某些特定波长的可见光粒子进行反射吸收。物质可以呈现各种各样的颜色，就是它们对处于可见光中某些特定时间波长的颜色光线进行选择性吸收的结果。

比色法是通过比较有色物质溶液颜色深度来确定待测组分含量，比对再生液和不同梯度浓度的标准溶液，得出再生液的浓度。

饱和溶液法是在一定温度下，根据试剂的溶解度，配制分析纯试剂的饱和溶液，准确测量溶液体积，得出溶液的浓度。

(三)实验方法

1. 变质试剂处理方法

对于一种变质试剂，在一定温度下，可以配制饱和的变质试剂再生液。通过加相应的酸来调节溶液的 pH 值，使金属离子水解后的产物重新变为金属离子的盐溶液，并抑制盐溶液中金属离子再发生水解。

对于酸化后的溶液,采用过滤方法,将固体从溶液中分离,分别对固体和液体处理。对固体采用洗涤、烘干的方法,即可装瓶使用。对液体采用仪器分析、比色、溶解度比较等方法确定浓度。

2. 再生液浓度测定方法

本实验使用原子吸收分光光度法、紫外分光光度法、比色分析法、溶解度比较法、标准曲线法来测定再生液的浓度。

(1) 原子吸收分光光度法。

基于从红外光源特征辐射吸收出来的待检可测实验元素的通过特征辐射谱中光线,通过实验试样在水蒸气时被所有待检可测实验元素的基态产物原子含量吸收,由通过特征辐射谱中光线被辐射减弱的分光程度计算来准确测定实验试样中所有待检可测基态元素原子含量。

(2) 紫外分光光度法。

在 190~800 nm 的波长光度范围内可以测定染色物质的紫外吸收分光度,用于染色鉴别、杂质定量检查和其他定量杂质测定。当可见光直接穿过被动检测气体物质中的溶液时,物质溶液对光的直接吸收作用程度就会随光的发射波长不同而发生变化。SCN^- 和 Fe^{3+} 作用,产生深红色络合物,在 480 nm 波长下有很好的吸收。

(3) 比色分析法。

利用被测溶液本身的颜色,或加入试剂后呈现的颜色或浊度,用眼睛观察、比较溶液颜色深度或浊度,以确定溶液中被测物质的粗略浓度。

(4) 溶解度比较法。

在一定温度下,某固态物质在 100 g 溶剂中达到饱和状态时会溶解固定溶质的质量,只需测量溶液的体积就可得出溶液浓度。

(5) 标准曲线法。

用标准样品配制成不同浓度的标准系列,在与每个待检被测样品组分相同的标准色谱浓度条件下,等一定体积准确浓度进样,测量各峰的标准峰值和面积或峰高,用各峰的面积或峰高对每个样品中的浓度进行绘制一个标准系列曲线。

(四) 变质试剂的处理

1. 盐酸盐的处理

制备饱和变质试剂再生液(实验室当天温度:22℃)。

加盐酸盐试剂(呈固液混合状态)于 50 mL 水中,搅拌使其溶解,待固体不再溶解为止,加浓盐酸,调节溶液 pH 值,溶液呈澄清状态,备用(见表1)。

表 1 盐酸盐溶液 pH 值

单位符号	氯化铁	氯化锌	氯化铬
pH	2	3.5	2~30

2. 硝酸盐的处理

制备变质试剂再生液（实验室当天温度：22℃）。

加硝酸盐试剂（呈固液混合状态）于 50mL 水中，搅拌使其溶解，待固体不在溶解为止，加浓硝酸，调节溶液 pH 值，溶液呈澄清状态，备用（见表2）。

表 2　硝酸盐溶液 pH 值

单位符号	硝酸锌	硝酸铜
pH	3.5	2～30

3. 硫氰酸钾的处理

制备变质试剂再生液（实验室当天温度：22℃）。

加硫氰酸钾变质试剂（呈固液混合状态）于烧杯中，加 50 mL 水溶解，加入硝酸（体积比为 1∶1），调节 pH 为 5～70，溶液呈澄清状态，备用。

（五）再生液浓度的准确测定

1. 标准溶液的配制

用分度吸量管分别移取一定体积的 100 μg/mL Fe、Zn、Cr、Cu、硫氰酸钾标准溶液于 100 mL、100 mL、50 mL、100 mL、50 mL 容量瓶中，用超纯水稀释至刻度处，超声分散 5 分钟，配成浓度分别为以下的标准系列溶液（见表3）。

表 3　标准溶液的系列浓度

组别	Fe	Zn	Cr	Cu	硫氰酸钾
1	0.5	0.2	1	1	1
2	1	0.5	2	2	2
3	2	1	3	5	4
4	5	1.5	4	10	6
5	7	2.0	5	15	10

注：浓度单位 μg/mL。

2. 再生液的稀释

将氯化铁、氯化锌、氯化铬、硝酸锌、硝酸铜再生液逐级稀释至其浓度在 Fe、Zn、Cr、Cu 标准系列溶液的线性范围内。

将硫氰酸钾再生液逐级稀释至其浓度在硫氰酸钾标准溶液的线性范围内，稀释后加入 5 mL 的硝酸铁，摇匀备用。

3. 工作条件的设置(见表4)

表 4 各金属标准物的工作条件

工作条件	铁	锌	铬	铜
波长(nm)	248.3	213.9	357.9	324.7
狭缝(nm)	0.2	0.2	0.2	0.2
灯电流(mA)	3	3	3	2
燃烧头高度(mm)	10	10	10	10
线性范围(μg/mL)	0.5~7	0.2~2.0	1~5	1.0~15

4. 制作标准曲线并测定再生液浓度

在所选择的最佳实验条件下，依次由稀到浓测定所配制的 Fe、Zn、Cr、Cu、硫氰酸钾标准溶液的吸光度值，绘制标准曲线。在相同实验条件下测定再生液的吸光度值，在标准曲线上计算求得相应的 Fe、Zn、Cr、Cu、硫氰酸钾浓度，通过稀释倍数进而求得再生液的准确浓度。

Fe、Zn、Cr、Cu、硫氰酸钾标准曲线见图1~图5。

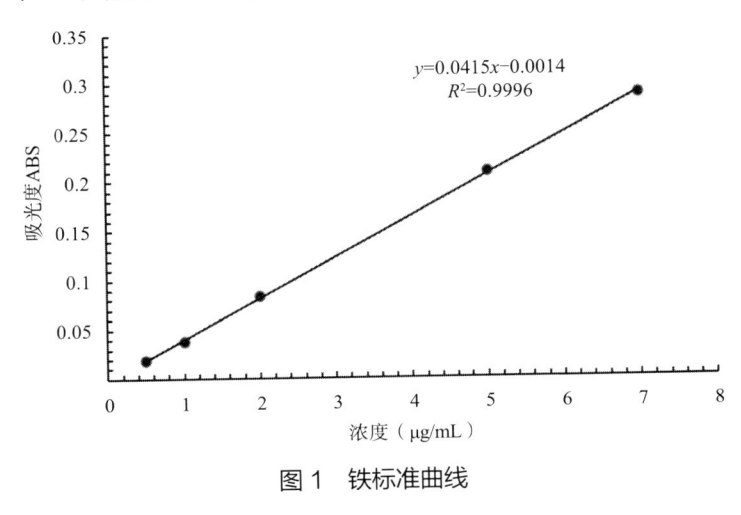

图 1 铁标准曲线

铁含量与吸光度有良好的线性关系，回归方程 $y = 0.0415x - 0.0014$，线性相关系数 $R^2 = 0.9996$。

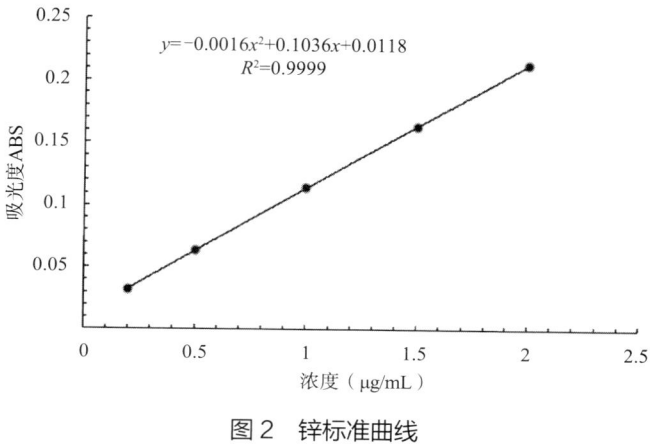

图 2　锌标准曲线

锌含量与吸光度有良好的线性关系，回归方程 $y = 0.1036x + 0.0118$，线性相关系数 $R^2 = 0.9999$。

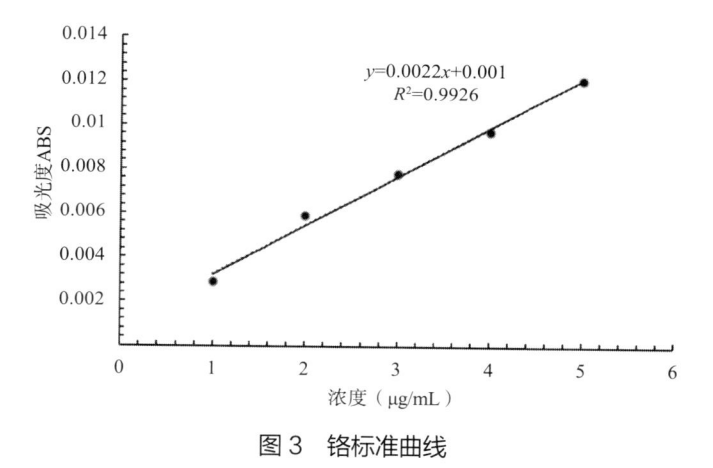

图 3　铬标准曲线

铬含量与吸光度有良好的线性关系，回归方程 $y = 0.0022x + 0.001$，线性相关系数 $R^2 = 0.9926$。

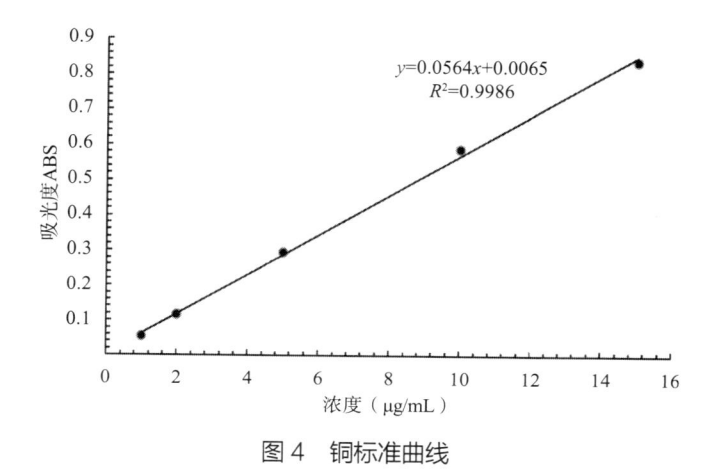

图 4　铜标准曲线

铜含量与吸光度有良好的线性关系，回归方程 $y = 0.0564x + 0.0065$，线性相关系数 $R^2 = 0.9986$。

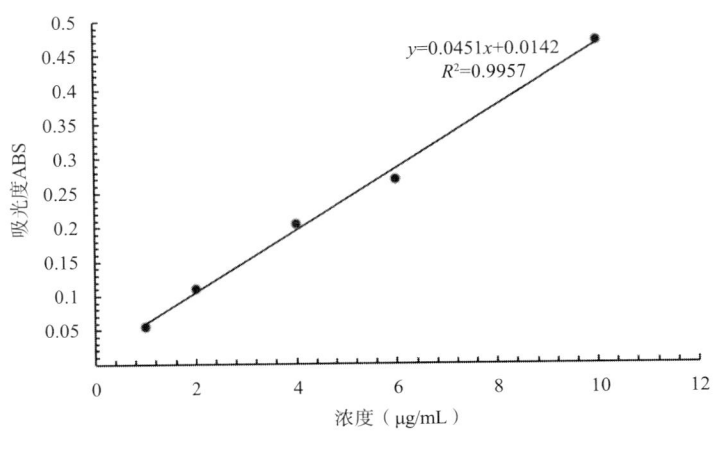

图 5　硫氰酸钾标准曲线

硫氰酸根离子含量与吸光度有良好的线性关系，回归方程 $y = 0.0451x + 0.0142$，线性相关系数 $R^2 = 0.9957$。

根据朗伯—比尔定律 $A = \lg(1/T) = kbc$（A 为吸光度，T 为透射比（透光度），是出射光强度（I）比入射光强度（I_0）。k 为摩尔吸光系数，c 为吸光物质的浓度，单位为 mol/L，b 为吸收层厚度，单位为 cm。通过朗伯—比尔定律公式和逐级稀释的倍数可求得溶液的准确浓度（见表 5）。

表 5　再生液的准确浓度

试剂	浓度（mol/L）
氯化铁	3.60
氯化锌	11.58
氯化铬	1.68
硝酸锌	4.40
硝酸铜	4.93
硫氰酸钾	9.90

（六）再生液浓度的简易法探究

1. 比色分析再生液浓度

需配制系列浓度（0.01 mol/L、0.05 mol/L、0.25 mol/L、0.50 mol/L、0.75 mol/L）的盐酸盐、硝酸盐分析纯标准溶液。

将配制好的氯化铁分析纯标准溶液（0.01 mol/L、0.05 mol/L、0.25 mol/L、0.50 mol/L、0.75 mol/L）移取 20 mL 分别置于试管中。将氯化铁再生液移入酸式滴定管中，取一只比色管，加入 20 mL 水，逐滴将再生液加到比色管中，对比再生液颜色和分析纯标准盐溶液的颜色（见图6）。记录下所用再生液的体积，进而求得再生液的浓度（见表6）。

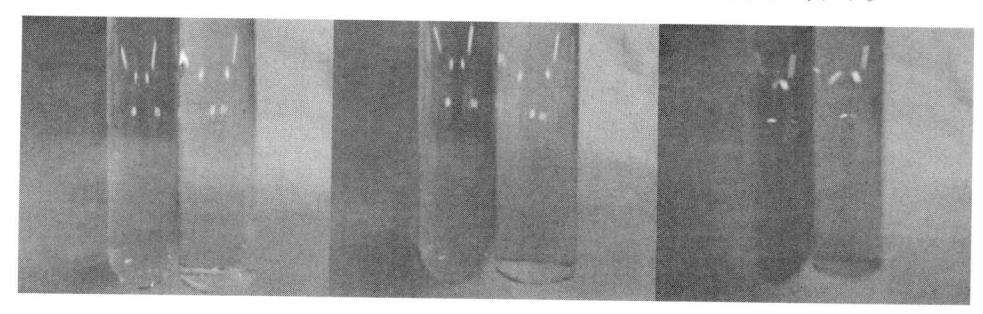

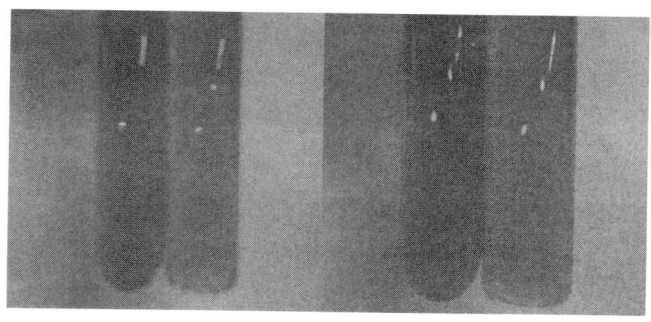

图6 氯化铁比色图

表6 氯化铁再生液浓度比较

组别	AR 标准溶液浓度（mol/L）	再生液体积（mL）	再生液浓度（mol/L）
1	0.01	0.06	3.50
2	0.05	0.29	3.52
3	0.25	1.55	3.48
4	0.50	3.33	3.50
5	0.75	5.40	3.53

图6第4组溶液颜色与分析纯标准溶液颜色接近，表6第4组溶液浓度与表5浓度接近且浓度在合理误差范围内。在分析氯化铁再生液时，可直接配制 0.50 mol/L 的分析纯标准盐溶液作为比色之用。

将配制好的氯化铬分析纯标准溶液（0.01 mol/L、0.05 mol/L、0.25 mol/L）移取 20 mL 分别置于试管中。将氯化铬再生液移入酸式滴定管中，取一只比色管，加入 20 mL 水，逐滴将再生液加到比色管中，对比再生液颜色和分析纯标准盐溶液的颜色（见图7）。记录下所用再生液的体积，进而求得再生液的浓度（见表7）。

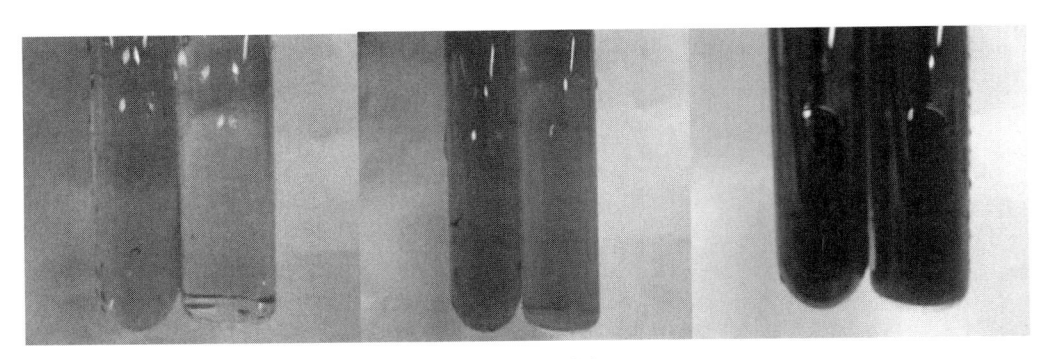

图 7 氯化铬比色图

表 7 氯化铬再生液浓度比较

组别	分析纯标准溶液浓度（mol/L）	再生液体积（mL）	再生液浓度（mol/L）
1	0.01	0.13	1.60
2	0.05	0.64	1.62
3	0.25	3.60	1.64

图 7 第 3 组溶液颜色与分析纯标准溶液颜色接近，表 7 第 3 组溶液浓度与表 5 浓度接近且浓度在合理误差范围内。在分析氯化铬再生液时，可直接配制 0.25 mol/L 的分析纯标准盐溶液作为比色之用。

将配制好的硝酸铜分析纯标准溶液（0.01 mol/L、0.05 mol/L、0.25 mol/L）移取 20 mL 分别置于试管中。将硝酸铜再生液移入酸式滴定管中，取一只比色管，加入 20 mL 水，逐滴将再生液加到比色管中，对比再生液颜色和分析纯标准盐溶液的颜色（见图 8）。记录下所用再生液的体积，进而求得再生液的浓度（见表 8）。

表 8 硝酸铜再生液浓度比较

组别	分析纯标准溶液浓度（mol/L）	再生液体积（mL）	再生液浓度（mol/L）
1	0.01	0.04	4.92
2	0.05	0.20	4.94
3	0.25	1.07	4.92
4	0.50	2.26	4.93
5	0.75	3.58	4.94

第 5 组溶液颜色与分析纯标准溶液颜色接近，表 8 第 5 组溶液浓度与表 5 浓度接近且浓度在合理误差范围内。在分析硝酸铜再生液时，可直接配制 0.75 mol/L 的分析纯标准盐溶液作为比色之用。

2. 溶解度分析再生液浓度

不同温度（0~40℃）下各种分析纯试剂的溶解度（见图8~图10）。

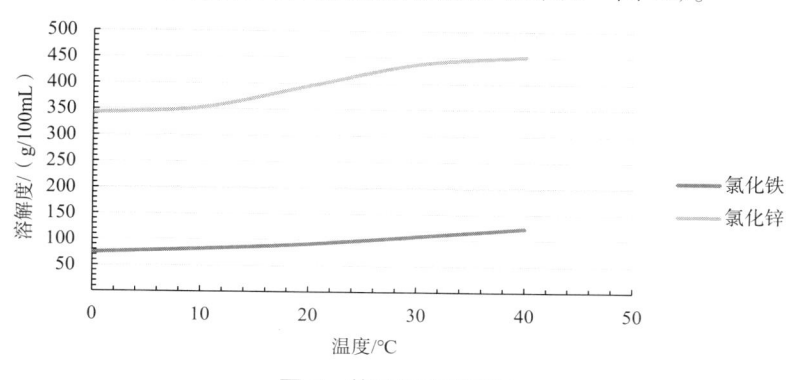

图8　盐酸盐溶解度图

注：室温下氯化铬溶解度：58.5g/100mL。

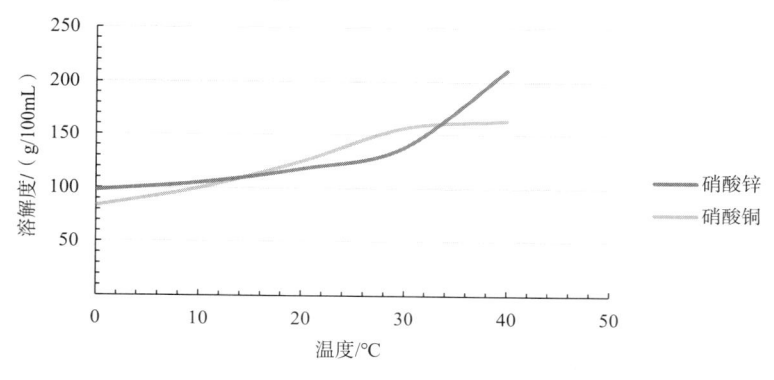

图9　硝酸盐溶解度图

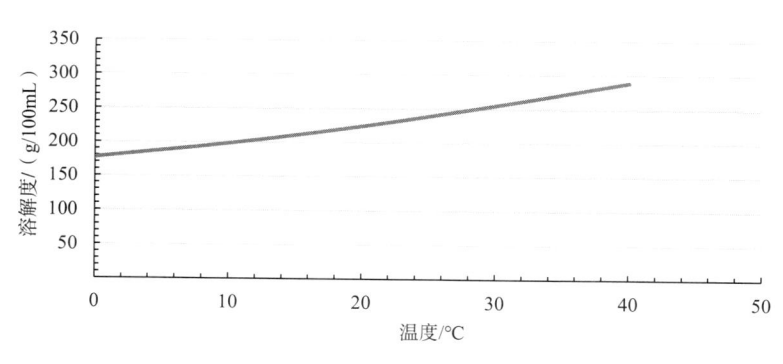

图10　硫氰酸钾溶解图

在相同实验条件下，量取50 mL蒸馏水，逐步称取分析纯试剂 m_0、m_1、m_2、m_3 配制成饱和溶液，并将试剂 m_1、m_2、m_3 加入水中，$m_3 = 0.5$ g。根据溶解度表，可大致看出对应温度下，分析纯试剂的溶解质量（如为42.5 g/100mL），以确定 m_0、m_1、m_2、m_3 数值依次为 $m_0 = 40$g、$m_1 = m_2 = m_3 = 1$g。m_3 剩余的质量记为 m_3'，$m_3' = 0.5$g。分析纯试剂分批称取的质量(见表9)。

表9 饱和溶液所用分析纯试剂质量

试剂	m_0/g	$m_1(g)$	$m_2(g)$	$m_3(g)$	$m_3{}'(g)$	总计(g)
氯化铁	43	1	1	1	0.4	45.6
氯化锌	192	2	2	2	0.88	197.12
氯化铬	25	1.5	1.5	1.5	0.72	28.78
硝酸锌	61	2.5	2.5	2.5	0.7	67.80
硝酸铜	60	2.5	2.5	2.5	0.18	67.32
硫氰酸钾	102	3	3	3	2.42	107.58

分别选用 25 mL、10 mL、5 mL 吸量管量取饱和溶液的体积,根据试剂的质量和溶液的体积可求得溶液的浓度,分析纯试剂的浓度(见表10)。

表10 分析纯试剂的浓度

单位符号	氯化铁	氯化锌	氯化铬	硝酸锌	硝酸铜	硫氰酸钾
m(g)	45.60	197.12	28.78	67.80	67.32	107.58
V(mL)	76.80	124.60	67.50	80.60	76.00	114.40
C(mol/L)	3.65	11.60	1.60	4.44	4.95	9.68

(七)小结

三种分析方法下,几种变质试剂再生液的浓度(见表11)。

表11 不同方法下再生液的浓度

试剂	仪器分析法	比色分析法	溶解度比较法
氯化铁	3.60	3.50	3.65
氯化锌	11.58		11.60
氯化铬	1.68	1.64	1.60
硝酸锌	4.40		4.44
硝酸铜	4.93	4.94	4.95
硫氰酸钾	9.90		9.68

相对误差(与真实值仪器分析法比较,见表12)。

表 12 相对误差比较

试剂	比色分析法	溶解度比较法
氯化铁	−2.8%	1.4%
氯化锌		0.2%
氯化铬	−2.4%	−4.7%
硝酸锌		0.9%
硝酸铜	0.2%	0.4%
硫氰酸钾		−2.2%

三、结论

通过比较两种方法的相对误差，在分析有颜色的试剂，选择了比色和溶解度比较的方法。分析氯化铁时可选择相对误差较小的溶解度比较法；分析氯化铬时可选择相对误差较小的比色分析法，并配制 0.25 mol/L 的分析纯标准盐溶液作为比色之用；分析硝酸铜时两种方法都可选择，比色可直接配制 0.75 mol/L 的分析纯标准盐溶液作为比色之用；在分析无明显颜色的试剂选择了溶解度比较的方法，相对误差都在合理误差范围内。

高校可以采用仪器分析的方法直接测定再生液的浓度，中学缺乏仪器条件的可以采用比色分析及溶解度比较的方法，同样可以测定再生液的浓度。此方法值得推广使用。

参考文献

[1] 石彬娜. 石墨炉原子吸收光谱法测定电厂水汽全铁的研究 [J]. 福建建材，2021(4):24-26.

[2] 陈振雨. 探讨火焰原子吸收法测定水中锌的最佳条件 [J]. 节能与环保，2020(12):54-55.

[3] 唐秀婷. 原子吸收测水样中金属元素 [J]. 世界有色金属，2020(15):179-180.

[4] 张丽，黄选忠，杜宏山. 离子色谱法同时测定尿液中草酸和硫氰酸盐 [J]. 化学分析计量，2021,30(2):46-50.

[5] 郭爱华，袁佗，王玮. 离子色谱法快速测定人尿中的硫氰酸盐 [J]. 环境与职业医学，2015,32(6):593-596.

初中生父母教育卷入及其与心理韧性、生活满意度的关系 ❶

邹媛园 ❷，黄光圣，陆舒雯

摘要：为了解初中生父母教育卷入的现状和特点，探究父母教育卷入与心理韧性、生活满意度的关系，本文采用初中生父母卷入量表、青少年心理韧性量表、青少年主观幸福感量表对314名初中生进行问卷调查。结果显示：初中生父母教育卷入处于中等水平，母亲教育卷入程度高于父亲，父母智力卷入的水平低于情感卷入和行为管理水平；父母教育卷入在孩子性别上差异不显著，在是否独生、年级、生源地、父母是否离异、父母受教育程度和职业类型、家庭经济水平等变量上差异显著；父母教育卷入与心理韧性呈显著正相关，母亲情感卷入、父亲情感卷入、父亲行为管理卷入、母亲智力卷入、母亲教育卷入总分可正向预测初中生心理韧性；父母教育卷入与生活满意度呈显著正相关，母亲情感卷入、父亲情感卷入、母亲智力卷入、父亲行为管理卷入可正向预测初中生生活满意度。

关键词：初中生；父母教育卷入；心理韧性；生活满意度

父母教育卷入的研究最早始于20世纪60年代的欧美国家，政府为了鼓励贫困家庭和少数种族儿童的父母更多地参与孩子的教育而实施的一系列补偿计划。不同学者对父母教育卷入的概念界定不同，如Crolnick强调父母教育卷入是为孩子提供教育资源，突出了父母的情感倾注，并从儿童感受的角度将其分为行为参与、情感参与和认知／智力参与三个维度。Seginer则认为父母教育卷入是一种教育期望，是为提高孩子学业成就和促进孩子心理发展所表现的行为。吴弦认为父母教育卷入是指为了孩子获得更好的学业成就和心理健康发展，给孩子提供的教育资源，包括情感参与、智力参与和行为管理。父母教育卷入可分为家庭教育卷入和学校教育卷入两大类，前者强调家庭环境对孩子的影响，父母通过引导、管理等方式助力孩子学业的发展；后者强调家校协同，家长通过与学校沟通孩子的教育问题、参与学校的各项活动等方式与学校建立有效的连接，促进孩子的学业成功。父母教育卷入是家长投入的主要内容，已有研究表明，较高的父母教育卷入有助于孩子加大学业投入、缓解学习倦怠、提升自主学习能力、培养创造性自我效能感、具有良好的学习表现、提升学业成绩等。

以往研究重在探讨父母教育卷入对孩子学业成功的推动作用，较少研究和考察父母教育卷入对孩子良好个性培养、个人幸福感提升的影响。本研究在分析初中生父母教育卷入现状与特点的基础上，探讨其与心理韧性、生活满意度的关系，以期为青少年的心理健康

---

❶ 基金项目：商洛学院教育教学改革研究项目（21jyjx112）；陕西乡村基础教育研究课题（SXJY202224）；陕西省教育学会课题（SJHYBKT2022142）

❷ 作者介绍：邹媛园，女，陕西蒲城人，硕士，讲师

教育提供思路和依据。心理韧性是指个体在面对逆境、创伤、威胁以及压力性事件时的一种良好适应过程及心理反弹能力。心理韧性能帮助青少年应对压力、克服困难、重塑自我，从悲观走向乐观，是维护青少年身心健康的积极心理品质。已有研究发现，中学生的父母教育卷入与中学生心理韧性呈显著正相关，父母教育卷入可通过提升学生的心理韧性缓解抑郁情绪。生活满意度是指个体根据所选择的标准而对自身生活质量进行的整体性评估。作为主观幸福感的重要组成部分，较高的生活满意度可提升青少年的生活质量，减少问题行为的发生，是身心健康的保护性因素。

一、研究对象与方法

（一）研究对象

采用方便取样的方法，对4所初中的学生进行现场问卷调查，研究者本人担任调查员。发放问卷330份，剔除规律性作答或未完成等无效问卷后，回收有效问卷314份，回收有效率95.15%。研究对象具体分布情况见表1。

表1 研究对象基本情况

变量	类别	人数（人）	百分比（%）
性别	男	136	43.3
	女	178	56.7
独生子女	是	122	38.9
	否	192	61.1
年级	初一	79	25.2
	初二	104	33.1
	初三	131	41.7
生源地	农村	176	56.0
	城镇	138	44.0
父母离异	是	34	10.8
	否	280	89.2
父亲受教育程度	初中及以下	147	46.8
	高中或中专	93	29.6
	大专	38	12.1
	本科及以上	36	11.5
母亲受教育程度	初中及以下	164	52.2
	高中或中专	74	23.6
	大专	45	14.3

续表

变量	类别	人数（人）	百分比（%）
母亲受教育程度	本科及以上	31	9.9
家庭月总收入	3000元以下	49	15.6
	3000～6000元	128	40.8
	6000～10000元	86	27.4
	10000元以上	51	16.2
父亲职业类型	事业单位	54	17.2
	企业员工	84	26.8
	个体工商业者	62	19.7
	农民	64	20.4
	其他	50	15.9
母亲职业类型	事业单位	50	15.9
	企业员工	85	27.1
	个体工商业者	54	17.2
	农民	78	24.8
	其他	47	15.0

（二）研究工具

1. 初中生父母卷入量表

《初中生父母卷入量表》由宋冰编制，包括母亲教育卷入（母亲情感卷入、母亲智力卷入、母亲行为管理卷入三个维度）和父亲教育卷入（父亲情感卷入、父亲智力卷入、父亲行为管理卷入三个维度）两个部分，共42道题。采用Likert 5级评分，分数越高，表明父母教育卷入程度越高。吴弦验证母亲教育卷入总量表及其三个维度的内部一致性为0.855～0.943，父亲教育卷入总量表及其三个维度的内部一致性为0.813～0.932。

2. 青少年心理韧性量表

《青少年心理韧性量表》由胡月琴和甘怡群于2008年编制而成，共27个项目。分为个人力和支持力两个维度，个人力维度包括目标专注、情绪控制和积极认知3个因子，支持力维度包括家庭支持和人际协助2个因子。量表采用5点计分，得分越高，表示被试心理韧性水平越高。该量表的内部一致性信度为0.85。

3. 青少年主观幸福感量表

《青少年主观幸福感量表》由张兴贵编制，包括青少年学生生活满意度量表和快乐感量表，其中生活满意度量表包括学校、学业、友谊、家庭、环境和自由满意度6个维度共37

个项目，快乐感量表包括正性情感和负性情感两个维度14个项目。生活满意度量表和快乐感量表均采用7级计分制，得分越高，表明生活满意度程度越高、正性情感或负性情感体验越强烈。量表内部一致性信度介于0.87~0.93。本研究选用生活满意度量表测量初中生的生活满意度状况。

（三）统计学方法

分别采用Excel和SPSS17.0对数据进行录入和分析，主要的统计学方法有描述统计、t检验、方差分析、相关分析、回归分析等。

二、结果分析

（一）初中生父母教育卷入的基本情况

表2呈现了初中生父母教育卷入的基本情况，母亲智力卷入和父亲智力卷入两个维度的项目均分低于中数水平，其余各维度及母亲教育卷入总分、父亲教育卷入总分的项目均分高于中数水平。从整体上看，初中生父亲教育卷入处于中等水平，母亲教育卷入高于父亲教育卷入，处于中等偏上水平，父母情感卷入和行为管理卷入的水平高于智力卷入水平。

表2 初中生父母教育卷入的基本情况

因素	平均数	标准差	极大值	极小值	项目均分
母亲教育卷入总分	66.89	19.86	105.00	21.00	3.19
母亲情感卷入	19.94	6.34	30.00	6.00	3.32
母亲智力卷入	26.71	10.09	45.00	9.00	2.97
母亲行为管理卷入	20.24	5.93	30.00	6.00	3.37
父亲教育卷入总分	64.01	20.75	105.00	21.00	3.05
父亲情感卷入	19.81	5.96	30.00	6.00	3.30
父亲智力卷入	25.27	10.72	45.00	9.00	2.81
父亲行为管理卷入	18.93	6.46	30.00	6.00	3.16

（二）初中生父母教育卷入的差异

采用独立样本t检验考察初中生父母教育卷入在性别、是否独生子女、生源地、父母离异等变量上的差异，结果如表3所示。在性别变量上差异不显著（$t = 0.038$~1.645，$P>0.05$）；在是否独生子女变量上，母亲教育卷入总分及各维度分、父亲教育卷入总分及各维度分均存在显著性差异（$t = 2.050$~6.610，$P<0.05$），独生子女父母的教育卷入水平高于非独生子女父母；在生源地变量上，除母亲行为管理卷入、父亲情感卷入、父亲智力卷入三个维度差异不显著外（$t = -0.720$~-1.859，$P>0.05$），其余维度及总分差异显著（$t = -3.768$~-5.727，$P<0.001$），城镇父母的教育卷入水平高于农村父母；在父母是否离异变量上，母亲教育卷入总分、母亲情感卷入、母亲智力卷入、父亲教育卷入总分、父亲情感卷入差异显著（$t = -2.198$~-3.312，$P<0.05$），其余各维度差异不显著（$t = -1.568$~-1.832，$P>0.05$），非离异父母的教育卷入水平高于离异父母。

表 3　初中生父母教育卷入及各维度的独立样本 t 检验结果（$M \pm SD$）

因素	性别		t	P
	男（n=136）	女（n=178）		
母亲教育卷入总分	68.12 ± 20.46	65.96 ± 19.40	0.953	0.341
母亲情感卷入	20.33 ± 6.58	19.63 ± 6.15	1.379	0.169
母亲智力卷入	27.40 ± 10.13	26.20 ± 10.05	1.045	0.297
母亲行为管理卷入	20.39 ± 6.09	20.13 ± 5.82	0.038	0.700
父亲教育卷入总分	66.03 ± 20.07	62.47 ± 21.18	1.511	0.132
父亲情感卷入	20.04 ± 0.75	19.63 ± 6.12	0.611	0.542
父亲智力卷入	26.40 ± 10.34	24.41 ± 10.95	1.645	0.101
父亲行为管理卷入	19.59 ± 6.30	18.43 ± 6.55	1.583	0.115

因素	独生子女		t	P
	独生（n=122）	非独生（n=192）		
母亲教育卷入总分	74.12 ± 18.79	62.30 ± 19.19	5.364	<0.001
母亲情感卷入	22.24 ± 5.75	18.47 ± 6.28	5.349	<0.001
母亲智力卷入	30.72 ± 9.36	24.17 ± 9.72	5.903	<0.001
母亲行为管理卷入	21.16 ± 5.73	19.66 ± 6.00	2.209	0.028
父亲教育卷入总分	72.58 ± 19.19	58.56 ± 19.89	6.171	<0.001
父亲情感卷入	22.00 ± 5.15	18.42 ± 6.03	5.428	<0.001
父亲智力卷入	29.98 ± 10.11	22.28 ± 10.02	6.610	<0.001
父亲行为管理卷入	20.61 ± 6.19	17.86 ± 6.42	2.050	0.041

因素	生源地		t	P
	农村（n=176）	城镇（n=138）		
母亲教育卷入总分	62.43 ± 19.67	72.59 ± 18.67	−4.648	<0.001
母亲情感卷入	18.77 ± 6.27	21.43 ± 6.14	−3.768	<0.001
母亲智力卷入	23.97 ± 9.69	30.22 ± 9.51	−5.727	<0.001
母亲行为管理卷入	19.69 ± 6.08	20.94 ± 5.68	−1.859	0.064
父亲教育卷入总分	59.50 ± 20.14	69.76 ± 20.16	−4.479	<0.001
父亲情感卷入	18.45 ± 5.81	21.54 ± 5.70	−0.720	0.472
父亲智力卷入	22.73 ± 10.22	28.51 ± 10.50	−1.580	0.115
父亲行为管理卷入	18.32 ± 6.24	19.70 ± 6.67	−4.723	<0.001

续表

因素	父母离异		t	P
	离异（$n=34$）	非离异（$n=280$）		
母亲教育卷入总分	58.32±20.53	67.94±19.56	−2.691	0.008
母亲情感卷入	16.59±6.76	20.34±6.18	−3.312	0.001
母亲智力卷入	23.15±10.17	27.05±10.01	−2.198	0.029
母亲行为管理卷入	18.59±6.05	20.44±5.90	−1.727	0.085
父亲教育卷入总分	56.12±21.70	64.97±20.47	−2.365	0.019
父亲情感卷入	16.71±6.22	20.19±5.82	−3.267	0.001
父亲智力卷入	22.12±10.53	25.65±10.70	−1.823	0.069
父亲行为管理卷入	17.29±6.75	19.63±6.41	−1.568	0.118

采用单因素方差分析考察初中生父母教育卷入在年级、父母职业类型、父母受教育程度、家庭月收入等变量上的差异，结果如表4所示。在年级变量上，母亲教育卷入总分及各维度、父亲教育卷入总分及各维度均存在显著差异（$F=3.338 \sim 26.058$，$P<0.05$），事后比较可知，初二学生的父母教育卷入水平高于初一和初三学生；在父亲受教育程度和母亲受教育程度变量上，母亲教育卷入总分及各维度、父亲教育卷入总分及各维度均存在显著差异（$F=9.732 \sim 43.860$，$P<0.001$），事后比较显示，大专、本科及以上学历的父母其教育卷入水平高于初中及以下、高中或中专学历的父母；在家庭平均月收入变量上，母亲教育卷入总分及各维度、父亲教育卷入总分及各维度均存在显著差异（$F=3.985 \sim 32.798$，$P<0.01$），事后比较显示，家庭收入在6000~10000元及10000元以上的父母教育卷入水平高于收入在3000元以下、3000~6000元的；在父亲职业类型变量上，母亲教育卷入总分及各维度、父亲教育卷入总分及各维度均存在显著差异（$F=4.393 \sim 19.192$，$P<0.01$），事后比较显示，父亲职业类型为事业单位职工、企业员工的，其父母教育卷入水平高于父亲是农民或其他职业的；在母亲职业类型变量上，母亲行为管理卷入维度差异不显著（$F=1.762$，$P>0.05$），其余维度及总分差异显著（$F=3.934 \sim 10.657$，$P<0.01$），事后比较显示，母亲职业类型为事业单位职工、企业员工、个体工商者，其父母教育卷入水平高于母亲是农民或其他职业的。

表4 初中生父母教育卷入及各维度的单因素方差分析结果（$M \pm SD$）

因素	年级			F	P
	初一（$n=79$）	初二（$n=104$）	初三（$n=131$）		
母亲教育卷入总分	60.84±21.36	76.25±15.03	63.12±19.76	19.673	<0.001
母亲情感卷入	18.11±6.98	22.73±4.70	18.82±6.37	16.982	<0.001
母亲智力卷入	23.04±10.42	32.06±7.75	24.70±9.86	26.058	<0.001
母亲行为管理卷入	19.68±6.66	21.46±4.63	19.61±6.28	3.338	0.037

续表

因素	年级			F	P
	初一（n=79）	初二（n=104）	初三（n=131）		
父亲教育卷入总分	56.84±22.32	73.49±16.57	60.81±20.17	19.116	<0.001
父亲情感卷入	18.14±6.96	22.29±4.72	18.85±5.76	15.071	<0.001
父亲智力卷入	21.22±11.04	30.64±8.76	23.45±10.31	23.593	<0.001
父亲行为管理卷入	17.48±7.01	20.56±5.23	18.51±6.57	5.734	0.004

因素	父亲受教育程度				F	P
	初中及以下（n=147）	高中或中专（n=93）	大专（n=38）	本科及以上（n=36）		
母亲教育卷入总分	56.72±17.83	71.72±18.01	80.32±16.13	81.81±12.37	36.499	<0.001
母亲情感卷入	17.14±5.91	20.89±6.15	23.45±4.68	25.17±3.78	28.043	<0.001
母亲智力卷入	21.32±8.46	28.91±9.30	33.71±9.49	35.69±6.15	43.860	<0.001
母亲行为管理卷入	18.26±6.04	21.91±5.15	23.16±4.28	20.94±6.32	12.387	<0.001
父亲教育卷入总分	54.40±18.61	67.82±19.69	80.13±15.77	76.39±16.06	29.982	<0.001
父亲情感卷入	17.42±5.78	20.27±5.74	23.47±3.90	24.50±3.67	24.964	<0.001
父亲智力卷入	20.08±9.30	27.42±9.74	33.58±9.10	32.14±8.99	33.030	<0.001
父亲行为管理卷入	16.90±6.08	17.13±6.54	23.08±4.41	21.75±6.72	12.600	<0.001

因素	母亲受教育程度				F	P
	初中及以下（n=164）	高中或中专（n=74）	大专（n=45）	本科及以上（n=31）		
母亲教育卷入总分	58.15±18.72	71.84±17.73	82.07±12.51	79.32±15.30	32.421	<0.001
母亲情感卷入	17.60±6.13	21.20±6.05	24.22±4.34	23.03±5.22	21.118	<0.001
母亲智力卷入	21.89±8.87	29.22±9.25	34.71±6.39	34.68±7.83	41.478	<0.001
母亲行为管理卷入	18.66±6.07	18.42±5.30	23.13±4.87	22.61±5.66	9.732	<0.001
父亲教育卷入总分	55.23±19.04	68.42±18.85	80.93±14.55	75.35±17.77	30.805	<0.001
父亲情感卷入	17.69±5.75	20.43±5.79	24.29±3.27	23.03±5.19	22.585	<0.001
父亲智力卷入	20.61±9.48	27.41±9.72	34.08±8.50	32.03±9.00	33.571	<0.001
父亲行为管理卷入	16.93±6.13	18.58±6.10	22.56±5.68	22.29±6.57	13.460	<0.001

续表

因素	家庭平均月收入				F	P
	3000元以下 (n=49)	3000~6000元 (n=128)	6000~10000元 (n=86)	10000元以上 (n=51)		
母亲教育卷入总分	56.49±17.73	60.32±18.51	74.97±17.69	79.78±16.33	26.117	<0.001
母亲情感卷入	16.53±5.92	18.06±5.91	22.47±5.75	23.65±5.27	22.750	<0.001
母亲智力卷入	20.78±8.09	23.13±9.09	31.27±9.07	33.75±8.44	32.798	<0.001
母亲行为管理卷入	19.18±5.93	19.13±6.00	21.23±5.29	22.39±6.06	5.271	0.001
父亲教育卷入总分	56.35±20.34	57.73±18.23	71.28±20.86	74.88±18.57	16.443	<0.001
父亲情感卷入	17.08±6.39	18.39±5.15	21.41±5.99	23.29±5.03	15.662	<0.001
父亲智力卷入	21.20±9.26	21.55±9.62	29.83±10.36	30.82±10.02	20.428	<0.001
父亲行为管理卷入	18.06±6.91	17.78±5.86	20.05±6.59	20.76±6.68	3.985	0.008

因素	父亲职业类型					F	P
	事业单位 (n=54)	企业员工 (n=84)	个体工商者 (n=62)	农民 (n=64)	其他 (n=50)		
母亲教育卷入总分	73.54±18.49	75.37±18.43	67.39±17.86	59.14±19.99	54.80±16.25	14.569	<0.001
母亲情感卷入	22.02±6.38	22.02±6.26	19.89±5.65	18.45±6.31	16.14±5.06	10.155	<0.001
母亲智力卷入	30.74±9.09	31.70±9.27	26.42±9.46	21.86±9.37	20.60±7.83	19.192	<0.001
母亲行为管理卷入	20.78±5.81	21.65±5.21	21.08±5.80	18.83±6.37	18.06±6.01	4.393	0.002
父亲教育卷入总分	70.15±19.27	72.11±19.85	66.13±17.59	55.45±20.37	52.10±19.05	13.144	<0.001
父亲情感卷入	21.81±5.86	21.83±5.30	19.97±4.83	17.91±6.31	16.48±5.84	10.685	<0.001
父亲智力卷入	28.85±10.18	29.79±10.30	25.42±9.73	20.72±10.10	19.46±9.07	13.714	<0.001
父亲行为管理卷入	19.48±6.58	20.49±6.04	20.74±5.92	16.83±6.26	16.16±6.45	7.039	<0.001

因素	母亲职业类型					F	P
	事业单位 (n=50)	企业员工 (n=85)	个体工商者 (n=54)	农民 (n=78)	其他 (n=47)		
母亲教育卷入总分	70.80±20.68	73.69±19.64	69.41±17.58	61.14±19.16	57.11±17.03	8.407	<0.001
母亲情感卷入	21.30±6.68	22.07±6.24	20.33±5.36	18.69±6.12	16.23±5.65	8.550	<0.001
母亲智力卷入	29.50±10.58	30.48±9.83	27.87±9.05	22.85±9.38	22.02±8.43	10.657	<0.001
母亲行为管理卷入	20.00±5.91	21.14±5.80	21.20±5.77	19.59±6.03	18.85±6.01	1.762	0.134
父亲教育卷入总分	67.84±20.83	71.22±20.54	67.35±16.67	56.59±21.03	55.36±18.48	8.648	<0.001
父亲情感卷入	21.44±5.98	21.82±5.54	20.43±4.72	17.83±6.39	17.00±5.25	9.135	<0.001

续表

因素	母亲职业类型					F	P
	事业单位（$n=50$）	企业员工（$n=85$）	个体工商者（$n=54$）	农民（$n=78$）	其他（$n=47$）		
父亲智力卷入	27.66±11.20	29.07±10.75	26.37±9.24	21.18±10.13	21.38±9.42	8.580	<0.001
父亲行为管理卷入	18.74±6.75	20.33±6.44	20.56±5.68	17.58±6.62	16.98±5.93	3.934	0.004

（三）父母教育卷入与初中生心理韧性的关系

采用相关分析和逐步回归分析考察父母教育卷入与初中生心理韧性的关系，结果如表5、表6所示。父母教育卷入与心理韧性呈显著正相关（$r = 0.142 \sim 0.664$，$P<0.01$），母亲情感卷入、父亲情感卷入、父亲行为管理卷入、母亲智力卷入、母亲教育卷入总分正向预测初中生心理韧性，其预测力分别是43.9%、1.6%、1.8%、1.9%、0.6%，说明母亲情感卷入维度对初中生心理韧性的预测力最高。

表5 父母教育卷入与初中生心理韧性的相关分析

因素	母亲教育卷入总分	母亲情感卷入	母亲智力卷入	母亲行为管理卷入	父亲教育卷入总分	父亲情感卷入	父亲智力卷入	父亲行为管理卷入
目标专注	0.432**	0.494**	0.407**	0.227**	0.388**	0.478**	0.362**	0.204**
情绪控制	0.512**	0.516**	0.546**	0.235**	0.467**	0.440**	0.497**	0.270**
积极认知	0.250**	0.328**	0.197**	0.153**	0.243**	0.337**	0.198**	0.142**
家庭支持	0.540**	0.654**	0.537**	0.196**	0.464**	0.589**	0.452**	0.197**
人际协助	0.449**	0.478**	0.457**	0.216**	0.399**	0.442**	0.399**	0.211**
心理韧性总分	0.594**	0.664**	0.592**	0.272**	0.531**	0.608**	0.524**	0.275**

注：** 表示 $P<0.01$。

表6 父母教育卷入与初中生心理韧性的回归分析

因变量	预测变量	R	R^2	ΔR^2	B	F	t
心理韧性总分	母亲情感卷入	0.664	0.441	0.439	1.960	245.802***	15.678***
	父亲情感卷入	0.677	0.459	0.455	0.691	131.712***	3.209**
	父亲行为管理卷入	0.691	0.478	0.473	0503	94.637***	3.399**
	母亲智力卷入	0.706	0.498	0.492	0.465	76.780***	3.549***
	母亲教育卷入总分	0.711	0.506	0.498	0.431	63.041***	2.134*

注：*** 表示 $P<0.001$，* 表示 $P<0.05$。

（四）父母教育卷入与初中生生活满意度的关系

采用相关分析和逐步回归分析考察父母教育卷入与初中生生活满意度的关系，结果如表7、表8所示。父母教育卷入与生活满意度呈显著正相关（$r=0.162\sim 0.674$，$P<0.01$），母亲情感卷入、父亲情感卷入、母亲智力卷入、父亲行为管理卷入可正向预测初中生生活满意度，其预测力分别是45.2%、2.0%、0.5%、0.9%，说明母亲情感卷入对初中生的生活满意度具有较高的预测力。

表7 父母教育卷入与初中生生活满意度的相关分析

	母亲教育卷入总分	母亲情感卷入	母亲智力卷入	母亲行为管理卷入	父亲教育卷入总分	父亲情感卷入	父亲智力卷入	父亲行为管理卷入
友谊满意度	0.363**	0.440**	0.343**	0.163**	0.326**	0.403**	0.309**	0.162**
家庭满意度	0.586**	0.660**	0.539**	0.340**	0.535**	0.610**	0.495**	0.335**
学校满意度	0.485**	0.513**	0.471**	0.274**	0.453**	0.494**	0.414**	0.312**
环境满意度	0.471**	0.522**	0.441**	0.269**	0.407**	0.473**	0.374**	0.252**
学业满意度	0.607**	0.580**	0.633**	0.337**	0.560**	0.520**	0.582**	0.355**
自由满意度	0.473**	0.530**	0.470**	0.218**	0.434**	0.501**	0.432**	0.214**
生活满意度总分	0.618**	0.674**	0.598**	0.332**	0.563**	0.623**	0.540**	0.339**

注：** 表示 $P<0.01$。

表8 父母教育卷入与初中生生活满意度的回归分析

因变量	预测变量	R	R^2	$\triangle R^2$	B	F	t
生活满意度总分	母亲情感卷入	0.674	0.454	0.452	4.025	259.457***	16.108***
	父亲情感卷入	0.689	0.475	0.472	1.516	140.751***	3.534***
	母亲智力卷入	0.694	0.482	0.477	0.506	96.072***	2.000*
	父亲行为管理卷入	0.702	0.493	0.486	0.810	75.033***	2.580*

注：*** 表示 $P<0.001$，* 表示 $P<0.05$。

三、讨论

（一）初中生父母教育卷入的现状分析

研究结果显示，初中生父母教育卷入处于中等水平，母亲教育卷入程度高于父亲，父母智力卷入的水平低于情感卷入和行为管理水平，这与以往研究结论一致。一方面，中国传统"男主外，女主内"的思想促使母亲把较多的时间和精力用于照顾家庭、养育子女，而父亲更多奔波在外，担负起家庭经济的重担，对于子女教育的投入相对就少一些。另一方面，父母的智力卷入程度较低，这就意味着父母会经常与孩子交流学校的事情，努力理解孩子的喜怒哀乐并提供情感的慰藉，也会对孩子的行为提出要求，但提供的智力支持较少，如辅导作业等。这可能与本次调查对象父母的受教育程度普遍较低有关，表1统计了调查对象的分布情况，其中父亲受教育程度在大专以上的仅占23.6%，母亲受教育程度在大专以上的占24.2%。较低的受教育水平使得父母对孩子的学业辅导心有余而力不足，无法提供较多的智力支持。

(二) 初中生父母教育卷入的特点分析

从青少年特征来看，父母教育卷入在孩子性别上不存在显著差异，这与朱银英的研究结论一致。随着经济社会的发展，"重男轻女"的思想逐渐淡化，父母对男孩和女孩寄予同样的期待和厚望，因而会投入同样的时间、精力在男孩和女孩身上；独生子女父母的教育卷入水平高于非独生子女父母，根据布莱克的资源稀释理论，在家庭资源总量不变的情况下，兄弟姐妹数量的增加会使每个孩子分配到的资源减少，从而不利于教育资源的获得；初二学生的父母教育卷入水平高于初一和初三学生，描述统计结果显示，初中生的父母情感卷入和行为管理卷入程度较高，智力卷入程度相对较低，也就是说父母对孩子的教育主要表现为情感交流和行为指引，而初二是一个比较特殊的时期，他们已经适应初中生活，但中考还未到来，青少年会把相对较多的时间和精力用于自我探索，青春期的生理快速发育、身心发展不平衡所引发的矛盾和冲突就会凸显，使得家长不得不花更多的时间关心孩子的成长和困惑。

从家庭及父母自身特征来看，城镇父母的教育卷入水平高于农村父母，非离异父母的教育卷入水平高于离异父母，高收入家庭的父母卷入水平高于低收入家庭，受教育程度较高的父母其教育卷入水平高于受教育程度较低的父母，事业单位职工、企业员工、个体工商者的教育卷入水平高于其他职业类型。靳小怡等人研究发现，父母较高的受教育程度能够促进其教育卷入，当家庭经济好转时，亲子沟通的频率会增加。朱银英的研究发现，父母学历越高，其教育卷入程度越高。父母受教育程度、父母职业类型、家庭经济水平共同反映了一个家庭的社会经济地位，程刚等人研究发现，家庭社会经济地位可在父母教育卷入对小学生问题行为的影响中起调节作用。相对于高社会经济地位家庭，低社会经济地位家庭的父母由于缺乏充足的时间和资源，对子女的学习教育参与较少，且参与效果差。同时，受到自身文化水平和经济条件的限制，低社会经济地位家庭的父母能够接触到的家庭教育有关知识和理论较少，对知识的理解和运用也较为困难，因而在教育中往往缺乏先进的教育理念和科学的教育方法，比如把教育孩子的责任完全推给学校，经常采用批评、体罚等方式对待孩子等。另外，严峻的经济压力也会让低社会经济地位家庭的父母出现更多的焦虑、无力感等负性情绪，这些负性情绪往往会促使父母采用严厉、高控的管教策略，大大降低了亲子间的亲密互动，教育效果差。

(三) 父母教育卷入与初中生心理韧性、生活满意度的关系分析

父母教育卷入与初中生心理韧性、生活满意度呈显著正相关，父母教育卷入对初中生心理韧性、生活满意度有正向预测作用。高水平的父母教育卷入通常表现为亲子间的亲密互动、更多的支持行为和积极的情感表达、对孩子学习和生活高度的关注，这就为孩子的健康成长提供了良好、温暖的家庭氛围，有助于培养孩子的心理韧性、形成较高的生活满

意度。为此，教育主管部门、学校可通过多种形式的活动和宣传让家长意识到父母教育卷入的重要性，鼓励家长首先在教育卷入的量上有所增加，关心孩子的学习和生活，做好孩子成长路上的引导者和监管者。其次，倡导家长积极学习先进的教育理念和科学的教育方法，提升父母教育卷入的质量。

四、结论

初中生父母教育卷入处于中等水平，母亲教育卷入程度高于父亲，父母智力卷入的水平低于情感卷入和行为管理水平；初中生性别不影响父母教育卷入程度，是否独生子女、年级、生源地、父母是否离异、父母受教育程度和职业类型、家庭经济水平等因素影响父母教育卷入程度；高水平的父母教育卷入有助于培养初中生的心理韧性、提升其生活满意度。

参考文献

[1] GROLNICK W S, SLOWIACZEK M L. Parents Involvement in Children's Schooling: A Multidimensional Conceptualization and Motivational Model[J]. Child Development,1994:65.
[2] SEGINER R. Parents' Educational Involvement: A Development Ecology Perspective[J]. Parenting: Science and Practice, 2006,6(1):1-48.
[3] 吴弦. 父母教育卷入对小学生学习成绩的影响：成长型思维的中介作用 [J]. 当代教育论坛，2021(2):75-88.
[4] 李若璇，朱文龙，刘红瑞，等. 家长教育期望对学业倦怠的影响：家长投入的中介及家庭功能的调节 [J]. 心理发展与教育，2018,34(4):489-496.
[5] 马虹，姚梅林，吉雪岩. 家长投入对中小学生学业投入的影响：有中介的调节模型 [J]. 心理发展与教育，2015,31(6):710-718.

初中生父母教养投入及其与学校适应的关系[1]

邹媛园[2],梁彦红,任继杰

摘要:为了解初中生父母教养投入的状况和特点,探讨父母教养投入与学校适应的关系,本文采用青少年评价父母教养投入行为问卷和初中生学校适应问卷对322名初中生进行问卷调查。结果显示,初中生父母教养投入处于中等偏上水平,父母教养投入在初中生性别、年级、是否独生子女、生源地、家庭经济水平、父母受教育程度和职业类型上存在显著差异;初中生父母教养投入与学校适应呈显著正相关,父母教养投入中的生活照顾、情感休闲、规则教导因子可正相预测学校适应,高水平的父母教养投入可提升初中生的学校适应性。

关键词:初中生;父母教养投入;学校适应

中学时期是人生发展的重要阶段,随着青春期的到来,个体在生理和心理上经历急剧的变化,同时也面临着巨大的挑战。生理快速发育促使中学生自我意识飞速发展,他们沉浸于自我追寻与探索,却又不得不面对沉重的学业压力和竞争,因而初中生的学校适应问题变得异常突出。学校适应是指学生在学校情境中愉快地参与学校活动,在学习、人际交往、参与学校活动和情绪适应方面表现成功的状况。良好的学校适应不仅是衡量初中生心理健康的重要指标,甚至会影响其一生的发展。影响学校适应的因素既有个体内部的,如羞怯、自我概念等个性特征,也有外部环境的,如父母教养方式、社会支持、生活事件等。根据生态系统理论,家庭是影响个体发展的主要微观系统,而父母教养是家庭中不可忽略的重要因素,就父母教养而言,以往研究大多围绕教养方式开展,对教养投入的研究相对较少。

父母教养投入是指父亲和母亲在教养孩子的过程中,为了促进孩子的健康发展而在认知、情感和行为上的投入。与教养方式不同,教养投入更强调教养子女的内容和行为。研究发现,父母教养投入能够预测青少年的心理和行为适应,如增加亲社会行为、提升自我价值感、减少危险行为。本研究选取初中生为对象,揭示初中生父母教养投入的状况,考察初中生父母教养投入与学校适应的关系,以期为提高青少年父母的教养投入水平,促进其学校适应提供实证性依据和参考性支持。

一、研究对象与方法

(一)研究对象

采用方便取样的方式,在三所初中共发放问卷350份,回收有效问卷322份,有效

---

[1] 基金项目:商洛学院教育教学改革研究项目(21jyjx112);陕西乡村基础教育研究课题(SXJY202224);陕西省教育学会课题(SJHYBKT2022142)

[2] 作者介绍:邹媛园,女,陕西蒲城人,硕士,讲师

率为92%。其中男生155人（48.1%），女生167人（51.9%）；独生子女126人（39.1%），非独生子女196人（60.9%）；七年级81人（25.2%），八年级127人（39.4%），九年级114人（35.4%）；来自农村212人（65.8%），来自城市110人（34.2%）；父亲务农77人（23.9%），个体经营47人（14.6%），打工族89人（27.6%），教师22人（6.8%），公司职员51人（15.8%），公务员18人（5.6%），其他18人（5.6%）；母亲务农98人（30.4%），个体经营47人（14.7%），打工族89人（27.6%），教师21人（6.5%），公司职员37人（11.5%），公务员10人（3.1%），其他20人（6.2%）；父亲文化程度初中及以下149人（46.3%），高中或大专87人（27.0%），大专54人（16.8%），本科及以上32人（9.9%）；母亲文化程度初中及以下174人（54.1%），高中或大专64人（19.9%），大专54人（16.7%），本科及以上30人（9.3%）；家庭月收入3000元及以下78人（24.2%），3000~6000元134人（41.6%），6000~10000元75人（23.3%），10000元以上35人（10.9%）。

（二）研究工具

1. 青少年评价父母教养投入行为问卷

《青少年评价父母教养投入行为问卷》由伍新春等人在《父亲自评教养投入问卷》互动性问卷的基础上修订而成，共22个项目，包含情感休闲、规则教导、学业支持和生活照顾四个维度。问卷采用5级计分，0表示"从不"，1代表"偶尔"，2代表"有时"，3代表"经常"，4代表"总是"。问卷各维度的Cronbach's α系数在0.7以上，有着较好的内部一致性信度；青少年在间隔15天后再测，问卷各维度的重测信度在0.7以上，说明问卷具有良好的重测信度。

2. 初中生学校适应问卷

《初中生学校适应问卷》由崔娜编制，包括学校态度、同伴关系、师生关系、学业适应及常规适应五个维度，共27个项目，采用李克特五级评分。问卷各维度的α系数介于0.67~0.90，内部一致性系数为0.78~0.95，分半信度为0.79~0.93。

（三）研究程序与数据处理

问卷调查实施过程中由研究者本人担任主试，以班为单位进行调查，现场回收问卷，一般在15分钟左右完成。使用SPSS21.0对数据进行统计分析，主要的统计方法有描述统计、独立样本t检验、单因素方差分析、相关分析和回归分析等。

二、结果

（一）初中生父母教养投入的现状

描述统计结果显示，父母教养投入平均分为3.21±0.71，高于中数水平，介于"经常"和"总是"之间，说明初中生的父母教养投入处于中等偏上的水平。情感休闲、规则教导、学业支持、生活照顾四个维度得分分别为2.95±0.86、3.79±0.83、3.15±0.90、3.57±0.79，可见父母对初中生的教养投入水平在规则教导方面最高，其次是生活照顾和学业支持，情感休闲最低。

(二)初中生父母教养投入的特点

1. 性别对父母教养投入的影响

对不同性别初中生的父母教养投入进行独立样本 t 检验,结果显示,男生在父母教养投入总分、情感休闲和学业支持维度上的得分高于女生,差异具有统计学意义($t = 2.000 \sim 2.416$,$P<0.05$)。在规则教导和生活照顾两个维度上,男女生的差异不显著($t = 0.038 \sim 0.363$,$P>0.05$),见表1。

表1 初中生父母教养投入在性别上的差异检验($M \pm SD$)

因素	男($n=155$)	女($n=167$)	t	P
父母教养投入总分	72.56±15.38	69.08±15.78	2.000	0.046
情感休闲	33.78±9.19	31.25±9.52	2.416	0.016
规则教导	11.35±2.42	11.37±2.54	0.038	0.970
学业支持	13.05±3.58	12.20±3.58	2.108	0.036
生活照顾	14.38±3.12	14.25±3.24	0.363	0.717

2. 是否独生子女对父母教养投入的影响

表2的 t 检验结果显示,独生子女在父母教养投入总分及情感休闲、学业支持两个维度上的得分显著高于非独生子女($t = 3.841 \sim 5.970$,$P<0.001$),在规则教导和生活照顾维度上,是否独生子女的差异不显著($t = -0.110 \sim 1.275$,$P>0.05$)。

表2 初中生父母教养投入在是否为独生子女上的差异检验($M \pm SD$)

因素	独生($n=126$)	非独生($n=196$)	t	P
父母教养投入总分	75.71±15.98	67.58±14.63	4.693	<0.001
情感休闲	36.19±9.18	30.08±8.82	5.970	<0.001
规则教导	11.34±2.54	11.37±2.44	−0.110	0.912
学业支持	13.60±3.77	11.99±3.35	3.841	<0.001
生活照顾	14.60±3.20	14.13±3.17	1.275	0.203

3. 生源地对父母教养投入的影响

表3的 t 检验结果表明,城市初中生在父母教养投入总分及情感休闲、学业支持维度上的得分显著高于农村初中生($t = -3.053 \sim -4.503$,$P<0.01$),在规则教导和生活照顾维度上的得分无显著差异($t = -0.720 \sim 1.360$,$P>0.05$)。

表 3 初中生父母教养投入在生源地上的差异检验（$M \pm SD$）

因素	农村（$n=212$）	城市（$n=110$）	t	P
父母教养投入总分	68.71±15.63	74.71±15.02	−3.312	0.001
情感休闲	30.82±9.24	35.66±9.00	−4.503	<0.001
规则教导	11.50±2.51	11.10±2.40	1.360	0.175
学业支持	12.18±3.68	13.45±3.30	−3.053	0.002
生活照顾	14.22±3.23	14.49±3.09	−0.720	0.472

4. 年级对父母教养投入的影响

对不同年级初中生的父母教养投入得分进行单因素方差分析，结果见表4。在情感休闲维度上存在显著性差异（$F=3.056$，$P<0.05$），事后分析表明，七年级学生在情感休闲维度上的得分显著高于九年级。在父母教养投入总分及其他维度上不存在显著的年级差异（$F=0.733\sim 2.555$，$P>0.05$）。

表 4 初中生父母教养投入在年级上的差异检验（$M \pm SD$）

因素	七年级（$n=81$）	八年级（$n=127$）	九年级（$n=114$）	F	P
父母教养投入总分	72.12±16.99	71.11±14.44	69.39±16.01	0.771	0.463
情感休闲	34.36±9.45	32.59±8.78	31.00±9.94	3.056	0.048
规则教导	10.93±2.64	11.31±2.29	11.73±2.53	2.555	0.079
学业支持	12.89±3.44	12.72±3.65	12.30±3.66	0.733	0.481
生活照顾	13.95±3.47	14.50±3.13	14.37±3.03	0.752	0.472

5. 父亲职业类型对父母教养投入的影响

对父母教养投入在父亲职业类型变量上的差异进行单因素方差分析，结果见表5。父母教养投入总分及情感休闲、学业支持、生活照顾维度均存在显著性差异（$F=3.354\sim 10.718$，$P<0.01$）。分析表明，在父母教养投入总分上，父亲务农显著低于父亲是个体经营者、教师、公司职员和公务员，父亲是个体经营者和其他显著低于父亲是公司职员和公务员，父亲是打工族显著低于父亲是教师、公司职员和公务员，父亲是教师显著低于父亲是公务员；在情感休闲维度上，父亲务农、打工和其他显著低于父亲是个体经营者、教师、公司职员和公务员，父亲是个体经营者显著低于父亲是公司职员和公务员；在学业支持维度上，父亲务农、打工、个体经营者、教师和其他显著低于父亲是公司职员和公务员；在生活照顾维度上，父亲务农、打工、个体经营者和教师显著低于父亲是公司职员和公务员。在规则教导维度上不存在显著性差异（$F=1.934$，$P>0.05$）。

表 5 初中生父母教养投入在父亲职业类型上的差异检验（$M \pm SD$）

因素	1(n=77)	2(n=47)	3(n=89)	4(n=22)	5(n=51)	6(n=18)	7(n=18)	F	P
父母教养投入总分	65.96±15.90	71.37±15.78	67.51±14.10	74.77±14.78	80.96±13.04	90.17±6.74	67.61±15.14	8.487	<0.001
情感休闲	29.83±8.72	33.87±8.69	29.74±8.44	37.50±8.58	38.45±8.24	44.00±4.86	28.50±11.58	10.718	<0.001
规则教导	11.05±2.66	10.89±2.60	11.49±2.48	10.55±2.02	11.94±2.19	12.33±1.21	12.22±2.46	1.934	0.075
学业支持	11.44±3.66	12.55±4.09	12.20±3.42	12.86±3.26	14.94±2.51	16.67±1.63	11.83±2.92	7.327	<0.001
生活照顾	13.64±3.39	14.04±3.24	14.09±3.34	13.86±2.98	15.63±2.46	17.17±0.98	15.06±2.34	3.354	0.003

注：1 代表务农；2 代表个体；3 代表打工族；4 代表教师；5 代表公司职员；6 代表公务员；7 代表其他。

6. 母亲职业类型对父母教养投入的影响

对父母教养投入在母亲职业类型变量上的差异进行单因素方差分析，结果见表 6。父母教养投入总分及情感休闲、学业支持、生活照顾维度均存在显著性差异（$F = 2.411 \sim 8.883$，$P<0.05$）。分析表明，在父母教养投入总分上，母亲务农和打工显著低于母亲是教师、公司职员和公务员，母亲是个体经营者显著低于母亲是公司职员；在情感休闲维度上，母亲务农、打工显著低于母亲是教师、公司职员和公务员，母亲是个体经营者显著低于母亲是公司职员和公务员，母亲职业是其他显著低于母亲是公司职员；在学业支持维度上，母亲务农、打工显著低于母亲是教师、公司职员和公务员，母亲务农显著低于母亲职业是其他，母亲是个体经营者显著低于母亲是公司职员；在生活照顾维度上，母亲打工显著低于母亲是个体经营者、教师和公司职员。在规则教导维度上不存在显著性差异（$F = 1.165$，$P>0.05$）。

表 6 初中生父母教养投入在母亲职业类型上的差异检验（$M \pm SD$）

因素	1(n=98)	2(n=47)	3(n=89)	4(n=21)	5(n=37)	6(n=10)	7(n=20)	F	P
父母教养投入总分	66.41±14.94	71.43±12.98	67.27±15.57	78.10±14.22	81.51±14.51	80.70±14.47	73.45±16.18	7.209	<0.001
情感休闲	29.50±8.32	32.51±8.14	30.73±8.98	36.86±9.15	40.05±8.65	39.30±7.69	32.65±11.87	8.883	<0.001
规则教导	11.27±2.64	11.53±2.27	10.85±2.56	11.57±2.38	11.75±2.07	11.70±1.83	12.50±2.52	1.165	0.142
学业支持	11.52±3.55	12.51±3.60	12.22±3.60	14.29±3.77	14.46±2.90	14.80±2.94	13.70±2.83	5.386	<0.001
生活照顾	14.11±3.34	14.87±2.75	13.47±3.45	15.38±2.50	15.24±2.68	14.90±3.38	14.6±2.80	2.411	0.027

注：1 代表务农；2 代表个体；3 代表打工族；4 代表教师；5 代表公司职员；6 代表公务员；7 代表其他。

7. 父亲文化程度对父母教养投入的影响

对父母教养投入在父亲文化程度变量的差异进行单因素方差分析，结果见表 7。父母教养投入总分及情感休闲、学业支持维度存在显著性差异（$F = 11.475 \sim 20.186$，$P<0.001$）。事后分析表明，在父母教养投入总分和情感休闲维度上，父亲文化程度在初中及以下显

著低于文化程度是高中或中专、大专、本科及以上，父亲文化程度是高中或中专显著低于文化程度在本科及以上；在学业支持维度上，在大专以下，随着父亲文化程度的升高，教养投入也增多，差异具有统计学意义，但在大专以上学历时，即使父亲文化程度不同，其父母教养投入也不具有显著性差异。在规则教导和生活照顾维度上，不存在显著性差异（$F = 1.347 \sim 2.465$，$P>0.05$）。

表7　初中生父母教养投入在父亲文化程度上的差异检验（$M \pm SD$）

因素	1（n=149）	2（n=87）	3（n=54）	4（n=32）	F	P
父母教养投入总分	65.73±15.15	72.01±16.78	76.92±11.53	80.34±12.14	13.51	<0.001
情感休闲	28.67±8.68	34.03±9.99	36.89±6.93	38.47±7.41	20.186	<0.001
规则教导	11.54±2.65	11.03±2.44	11.11±2.29	11.84±1.95	1.347	0.259
学业支持	11.57±3.71	12.77±3.57	13.96±2.63	14.75±2.92	11.475	<0.001
生活照顾	13.95±3.37	14.17±3.31	14.96±2.42	15.28±2.83	2.465	0.062

注：1代表初中及以下；2代表高中或中专；3代表大专；4代表本科及以上。

8. 母亲文化程度对父母教养投入的影响

对父母教养投入在母亲文化程度变量的差异进行单因素方差分析，结果见表8。父母教养投入总分及情感休闲、学业支持维度存在显著性差异（$F = 11.093 \sim 20.076$，$P<0.001$）。事后分析表明，在大专以下学历时，随着母亲文化程度的升高，教养投入也增多，差异具有统计学意义，但在大专以上学历时，母亲文化程度不同，其父母教养投入不具有显著性差异。在规则教导和生活照顾维度上，不存在显著性差异（$F = 0.727 \sim 2.373$，$P>0.05$）。

表8　初中生父母教养投入在母亲文化程度上的差异检验（$M \pm SD$）

因素	1（n=174）	2（n=64）	3（n=54）	4（n=30）	F	P
父母教养投入总分	66.29±15.62	72.39±15.06	78.22±13.07	79.73±11.89	13.80	<0.001
情感休闲	29.24±9.04	34.03±9.30	37.52±7.41	38.80±7.22	20.076	<0.001
规则教导	11.45±2.65	10.95±2.31	11.44±2.39	11.53±1.87	0.727	0.537
学业支持	11.70±3.67	12.86±3.55	14.26±2.80	14.43±2.81	11.093	<0.001
生活照顾	13.90±3.41	14.55±2.77	15.00±3.01	14.97±2.68	2.373	0.070

注：1代表初中及以下；2代表高中或中专；3代表大专；4代表本科及以上。

9. 家庭月收入对父母教养投入的影响

对父母教养投入在家庭月收入变量的差异进行单因素方差分析，结果见表9。父母教养投入总分及情感休闲、规则教导、学业支持维度存在显著性差异（$F = 2.889 \sim 21.031$，$P<0.05$）。分析表明，在父母教养投入总分和学业支持维度上，月收入3000元及以下和3000～6000元显著低于月收入6000～10000元和10000元以上；在情感休闲维度上，随着

收入的提升，教养投入也增多，但月收入在 6000~10000 元与 10000 元以上，其教养投入不具有显著性差异；在规则教导维度上，月收入 3000~6000 元显著高于月收入 3000 元及以下和 6000~10000 元。在生活照顾维度上不存在显著性差异（$F = 2.337$，$P>0.05$）。

表9 初中生父母教养投入、学校适应、学习投入、人际信任在家庭月收入上的差异（$M \pm SD$）

因素	1（n=78）	2（n=134）	3（n=75）	4（n=35）	F	P
父母教养投入总分	65.12 ± 15.57	68.63 ± 14.89	77.89 ± 13.93	76.20 ± 15.58	11.905	<0.001
情感休闲	27.26 ± 8.80	31.60 ± 8.62	37.41 ± 7.88	36.86 ± 9.98	21.031	<0.001
规则教导	11.82 ± 2.77	10.90 ± 2.46	11.68 ± 2.22	11.40 ± 2.17	2.889	0.036
学业支持	11.73 ± 3.54	12.18 ± 3.74	13.68 ± 3.18	13.97 ± 3.22	6.369	<0.001
生活照顾	14.31 ± 3.37	13.96 ± 3.29	15.12 ± 2.67	13.97 ± 3.18	2.337	0.074

注：1 代表 3000 元及以下；2 代表 3000~6000 元；3 代表 6000~10000 元；4 代表 10000 元以上。

（三）初中生父母教养投入与学校适应的关系

1. 初中生父母教养投入与学校适应的相关分析

表 10 的相关分析显示，父母教养投入总分与学校适应总分呈显著正相关，各个维度之间也呈显著正相关。说明父母教养投入水平越高，其学校适应水平也越高。

表10 初中生父母教养投入与学校适应的相关分析

因素	情感休闲	规则教导	学业支持	生活照顾	父母教养投入总分
学业适应	0.361**	0.217**	0.342**	0.227**	0.377**
学校态度	0.273**	0.327**	0.277**	0.312**	0.343**
同伴关系	0.133*	0.330**	0.185**	0.321**	0.240**
师生关系	0.385**	0.138*	0.321**	0.188**	0.366**
常规适应	0.140*	0.298**	0.159**	0.266**	0.222**
学校适应总分	0.320**	0.318**	0.317**	0.322**	0.381**

注：** 表示在 0.01 水平上显著相关，* 表示在 0.05 水平上显著相关。

2. 初中生父母教养投入与学校适应的回归分析

以父母教养投入各维度为自变量，学校适应为因变量，采用逐步法建立回归方程，分析结果如表11所示。生活照顾、情感休闲、规则教导进入回归方程，三个因素对学校适应均具有正向预测作用，其预测力分别为 10.1%、3.3%、1.7%。

表 11　初中生的父母教养投入及各因子分与学校适应的回归分析

因变量	预测变量	R	R^2	$\triangle R^2$	B	F	t
学校适应	生活照顾	0.322	0.104	0.101	1.575	36.960***	6.079***
	情感休闲	0.374	0.140	0.134	0.356	25.916***	3.666***
	规则教导	0.399	0.159	0.151	1.081	20.031***	2.692**

注：** 表示 $P<0.01$，*** 表示 $P<0.001$。

三、讨论

（一）初中生父母教养投入的现状分析

本研究显示，初中生父母教养处于中等偏上水平。这与朱肖楠的研究结果基本一致。究其原因，从宏观上看，2019 年以来，新的中考政策实施，高中和职业技校的录取比例从 6∶4 调整为 5∶5，中考带来的压力一定程度上促进了父母对初中生的关注和教养投入。从个体发展的角度看，初中生处于青春发育期，生理快速发育所带来的身心发展不平衡、自我意识膨胀、强烈的"成人感"、逆反心理等使得家长不得不对这个阶段的孩子多一些情感和行为上的投入。

（二）青少年特征对父母教养投入的影响

父母对男生的教养投入高于女生，这与国内已有的研究不一致，可能的原因是本研究的对象大多是来自农村的初中生，"重男轻女"的思想依然存在，父母对男生给予更加深厚的期望，希望其有所成就，因而对其在教养方面的关注度要高一些。

父母对独生子女的教养投入高于非独生子女，这与伍新春等的研究结果具有一致性。相对于非独生子女家庭，独生子女家庭的父母不需要分配时间和精力，孩子可以得到父母全部的付出。

父母对七年级学生在情感休闲方面的投入较高。朱肖楠的研究表明，初一、初二学生的母亲教养投入显著高于初三学生，与本研究结果具有一致性。新的中考政策带给初中生巨大的学业压力，年级越高，压力越大，因而用于休闲放松的时间就越少，七年级学生刚进入初中，距离中考相对较远，学生有相对较多的时间和精力与父母一起参与休闲娱乐活动，因而能够感受到父母在情感休闲方面给予了较多的投入。

（三）地域特征对父母教养投入的影响

来自城市的初中生其父母教养投入高于来自农村的初中生，主要体现在情感休闲和学业支持上。城市相对于农村而言，有着更高的经济发展水平、更加丰富的文化教育资源、更完善的交通和通信设施，生活在城市的父母和孩子拥有着更多能够进行互动的资源和媒介。另外，城市家庭的教育氛围相比农村会更加浓厚，父母对待孩子教育的重视程度也普遍较高，因而对孩子认知、情感和行为方面的教养投入较高。

（四）家庭社会经济地位对父母教养投入的影响

父母职业是公务员、公司职员其教养投入高于其他职业类型，大专以上文化程度的父母其教养投入高于大专以下文化程度的父母，经济水平较高的家庭父母教养投入水平较高，这与以往研究得出了相似的结论。父母的受教育程度、职业类型及家庭经济水平反映了一个家庭的社会经济地位，而社会经济地位越高的家庭越是重视子女教育，对其有着更高的教育价值判断，会将更多的知识技能、经济资源和时间投入到子女的教养中。

（五）父母教养投入与初中生学校适应的关系分析

研究结果显示，父母教养投入水平越高，初中生学校适应状况越好，这与徐涵的研究一致。在亲子互动水平较高的家庭中，父母通过与子女之间的一系列活动，不仅传递着一定的价值观、情感和态度，也能给予孩子具体的成长性指导，培养孩子的社会交往能力，情绪管理能力、应对困境的能力以及解决问题的能力等，进而理解社会生活中的游戏规则和行为规范，适应学校的各种规则和要求，形成良好的学校适应性。

四、结论

初中生父母教养投入处于中等偏上水平，影响父母教养投入的因素既包括性别、是否独生子女、年级等青少年特征，也包括地域特征及家庭经济水平、父母受教育程度和职业类型等方面。高水平的父母教养投入可提升初中生的学校适应性。

参考文献

[1] 侯静. 初中生学校适应量表的编制和信效度检验[J]. 中国健康心理学杂志，2016,24(3):413-420.

[2] HAMRE B K, PIANTA R C. Early teacher-child relationship and the trajectory of children's school outcome through eighth grade[J]. Child Development, 2001,72(2) : 625-628.

[3] 陈英敏，李迎丽，肖胜，等. 高中生羞怯与学校适应：一个有调节的中介模型[J]. 心理学探新，2019,39(6):527-532.

[4] 陈英敏，张文献，陶婧，等. 初中生羞怯对学校适应的影响：多重中介模型的检验[J]. 中国特殊教育，2017(8):74-79.

[5] 陈超男，肖崇好. 大学新生自我概念和学校适应：心理弹性的中介作用[J]. 牡丹江师范学院学报（社会科学版），2019(1):133-138.

中学中国古代史教学发掘爱国主义素材的思考

赵卓煜

摘要：在新时代背景下,要在继承的基础上发扬以爱国主义为核心的时代精神,需要深入地进行爱国主义教育。爱国主义教育离不开爱国主义素材的运用,中国古代史教学是进行爱国主义教育的重要主阵地之一。在中国古代史教学中要选择切合青少年自身发展的材料,激发学生学习兴趣,培养青少年反外敌侵略的爱国精神。勇于创新的时代精神、筑牢团结发展的民族精神、继承和发扬中华传统文化的人文精神和自然科学精神。爱国主义教育的进行是推动青少年继承和传承爱主义精神,推动国家不断地进步发展的精神动力。通过参与历史课外活动,引导学生挖掘爱国主义素材的积极性,强化学生爱国主义自我教育,提升学生搜集史料的能力。爱国主义可以增强青少年的民族认识,加强学生对祖国和中华民族的热爱,进而促进他们树立起积极参加新时代社会主义伟大建设的人生目标。

关键词：中国古代史教学；爱国主义教育；爱国主义素材；时代精神

列宁曾说,"所谓爱国主义就是千百年来固定下来的对自己祖国的一种最深厚感情。"由于时代的进步,大众对于"爱国"这一名词有了更深层次的认识,在"爱国"一词上延伸出现了"爱国主义"。每个时代对爱国主义的理解不同,每个时代都有自己的特点,而邓小平同志对"爱国主义"这一词的理解是最符合当代时代特点的："爱国主义必须与社会主义相统一,因为实践出真知,只有社会主义才能拯救中国于水火之中；爱国主义与民族主义相统一,这是坚持"一国两制"维护国家安定的前提；爱国主义必须与国际主义相统一,必须奉行独立自主,以维护国家的主权和利益为前提才能与世界各国和平交流,共同发展。"爱国主义可以增强青少年的民族认识,让青少年了解我国在古代历史上曾经创造出了高度的历史文明,加强青少年对中国优秀的传统文化、科技、手工业等的认同感。通过学习四史、不断增强"四个自信",是青少年加深对中国的历史认同、国民认同、文化认同和政治认同。坚定爱国主义立场,增强青少年的强国道路信心,为青少年的爱国报国的志向提供理论支撑。中国古代史教学是以习近平新时代中国特色社会主义思想为指导的,将爱国主义教育与历史知识相衔接,从而让学生形成全面完整的认知体系。运用历史课堂中独有的丰富的爱国主义素材,使历史课堂成为爱国主义教育的主阵地之一。以历史课堂为载体,进行创新多元化的爱国主义教育,"开展多样新颖的教育形式,更好地吸引青少年对爱国精神内涵表达的关注和参与",增强青少年的民族自信和文化自信心。历史的发展特点表明了任何的历史活动事件都带有历史足迹,而这一切都受制于时代背景之中,无论在开展政治制度、经济制度、还是思想文化都不能将历史背景割裂对待。像思想政治课、语文课、音乐课等课的开展都是以历史学科为背景的,因此历史教学最具有综合性,爱国主义素材最为丰富。所以深入研究中国古代史教学中爱国主义素材的发掘问题，是非常具有重要意义的。

近年来，对于中学历史教学中如何开展爱国主义教育，一批学者和教师做出了大量的研究成果，主要观点有：运用中国传统文化培养青少年的文化自信与文化自豪感，如顾秀萍在《利用历史课阵地培养学生爱国主义情感研究》中主张青少年要主动学习传统文化的发展，增强青少年的民族自豪感；爱国主义教育需要结合乡土素材，如郑玉红在《历史教学中的爱国主义教育》主张审美乡土，升华爱国热情；发挥课堂主阵地作用，如卢玉权在《浅析历史教学中的爱国主义情感的培养》中主张发挥课堂作为主阵地作用，帮助学生构建系统性的历史知识框架；运用一些我们熟知的历史英雄人物更好地进行爱国主义教育，培养青少年的爱国情感，如常润华在《历史课的爱国主义教育》中主张用历史上的革新者事迹，激发青年人为振兴中华而奋斗。这些观点都是非常重要的，应该继续坚持下去，但对爱国主义教育的研究，总体上看是不够系统化的，在爱国主义教育的历史教学有机融合方面的研究还不够充足，因此，需要进一步的研究。在历史教学中一些教师坚持应试教育，却不够重视历史课外活动，这不利于培养学生的实践和动手能力，更不利于学生通过参加历史课外活动自主进行爱国主义素材的发掘。还有一些教师在历史教学中不能依据学生的性格和特长去调整教学内容，容易导致课堂内容趣味性不够。因此，结合时代要求，从中国古代史教学中进行爱国主义教育的爱国主义素材发掘，系统地总结出中国古代史教学中爱国主义教育的重大意义，发掘出具有现实意义的爱国主义素材显得十分重要，只有这样才能培养出真正具有爱国主义精神的青少年。不仅如此，历史教学更应该与时代发展联系紧密，历史教学和爱国主义素材的运用不能闭门造车，应该多关注时政热点吸引学生的眼球，教师多与学生沟通交流，关注其动态，才能做到有中心、有重点地进行历史教学。

一、结合时代需求，有中心、有重点的发掘中国古代史教学中的爱国主义素材

在中国古代史教学中存在着特别丰富的爱国主义素材，正是因为存在丰富的爱国主义素材，从而容易造成不够深入，失去重点没有中心，进一步削弱了教学效果。因此作为教师应该有着过硬的专业知识素养和能力，应该有正确的政治方向，在教学中能够和课本知识紧密贴切，有效的识别出适合教学的、学生能够容易理解的爱国主义素材。作为教师应该立足于实际寻找适合青少年身心发展的爱国主义素材，历史学科自身含有丰富的情感教育素材。青少年的情感因素是丰富的，对整个世界都充满了好奇心。根据学生的这些情感因素特点，教师应该根据教学内容有重心、有针对性地将教学知识进行分类，这样更有利于学生知识的吸收。

讲述政治史时，可以突出强调中华民族制度创新对世界的贡献，强化青少年的历史自豪感和文化自信心。例如在夏商周时期，处于早期政治文明的形成阶段的中华民族，西周时期的分封制出现了"封邦建国"这一新的时代特征，配合宗法制度对维护西周上层建筑、规范社会制度起到了重要作用。中国最早进入封建时期，在战国时期已经出现了雏形，秦统一六国，建立了中央集权的政治制度。这是一次飞跃更是一次制度创新，不仅适用于当时的中国社会，也对两千多年后的中国产生了深远的影响，还对周边国家产生了辐射作用。周边国家在中国政治制度的影响下，与西欧国家相比较早地进入了封建时期。隋唐时

期，中国的政治制度根据现实的需要，创新出了三省六部制和科举制度，科举制度对亚洲乃至世界的贡献是空前绝后的。新航路开辟后，葡萄牙传教士将中国的科举制度引到西方，广为流传。英国作为资本主义国家，也不同程度上借鉴了中国的科举制度。到了十九世纪，西方开始相继实行文官制度，这一制度起源于中国的科举制度，可见中国的政治制度的影响对世界是巨大的。作为教师在历史教学中，应该强调中国政治制度的创新性和实用性，从而激发青少年的文化自豪和文化自信。

讲述文化史时，可以突出强调中华民族在政治思想、技术发明、科技创造等方面对推动人类社会的发展和丰富人类文化宝库做出的重要贡献，进一步增强青少年的民族自豪感。比如孔子的思想体系对世界的影响是巨大的，中国古代周边的东亚文化圈都学习儒家文化，儒学还传播到西方，对西方的启蒙运动具有重大影响。中国的汉字除了作为一种传播媒介，还是一种文化的存在，越南、日本、朝鲜等都学习中国使用汉字记载史实，日本借鉴中国汉字创造了片假名等日本文字。中国作为四大古国不仅是因为文化和国力的强盛，更是因为古代中国的科学技术尤为先进，火药的出现改变了作战方式，对欧洲的历史发展带来了巨大的影响，推动了欧洲的文明发展。中国自古就在天文学方面取得了突出的成就，东汉时期，张衡发明出了浑象仪，让中国对地球是圆形的认识比西方早了一千多年。中国作为发明丝织技术的国家，在上古时期人们便学会了养蚕技术。汉代因为丝绸之路的开发，中国有了"丝国"之称。在制瓷方面景德镇的瓷器闻名天下，古代中国的瓷器远销欧洲。这些素材都可以证明中国的先民在科学技术上是不亚于世界任何一个民族的，甚至是处于领先地位。近年来，高考改革的考试科目模式由"3+3"转向"3+1+2"，突出强调了历史，表明我国对于培养青少年的建立科学历史观的重视。

讲述军事斗争时，可以突出强调中华民族在反抗民族压迫、阶级压迫和面对外敌入侵时，顽强斗争永不屈服的精神，站在人民的立场上保护人民的利益，从而培养青少年不卑不亢、爱好和平争取平等的优秀品质。例如面对民族压迫，秦始皇下令修筑长城，汉代卫青、霍去病反击匈奴，隋代三征高丽，唐代稳固西域，宋代抗金等事例，其中最耳熟能详的便是岳飞抗金，他在与金军对峙的二十年中威名遍布天下，引得金人闻风丧胆。岳飞为人清廉不贪图富贵，为保卫国家建立了赫赫战功。岳飞的爱国情怀有利于激发学生的爱国之情，正确弘扬岳飞的爱国精神是挖掘爱国主义素材的表现；面对阶级压迫，秦末的陈胜吴广起义、东汉末年发生的黄巾军大起义、唐末黄巢起义等，都表现了人民在社会生产力发展不平衡、生存得不到保障的时候揭竿而起。所以站在人民的立场上，保障人民的利益是从古至今不变的道理；面对外敌入侵，历史上最有名的是一代名将戚继光抗倭，"戚继光作为著名的民族英雄，一生的光阴都献给了祖国的边防事业，并取得了巨大成就，成为明朝国防的中流砥柱。"他的报国思想有着高尚的情操和优秀的品德，是中华民族优秀品质的展现，还体现着责任、创新和奉献的精神，符合当今的爱国主义思潮，对弘扬爱国主义精神具有重要的启示作用。从这些素材上能够培养青少年面对民族压迫、阶级压迫和外敌入侵时不屈的斗争精神，时刻谨记人民立场、保护人民利益的重要性，将知识化作动力，为中华民族的复兴之路而奋斗。

讲述民族关系时，可以突出强调我国是一个统一的多民族国家，各民族在文化上、经济上、情感上，形成了多元一体的格局，这能够培养青少年维护国家统一和民族团结的意志。在中国古代史教学中，爱国主义素材的使用有助于青少年树立中华民族是一家的理念。

当提及中华民族是一家就会想到作为和平使者的王昭君,王昭君出塞的意义是深远的,为汉族和匈奴带来了五十年的友好相处,"王昭君出塞促进了民族团结,沟通了民族感情,发展了民族友谊,汉、匈民族的关系从此得到了进一步加强。"中国自古是一个民族众多的国家,各民族形成了和睦相处的方式,各民族一起创造出了独具特色的中华文化。江泽民同志提出"三个离不开"的重要论断,即"汉族离不开少数民族,少数民族离不开汉族,各少数民族之间也互相离不开"。历史上的中原与少数民族相处关系一直是如此的。例如,唐代与回纥民族能够保持长期友好关系,形成中华各民族一家亲的亲密关系,是双方民族向往和平而做出的共同努力。从骨力裴罗建立回纥汗国后,唐玄宗封其为怀仁可汗,正式承认了回纥的地位。安史之乱中,回纥曾两次助唐。唐曾四次将大唐公主嫁到回纥,唐与回纥建立了和平友好的睦邻关系。唐代与吐蕃的联系是密切的,从文成公主与松赞干布联姻到建立唐蕃会盟碑等史实,反映了汉藏关系史是"亲如一家"的民族关系史。通过这些素材可以培养青少年积极坚持中国各民族间相互学习相互借鉴,谁也离不开谁的亲如一家的优良习惯。根据历史教学的版块分类,每个版块都能找到相应的爱国主义教育,使得教师在发掘爱国主义素材时都会紧密连接课本知识,做到每一节课与爱国主义教育挂钩,从而培养学生的爱国主义精神和历史思维。在结合时代需求有中心、有重点的发掘爱国主义素材时,贴合青少年的兴趣和关注的热点,这样发掘的爱国主义素材会更符合学生的身心发展特征。

二、发掘素材应该结合时代需求,切合青少年关注的热点和兴趣

在发掘爱国主义素材时,应该做到结合时代需求,切合青少年关注的热点和兴趣爱好,只有这样才能增强教育效果,事半功倍。

以经济建设为中心是兴国之要,当前经济建设尤为重要,这是我们的时代要求,我国经济保持中高速增长,"一带一路"的建设成效显著。特别是在疫情期间,全世界经济陷入停顿时,中欧班列为我国经济发展和国际抗疫提供了重要的支撑,中国用实际行动坚定地表达了我国开放共赢,"一带一路"沿线惠及国家人民的发展道路是正确的。在古代,"丝绸之路"同样发挥着重要的经济作用,"丝绸之路"发源于西汉,最开始的时候这条路主要用来我国向西域国家出口丝织品,换取金银等有价值的物品,丝绸、陶瓷成了东亚文明的象征。唐宋明时期,海上丝绸之路做出了重要贡献,特别是明代的海上丝绸之路与西方大航海时代相碰撞,使得世界上的白银大部分都流入中国,这也导致白银成为明清时期主要流通货币。中国从古至今对经济发展都是非常重视的,古代中国是一个以农业经济为主的农业大国,每个朝代为推动经济发展而颁布不同的经济制度。例如西周时期的井田制,唐代的租庸调制和两税法;北宋王安石变法,明代的一条鞭法等,在当时世界背景中去看都是非常进步的。

爱国主义教育素材要结合时政热点及时合理选择运用。2020年新冠肺炎疫情暴发,全球进入了一个常态化的防疫抗疫阶段。中华民族为了打赢这场战"疫",无数逆行的医护人员、自愿奔赴前线的志愿者、坚守前线的警察还有心系祖国的全球华侨们都团结一心,他们都用行动表达了爱国之情,他们都是平凡而有志气的爱国英雄。在爱国主义教育中青少年应该学习他们的优秀品质,弘扬爱国精神和抗疫精神,落实到青少年的日常生活之中。当全球都处于新冠肺炎疫情的肆虐之中,在中国共产党领导下的全民抗"疫"行动,彰显

了中国制度的优越性和大国担当与责任。中国古代有许多突出的医药学成就：早在先秦时期，扁鹊的切脉诊断方法，对中医学的发展作出了重要贡献。西汉时期的《黄帝内经》是中国影响极大的一部医学著作，被称为医之始祖。唐代孙思邈著有《千金方》，多角度地总结长期以来中医药的成果，在我国医药学发展上占有重要地位。明朝李时珍的《本草纲目》有着"东方医药巨典"的美名。中国的中医药学一直在继承和发展，当今的中药走向世界，最熟知的是中国的青蒿素，拯救了千千万万受疟疾折磨的人，为世界贡献出独属的中国力量。教师在进行中国古代史教学时，应该根据现实热点，贴切现实生活再有效的联系历史，这样才能有效地进行爱国主义教育。

我们在挖掘爱国主义素材时，还要密切关注国际形势，树立正确的国际交往观念。无论过去还是现在，"我们自己坚决不称霸，同时也坚持反对国际生活中的霸权主义，愿意加强与发展中国家的团结，共同反对霸权主义，捍卫我国独立和主权。"虽然当前的国际环境较为严峻，中国周边国家不太安稳，但从古至今中国的外交政策都是友好合作，互利共赢的。例如，唐代与大食在多方面都有着频繁的交流，共同促进了两国的发展，例如政治、经济、文化和军事上。在与古印度的交往上，玄奘西行带回了印度大量的佛教经典，有助于两国在文化上的交流；在与日本的交往上，鉴真东渡将中国先进的文化带到日本，从而推动了日本社会的革新。从这些素材可以表明，古代中国的外交是文化的交往，是相互学习借鉴的过程。改革开放后，"一带一路"无论是对中国还是沿线国家的影响都是深远的。古代中国在外交方面同样秉持和平外交准则，"一带一路"起源于张骞出使西域，经过张骞的努力，西域和汉建立了正式的联系，张骞对丝绸之路的正式形成做出了巨大的贡献。东汉班超恢复了中原与西域的交通道路，保证了丝绸之路的通行和中西的经济贸易、文化的交流，丰富了中西人民的文化和物质生活，唐代王玄策四出天竺，"他所开辟的西藏经尼泊尔至印度这一南方'丝绸之路'的重要支线，意义重大，影响深远。"明代郑和七次下西洋，"大力宣传和传播中国的先进文明，推动当地的文明开化和文化繁荣，做出了重大贡献。"促进了明朝与海洋各国建立和平、友好的外交关系。从古代的"丝绸之路"再到当今的"一带一路"倡议，中国一直坚持和平、友好共同发展，促进了沿线各国的经济发展、文化交流与文明融合，有利于维护世界和平，繁荣与共。教师鼓励学生主动发掘这些材料，有利于增强学生的爱国情感，帮助他们形成正确的文明交往观。

三、通过开展历史课外活动激发，学生发掘中国古代爱国主义素材的积极性

开展历史课外活动是为了更好地促使学生积极主动地发掘爱国主义素材，教师开展历史课外活动需要根据学生的兴趣、爱好、特长进行。学生在参与历史课外活动时，教师应该积极引导调动学生的兴趣，从而做到学生的自我教育。要做到学生的自我教育，教师应该在历史教学中一定要有计划、多方面、多角度、深层次、多互动的进行组织历史教学的课外教育活动。有效的历史课外活动能够培养青少年的历史思维能力和动手能力，还能培养青少年的智力思维，不断地开拓青少年的历史视野，从而进一步地激发青少年的历史学习兴趣。因为，青少年对于事物的认识还比较感性和抽象，如果老师在教学中没有认真对待，没有课外活动，只是照着课本读而不去深度解读，很容易让学生产生枯燥乏味之感，使他们失去兴趣。作为教师在教学中，应该做到时刻关注班级中学生们在上课时对历史课

堂上某一部分有活跃的参与度，下课后是否会关注有关历史的事件并参与历史活动，以此作为凭借进行备课，做好爱国主义素材的使用配合。根据学生们的性格特征，可以定期开展历史活动如历史戏剧的排演，或者有关历史爱国主义的歌曲比赛、作文比赛和黑板报评比活动，有机会可以组织班级去实践参观博物馆或者历史遗迹，真实感受历史的魅力；或者观看历史纪录片等影视作品。使学生能够做到全身心的投入，积极地参与其中，"培养学生的历史兴趣，不仅有益于学生当前的历史学习，更能让学生养成历史爱好。"因为丰富的课外活动能够激发学生喜欢上历史课，学生在参与历史活动时，在教师的指导下，会发掘到比课本课堂上更具有鲜活性的历史事物，这个过程是非常重要的，学生的实际行动、参与的表演、活动等这个过程就是进行爱国主义教育，因此活动本身就是爱国主义素材。

通过开展历史课外活动，能够激发学生发掘中国古代爱国主义素材的积极性。开展历史课外活动的形式应该是丰富多层次的。首先在采取外出活动时，教师一定要做好准备工作，方便对学生进行知识解答。教师应该提前让学生准备好外出参观的历史资料，做好预习工作，这样能够充分发挥历史课外活动的作用。教师可以组织学生参观本地的历史博物馆或名胜古迹，拉近教师与学生的距离，提高学生的历史兴趣。参观后布置相关观后感写作作业，培养学生整理爱国主义历史素材的能力，增强他们的历史写作能力和思考能力；教师也可以在教学中积极运用多媒体等手段，通过影视材料的生动性激发学生学习兴趣，例如学习春秋战国时可以截取影视剧《大秦帝国》片段进行播放，让学生观察是否与历史史实符合。或者根据青少年喜欢动漫等兴趣爱好，在学习诸子百家时可以播放动漫《秦时明月之诸子百家》的片段供学生欣赏，与已学知识进行对比，教师应该在此基础上进行补充。通过影视剧的观看，不仅能够养成学生在生活中学习历史的习惯，还能提高学生的历史纠错能力。教师还可以组织历史讲座活动，例如邀请大学的教授进行培养历史兴趣的讲座等；组织阅读历史书籍活动，选取学生感兴趣的书籍，进行学习心得的交流并写读后感，从而加深印象，推动学生养成自主学习的习惯。根据青少年的阶段兴趣特征还可以开展相关活动比赛，例如，一些学生性格外放活泼喜欢唱歌，当学生在学习到文化版块时，教师可以依据学生的兴趣特征，并结合当下比较流行的经典的古风歌曲如《逍遥游》《山鬼》《琵琶行》《曹操》等歌曲，组织唱歌比赛，还能带学生进入诗词的精神世界。还有相类似的可以开展古风舞蹈比赛如《俪人行》《礼仪之邦》等舞蹈，通过舞蹈比赛能够传播中国传统文化和展现华服之美，这样能达到增强青少年的历史学习兴趣、爱国情怀、文化自豪和文化自信的效果。通过组织学生参与这些古风歌曲和舞蹈的活动，推动他们主动学习这些歌曲和舞蹈背后的历史文化知识，发掘出爱国主义素材。

在学习历史课程时，为了更好地使学生记住历史知识，可以采取体验式和浸入式的课后活动，组织排练历史情景剧活动，如编演《荆轲刺秦》《张骞出使西域》等，通过扮演一些著名的历史桥段，使学生体验历史情景，激发学生的爱国主义情怀；还可以开展历史知识竞赛活动，通过历史知识竞赛可以向同学和老师展现自己对于历史的认识。"竞赛内容要围绕中学历史知识展开。设计的题型可以灵活多变，不必拘泥于历史考试的题型。"还有历史剧本写作、历史手抄报活动和黑板报活动。在竞赛的过程中能够涉及课本知识的回顾，弥补课外知识，还能增强青少年对班集体的认同感和归属感，提高青少年的语言表达组织能力和动手能力，让青少年形成一种发散思维，多层次地认识历史，多角度地联系历史。

作为教师，为了推动学生自主进行爱国主义素材的发掘，在安排历史课外活动的时候，除了课本之外还应该进行网络拓展，发挥教师的引导作用。要有计划地组织活动，若是课程学习需要，可以将多个活动结合起来有交叉地进行开展，最大程度地发挥学生的积极性和主观性。例如当学生在学习政治制度版块秦统一中国时，若是地域方便距离较近，教师可以趁着周末组织参观秦始皇陵兵马俑的活动，并且让学生写下不少于六百字的观后感。若是距离较远不宜参观，可以在历史教学中采用多媒体手段，让学生观看有关秦始皇陵兵马俑的纪录片讲解或者影视作品，课后可以让学生搜集有关秦始皇陵的考古勘察的图片或者报道。通过课后作业的布置，学生在搜集过程中能够领略到历史课上学习不到的历史知识，让学生体会其中的时代精神风貌，增强学生的体验感。或者是让学生自主组织有关秦始皇陵兵马俑的历史兴趣活动，例如让全班学生上台讲课，教师听课点评，让全班同学一起参与到如何讲好这节课的准备中，教师将一些教学流程或者是一些讲课要点告诉学生，由历史课代表和小组代表为主要活动组织者，全班学生积极主动参与其中，让学生自主搜集相关知识，并选择代表在活动中进行讲解。全班同学齐心协力地完成一节课的过程，就是学生自主进行爱国主义素材的发掘和自我教育的过程。教师通过组织学生参与历史课外活动，能够有效地提升学生的历史学习兴趣和思考能力，开阔学生的历史视野，提高学生的历史素养，从而达到历史课作为爱国主义教育的主阵地作用。这样不仅使得学生学习到了课本知识还能与实践相结合，效果更加明显。在对学生进行爱国主义的培养时，要注意对内容和素材进行分析，要选择有深度的材料，不能生搬硬套。培养青少年的历史兴趣爱好，应在导课环节激发学生的求知欲，在讲课时应该配合多种教学手段例如史料图画和多媒体视频等进行纵向横向对比联系，将知识融会贯通。课后要做到及时布置课后作业，发挥学生的主体作用。有效地将学生的历史学习进行延伸，使学生能够对历史学习产生丰富的兴趣。教师教学应该结合学生的性格和兴趣爱好，创造良好的学习氛围，及时给予学生鼓励。

组织学生参加历史学习活动时，教师应根据学生自身实际，因材施教。尊重学生，观察学生，善于发现学生的个性和特长。结合课本、网络多媒体、历史课外书等创造出充满历史氛围的学习环境，培养学生喜欢历史的兴趣。当学生的个性和特长表现得很明显，非常具有表达欲望时，教师应该积极配合给予学生机会，让这些学生参与一些外向的活动，例如唱歌、跳舞、演历史剧本等，在这个过程中，学生参与了爱国主义素材的发掘，进行了爱国主义自我教育，深化了历史知识学习。对于一些内向的学生，可以参与一些知识竞赛、写作等历史活动，在准备参与知识竞赛活动时，这些学生需要主动的补充大量的历史知识，无论是看书还是上网搜索，或者是看视频等，在参与活动的过程中都能达到让学生主动发掘爱国主义素材的目的。在中学阶段学生会有很强的表现欲望，历史教师应该尊重学生的特性，在实践中发展和完善学生个性，从而提升学生学习历史的积极性，让学生积极主动的发掘爱国主义素材进行自我教育。

四、总结

综上所述，爱国主义教育就像一面指引方向的旗帜，引导青少年走向正确的方向。在新时代背景下，教师应该结合时代需求有中心、有重点，结合历史学科的特点、学生的性格特征和时代热点从而创造一个具有历史气氛的历史课堂。爱国主义素材的发掘，应分模块进行，如从政治史、文化史、军事史、民族关系等进行讲述，强调中华民族的制度创新，强调中华民族在政治思想、技术发明、科技创造等方面对世界做出的贡献，进一步增强青少年对我国创造出的文明成果表现出民族自豪感，强化青少年的历史和文化自信。

发扬爱国主义精神要结合时代需求，要切合青少年关注的热点和兴趣爱好，将枯燥乏味的爱国教育变得生动形象。通过开展历史课外活动，进一步引导学生发掘中国古代爱国主义素材的积极性，为了更好地使学生进行自我教育，应该根据学生的兴趣、爱好、特长以及实际的需要去调整。学生在参与历史课外活动中进行的实际行动、参与的表演等这个过程就是爱国主义教育，因此活动本身就是爱国主义素材。"在对学生进行爱国主义的教育时要注意对内容和素材做分析，要选择有深度的材料，不能生搬硬套。"梳理中国古代史教学中爱国主义素材的发掘要做到系统的，紧跟时代步伐，推陈出新。爱国主义教育是弘扬优秀传统文化的重要部分，有利于培养青少年的文化自信与文化自豪感。要贯穿我国的社会发展建设的整个过程，只有结合了时代精神需求的爱国主义才能够常讲常新。

参考文献

[1] 列宁全集(第28卷)[M]. 北京：人民出版社，1990.
[2] 邹雪莲，王海龙. 邓小平爱国主义思想的三大特点[J]. 中共成都市委党校学报，2017(1):9-11,24.
[3] 丁蕴洁. 聚焦思政课筑牢青少年爱国主义教育主阵地[N]. 安徽青年报，2020-10-16.
[4] 吴晓娟. 民族英雄戚继光爱国抗倭史迹[J]. 兰台世界，2013(18):15.
[5] 天一. 王昭君：维护汉匈和平友好的和亲使者[J]. 月读，2019(12):4.

小组合作学习法在初中数学教学中的应用[1]

赵鹏军[2]，张文佩，吴小鹏

摘要：因为社会和现代教育的持续发展，初中教育越来越受到国家和社会的重视。传统的教学方法与其他教学方式相比，小组合作学习的方式具有更强的自主性，更能由学生自己掌控学习过程，更能激发学生的学习兴趣。小组学习的目的就是让每一个学生在有限的时间内主动参与学习，在自主学习中建立自信，养成良好的习惯，形成有效的学习策略。本文通过分析小组合作学习法与传统教学法的优劣以及课堂教学案例，使教师能够在未来的初中数学教学中更加轻松灵活的使用小组合作学习法。

关键词：小组合作学习法；初中数学；教学模式

一、引言

小组合作学习法是一种新型的教学方法，现代教育最突出的特征就是以人为本，通过积极参与学习过程来促进学生的技能发展并支持学生的思想和个性，强调培养学生做一个有独立性格的人。

数学学习要加强合作学习，加强学生之间的沟通和发展，加强教师和教师之间的互助。新的《义务教育数学课程标准》指出学生的学习应该发挥主观能动性，课堂上要开展促进学生全面发展的教育教学措施。课程标准显示，独立思考、实践操作、主动探索、交流沟通是学生学习数学的重要方式。在此背景下，研究小组合作学习法在初中数学教学中的应用和策略是尤为必要的。

新课改中强调学生的自主、合作、探究的精神，将合作学习的能力运用于实践教学中。教育学者们通过对合作学习实践方式的探讨，目的是改善合作学习的实施效果，教学前要做哪些课前准备，如何掌握合作学习的时间，这些都是为了改进合作学习的方法而进行的研究。有的学者则是对关于如何运用合作学习法，如何将合作学习法运用到实践中去进行研究。例如，程秀珍对初中数学课堂教学中团队协作学习的策略进行了探讨。通过团队合作，培养学生的数学思维，通过课题研究，使其在数学知识、团队协作、问题解决等方面得到逐步发展。金萍研究了小组合作学习法在初中数学教学中的应用。对初中生来说，兴趣是促进学习的催化剂，也是促进数学思维发展的强大动力。从小就培养学生的合作习惯，对学生未来各科学习及生活都会产生极大的正面影响。黄海霞对小组协作学习的问题进行了剖析，并提出了相应的对策。随着合作学习在我国的普及，使教师对合作学习的运用从一开始的不习惯到逐渐地对合作学习的分组分工、合作内容和任务的划分等方面都有了一定的了解。

---

[1] 基金项目：陕西省教育学会2022年度一般课题·初中数学探究教学的有效性研究（SJHYBKT2022116）
[2] 作者介绍：赵鹏军，男，陕西渭南人，教授，硕士，主要从事智能计算及其应用研究工作

合作学习理论起源于20世纪70年代的美国，帕克是合作学习的倡导者，他认为合作学习可以增强学生的民主意识，让学生在课堂上感受到快乐，同时，合作学习可以缓解师生之间的矛盾，这种教学方式也符合美国当时教育发展的需要。进入21世纪以来，合作学习理论就得到了教育者们的普遍重视，许多专家、学者都从不同领域，不同方面对合作学习展开了研究。小组合作学习不仅可以增强学生学习数学的能力，而且能锻炼学生的团队合作能力，对学生的未来职业规划和职业教育有一定的积极影响，更能锻炼学生在面对问题时的思维方式。

小组合作学习让每位同学在学习中都享有同等的地位，并有更多的表现机会。小组合作学习可以鼓励学生独自思考和探索，增强他们的责任感、创造力和竞争力。在小组合作学习中，一个共同的学习目的就是把个人的思想和团体的思想联系在一起。为了达到共同的学习目的，团队成员之间相互指导、相互协助，使整个学习过程在一个融洽的气氛中进行。

二、小组合作学习法

（一）小组合作学习法的含义

小组合作学习是一种以班级授课制为理论基础的教学组织方式。在教学中，教师以一群学生为主要驱动力，相互协作形成"教育团体"。小组合作学习是一种通过小组成员之间的合作和小组成员之间的竞争实现学习目标的特殊教育活动，通过这种合作与竞争从而提高学生的学习积极性和数学技能。

（二）小组合作学习法的利弊分析

1. 小组合作学习法的优点

（1）鼓励合作精神。

在教育中，我们会更多地关注合作式学习。在当前的数学教学中，我们应注意培养学生与学生之间的合作意识和沟通交流的能力。目前，大部分学生都是独生子女，缺少与同龄人交流沟通的能力和合作进步的环境，然而在初中生的成长中却十分需要这种能力的提升。使用小组合作学习法教学，学生要想在班级有好的表现，就必须和团队一起努力，并且把自己完全融入团队当中，在长期的磨合之下，学生团队合作的能力一定会得到提升。

（2）获得沟通技巧。

随着社会的发展，人与人之间的交流越来越多也越来越频繁，良好人际关系的重要性越来越明显。在合作学习的过程中，学生首先要加强的是与人交流的能力和与人合作的能力，让学生之间学会互相交流知识、互相鼓励和互相帮助。小组合作学习的这个过程帮助学生提高了他们的沟通技巧，让他们不仅可以充分投入到小组中，还可以约束并规范自己在课堂上的行为。

（3）培养创造能力。

当今教育的一个重要目的就是培养有创造力的学生。对于处于学习核心地位的学生来说，教学不应该是一场布道，而应该是一种愉快的有激情的探索，或者说是一个令人兴奋的解决问题的过程。由于小组中每个学生的能力、学习兴趣和知识深度不一致，因此，学

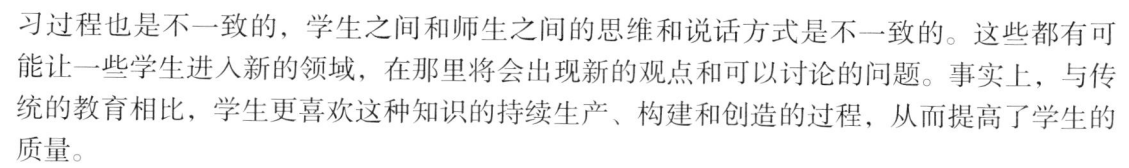

习过程也是不一致的,学生之间和师生之间的思维和说话方式是不一致的。这些都有可能让一些学生进入新的领域,在那里将会出现新的观点和可以讨论的问题。事实上,与传统的教育相比,学生更喜欢这种知识的持续生产、构建和创造的过程,从而提高了学生的质量。

(4)营造竞争意识。

合作学习将整个班级分成几个小组,在进行讨论、解决问题的过程中,团队之间的竞争是无法避免的。在这个阶段中,学生的竞争力逐步增强。教室可以被认为是社会的一个缩影。毫无疑问,在这个小的社会环境中培养的竞争意识,对于未来进入大社会的学生来说,将会有很大的好处。

(5)鼓励主动学习。

小组合作学习可以让学生由被动的学习向主动地参与转化。为了将学生的学习由被动转为主动,我们提出鼓励学生主动学习。在课堂中,教师们会将一些适合学生合作讨论的问题发放给学生,让学生通过小组沟通探究加上自己的思考解决问题。在集体讨论中,学生们或多或少都会有一些结论,而这些结论的特征就是学生们通过讨论得到的。当问题没有得到很好的解答时,教师要提供一些建议,而这些方法和结论也会给学生留下深刻的印象。

在集体讨论过程中培养了学生的合作交流的能力,并加强了学生自主学习的能力。如果掌握了自主学习的能力,那么在以后遇到相似的问题,学生也可以通过合作学习的方法来解决。掌握这一能力无论是对当前知识的学习还是应对之后可能出现的问题都是十分有意义的。

2. 小组合作学习法的缺点

小组合作学习法可能从形式上看是一种合作关系,但并不是真正意义上的合作。小组合作学习不是指把学生分成几个小组进行集体学习,而是有更详细的协作问题,例如合作的时间选择和时间管理,合作技能的培养等。

(1)导致学生两极分化。

表现优异的学生主宰了整个小组的活动。小组合作学习提高了学生的表现,但往往是极端的,成绩好的学生什么都说了算,成绩一般或比较差的学生就可能会产生非常严重的依赖心理甚至会导致学生之间无法友好相处。

(2)降低学生独立学习的能力。

如果合作过多,学生独立学习的能力就会被削弱。在一些教室里,如果几乎班上的每个人都是合作的,在课堂上花费的合作学习和对话的时间越多,学生独立学习的时间就越少。然而学生需要独立思考,从长远来看,这大大降低了他们独立学习的能力。

(3)忽视教师的主导地位。

太过放任学生从而忽视了教师在教育中的主导地位。合作学习可以促进教师与学生之间,学生与学生之间以及教师与教师之间等多种交互作用,但是从课堂上看,教师在安排学生进行小组合作交流后,有的学生在为下一步的活动做着准备,有的学生在讲台上走来走去,有些人则是站在讲台上东张西望,等待着最后的合作结束,这就使合作学习走向了另外一种极端——毫无约束。

三、小组合作学习法在初中数学教学中的应用

(一) 小组合作学习法的误区

在初中数学教学中，小组合作学习法是一种非常有效的教学方式，但运用不当就会影响到学生的学习效果。

1. 不合理的人员分配降低了小组合作的质量

(1) 小组随机分配。

随机分配合作研究小组是最快、最方便的方法，但也是最没有质量保障的方法。但是，在初中进行数学课堂教学时，很多老师都会将相邻桌子的学生分组或让学生自己创建独立的学习小组，以节省整合时间。所有的这些分组方法都是随机的，没有考虑到小组合作的质量，也确实降低了小组合作学习的质量。

(2) 小组搭配混乱。

初中生正处于成长发展的重要时期，他们有着不同的性格、爱好、长处和短处。在没有对学生的性格、气质、兴趣爱好进行详细分析的情况下，随便建立了合作伙伴关系，这些学生团体就属于搭配混乱的小组。为了适应这样的小组，外向、大方、活泼的学生通常会表现得更加积极活跃，而内向寡言的学生在小组里便会显得多余而失去存在感。

2. 学生参与不平衡，忽略了团队合作的意义

在实践中，应给予小组成员尤其是处于不利地位的群体提供更多的发言机会，促进其小组共同发展。但是，在采用小组合作的方法进行初中数学课堂教学时，常常会出现优秀学生主宰一切，而弱势群体被视为小组"鸡肋"的错误认识。

(1) 优秀学生成为小组焦点。

有些初中生擅长表现和表达自己。在数学课上，这些学生们常常是小组的核心人物，带领班级讨论，同时会在小组中担任监督小组成员的职责。当然，这些学生都是很出色的。但是，小组合作不仅仅是给一个学生展示的机会，更要能激发整个小组的成员一起进行学习讨论。尽管在数学课堂中，杰出的同学在小组合作中起着举足轻重的作用，但实际上，他们也会妨碍到其他同学的学习。

(2) 弱势群体成为小组"鸡肋"。

所谓的弱势团体，即小组合作学习活动中的"观众"，他们会默默地藏在那些出色学生的身后。随着时间的推移，在集体学习的教学中，他们将会变成"鸡肋"。也就是说，如果不参加讨论，这些同学就没有机会发表自己的意见，他们留在小组中也不过是凑数而已，并不能成为这个小组的必要成员。也就是说，即便是每天都参加合作学习，他们也没有发展的机会和进步的空间。

3. 合作学习的内容不恰当，销蚀了合作学习的效果

在初中数学课堂上，小组合作学习并不是完全适用所有教学内容的，有些教学内容适合于讲授模式，有些则适合于讨论模式。举例来说，在教学"平面图形的认识"这一课中，教师直接引入概念，然后在黑板上画出几种简单的平面图形，接着对学生进行提问，这样就可以使学生参与到课堂中，学生的学习积极性不仅得到了提升，而且对平面图形的基本

概念有了深刻的理解。如果这个知识采用讨论合作的方法，既浪费了教师的时间，又不能提高学生的学习兴趣。因而，小组合作学习的作用就不能完全发挥出来。

（二）小组合作学习法在初中数学教学中的应用策略

1. 小组合作学习取得成功的先决条件——合理分组

（1）分组原则。

要想顺利地进行小组合作学习，学生们首先要有一个合适的团队。小组成员的构成总体上遵循"群体内有差异、群体间均衡"的原则，即每个学生的个性、性别、学术能力、思维能力、学习能力等都有差异，由于小组中的成员差异，从而实现了班级间的均衡。小组多元化使小组成员能够相互协助，在团队中寻找平衡，从而为班级中的小组提供了平等的竞争环境。

（2）分组实施。

小组的结构应由教师和学生共同讨论和组织，要考虑到学生的表现、个性、性别和沟通技巧。教师还要指导学生学习如何与各种各样的人互动，尤其是那些沟通能力弱、学习效果差的同学。以小组为单位争取可以让每个学生全身心投入小组学习中，并要求小组的每个成员都动手去做，专注并参与所有学习流程，以促进小组的集体成长。每个小组的人数为4到6人不等，每学期调整一次。

2. 小组合作学习取得成功的必备要素——建立恰当的合作模式

合作小组成立后，所有学生都投入到了数学的课堂学习中，教师们要针对不同课堂中学生的不同需求，组织起以学生为核心的合作式学习。需要指出的是，不是所有的数学知识都适用于合作学习。这是因为在小学阶段的数学学习中，学生已经掌握了一些基本的数学知识，可以用这种知识和经历来理解初中课本中一些简单的数学概念。所以，在学习任务探索过程中，要把学习难度大、抽象度高的学习任务纳入学习任务的探索中，以避免过于拘泥于形式和课堂气氛的追求。

比如"平行线的判定"这节课，就需要学生在这门课上，学会判断两条直线之间有没有平行关系，然后再将它们运用到平面几何问题中去，这样才能保证学生的想象力和逻辑性的培养。因此，可以采取小组合作的方式来完成这门课程的教学。下面以"平行线的判定"这节课的教学设计为例展开详细的论述。

《平行线的判定》教学设计

一、教学目标

知识与技能：经历探索直线平行线条件的过程，掌握利用同位角相等判别直线平行的结论，推理得出"内错角相等，两直线平行"和"同旁内角互补，两直线平行"判定直线平行的结论。

过程与方法：经历观察、想象、推理、交流等活动，体会归纳获得数学结论的过程，进一步发展空间想象、推理能力和有条理表达的能力。

情感态度与价值观：使学生在积极参与探索、交流的数学活动中，体验数学与实际生活的密切联系，激发学生的求知欲，感受与他人合作的重要性。

二、教学重难点

重点：经历观察、实践、想象、推理、交流等活动，探索得到直线平行的判定条件。

难点：利用"同位角相等，两直线平行"得到剩余判定条件并加以运用解决一些简单的实际问题。

三、教与学互动设计

(一) 温故知新，复习导入

问题1：在同一平面内两条直线的位置关系有几种？分别是什么？

问题2：什么叫两条直线平行？

问题3：装修工人正在向墙上钉木条，如果木条 b 与墙壁边缘垂直，那么木条 a 与墙壁边缘的夹角为多少度时，才能使木条 a 与木条 b 平行？

问题4：你知道其中的道理吗？如果木条 b 与墙壁边缘不垂直呢？

设计意图：通过问题设疑，引导学生思考，既复习旧知，做好新知学习的铺垫，同时也不断激活学生思维、生成新问题，引起认知冲突，从而自然引入新课。

(二) 引导互动，探索新知

问题1：画一画，用三角尺和直尺画平行线的步骤有哪些？

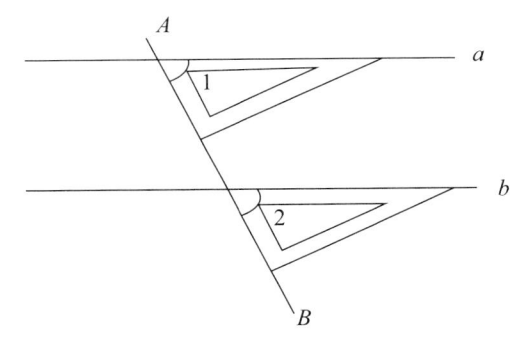

追问1：画图过程中，哪些角始终保持相等？

追问2：直线 a, b 的位置关系如何？

追问3：由上面的操作过程，你能发现判定两直线平行的方法吗？

设计意图：学生独立作图既是对平行线画法的巩固，又能让学生在亲自动手实践的过程中感悟到同位角的等量关系，为后边判定方法的得出做了铺垫。

追问4：让学生观察图形以及体会作图的过程，提问∠1和∠2是怎么得出的？

学生回答：这两个角是直线 a, b 被直线 AB 截得的同位角。

活动：教师引导学生观察∠1和∠2是直线 a, b 被直线 AB 截得的同位角，并且，∠1＝∠2。这说明，如果同位角相等，那么 $a // b$。

设计意图：引导学生观察，从实践中体会数学知识的溢出，结合所学知识以及对新知识的渴望，由自己动手得出的结论往往让学生印象更为深刻。

教师引导总结归纳：

判定方法一：两条直线被第三条直线所截，如果同位角相等，那么这两条直线平行。即同位角相等，两直线平行。

应用格式：∵∠1＝∠2(已知)，∴ $a // b$ (同位角相等，两直线平行)

问题2：如图所示，由∠3＝∠2，可推出 $a // b$ 吗？如何推出？

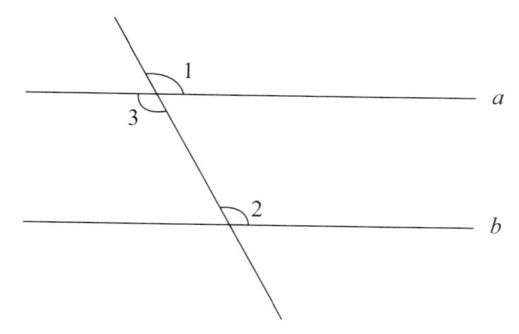

设计意图：通过对∠2和∠3，∠1与∠3以及∠1与∠3的位置关系，结合新学的平行线判定方法一，得出新的判定方法，培养学生类比解题的数学思想。

活动：小组合作交流探讨，教师通过对小组的提问及提示，引导学生探究，通过与组员交流的方式自己总结得出新的判定方法，教师从中加以纠正和补充。

教师引导总结归纳：

判定方法二：两条直线被第三条直线所截，如果内错角相等，那么这两条直线平行。即内错角相等，两直线平行。

应用格式：∵∠3=∠2（已知），∴a//b（内错角相等，两直线平行）

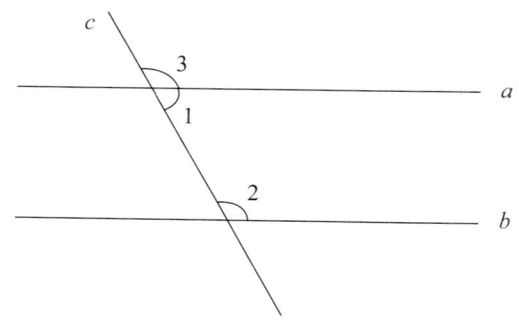

问题3：如图所示，如果∠1+∠2=180°，你能判定a//b吗？

设计意图：通过对∠2和∠3，∠1与∠2以及∠1与∠3的位置关系，结合新学的平行线判定方法一，得出新的判断方法，培养学生类比解题的数学思想。

师生活动：学生自由思考、小组讨论，之后由各小组进行发言，说出对这道问题的看法和解法。教师预设大多数小组根据第二问的思路，使用判定方法一解决此问题，少部分小组选择根据增加角的标法，运用判定方法二解决此问题。教师通过引导学生对比及提问，说明解题方法的不唯一性。

设计意图：通过自由交流及探讨，让学生自己证明，自己总结，运用不同的方法解题，让学生体会到，解题的方法不唯一，并且学会现学现用的技巧，培养学生灵活的思维能力。

教师引导总结归纳：

判定方法三：两条直线被第三条直线所截，如果同旁内角互补，那么这两条直线平行。即同旁内角互补，两直线平行。

应用格式：∵∠1+∠2=180°（已知），∴a//b（同旁内角互补，两直线平行）

（三）迁移应用，巩固新知

例题1：如图所示，可以确定AB//CE的条件是（　　）。

A. ∠2 = ∠B　　　B. ∠1 = ∠A　　　C. ∠3 = ∠B　　　D. ∠3 = ∠A

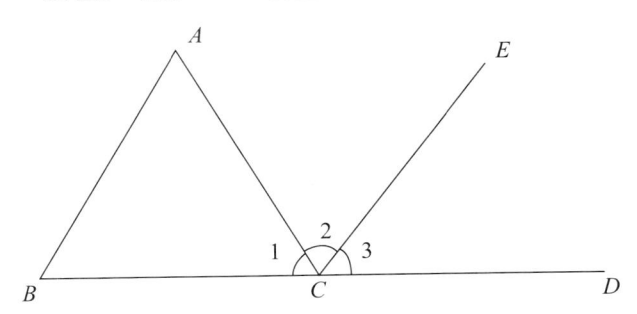

活动：各小组学生先独立完成，再进行互助交流，最后教师进行点评。

设计意图：简单的图形问题考察对三条判定方法的正确运用，督促学生及时巩固所学知识。

(四) 回顾思考，总结反思

1. 本节课我们学习了关于平行线的什么问题？
2. 我们是怎么得出判定方法一的？判定方法二、三呢？
3. 对于平行线的判定方法你掌握了多少？

活动：由各小组同学自行进行讨论总结并派出代表进行发言。

(五) 目标检测，反思教学

例题2：如图所示，已知 ∠1 = ∠3，AC 平分 ∠DAB，你能判断哪两条直线平行？请说明理由。

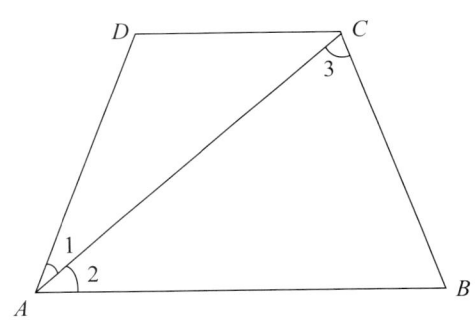

设计意图：通过对问题难度的提升，结合角平分线的定义，让学生小组合作学习，互相帮助，交流解题思路，培养学生灵活运用知识的能力和正确观察角的位置关系及数量关系，运用合适的判定方法进行解题。

(1) 安排合作学习的相应任务。

小组合作学习是一种把注意力都集中在一个学习任务上的学习方法，它与数学教学中的任务型学习关系紧密，这就可以在课前、课中或课后布置开展数学相关的合作学习任务。

比如，在课前预习的合作学习计划中，教师通常会给孩子们提供具有挑战性的学习任务，让他们在课堂上进行讨论。例如，在"二次函数性质"的一节课上，教师用问题串的形式让学生进行关于二次函数的讨论。二次函数的图形、顶点和对称性是怎样的？在绘制图像时，我们应该注意什么？在二次函数中，y 随 x 是怎样改变的？同学之间相互帮助，相互学习。而且，每个人都要准备好作为团队的代表发言，所有同学的表现都会被老师和组长记录下来。

（2）拓展合作学习的适用范围。

大部分老师都认为合作学习模式仅适用于课堂教学，但是初中阶段的数学学习活动却超越了课前评估、数学练习、批评和反思等。在自主学习过程中，通过合作学习，使学生自觉地约束自己的学习行为，通过团队的责任感和伙伴的协助，使学生的学习问题得到及时的解决，从而有效地增强了他们的自主学习的能力。为此，初中数学教师应拓宽合作学习的适用领域，并促进其在数学领域的发展。

比如，在"平方根"一课中，教师要求同学们以团队的方式来完成这个课程的练习，并在此基础上计算和运用平方根。这就需要每个小组的组长认真思考自己组的数学学习计划，并决定完成的时间和地点。因为每个同学的数学水平都不一样，他们在做功课时会遇到的问题也不尽相同，因此，他们要做的第一件事就是和同学们对练习题进行初步的探讨，然后对这些问题的不同思考方式进行分析，这样才能更好地解决问题。然后，每个小组都要对小组的学习问题进行总结，以便于老师对他们的作业进行指导。

3. 小组合作学习有效取得成功的关键——有效的课堂提问

课堂教学实际上是一步一步地提出问题和解决问题的过程，每一个问题的解决都达到了一个"拐点"。教师在教学过程中提出的问题会直接关系到这次教学的成功与否和学生能否得到收获。一位好的老师的教学不仅仅是要会教，更要会问。

合作学习是指通过教师的角色转换，使学生适应新的学习模式。教师要做好学生的教学指导和帮助工作，有时也要作一名合作伙伴。合作学习中教师角色的具体体现为：

（1）教师提出的提问要有针对性。

小组合作学习是由4～6位学生共同参与的，教师在组织学生的学习过程中，起到了指导和帮助学生们在小组合作学习中解决遇到的难题，督促学生保持学习状态的作用，还起到了为学生营造良好学习环境和氛围的作用。教师提出的问题不但要考查学生的知识水平和学习水平，还要看教材中的主要内容的重点和难点。另外，教师在提问时也要熟知自己所提出的问题，并用不同的方法来发问。教师的提问还应着眼于知识的交互，要有针对性，而且要引起学生的兴趣。

（2）教师提出的问题应该对学生起到激励作用。

教师要对提出的问题进行反思：是否能加强学生的自主思考、数学思维、合作交流和解决问题的能力等。当学生们通过小组讨论得到结果并回答问题时，无论结果正确与否，教师都应当对他们的答案给予鼓励，不能轻易否定他们的想法，更不要说将自身的观点强加到学生的身上。这种方法不但可以缩短师生之间的距离，而且可以促进学生的协作精神。

（3）教师要具有参与到学生中去并监督学生的意识。

教师的提问方式、提问时机、提问语气、提问质量都与课堂教学结果有显著的关系。在合作学习中，教师既是组织整个课堂的人也是参与到其中的人。教师应该在小组合作活动中对同学们的努力给予肯定。在小组活动中同学们遇到问题时，教师要及时对问题讲解和引导，并对小组活动进行监测，使其可能出现的问题能够得到及时正确的引导。

4. 小组合作学习取得成功的有效保证——建立科学的评价机制

要在小组合作学习中取得理想的成绩，重要的是要建立一个温和的约束机制，鼓励学生不仅要努力学习，还要与小组伙伴合作。因此，有必要改变之前的数学活动和相应的考核方式，实施和建立新的评价机制，促进个人竞争力，鼓励集体合作，用新的考核指标和考核标准进行合作学习。正确地评价小组合作学习，可以促进学生的协作精神和快速发展学生的合作能力。

在小组合作学习中，应将学习过程和结果的评价有机地结合起来，强调过程性评估；对小组整体的评价应该和学生个人评价一起进行，并着重于小组整体的评价。不管是过程评估、成果评估、团体评估和个人评估，都应该把集体合作成绩作为衡量小组标准的重要内容，如小组成员差异、小组工作合理化、小组成员合作程度、小组研究活动的形式和内容、小组成员的参与、小组研究的成果等都是评价的重要内容；学生个人对教师布置的任务的态度和完成任务过程的状态、小组共同活动时每位成员的表现以及与其他同学的合作的积极程度、学生个人对问题研究做出的贡献、小组最终研究出来的成果等，都是对个别小组成员的观察依据。以下是一些常见的合作学习评估方法：

（1）设定小组奖励分数的个体测试。

个体测验是由学生们相互协助，共同回顾要进行测试的内容，由老师分别对每一位同学进行测验。团队成员的最后得分＝学生的实际得分＋团队的奖励得分。奖励积分是教师根据小组成员的具体表现所给予的。如果小组中的所有成员都达到了预期标准或超预期完成了任务，那么小组中的每位学生都会获得奖励积分。当然，教师给予奖励积分的标准可以是灵活多变的，比如某一位成员如果进步飞快，或者哪个小组合作学习的完成度比其他小组都要高，都可以获得相应的积分。通过这种方法，可以防止以小组工作的方式和成果为基础，对小组和小组的个体进行评分，从而提高团队的主动性和协作精神。

在小组合作学习中评价学生学习成果的问题是非常复杂的。一般来说，集体成就不等于个人成就，两者都必须分别评估和奖励。比如，团队奖可以被用来奖励那些团队表现突出且表现优异的小组，这个奖项是属于小组每个人的。优秀个人奖、最佳绩效奖可以颁发给那些在小组合作中表现出色的个人。对合作小组的评估应侧重于过程，但对个人的评估应更多地侧重于结果。

（2）小组成果共享法。

这种方式有两种。第一种方式，先由学生们共同讨论，共同完成教师指定的任务，确保整个小组的所有成员都能了解考试内容；然后每一位学生都要进行一次独立的考试，由老师选择一张试卷进行打分；最后整个小组所有人的总分就是他们所评出的考卷的总分。第二种方式，协作学习团队的第一步是要一起完成任务并呈现一个结果；其次，由每个小组选出一名代表，在课堂上展示团队协作的结果；最后，老师或者整个班级都会对这个小组进行评价，每个组的得分就是每位成员成绩的得分。

（3）合作测试法。

合作测试的方法是：学生首先在小组中对要测试的内容进行讨论，然后互相帮助；每个学生在指定的时间里，按照所讨论的内容单独回答问题；每位学生的得分是单独回答问题时得到的分数。使用合作测试法时要注意以下三点：

①在教学中，老师要引导学生主动参与，相互帮助；

②要组织每个小组积极讨论测试题目，让所有学生都能在不依靠权威机构给出的官方答案的情况下，自由地发表自己的意见；

③提出的问题要充分考虑到本节知识中的重点与难点，并且这个问题的答案应是不唯一的，要能够发散学生的思维。

(4) 日常行为观察法。

①教师可以通过每天在课堂中对学生的观察，以及教学观察记录或教学日记，来监测每个学生的实际情况。

②对学生的评价分数范围设置为0～5分，然后分别制定每个分数的具体标准。

③根据每个学生的学习成果和课堂表现进行综合评分，将小组中所有学生所得的分数加起来得到小组合作学习评价的总分。

对于①，由于初中的班级规模很大，老师要对每一个学生进行观察并记录是不现实的，所以可以采用这种方式，比如多注意一些不参加团体活动，比较强势以及性格内向的同学；或者，可以在每一小组中安排一名观察员，以更好地监督小组的成员。对于②③，可以参考表1：

表1 学生表现评分表

	得分	评价标准
第一档	5分	积极参与小组讨论，乐于助人并且顺利完成预期目标
第二档	4分	小组成员都努力工作并且设法积极完成任务
第三档	2～3分	不能完成预期目标，或学习过程偏离主题，需要教师指导才能顺利进行活动
第四档	0～1分	拒绝参与合作学习，并影响他人学习，受过多次老师提醒

四、结束语

小组合作学习是新课程创新支撑的重要学习方式，是新课程标准中体现的理念。合作学习模式在数学课堂中进行，让学生自己练习和探索，这会在课堂上营造一种令人兴奋的氛围，并改变学生单一传统的学习方式。学生有足够的空间来学习数学，学生也可以全身心投入到对知识的追求和探求中。小组合作学习可以确保课堂的每一个角落不被遗忘或冷落，让学生在课堂上以不同的方式从不同的角度思考，分析不同的问题。这营造了一个和谐轻松的学习环境，鼓励了学生去创新发现并且促进了所有学生的全面发展。

参考文献

[1] 张春莉，缪佳怡，马琬婷，等.《义务教育数学课程标准（2022）年版》解读（笔谈）[J]. 宜宾学院学报，2022(5):1-15.

[2] 程秀珍. 探究小组合作学习在初中数学课堂教学中的实施策略 [J]. 理科爱好者（教育教学），2022(1):88-89.

[3] 金萍. 小组合作学习法在初中数学教学中的应用 [J]. 亚太教育，2019(12):75.

[4] 黄海霞. 小学数学教学中小组合作学习存在的问题及其解决策略 [J]. 求知导刊，2022(3):80-82.

[5] 何显峰，邓小莉，朱勇，等. 提升初中数学小组合作学习有效性的策略研究 [C]//《教师教育能力建设研究》科研成果汇编（第九卷），中国管理科学研究院教育科学研究所专题资料汇编，2018.

"双减"背景下中小学家校教育焦虑与纾解对策

张志昌,郭妮妮[1]

摘要:教育是培养人的事业。但受功利化思想影响,基础教育也逐渐走向"异化",教育焦虑近年来已经成为一种普遍的亟须关注的国民情绪,为破除教育日益内卷化引发的"剧场效应"与"竞争牢笼"。中共中央办公厅、国务院办公厅于2021年7月颁布了《关于进一步减轻义务教育阶段学生作业负担和校外培训负担的意见》,旨在回归教育的育人初心、确保基础教育的公益性质、持续推进教育公平。《意见》提出要有效规范校外培训,减轻义务教育阶段学生过重作业负担与校外培训负担。"双减"实施一年,学生课业负担明显降低,校外培训机构得到有效治理,中小学校课后服务迅速普及,国家政策引领点面结合,协同育人机制初步建立。但是"双减"是一项关切多方利益的系统工程,牵一发而动全身。"双减"后,中小学家长的入学焦虑与择校焦虑及作业辅导焦虑有所减轻,升学焦虑仍处在高位,教学条件焦虑及教学评价焦虑较为突出;中小学教师的教育焦虑主要来源于教育综合改革压力、课堂教学改革压力、作业设计压力和工作时间压力;中小学生的焦虑主要源于家长的社会比较引发的亲子冲突、自身学习动力不足、缺乏有效学习方法、不适应网课教学、"摆烂"后的迷茫和虚无感。关切家校教育情绪,重视双减效果"晴雨表"的变化,巩固双减成果增效和长效化,国家要围绕教育公平进一步要做好政策顶层设计,着力推进教育评价机制改革与基础教育阶段优质教育资源的均衡化;学校要深入落实"减负"要求,切实提高教育教学质量,让学生在校内学好学足;家长要不断提升自身教育素养,树立正确教育理念与成才理念,担好与学校协同育人的职责;中小学生要树立正确的"学习观",学会做学习的主人。

关键词:双减政策;教育焦虑;纾解对策

教育是民生之基,是全社会密切关注的热点,是国之大计、党之大计。十年树木,百年树人,现今中小学阶段孩子的发展状况,在很大程度上决定着未来50年中国的发展。近些年,随着社会竞争的加剧,教育所承担的压力前移,学前教育、基础教育层面普遍存在超前教育、过度教育现象。"短视化""功利化"的教育价值观,不仅裹挟中小学管理者、广大教师,也裹挟着一大群望子成龙、望女成凤的家长。教育"内卷化"使得我国整个教育系统陷入"剧场效应"和"囚徒困境"而不能自拔,严重"内卷化"的结果使家庭经济压力和精神负担的加重,学生学业压力过重,青少年儿童的身心健康问题令人担忧。教育上的沉疴积弊,冰冻三尺非一日之寒,很难轻而易举解决问题。据不完全统计,我国教育系

---

[1] 作者介绍:郭妮妮,1980年生,女,陕西商州人,硕士,商洛学院健康管理学院讲师

统自1985年起，已发布过不少于50次的"减负令"，减不下来足见其难度。教育的本质是培养人的社会实践活动，我国的教育目的明确指出：各级各类教育都要围绕培养社会主义的建设者和接班人这个基本点，我国在基础教育阶段的培养目标是促进学生德、智、体、美、劳全面发展，办让人民满意的教育已经正式写入我国的教育方针。"双减"工作正是党中央站在实现中华民族伟大复兴的战略高度和政治高度作出的重要决策部署，是构建教育良好生态、促进学生全面发展，健康成长的国之大计。

2021年7月24日，中共中央办公厅、国务院办公厅印发《关于进一步减轻义务教育阶段学生作业负担和校外培训负担的意见》（以下简称《意见》）。《意见》提出，要在一年内使学生过重作业负担和校外培训负担、家庭教育支出和家长相应精力负担有效减轻，三年内使各项负担显著减轻，教育质量进一步提高，人民群众教育满意度明显提升。当下"双减"政策已落地实施满一年，中央通过巡视督导等方式压实责任主体，强调全面压减作业总量和时长，严格限制、压减学科类校外培训活动，切实加强培训机构的收费监管，强调校外培训的公益性；合理、充分利用校内外教育资源，鼓励、支持有条件的学校在课余时间向学生提供兴趣类课后服务活动，供学生自主选择参加。

"双减"政策发布后，从国家到基层，规定也越来越严格，措施越来越细化，成效开始慢慢显现。权威研究报告显示，双减落实半年后，83.5%的学生没有参加校外学科类培训，63.3%的学生没有参加校外非学科类培训。然而，该报告也指出，32.6%的家长为孩子的升学压力常常感到很焦虑，70.9%的教师认为课后服务之类的非教学负担压力过大，并为此感到严重的焦虑。学科类课外辅导机构被严格管控后，学生培优课补差的捷径被切断，一部分学生还未形成自主学习能力，不会安排课余时间，沉溺于网络游戏，成绩一落千丈，焦虑不降反增。基于此，厘清"双减"后中小学家校教育焦虑的现实与表现，探讨纾解家校教育焦虑的对策，对于巩固"双减"成效，持续推进双减工作增效与长效化，有着极为重要的理论意义与现实意义。

一、双减政策的价值追求是回归基础教育

诗人纪伯伦曾说："我们已经走得太远，以至于忘了为什么出发。"近些年受教育功利主义浪潮的影响，教育目的发生了"异化"，教育更多是被视为获取社会优质资源的一条有效路径，而忽视了教育本该作为塑造人类思想的崇高事业而存在的本质。前几年教育"内卷化""鸡娃"已经成为网络热点词汇，教育目的的异化，最终导致大量家庭被裹挟参与这场教育的恶性竞争，制造出了教育"内卷化"的社会潮流。教育"内卷化"一经形成就嵌入教育体系中，并推动了"跟风补课"和"攀比教育"风气的蔓延，直至形成"剧场效应"与"竞争牢笼"而无法破解，学生精力被无限榨取，家庭教育投入负担越来越重，这种恶性竞争除了资本的狂欢，没有胜利者。一些有情怀、懂教育的专家学者为政府谏言荐策，2021年7月党中央颁布《意见》为教育"内卷化"重重按下了停止键。

教育的根本属性是平等交往，教育的本质是培养人，教育的根本任务是立德树人。基础教育之重在其育人价值，是促进学生全面发展、培养学生核心素养的纯公益性质的教育，因此必须着眼于儿童的健康发展，尊重儿童身心发展的内在规律基础上，坚持以德育为先，帮助中小学生将社会主义核心价值观内化于心，外化于行，从而实现其全面而自由的发展，这是能支撑中国民族复兴的根基。

"双减"政策致力于减轻基础教育阶段学生成长中不必要的课业负担与额外课外培训竞争压力，减去"分数至上论"的知识枷锁，减去"资本绑架"的教育焦虑，减去"应试导向"的剧场效应，减去封闭学校的藩篱分割；在为学生减负、家庭减压的同时，对全体中小学校提出了提质增效、走内涵式高质量发展道路的明确要求；"双减"政策是对学校教育价值取向上认识的深化，是对学校教育"异化"的纠偏与革命，也是基础教育回归育人初心的坚守。"双减"政策清理了基础教育阶段营利性的私立学校，私立学校限期转为公立，学科类课外培训机构不得在寒暑假、周末及法定节假日违规补课。基础教育开始与市场脱钩，学科培训的利益链条被斩断，资本力量在基础教育阶段的影响从根源上被消解，这是近30年基础教育运行环境最彻底的一次改变，基础教育进一步回归义务教育的公益属性。教育发展有自身的相对独立性，教育内部有其不以人的主观意识为转移的规律。学生是学习的主人，一切有效的学习与教育，都是从学生主动性、积极性的发挥为前提，在教育严重内卷的时期，很多家长把自己的教育焦虑非理性地转移到孩子身上，给孩子报大量的学科类课后补习班，以增加自家孩子在升学竞争的优势与安全感。然而学生的时间、精力一再被榨取，许多学生开始逆反、厌学，不少学生出现心理问题。有研究指出中小学生的抑郁检出率达27%，中小学校处处可见"小眼镜""小胖墩"，全国中学小生健康监测数据显示，青少年身体素质下降趋势明显。这种短视化，功利化教育无异于饮鸩止渴的行为，最终受伤害的是学生、家长与社会。"双减"是一项涉及国家政治、经济及社会发展的综合性、系统性工程。中华民族的复兴，需要德、智、体、美、劳全面发展的社会主义事业的建设者和接班人，需要的是有民族大义、有使命担当、有创新精神、创造能力、有知识才干的年轻一代。"双减"不仅是在做减法，同时也在做加法。"双减"的落实，切实为中小学生在校内课业负担与校外学科培训压力方面松了绑，体现了为党育人，为国育才的教育宗旨与方针，尊重并回归教育的基本规律，为我国基础教育构建良好生态及长远发展注入了一针"强心剂"。

二、"双减"政策落地一年后成效初显

"双减"就是要有效减轻义务教育阶段学生过重的作业负担和校外培训负担，通过夯实学校育人主体地位、规范校外培训机构、保护群众利益来缓解家长的焦虑心理，从而推动教育高质量发展和形成良好教育生态。《意见》指出："全面压减基础教育阶段学生作业总量时长，减轻学生过重作业负担；提升学校课后服务水平满足学生多样化的发展需求；坚持从严治理全面规范校外培训行为；大力提升教育教学质量确保学生在校内学足学好；强化配套管理，提升支撑保障能力。"细读《意见》，不难感受到国家推进"双减"的力度和决心，但更应该体会到政策中要求的"减量提质"的精神内核。要做到"双减"到位，学校教育还必须"提升课堂教学质量与效率，必须加强课后服务质量，让学生在双减中舒心学习、健康成长，让家长对学校教育质量放心，效果满意。

（一）学生课业负担显著降低，儿童的"全面发展"逐渐落实

"双减"政策落地以来，中小学生校内作业负担总量上得到明显控制，结构上更加合理，各个学科逐渐达到均衡。2022年3月，北师大中国教育与社会发展研究院通过大样本调查分析后，发布《全国"双减"成效调查报告》，报告中指出75.3%的中小学生明显感受

到作业量比上学期有所减少，83.4%的学生基本能在学校完成书面作业，这说明"双减"后中小学生作业负担有效减轻。与此同时，全国各地中小学校普遍制定了比较完善的作业管理办法，建立了作业公示制度。99%以上的学校做到了起始年级"零起点"教学，注重做好幼小衔接、小初衔接。"双减"政策提出学校要分年级定量布置作业，要求健全作业管理机制、提高作业设计质量，教师布置作业要经学科教学主任审核后再公示，这就避免了有些教师随意给学生布置超额超量的作业，公示后的作业都是教师精挑细选，有严格的质量把控。作业量减少了，学生脱离了题海，完成作业后学生有了时间进行体育锻炼，也可用于自主探究学习，有些学生组成社团，培养并发展兴趣。教育心理学研究指出，儿童是发展的主体，只要条件合适，他都会积极主动发展自我。总的来讲，有了自由时间，学生不再作"提线木偶"，他才能做自己，他才可能去思考如何去发展自己。"双减"落实后，国家紧接着颁布了《义务教育阶段课程方案》，明确了义务教育阶段德育、智育、体育、美育、劳动技术教育在课程中的总体比重，明确把劳动技术教育列入国家课程方案，体育课占到总体课程方案比重的21%，仅次于语文课。各地中小学也在探索更科学的课后服务方案，一些有条件的中小学已经开始在课后延时服务时间组织学生开展社团活动，一些学校已经开始鼓励并组织教师研发有特色的选修课。据笔者相关调研，苏州部分中小学竟能给学生开出300门的选修课。可以说"双减"政策的落实，正促使基础教育真正关注学生的全面发展，全面发展教育正在有计划地稳步落实，学校教育真正促进学生的"全面发展"正在从理想走向现实。

（二）校外培训机构得到有效治理，学校教育积极提质增效

"双减"政策规定：各地不再审批新的面向义务教育阶段学生的学科类校外培训机构，现有学科类培训机构统一登记为非营利性机构。对原备案的线上学科类培训机构，改为审批制。各省（自治区、直辖市）要对已备案的线上学科类培训机构全面排查，并按标准重新办理审批手续。未通过审批的，取消原有备案登记和互联网信息服务业务经营许可证（ICP）。相关调查显示"双减"政策落地一年后，全国范围内学科类培训机构已难寻踪迹。

"双减"政策要求学校内部课堂教学要锚定提质增效总目标，抓住课堂黄金40分钟（或45分钟），优化作业设计。"双减"推动了学校实施切合实际的课堂教学改革，要求教师在改进教学质量上下大功夫。西安市一位小学校长在访谈中介绍，该校每一节课均以"乐学、会学、学会"为主线来设计，用自主、合作、探究、展示等方式落实教学任务。"双减"成效初显，这个成效是体系化和综合性的，尤其是学校治理体系，通过以作业改革为突破口的教学改革，以及课后服务质量提升等抓手，有了整体化重构。"双减"落实以来，"作业改革"成效最为显著，它深刻推动了教师课堂教学方式的变革，在全国范围产生了诸多先进改革经验。

（三）中小学学校课后服务迅速普及，多数家长表示基本满意

"办人民满意的教育"是我国教育方针的重要内容。"双减"政策落地后，全国各地中小学结合学校实际情况，制定了适合本校校情的课后服务方案，基本实现了全学年全覆盖。自愿参加课后服务的学生比例占学生总数91.9%，有力促进学生的学习与成长回归学校教育。一些学校制定的对学生分类分层做好辅导的课后服务实施方案，切实增强了课后服务的吸引力，充分抓住课后服务时间，指导学生认真完成作业，对学习有困难的学生进行补

习辅导与答疑，为学有余力的学生拓展学习空间，开展丰富多彩的科普、文体、艺术、劳动、阅读、兴趣组及社团活动。国家统计局近期专题调查显示，校内"减负"成效初显，作业负担明显减轻，73%的家长表示孩子完成书面作业时间比"双减"前明显减少，85.4%的家长对学校课后服务表示满意。

（四）国家—社会—学校—家庭"四位一体化"协同育人机制正在形成

教育是一项系统的社会工程，需要国家做好顶层设计，更需要全社会、学校、家庭共同参与，做好协同育人。"双减"前学校、家庭、社会在发挥育人功能方面，出现了不同程度的分裂、割裂、越位、错位、缺位等复杂情形及矛盾，一度导致社会上出现对"5+2＝0"话题的热议。双减政策赋予了社会教育新的使命和内涵，严格规范学科类校外培训，保留艺术、体育教育，强化社会实践育人，系统化重构了学校、家庭与社会的教育功能，各种教育影响回归本位，不越位、不错位、不缺位，强化了学校教育教学的主阵地作用，倒逼义务教育学校提质增效、内涵式高质量发展；重构课堂教学与课后服务体系，义务教育学校的课后服务内容日益丰富，方式也逐渐多样，社区育人资源也逐渐引入学校教育中，学生能够拥有更广阔的学习空间，拥有更多可供选择的课程资源，这也在很大程度上使学生在课后实现了学习成长与自我发展的延伸。为了进一步引导家庭做好育人工作、压实家庭育人责任和作用，2021年10月《中华人民共和国家庭教育促进法》正式出台，要求父母要合理安排中小学生的学习、休息、娱乐时间，避免加重中小学生的学业负担，切实推进家庭教育与学校教育相结合。总之，随着我国教育法律与政策网络的不断完善与实施，中小学教育的国家、社会、学校、家庭协同育人机制已逐渐形成。

三、"双减"背景下中小学家校教育焦虑的表征

焦虑问题一直是教育领域较为关注的话题，绝大部分研究认为学生是焦虑的主体，而没有意识到学生、家长与教师其实是一个"焦虑共同体"。我们把这种与学生学习、考试、升学相关的焦虑统称为教育焦虑。事实上近年来教育焦虑作为一种国民情绪已经是一个很广泛，而且不可规避的社会问题。这就要求我们对这些教育焦虑的问题进行重新审视，双减政策实施后学生、家长与教师群体的教育焦虑发生了哪些变化？哪些方面的焦虑有所缓解？哪些方面的焦虑又有所增加？家校教育焦虑呈现什么特点？厘清这些问题对于建立基础教育新生态，促进学生全面展十分必要。

（一）家长的教育焦虑

本次"双减"政策可谓是史上最严减负令，但是，在"双减"政策强势突进过程中，家校教育焦虑问题呈现出此消彼长的局面。研究显示，"双减"实施以来家长的入学焦虑与择校焦虑、家庭作业辅导焦虑有所减轻，升学焦虑仍处在高位，教学条件焦虑及教学评价焦虑较为突出。随着义务教育的普及，国家与地方政府加大投入，加速新建了一大批中小学校，增加学位供给量，改善中小学硬件设施，加大教师教育培养力度，完善优秀教师与优秀校长轮岗制度，绝大部分家长可以让孩子就近入学，家门口就有教学设施不错的学校，从而有效降低了大多数家长入学焦虑与择校焦虑。但是由于升学压力在根本上没有发生变化，尤其面对中考5∶5分流的巨大压力，这种教育焦虑在初中生家长中尤为严重，而且一二线城市的家长焦虑明显高于小城市与乡镇家长。文化程度高的家长焦虑水平也更高。

教学条件焦虑主要体现在对学校教师的综合素养、教学水平与育人能力方面信心不足，担心孩子在学校不能接受最优质的教学资源；教学评价焦虑是指担心教师在对学生综合素质评价方面存在偏见与偏差，担心公平问题，因为新中考、高考政策都把综合素质评价作为录取入学的新参考。总之，"双减"实施以来，家长的教育焦虑一直处于高位甚至有所增加的原因主要还是对教育公平的期待与对优质教育资源的渴望。

（二）教师的教育焦虑

"双减"政策进一步明确中小学学校教育的主体责任，要求在学校作业减量的前提下，教育教学效果要增质增效，要求学生在学校要学足学好。这就对教师的教学能力与教学水平提出了更高的要求，教师不仅要研究教材、改革教法，还需不断深入学习教育理论知识，开展微教学实践研究，要举行团队教研活动，这对中小学教师来讲无疑是一个巨大的挑战，也是教育焦虑情绪来源之一。另外，学校课后延时服务也主要依靠广大一线教师，课后服务的出发点本是考虑到孩子下午放学早，解决家长接送不便的问题，但同时又增加了教师一天的工作时间，给教师家庭生活带来诸多不便，由此导致教师的焦虑增加。教师同时还要面对作业优化设计的挑战，"双减"之后家长对教师的期待和要求更高也是教师焦虑的重要因素。教师的教育焦虑来源既有时间压力，又有家长期待压力，还有对自身教育教学与能力不足方面的压力。

（三）中小学生自身的焦虑

"双减"的实施，切实减轻了学生的作业负担，学生课后空余时间骤然增多，有家长担心孩子没有自主学习能力，强制给孩子安排家庭作业，以高压态势给孩子制定学习任务与计划，禁止孩子在家干与学习无关的事情，有家长习惯性将孩子与其他孩子做比较，这在一定程度上增加了亲子冲突，导致了学生的焦虑情绪；另外小升初、中考分流压力本质并没有改变，学生明白始终都要接受"应试"的考验，因此越是临近升学，竞争优质学校资源，尤其是优质初中、高中学校，学生自身的焦虑水平就越高。另外"双减"政策的实施一直伴随着新冠肺炎疫情，两者叠加，学生居家学习上网课已经成为学校教学的新常态，许多学生不适应网络学习，上网课期间浏览网页、"摸鱼"、打游戏，也会导致其产生生命意义的迷茫和虚无，这是其不可忽视的一个焦虑来源。

总之，"双减"是利国利民的好事，但我们要关注双减后中小学家校焦虑依然存在的现实，并注意到其新变化，才能有的放矢地寻找纾解对策。

四、双减背景下家校教育焦虑的纾解之道

"双减"工作既是保障教育国策顺利实施的指导方针，也是落实立德树人根本任务的重大举措，更是解决人民群众急难愁盼的民生工程，同时也是深化教育领域综合改革的有效举措。"双减"目标的达成、效应的发挥，离不开家庭、学校的协同配合、共同发力，只有持续攻坚，才能久久为功，最终构建好有利于学生全面发展和健康成长的基础教育良性生态。

（一）国家要围绕教育公平进一步要做好政策顶层设计，着力推进教育评价机制改革与基础阶段优质教育资源均衡化

双减政策要长久持续生效，需要国家围绕教育做好政策顶层设计，需要政府内部打通

各垂直部门、平行部门相互衔接、贯通的畅通机制。国家层面要依靠制度优势，集中力量办大事。通过国家力量高位统筹、尊重科学、掌握规律，继续完善持续推进"双减"相关政策，严格督查与监管，压实各方责任；统筹协调社会各方面的力量，推动仅靠教育部门一家解决不了、解决不好的问题。新时代的素质教育是"成人、立人"的教育，是健全完善人格、发展个性与创造性、丰富完满人生的教育。在教育评价上要杜绝消磨主体生命价值的"应试化"倾向。家校焦虑的根源在于担心教育评价机制不够合理与健全。因此要从根本上解决教育焦虑问题，必须回到教育评价中。无论"双减怎样减"，只要小升初压力、中考分流压力、高考一考定终身没有从实质上改变，一切的"减负"都是临时的，因此从国家层面上要组织力量改变以分数为导向的教育评价机制，探索教育评价的过程化、主体多元化等路径。造成教育焦虑没有根本改观的另一个重要原因是长期以来我国义务教育优质资源配置不均衡现象一直客观存在，这里主要是指优秀教师和优秀校长培养不足，不能满足学生和家长对优质师资的要求。因此国家今后在培养"大先生"上狠下功夫，培养一大批品质优良、有家国情怀、教学水平与能力精湛的教师队伍，与教育管理能力超群的卓越校长；同时有效打通优秀教师与校长区域内轮岗交流，向边远地区薄弱学校流动。

（二）学校要深入落实"减负"要求，切实提高教育教学质量，让学生在校内学好学足

深入推进落实"双减"工作的主体是各中小学校与广大教师。各学校在建立学校作业管理制度的基础上，要在执行中对制度不断优化，要定期组织老师参加教研活动，专门学习与讨论作业优化设计的知识与技能，建立常态化的学生作业督查机制。同时学校要组织落实好课后服务工作，课后服务人员资质应严格审查并建立公示制度，一般原则上课后服务人员是校内老师。各个学校要立足实际探索符合实际课后服务方案，不可千篇一律，走同质化的路子。学校课后可以进行课后作业辅导，也可以开展素质教育拓展活动或者社团活动。学校也可以探索引进第三方平价课后服务，由其在学校开展课后服务，学生自主选择参加，学校统一订购买单的形式，也可以探索其他更丰富多样化的形式。"双减"的前提是课堂增效，课堂增效的起点是教师对课标、教材研读、把握、执行，教师要做课标忠实执行者，教材创造性解读的使用者。教师应做到脑中有"纲"（课程改革纲要）、胸中有"标"（课标）、腹中有"书"（教材二次消化适合学情解读）、目中有"人"、心中有"法"、手中有"技"。教师要从学科教学意识向课程意识转变，关注校本课程开发与实施，关注学校整体课程体系建构与推进。

只有学校落实减轻学生课业负担，能够切实做到提质增效，家长的教育焦虑能才能降低。当学校能做到"减增"措施到位，能积极引导每一位教师成长，教师能力提升了，教育教学得心应手，教师自身教育焦虑也会降低。

（三）家长要不断提升自身教育素养，树立正确教育理念与成才理念，担负好与学校协同育人的职责

"双减"从外部环境和政策支持上为家长减轻负担和焦虑创造了条件，但家长还需要从突破认知、提升自身教育素养等内在下功夫，才能从根源上缓解自身的教育焦虑。习近平总书记提出、家庭是人生的第一所学校，家长是孩子的第一任老师，要给孩子讲好人生第一课，帮助孩子扣好人生的第一粒扣子。作为孩子的第一任老师，家长一方面应该提升

自己的素质教育意识，掌握科学的家庭教育方法；另一个方面应明确家庭教育的重要地位，担负起教育的责任。2021年10月23日出台的《中华人民共和国家庭教育促进法》明确提出，监护人应当树立家庭教育观念，自觉学习家庭教育知识，关注未成年人生理、心理发展状况，帮助其树立正确的成才观。家长要担起教育责任、优化教育认知、提高教育能力。家长对孩子成长与发展不应仅仅体现在关注学业成绩上，也要培养孩子的道德品质、身体素质、生活技能、文化修养、行为习惯等。家长在家庭教育上的责任还包括培养孩子适应现代社会发展需要的品格和能力，如适应变化的能力、全球思维、创造性、对竞争压力的意识、参与群体的能力等。家长要知道每个孩子都有自己独特的天赋秉性，在教育的熏染中，也有自己的兴趣爱好，因此作为家长要相信孩子，给孩子成长的时间和空间，帮助孩子克服困难，要让孩子看到自身的优势与特点，告诉他只要肯下功夫，将来行行可以出状元。家长要知道每一代的教育环境都会面临不同的困难，但社会仍在千难万险中不断进步发展。不要局限在当下的困境或迷茫中，眼光要更开阔、更长远，也要对未来更有信心，要有静等花开的定力和勇气。

（四）中小学生要树立正确的"学习观"，要学会做学习的主人

中小学生必须要明白自己的学生身份，学生的主要任务是学习，要知道学习从来就不是一件轻松好玩的事情。要想学好必须学会主动学习，要做到在学校课堂认真听讲，课后认真及时完成老师布置的作业，有不懂的问题及时请教老师或者同学，能做到课前预习，课后先复习再写作业的高效学习方法。要明白学习不仅是学习科学文化知识，还要学习良好的道德情操，发展兴趣爱好，学会与人合作、分享，学习做事和生活本领。只有这样，将来才能成人、成才，为社会做出贡献。

参考文献

[1] 杨柳，张旭. 新中国成立以来我国"减负"政策的历史回溯与反思 [J]. 教育科学研究，2019(2):13-21.

[2] 刘振天. 教育高质量发展的理论基础及其方向引领 [J]. 中国高教研究，2022(5):8-13,33.

[3] 李江楠，邱小健."双减"背景下家校社协同共生路径探析 [J]. 教学与管理，2022(25):11-15.

[4] 进一步减轻义务教育阶段学生作业负担和校外培训负担 [N]. 人民日报，2021-07-25(001).

[5] 陈志伟，周飞，余慧娟，等. 2021中国基础教育研究前沿与热点 [J]. 人民教育，2022(Z1):33-41.

基于"宏观辨识与微观探析"素养培养的教学设计——以盐类水解为例[1]

石启英[2]，杨子华，乔成芳，孙强强

摘要： 以商州区100名高二学生为对象开展教学，高二年级学生宏观与微观水平的辨析能力处于中上水平，82%学生表示不会在课余时间关注与化学有关的社会热点问题。显然学生更注重对化学知识的学习，很少注意到学习知识所带来的思维方式和素养。以"盐类水解为例"，注重化学实验，启发科学思维，有意培养学生"宏观辨识与微观探析素养"。通过调研分析发现，84%的学生通过此次学习对化学产生了兴趣，81%的学生能熟练掌握该素养，学生通过本次教学逐渐发展出宏观和微观的认知素养，在盐类的水解中展现出基本的化学技能。

关键词： 宏观辨识；微观探析；中学化学核心素养；教学设计

随着科技的发展，公民素养水平已成为衡量一个国家发展水平的标尺。经济合作与发展组织（OECD）最早开始研究核心素养，在21世纪初就提出了核心素养的理论框架，其具有可迁移、多样性的功能，是个体在社会中实现自我、终身发展、融入主流社会以及充分就业所必需的知识、技能和态度的集合。为此，我国提出了"立德树人"的教育理念，各学科立刻响应该"素养为本"的热潮推出新课程标准。《普通高中化学课程标准（2017年版）》就核心素养提出了新的课程理念，从三维目标走向化学核心素养，学科知识来支撑课程模块，而且要从人文角度即德育为先，定位课程和教学内容。

对于中学生群体有关三重表征思维水平的研究表明，学生无法从宏观表征转换为微观表征，又由于该阶段学生仅仅在微观对知识机械记忆，无法灵活运用，便出现宏观与微观表征中的断层，更有甚者无法将宏观表征与微观表征区分。当微观知识无法理解时，为求合理性学生会倾向于用头脑中熟知的宏观表征解释，这就出现了较大的偏差，因此，教师不仅要在中学化学中注重学习具体知识还要注重基本概念的发展，更要促进学生微观粒子概念的掌握，以及检测在化学学习结束时预期的基本科学素养的发展。三重表征的思维方式离不开教师的培养和引导。因此，宏观识别和微观探索相结合学习化学可为其提供全新的视角和思维方式。

"宏观辨识与微观探析"位于五个化学核心素养中的第一个维度。邹国华等在"宏观辨识与微观探析"维度核心素养的进阶研究中指出，宏观辨识是指学生借助宏观可观察到的物质形态和特点进而对其辨认，认识到不同层次的物质的多样性，并对物质进行分类，如

---

[1] 基金项目：省级一流本科课程
[2] 作者介绍：石启英，男，陕西洛南人，教授

何分类以及如何变化；微观探析便是学生从微观角度对宏观性质的探究和解释，能够在元素、原子和分子水平上理解物质的组成、结构、特性和变化，并形成"结构决定特性"的概念。学者吴晗清认为"宏观辨识和微观探析"是宏微结合分析解决问题的意识，能力及评价监控三要素构成。"宏观辨识和微观探析"是一个整体，强调的是从微观结构推测宏观性质、由宏观性质联系其微观结构，能建立起宏—微—符三重表征结合的联系，用不同视角解决化学难题。但"宏观辨识和微观探析"却不是二者简单的加和，它要求学生通过观察，能够识别材料在一定条件下的形状和变化的宏观现象，并对材料的分类及其变化有初步了解的素养称之为"宏观辨识与微观探析"。学生将能够根据材料的微观结构，预测材料在一定条件下可能发生的特性和变化，并能够解释其原因。

中国教育部颁布了《中国学生发展核心素养（征求意见稿）》，该文中明确提出我国学生发展的核心素养体系。在《普通高中化学课程标准（2017年版）》中全面介绍了高中化学学科特有的五项关键能力之一——宏观辨识和微观探析，并对水平进行了详细分类。该素养最具化学学科特色，能从宏微结合角度探究物质及其变化规律，中学生掌握该素养已到了刻不容缓的时候，发展素质教育、弘扬科学精神是学生提升核心素养必不可少的要素。为实现我国全面深化课程改革和国家人才强国战略的根本任务，促进学生"宏观辨识与微观探析"素养的培养，本文以高中化学"盐类水解"为例，从宏观水平和微观水平两个维度进行课程设计。针对课题设计调查问卷，通过问卷分析学生在盐类水解教学课堂学习过程中的掌握程度，并结合生活实际，总结改进策略。

一、基于"宏观辨识与微观辨析"素养的教学设计

（一）研究方法及思路

本文通过文献研究法、举例分析法、观察访问法设计培养学生"宏观辨识与微观探析"素养的研究思路，如图1所示。

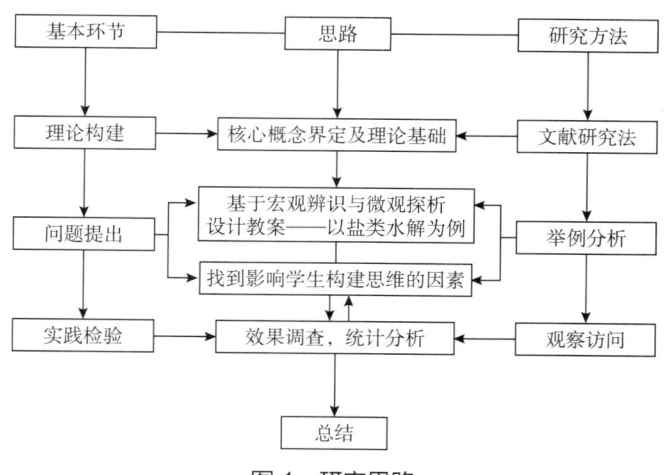

图1 研究思路

利用文献资料法，通过中国知网、万方等数据库，搜索关键词"宏观和微观分析"总结该方向发展的研究结果，了解该素养在高中化学教学的研究现状。借助举例分析法设计教案，开展以"盐类水解"为例培养商洛市某中学100名学生宏观辨识与微观探析的兴趣

课堂，系统阐述实施过程及影响。利用观察访问法深入到高二化学课堂教学中来获取基础数据。记录课后师生间的交流互动情况，分析现阶段高二学生吸取知识的状态和构建思维的情况，对化学能否建立起宏微联系，确定该维度核心素养各个水平层次及在实施过程中存在的具体问题，对该维度核心素养的现状进行全面评测和总结。设计调查问卷，根据问卷分析找出影响该维度素养的因素，并提出合理性建议。

（二）前期分析

三维目标的学习课堂仍然占绝大多数，且有一部分资质较深的化学教师仍采取灌输式教教材的方法，对中学生化学核心素养的培养未能做到正确引导和启迪。学生难以形成三重表征思维方式，缺乏教师的引导，即便知识积累到一定程度，也无法提高三重表征转换的能力。学生对抽象的知识不会灵活记忆，头脑中的微观知识只能在特定的情景下才能提取出来，导致宏观与微观之间的断路。化学的教学需多以实验辅助，而如今课堂为了应试提高课堂效率，多数采用多媒体教学，该种二元纸张的知识传递无法与学生自主探索得出结论比拟。在缺乏教师和教材的双引导下，学生易将宏观的知识与微观知识混为一谈，误认为微观的原子、分子、离子也具有宏观的颜色，状态和性质导致理解偏差，缺乏有机结合的意识。

（三）教学过程的设计

为实现高中学生核心素养中关于"宏观发现和微观探索"的培养，以盐类水解为例，将化学教学过程分为四个环节（见图2）。

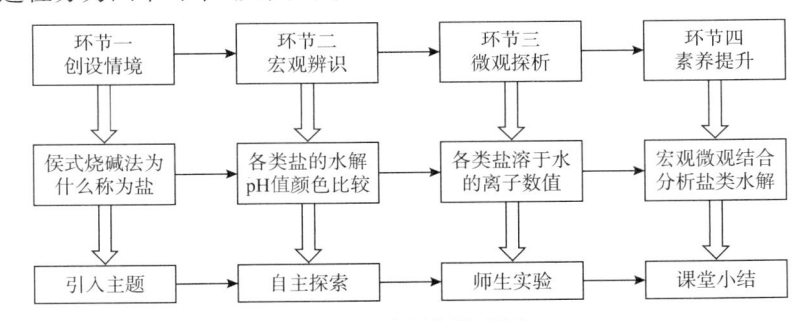

图2 教学计划的设计

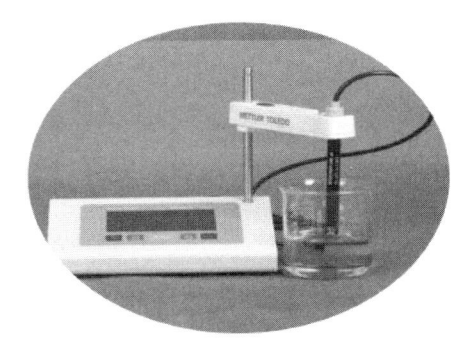

（a）教师使用pH试纸测试盐溶液的宏观表征　　（b）学生用pH计测盐溶液的pH值

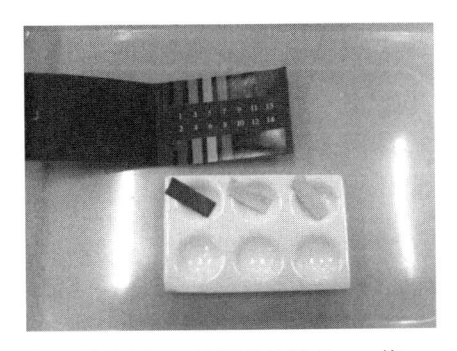

图3 教学活动的设计

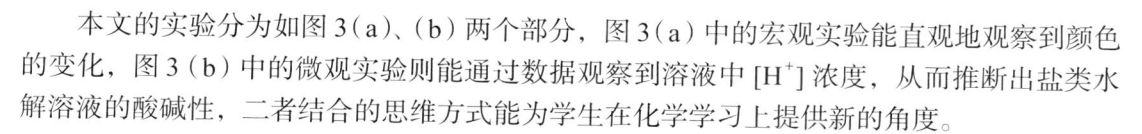

本文的实验分为如图 3（a）、（b）两个部分，图 3（a）中的宏观实验能直观地观察到颜色的变化，图 3（b）中的微观实验则能通过数据观察到溶液中 $[H^+]$ 浓度，从而推断出盐类水解溶液的酸碱性，二者结合的思维方式能为学生在化学学习上提供新的角度。

（四）学习评价的设计

采取的教学评价有自我评价、习题检测、组内互评和师生互评。学生结合自身课堂表现进行自我评价，通过该评价过程进行客观反思，学习过程中是否运用了宏观辨识的方法，是否运用了微观探析的途径，是否能在脑海中建立起宏观与微观的联系，是否能用宏观揣测微观，用微观表征解释宏观现象；实验探究中是否独立自主的总结出实验要点；教师演示的部分是否能通过自己的独立思考得到答案；当堂习题检测用以引导学生在自然科学的学习中尤其是化学学科的学习中建立起宏微联系的思维方式；组内互评能使学生因个体差异存在的疑问在组内得到解释，课堂内容吸收较好的同学帮助能力较弱的同学，能力较强的学生能从中得到巩固，能力较弱的学生能达到醍醐灌顶的效果；师生互评则能有效地了解到不同学生的发展状况，教师在进行化学教学时，考虑到学生的个体差异也是非常有用的，及时发现学生需求并因材施教，是促进师生教学相长的有效途径。

二、宏观辨识与微观探析在化学课程中的案例实践

（一）教学准备

从教材和教学活动设计上分析，盐类水解依靠较多的化学实验来引导学生进行大胆猜测和推理，进而培养宏观辨识与微观探析的核心素养。主要以实验为主，通过探究活动来培养化学该学科核心素养的能力。通过教师的引导和启迪，学生得以提高观察和总结归纳的能力，通过学生自主探究，学生能提高动手能力和对化学学科的兴趣。在高中化学的学习中，微观水平的学习比初中明显增多，增强宏观与微观之间的联系需靠实验得以实现，如若教师结合生活实际给予适当引导并抛出问题，学生的自主思考能力得到发展，此时不会再将宏观水平的性质生搬硬套变成微观水平的性质。学生必然会通过实验的宏观现象预测微观并通过实验验证，而在此期间，学生的观察力、注意力、想象力、记忆力、思维及动手操作能力得到极大程度的增强。

对于高二的学生，正处于对具象知识的学习向抽象知识学习的转化，该过程离不开教师的引导，在本堂课学生已经学习了酸、碱、盐的概念，具备了思维惯性，但往往容易出现知识僵化，常通过死记硬背教科书以快速提升成绩，大部分学生知其然而不知其所以然，对化学知识的学习不能做到灵活运用。课堂教学应以学生为中心，以学生为主导，讲究逻辑、推理和解决问题的能力，极大地发挥他们的组织性、独立性和批判性，激发学习兴趣，有助于学生思辨。

（二）教学过程

教师发布预习导学案，学生课前完成课前导学案。
（1）故事导入，激发兴趣。
在 20 世纪 30 年代，世界上最先进的制碱方法是索尔维制碱法，由索尔维公司垄断。1921 年，为了扭转中国碱业的落后局面，中国工业家范旭东邀请毕业于美国麻省理工学院

的侯德榜成为他的工程师，建立了永利碱厂。侯德榜只用了四年时间就仿照索尔维法生产出了纯度超过99%的煅烧苏打。后来，为了提高盐的利用率，降低原材料的成本，永利碱厂计划引进德国的"察安法"专利。另一方面，侵略者的丑恶嘴脸也激怒了热爱祖国的侯德榜。经过几年的努力，他终于在1941年成功开发了"侯氏制碱法"。

【提出问题】大家都知道侯氏制碱法制得的产物是 Na_2CO_3，而 Na_2CO_3 是一类金属离子与酸根离子结合的盐，那为什么还要称其为纯碱呢？引发学生思考。

【思考讨论】学生回答可能是由于纯碱的水溶液呈碱性，小组讨论验证方法，提出可以采用pH试纸、酸碱指示剂和pH计测纯碱的酸碱。

任务1：盐溶液酸碱性如何判断？

（2）梳理知识，宏观辨识。

【提出问题】请同学们回顾以前所学的知识，思考一下溶液呈酸碱性的实质是什么？

【总结归纳】在溶液中，当 $C(H^+) > C(OH^-)$ 时溶液呈酸性，当 $C(H^+) < C(OH^-)$ 时溶液呈碱性，当 $C(H^+) = C(OH^-)$ 时呈中性。

教师活动：教师将 H_2O、$NaCl$、CH_3COONa、NH_4Cl、$NaHCO_3$、Na_2SO_4 的盐溶液用玻璃棒蘸取并点在pH试纸上。

【多媒体展示】

盐	NH_4Cl	CH_3COONa	$NaCl$	$(NH_4)_2SO_4$	$NaHCO_3$	Na_2SO_4
溶液的酸碱性						
盐的类型						

学生填写表格：

盐	NH_4Cl	CH_3COONa	$NaCl$	$(NH_4)_2SO_4$	$NaHCO_3$	Na_2SO_4
溶液的酸碱性	酸性	碱性	中性	酸性	碱性	中性
盐的类型	强酸弱碱盐	强碱弱酸盐	强酸强碱盐	强酸弱碱盐	强碱弱酸盐	强酸强碱盐

【宏观辨识】

教师活动：向学生展示pH试纸与盐溶液作用后的颜色与比色卡对比。

学生：认真观察颜色变化后得出盐溶液呈酸碱性的结论，有弱才水解，无弱不水解；谁强显谁性，两强显中性。

任务2：盐类水解的本质是什么？

（3）微观探析，揭露本质。

【提出问题】为什么 NH_4Cl 溶液呈酸性？思考 NH_4Cl 本身是否产生 H^+ 和 OH^-？H^+ 和 OH^- 来自哪里？NH_4Cl 溶液中又存在哪些离子？哪些微粒可以发生相互作用？

【小组实验】

学生活动：每小组共同合作完成一组实验，小组分工，一人将 NH_4Cl 固体加入水，另一人负责用已校准的pH计测其在不同时间下的pH值，第三人在测量间隙清洗电极并负责记录，结果如图4所示。

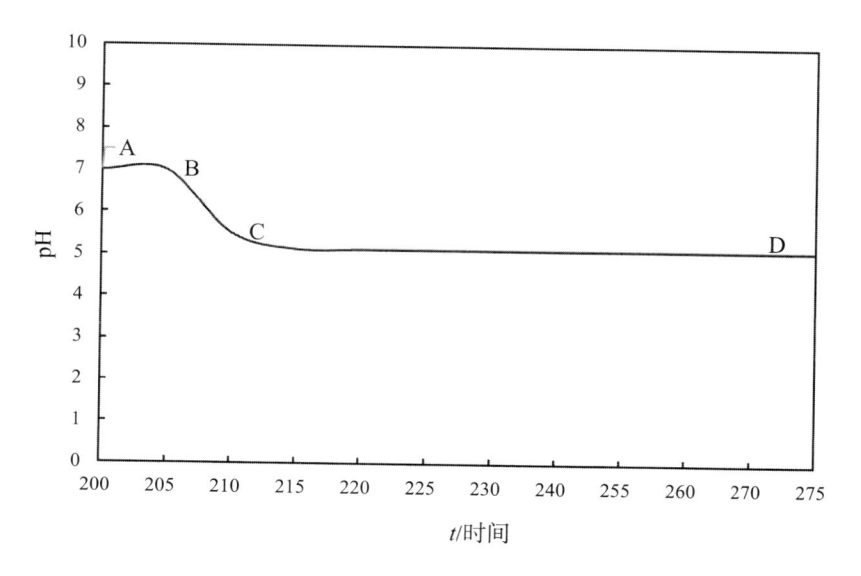

图4 NH₄Cl 固体溶于水的 pH-t

教师：大家大胆猜测 AB 段溶液中有哪些微粒？NH₄Cl 固体加入水中后，存在哪些微粒？BC 段 C（H⁺）和 C（OH⁻）如何变化？小组推选一人回答。

学生：①AB 段溶液中有 H_2O、H^+ 和 OH^-。②当 NH₄Cl 固体加入水中后出现酸性，且铵根是弱离子与水发生反应因此存在 H_2O、H^+、OH^-、$NH_3 \cdot H_2O$、NH_4^+ 和 Cl^-。③因为 pH 值显酸性且数值为 5.13，所以 BC 段 C（H⁺）＞C（OH⁻）。

【多媒体展示】

$$NH_4Cl \Longrightarrow NH_4^+ + Cl^-$$
$$+$$
$$H_2O \Longrightarrow OH^- + H^+$$
$$\Updownarrow$$
$$NH_3 \cdot H_2O$$

教师提问：通过实验探究，可以得出什么实验结论？

学生：盐溶液呈酸性或碱性的原因是弱离子 + （OH⁻）H⁺ $\rightleftharpoons$ 弱酸（弱碱）+ OH⁻（H⁺）。

(4) 归纳总结，形成素养。

教师：结合盐类水解的实验，从宏观和微观层面归纳总结该反应的过程。

学生：宏观上，盐和水反应生成了其他物质，微观上，溶液中盐的离子促进水电离形成了 OH^- 和 H^+。

【课堂练习】

1. 下列过程或现象与盐类水解无关的是（　　）。
   A. 纯碱溶液去油污　　　　　　　　B. 小苏打溶液与 $AlCl_3$ 溶液混合产生气体和沉淀
   C. 加热稀醋酸溶液其 pH 值稍有减小　D. 浓的硫化钠溶液有臭味

2. 为去除 $MgCl_2$ 溶液中的 Fe^{3+}，可在加热搅拌的条件下加入一种试剂是（　　）。
   A. NaOH　　　　B. Na_2CO_3　　　C. 氨水　　　　D. MgO

3. 常温下，将甲酸与 NaOH 溶液混合，所得溶液的 pH = 7，则此溶液中（　　）。

A. $C(HCOO^-) > C(Na^+)$　　　B. $C(HCOO^-) < C(Na^+)$

C. $C(HCOO^-) = C(Na^+)$　　　D. 无法确定 $C(HCOO^-)$ 与 $C(Na^+)$ 的大小

4. 下列说法正确的是（　　）。

A. 盐溶液都是中性的　　　　　　B. 盐溶液的酸碱性与盐的类型无关

C. $NaHCO_3$ 溶液显酸性　　　　　D. Na_2CO_3 溶液显碱性，是因为溶液中 $C(OH^-) > C(H^+)$

答案：1. A　2. D　3. C　4. D

【板书设计】

第一节　盐类的水解

一、盐的组成与盐溶液酸碱性的关系

二、盐类的水解

1. 定义

2. 本质

【作业布置】

课本 P11、P12 页习题。

【反思总结】

经过本节课的学习，同学们都有哪些收获？（引导启迪学生从如何学习化学知识，使用什么思维方式和视角方面进行总结。）

【教学反思】

本节课是基于新课改化学核心素养的提出下一次自主、合作、探究，以学生为主体的新型课程，着重体现了学生的主体地位。

课前分析了高中化学必修内容后认为盐类水解和电解水及氧化还原较符合宏观辨识与微观探析素养的培养，但要思考什么样的实验能使学生直观地建立宏观辨识与微观探析素养的联系且有条件令每个人都掌握该视角下的化学呢？盐类水解的课堂可以拆分为宏观与微观两个水平的实验，是养成素养的最佳选择。

课堂中准备较多的实验，但是教师此刻应反思实验是否会成为学生化学学习的负担，是否能准确无误的操作，因此我们将本节课实验分为教师演示学生思考总结和学生实验自主探索教师指导和启发，该两种方法激发了学生学习化学的兴趣，清除对化学的恐惧，为学生提供独立思考、实验探究、素养养成开辟了道路。实验分小组进行，学生在讨论中每个人都得到了发展。

课后，学生是否熟练掌握了该视角下学习化学知识的方法，教师可以用作业情况和课堂现状评估该素养的完成程度，进行分析后可对课堂教学进行调整。

(三) 课后巩固及学习评价

老师对学生自主学习情况进行数据分析，通过数据分析再进行知识的巩固与延伸的调整，作业详见附录 1。在学生完成相应的学习任务之后，可以通过习题测评、自我评价和小组评价、师生互评多种评价方式完成本次学习评价。

1. 习题测评

对班内 100 名学生的习题测评情况分析如图 5 所示。其中有 54 名学生错题数在 2 个以内；36名学生错题数在2到4个之间；8名学生错题数在4到6个之间；2名学生错题数在7个以上，数据分布如图5所示。

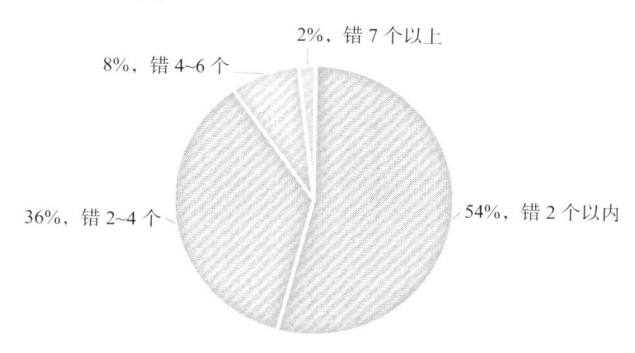

图5 班级习题测评情况

2. 自我评价和小组评价

自我评价：大部分学生认为自己比较依赖老师课前布置的任务，处理一些问题时，想法往往直白，思路不太灵活，最大的问题在于不敢表达自己的疑惑与想法，更愿意做默默无闻的倾听者。

小组评价：大部分人可以很好地相互配合、合作探究，多为肯定性评语。

师生互评：①学生评价老师。大部分学生认为这节课形式新颖，整节课一扫传统化学课的阴霾有较浓的学习氛围，很多学生能积极地参与其中，且很快融入课堂的学习环境，若没有当堂掌握，组内也可以互相帮助继续交流学习。②老师评价学生。学生表现分析：上课之初，学生踏实认真地完成课前导学的任务，课上积极回应老师，课堂氛围融洽。在课间的前25分钟内，由于课堂的内容新颖吸引到了学生表现积极。在课堂内容进行到四分之三时，学生在老师的指导下严谨认真地开展实验，带着明确的任务，新的思维视角，新的理论知识，学生表现得尤为兴奋。通过仔细观察学生，发现他们比起独立思考更喜欢相互讨论，实验时遇到不解之处，选择向同学发问多于向教师求助。这种现象，说明学生需要一段时间去适应新的学习模式。

3. 学生访谈及结果分析

学生a：这些实验很有趣，在以前都只能看老师演示，自己动手后觉得很有意思。

学生b：之前看书时，总会被有些不明白的环节卡住，因此不喜欢用课本学习，看书看到一半容易开小差，但这次的实验，使我精力集中了。

学生c：在老师的引导启发下，和同桌一起学习，感觉化学没有那么难了，甚至觉得化学课更有意思了。

学生d：自己进行实验操作，让我更加直观地认识到实验的魅力。以后希望老师能多带我们做实验。

学生e：我很喜欢这样的学习方式，可以自己动手操作，自己也会做好属于自己的那部分任务，很有参与感。

学生f：课后，老师让大家小组交流讨论，这是我最喜欢的时刻。大家都踊跃发言，感觉自己也有勇气表达自己的观点，而且组内学习优秀的同学还能帮我指正，让我不再胆怯害怕老师直接宣布我的错误。

学生 g：我好像明白了化学到底应该怎么学习了，通过这堂课我觉得化学不再是大家认为的理科中的"文科"，而是有这门自然科学自己的学习思维。就拿我们今天学的为例，我们先学习了盐类水解的宏观表征，后又用 pH 计展示了水解的微观表征，这样结合起来学习，用微观联系宏观让我更加记忆深刻了。抽象的东西好像也能明白了。

根据访谈结果发现，学生不仅对化学的兴趣在显著增加，而且达到了培养宏观辨识与微观探析素养的目的，实验的效果也溢出了。在提高了学生的自学能力的同时，也培养了合作探究的能力；不仅增强了师生互动，也突出了学生主体地位。

三、"宏观辨识与微观探析"实践效果的调查及分析

(一) 调查对象概况

本文的教学设计是以"素养为本"进行展开的，为了进一步了解"宏观辨识与微观探析"核心素养在具体实施过程中的效果，针对商洛市商州区某中学的高二学生作为调查对象，基于学生宏观辨识与微观探析素养的培养，以盐类水解为例进行调查研究。参与问卷学生共有 100 名，均来自商洛市不同高中的高二学生，学生的成绩有所差别，结论更具代表性。

(二) 关于学生对"宏观辨识与微观探析"概念的认识情况调查分析

问卷一共设计了 10 个问题。问题设计在学生接受该堂课内容之后分发，用于分析学生是否形成目标素养，并对此做出反馈调整。反馈结果如表 1 所示。

表 1 问卷结果

题号	问题	分析	饼图
1	你对化学学科感兴趣吗？	对于第一个问题：有 31% 同学选择很感兴趣，63% 的同学选择较感兴趣，5% 选择一般感兴趣，还有 1% 的同学选择不感兴趣。从本题的答题情况可以看出，该教学设计实施后一改学生之前对化学的刻板印象	31%、63%、5%、1%（很感兴趣、较感兴趣、一般感兴趣、不感兴趣）
2	观看完实验现象后你会思考产生现象的原因吗？	对于该问题 81% 的同学选择会，可见化学实验对于化学学科有举足轻重的作用，学生通过宏观现象，激发起进一步探索产生现象原因的好奇心，从而进入微观原理的探析之路	81%、13%、6%（会、不确定、不会）

续表

题号	问题	分析	饼图
3	你能用化学符号解释氯化铵溶于水显酸性的原因吗?	这道题要求在学习了盐类水解知识的基础上进行答题，能检验出学生课上对知识的掌握程度，从回答的情况看，81%的人能解释和分析，学生对盐类水解的本质能够熟练掌握	19% 不确定；81% 能
4	你能初步掌握盐类酸碱性的分类方法吗?	针对这个问题，59%的学生能初步掌握酸碱性的分类方法，这个数据告知笔者还需不断调整课堂教学的内容，少部分学生未初步掌握，还需做课后延伸解答	9% 不能；32% 不确定；59% 能
5	你能利用已有知识原理、思维方式等对未知的知识进行推断吗?	该问题意在摸查学生是否掌握了课堂上的两种实验所针对性的培养宏观辨识与微观探析素养的状况。从数据来看绝大部分学生对课堂内容所培养的思维方式做到了从了解到吸收的程度	4%；18%；78%　能　不确定　不能
6	你能用微观水平来描述和解释化学现象吗?	这个问题能迅速了解学生是否摆脱学习化学的固有思维，数据显然表明，要想根除学生对化学的刻板认知，一节培养宏观辨识与微观探析素养的课堂是远远不够的	22%；55%；23%　能　不确定　不能

续表

题号	问题	分析	饼图
7	课余时间你会关注与化学有关的社会热点问题吗？	本题设计意图是：了解高中生学习的广度，通过数据发现，偶尔了解与化学有关的社会热点问题的学生占很大比例，这就提醒教师，上课多用宏观水平引入对培养学生"宏观辨识与微观探析"素养的意义重大	常会18%，偶尔会43%，不会39%
8	钠离子属于微观范畴还是宏观范畴？	该题目反映了答题者的细心程度以及对知识的掌握情况。该题目正确答案超过了86%，初步掌握了学生对宏观表征、微观表征有进一步的认识	宏观14%，不确定0，微观86%
9	你知道盐类水解的本质是促进水的电离吗？	该题目意图是调查学生学习知识是否能够迁移，是否能发挥素养的能力。学生作答情况较不理想，影响因素还是在于高中生核心素养能力较弱，无法灵活迁移。今后的教学过程中，要针对宏微结合能力进行相对的训练	知道26%，不确定16%，不知道58%
10	你能用宏微结合思想学习化学吗？	最后一个题目旨在调查学生对本堂课后其他知识是否能使用不同的化学思维和视角解决新的化学难题，统计结果看来，这需要教师在备课时通过有针对的习题，加强这方面能力的培养	能19%，不确定22%，不能59%

四、结论

本文以"盐类水解为例"，注重化学实验，启发科学思维，有意培养学生"宏观辨识与微观探析"素养，问卷结果显示基于"宏观辨识与微观探析"素养培养的教学实践比三维目标更能使学生建立科学的思维模式。

问卷显示，84%的学生认为在本堂课后对化学学科很感兴趣，且有81%的同学观看完实验现象后会思考产生现象的原因，该数据指出该素养的培养激发了学生探索现象原因的好奇心，从而进入微观原理的探析之路。

本文的教学在宏观水平上演示实验，更在微观水平的学习上采用了独立实验，当实验成果与脑海中的固有印象形成反差则会进一步激发学生的征服欲，从而达到"知其然知其所以然"的效果。调查问卷结果有力地论证了宏微水平结合的学习对化学教学至关重要。

教师的领导力对于培养学生的宏观辨识与微观探析素养至关重要。素养培养不仅在某一课堂的实验中体现，还需要教师有意无意地贯穿化学这门学科，教师在宏观部分的操作，为学生留出思考空间。由宏观推知微观，令学生形成结构决定性质的思维，用不同视角解决化学难题。但显然从调研的第10个问题仅有59%的学生能用宏微结合思想学习化学可知，该素养的培养非一日之寒，还需要做更多该素养的针对性培养教学。

参考文献

[1] 胡捷. 问题意识，创新培养——初中历史教学中学生问题意识的培养[J]. 才智，2020(9):73.

[2] 高晶晶. 基于"宏观辨识与微观探析"素养的教材分析[D]. 太原：山西师范大学，2019.

[3] JOHNSTONE A H. The development of chemistry teaching: A changing response to changing demand[J]. Journal of Chemical Education, 1993,70(9):701.

[4] 吴增礼，蒋宇萌，肖佳. 学生关键能力与教师人才培养能力的愿景互视与衔接机制[J]. 现代教育科学，2019(7):117-122.

[5] GILBERT J K. Multiple Representations in Chemical Education[M]. Dordrecht: Springer, 2009.

附录 1　盐类水解课后作业

1. 下列各离子方程式中，属于水解反应的是（　　）。

A. $HCO_3^- + H_2O \rightleftharpoons H_3O^+ + CO_3^{2-}$
B. $NH_4^+ + H_2O \rightleftharpoons NH_3 \cdot H_2O + H^+$
C. $PO_4^{3-} + H_2O \rightleftharpoons HPO_4^{2-} + OH^-$
D. $H_2O + H_2O \rightleftharpoons H_3O^+ + OH^-$

2. 分别将下列物质：① K_2S　② Na_2O_2　③ $NaCl$　④ $Ca(HCO_3)_2$　⑤ $FeCl_3$ 投入水中，对其溶液加热蒸干，仍能得到原物质的是（　　）。

A. ①②　　　　B. ①③　　　　C. ②④　　　　D. ②③

3. 将相同物质的量浓度的某弱酸 HX 溶液与 NaX 溶液等体积混合，测得混合溶液中 $C(Na^+) > C(X^-)$，则下列关系错误的是（　　）。

A. $C(OH^-) < C(H^+)$
B. $C(HX) < C(X^-)$
C. $C(X^-) + C(HX) = 2C(Na^+)$
D. $C(HX) + C(H^+) = C(Na^+) + C(OH^-)$

4. 有 pH 分别为 8、9、10 的三种相同物质的量浓度的盐溶液 NaX、NaY、NaZ，以下说法中不正确的是（　　）。

A. 在三种酸 HX、HY、HZ 中以 HX 酸性相对最强

B. HX、HY、HZ 三者均为弱酸

C. 在 X^-、Y^-、Z^- 三者中，以 Z^- 最易发生水解

D. 中和 1 mol HY 酸，需要的 NaOH 稍小于 1 mol

5. 物质的量浓度相同的下列各溶液，由水电离出的 $C(OH^-)$ 由大到小的顺序（　　）。

① $NaHSO_4$　② $NaHCO_3$　③ Na_2CO_3　④ Na_2SO_4

A. ④③②①　　B. ①②③④　　C. ③②④①　　D. ③④②①

6. 现有 NH_4Cl 和 $NH_3 \cdot H_2O$ 组成的混合溶液，若其 pH=7，则该溶液中 $C(NH_4^+)$ ＿＿＿＿ $C(Cl^-)$；若 pH>7，则该溶液中 $C(NH_4^+)$ ＿＿＿＿ $C(Cl^-)$。（填 ">" "<" "="）。

7. 0.1 mol/L 的 $NaHSO_3$ 溶液中，$C(Na^+) + C(H^+) =$ ＿＿＿＿＿＿，$C(HSO_3^-) + C(SO_4^{2-}) + C(H_2SO_3) =$ ＿＿＿＿＿＿。

8. （共 6 分）已知 $0.1\ mol \cdot L^{-1}$ CH_3COONa 溶液 pH=8。

(1) 按物质的量浓度由大到小顺序排列该溶液中各种微粒（水分子除外）：＿＿＿＿＿＿

(2) 精确表达下列算式的数学结果：

$C(Na^+) - C(CH_3COO^-) =$ ＿＿＿＿＿＿；$C(OH^-) - C(CH_3COOH) =$ ＿＿＿＿＿＿。

附录2 学生调查问卷

1. 你对化学学科感兴趣吗？（ ）
   A. 很感兴趣　　　　B. 较感兴趣　　　　C. 一般　　　　D. 不感兴趣
2. 观看完实验现象后你会思考产生现象的原因吗？（ ）
   A. 会　　　　B. 不确定　　　　C. 不会
3. 你能用化学符号解释氯化铵溶于水显酸性的原因吗？（ ）
   A. 能　　　　B. 不确定　　　　C. 不能
4. 你能初步掌握盐类酸碱性的分类方法吗？（ ）
   A. 能　　　　B. 不确定　　　　C. 不能
5. 你能利用已有知识原理、思维方式等对未知的知识进行推断吗？（ ）
   A. 能　　　　B. 不确定　　　　C. 不能
6. 你能用微观水平来描述和解释化学现象吗？（ ）
   A. 能　　　　B. 不确定　　　　C. 不能
7. 课余时间你会关注与化学有关的社会热点问题吗？（ ）
   A. 会　　　　B. 偶尔会　　　　C. 不会
8. 钠离子属于微观范畴还是宏观范畴？（ ）
   A. 微观　　　　B. 宏观　　　　C. 不会
9. 你知道盐类水解的本质是促进水的电离吗？（ ）
   A. 知道　　　　B. 不确定　　　　C. 不能
10. 你能用宏微结合思想学习化学吗？（ ）
    A. 能　　　　B. 不确定　　　　C. 不能

高中物理教学中学生自主学习能力培养的探究 ❶

史军辉，谢庆华 ❷

摘要：随着新课改与新高考模式的持续推进，高中生自主学习能力的培养变得极为重要。本文从国内外学生自主学习的研究状况的分析和反思出发，并结合有关教育理论以及对实际情况的具体分析，构建了有效培养高中生自主学习能力的教学模式与方法，从而为有效增强学生的自主学习意识，提高学生自主学习能力，培养学生自主学习的学习方法，改变传统教学模式，使学生成为教学的主体提供了新的策略。

关键词：高中生；物理教学；自主学习；策略

一、引言

当前，高中生的身体和心理都处在一个迅速发展的时期，他们对待问题的认识能力、分析能力等正在逐渐增强。长期以来，高中物理教学都在寻求新的教育观念，改变传统的"灌输式"教育观念，使学生能够健康成长与全面发展。在《普通高中物理课程标准》(2017年版，2020年修改)中明确提出，教师要引导学生自主学习，提倡多样化的教学模式。高中物理课程应该创设一个使学生积极参与、乐于探究、善于实验、勤于思考的教学环境来培养和发展学生的自主学习能力。对高中生自主学习能力的培养，有着极为重要的意义，直接关乎着学生在高中阶段的学业，更关乎着一个人未来的发展，一个好的学习方式以及学习能力可以使一个人在未来发展的道路中走得更高、更远、更宽。

社会的发展要求学生具有自主学习能力。面对未来发展的挑战，随着科技的迅猛发展，以及新职业的涌现和知识的快速更新，单凭学校所学的知识已不能满足，这就要求人们不断地去自主学习。学生自主学习能力的培养有利于个体自身的发展。自主学习能力是个体在发展过程中的重要保障。联合国教科文组织曾经发表过的一篇文章中说道："将来的文盲，不是那些不识字的人，而是那些不懂得如何学习的人。"处于当前社会背景下的人，如果不懂得去主动学习新知识，就是不会学习的人，也就是新时代的文盲。

新课改中要求对学生自主学习能力进行培养，在传统的教育模式下，学校教育似乎只是传授知识的地方，忽略了学生的全面发展。长此以往，学生的学习变得越来越被动，对老师的依赖性增强，导致主动性、能动性与独立性逐渐丧失，不仅限制了学生的学习兴趣，

---

❶ 基金项目：陕西高等教育教学改革重点研究项目(21BZ075)；陕西省教育科学"十四五"规划项目(SGH21Y0238)；商洛学院教育教学改革课程思政专项(21jyjxs106)

❷ 作者介绍：史军辉，1985年生，男，陕西渭南人，博士，讲师，主要从事教育教学改革与实践研究
谢庆华，2000年生，男，陕西榆林人，本科，主要从事中学物理改革研究

也限制了他们的求知欲，更影响着他们身心的健康成长。基于此，《普通高中物理课程标准》中明确提出：高中物理课程要创设一个使学生积极参与、乐于探究、善于实验、勤于思考的教学环境来培养和发展学生的自主学习能力。运用现代信息技术，以多种形式进行教学，使学生了解物理的本质，对自然的整体认识，培养科学的思考习惯，提高对科学的求知欲和解决问题的能力。

学生自主学习能力的培养有利于学生对知识的掌握以及学习兴趣的产生。我国的教育模式多以"灌输式"为主，这样的教学方式对学生的身心发展极其不利，这让学生过度依赖老师，一旦脱离了老师的引导，学生就失去了学习的方向，不知道该学什么，怎么去学。因此，在实际教学中就容易出现两种情况，一种是只知道"死读书"，另一种是学生在学习过程中身心疲惫，丧失对学习的兴趣。自主学习能力有助于提高学生对于知识的接受程度，使学生的认知水平逐步提升，从而可以更好地掌握知识。学生在学习过程中变得越来越轻松，对知识的掌握程度越来越高，学生就有自信心去面对学习过程，自主学习能力的培养也提高了学生对知识的兴趣，使学生更加热爱学习，更加渴望去获得新知识。

二、自主学习的概念和理论基础

自主学习是一种充分发挥学生的主体地位，由老师在教学中进行引导的一种学习方法。它是指在特定的教学情境下，学生不再依靠老师，可以独立地进行学习。在一定条件下，自主学习能最大限度地激发学生的积极性和主动性，提高学生对学习的兴趣。在学习的过程中，学生能够对自己的学习有一个合理且有效的计划，通过科学的方法主动地去摄取知识、勤于思考、敢于质疑，真正成为学习的主人。

"自主学习"体现了学习者的主观能动性。学习应当是"自主"的，学习的基本内涵是"自主"，而"自主"是学习的基本特点。"自主性"的学习具有三大基本特征："自立性""自为性""自律性"。①自立性：每个学习者都是一个相对独立的学习对象，学习是由他们自己决定的。②自为性：学习自为性是自主性的具体表现和发展，其中包含四个学习层次——自我探究、自我选择、自我建构和自我创造。③自律性：学习主体对自己的学习行为的自我管理或规范。

自主学习的理论基础主要分为建构主义学习理论、认知主义学习理论以及人本主义学习理论。建构主义学习理论认为，知识并非直接由老师所授，而是由学习者在一定条件的环境下，即社会和文化环境中，由他人协助，运用所需的学习材料，通过意义的建构来获取。它强调以学生为中心，在教学过程中，教师扮演组织者、指导者、帮助者和促进者的角色。运用情境、小组合作、交流等学习环境要素，使学生的主动性、积极性和创造性得到最大程度的发挥，从而达到对现有知识进行有效的意义构建的目标。在这种模式中，学生是知识意义的主动建构者，教师扮演着整个教学活动中组织者、指导者，以及意义建构的帮助者、促进者的角色。课堂上所提供的东西已不仅是由教师所讲授的内容，而成为学习者有意识地构建意义的客体。媒介的作用也从单纯的教学手段，变成了创设学习情境、进行合作学习、沟通交流的手段，也就是学生主动学习和合作探究的一种重要的认知方式。认知主义学习理论认为，一切教育必须以学习者为中心。学习者是认知与信息处理活动的主体，是知识的主动建构者。在教学过程中，教师的角色也应由原来知识的"灌输者"转变为学生学习知识的"帮助者"和"指导者"。通过在实际情景中教学，教师能够使学习者利用现有的认知结构，来吸纳、适应已获得的新知识，并赋予其特定的新意义，从而帮助其更积极、主动地建立对自己的认知。人本主义学习理论则更加重视在教学过程中学生的心理世界，如认知、情感、兴趣、动机、潜在智能等。提倡教师将自己放在学生的位置，进行教学活动，从而使学生体会到学习的乐趣，这样学生才能将自己的全部精力都用在学习上。人本主义认为，学生的学习行为不取决于目前或以前的状况，而是将学生自我实现和创造的能力作为其行为的决定性因素。

三、高中物理自主学习能力的调查及结果分析

以便更好地去了解高中生物理自主学习的现状，掌握他们在学习物理过程中的学习习惯、态度、情感等。并且通过调查结果，对当前高中生物理自主学习能力情况进行分析思考，构建有效的培养高中生自主学习能力的教学模式与方法。为有效增强学生的自主学习意识，提高学生自主学习能力，培养学生有效的学习方法，改变传统教学模式，使学生成为教学的主体提供有效的策略与途径，本文通过使用问卷星，对榆林市横山中学高中生物理自主学习的现状进行问卷调查。为使调查结果不受学生所在年级的影响，所以调查问卷在高中三个年级中随机性展开。在本次的调查问卷中包含对于学生物理学习兴趣、动机、情感态度的调查，以及学生在物理课前自主预习的情况、在课堂上的互动情况与自我学习方法情况等情况的调查。

表1是物理学习情感调查结果。通过调查数据分析，可以看到超过30%的学生对物理有着强烈的学习兴趣。其中不乏学生对物理偶尔有兴趣，选择这个选项的学生多数是因为潜意识认为物理很难学习，面对稍有困难的知识便产生了畏惧心理，但是这些同学对物理还是有很强的兴趣。而那些对物理不感兴趣的同学，是因为没有真正了解到物理的乐趣，没有良好的学习习惯与学习方法，使其面对困难时便早早打起退堂鼓，丢失了兴趣。而且从结果中了解到，多数学生学习物理是迫于考试与升学的需要，也有超过三分之一的学生是因为自身喜欢物理。而在信心这方面，多数同学是比较有信心与没有信心两类，这是因为学生没有真正的掌握学习方法，从而间接性失去学习的信心。

表1 物理学习情感

学习兴趣	非常感兴趣	偶尔感兴趣	没有兴趣
	31.5%	37%	31.5%
学习动机	自身喜欢物理	考试及升学需要	无动机，不想学
	35.6%	45.2%	19.2%
学习信心	非常有信心	比较有信心	没有信心
	21.9%	31.5%	46.6%

表2和表3是自主学习的意识与习惯的调查结果。通过调查数据分析，可以看出多数学生缺乏自主学习的习惯，很少有人能够主动进行预习。在课堂上大部分的学生还是习惯于听老师的讲授，还处于被动地接受知识中。接近25%的学生能够专心听讲，主动发言，而超过50%的学生只是机械式的听讲，没有自我意识，更有学生上课走神开小差。面

对老师布置的课后作业，只有极小比例学生能够完成。超过一半的学生都是迫于压力完成，更有学生甚至不能完成。至于对所学知识的复习总结状况，大部分学生并没有主动去复习的意识，对于作业的检查大部分学生只是偶尔检查甚至从不检查，还停留在为了完成任务去做题，并不能有意识地去归纳总结。种种情况表明，学生的自主学习意识非常薄弱。

表2 自主学习意识

如何学习	自主学习为主，向老师或他人请教为辅	以老师讲解为主，自学为辅	完全由老师或其他人讲解
	38.4%	43.8%	17.8%
学习的主动性	积极主动地完成	不得不完成	不能完成
	46.6%	34.2%	19.2%
课前预习	一直预习	偶尔预习	从不预习
	20.5%	60.3%	19.2%

表3 学习习惯

上课听讲	经常主动发言，积极提问，专心听讲	仅限于听老师讲课，按老师的要求去做	听课不认真，经常开小差，不提问也不发言
	27.4%	53.4%	19.2%
复习总结	及时复习，主动对一章节的知识进归纳总结	偶尔去总结复习	从来没有或很少总结
	30.2%	43.8%	26%
困难解决	自己思考，想办法解决	找老师或同学帮助解决	等待，不去解决
	34.2%	38.4%	27.4%
作业检查	经常检查	偶尔检查	从不检查
	19.2%	60.3%	20.5%

表4是自主学习的方法与策略的调查结果。通过调查数据分析可以发现，不到一半的学生有属于自己独特的方法，剩余学生只知道刻苦努力，没有好的方法。至于在学习策略方面，很多学生没有及时去总结复习的习惯，更不懂得及时查找自己在学习上的不足之处，不能去及时调整学习方法及对于知识的查漏补缺，从而消除知识上的盲区。

表4 学生学习方法策略

学习方法	有适合自己的学习方法	刻苦努力，没有好方法	没有方法
	43.8%	31.5%	24.7%

续表

学习策略	经常总结，及时调整	一直努力，不去总结反思	偶尔找一下原因
	33.9%	21.9%	45.2%
教师指导	有	偶然有	没有
	46.6%	39.7%	13.7%

表5是教师给予学生自主学习的时间与空间的调查结果。通过调查数据分析可以看到，在课堂上师生交流讨论的时间相对来说还是比较少，老师们的教学模式依然是以老师的个人授课为主。师生互动的选项比例虽然超过了一半，但是还存在有部分师生互动较少的情况。教师给予学生讨论、思考的时间和机会较少，这样做会使学生在学习过程中没有充分的时间和空间，从而影响到他们自主学习能力的培养。

表5 教师给予学生自主学习的时间与空间

	很充分	有一些，还可增加	不多，基本上没有
师生交流	38.4%	46.6%	15.0%
老师是否允许甚至鼓励同学提出问题	允许而且很鼓励	允许但不鼓励	一般不允许，更不鼓励
	65.8%	23.3%	10.9%
老师是否给予足够的思考与讨论的时间和机会	很多，几乎每节课都这样	较多	基本没有
	34.3%	47.9%	17.8%

通过对调查结果数据的分析，可以看出高中生对于物理的学习还有具有一定的兴趣，有想要学好物理的心愿，这对学生自主学习能力的培养有着积极的促进作用。同时也看出学生的学习动机以考试与升学为主，主动性较差，在日常的学习过程中没有良好的学习习惯。多数学生更加习惯于老师的讲授，学习过于被动，习惯于跟着老师的脚步走，缺乏主动性与积极性。在课后不会主动去总结与反思，查漏补缺，弥补自身的不足，物理作业的完成只是为了完成而完成，并不是用来检测自己的学习效果。长时间地发展下去，学生的学习能力逐渐下降，自我思考能力退化，丢失对学习的兴趣，极其不利于学生的学习与成长。

四、高中物理教学中学生自主学习能力培养的策略

通过对高中生物理自主学习的现状调查结果分析并结合有关教育学理论，提出提高高中物理教学中学生自主学习能力培养的策略主要有以下四点：

（一）激发学生自主学习的兴趣

学习兴趣是学生学习过程中最重要的动力之一，对自主学习的实施有着促进作用，学习兴趣直接决定着学生会不会全身心地投入到学习之中去。学习兴趣会改变学生对学习的态度，会使学生想学、乐学和享学。学习兴趣对于学习有着直接的影响。孔子说："知之者

不如好之者，好之者不如乐之者"。所以说教师在实际教学中要注重激发学生的学习兴趣，将知识联系实际生活，激发自主学习的动机。为此，教师应该充分地认识学习兴趣在教学过程中的重要性和在实施自主学习过程中的必要性。

具体实施方法有：①创设有效的教学情境。在教学过程中，教师应该创设有趣且具有创新性的教学情境。不仅要使教学情境与生活紧密联系，还需要有新的信息来刺激学生的大脑，使学生有与众不同的感官体验，以激发学生的好奇心，使他们产生学习的兴趣和求知欲望，进而产生学习动机，达到促进自主学习的目的。②改进教学方法，在信息化普及的今日，教师应该改变黑板式教学，充分利用信息技术进行实际教学。面对较为复杂、抽象的物理概念，通过试、听结合的方式，使物理概念变得更加生动，易于理解，从而唤起学生的学习兴趣。③加强与学生之间的互动，增加互动环节，使学生能够真正地参与到课堂之中。使学生在"玩"中学，在"玩"中掌握知识。在愉悦的氛围中学习知识，把枯燥乏味的学习变成一种愉悦的享受，长此以往，学生对学习没有了畏惧，多了一份乐趣在其中，这种积极的心态有利于学生的学习与成长。

（二）培养学生自主学习的积极性

随着社会的快速发展，社会对于人才有了新的标准，他们不仅需要具备综合素质，还需要具有独立思维能力。然而，在实际的教学过程中，许多教师仅仅关注于学生的升学率，造成了在实际教学中只关注学生的知识掌握情况与成绩，而忽略了学生的全面发展。面对这种形式，教师应该突破课本的限制，应该把课堂"搬出"课本，积极地引导和鼓励学生去思考和探索。在实际教学中，教师应该利用一切有利条件，创造性地提出一些问题，鼓励学生大胆的构思与猜想，思考结果的正确与否已经不再重要，重要的是学生思考问题的过程。应让学生有充分的机会去表达自己的观点，去展示自己解决问题的具体思路以及探索的过程，找到问题产生的原因并且提出解决问题的方法。在这个过程中，教师应该时时刻刻关注学生的思维，扮演好引导者的角色，给予适当的指导，遇到问题应该引导学生进行改正，使学生的困惑在多次的讨论中得到化解，取得问题的最终答案。比如在进行"磁感线"的教学过程中，可以设置以下几个问题：①在课本中展现了几种磁铁的磁感线分布？②你可以应用什么方式来模拟磁感线的分布？③特殊的磁感线应该如何描绘？在提出上述问题之后，让学生进行思考并且加以解决，得出结果后再进行讨论、分析和总结。这种方式促进了课堂中的有效沟通与交流，使得学生在探索中学习，有利于培养学生在自主学习中的积极性。

（三）创设自主学习的有效课堂

培养学生自主学习能力的关键在于要转变教学观念。传统教育中，"灌输式""一人堂"的教学模式最为常见。在教学过程中，教师与学生之间存在着一种依附关系，这种教学模式严重忽略了学生的自主性、能动性和创造性。长期以来，"成绩论"一直是作为评判学生的标准，严重偏离了教育的实际意义和初衷。在教学中，应该突出学生的主体性地位，要改变那种"保姆式"教学，要懂得学会放手，减少过度干预，使学生能够积极主动地去学习，能够亲身去对知识内容进行探索。事实上，真正的教学不仅仅是知识传授的过程，更应该是教师教会学生从"学会"到"会学"的过程。教学过程中应该以"学生为中心"，在日常的教学过程中，教师应该作为学生的引导者，应积极为学生创设教学情境，使每一位学生都能够参与到教学过程中并从中感受到乐趣。教师在教学过程中应该给予学生充分的时间和机会，积极构建互动环节，让每一位学生都能参与其中，让每个学生都能够亲身体会到知识构建的过程。在引导的过程中，教师应该注意到学生之间的差异性，应采取不同的方法进行引导。

教师在教学过程中，应该突破课本的限制。传统的教学中，教材是一种权威的象征，教师的教学过程仅仅局限于课本内容之中，严格遵守教学大纲，导致学生接受的知识局限于课本之中。当下，教师应该树立正确的教材观，在众多的学习资源中，教科书仅占很小一部分，并非仅有的一种教学资源。教师在实际的教学活动中，应该充分利于教材，积极优化整合教学资源，从而使学生获得更为全面、广阔、生动的知识内容。

（四）提高学生自主学习的意识

学习习惯是学生在长时间的学习过程中养成的一种相对固定的行为方式。目前，学生的学习习惯仍然存在着很多的问题。首先，学生的依赖性较强，课堂中过于机械式的听讲，缺乏一定的主动性。这种学习习惯极其不利于学生对基础知识的掌握，限制了他们对知识的拓展。其次，学生的学习定力不足，上课时难以聚精会神、认真听讲，容易在课堂出神、开小差。遇到难题，更是直接选择放弃。课前不会主动预习，在课后更是缺少去复习总结的习惯，更不懂得去查漏补缺。

针对这一现状，应从以下几个方面着手：①培养预习习惯，俗话说"凡事预则立，不预则废。"良好的预习习惯有助于促进学生在实际课堂中对知识的学习。尤其是对于学习能力较差的学生来说，课前的预习有助于学生对知识的理解与掌握。对此，教师可在课前布置相关的问题，让学生带着问题去预习，然后在课堂上进行询问，这样既有利于学生对知识的学习，又可以使学生养成良好的预习习惯。②培养学生的学习习惯，学生要在日常的学习过程中养成认真听讲、做好课堂笔记以及课后总结反思的学习习惯。老师要做好正确的引导和监督责任，要时刻关注学生这些学习习惯的养成。在授课结束后，要及时对学生的听讲情况进行了解，根据实际情况并做出适当的调整。对于上课不集中注意力、搞小动作的同学，教师应及时的去纠正，并在课后进行相应的教导。面对学生的笔记，教师要做好指导工作，适时的去进行检查并提供修改方法。对于课后作业，应该及时检查并进行批改。③培养学生勇于探索的学习习性，很多学生在遇到难题或者是较难理解的知识点，第一时间想到的不是克服困难加以解决，而是放弃，极少部分学生会请教老师或者同学。长此以往，不仅不利于学生人格的养成，而且也不利于学生学习效率的提高。在日常的学习活动中，教师应该鼓励学生勇于探索，要给予学生充分的自信心。教师对学生良好学习习惯的培养，应渗透到生活的每一处。

五、结论

本文以高中生为研究对象，通过对现有高中生进行问卷调查，并结合自己所学的教育相关知识以及高中生身心发展特点等，从四个方面构建了有效培养高中生自主学习能力的教学模式与方法，具体有：①培养物理学习兴趣，激发学生自主学习动机；②传授学习方法，培养学生自主学习的积极性；③转变教学观念，创设自主学习有效课堂；④培养良好的学习习惯，养成自主学习意识。

参考文献

[1] 曹薇. 基于自主学习的高中物理教学研究 [D]. 武汉：华中师范大学，2019.

[2] 周蕊. 建构主义思想在数学教学中的应用 [J]. 吉林工程技术师范学院学报，2012,28(7):59-60.

[3] 郭昱麟. 浅谈认知主义学习理论的研究及其应用 [J]. 黑龙江科学，2015,6(9):112-113.

[4] 姚宗兵. 探究高中物理教学中学生学习兴趣的培养策略 [J]. 数理化解题研究，2021(33):54-55.

[5] 范若晨，呼延苗. 刍议人本主义学习理论在物理教学中的应用 [J]. 中学物理教学参考，2019,48(8):17-18.

近年来高考物理试题中的课程思政元素分析[1]

史军辉，谢谦，范江鹏[2]

摘要：随着我国社会主义教育事业的不断发展，思想政治工作要贯穿教育教学全过程，实现全程育人、全方位育人，因此研究试题中所蕴藏的课程思政元素对于落实新时代下"立德树人"的根本任务尤为重要。本文从高考物理试题中充分发掘"课程思政元素"，进而总结归纳，指导教师的教育教学实践，以课堂为切入点巧妙地将物理知识与最新的课程思政元素结合，使学生既学到物理知识也收获一份时代情怀，同时加强学生思想道德修养，提升个人品质。

关键词：高考物理；课程思政；立德树人

一、引言

党的十九大以来，我国的教育发展史已经定格到了新时期中国特色社会主义阶段。与此同时，我国国内的发展形势更加复杂多变，教育变革也日益加快，中华民族伟大复兴的基本工程就是建设高等教育强国，高等教育的优先发展是总方向，推进高等教育的现代化是总体需要，建设高等教育强国是总任务。高考是国家的大事也是我国选拔人才的最基本的途径，此外高考所承载的不仅有选拔人才的功能还有育人的功能，必须进一步发掘高考试题中的精神内核，是新时代把教学思想和掌握现代科学技术相互联系的重要纽带。其中高考物理命题遵循了新时期考试内容变革的基本特点，主要以促进科学教育、提高学生健康成长水平和培养高中学生的科学综合素养为命题的出发点与落脚点。按照"一核四层四翼"的国家高考综合评估系统为主要依托，严密地遵循国家考核大纲要求，重点围绕课程内容，凸显基础性、综合性、应用性和创新能力，强化对学生的逻辑推理、信息加工、思维模式建立、语言理解等关键能力的测试，提高命题的质量，体现素质教育的导向，从而引导学生学习能力的提高和学生自身综合素质的培养，助推发展德育、智育、体育、美育、劳育的综合素质教育。

习近平总书记在全国高等学校思想政治工作大会上讲："把思想政治工作贯穿教育教学全过程，实现全程育人、全方位育人"。并且强调了把思想政治工作融入教育教学全过程，要教育引导学生正确认识世界和中国的发展局势，从我们党探索中国特色社会主义的历史发展中，准确认识和把握人类社会发展的历史和中国特色社会主义的历史必然性。不断树立为中国特色社会主义共同理想而斗争的信仰和信心，正确认识中国，全面客观地认识当

---

[1] 基金项目：陕西高等教育教学改革重点研究项目(21BZ075)；陕西省教育科学"十四五"规划项目(SGH21Y0238)；商洛学院教育教学改革课程思政专项(21jyjxs106)

[2] 作者介绍：史军辉，1985年生，男，陕西渭南人，博士，讲师，主要从事教育教学改革与实践研究
谢谦，1972年生，男，陕西商洛人，硕士，副教授，主要从事教育教学改革与实践研究
范江鹏，1999年生，男，陕西延安人，本科，主要从事中学物理改革研究

代中国，对待外部世界。正确认识新时代的历史使命，用中国梦激励人生的青春梦想，为学生点亮理想的灯光，照亮前进的道路，激励更多有志学生自觉地把个人理想追求融入国家和民族复兴的发展历程中，敢于成为走在时代前列的先锋者、开拓者和追梦者。正确认识远大理想与不务空名的辩证关系，不负韶华、脚踏实地地把远大理想落实到实际行动中，使勤奋学习成为实现理想抱负的强大动力，让增强技艺成为奋力拼搏的有力底气。此外，学生阶段是世界观、人生观、价值观形成的重要时期。教育工作者要时刻保持高度的敏感性，准确把握新时代形势下的思政教育理念，利用课堂上的有效时间，结合学生的心理特点因材施教，努力把课程思政传递给学生，能够为国家培养思想政治素质过硬的人才，为新时代的教育事业做出贡献。

二、六年高考物理试题中的课程思政元素分析

本文选取了2017年至2022年六年高考理综试卷中物理试题的思政元素进行综合分析整理，2017年至2021年这5年选取全国甲卷1套、全国乙卷5套、北京卷5套、天津卷5套、浙江卷2套，再加上2022年全国甲卷和全国乙卷，共计有20套试卷，其中共有84道题目包含着课程思政元素（其中统计了2021年、2020年、2019年、2018年试题中的物理和化学题目的课程思政元素，其余试卷只统计了物理题目的课程思政元素）。

（一）全国乙卷课程思政元素题目汇总

随着新时代的发展，全国各地区的高考试题发生了变化，有的省份逐渐使用全国乙卷作为考题，不断优化高考试题使用的结构，达到"为国育人、为国选才"的目标。截至2022年，使用全国乙卷的省份及自治区主要有陕西省、安徽省、江西省、甘肃省、吉林省、新疆维吾尔自治区、内蒙古自治区等12个地方。由此可以看出全国乙卷的使用地方主要集中在中西部地区，也体现出了试题难易程度适合中西部地区学生的基本情况。本小节主要从年份、试卷分类、题号与题型、思政背景、思政元素五个方面对2017—2022年全国乙卷试题进行汇总，结果如表1所示。

表1 全国乙卷课程思政元素题目汇总表

年份	试卷分类	题号与题型	思政背景	思政元素
2022年	全国乙卷	14题，选择题	"天宫二号"空间站	科学精神，宇宙探索
2022年		18题，选择题	智能手机测地磁场	科学精神
2022年		21题，选择题	卫星带电粒子探测装置	
2022年		22题，实验题	雷达探测高速飞行器	
2021年	全国乙卷	17题，选择题	医疗放射性核素	科学精神
2021年		18题，选择题	黑洞探索、诺贝尔物理学奖	
2021年		24题，解答题	篮球运动	体育精神
2021年		7题，选择题	碳达峰，碳中和	环保意识
2021年		11题，选择题	"嫦娥五号"探测器	科学精神

续表

年份	试卷分类	题号与题型	思政背景	思政元素
2021年	全国乙卷	36题，解答题	医学工业，合成药物	科学精神
2020年	全国乙卷	14题，选择题	物理学史	科学精神
2020年		17题，选择题	CT扫描医疗	
2020年	全国乙卷	18题，选择题	核聚变反应	科学精神
2020年		19题，选择题	高压输电	
2020年		21题，选择题	滑冰运动	体育精神
2020年		7题，选择题	古代文学《梦溪笔谈》	文化自信
2020年		9题，选择题	二氧化碳排放	环保意识
2020年		10题，选择题	合成治疗矽肺病药物	科学精神
2020年		12题，选择题	电致变色器	
2020年		26题，解答题	化学工业氯气制备	
2019年	全国乙卷	14题，选择题	"嫦娥四号"探测器月球背面软着陆	
2019年		19题，选择题	跳台滑雪比赛	体育精神
2019年		25题，解答题	刹车问题	安全意识
2019年		7题，选择题	古诗词	文化自信
2019年		12题，选择题	古代绘画	
2018年	全国乙卷	15题，选择题	高空坠物	安全意识
2018年		16题，选择题	射电望远镜	科学精神、宇宙探索
2018年		24题，解答题	汽车制动	安全意识
2018年		8题，选择题	雾霾治理	环保意识
2018年		27题，解答题	温室气体排放	
2018年		36题，解答题	治疗心绞痛合成物	科学精神
2017年	全国乙卷	19题，选择题	行星运动	科学精神、宇宙探索
2017年		24题，解答题	冰球运动	体育精神
2017年		26题，解答题	建筑材料水泥	科学精神
2017年		36题，解答题	治疗高血压合成药物	

（二）全国甲卷、北京卷课程思政题目汇总

经过近几年的高考趋势变化，相应的全国甲卷的使用区域发生了变化，从2021年起使用甲卷的省份有云南省、贵州省、四川省和广西壮族自治区以及西藏自治区。北京卷则专门考查北京地区的学生。对比全国甲卷与乙卷，北京卷的地区特色更加明显，选择重大的实事作为入题点，特别关注德育、美育和体育，更多的落脚点在于凸显科学探索精神。本小节主要对2020—2022年全国甲卷与2017—2021年北京卷思政题目进行汇总，结果如表2所示。

表 2　全国甲卷、北京卷课程思政题目汇总表

年份	试卷分类	题号与题型	思政背景	思政元素
2022年	全国甲卷	14题，选择题	冬奥会首钢滑雪大跳台	体育精神
2022年		15题，选择题	高速列车穿越隧道	安全意识
2021年		18题，选择题	"天问一号"火星探测	科学精神、宇宙探索
2021年		21题，解答题	公路减速带	安全意识
2021年	全国甲卷	7题，选择题	化学与人体健康	科学精神
2021年		26题，解答题	碘及其化合物	
2021年		26题，解答题	液态阳光	
2021年		35题，解答题	有机大豆素	
2020年	全国甲卷	15题，选择题	旋转纽扣	文化自信
2021年	北京卷	1题，选择题	癌症治疗	生命健康、科学精神
2021年		6题，选择题	"天问一号"火星探测	科学精神、宇宙探索
2021年		14题，选择题	北京高能光源，第四代同步辐射光源	科学精神
2020年	北京卷	3题，选择题	5G通信技术	
2020年		5题，选择题	"天问一号"火星探测	科学精神、宇宙探索
2019年	北京卷	18题，选择题	北斗导航卫星	
2018年	北京卷	22题，选择题	冬奥会跳台滑雪	体育精神
2018年		24题，选择题	中国"天眼"	科学精神、宇宙探索
2017年	北京卷	18题，选择题	大连光源极紫外自由电子激光装置	

（三）天津卷、浙江卷课程思政题目汇总

天津卷与浙江卷都是地方性试题，试题的主旋律还是以凸显科学精神为主导，着重理论联系实际，注意科学和社会、经济发展的联系，注意物理知识在生产、生活方面的广泛应用。尤其是在疫情暴发的情况下，试题中的有些题目的思政背景也以新冠肺炎疫情作为出题点，说明试题的时效性是重要的。本小节主要对2017—2021年天津卷和2020—2021年浙江卷的思政题目进行汇总，结果如表3所示。

表 3   天津卷、浙江卷课程思政题目汇总表

年份	试卷分类	题号与题型	思政背景	思政元素
2021 年	天津卷	2 题，选择题	光刻机	科学精神
2021 年		5 题，选择题	"天问一号"火星探测	科学精神、宇宙探索
2021 年		7 题，选择题	"长征五号"B 遥感卫星	
2020 年	天津卷	2 题，选择题	"北斗三号"系统卫星	科学精神、宇宙探索
2020 年		3 题，选择题	新冠肺炎疫情体温测量仪器	科学精神
2020 年		6 题，选择题	手机无线充电	科学精神
2020 年		8 题，选择题	"复兴"号高铁	
2019 年	天津卷	1 题，选择题	"嫦娥四号"探测器	科学精神、宇宙探索
2019 年		2 题，选择题	港珠澳跨海大桥	科学精神
2019 年		6 题，选择题	"人造太阳"	
2019 年		10 题，解答题	国产航母舰载机	
2019 年		12 题，解答题	离子引擎推动飞机	
2018 年	天津卷	1 题，选择题	中国散裂中子源	
2018 年		2 题，选择题	滑雪运动	体育精神
2018 年		6 题，选择题	地磁监测试验卫星"张衡一号"	科学精神
2018 年		7 题，选择题	明代《五杂俎》木楔	文化自信
2018 年		12 题，解答题	大型喷气式飞机 C919	科学精神
2018 年		14 题，解答题	真空管道超高速列车	
2017 年	天津卷	1 题，选择题	"人造太阳"核心部件	
2017 年		2 题，选择题	明代《阳燧倒影》	文化自信
2017 年		4 题，选择题	"天津之眼"建筑	科学精神
2017 年		9 题，填空题	"天舟一号"货运飞船	科学精神、宇宙探索
2017 年		14 题，解答题	电磁轨道炮	科学精神
2021 年	浙江卷	4 题，选择题	"天问一号"火星探测	科学精神、宇宙探索
2021 年		8 题，选择题	微波武器	科学精神
2021 年		10 题，选择题	国际空间站	
2021 年		15 题，选择题	超导材料	
2020 年		3 题，选择题	"歼—20"隐形战斗机	

续表

年份	试卷分类	题号与题型	思政背景	思政元素
2020年	浙江卷	4题，选择题	抗击疫情测温器	科学精神
2020年		7题，选择题	"天问一号"火星探测	科学精神、宇宙探索
2020年		9题，选择题	特高压直线输电	科学精神
2020年		10题，选择题	中国"天眼"射电望远镜	科学精神、宇宙探索

从表1~表3中可以看出近六年来共20套试卷的课程思政题目具有以下特点：第一，从题型上来分析，大部分课程思政题目都以选择题为主，少量题目是以解答题的形式出现，例如，2021年全国乙卷物理第24题以篮球运动为背景对学生运动学知识的考查，还有2021年全国甲卷物理第21题以公路减速带为背景对学生机械能守恒知识的考查。第二，从课程思政元素题目分布来分析，在全国卷中课程思政元素题目比北京卷、天津卷、浙江卷中的课程思政元素题目少，其中全国卷中的物理思政题目比化学思政题目较少。第三，从考查的题目的知识点分析，主要包括了天体运动、天体质量的计算、机械能、动量、动能、物理学史考查、带电粒子在电磁场中的运动分析、物体运动过程的分析、牛顿运动定律的考查等。其中化学中的知识点包括化学式的确定、反应类型的判断、原子共面、元素周期律和元素周期表的掌握、环境保护相关知识等。例如，2021年全国乙卷中选择第18题，以科学家对银河系恒星S2进行了多年的持续观测为试题背景，并且结合2020年诺贝尔物理学奖对学生运用天体物理知识对黑洞质量进行计算。2020年全国乙卷中以CT扫描仪为出题背景，考查学生对电磁场中带电粒子的运动情况，同时给出了CT扫描仪的工作图示，使学生更加清楚的了解CT扫描仪是如何给病人探究病情的。还有化学2021年全国乙卷中选择题第7题，以我国提出争取2030年前实现碳达峰、2060年前实现碳中和为试题背景检测学生选项中的措施能促进碳中和的有效方法。第四，从思政素材背景来源来看，题型主要来源于社会生产生活、科技发展、物理史料、社会热点、环境保护、体育运动等，大多数都比较符合学生的实际现状与知识储备。例如，2022年全国乙卷中选择题第14题，题目以2022年3月中国航天员王亚平在"天宫二号"空间站上进行授课为思政背景，考查学生对太空失重本质的理解，体现新时代我国重大科技发展成果，通过试题可以增强学生的民族自信心。为了更好地分析高考物理试题中课程思政元素，因此将表格中的思政元素分为了六个大类分别是：科学精神、环保意识、安全意识、体育精神、文化自信、科学精神和宇宙探索。对表1、表2、表3中六个大类思政元素绘制了比例分布图，结果如图1所示。

从图1可以清楚地看出思政元素题目分别占题目总数的百分比，其中科学精神占13%、环保意识占6%、安全意识占10%、体育精神占13%、文化自信占10%、科学精神和宇宙探索占27%。其中包含科学精神的思政元素题目数量远高于其他思政元素题目的数量，宇宙探索其中包含着科学精神，之所以单独列举主要因为这部分思政元素题目在高考物理试题中的所占比例较重，基本都是以选择题的形式进行考查。其次这部分知识以天体运动为核心本就是重点考查的对象，近几年国际上诺贝尔物理学奖主要颁给了对宇宙黑洞以及天体运动为研究的物理科学家，也使高考物理加大了对于宇宙天体知识的考查力度，因此以

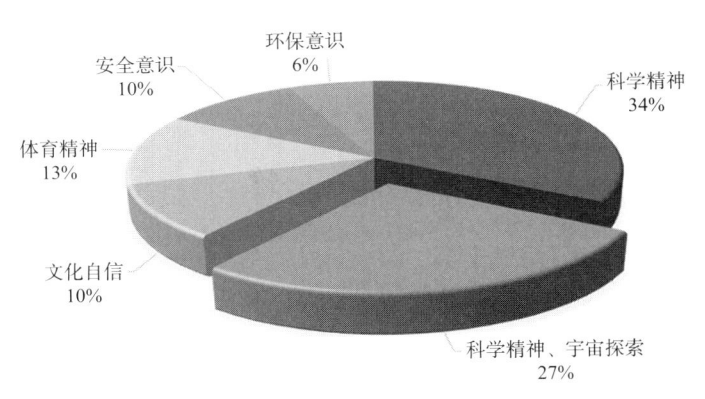

图 1 六种思政元素比例分布图

宇宙探索为背景的物理试题占比相对较多。以其他的科技领域为背景的试题被划归到科学精神这一大类当中。例如，2020 年全国乙卷中，选择题第 17 题是以"CT 扫描仪可用于对多种病情的探测"为背景考查学生的电磁学基础知识，因此试题中包含着科学精神，并没有体现宇宙探索精神。

三、高考部分物理试题思政元素分析

(一)科学精神、宇宙探索

（2021 年全国乙卷物理）18. 天文学家已经观察银河系附近的 S2 星多年了，确定了 S2 从 1994 年到 2002 年的位置，获得了 2020 年的诺贝尔物理学奖。如图 2 所示，天文学家确认 S2 的运行轨迹是一个椭圆形状，它的半长轴为 1000AU，提出了在银河系中心可能存在黑洞。如果施加在 S2 身上的力主要是大质量黑洞的引力，太阳的质量是 M，那么可以推测出黑洞的质量大约是（　　）。

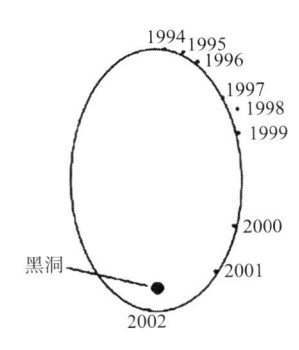

A. $4 \times 10^4 M$　　　B. $4 \times 10^6 M$　　　C. $4 \times 10^8 M$　　　D. $4 \times 10^{10} M$

【分析】这道题目以天体运动为知识点，考查学生对天体运动中天体质量的计算，提高了学生运算的核心素养。学生通过题目可以了解到近年来宇宙探索的最前沿，以及诺贝物理学奖所颁受的研究方向，激发了学生对于探索宇宙的兴趣。

(二) 体育精神

（2018 年天津卷物理）2. 滑雪很受人们的欢迎。如下图所示，因为有摩擦力的存在，一位滑雪运动员从正前方进入半圆弧形的滑道，那么从滑道的 A 点滑到最低点 B，滑雪者的速度是恒定的,所以滑雪者沿着 AB 滑行( )。

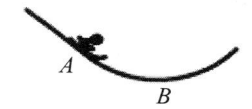

A. 运动员所受合外力必须为零　　　B. 运动员的摩擦力大小保持不变
C. 运动员的外功必须为零　　　　　D. 运动员机械能必须持续不变

【分析】本题目以滑雪运动为思政背景,考查学生对滑雪运动员在运动中所受合力问题的分析能力,以及相应的能量守恒问题的理解与掌握。提高学生对于冰雪运动的认识,增强学生对于滑雪运动的喜爱之情。

(三)文化自信

(2021年全国甲卷物理)2. "旋转纽扣"是人们经常玩的一项中国的传统游戏。如下图所示,首先把扣子转动了几圈后,将穿扣子的两条绳索纽到一起,接着再不断拉扯绳的两头,扣子便会正反方向旋转。经过反复拉扯后,围绕着中心的转动速率可达50r/s,此时在纽扣上距中线约一厘米处的点的向心加速度大约为( )。

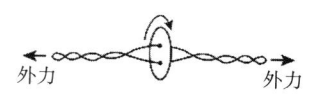

A. $10m/s^2$　　B. $100m/s^2$　　C. $1000m/s^2$　　D. $10000m/s^2$

【分析】这道题目以"旋转纽扣"作为思政背景,给人耳目一新的感觉,巧妙地与圆周运动知识相互联系,使学生了解了"旋转纽扣"游戏的工作原理是怎样的,旨在考查学生对于圆周运动相关知识点的理解与计算,可以进一步激发学生对我国民间传统游戏的热爱之情。

(四)安全意识

(2021年全国甲卷物理)11. 如图所示,有一个角度为 θ 的光滑斜坡上有五十个减速带,假设相邻减速带之间的距离为 D,减速带的宽度远小于 D;质量为 M(可看成质点)的小车在距离第一个减速带 L 处从静止状态释放。现在知道了小车行驶过减速带损失的机械能与到达减速带时的速度有关。小车通过第三十个减速带后,在相邻减速带间的平均速度均相同。当车辆在经过第五十个减速带后,马上进入同斜面光滑相连的水平地面,再下滑一定距离 S 后停止。可知车辆和地面之间的运动摩擦度因数为 B,重力加速度大小为 g。

(1) 求汽车通过第三十个减速带后,通过每个减速带时损失的机械能;

(2) 求汽车通过前三十个减速带时,每个减速带损失的平均机械能;

(3) 如果小车在前三十个减速带上损失的平均机械能大于之后每一个减速带上损失的机械能,那么 L 需要满足什么条件?

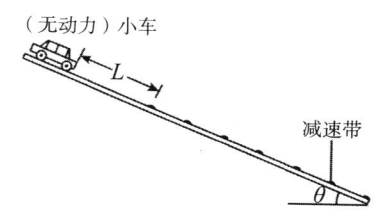

【分析】本题以生活中的汽车减速带作为思政背景，检测学生的运动学相关知识，以及机械能相关知识点，是一道具有相当难度的综合性问题。通过本题目，学生可以理解减速带的重要性，树立一定的安全意识，积累生活经验。同时，也加深了学生对于能量守恒的理解，具有一定的辩证思维。

（五）科学精神

（2020年全国甲卷物理）4.在医疗当中，我们都知道CT扫描仪是计算机X射线扫描技术的简称。CT扫描仪可以用来检测各种疾病。图（a）是CT机主要部分的截面图，其中X射线产生部分的示意图如图（b）所示。图（b）M和N之间有电子束加速电场，虚线框内有均匀偏转磁场；电子束从静止开始向带箭头的实线所示方向移动，撞击靶产生X射线（如图中带箭头的虚线所示）。如果电子束击中目标的点被标记为点P，则（　　）。

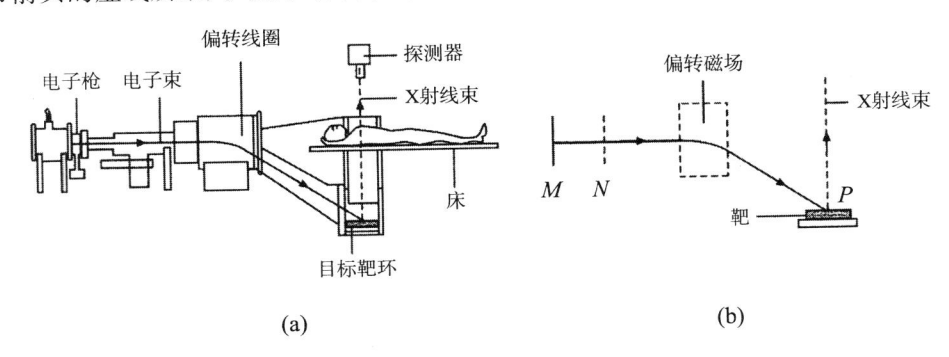

A. 图（b）M处的电势高于N处的电势
B. 如果M和N之间的加速电压增加，P点可以向左移动
C. 偏转磁场的方向垂直于纸面
D. 如果偏转磁场的磁感应强度增大，P点可以向左移动

【分析】本题目以医疗中的CT扫描作为思政背景，与粒子在电磁场中的运动知识相结合，学生在读懂题目的基础上，观察题目中CT机主要部分的剖面图和X射线的示意图，清楚地知道了CT设备的工作原理，使学生有了宏观的把握，提高学生的图片信息提取的能力。同时，学生也对医学中病情探测有了初步了解，促使更多学生以后投入我国的医疗健康事业的建设和发展，从而贡献自己的力量。

（六）环保意识

（2020年全国乙卷物理）5.氘核可以发生核聚变反应并释放能量，可用反应式 $6{}_{1}^{2}H \rightarrow 2{}_{2}^{4}He + 2{}_{1}^{1}H + 2{}_{0}^{1}n + 43.15\text{MeV}$ 来表示。我国是海洋大国，海水中富含氘，1kg海水中含有的氘核约为1.0×10^{22}个，假如发生聚变反应，其释放的能量与质量为M的标准煤焚烧时释放的热量相等；现在知道了1kg标准煤燃烧时释放的热量为2.9×10^6 J，1 MeV $= 1.6 \times 10^{-13}$J，则M约为（　　）。

　　A. 40kg　　　B. 100 kg　　　C. 400kg　　　D. 1000kg

【分析】本题目以核聚变为背景，检测学生的计算能力以及核聚变相关知识，此外学生知道了煤燃烧释放的能量与氘核聚变释放的能量之间的变换关系，明确转换的反应式。我国是海洋大国，东部有广袤的海疆，因此可以进行氘核聚变释放能量。学生明白了新能源对于我国发展的重要性，从而树立保护环境的意识。

四、课程思政对授课和素质教育的启示

（一）思政元素对于培养人才的启示

关于我国课程思政的发展历史脉络，课程思政教育从提出到蓬勃发展离不开"立德树人"的主旋律。社会主义中国教育，就是通过课程思政元素教育与具体课程内容相结合，高考物理试题牢牢紧扣"新时代""新一代"的历史内涵和特征，以培养选拔品学兼优、全面发展、具有学科核心素质的优秀人才为目标，追求试题的思想性、时代性、科学性和示范性。

（二）思政元素对审视教材的启示

教材是教师平时备课的重要环节，高考试题的编制也是紧紧依靠教材大纲进行的，因此依据教材内容进行高考复习可以使学生明确复习框架，同时阅读教材也是学生熟悉课本，注意高考题源的必要工作。此外高考试题中的思政元素体现了我国教学思政的大方向，作为一线的教师需要分析出高中教科书中所包含的思想政治教育内容，进行整理归纳拓展新的课程思政内容，为思政元素育人实践增强方便性和实践性，并根据分析结果对平时教学内容进行扩充。教师也应该关注学生对课程思政的偏向爱好，可以使用问卷调查的方式对教材中学生喜好的思政类型进行专门的调查，得出学生喜好哪些思政类型的结论，再进一步对教材进行深入的研究，从而有利于教师改善教学缺点，满足学生多样化的需求，进一步提高学生思想政治教育的获得。

（三）思政元素对于高考复习的启示

高考复习是一个复杂而长期的过程，对于教师最重要的是如何让学生高效的记忆、理解知识点，使学生构成全面的知识结构体系。那么教师应该以高考真题为突破口，仔细研究今年与往年试题中的变化部分，在课堂教学中一一给学生讲解明白，同时加入思政元素内容，使学生养成良好的阅读高考试题的习惯，从而在考场上能应对设计非常新颖的题目。

五、总结与展望

物理学科是自然基础学科，对学生的逻辑思维能力要求比较高，并且高考物理试题的综合性极强，因此研究试题里面所蕴藏的课程思政元素对于新时代下"立德树人"尤为重要。但是，目前对物理这门学科的思政元素的研究仍然显得比较单薄。纵观高考全部科目，不仅仅包括物理还有其他理科科目，如生物、化学、数学等科目的思政元素研究也很薄弱。当然文科试卷中的思政元素还有待发掘，尤其是政治试题中仍然蕴含着非常丰富的课程思政元素，依据现实条件，教育从业者需要从高考试题中不断地去挖掘这些课程思政元素，从而不断地促进教育思政的改革与演变。在新时代的大背景之下，教育发展日新月异，如何把握教育主流思想，如何更加贴近国家教育的大脉络，是每一位教师都应该思考的问题。

参考文献

[1] 唐多昌. 大学物理课程思政的研究与实践 [J]. 沧州师范学院学报, 2021,37(1):130-132.

[2] 李晓东，谭勇. 强化育人导向，有效引导教学——以2021年高考文综全国乙卷思想政治试题为例[J]. 基础教育课程，2021(Z2):33-38.

[3] 尹庆丰. "课程思政"融入高中物理课堂教学初探[J]. 物理教师，2020,41(6):69-72.

[4] 范泽林，王长江. 课程思政：高中物理学科育人的新进路[J]. 中小学班主任，2021(22):33-38.

[5] 金银姬. 2020年7月浙江思政选考卷命制特点及启示[J]. 教学月刊·中学版（政治教学），2020(9):53-55.

浅谈初中物理与高中物理的衔接问题[1]

宋亚峰[2]

摘要：从初中到高中的学习变化中，物理是最值得关注的，学生们觉得高中物理难度大、上手难是普遍现象，而这种现象出现的原因是比较复杂的，有学生自身的原因，有老师教学模式的原因，甚至有教材本身的原因。本文讨论了在目前背景下探讨初中物理与高中物理的意义、初高中物理教学间存在的差异，以及如何做好初高中物理教学的衔接。希望能够促进高中物理学习顺利进行，提高初中与高中物理衔接的质量，使学生能够更顺利地学习中学物理。

关键词：初中物理；高中物理；差异；衔接

物理学是一门重要的基础自然学科，它不仅不断地推动人类物质文明的革命性进步，更对人类深化对自然界的认识和人类自身思维的发展起到了重要的催化作用。中学阶段的物理教育是学生认识世界自然规律和培养探索自然、热爱科学和科学思维的重要阶段。中学阶段的教学又分为初级中学教育和高级中学教育。然而，绝大多数初中阶段教学和高中阶段教学从时间和空间上都是分隔开的，由于初中阶段物理教学和高中阶段物理教学各自有其鲜明的特点，二者存在很大的差异，这就导致了学生从初中物理学习阶段转向高中物理学习阶段遇到了很多问题，同时对高中物理教师的教学也提出了很大的挑战。因此，初中物理教学和高中物理教学的衔接教学研究是一个非常重要和迫切的中学物理教学研究问题，对当前中学物理教学的优化和改革具有很大的实际意义。

一、引言

（一）背景及意义

升入高中后，部分学生会感觉物理特别难学，甚至一些之前在初中学习成绩好的学生，步入高中后也似乎变得不会学习物理了，其物理成绩也出现了下滑。究其原因，是初中物理与高中物理的知识跨度很大，让学生迅速从机械学习转变成主动学习，从简单的记忆转换成深入的理解并灵活应用，这无疑给学生适应高中物理的学习带来了很多困难，这就是初中到高中的物理教学在衔接上出现了问题。如何使学生顺利完成从初中到高中的过渡，不仅是促进高中物理学习顺利展开的基础和前提，也是每一位物理教师都必须面对和必须解决的问题。因此，我们必须先了解初高中物理教学的差异性，然后确定初中到高中物理教学衔接存在的主要问题并对其进行深入的分析和研究，最后在此基础上找到教学策略，

---

[1] 基金项目：陕西高等教育教学改革重点研究项目 (21BZ075)；陕西省教育科学"十四五"规划项目 (SGH21Y0238)；商洛学院教育教学改革课程思政专项 (21jyjxs106)

[2] 作者介绍：宋亚峰，1985年生，男，山西介休人，博士，副教授，主要从事教育教学改革与实践研究

以此提升教学质量和育人水平。

(二) 研究内容

第一，高中与初中物理各方面的变化对老师和学生的影响和新要求，以及目前高中新生在接触物理时存在的具有一定影响力的问题。

第二，在面对以上问题的逐步分析中，提出自己对这些问题的解决方法和应对方案，并站在高中生角度对物理从初中到高中的升华进行深入理解并阐述自己的看法。

二、初高中物理教学间存在的差异

(一) 教学内容上

1. 初中到高中的物理跨度大

初中物理教学注重的是对物理现象的认识，探讨的现象多为学生在日常生活中所熟知的，过程较为简单，要求学生理解的知识并不多，并且很少运用到数学工具对公式进行推导，教材内容的设置上更加突出其趣味性，因此一般教师通过有趣的实验、故事或者生活中学生经常接触到的有趣的现象引入课题。通过对现象的观察、分析、总结、归纳，最后得出形象具体、易于接受的物理规律，认知上多为定性的分析，定量分析的很少。高中物理首先内容较为全面，涉及力、热、光、电、磁等各方面，学习体系较为庞大，对各科所学知识的运用上要求也更高，更加注重对现象本质的探讨，研究的现象也都比较复杂抽象。公式和结论更加重视理论上的分析和推导，数学工具的应用明显加强，不仅涉及算数和代数，而且还经常运用几何、函数等工具处理极值、图像等问题，这无形中要求学生自身要有较强的计算能力和逻辑思维能力。

2. 课程标准不同，教材差异较大

从中学物理课程标准的分析可以看出，中学物理是中学物理教学的一个扩展。课程标准是教师进行教学活动的基础，也是教材内容的指南针。此外，初中的物理课本更加生动，总体上的内容更加大众化，可以很好地适应初中生的认知特征，并且与现实生活有着密切的关系。在此期间，当涉及某些物理学问题的时候，一般都是先从现象出发，引导学生思考，或者是利用物理实验，让学生结合实验现象对知识展开分析，最后得出相应结论。初中的物理教材整体趣味性、生动性都较高。高中物理教材则不然，它更偏向于对物理现象、物理实验原理的描述，有了更强的抽象性，需要学生对概括的知识展开分解，以此探究物理知识的本质。这对步入高中阶段的初中生来说是一个非常大的变化，这种在教材上的一些差异也对初高中物理衔接教学有不小的影响。

3. 与数学的结合层次、深度不同

众所周知，物理与数学有着密切的关系，在初中物理的学习过程中，学生只需要用一些基本的数学知识就可以解决问题，而当学生们面对高中物理时，则需要更强的数学能力。例如，在高中一年级，学生面临着关于力的分解、合成等问题，需要用到函数和三角形的知识，这就带给了他们很大的困难。又如：高中物理与初中物理相比，更注重学生对图像的运用与测验，在很多物理题目中都会涉及面积、斜率等层面的知识，还需学生结合图像想象物理运动，这种将具象事物抽象为物理模型的变化也对刚进入高中的学生来说十分陌生。其实很容易看出，在平时练习及考试中，数学计算无处不在。例如：在物理大题的计算中，思路固然重要，但如果计算不过关，很难将大题做到满意的程度甚至会影响接下来的计算，而我们都知道，初中物理中所需要的计算不多，也很简单，因为其关注的重点在公式的理解与应用上。所以高中物理对学生的数学能力要求是较高的。

（二）教学方法上

1. 学习模式改变带来的挑战

初中学习阶段，对学生物理知识的掌握程度要求较低，大多停留在能对所学物理现象进行描述，知道其结论就行，教学内容量小，过程简单，多以观察和实验为主，因此教师会更加注重课堂活跃度，进行趣味教学，也更容易吸引学生目光，达到了解学习物理知识的目的。除此之外由于内容量小，教师有大量时间在教学重难点上放慢速度，进行系统的讲解，让学生对重难点知识形成较为深入的认识，平时学生接触到的习题类型较少，多为根据课堂上老师所讲内容写结论的题目，且题目的灵活度不高、变化少，学生大多在接受学习的模式下只要上课认真听讲，完成好随堂作业，即便学生在学习的过程中没有养成物理思维模式，也可以取得不错的成绩。高中阶段教学进度快、密度大，对知识的要求较高，常采用观察实验、抽象思维和数学方法相结合，要求学生通过抽象概括、想象假说、逻辑推理揭示物理现象的本质和变化规律；高中物理习题类型灵活多变，如果学生对概念的理解不够透彻，对公式的适用性含糊不清，解决物理问题是没有系统的解题策略，单靠对概念、规律和公式的死记硬背很难得分，长此以往就会打击学生对学习物理这门课程的信心。

2. 学生学习方法及习惯的不同

和高中物理相比，中学物理的内容相对来说要少很多，且题目也比较简单，基本上都是一些典型的例题和练习题。初中学生在课堂上听了老师的讲解，只要花少量的时间来做课后的练习，通过简单的总结，就可以得到较好的成绩。不过，到了高中之后，物理的内容就更多了，比初中的时候更难了，而且知识点之间的联系也更加紧密，如果再像以前那样，很可能会出现"死记硬背"的情况，这样会使学生物理储备知识出现明显的断层。除此之外，还容易使学生产生自我否定的想法，比如有同学会想："我初中物理学的明明很优秀，为什么现在变差了，是我不够努力吗？"还有的同学会想自己平时练习明明什么都会，为什么一考试分数就不高，这就涉及知识的关联性了。很容易忽视的一点是，很少有学生具备提前预习的习惯，在听课时难以抓住教师的授课重点，在课堂上也只是花费大量时间做笔记，最后很难对知识产生深入理解。长此以往，他们会逐渐对物理学习产生心理恐惧，影响其学习效率。

（三）教学思维上

1. 初高中教师思维方式的不同

初中物理考试的命题，强调与现实生活紧密结合，考查学生对信息的提取、分析、处理等方面的能力，这种重视能力的培养，与新课程的要求相一致。然而，在实践中，尤其是九年级，考试的影响实在是太大了。老师为考而教，学生为考而学的现象非常普遍，老

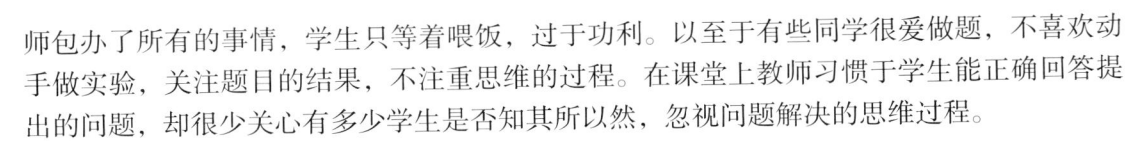

师包办了所有的事情，学生只等着喂饭，过于功利。以至于有些同学很爱做题，不喜欢动手做实验，关注题目的结果，不注重思维的过程。在课堂上教师习惯于学生能正确回答提出的问题，却很少关心有多少学生是否知其所以然，忽视问题解决的思维过程。

2. 初高中学生思维能力的要求不同

初中学生对思维能力要求不高的直观部分，如测量、力、动、电常识等，基本都能熟练掌握，符合教科书的要求；而教材对学生的思考能力要求较高，例如八年级课本中的压力、浮力、九年级课本中的电力等，使学生在学习过程中遇到了一些困难和错误。由此可见，初中学生的思想能力是一个发展的过程。新课标的实施，使中学科学的理论思考能力下降，注重从实验示范和生活常识的角度来学习科学，把这一思维的培养时间往后拖到了高中一年级。所以，高一的学生在智力、思维、成绩上都会有很大的变化，他们可能不适应，成绩也会有很大的下降，而到了高二之后，就会变得更加稳定。从这一变化可以看出，高一是思想质变的关键时期，中学课本对思想的需求也有了较大的改变，这就是为什么一些学生在高一阶段无法适应的原因。另外，初中实行素质教育，而高中是以高考为"指挥棒"的应试教育，更加剧了这种不适应性。

三、如何做好初高中物理教学的衔接

（一）初中阶段

1. 重视学习兴趣的培养

学生对物理学科的兴趣直接影响了学生课堂上的主动性、积极性以及考试成绩。在课堂上，教师可以进行物理实验，利用多媒体资源调动学生的注意力，激发学生的学习兴趣。学生通过自主设计实验和动手做实验，能有效地提高他们的学习积极性，并能激发他们的学习兴趣。在学生完成实验之后，教师可以及时地讲解物理现象、全面地分析问题，这可以使学生对该部分内容产生浓厚的兴趣，直至形成认知兴趣。在教学过程中，教师要利用多媒体的方便、省时、省力、视听结合的优势，把物理过程、抽象概念等以多媒体的形式呈现给学生，让他们能够更好地理解抽象概念，并能激发他们的兴趣。教师在讲授物理知识的时候，应介绍一些有关的物理学家和物理实验的步骤，突出重点，结合实际，以引起学生的好奇心，调动学生的学习热情。

2. 熟悉初高中教材，抓住衔接点做好延伸

初中物理教材中的内容较少且难度较低，部分内容到高中以后会进行补充。因此，初中教师应当充分了解高中物理教材的知识点，准确把握初中教材所涉及的内容及深度，避免在教学过程中造成学生对知识点认识的局限性，从而影响到高中物理的学习。同时也要在内容上进行适当地扩充和延伸，为学生在高中阶段的学习奠定良好的基础。如关于摩擦力方向的衔接教学：在初中教材中，对摩擦力方向的描述是：两个相互接触的物体，当它们相对滑动时，在接触面上会产生一种阻碍相对运动的力，这种力叫作滑动摩擦力。相应的高中教材的描述是：静摩擦力的方向总是沿着接触面，并且跟物体相对运动趋势的方向相反。滑动摩擦力的方向总是沿着接触面，并且跟物体相对运动的方向相反。在初中物理教材中，关于摩擦力的教学方法有：可以提静摩擦力，也可以不提。由此可见，初中物理

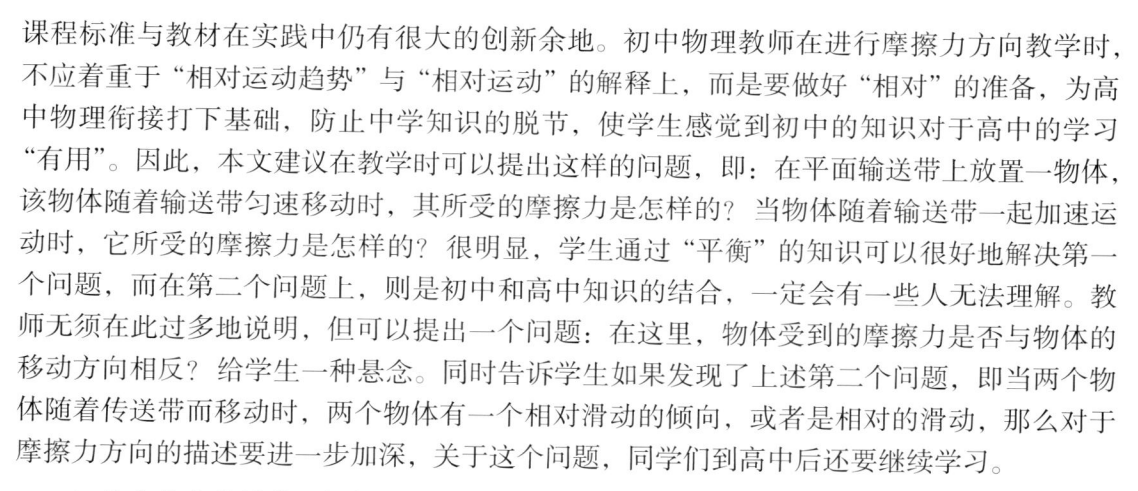

课程标准与教材在实践中仍有很大的创新余地。初中物理教师在进行摩擦力方向教学时，不应着重于"相对运动趋势"与"相对运动"的解释上，而是要做好"相对"的准备，为高中物理衔接打下基础，防止中学知识的脱节，使学生感觉到初中的知识对于高中的学习"有用"。因此，本文建议在教学时可以提出这样的问题，即：在平面输送带上放置一物体，该物体随着输送带匀速移动时，其所受的摩擦力是怎样的？当物体随着输送带一起加速运动时，它所受的摩擦力是怎样的？很明显，学生通过"平衡"的知识可以很好地解决第一个问题，而在第二个问题上，则是初中和高中知识的结合，一定会有一些人无法理解。教师无须在此过多地说明，但可以提出一个问题：在这里，物体受到的摩擦力是否与物体的移动方向相反？给学生一种悬念。同时告诉学生如果发现了上述第二个问题，即当两个物体随着传送带而移动时，两个物体有一个相对滑动的倾向，或者是相对的滑动，那么对于摩擦力方向的描述要进一步加深，关于这个问题，同学们到高中后还要继续学习。

3. 培养学生的思维、概括能力，做好高中适应工作

初中物理教材中涉及的知识点系统性不强，学生对知识点的掌握主要依靠记忆。但高中物理教材中的知识点具有系统性，需要通过教师的引导帮助学生理解知识点之间的内在联系，将零散的知识点进行系统化。该阶段的学习理论性更强，需要学生具有良好的抽象思维能力和概括总结能力等。因此，初中阶段教师应适当地培养学生的思维能力和概括总结能力等，提前适应高中阶段的学习。下面简单地举例讨论：

案例1　二力平衡　初中表述为"作用在同一物体上的两个力，如果大小相等、方向相等、并且在同一条直线上，这两个力就彼此平衡"。在教学中可以让学生做这样两道题：

如图1所示：重100N的木块静止在固定住的斜面上，小木块受哪些力？做出力的示意图，并解释木块为什么可以静止在斜面上。教师通过引导学生画图、分析力的示意图、组织学生分组讨论并归纳结论，二力平衡可以是两个力的平衡，也可以是多个力的平衡，为高中学习共点力平衡做好基础。如图2所示：木块 A、B 均重20N，在水平拉力 $F_1 = 8N$，$F_2 = 4N$ 的作用下，保持静止。画出力的示意图，分析木块 A、B 间的摩擦力大小，B 与地面间的摩擦力大小。教师进行分组让学生通过交流、分析、总结出解题思路及方法。让学生了解通过物体的运动状态如何进行受力分析，同时渗透高中常用到的"隔离法"和"整体法"。

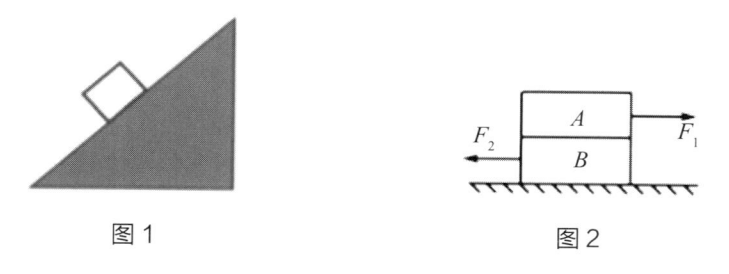

图1　　　　　　　　图2

案例2　影响电阻大小的因素　物理九年级第十六章"电阻"一节中，通过实验探究得出关系：导体的电阻是导体本身的一种性质，它的大小与导体的材料、长度、横截面积有关。材料一定时，长度越长、横截面积越小，导体的电阻越大。教学中可以将其由定性关系拓展到定量，为高中学习"电阻定律"做好基础。

案例3　光的折射规律　物理八年级第四章"光的折射"中：光从其他介质斜射入空气时，折射角大于入射角，如图3所示。教学中可以引导学生思考：当入射角增大到某一角度（临界角）时，折射光线会消失，只剩下反射光线。这种现象就是高中将学到的全反射。

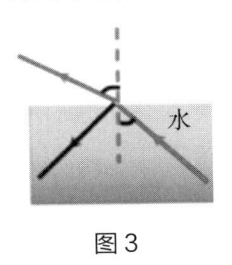

图3

（二）高中阶段

1. 了解学生的初中知识水平

高中物理教师应当充分了解高一新生的知识水平，综合分析学生的知识结构。随着信息化时代的来临，人们越来越多的关注着大数据，在这个大数据时代，无论是日常表现还是学习成绩，都可以通过数据的形式上传到数据库中，从而更好地了解学生。通过对物理实验数据的分析，可以对学生的学习成绩、日常表现、行为习惯等进行全面的分析，从而为今后的物理教学打下坚实的基础。比如，高中一年级的物理老师，在正式开课之前，都会进行一次摸底测试，将测试的结果以数据形式录入计算机，系统不但可以对试题的难度进行分析，还可以将学生对某个知识的掌握程度、错误原因等进行分析，从而给出合理提高成绩的方法。只有对学生的初中物理基础有了一个全面的认识，才能有针对性地调整教学策略，把初中物理的较难知识融入课堂教学中，从而消除学生在高中物理学习中的不适。

2. 结合学生的基础情况，选择合适的教学方法

初高中物理课本中的很多知识点都是相互关联的，学生在进入高中后，已经初步认识到了一些基本的物理知识，这是学习新知识的一个重要途径。因此，在高中物理教学中，教师要认真研读初中物理教科书，充分认识初高中物理的知识点、知识结构、学习方法和学习习惯、教学方法、教学内容设置和描述归纳上有什么不同。在实践中，教师可以通过将某个知识点的内容进行分解，添加层级，发现各个层面之间的内在关系，逐步地进行，从而达到从易到难、逐步扩展的目的。比如，在解释高中"速度"时，我们只说了高中速度的定义，这是由于高中和初中的定义有很大的区别，因此老师可以把讲课速度放得很慢，只讲概念，后面再解释平均速度和瞬时速度。当前，人们普遍认为，在初中物理教学中，"自主、合作、探究"是一种较为有效的教学方式。这种教学模式是指在教学过程中，老师要让学生多动脑子、多思考，而不能代替学生的自主性，在课堂上，老师只能作一个引导，通过创造一个较为合理的环境来让学生去思考，调动他们的积极性，让他们自己发现问题、研究问题，培养学生学习物理的兴趣，这样的教学模式对初高中物理教学的衔接工作有很大的帮助。

3. 培养学生正确的学习方法和学习习惯

在教学中，学生要学会正确的学习方式，才能有效地提高自己的学习效果。在初中阶

段，学生的解题方式主要是依靠老师的传授。但随着知识的增长和学习难度的提高，一些学生在过渡时期不能正确地调整学习方式，从而导致学习兴趣下降，学习效率下降。所以，掌握正确有效的学习方式，可以让学生更快地适应高中的学习，更好地适应新的高中生活。高中物理教学要求学生掌握正确的教学方式，以提高教学效果。如果不能正确地把握好有效的学习方式，就会产生事倍功半的效果。因此，在教学过程中，教师不仅要掌握教材的内容，而且要重视对学生的学习方式的引导。高中物理知识点多、难点多，教学中要注意引导学生对知识点的归纳，并从中发现其内部的关系和规律，从而形成一个系统化的知识体系。在进行大量的习题实践中，要逐步提高学生的归纳总结能力，并发现类似问题的解决方法。同时，在教学过程中，要注重对试题的认真审题，提炼重点信息。对试题进行认真的甄别、确定所知的数量、查找所需的隐含条件等，能有效地促进学生的解题思维与方法的形成。因此，在教学过程中，教师既要重视知识的传授，又要在教学中运用物理教学法。学生掌握了有效的、正确的学习方式，就能积极主动地学习，学习的效果会有很大的提升。

高中物理与初中物理的不同之处在于，习题数量的增加和困难的增加。老师在课堂上讲解的概念、公式和应用还处于基础阶段，而新知识的应用则要通过大量的练习来掌握。所以，要养成好的学习习惯，比如课前预习，课上认真听讲，课后复习，及时与老师沟通，认真做习题等。

四、总结

初中物理与高中物理的衔接，既不是无限地拓宽知识范围，增加教学难度，也不是刻意地把高中的学习要求挪到初中来，而是在课标的要求下，整合教材资源，有意识、有目的地进行初高中的知识点、学习方法、学习习惯、物理思维等方面的衔接。针对初高中物理知识进行科学性衔接，不单单能够在合理时间范围内进行物理教学质量大幅度提升，同时，可以全面稳固学生群体对于后期创新式物理知识的感知欲望，及时推动后续教学进度且强化个体综合素质水准。这就需要广大初高中物理教师用心琢磨、细心观察、耐心等待、恒心追求，莘莘学子去勇于克难、虚心请教，这样的话初高中物理的衔接会更加顺利，可以说是水到渠成了。

参考文献

[1] 王晓伟. 初中到高中物理教学衔接的相关策略研究 [J]. 内蒙古教育，2016(9):6.
[2] 韩晓威. 初中和高中物理教学中的差异和衔接 [J]. 考试周刊，2013(89):132.8.
[3] 徐冬玲. 初中物理教学角度下的初高中物理衔接教学的策略研究 [J]. 高考，2021(34): 37-38.
[4] 王磊钢. 初中物理教学应为衔接高中知识埋"伏笔" [J]. 教师，2014(6):48.
[5] 冯俞敏. 浅谈初中物理教学中如何做好与高中的衔接 [J]. 数理化解题研究，2019(26): 42-43.

商洛市中学物理教学中的有效课堂互动研究[1]

谭小东，余睿[2]

摘要：有效课堂互动是指在平等、民主、融洽的教室环境中，师生共同探讨研究学习中遇到的问题，使学生在与教师、同学的交往中充分发挥其个人的创造性。本文围绕物理课堂的有效互动问题，对商洛市部分中学的物理课堂教学活动进行了问卷调查。根据问卷调查的结果发现，物理课堂上师生间的互动存在无效提问、敷衍回答、教师评价方式简单武断等问题，并分析了出现这些问题的原因。此外，影响有效课堂互动的因素还有教师的教学能力与专业素养、学生的学习能力与学习态度、师生关系、教学环境、教学资源等。根据现阶段物理课堂互动存在的问题，我们提出了改善中学物理课堂师生有效互动的策略。

关键词：中学；物理教学；课堂；有效互动

一、引言

长期以来，教师与学生之间的互动一直没有得到应有的重视，直到20世纪80年代，特别是20世纪90年代之后，教师与学生之间的互动才得到了更多的关注。许多学者认为教师和学生的交流方式会对师生在课堂上的互动产生很大的影响。如弗兰德斯通过大量的实验研究发现，在教师对学生的直接影响过多时会导致学生对课堂的参与感不足。弗曼等人认为，学生的性别也会对教师和学生的交流产生影响，根据观察发现女生相对于男生更愿意主动和老师交流、沟通和询问有关问题；教师和学生在课堂上交流、互动的影响因素是多种多样的，如学生们身处的环境、教师和学生的自身状态等。吴康宁等认为师生互动的主体是教师，并从这一视角出发，从课程标准上衍生出三种不同的师生互动形式。马维娜从社会学角度出发，依据教师与学生的角色差异，将其划分为内在动力、工具实现和交互效果三种结构。李虹从心理学的观点，按照师生的相互依存关系和结合程度，把师生的交往模式划分为非对称型、反应型和对称型。

教学是一种实践活动，是由师生双方共同学习和发展的。教师教育观念的更新将对教师的教学行为产生直接的影响。从哲学知识的角度来看，教师与学生之间的关系与张华教授的观点是一致的，即教师与学生之间的关系不在于控制学生，而在于建立一种新的教育理念。课堂互动社会心理学中"互动"这一词语属于核心概念之一，同时"互动"也是物理学的核心概念之一，教育学中最早的互动就是从社会心理学中引入的。根据"互动"一词在辞典中的解释："互"有交互、相互的意思，主要表示感应而动；"动"指行动、为实现一

---

[1] 基金项目：陕西高等教育教学改革重点研究项目(21BZ075)；陕西省教育科学"十四五"规划项目(SGH21Y0238)；商洛学院教育教学改革课程思政专项(21jyjxs106)

[2] 作者介绍：谭小东，1985年生，男，陕西宝鸡人，博士，副教授，主要从事教育教学改革与实践研究
余睿，1999年生，男，陕西延安人，本科，主要从事中学物理改革研究

定意图而活动，具有使动用法使起作用或变化。两字联结起来"互动"是彼此联系，相互作用的过程的意思。在平等、民主、融洽的教室环境中，师生共同探讨、研究学习中遇到的问题，使学生在与同学的交往中充分发挥其个人的创造性。互动交流的资讯面很广，知识、技能、情绪、态度、价值观等都可以充分交流，通过交流，师生可以充分沟通，相互影响，让整个教学流程得以顺畅，让学生体验到解决问题的全过程。有效课堂互动是课堂教学和互动最重要的部分，主要表现在学生对知识的接收效果好，课堂需要掌握的知识都能够准确、高效的掌握，同时在互动过程中教师能掌握学生的实际学习情况。在有限的时间里提升效果、提高效率、增加效益。中学物理教学中的有效互动是指中学物理教学中教师和学生在完成教学时的有效互动过程。

二、中学物理课堂师生互动现状分析——以商洛市部分中学为例

（一）调查方式与内容

笔者采用问卷调查的方式对商洛市初级中学、柞水中学、洛南中学、商州区第一初级中学、商洛职业技术学院实验中学的初二、初三、高二、高三的物理课堂上教师与学生互动情况进行了解。问卷设计主要从学生兴趣、学生参与情况、问题难度、互动过程、评价方式、学生态度、学生主动性等方面进行设计。调查的内容包括：师生互动的方式；学生面对教师的提问和其他通过方式想要了解学生情况时学生的反应；上物理课时学生在课堂上的实际情况；学生对教师的提问真实看法和想法，以及学生希望教师在上课时如何与学生交流。

本次调查问卷随机发放210份，每个班级随机发放约10份，共回收204份调查结果，其中可以采用的有效问卷有200份，有效率98.03%。

（二）调查数据的统计和分析

1. 统计结果（见表1）

表1　问卷调查结果统计表

题号	选项								总人数
	A	所占比例（%）	B	所占比例（%）	C	所占比例（%）	D	所占比例（%）	
1	26	13.0	114	57.0	44	22.0	16	8.0	200
2	13	6.5	105	52.5	73	36.5	9	4.5	200
3	139	69.5	41	20.5	11	5.5	9	4.5	200
4	146	73.0	18	9.0	24	12.0	12	6.0	200
5	82	41.0	59	29.5	40	20.0	19	9.5	200
6	102	51.0	49	24.5	32	16.0	17	8.5	200
7	19	9.5	44	22.0	118	59.0	19	9.5	200
8	22	11.0	21	10.5	91	45.5	66	33.0	200

续表

题号	选项									总人数
	A	所占比例（%）	B	所占比例（%）	C	所占比例（%）	D	所占比例（%）		
9	54	27.0	14	7.0	114	57.0	18	9.0		200
10	5	2.5	44	22.0	124	62.0	27	13.5		200
11	8	4.0	16	8.0	104	52.0	72	36.0		200
12	42	21.0	94	47.0	33	16.5	31	15.5		200
13	117	58.5	46	23.0	25	12.5	12	6.0		200
14	73	36.5	34	17.0	48	24.0	45	22.5		200
15	68	34.0	86	43.0	24	12.0	22	11.0		200

2. 结果分析（见图1）

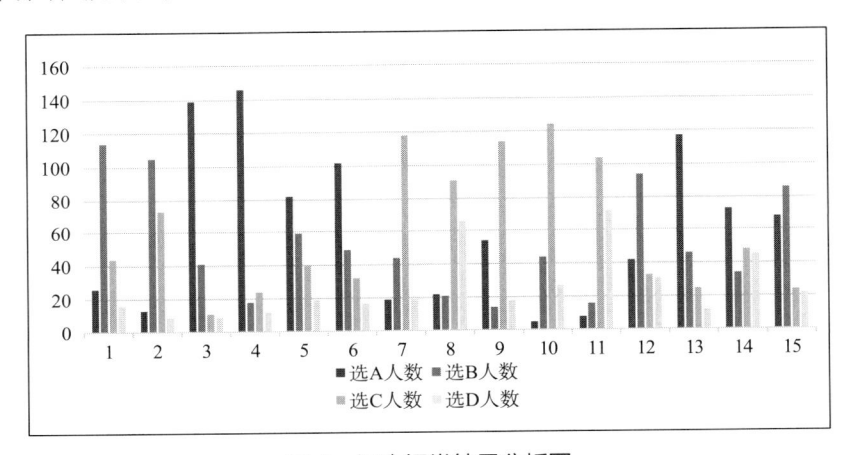

图1 调查问卷结果分析图

（1）有部分学生对参与物理课堂互动不感兴趣。

问卷第一题：你对物理这门学科感兴趣吗？有22.0%的学生选择"C. 一般"，有8%的学生选择"D. 不感兴趣"。

问卷第二题：你很乐意在物理课堂上与教师进行互动吗？有36.5%的学生选择"C. 一般"，有4.5%的学生选择"D. 不乐意"。

问卷第十五题：教室的环境会影响你上物理课的积极性吗？有34.0%的学生选择"A. 有很大影响"，有43.0%的学生选择"B. 有影响"，有12.0%的学生选择"C. 无所谓"。

部分学生对物理学科的兴趣不高，对物理课堂的互动更是不感兴趣，这些都会影响课堂互动的有效性；还有的学生对环境比较敏感，对于不适应的环境很难投入学习中。

（2）问题的表述不够清楚，学生没有全面参与思考问题，答案讲解不清晰。

问卷第三题：物理课上老师提出的问题，你能够完全理解吗？有5.5%的学生选择"C. 有时不理解"，有4.5%的同学选择了"D. 不能理解"。

问卷第五题：物理课上，你会举手回答老师的问题吗？有29.5%的学生选择"B.一般"，有20.0%的同学选择"C.很少"，有9.5%的学生选择"D.没有"。

问卷第十三题：对于物理老师讲解的知识，你能够听懂吗？有23.0%的学生选择"B.还有一些问题没听懂"，有12.5%的学生选择"C.很多都似懂非懂，比较模糊"，有6.0%的学生选择"D.还是全然不懂"。

教师在提出问题和对问题答案的表述中存在问题。学生听了问题后不能明白教师想要问什么，从而使不明白问题的学生不能参与思考，有的学生等别的学生思考完成后进行询问，有的等教师讲解答案，还有一小部分同学直接不去思考问题了，这样的情形会浪费上课的时间也会使学生失去思考问题的兴趣。讲解问题时，没有让全部学生听懂，有的学生只是似懂非懂。

(3) 学生思考问题时间不够，教师所提问题难度偏大。

问卷第六题：物理老师提出问题后留给你们的思考时间够吗？有24.5%的学生选择"B.有时间但很紧张"，有16.0%的学生选择"C.时间不够"，有8.5%的学生选择"D.根本来不及思考"。

问卷第七题：物理课上，老师提出的问题难吗？有9.5%的学生选择"A.非常难"，有22.0%的学生选择"B.比较难"。

问卷第八题：你更愿意思考什么样的物理问题？有45.5%的学生选择"C.没有答案但能分析出解决问题的思路和方法的问题"，有33.0%的学生选择"D.比较有难度富于挑战的问题"。

教师提出问题后没有给学生留够思考问题的时间，导致学生不能够充分理解和判断问题，更不能思考出有质量的答案，这样的情况失去了提问的作用。

从数据来看，教师提的问题对学生来说太难了。学生在面对很难的问题时，如果感觉到没有头绪无法解决就会对问题产生排斥，在心理上也会产生很多负面的情绪，会从内心里变得不喜欢学习和回答问题，在上课时容易出现学生不说话，就老师一人讲课的情况，这些结论很早之前就有研究得出了。

(4) 忽视公平，评价反馈有缺失。

问卷第九题：在物理课堂中，同学回答问题的情况怎样？有7.0%的学生选择"B.成绩好的少数同学有较多机会"，有9.0%的学生选择"D.成绩差的少数同学有较多机会"。

问卷第十题：在物理课堂上，当同学回答完问题，老师会进行评价吗？有2.5%的学生选择"A.没有"，有22.0%的学生选择"B.偶尔有"。

教师上课倾向于选择与教学设计相吻合的学生而将其他同学排除在外，这样的方式不仅不公平而且不能发挥出问题的作用，既没有了解到学生对知识的实际掌握情况，也会影响到其他学生的学习积极性。

学生回答完问题没有进行评价，会导致学生不知道自己回答的是否正确，失去了问题的诊断作用。

(5) 有的教师评价简单武断，学生回答问题敷衍。

问卷第十一题：当你的同学回答错误时，老师通常会怎样对待他？有4.0%的学生选择"A.严厉批评"，有8.0%的学生选择"B.不做评价，请他坐下，请其他同学回答"。

问卷第十二题：在物理课堂上，当你答错老师提出的问题时，你希望老师怎么做？有

21.0%的学生选择"A.直接给出正确答案",有16.5%的学生选择"C.不加点评,让其他同学作答"。

有的教师缺乏对学生的耐心和包容心,对提问回答错误的学生直接进行批评。还有的教师在学生回答错误后,就直接提问下一位学生或者直接讲解这道题的解题方法和思路,对回答错误的学生直接忽视。这样的做法会让学生变得回答问题越来越不积极,也会使学生对学习的兴趣慢慢减少,甚至会让学生变得性格内向不愿意回答问题、不愿意说话等。

有一部分学生在回答错误后只是想让教师给出答案,而不进行下一步的思考,没有对自己的错误反思。还有的学生不希望教师对自己的回答进行评价,回答问题是一个互动的过程,需要双方的参与,没有教师的评价不容易快速发现自己的错误所在,会降低学习的效率。

(6) 学生回答问题不积极,教师单向提问,学生几乎不提问题。

问卷第五题:物理课上,你会举手回答老师的问题吗?有20.0%的学生选择"C.很少",有9.5%的学生选择"D.没有"。

问卷第十四题:你在物理课堂上主动提出过问题吗?有36.5%的学生选择"A.几乎没有",有17.0%的学生选择"B.很少",有24.0%的学生选择"C.偶尔"。

对待回答教师提出的问题,大多数学生的表现都是不乐意回答,有些是一直被动等待从不举手。先不关注提出的问题能不能帮助教师了解学生对知识学习的情况,只看提问题的人数,大部分同学都不愿意主动提出问题,愿意主动向教师提出自己在学习中遇到的问题的人更是少之又少。

三、提升中学物理课堂师生有效互动的策略

(一) 中学物理课堂有效互动的影响因素

1. 教师方面

教师思想认识的提升。在课堂互动时,教师不能只是简单地认为提问、回答就是互动,在课堂上互动的方式是多类型、多方式、多方面的。重视新课讲授、实验教学等是非常必要的,教师要积极开展物理实验的教学,物理实验能够培养学生动手实践能力,使物理充满趣味性。教师应为学生提供充分的自主实验空间,将课堂留给学生,培养他们的创新意识。可以安排学生实验任务,让自己去做,也可以把他们分为几个小组,通过团队的方式进行探索。学生在实验过程中进行探究、分析、讨论,最终达到实验教学目的。

自身教育教学能力的提高。教师对问题表达不够清楚,一般有①方言语调的原因,方音浓厚、普通话水平不高。例如南北方的方言发音在声、韵上都有很大的不同。②教师自身口齿不够清楚,主要表现在声音细小,最后一个字的发音往往听不到。③说话语速过快等。教师在课堂中提出的问题难度偏大,大多是备课时对学生的知识掌握情况不够了解造成的。教师应该在备课过程中更加用心,针对教材、学生、教法都要认真考虑,尤其是"备学生"环节,要全面了解每一个学生,设计教案时要全面考虑到每一个学生。忽视公平,教师上课倾向于选择学习成绩与教学设计相吻合的学生回答问题,而忽略了与教学设计不吻合的其他同学,这样的方式不仅不公平而且不能发挥出问题的作用,既没有了解到学生对知识的实际掌握情况,也会影响到其他学生的学习积极性。评价反馈有缺失,有的教师

评价方式简单武断，教师在学生回答完问题后，要仔细考虑这些问题的正确性和合理性，了解学生的知识，并给予反馈，让他们知道自己的回答对不对。同时，要让他们意识到自己的错误，并且纠正他们的错误。

教师个人修养的提升。教师要展现出自己的学识和素养，吸引学生在课堂上积极地参与互动。教学过程中教师要发挥专业水平。教授学生知识的前提是对知识有精准的掌握，并且具备足够的教育教学知识，能高效清楚的将知识讲解清楚。教师的教学水平与学生学习的积极性是有关系的，学生学习越积极，课堂氛围会更融洽，教师和学生的互动过程也更加顺利，从而大大提高课堂效率。教师要以积极的态度去对待学生和课堂，教师要表现的从容、愉悦并把这种情感传染给学生，进而促进互动。

2. 学生方面

学生的学习能力和态度。有调查发现，学生的学习能力越强，更乐于在上课时与教师和学生互动，教师要及时发现并对其进行引导，拓宽他们的最近发展区，从而促进课堂氛围的发展。针对学习和回答问题态度不端正的学生，教师要及时了解他们的心理情况，对不同的同学采用不同的方法，及时引导他们转变学习态度，从而使课堂氛围更加活跃，学生的参与度更高，课堂的效率更高。培养问题意识要从以下几个方面着手：①建立心理安全区域，使学生"敢问"；②加强"会问"，强调学生的主体性；③转变学习方法，培养学生"善问"的能力。

学生的人际关系。课堂人际关系主要是学生和教师，在时间分配上占主要位置，其次是学生与学生。在拥有良好人际关系的课堂，学生对知识的接受效果会更好，正如《学记》中的："亲其师，信其道"。中学生的情绪易波动，教师在课堂引入时要多加用心，为学生创造轻松的学习氛围。在教学中如果师生关系和谐，学生之间的同伴关系也会被强化，会为了共同发现真理而欢呼雀跃。

3. 教学环境方面

主要是生理和心理两方面的因素。物理环境指的是教学仪器、教学空间、教学时间等。心理状态越是轻松愉悦，学习的热情也会越高涨，教师与学生之间的交流愈多，学习成效愈显著。

（二）提升策略

1. 提问准备策略

提问要有明确的目的和目标。提问时要考虑到：问题的设计意图是什么？问题适合哪种学习程度的学生？学生对此问题的思考方向？问题要到达怎样的效果？只有带着明确的目的去提问，才能充分发挥问题的效果，才能避免课堂上的无效提问。

问题提出的时机。新课导入阶段：讲授新课前的导入环节要充分引起学生的学习兴趣，在向同学们展现了引入部分后，适当提出学生感兴趣的问题，更容易引发学生的思考，使学生的思维保持在高度活跃的状态。重难点讲解阶段：在讲授重点知识时，要引起学生的注意，从而突出教学重点，此时提出问题让学生把注意力集中起来。教授难点时，可以把难点分解成多个小问题，逐个提出，降低理解难度，从而突破教学难点。易错点讲解阶段：在讲解一些物理规律、概念时，教材所展现的一般是非常专业、精炼的术语，对于初学者很难充分理解其含义，在对这些知识的运用中就容易出现错误，因此在讲授时要及时指出易错的地方，对学生的掌握情况及时了解。

2. 实施提问的策略

问题表达清晰。物理学科是自然科学，教师在提出问题时语言一定要严谨规范。对问题的表述要清晰、连贯、通俗易懂，让学生能够一听到问题就能明白问题的含义，迅速抓住重点，明确思考方向。例如在提问电场强度或磁场强度时要读全称，不能只用场强表述。

语气亲和有感染力。在教学中，学生是主体，而教师则是主导。教师的语言亲近友好，有利于拉近学生和教师之间的距离，缓解学生的紧张情绪，教师要多说一些鼓舞的话如"你的回答特别好！""你很勇敢，第一个就站起来回答问题，虽然回答的不完整，但也很棒！"激发学生的学习兴趣和学习欲望。

面向全体学生。教师在提问时不能具有感情色彩，要为所有学生提供平等的受教育机会；提问时要根据问题的难度选择不同的学生，给每位同学一个发言的机会。回答问题的方式可以采用小组代表的方式、也可以是抢答，这样可以让每位同学都有机会发挥自己的才能，并能体会到成功的快乐，使课堂互动发挥最大的效益。

留给学生充分的思考时间。提出问题后要留给学生充分的思考时间，时间太短，学生的回答不够完整；时间太长，浪费了课堂时间。因此要根据问题的难度灵活地安排时间。

3. 提问后的反馈策略

鼓励每一个学生参与回答问题。有的学生由于种种原因不愿意回答问题，其一是不会回答，遇到这种学生，可以转移提问的对象，让其他同学来回答，然后由他来总结别的同学的答案，帮助他弥补知识的漏洞。其二是学生回答问题时会紧张，不善于表达，明明知道答案，却不能准确地阐述出来。针对这种情况，教师要有意识地训练他的怯场心理，营造轻松和谐的氛围，缓解他的紧张心理。

对不能准确回答问题的学生给予启发。在学生回答错误时，为了课堂进度立即叫别的学生继续回答是不可取的，遇到这种情况要及时帮助学生找出错误原因，并让他重新回答；如果是学生没听清楚问题导致的错误，教师要用平和的语气重复问题，让学生继续作答；如果是学生的思路错误，那么教师应该进行思路的引导，让学生认识到失误并自行改正。

及时表扬回答正确的学生。在学生回答正确或有提出有创意的问题时，教师要立即给予鼓励和表扬，以促进其发散性思维和创造力的发展。

鼓励学生质疑和主动提出问题。学生敢于质疑是一种好现象，说明学生进行了认真的思考。让学生们常常提出疑问，可以训练他们发现问题的能力；学生通过检索自己的储备知识，推理发现问题，促进了学生的逻辑思维发展；通过陈述问题，提高了口语表达能力。鼓励学生自主学习，在自主学习过程中，发现问题主动提问，既锻炼了发现问题的能力，又锻炼了语言表达能力。

四、结论

本文以中学物理教学中有效互动的影响因素和对策为研究方向，对商洛市部分中学物理课堂有效互动现状开展了学生问卷调查与教师访谈。通过对数据的分析发现，大多数教师对课堂互动的操作是可圈可点的，但依然存在学生对参与物理课堂互动不感兴趣，教师所提问题难度偏大和评价简单武断、学生回答问题敷衍、教师忽视公平、评价反馈有缺失等问题。这些问题的出现主要与教师的思想认识水平、自身教育教学能力、自身素养、学生学习能力和态度、人际关系、教学环境、教学资源等有关。

参考文献

[1] 丁玲玲. 高中物理课堂有效提问的研究 [D]. 苏州：苏州大学，2012.

[2] 古蕾. 高中生物课堂师生有效互动的案例研究 [D]. 扬州：扬州大学，2016.

[3] 鲍淑洁. 高中物理课堂探究活动中师生互动的实证研究 [D]. 长春：东北师范大学，2009.

[4] 张永柏. 高中物理互动式高效课堂的探索与研究 [J]. 新课程·下旬，2018(12):9.

[5] 刘锦彬. 高中物理教学中师生互动的有效性研究 [J]. 中学生数理化（教与学），2021(5):61.